Joachim Radkau

Das Zeitalter der Nervosität

Deutschland zwischen Bismarck und Hitler

Carl Hanser Verlag

1   2   3   4   5   02   01   00   99   98

ISBN 3-446-19310-3
© 1998 Carl Hanser Verlag München Wien
Satz: Reinhard Amann, Aichstetten
Druck und Bindung: Kösel, Kempten
Printed in Germany

Inhalt

1
Langzeittrends und Knotenpunkte
in der Nervengeschichte

2
Ärztlicher Blick und Patientenerfahrung

ken an Krieg (407) Neugier und Scheu vor dem Medusenhaupt: Die Nervosität im Verhältnis zum Krieg (416) Die Spaltung der Deutschen durch die Kriegserfahrung und der Niedergang der Neurasthenielehre; von der Neurasthenie zum Streß (428) Kämpfen und Lachen: Das Trugbild vom Endsieg über die Nervosität (447)

Fritz Fischer
zum 90. Geburtstag

Einleitung

> Bisher hat alles das, was dem Dasein Farbe
> gegeben hat, noch keine Geschichte. Oder
> wo gäbe es eine Geschichte der Liebe, der
> Habsucht, des Neides, des Gewissens, der
> Pietät, der Grausamkeit?
>
> Friedrich Nietzsche,
> *Fröhliche Wissenschaft*

> Unter der bekannten Geschichte Europas
> läuft eine unterirdische. Sie besteht im
> Schicksal der durch Zivilisation verdrängten
> und entstellten menschlichen Instinkte und
> Leidenschaften.
>
> Max Horkheimer und Theodor W.
> Adorno, *Dialektik der Aufklärung*[1]

Eine Geschichte von Leidensdruck, Sinnsuche und Krieg

HAT DIE NERVOSITÄT eine Geschichte? Kann es eine solche Geschichte überhaupt geben? Hält man sich an den Begriff und an den Diskurs, dann läßt sich der Anfang der Geschichte erstaunlich präzise datieren, und sogar nationale Sonderwege zeichnen sich ab. Ziemlich genau um 1880 wurden Klagen über Nervosität, Nervenschwäche, »Neurasthenie« zum Zeichen der Zeit: zuerst in den USA, kurz darauf aber mindestens ebensosehr in Deutschland. Fast schlagartig entstand zu diesem Thema ein breiter Strom von Literatur, der erst kurz vor 1914 abebbte. Auf dem Höhepunkt dieser Literaturflut wuchs der Verdacht, es sei nicht zuletzt das Schrifttum selbst, das die Nervosität produziere. 1909 warnte der

Berliner Arzt Otto Stulz vor dessen schädlicher Wirkung; daher sei es für jeden Nervösen das erste Gebot, »keine medizinische Lektüre zu treiben«. Der Nervendiskurs bekam eine selbstkritische Unterströmung; aber auch da galt es als bekannte Tatsache, daß man in einem »nervösen Zeitalter« lebe.

Die Attraktion der Nerven reichte über die Medizin weit hinaus. »Ich? Ich bin Neurastheniker. Dies ist meine Profession und mein Schicksal«, stellt sich der Patient Sägemüller in Heinrich Manns Sanatoriumsnovelle »Doktor Biebers Versuchung« (1898) vor. Neurasthenie: Das war der neue Begriff des New Yorker Nervenarztes George M. Beard, der sich nach 1880 in erstaunlichem Tempo auch im Deutschen Reich verbreitete. Man sieht an dem Patienten Sägemüller: Diese Krankheit bot in den Nervenheilstätten der Jahrhundertwende einen zeitfüllenden Lebensinhalt. Die Nervositätsgeschichte ist nicht nur eine Geschichte des Leidens, sondern auch eine der Wehleidigkeit. Natürlich präsentiert Heinrich Mann seinen Berufsneurastheniker mit Ironie. Aber war ihm bei dem Thema wirklich zum Lachen zumute? 1915 attestierte ein befreundeter Arzt bei ihm »schwere Neurasthenie«. Für ihn wie für seinen Bruder Thomas waren die Nerven ein ernsteres Thema, als der heutige Leser zunächst glauben mag. 1910 sprach Georg Trakl lässig-wegwerfend über die »allgemeine Nervosität des Jahrhunderts«. Dabei besaß er selber alle Merkmale eines Nervenbündels und litt sehr unter seinem Säkulum, das er anderswo ein »gottloses verfluchtes Jahrhundert« nannte.[2] Es ist nicht unbedingt die Ironie, die die Wahrheit enthält; der Spott über die Nervenmode verdrängte manchmal ein eigenes Betroffensein.

Den ersten Impuls zu diesem Buch gab die Diesel-Biographie des Erfindersohnes Eugen Diesel. Der sensible Sohn schildert den Vater als einen ewig gehetzten »Hochdruckmenschen«, der beim Umgang mit sich selbst einen ähnlichen Ehrgeiz entwickelte wie bei seinem Motor: durch immer höheren Druck den Wirkungsgrad zu steigern. Dadurch sei er zum Prototypen seines nervösen Zeitalters geworden. Diesels Leiden an permanenter Selbstüberforderung und an dem »schrecklichen Hin und Her« zwischen verschiedenen Ambitionen war ohne Zweifel echt; der Erfinder endete allem Anschein nach durch Selbstmord. Mögen sich moderne Medizinhistoriker an der Verwaschenheit des Neurastheniekonzepts stoßen, so wird es doch aus der Wirtschafts- und Technikgeschichte sonnenklar, daß die damaligen Klagen über das krankmachende »Hetzen und Jagen«, so stereotyp sie oft waren, keineswegs auf purer Einbildung beruhten. Zugleich deutet das Schicksal Diesels jedoch darauf hin, daß nicht nur der Außendruck der technischen Entwicklung, sondern auch die Verinnerlichung technischer Leitbilder Nervennot erzeugte.

Die in den 1880er Jahren ausbrechende Nervositätsepidemie ist der sichtbarste Beginn moderner Streßerfahrungen: Damals wurden sie erstmals zum historischen Ereignis. War es der moderne Streß schlechthin, der zu jener Zeit massenhaft ausbrach? Aber man darf mit dem, was man vor hundert Jahren unter Nervosität verstand, nicht ungeprüft alle heutigen Assoziationen verbinden, sondern muß eine Archäologie des Gefühls betreiben. Der drohende Herzinfarkt war für damalige Neurastheniker nicht typisch. Neurasthenie galt als »reizbare Schwäche«, wobei das Element der Schwäche zunächst dominierte und abkömmliche Patienten dazu bewog, sich ausgiebig in Kur zu begeben. Erst allmählich verstärkte sich das Element der Hektik, der zerfahrenen Überaktivität. Nicht nur, was Nervosität damals war, ist die Frage, sondern mehr noch, wie dieser Begriff ins Fließen geriet. Und noch spannender ist die Frage, wie eine Kultur dazu kam, einen solchen Grenzzustand zwischen Krankheit und Gesundheit als charakteristisches Leiden zu inszenieren.

Wie das beunruhigende Nervenbild jener Zeit unangenehme Erfahrungen auf den Begriff brachte und mitteilbar machte, konnte ich in den Tagebüchern meines Großvaters verfolgen. Meine Neugier erwachte, als ich entdeckte, daß diese in zwei Versionen vorlagen: in einer älteren, am Tage selbst geschriebenen Originalfassung und in späteren schöngeschriebenen »Memorabilia« für die Kinder. Dieser Großvater, der von 1868 bis 1932 lebte, wirkt auf den Fotos – mit strammer Haltung, funkelndem Blick und hochgezwirbeltem Schnurrbart – wie die Inkarnation des wilhelminischen Bildungsbürgers. Er war denn auch ein alter Korpsstudent, der am liebsten Offizier geworden wäre und sich für den Historiker Heinrich von Treitschke, aber auch für Lokomotiven begeisterte; als er dann evangelischer Pfarrer wurde, verkörperte er das Bündnis von Thron und Altar. Auf den Fotos kann man verfolgen, wie er nach dem Ende des Kaiserreichs, obwohl erst 50 Jahre alt, in kurzer Zeit körperlich verfiel und ein alter Mann wurde. Zu jener Zeit notierte er in seinen Memorabilien unter dem Februar 1901, nun müsse er leider »der großen Veränderung« gedenken, die damals mit ihm geschehen sei und ihm eine »Misere« beschert habe, in die sein »ganzes Leben von nun an eingekeilt« gewesen wäre: »Ich bekam – Nerven.« Er erlebt die Entstehung seiner Nervosität als überraschendes Ereignis am Vormittag des 28. Januar 1901 in der Braunschweiger Domschenke, die sonst so »urgemütlich« gewesen war. In seinem Originaltagebuch hat er an diesem Tag das Zauberwort »Nerven« noch nicht gefunden; wie er da notiert, bekam er »plötzlich so starkes Herzklopfen«, daß er »gar nicht warten konnte«, sondern in seiner »Unruhe fortwährend durch die ganze Stadt ging trotz starken Schneefalls«. Spontan verfällt er auf keine Ruhetherapie, sondern sucht seine Nervosität motorisch abzureagieren. Zunächst fehlt ihm für diese verstörende Unruhe der Begriff; erst einen Monat darauf fällt zum ersten Mal das Stichwort »Nerven«. Als ob die Nerven schon als solche ein Störenfried seien! In den rückblickenden »Memorabilia« entwickeln die Nerven ein Eigenleben, als seien sie ein von außen kommender Fremdling: »Das war ja nun ein ganz fataler Gast, den ich in das trauliche Heim mit hineingeschleppt habe, und das ganz Greuliche war, daß er sich's da bequem machte und nicht mehr von mir wich.«

Was war davor geschehen? 1899 hatte der Großvater eine Reise nach Palästina unternommen, ein halbes Jahr nach Kaiser Wilhelm II. Die Reise hatte einen besonderen Grund: Es war sein Wunschtraum gewesen, Diasporapfarrer im Heiligen Land zu werden. Aber die für die Kinder geschriebenen »Memorabilia« berichten über diese Reise, die doch ein Erlebnis fürs Leben werden sollte, auffallend kurz, nicht einmal so lang wie über eine Radtour von Braunschweig nach Hildesheim. Die Wahrheit war die, daß die Reise ins Heilige Land für ihn eine höchst irritierende Erfahrung wurde; danach war von seinem romantischen Plan, Pfarrer in Jesu Heimat zu werden, keine Rede mehr. Im Originaltagebuch notiert er über die heiligen Stätten: »Das Heulen der Aussätzigen ist ganz furchtbar; man kann es sich nicht vorstellen.« »Das religiöse Gefühl erhält gar keine Nahrung.« Schon der vorausgegangene Abstecher nach Alexandria, einem damaligen Sündenbabel, hatte die Stimmung »etwas verdorben« und verwirrende sinnliche Bedürfnisse geweckt. Bis dahin hatte er »allen Ernstes daran gedacht, nicht zu heiraten«, um der Gemeinde ein Vorbild an Askese zu geben. Jetzt war es mit seiner Seelenruhe vorbei. 1901 fiel ihm auf dem Rügener Kreidefelsen der Ausblick vom Karmelgebirge ein, und die Erinnerungen kamen wieder hoch. »Die Kutscher nahmen auf dem Rückwege zwei Mädchen auf dem Bocke mit! ... Ich war nervös!« Und auch in den Tagen darauf immer wieder: die Nerven! Es gelang ihm, einen Termin bei dem berühmten Schweninger, dem einstigen Leibarzt Bismarcks, zu bekommen. Der bestärkte ihn darin, zu heiraten, da sich dann »die Sache wohl von selbst zurecht geben« werde. Der Patient setzte hinter diesen Rat zwei Ausrufungszeichen und heiratete; dieser versuchten Nerventherapie verdanke ich meine Existenz. Mit der Nervosität meines Großvaters war es allerdings dennoch nicht vorbei. Das Stichwort »Nerven« hatte sich ein für allemal festgesetzt. Mit der Sinnkrise und gleichzeitigen Erregung der Sinnlichkeit hatte es begonnen und kam nicht mehr zur Ruhe. Und ähnlich erging es der Nervosität im Kaiserreich überhaupt. Die Neurasthenie gab einem ganzen Bündel von Beschwerden einen Sinn; aber dieser Sinn verschaffte keine dauerhafte Ruhe.

Über die Ursprünge des Ersten Weltkrieges sind ganze Bibliotheken erschienen; und dennoch bleibt es ein psychologisches Rätsel, wieso sich die deutschen Führungsschichten auf diesen Weltkrieg einließen, ja ihn heraufbeschworen und teilweise herbeisehnten. Denn zumindest für den, der etwas darstellte und besaß, war die Ära vor 1914 eigentlich eine sehr gute Zeit und gab es die »Belle Époque« tatsächlich. Woher diese Unfähigkeit, das Glück in Frieden zu genießen und festzuhalten? Die Nervengeschichte, die die »weichen«, durchaus unkriegerischen Seiten der Vorkriegsgesellschaft offenlegt, scheint das Rätsel zunächst noch zu vergrößern. Aber die nervöse Sinn- und Kraftsuche enthält auch einen Schlüssel zur Lösung. Am Ende spannt sich ein großer Bogen von der Medizin zur Politik, von den Nervenheilstätten zur Hofgesellschaft. Nervosität als Krankheit und als Kulturzustand, als individuelle Erfahrung und als nationales Befinden: Diese verschiedenen Nervositäten werden, wie sich zeigen wird, über historische Prozesse zur Nervosität der Zeit.

Die Entstehung des Ersten Weltkrieges wird gewöhnlich aus Strukturen der internationalen Politik im Zeitalter des Imperialismus und/oder aus Gesellschaftsstrukturen des kaiserlichen Deutschlands hergeleitet. Aber weder die eine noch die andere Herleitung ist logisch zwingend. Dahinter verbirgt sich das theoretisch noch nicht befriedigend gelöste, meist durch die Erzähltechnik überspielte Problem des Zusammenhangs zwischen Strukturen und Handlungsketten, die diese Strukturen verändern. Um hier weiterzukommen, muß man etwas über die kinetische Energie einer Gesellschaft ermitteln: über jene sich fortpflanzende und transformierende Unruhe, die mit der Art und Weise zusammenhängt, in der die bestehenden Strukturen *erfahren* werden. Auch das gibt Grund, die für die Zeit vor 1914 unendlich oft bezeugte »Nervosität« genauer zu untersuchen.

Um zu verstehen, was vorging, muß man stets das Doppelgesicht der Nervosität beachten: Sie war ein kulturelles Konstrukt und zugleich eine echte Leidenserfahrung. Die einzelnen Symptome – Magen- und Darmbeschwerden, Impotenz, Herzflattern, Schlaflosigkeit, Angst- und Schwächezustände – sind, für sich genommen, vieldeutig und unspezifisch; zur bedeutungsvollen Nervosität wurden sie erst durch verbindende Interpretationen. Aber diese Deutungsmuster waren zu ihrer Zeit nicht willkürlich. Eine Kultur ist kein absichtsvoll handelndes Subjekt, das sich trickreich Krankheiten ausdenkt. Und die Nervosität war eben nicht nur ein Schlagwort, sondern war und blieb auch eine beunruhigende und quälende Erfahrung.

Ohne Nervendiskurs keine Nervosität – gewiß. Bis in die Selbstzeugnisse der Patienten hinein – mit meinem Großvater angefangen – kann man verfolgen, wie das vibrierende Nervenbild Erfahrung entfesselt. Aber darauf kommt es an: Die richtig verstandene Diskursgeschichte ist nicht nur Geschichte von Worten, sondern mehr noch von Erfahrungen. Zu oft verkümmert die »Diskursgeschichte« zu bloßer Diskussionsgeschichte, als sei die ganze Weltgeschichte eine unendliche Kongreßsitzung von Akademikern. Der Nervendiskurs war etwas anderes: Er hatte keinen Moderator, und er hatte – wie sich zeigen wird – seine wilden, vagabundierenden, von unkalkulierten Emotionen getriebenen Eskapaden. Darin bestand sein Entdeckerelan, aber darin lag auch eine Gefahr.

Ein Hauptreiz der Nervositätsliteratur beruht darauf, daß man in ihr viel Eigen- und Selbsterfahrung der Schreibenden spürt. Wenn Nervenärzte immer wieder versichern, daß sich die Neurasthenie bei allem Wirrwarr der Symptome klar identifizieren lasse, so ist das eine Sicherheit, die nicht nur der kühlen Analyse, sondern mindestens ebensosehr der Intuition und inneren Nähe entstammt. Schon Beard, der Erfinder des Neurastheniekonzepts, ließ erkennen, daß er mit dieser Krankheit seine persönliche Erfahrung hatte; und auch bei Möbius, dem deutschen Entdecker der modernen Nervosität, war nicht schwer zu durchschauen, daß er bei diesem Thema von sich selbst sprach. Die Schmähbriefe, mit denen ihn vor allem schwedische Feministinnen nach seiner Schrift »Über den physiologischen Schwachsinn des Weibes« (1900) überschütteten, zielten mit besonderem Genuß auf die sich in seiner Frauenfeindlichkeit verratende »Nervosität« – Nervosität vor allem im Sinne erotischer Unfähigkeit. »Wir haben über Ihr Buch ... furchtbar gelacht ... Daß überhaupt solch ein Buch geschrieben werden kann, daran sieht man, daß die Deutschen sehr degeneriert sind. ... Das ganze Buch zeugt von der größten Nervosité und Unruhe.«[3]

Der Nervenarzt Willy Hellpach, nach 1900 der rührigste Nachwuchsautor zum Thema »Nervosität« und einer der Kronzeugen dieses Buches, machte später kein Hehl daraus, daß jenes Leiden, mit dem er einst sein öffentliches Debüt gegeben hatte, auch sein eigenes Problem – und zugleich seine Chance – gewesen war. Als junger Arzt machte ihn das Warten auf die Patienten, die nicht kamen, »schrecklich nervös«. Auch ein unschlüssiges amouröses Doppelleben brachte ihn durcheinander. »Immer hoffnungsloser verpfuschte sich mein Leben. Ich sah nur noch Scherbenhaufen und Trümmerfelder.« Als er die Nervosität als sein Thema entdeckte, wußte er, worüber er schrieb. Aber er war nicht nur von Leidensdruck, sondern auch von dem Drang nach oben geleitet. »Es ging die Fama um, als Nervenarzt gehöre einem die Zukunft, das

20. Jahrhundert werde eines der Neurasthenie und ihrer Bezwingung sein ...« Durch seine hemmungslose Entdeckerfreude gerade angesichts unerforschter Regionen des Alltags wurde er kein großer Wissenschaftler, aber ein Medium seiner Zeit. »Hellpach redet über alles, über alles in der Welt«, trällerte ein Heidelberger Kollege. Freud aber versicherte Hellpach, daß er ihn »zu den ehrlichen Wahrheitssuchern« rechne, »zu denen ich mich selbst zähle«.[4]

Die Krankheitsdiagnose aus Intuition und Selbsterfahrung hat ihre schlafwandlerische Sicherheit, aber eben damit auch ihre Tücke. Das gilt noch unendlich viel mehr, wenn »Nervosität« als politische Diagnose fungiert. Die deutsche Nervositätsgeschichte – im Kaiserreich und noch darüber hinaus – handelt nicht nur von psychosomatischen Leiden, sondern mehr und mehr auch von der Wechselwirkung zwischen Leidenserfahrung und Zeitbewußtsein. Nicht zuletzt in dieser Dynamik besteht die fortdauernde Aktualität des Themas in der Gegenwart, in der die psychologische Selbst- und Weltbespiegelung mehr denn je das Bewußtsein bestimmt und in der das Therapieren und Sich-therapieren-Lassen zu einer nicht unwesentlichen Art des Umgangs mit den Mitmenschen und dem eigenen Ich geworden ist.

1
Langzeittrends und Knotenpunkte in der Nervengeschichte

Gedankenspiele mit Großtheorien
über die moderne Nervosität

DIESES BUCH SETZT VORAUS, daß es bei der Geschichte der Nervosität darauf ankommt, genau hinzusehen, Selbstzeugnisse von »Nervösen« unter die Lupe zu nehmen und nicht nur nach *der* modernen Nervosität, sondern nach spezifischen Nervositäten zu suchen. Aber trifft diese Annahme zu? Man könnte eine andere These dagegenstellen: Das Thema »Nervosität« verlange nicht nach akribischer Spurensuche, sondern nach Anthropologie, nach Geschichtsphilosophie, nach universaler Großperspektive. Ist es nicht eine naive Verwechselung der Worte mit den Phänomenen, wenn man meint, daraus, daß der Begriff »Nervosität« modern ist, folgern zu können, das Phänomen selbst sei modern? Gehörten nicht die Angst und das Beben der unbefriedigten Begierde seit eh und je zum Dasein des Menschen? »Das Rennen und Jagen beschert dem menschlichen Herzen Ausbrüche des Rasens«, lehrte schon Lao Tse im 6. vorchristlichen Jahrhundert. Die Sehnsucht nach Ruhe im Geist ist ein jahrtausendealtes weltweites Grundmotiv der Weisheitslehre.

Kann man daraus folgern, daß das Leiden an dem, was wir heute »Nervosität« nennen, uralt ist? In gewissem Sinne ja: Ein urtümliches Substrat ist offenbar da. Bei der Nervosität hat man es nicht nur mit zeitgebundenen Konstellationen, sondern mit einer menschlichen Grundbefindlichkeit zu tun. Dennoch lohnt es sich, genau hinzuschauen und sich jene Unruhe zu vergegenwärtigen, um deren Überwindung es den Alten ging. Über Jahrtausende war die Bändigung der Leidenschaften der Kern aller Lebensweisheit. Im »nervösen Zeitalter« dagegen war die Grunderfahrung anders: Viele litten an einer Gebrochenheit und Unentschiedenheit der Gefühle und sehnten sich nach einer starken Leidenschaft, die alle Energie in eine Richtung bündelt. Gerade dadurch entstand die politische Brisanz der »nervösen« Weltdeutung. Imhof erkennt in der neueren Geschichte einen mentalen Grundprozeß des Rückgangs konkreter Furcht und der Zunahme vager Ängste. Wenn es so ist, dann kann eine konkrete Gefahr wie ein Krieg ein Gefühl der Erleichterung hervorrufen. Der Schweizer Hilty spottete an der Jahrhundertwende, daß es in deutschen Vorträgen zur Nervosität beliebt geworden sei, mit dem Bismarck-Wort zu schließen: »Wir Deutsche fürchten Gott, aber sonst nichts auf der Welt.« In Wahrheit – so Hilty – fürchteten viele Deutsche Gott eben nicht, dafür vieles andere, »und das bildet gerade eine Hauptursache der Neurasthenie«.[1]

Niedergeschlagenheit und Trübsal quälten die Menschen schon in alter Zeit: Die Melancholie ist die Urform des psychischen Leidens schlechthin. Die Neurasthenie ist jedoch nicht das gleiche: Sie gehört zu einem kulturellen Milieu, in dem sich eine mäßige Melancholie durch vielerlei Stimulanzien teilweise auffangen läßt. Auch die Wut ist ein altes, mythenbildendes Phänomen; aber jener halbunterdrückte Ärger, der sich mit halbbewältigter Melancholie verbindet, trägt schon eher moderne Züge und paßt zu einer Gesellschaft, in der es sich nicht gehört, solche Leidenschaften hemmungslos auszuleben. Cesare Lombroso, der berühmteste italienische Psychiater der Jahrhundertwende, fand die Neurasthenie charakteristisch für eine Zeit, in der die alten exzessiven Reinformen von Raserei und Trübsal rückläufig und dafür die »Zerstreutheitsstörungen« im Vormarsch seien.[2]

Aber die Nervenschwäche durch Überforderung: kann die ein historisches Novum sein? Gewiß gab es einen Verschleiß menschlicher Gesundheit durch schwere Arbeit schon seit den Anfängen des Ackerbaus. Jahrtausendelang stand jedoch die Arbeitswelt unter der Macht der Gewohnheit und dem Rhythmus der Jahreszeiten. In der alten Agrargesellschaft war der Winter, die Zeit relativer Ruhe, zugleich die des Dunkels und der Kälte, der stockenden Säfte und der Melancholie. Die rastlose Arbeit dagegen verband sich mit den schönen Jahreszeiten; die »eilige Erntezeit« war ein stehender Begriff. »Zu den Zeiten der dringenden Feldarbeiten« – so ein Landarzt 1905 – »entsteht ein Arbeitstrieb in der ländlichen Bevölkerung, der alles erfaßt und alles zur Arbeit zwingt, was dazu fähig ist.« Selbst der »Nervenkranke« werde »vom Arbeitsdrang ergriffen« und vergesse sein Leiden.[3] Auf diese Weise regelte die Natur die psychische Seite der Arbeit, sofern nicht drückende Abgaben den Arbeitstrieb lähmten.

Auch in den Städten wurden Arbeitsweise und Arbeitstempo bis ins 19. Jahrhundert weithin von Gewohnheiten und natürlichen Rhythmen reguliert. Erst am Jahrhundertende mehren sich die Anzeichen für einen Wandel auf breiter Front. Der Neurologe Windscheid bemerkte 1909, das »Gefühl des nicht Fertigwerdens« sei »eine der hauptsächlichsten Quellen« der »Berufsnervosität«. Der Psychiater Bürger-Prinz hat vermutlich recht, wenn er die Dauerangst, die alltäglichen Aufgaben nicht rechtzeitig zu erledigen oder etwas falsch zu machen, als Massenerscheinung für modern hält. Ähnliches gilt für die quälende Zersplitterung der Aufmerksamkeit. Hellpach glaubte sogar genau sagen zu können, daß die »Verzettelung der Inanspruchnahme« »etwa erst sei 1890 zur Regel für alle« geworden sei.[4]

Bestimmte Arten von psychischer Belastung treten als Massenphänomene also erst in der Moderne auf. Aber immer noch könnte man daran zweifeln, daß es für den Historiker Sinn hat, sich auf die Mikroebene der individuellen Fallstudien einzulassen. Verlangt das Thema nicht statt dessen nach einer Megaanalyse: nach einer psychologischen Ausstaffierung von Modernisierungstheorien? Ist die moderne Nervosität nicht eine logische Konsequenz von Grundprozessen der Moderne: so vor allem des Aufstiegs der kapitalistischen Konkurrenzwirtschaft, der Individualisierung, der Beschleunigung? Aber schauen wir uns diese Prozesse genauer an.

Um mit dem Kausalzusammenhang Kapitalismus – Nervosität zu beginnen: Der wirkt besonders mächtig und zwingend, und ein Konnex ist in vielen Fällen tatsächlich zu erkennen. Es leuchtet ein, daß Konkurrenzkampf und Leistungsdruck, die Verquickung von Risiken und Chancen, das Auf und Ab der Konjunkturen, die noch heftigeren Vibrationen der Börse und der Trend zur permanenten Innovation für viele Beteiligte und Betroffene eine enorme Belastung bedeutet. »Prickelnde Hochspannung« elektrisiert nach Braudel schon den Handelskapitalismus der frühen Neuzeit.[5] Dann wäre jener »Kampf ums Dasein«, über den die Nervositätsliteratur klagt, im späten 19. Jahrhundert nichts Neues gewesen.

Aber der ganz und gar freie Markt existiert nur in der ökonomischen Theorie, nicht in der historischen Realität. Das menschliche Streben nach Sicherheit war stets übermächtig, und daher waren die wirtschaftenden Menschen allzeit sehr erfinderisch, wenn es darum ging, die Unsicherheit der totalen Freiheit zu unterlaufen: durch Gewohnheiten, Absprachen, Familienverbindungen, Kartelle, nationale und regionale Marktabschließungen. Die ständige Innovation war längst nicht in dem Maße das Lebensgesetz des Kapitalismus, wie ökonomische Theoretiker meinen. Auch in der Geschichte des Kapitalismus hat das Trägheitsgesetz seine Macht; oft entdeckt man sein stummes Wirken zwischen den Zeilen der Quellen. Aber im späten 19. Jahrhundert gerieten die wirtschaftlichen Verhältnisse in Deutschland in immer stürmischere Bewegung; die stereotype Klage über das »Hetzen und Jagen« war keine Phrase. Wie Max Weber 1911 aus eigener Erfahrung schilderte, standen um 1900 viele Industriebetriebe, die bis vor kurzem ihre Wirtschaftlichkeit kaum berechnet hatten, durch Verschärfung der Konkurrenz ziemlich abrupt vor dem Zwang zu einer scharfen Kostenkalkulation. Die Spuren dieser härteren Zeit findet man in nicht wenigen Patientengeschichten der Nervenheilstätten, so etwa in der Akte eines 51jährigen Textilfabrikanten aus dem Aachener Raum, der 1907 in die Anstalt »Bellevue« am Bodensee kam: »Pat. stets überanstrengt seit dem 14. Jahre. ... Überall empfindet Pat. Unruhe, ›es hält ihn nirgends lange‹, wechselt Ärzte und Kuren...« Ein Schwager versichert, die Existenzsorgen des Fabrikanten seien im Grunde unnötig; nur habe ihm der Wandel der Zeiten das Gefühl der Sicherheit geraubt: Die Konkurrenz in der Textilbranche sei eben ungemütlicher geworden und drücke auf die Gewinnspanne. »Über dieses Faktum kann (er) nicht hinweg, und es ärgert und wurmt ihn fortwährend.« So mache er »aus jedem Floh einen Elefanten«.[6] Auch wenn das Geschäft lief, wirkten die neue Unübersichtlichkeit der Wirtschaft und das Gefühl, stets auf der Hut sein zu müssen, auf zartere Gemüter als beständige Qual.

Der Kapitalismus prägt die Psyche nicht nur durch seinen Druck, sondern auch durch seine Lockungen: durch die Unruhe neuer Chancen und Bedürfnisse. »Im Anfang war England. Und die Zufriedenheit verschwand aus der Welt« – mit dieser lakonischen Bemerkung läßt ein Ökonom die industrielle Revolution starten.[7] Nicht zufällig wurden nervöse Leiden modernen Typs im 18. Jahrhundert erstmals als »englische Krankheit« registriert. Man kann die chronische Unzufriedenheit aus dem Wesen des Geldes ableiten: Dieses besteht ja nicht darin, daß es einen bestimmten Wunsch erfüllt, sondern daß es eine Chance zur Befriedigung beliebiger Bedürfnisse verschafft. Dadurch bietet es die materielle Basis für einen Dauerzustand diffuser Begierden.

Dennoch: Diese Wirkung übte das Geld in der Geschichte nicht stets und automatisch aus. Sehr oft diente es vor allem dazu, bestimmte gewohnheitsmäßige und vorgegebene Bedürfnisse zu befriedigen. Aber es gab historische Phasen, wo die im Geld angelegte Psychodynamik eskalierte; und die nervöse Ära war offenbar eine solche Zeit. Damals gab Georg Simmel in seiner »Philosophie des Geldes« die klassische Darstellung von den mentalen Fernwirkungen der Monetarisierung, und er führt dabei mitten in die nervöse Welt: so wenn er schildert, wie das Geld das »Tempo des Lebens« beschleunigt und eine ewige Unruhe, ein Hin-und-her-gerissen-Werden zwischen einer Vielzahl von Wünschen erzeugt.[8]

Die Individualisierung: Auch aus diesem Säkularprozeß läßt sich Nervosität logisch ableiten. Geht man davon aus, daß sich der Einzelmensch im Lauf der Neuzeit aus der Geborgenheit und Selbstverständlichkeit vorgegebener sozialer Ordnungen löste, dann wäre das Individuum längst durch säkulare Trends in eine beunruhigende neue Welt unsicherer Normen hineingeraten, in der nicht mehr festliegt, wo jemand hingehört, und in der man für alles selber sorgen muß und selbst verantwortlich ist. Und da es den anderen ähnlich ergeht, muß das Aufeinanderprallen unterschiedlicher Lebensentwürfe immer härter und hektischer werden. Der psychische Streß – so könnte man fortfahren – potenziert sich durch die zugleich wachsende Selbstreflexion. Nicht genug damit, daß der eigene Ort objektiv unsicher ist: Die psychische Unsicherheit erhöht sich noch durch die Selbstbezogenheit, das orientierungslose Nachdenken über die Unsicherheit. Die instinktive Verhaltenssicherheit ist dahin. Ewig muß man zweifeln, ob man den richtigen Beruf, den richtigen Partner und die richtige Lebensweise gewählt hat und die entsprechenden Anforderungen erfüllt. Äußere Zwänge werden durch Selbstdisziplin abgelöst; aber die Disziplinierung des Selbst funktioniert nicht glatt und reibungslos, schon gar nicht in einer immer komplizierteren Welt mit widersprüchlichen Signalen.

Aber die Individualisierung ist längst nicht so ausschließlich modern, wie man oft meint. Selbst mittelalterliche Mönche liebten die individuelle Lebensweise: Sobald die Ordensdisziplin nachließ, standen die klösterlichen Gemeinschaftsräume leer.[9] Im übrigen jedoch: Auch in der Moderne herrschte der Individualisierungsprozeß nie konkurrenzlos, sondern war stets von Gegentendenzen der Vergesellschaftung begleitet: Das Gros der Sozialgeschichte handelt von nichts anderem. Für die längste Zeit der Geschichte braucht man sich nur an die triviale Tatsache zu erinnern, daß sich die meisten Menschen in winterkalten Regionen, solange es zum Heizen nur Holz gab und die Holzpreise stiegen, eine körperlich von den Hausgenossen distanzierte Lebensweise gar nicht leisten konnten. Mochte im Reich der Ideen der Individualismus voranschreiten: die Kälte zwang immer wieder zum Zusammenrücken.

In der zweiten Hälfte des 19. Jahrhunderts jedoch, als das Heizen durch die Massenförderung von Steinkohle billiger wurde, konnten immer mehr Menschen zu den anderen auf körperliche Distanz gehen. Jetzt konnte man in ganz neuer Weise das Schamgefühl und die Ansteckungsangst, dazu die egozentrische Reizbarkeit und die einsamen Phantasien ausleben. Aber daraus entstanden nicht so rasch stabile Lebensformen; das Singledasein entwickelte seinen Lebensstil erst allmählich. Selbst bei einem 25jährigen Elektrotechniker, der schon in Amerika gewesen war und sich 1901 als Neurastheniker ins Sanatorium begab, empfand die Mutter die »Idee des Alleinwohnens« als abwegig, obwohl sich der Sohn nach Autonomie sehnte, und verband damit die Vorstellung von einem

»unbehaglichen chambre garnie«. Möbius klagte aus eigener Erfahrung über das unbehagliche Untermieterdasein der Junggesellen, unter denen es nicht ohne Grund so viele Nervöse gebe: »bald drückt die äußere Not, der Widerwille an den möblierten Zimmern und ihren Vermietern, am Kneipenleben, der Mangel an Hemdknöpfen und Ähnliches«. Die typischen Untermieter seien dem Lärm der Umgebung, dem Kindergeschrei und Klavierspiel besonders hilflos ausgeliefert.[10] Auch innerhalb der Familie schritt der Individualismus voran; aber solange sich nicht entsprechende Toleranzen eingespielt hatten, waren die Egobedürfnisse eine Quelle von Reibereien. In dem »Subjektivismus, der alles und jedes nur auf die eigene Person, ihr Wohlergehen und ihren Sinnengenuß bezieht« erblickte der Neurologe Wilhelm His die wahre Ursache der Nervosität. Aber es gab nicht nur die genußsüchtige, sondern auch die desorientierende Ich-Autonomie. In der 55seitigen Neurastheniegeschichte, die ein 23jähriger Jurist von sich verfaßte, wiederholt sich die Klage, er »habe das Gefühl ich wüßte nicht recht wo ich wär«, und daher sei er immer so ängstlich.[11]

Die Beschleunigung, die Zeitnot: Auch sie gilt mit Grund als charakteristischer Zug der Moderne, und gerade hier läßt sich der Kausalzusammenhang mit der Nervosität ganz direkt konstruieren. Aber auch sie ist kein überall gültiges Grundgesetz der Neuzeit; auch dieser Megatrend wirkte nur mit Unterbrechungen und wurde durch Gegentrends gestört. Seitdem das Thema »Zeit« unter Historikern in Mode gekommen ist, hat man zwar schon seit dem späten Mittelalter, seit dem Aufkommen städtischer Rathaus- und Turmuhren, einen Prozeß zunehmender Zeitdisziplin behauptet; aber diese Uhren waren jahrhundertelang sehr ungenau und besaßen mehr symbolischen als praktischen Wert. Eine erste große Wende kam im 19. Jahrhundert mit den Fabrikuhren und den Eisenbahnfahrplänen. Aber noch damals war die Taschenuhr mit der vergoldeten Kette mehr ein behäbig am Bauch getragenes Statussymbol als ein Element der Hetze. Zeitdisziplin bedeutete zunächst nur pünktlichen Arbeitsbeginn. Erst am Ende des 19. Jahrhunderts kam eine permanente Kontrolle des Arbeitstempos auf. Damals saß vielen Menschen die alte Gemächlichkeit noch in den Gliedern. Um so kribbeliger wurde man – in den Worten Robert Musils – durch den Beschleunigungsschub: »Genau so ist es, wie wenn die alte untüchtige Menschheit auf einem Ameisenhaufen eingeschlafen wäre, und als die neue erwachte, waren ihr die Ameisen ins Blut gekrochen, und sie muß seither die gewaltigsten Bewegungen ausführen, ohne dieses lausige Gefühl von tierischer Arbeitsamkeit abschütteln zu können.«[12]

Hellpach beobachtete jedoch ganz richtig, daß die moderne Zeit durchaus nicht in jeder Weise das Tempo erhöhte; im Gegenteil, in mancher Hinsicht habe »das menschliche Entwicklungstempo sich verlangsamt«. »Wir brauchen wesentlich länger, um erzogen zu werden …; nahezu alle Kulturvölker essen langsamer, umständlicher als die meisten ›Natur‹-Völker; während des 19. Jahrhunderts mit seiner rasenden Verkehrsbeschleunigung haben sich alle Laufbahnen verlangsamt, ist das Vorrücken im Beruf immer schleppender geworden.« Schon die wachsende Bürokratisierung wirkte an vielen Stellen als Bremsklotz; denn – in den Worten eines Flugzeugtechnikers – »das Wesen des Bürokratismus aller Zeiten« ist, »sich Zeit zu lassen«.[13] Wem allerdings die erhöhte Geschwindigkeit schon zur zweiten Natur geworden war, der geriet gerade durch diese Bremskräfte aus der Fassung. Und gerade die Jahrhundertwende war eine Zeit, in der das neue Tempo nicht nur von außen kam, sondern in einem Maße wie nie zuvor verinnerlicht wurde: durch Fahrrad und Auto, durch Sport und Film.

Um Bilanz zu ziehen: Alle jene neuzeitlichen Großtrends, die sich als Langzeitursachen der Nervosität anbieten, wirkten nie ungestört, sondern riefen stets Gegenkräfte auf den Plan. Das ist nicht zu verwundern; denn letztlich machen die Menschen ihre Geschichte selbst und lassen selbstproduzierte Unannehmlichkeiten nicht bis ins Unendliche weiterlaufen. Gewiß, auch ohne menschliche Absicht wird die Welt immer komplizierter, je mehr sie zusammenwächst; aber die gesamte Geschichte der sozialen Systeme läßt sich, um mit Niklas Luhmann zu reden, als ein Vorgang der Reduktion von Komplexität interpretieren. Gibt es zu einer modernen Nervosität also gar keinen Grund, zumindest keinen systemdynamischen?

Aber in der historischen Wirklichkeit läuft die Reduktion der Komplexität nicht so glatt. Soziale Gegenreaktionen auf die Streßeffekte der Modernisierungsprozesse erfolgen in der Regel nicht prompt, sondern mit Verzögerung; und längst nicht alle Betroffenen profitieren davon. Und gerade die Bremskräfte tragen dazu bei, daß bestimmte Modernisierungsvorgänge, sobald sich die Bremslager lockern, manchmal ruckweise erfolgen und schwere Erschütterungen hervorrufen: Das war im »Zeitalter der Nervosität« offenbar der Fall. Und mehr noch: Zwischen Prozeß und Gegenreaktion entsteht längst nicht immer eine ruhige Balance, sondern nicht selten eine Verknotung, die neue Spannungen erzeugt. Eine solche psychisch strapaziöse Spannung entstand etwa zwischen den ungesunden Seiten des modernen Lebensstils und der gesundheitsbeflissenen Lebensreformbewegung. Die rapide Ausbreitung der sitzenden Lebensweise, der erhöhte Konsum von Fleisch, Salz, Zucker und die immer massenhaftere Verfügbarkeit von Reizmitteln wie Alkohol und Kaffee:

All das ist gewiß ein materielles Substrat dessen, was man vor hundert Jahren unter Nervosität verstand. Die Leiden unter Blähungen, Völlegefühl und Verstopfung sind ein wichtiger, noch viel zuwenig beachteter Untergrund der Geschichte des neuzeitlichen Körpergefühls; manche Heimlichkeiten, die einen Gesamtzustand unbehaglicher Gereiztheit hervorriefen, sind im Darm zu suchen. Andere hingen mit dem modernen Trinkreizzyklus von Alkohol und Kaffee zusammen. Die Lebensreformer kämpften gegen die Schädlichkeit dieser Lebensweise; aber sie vermochten sie in vielen Fällen nicht zu beseitigen, sondern riefen nur schlechtes Gewissen und ängstliche Selbstbeoachtung hervor. Von einem korpulenten Pfarrer, der den halben Tag auf der Chaiselongue lag, heißt es 1911 in der Kuranstalt Ahrweiler, sein »ganzes Denken« drehe sich »um seinen Stuhl«.[14]

Die moderne Nervosität wird oft als Überreizung definiert und von den Stimulanzien der modernen Zivilisation hergeleitet. Luhmann behauptet dagegen, eine »Reizüberflutung« könne es gar nicht geben; denn der »neurophysiologische Apparat« schirme »das Bewußtsein drastisch ab« und das »operative Medium Sinn« tue »ein übriges, um nur etwas gut verdaulich aktuell werden zu lassen«. Aber damit der Mensch fähig ist, auf Gefahren zu reagieren, darf ihn das Nervensystem nicht zu perfekt gegen Störendes abschirmen; es muß auch Warnsignale übermitteln. Außerdem: Längst nicht immer funktioniert das »operative Medium Sinn« perfekt. Wo der Lebenssinn zweifelhaft wird, wächst die Empfänglichkeit für verwirrende Reize: Das erlebte mein Großvater in Palästina. Und eine analoge Entwicklung vollzog sich zu gleicher Zeit auf Reichsebene.

Diese Art von Nervosität ist nicht unbedingt krankhaft; im Gegenteil: Ohne die Fähigkeit dazu könnten Menschen und soziale Systeme in ungewohnten Gefahrensituationen nicht überleben. Die menschliche Psyche hält vieles aus, und man kann nach dem, was wir heute wissen, längst nicht mehr so selbstverständlich wie einst davon ausgehen, daß die moderne Gesellschaft psychische Krankheiten verursacht. Lange Zeit glaubten viele, dieser Kausalzusammenhang sei klar erwiesen. Um 1910 konnte man lesen, der Anteil der Geisteskranken sei in Preußen 182mal so hoch wie in Indien; und noch in den 1960er Jahren machten Michel Foucault und die »neue Linke« den Konnex von »Wahnsinn und Gesellschaft« fast zu einem Dogma. Aber das Bild veränderte sich vollkommen, als in den 70er Jahren weltweite WHO-Untersuchungen ergaben, daß der Anteil schwerer Psychosen eine von der Gesellschaft unabhängige Konstante ist.[15]

Anders verhält es sich jedoch mit den leichteren nervösen Störungen.

Wie Karl Jaspers bemerkt, besitzen Neurosen ihren »Zeitstil«; für die Neurasthenie gilt das ganz gewiß.[16] Denn, wie auch immer ihre körperlichen Ursachen sein mögen: Der Verlauf des Leidens wird durch die Umwelt bestimmt. Das ist der springende Punkt. Die Nervosität besitzt kein Wesen, das sich von ihrem Verlauf abstrahieren ließe, sondern besteht als funktionale Störung wesentlich in der Art, wie der Patient sie abreagiert, und in dem Wechselspiel zwischen dem Patienten und seinem Umfeld. Dieses Abreagieren, diese Wechselwirkung ist auch die Art, wie ein solches Leiden mit der Geschichte zusammenhängt und Geschichte macht. Das, was in den medizinischen Lehrbüchern säuberlich nach Ätiologie, Symptomatik und Thearapie getrennt ist, gerät dabei durcheinander. Die Badereisen und Kuraufenthalte, mit denen die Neurastheniker Linderung suchten, wurden zu Bestandteilen eines nervösen Lebensstils; dabei wurde die Nervosität von einer Krankheit zu einem Leid-Lust-Phänomen. Wieweit die Nervosität als ernste Krankheit gelten kann, läßt sich in vielen Einzelfällen nicht mehr rekonstruieren und ist für den Historiker auch nicht so wichtig; entscheidend ist, daß sie ein kulturelles Phänomen ersten Ranges war, das auf einer breiten emotionalen Grundlage eine heftige Dynamik entwickelte und eine neue Zeit- und Welterfahrung schuf, mit der sich einiges anstellen ließ.

Die Karriere des Begriffs »Nerven«

NOCH BIS WEIT in die Neuzeit hinein bedeuteten die »Nerven« Muskeln und Sehnen; zu den feinen Reizübermittlern wurden sie erst im 18. Jahrhundert, und diese Wende kam vom frühindustriellen England. Es war zuerst das Nervenbuch des schottischen Arztes Robert Whytt (1765), das die Nerven mit einem Schlag populär machte. Wie ein Schüler Whytts schrieb, griffen selbst solche Menschen, die gerade eben von ihren Nerven noch keine Ahnung gehabt hatten, begierig nach diesem Wort. Die »Nerven« waren offenbar wie geschaffen, verbreitete Erfahrungen auf den Begriff zu bringen. Heute macht es Mühe, sich ein Menschenbild ohne Nerven zu denken; man muß rekonstruieren, wie das Nervenkonzept die menschliche Selbsterfahrung veränderte. Noch im 17. Jahrhundert hatte Harveys Entdeckung des Blutkreislaufs die alte Vorstellung vom Herzen als Lebensquell bestärkt; nun rückten die Nerven ihren großen Knotenpunkt, das Gehirn, ins Zentrum des Körpers. Aber auch an der Peripherie wurde es lebendig. Die Nerven avancierten zum Sitz der Lebenskraft; im späten 18. Jahrhundert verbreitete sich die Auffassung, das Wesen des Lebens bestehe in der Reizbarkeit. Aber schon früh galten die Nervenfäden, diese zarten Gebilde, als besonders störanfällig. Hufeland bemerkte 1812, »noch nie« seien »Nervenkrankheiten so häufig wie jetzt« gewesen und eine Krankheit ohne einen »Nervenanteil von Krämpfen oder dergleichen« komme kaum noch vor. Foucault schildert die Karriere der Nerven als eine medizinische Revolution: Die »neue Welt« der Nervenkrankheiten habe ihre »eigene Dynamik« entfaltet. Sie wirkte nicht nur auf die Mediziner, sondern auch auf die Art, wie die Patienten ihre Leiden ausdrückten.

Göckenjan erkennt vom 18. Jahrhundert bis in die Gegenwart eine »Nervenperiode der Körpergeschichte«. Aber »Nerven« waren im 18. Jahrhundert nicht ganz das gleiche wie heute. Um 1790 galt etwa das Asthma als »Prototyp einer Nervenkrankheit«. Zum Teil lebte die alte Säftelehre im Nervengewand fort; man dachte sich die Nerven analog zu den Adern als Röhren, durch die der »Nervensaft« zirkulierte. Da die Gehirn- und Rückenmarksnerven von einer bewegten Flüssigkeit umgeben sind, war diese Vorstellung keine pure Spekulation. Zwischen Blutarmut und Nervenschwäche sah man noch das ganze 19. Jahrhundert hindurch eine enge Verbindung, besonders bei Frauen; »mit Schmerzen bettelt gleichsam der Nerv um gesundes Blut«, wenn er überempfindlich reagiere, lehrte Romberg, der Begründer der deutschen Neurologie.[17] Für die, die in den Nerven den Sitz der Lebenskraft erblickten, war der Nervenliquor ein besonderer Saft, eine eigenbelebte Flüssigkeit wie das Sperma. Da das Strömen seine Zeit braucht, konnte man damit keine blitzartigen Reaktionen des Körpers erklären: Diese Nervenwahrnehmung paßte zu einer Zeit, die noch nicht wie gebannt auf die Phänomene der Beschleunigung starrte.

Auch die alte Nachbarschaft von Nerven und Muskeln hielt sich in der Vorstellung noch lange; in Begriffen wie »Anspannung der Nerven«, »erschlaffte« Nerven, ja sogar »Nervenschwäche« ist sie noch im 20. Jahrhundert präsent. »Nervig« bedeutete »muskulös«. Solange man sich die Nerven wie Muskeln vorstellte, schrieb man den Frauen fast automatisch schwache Nerven zu; um 1900 war jedoch nicht mehr sicher, ob diese Ansicht stimmte. Wer sich den Nerv als Sehne dachte, assoziierte damit gerne eine Bogensehne oder eine Geigensaite: Das paßte zur »Spannung« und »Reizbarkeit« der Nerven und erklärte auch, warum Dauerspannung zur Erschlaffung führt. Wenn man sich im späten 19. Jahrhundert mit den eigenen Nerven beschäftigte, hatte man bei der Art der Selbstwahrnehmung eine gewisse Auswahl.

Eine neue Ära kündigte sich mit Galvanis Entdeckung der tierischen Elektrizität im Revolutionsjahr 1789 an. Die Nerven begannen elektrifiziert zu werden; »Nervenspannung« ließ sich jetzt auch elektrisch verstehen. Von da ab gerieten die neurologischen Ideen in den Bannkreis der Entdeckungen in dem geheimnisvollen neuen Reich der Elektrizität. Nun hatte man eine Erklärung für die Blitzesschnelle mancher Nervenreaktionen, zumal auch der elektrische Charakter des Blitzes seit kurzem bekannt war. Diese Neuheiten ermöglichten im Lauf der Zeit ein neues Nervengefühl und eine Wende im Nervendiskurs, wobei die Reizbarkeit und die schnellen Reaktionen ins Zentrum der Aufmerksamkeit rückten.

Im England des späten 18. Jahrhunderts zeigte die »neue Sprache der Nervosität«, wie Roy Porter schreibt, »durch und durch eine klassenspezifische Voreingenommenheit«: »Nerven« waren das Zeichen der verfeinerten, geistig tätigen Oberschicht. Aber das sollte nicht so bleiben. Auch untere Schichten machten sich die »Nerven« zu eigen, und die Medizin mußte ihnen folgen. Ein Solinger Kreisarzt schreibt 1823, »Nervenschwäche« sei »ein Wort, welches bei Vornehmen und Geringen – selbst beim robusten Bauer – gangbar ist«.[18] Die Neurasthenie erlebte am Ende des 19. Jahrhunderts erneut diesen Demokratisierungsvorgang.

In der Enzyklopädie von Krünitz, die 1806 den Buchstaben N erreichte, bedeutete »nervös« immer noch das gleiche wie »nervig«: »viele und starke Nerven habend«. Am Jahrhundertende meinte »nervös« meist das genaue Gegenteil. In England und Frankreich begann die Bedeutungsverkehrung schon am Ende des 18. Jahrhunderts; es dauerte nicht lange, da gab es erste Anzeichen dafür auch im deutschen Sprachraum. Man redete, als ob schon »die Nerven« als solche etwas Krankhaftes seien. Adjektivbildungen auf »-ös« bekamen einen suspekten Beigeschmack: »pompös«, »ominös«; Fontane bildete »schauderös«. Hufeland bemerkte unwillig, daß, während »früher ein fester, kraftvoller Adamssohn den Namen eines nervigten Menschen erhielt, es jetzt Mode wurde, ein Wesen, das jeden Eindruck tausendfach fühlt, von dem Getrampel einer Mücke in Ohnmacht fällt und von dem Geruch einer Rose Konvulsionen bekommt, als ein solches zu bezeichnen, das Nerven hat«.[19] Die alte Bedeutung von »nervös« hielt sich jedoch neben der neuen noch lange. Selbst um 1900 schreibt der von reizbarer Schwäche gequälte Max Weber, er müsse viel reisen und »die ganze Fülle der gewaltigen Eindrücke auf sich wirken lassen«, um »nervös vollständig kräftig« zu werden. Er bewegte sich dabei noch ganz in Vorstellungen des späten 18. Jahrhunderts, daß nämlich Reizbarkeit von einer Erschlaffung der Nerven herrühre und Außenreize geeignet seien, die Nerven zu straffen. Seine Frau, die sich selbst als »nervös belastet« ansah, war von Webers Selbstdiagnose nicht überzeugt.[20]

Nicht nur die Elektrizität, sondern auch die Entdeckung des vegetativen Nervensystems versetzte die Nervengedanken im 19. Jahrhundert in Unruhe. Die Autonomie der niederen Regionen im Körper hatte etwas Anstößiges: Zeugte sie nicht von einer Ohnmacht des Geistes? 1836, kurz vor seinem Tod an der Schwindsucht, klagte Ludwig Börne, was helfe ihm sein »gebildetes Zerebralsystem«: »Das Gangliensystem, diese Kanaille des menschlichen Körpers, hat sich alle Herrschaft angemaßt«; sein »allerhöchst Kopf« müsse sich von den niederen Ganglien »gängeln lassen«. Später nannte der Chirurg Carl Ludwig Schleich den Sympathikus den »Zwergenkönig der Seele«, der auch nach dem gewaltigen Wachstum des menschlichen Großhirns »seine unzähligen Zwergenfäustchen überall am Werk behalten« habe.[21]

Bis ins frühe 19. Jahrhundert hatte das Nervenkonzept die Idee von der leibseelischen Einheit des Menschen bestärkt, wenn auch diese Einheit nicht ohne Spannungen war; denn man spürte ja, daß im Körper nicht allzeit eitel Harmonie herrschte. Aber eine Identität des ganzen Menschen war noch da. Der felsenfest im Fortschrittsglauben verwurzelte schottische Mediziner Robert Verity verkündete 1837: »Die menschliche Würde und Überlegenheit beruht auf der vollständigen und ungeschwächten Integrität seines Nervensystems – auf der Souveränität seines Willens und Intellekts.« Ein Untergrundautor wie der Marquis de Sade allerdings konnte in seiner »Juliette« mit dem Nervensystem eine diabolische Art der Leib-Seele-Totalität entwerfen: Er zeigt den Menschen als ein völlig von libidinösen Zuckungen beherrschtes Nervensystem, das auch die Seele gänzlich absorbiert. Gerade seine Gestalten verkörpern das Prinzip »Leben ist Reizbarkeit« in derart exzessivem Maße, daß nicht einmal ein permanentes Übermaß an Lustschmerz ihrem Nervenkostüm etwas anzuhaben scheint![22]

Im 19. Jahrhundert wird der Nervendiskurs jedoch zunehmend von der Furcht vor einer Zerrüttung des Nervensystems beherrscht. Um die Jahrhundertmitte entdeckte man immer neue Nervenzentren; mehr und mehr wirkte das Nervensystem wie ein labiles Staatswesen, an dessen Peripherie lauter autonome oder halbautonome Regionen Unruhe stifteten. Oder hatte man bei alledem das Element der Einheit und die Steuerung durch die Großhirnrinde doch als zu gering eingeschätzt? Ein Darmstädter Arzt konstatierte 1892 kurz und bündig, »gesunde Nerven« habe der, »wer denselben gebietet, nicht von ihnen beherrscht wird«: so als gebe es von der Gehirn- und Nervenanatomie her die eine wie die andere Möglichkeit![23] Je nachdem, ob man annahm, daß periphere Nervenregionen besser ungestört oder unter der Regie des Großhirns funktionierten, konnte man nervösen Patienten Entspannung oder Aktivierung des Willens empfehlen.

Wichtig ist nun, wie diese Nervenlehren auf den alltäglichen Gebrauchswert der »Nerven« und ihrer Komposita wirkten. Denn um 1900 waren die »Nerven« und die »Nervosität« in aller Munde: »sogar die Kinder nennen und kennen sie schon und halten es für besonders vornehm, geradeso wie Mama von Nervosität sprechen zu können – aus eigener Erfahrung!« Die damalige Redensart »Beim Kinde nennt man es ungezogen, beim Erwachsenen nervös« verrät, daß es für Kinder nicht ohne Reiz war, als nervös zu gelten. Wenn man unartige Manieren so deklarierte, konnte man sie bei sich und anderen entschuldigen. Man trennte sie vom Kern des Ichs ab, und zugleich gab man zu verstehen, daß sich eine Rücksichtnahme empfehle. Wer seinen ewig schimpfenden Vater als »nervös« hinstellte, spielte gleichsam den Arzt und nahm die väterliche Autorität nicht ernst, verband dies jedoch mit einer Geste der Verzeihung.[24]

Wilhelm Busch läßt in seiner Erzählung »Der Schmetterling« (1895) eine »dicke Madam« dem Doktor vorjammern: »›Ich weiß nicht, ich bin immer so unruhig. Jede Stund' in der Nacht hör' ich den Wächter blasen, und ich fürcht' mich so vor Mäusen und schlechten Menschen; das macht gewiß die Nervosität.‹ ›Ein neumodisch Wort!‹, sprach der Doktor. ›Sonst nannte man's böses Gewissen. Ganz die Symptome.‹« Damals war die Zeit noch in Erinnerung, als »Nervosität« etwas Neues war. Bezeichnenderweise kommt das Stichwort von der Patientin, nicht vom Arzt; dieser schätzt den Neologismus offenbar nicht. Wie man sieht, ist der Nervositätsbegriff hier, als Substitut für das »böse Gewissen«, ein Phänomen der Säkularisierung der Sprache. Der Rückgang der Schuldgefühle zugunsten hypochondrischer Ideen gilt als generelle Erscheinung der Moderne. Für Nietzsche war es eine Offenbarung, das christliche »Sündengefühl«, die fromme »Zerknirschung« als »krankhaften und nervösen Zustand« zu begreifen, und er glaubte, das Wissen darüber, daß der Mensch keine Seele, sondern ein Nervensystem habe, sei »ein Vorrecht der Unterrichtetsten«.[25] Das Nervenkonzept als Angriff auf die Moral! Manchen Materialisten jener Zeit waren die Nerven, je mehr sich deren Leistungsfähigkeit enthüllte, als Gegenkonzept gegen den alten Seelenglauben willkommen. Ernst Haeckel machte aus dem Bewußtsein ein »neurologisches Problem«.

In Alice Berends Roman »Spreemann & Co.« (1916) wollte der alternde Unternehmer Spreemann nicht verstehen, was die »jungen Leute immer zu medizinieren« hätten. »Am meisten ärgerte er sich über die Erfindung der Nervosität. ... Was man früher Ungeduld oder Jähzorn nannte, wurde nun vornehm als Nervosität bezeichnet.« Nervosität also als Synonym für reizbare Aggressivität. Freud dagegen bemerkt in einer

Vorlesung von 1917, gewöhnlich verwende man – ihm zufolge freilich zu Unrecht – die Worte »nervös« und »ängstlich« »so füreinander, als ob sie dasselbe bedeuten würden«.[26] Gebrauchswert und Attraktivität des Wortes »nervös« wurzeln nicht zuletzt in seiner Mehrdeutigkeit: Daher läßt sich so viel damit machen. »Ich bin nervös«, »Du machst mich nervös«, »Sei doch nicht so nervös!« Kaum ein anderes Leiden eignet sich so gut zum Spielball und entwickelt einen solchen Pingpongeffekt. Auch auf diese Weise, nicht nur durch eine unverwechselbare Bedeutung kommen Begriffe in Umlauf. Wenn man jemanden als »nervös« bezeichnete, vermied man ehrenrührige Begriffe wie »unausstehlich« oder »feige« und ließ offen, ob man eher »furchtsam« oder »streitsüchtig« meinte. Vor allem schuf man eine Aura sensibler Intimität und untergründiger Anspielungen. Man konnte bei den »Nerven« an das Gehirn oder an die Genitalien denken: Der Begriff ließ beide Möglichkeiten dezent in der Schwebe. In der Auseinandersetzung zwischen Materialisten und Spiritualisten, Somatikern und Psychikern war der Nervenbegriff mit seinem psychosomatischen Bedeutungspotential für beide Seiten zu gebrauchen. Ein Max Weber legte Wert darauf, die Nerven von seiner Psyche säuberlich zu trennen, als er sich 1899 von seinen Vorlesungen dispensieren lassen mußte: »die Sprechunfähigkeit ist rein physisch, die Nerven versagen, und mir vergehen dann beim Blick auf das Kollegheft einfach die Sinne«.[27] Zur gleichen Zeit entwickelte sich aber auch die Psychoanalyse am Studium der »Nervösen«.

Nicht ganz selten fungierten die »Nerven« als Chiffre. Der Schweizer Nervenarzt und Psychologe Paul Dubois betonte, »die Nervosität in allen ihren Formen« sei eine »Psychose« und das Gerede von den »Nerven« ein Euphemismus: »Wir lassen uns ja ohne Beschämung als *nervenkrank* bezeichnen, während es uns widerstrebt, als *geisteskrank* taxiert zu werden.« Private Irrenanstalten für die besseren Stände tarnten sich als »Nervenheilstätten«. Aber weil sich das herumsprach, färbte ein Stück von dem tabuisierten Inhalt auf das Hüllwort ab: Man darf sich daher die Zuschreibung von »Nervosität« auch nicht als zu angenehm vorstellen. 1909 bemerkte Ernst Beyer, der Leiter der größten deutschen Volksnervenheilstätte, für das »Publikum« sei »nervenkrank« gleichbedeutend mit »geisteskrank«, »während ein wirklich Nervöser, ein Neurastheniker, es weit ablehnt, nervenkrank zu sein«.[28] Das galt jedoch längst nicht für alle; selbst gesunde Menschen fanden sich damals nervös. Denn in einem anerkanntermaßen »nervösen Zeitalter« schuf die Nervenschwäche eine Art von Identität zwischen Ich und Welt.

Eine gewisse Attraktivität besaßen die »Nerven« noch aus einem ganz anderen Grund: Sie konnten »Sexualität« bedeuten, ohne daß man das ausdrücklich sagte. Wenn Max Weber, der von seinen eigenen »nervösen« Störungen als den »Dämonen« sprach, das Evangelium von Otto Gross, der die freie Liebe predigte, eine »Nerven-Ethik« nannte, deren Ideal »der ganz banale gesunde Nervenprotz« sei, so meinte er »Sexualethik« und »Sexualprotz«. Karl Kraus spielte zu jener Zeit schon ganz offen mit dieser Hüllfunktion der »Nerven«, wenn er von den normwidrigen »Nervenwünschen« der Homosexuellen sprach.[29] Der Nervendiskurs war nicht zuletzt eine dezente Konversation über die Sexualität. Waren die »Nerven« dabei nur Tarnung? Manchmal ja: aber diese Begrifflichkeit enthielt den klugen Bedacht, daß die Sexualität im Menschen keine autonome Region ist.

Auf jeden Fall war der Sexus ein Unruhestifter im Nervenbewußtsein. Auf der einen Seite schuf das Nervensystem die Grundlage für ein neues egozentrisches Selbstgefühl – das Ich als hochkompliziertes System! –, auf der anderen Seite glaubte man in einer noch nicht dagewesenen Art den Zerfall dieses so kompliziert gewordenen Ego zu spüren.

Die Dickhäuter und die Glasharmonika: Nervenschwäche in der Zeit der Empfindsamkeit und der Romantik

BEGANN DIE NERVOSITÄT als Massenphänomen schon im späten 18. Jahrhundert, zugleich mit dem frühen Nervendiskurs? Das wäre ein Argument dafür, daß am Anfang das Wort steht, mehr noch als die Erfahrung. Eine Reihe von Indizien spricht scheinbar für diesen frühen Start der Nervositätsgeschichte. Schon damals tauchte der Begriff der Nervenschwäche auf. Shorter ist der Ansicht, die Europäer hätten bereits gegen Ende des 18. Jahrhunderts geglaubt, in einer »nervösen« Gesellschaft zu leben, und er beruft sich dabei auf den deutschen Pädagogen Campe, der 1787 von »unsern phantasiereichen und nervenkranken Zeiten« sprach.[30]

Tatsächlich begegnen Vorformen dessen, was man später unter Nervosität verstand, zugleich mit den Anfängen der psychologischen Selbstbespiegelung, so in der Autobiographie des Ex-Pfarrers Adam Bernd (1738), die – so ihr Titel – eine »großen Teils noch unbekannte Leibes- und Gemüts-Plage« schildern will. Manches von seiner »Plage« erinnert an die alte Melancholie. Er selbst empfand sich mehr als ein Mischtemperament, einen »Sanguineo-Melancholicum«. Eine dumpfe und lähmende

Trübsal beherrschte ihn nie lange: Als er noch sein Pfarramt ausübte, war er ein erfolgreicher Kanzelredner in der turbulenten Messestadt Leipzig. Manchmal wirkt er wie ein moderner Streßtyp: Schon als Kind beobachtete er bei sich einen zwanghaften Drang, mit einer Arbeit unbedingt in einer bestimmten Zeit fertig zu werden. Er macht bereits seine Erfahrungen mit einem übermäßigen Konsum der neuen Droge Kaffee: wie dann »die Lebens-Geister« anfangen, »im Kopf zu galoppieren ..., so daß im Haupte alsdenn wie Kraut und Rüben unter einander geht, und mir bald dies, bald jenes in der höchsten Schnelligkeit einfället, und mich einer Verwirrung der Lebens-Geister besorgen muß«. Er sinniert bereits über ein Standardthema der späteren Nervenreizdiskussion: wieso sich nämlich »schwache Nerven« durch eine besondere Erregbarkeit auszeichnen.[31] Eine Art von »neurasthenischer« Selbsterfahrung war also schon mitten im 18. Jahrhundert möglich. Aber sie blieb vereinzelt; noch fehlte für dieses neue Spannungsgefühl der Begriff.

Ein Bernd-Rezensent von 1787 glaubte den Begriff zu haben: Für ihn war klar, daß der Autor zu den »Hypochondristen« gehörte. Die Hypochondrie galt später als die namhafteste Vorläuferin der Neurasthenie. Bis weit in das 18. Jahrhundert verstand man unter ihr ein im Kern körperliches Leiden, das, wenn es auch auf die Seele drückte, seinen Ursprung in der Magengegend hatte; erst in der zweiten Jahrhunderthälfte wurde die Hypochondrie mehr und mehr in die Seele verlegt und bekam allmählich die moderne Bedeutung einer zwanghaften Krankheitseinbildung. Man war mit diesem Leiden in keiner üblen Gesellschaft: Unter den Leidensgenossen befanden sich Friedrich der Große und Immanuel Kant. Schiller glaubte, die Hypochondrie sei »die Krankheit tiefdenkender, tiefempfindlicher Geister und der meisten großen Gelehrten«. Er hielt es für »unendlich schwer«, zu entscheiden, ob »die erste Quelle des Übels« »im Körper oder in der Seele zu suchen sei«, neigte jedoch der psychischen Deutung zu. Die moderne Auffassung, es habe sich bei der Hypochondrie vorwiegend um ein prestigehaltiges Modeleiden gehandelt, ist als Pauschalurteil nicht zu halten. Je mehr man den psychischen Anteil bemerkte, desto mehr kam die Hypochondrie in den Ruch der Geisteskrankheit; eine Hallenser Dissertation von 1755 fand den »Begriff Hypochonder« beinahe beleidigend.[32] Darin, daß angestrengte Geistesarbeit als eine Ursache galt, ähnelte die Hypochondrie schon der späteren Neurasthenie; aber ein quälendes Gefühl des Gehetzt- und Überfordertseins herrschte noch nicht.

Der bekannte Pädagoge Basedow veröffentlichte 1783 im ersten Band von »Gnothi sauton«, der ersten psychologischen Zeitschrift Deutschlands, einige »Selbstgeständnisse«. Da berichtet er, er müsse, wenn ihm

»etwas gelingen soll, nicht anders arbeiten, als mit einer außerordentlichen Anstrengung und Ausdauer, welche zuweilen fast allen Schlaf
hindert«. »Dadurch verfalle ich dann endlich in einen Zustand, daß ich
eine Vernichtung aller Geisteskräfte, sogar der Vernunft, befürchten
muß, wenn ich mich nicht eine Zeitlang, gleichsam mit Gewalt, losreiße
und zerstreue.« Auch die Gründung seiner Musterschule, des Philan-
thropins in Dessau, habe ihn nicht vor diesen geistigen Abstürzen bewahrt. Aus heutiger Sicht würde man auf simple Überarbeitung tippen.
Aber die vom Ethos der Arbeit erfüllten Reformer jener Zeit, die den
Müßiggang für die Wurzel der meisten Übel hielten, mochten eine solche
Diagnose nicht; so erklärt es sich, daß dieser leidenschaftliche Pädagoge
auf die Idee kam, sich ausgerechnet durch Gründung einer Lehranstalt
zu therapieren. Als auch diese Art von Therapie versagte, führte er seine
Tiefpunkte nicht auf seine Arbeitswut, sondern auf seine melancholische
Mutter zurück! Die Erfahrung des nervlichen Ruins durch systematische
Selbstüberforderung war noch nicht so verbreitet wie im späten 19. Jahrhundert, wo sie selbst durch die verschärfte Leistungsmoral nicht mehr
unterdrückt werden konnte. Auf Herder allerdings wirkte das Philan-
thropin des übereifrigen Basedow »erschrecklich«, »wie ein Treibhaus«,
wo die geistige Entwicklung der Jugend in einem ungesunden Maße
beschleunigt werde. So, wie er Basedow kenne, möchte er ihm »keine
Kälber zu erziehen geben, geschweige Menschen«.[33]

Der französische Historiker Henri Brunschwig hat 1947 die »Nervosität« des empfindsamen und frühromantischen Deutschland erstmals
zu einem bedeutsamen historischen Faktum erhoben und in große Zusammenhänge gestellt. Mit einem Feuerwerk von Impressionen schildert
er diese Nervosität als Beginn des deutschen Unheils und als eine geistige
Epidemie, wobei es im Endeffekt egal ist, ob sie ein echtes, ein eingebilde-
tes oder ein künstlich herbeigeführtes Leiden war – mal war sie dies, mal
das oder alles zusammen. Wie auch immer, politisch lief alles auf das
gleiche hinaus. Entscheidend war für ihn nämlich die treibende Rolle der
Nervosität bei der Flucht in den Irrationalismus, mit dem die Deutschen
auf die politische und wirtschaftliche Krise jener Zeit reagiert hätten.
Dieser Irrationalismus habe wie eine schleichende Krankheit die deutsche Aufklärung unterhöhlt und zersetzt.[34]

Aber an diesem Bild paßt vieles nicht. Die Aufmerksamkeit auf die
Nerven und ihre Leiden entwickelte sich keineswegs gegen die Aufklärung, sondern ganz im Einklang mit ihr. Sie war alles andere als ein
deutscher Sonderweg, sondern bezog ihre Inspiration aus England und
Frankreich. Manche Passagen aus Rousseaus »Confessions« (1781), der
berühmtesten französischen Selbstanalyse des Jahrhunderts, stehen dem,

was man heute unter »Nervosität« versteht, näher als die allermeisten deutschen Selbstzeugnisse jener Zeit. Rousseau klagt bereits, der ewig gehetzte Bürger arbeite sich zu Tode[35]; aber nach solchen Zeitzeugnissen muß man im damaligen Deutschland suchen. Im übrigen darf man, wenn man sich von den Nervenklagen um 1800 beeindrucken läßt, nicht vergessen, daß das damalige Belegmaterial in seinem Umfang quantitativ nicht im entferntesten an die Massen der Belege um 1900 heranreicht.

Immerhin: Eine ganze Reihe von Rahmenbedingungen, die die Karriere der Neurasthenie ab 1880 ermöglichten, war hundert Jahre davor schon da. Bereits im 18. Jahrhundert begann eine frühe Hygienebewegung; Gesundheit wurde zur öffentlichen Aufgabe, und zwar Gesundheit in einem weit verstandenen Sinne, auch als ein angenehmer Zustand der Seele und der Nerven. Wenn man über das nachdachte, was den Menschen zusammenhält, richtete sich die Aufmerksamkeit immer öfter auf die Nerven. Weil sich weder die Nerven- noch die Seelenlehre bereits spezialisiert hatten und psychosomatisches Denken fast selbstverständlich war, hätte ein Konzept wie das der Neurasthenie keiner herrschenden Lehre widersprochen. Im Gegenteil, die Annahme, daß von außen kommende Reize und aufgewühlte Emotionen Geist und Körper in Verwirrung bringen können, bereitete jener Zeit keine theoretischen Schwierigkeiten, zumal sich die auf exogene Reize abgestellte Ursachensuche anders als hundert Jahre später noch kaum der Konkurrenz der Vererbungstheorie gegenübersah. Der der späteren Neurasthenieangst zugrundeliegende Glaube an ein begrenztes Reservoir der Lebenskraft, mit dem man haushalten müsse, existierte schon um 1800. Und schon damals lebte man in dem Bewußtsein, eine Zeit des stürmischen Umbruchs durchzumachen, und war von daher auf neue Seelenzustände gefaßt.[51]

Schon Hufeland erwähnt, wenn auch nur kursorisch, »jene unglückliche Vielgeschäftigkeit, die sich jetzt eines großen Teils des menschlichen Geschlechts bemächtigt hat«, als lebensverkürzendes Element, da sie die »Selbstkonsumption« des Menschen »auf eine schreckliche Art« beschleunige. Wie man an Benjamin Franklins geflügeltem Wort »Zeit ist Geld« erkennt, stand schon die zweite Hälfte des 18. Jahrhunderts im Zeichen des Strebens nach Zeitökonomie; die Vorbedingung für die moderne Hetze und Hektik war im Prinzip gegeben. Auch die modernen Stimulanzien Kaffee und Tee, die der natürlichen Müdigkeit entgegenwirken, verbreiteten sich im 18. Jahrhundert und wurden damals heftig diskutiert. Der berühmte holländische Arzt Brontekoe verschrieb seinen Patienten bis zu 200 Tassen Tee täglich und fand dabei großen Beifall, bis er als Söldling der Ostindischen Kompanie entlarvt wurde. Ein deutscher Arzt schrieb 1788, Holland habe »das unzählige Heer der Nerven-

symptome« zwei Ärzten zu verdanken, »die der Holländisch Ostindischen Kompagnie zu Dienste die Gesundheit in die Flüssigkeit des Bluts
setzten und deswegen den häufigen Gebrauch des warmen Teewassers
einführten«. Wobei allerdings hinzuzufügen ist, daß auch bei den Kampagnen gegen Kaffee und Tee nicht nur die Sorge um die Gesundheit,
sondern auch das kameralistische Interesse an der Einschränkung der
Importe mitspielte. Hufeland glaubte (1790), die »Türken und andere
orientalische Nationen«, die »ihre Existenz in ewiges Kaffeetrinken und
Tabakrauchen, Wollust und Schwelgerei setzen«, seien dennoch frei von
Krämpfen, Hypochondrie und Nervenschwäche, und warum? Weil sie
die Badekultur des Altertums weiter pflegten.[36]

Damit sind wir bei einem wichtigen Thema: den Bädern! Sie wurden
die Knotenpunkte im Netz der nervösen Kommunikation und der
Grund, weshalb »Nervosität« häufig nicht nur Leiden, sondern auch
Wünsche signalisierte.

Schon um 1800 war Nervenschwäche wie hundert Jahre darauf für Patienten, die Zeit und Geld hatten, ein Leiden, das sich lohnte; denn es bot
einen passablen Grund zu einer Badereise. Ab 1770 wurden die Nervenleiden in den südwestdeutschen Bädern »plötzlich zum Thema Nr. 1«.
Der Wiener Arzt Ferro, der 1781 eine Badeanstalt auf der Donau anlegte,
war von dem großen Zulauf beeindruckt, den die 1777 eingerichtete erste
große deutsche Badeanstalt auf dem Rhein bei Mannheim fand. Er
spricht nicht nur von dem »Gedränge des Volkes«, sondern auch von
dem »Frohlocken der Ärzte, die jetzt endlich einmal ein Mittel gebrauchen konnten, womit sie der überall eingerissenen Nervenschwäche, die
ebensosehr den Arzt als den Kranken quält, Einhalt zu tun im Stande
waren«. Man erkennt, daß die »Nervenschwäche« auch damals keineswegs nur eine von den Ärzten erfundene Krankheit war, sondern eine
Misere, die medizinische Laien bei sich selbst diagnostizierten und mit
der sie den Ärzten auf die Nerven fielen. Der 36jährige Arthur Schopenhauer, dessen Mutter schon die Badereisen liebte, schrieb einem Freund,
er habe den ganzen Winter an Hämorrhoiden, Gicht und Nervenübeln
gelitten. Nun sei er »wiederhergestellt, aber noch so nervenschwach«,
daß er »vor Zittern der Hände« kaum schreiben könne, sich »matt da-
hinschleppe und bei Tage einschlafe«.[37]

Laufen nicht all diese Zeitzeugnisse darauf hinaus, daß die »moderne
Nervosität« schon in der Goethezeit begann? Aber genau diese Schluß-
folgerung ist falsch. Wenn man die Zeit insgesamt sieht, dreht sich die
Pointe um: Gerade weil so viele Bedingungen der späteren Neurasthenie
schon da waren, frappiert es um so mehr, daß sich die um 1800 artikulierte Leidenserfahrung in entscheidenden Punkten von der späteren un-

terschied. Man darf sich von Begriffen wie »Nervenschwäche« und »Nervosität« nicht täuschen lassen; wenn man all das zusammennimmt, was sich um 1800 mit ihnen verband, gerät man in eine ganz andere Welt als bei der Neurasthenie um 1900. Bei allem Wirrwarr der medizinischen Anschauungen über die Natur der Nervenleiden ergibt sich um 1800 zumindest im deutschen Sprachraum der durchgängige Zug, daß unter den pathologischen Erscheinungsformen nicht das Element der Überreizung, sondern das der »Stumpfheit« bei weitem überwiegt. Die »Abstumpfung und Unbelebtheit« der Nerven seien schlimmer als die durch den lebhaften Geist hervorgerufenen »Nervenbeschwerden«, schrieb Kant 1793 an Lichtenberg, und er rannte bei ihm mit seiner Belehrung nur offene Türen ein. »Stumpfheit«, »Leerheit und Gefühllosigkeit« gehören für Hufeland zu den übelsten Zeichen jener »Hypochondrie und Nervenschwäche«, »an denen unser Zeitalter schleichend dahinwelkt« und die er mit Bädern bekämpfen will. Er erkennt diese Hypochondrie täglich selbst bei einfachen Menschen, ob Bauern oder Grobschmiede, »die über Schwäche, Schwere und Steifigkeit der Glieder, Herzgespann und Blähsucht klagen«.[38]

Der Autor einer »systematischen Beschreibung aller Gesundbrunnen und Bäder Deutschlands« (1768) versichert: »Die Ärzte erfahren es leider alle Tage, wie schwer und mühsam es hergehet, wenn man den erschlappten geschwächten und weichen Fasern der Nerven und Muskeln den natürlichen Tonum und die gehörige Festigkeit wieder verschaffen soll.« Dabei sei dies um so dringlicher, als die Erschlaffung des Tonus, der Nerven- und Sehnenspannung, »ganze Scharen von Krankheiten« nach sich ziehe. Die »einzigen Mittel« zur Abhilfe seien die »Stahlwasser«, die »Martialwasser«, deren Eisengehalt und »roburierende Kraft« den Körper wieder in eine gesunde Verfassung brächten. Durch seinen »Stahlbrunnen« berühmt war Pyrmont, das im 18. Jahrhundert trotz seiner abseitigen Lage zeitweise zum vornehmsten deutschen Badeort aufstieg. 1823 bemerkte Hufeland, die »herrschende Klasse« seien »in Pyrmont die Nervenschwachen«; er unterscheidet sie von den Hypochondern, die in Karlsbad vorherrschten. Pyrmont ist also der geeignete Ort, um sich die Nervenschwachen alten Typs genauer anzusehen.[39]

Pyrmonts berühmtester Badearzt war der dort ab 1775 praktizierende Heinrich Matthies Marcard; vielen galt er überhaupt als der größte Badearzt seines Jahrhunderts. Er legte betonten Wert darauf, solche Kranke vom Pyrmonter »Stahlbrunnen« fernzuhalten, denen das eisenhaltige Wasser nicht bekam, und ermahnte daher die Ärzte, genau darauf zu achten, ob die Kranken wirklich unter Erschlaffung und nicht im Gegenteil unter zu großer Reizbarkeit der Nerven litten. Es wirft ein Licht auf damalige nationale Wege der Nervenlehre, wenn er sich zu der französischen Medizin seiner Zeit bekennt und die deutschen und englischen Nervenärzte kritisiert, bei denen sich »fast alles« »um die unrichtigen Ideen vom Schlaffwerden der Nerven und von der Herstellung des Tonus durch zusammenziehende Arzneien« drehe. Die Polemik ist jedoch mehr ein Schaukampf, mit dem Marcard demonstrieren will, daß er ein unabhängiger Gelehrter und kein bezahlter Lobredner des Pyrmonter Stahlbrunnens sei, der ja die Diagnose »Nervenerschlaffung« als Indikation brauchte. Auch Marcard hält daran fest, daß »die in unseren Tagen, zumal unter der besseren Klasse von Menschen« am weitesten verbreitete »kränkliche Abweichung vom natürlichen Zustande« die »erschlaffte Konstitution, der verlorne Tonus (fibra laxa)« sei.

Er selbst, der vielbeschäftigte Arzt und Gelehrte, verkörpert schon den modernen Typ des unruhigen, von vielen Pflichten hin- und hergerissenen, reizbaren und streitbaren Nervösen. Gewiß aus eigener Erfahrung ärgert er sich darüber, daß die »ganz gesunden dickhäutigen Menschen, die alles vertragen können, alles Elend der Reizbarkeit ... für Einbildung oder gar für Affektation erklären«. »Die stumpfen Sinne manchen Dickkopfs begreifen nicht, daß man schrecklich leiden könne, ohne auf dem Bette zu liegen, und ohne ein Fieber oder die Schwindsucht zu haben.« Marcards »irritable Menschen« zeichnen sich durch quälende Unrast aus: »sie beharren niemals bei einem Plan; ihre immer rege und gefolterte Einbildungskraft stellt ihnen jeden Tag ihr Übel in einer ganz anderen Gestalt vor«.[40] Man sieht, etwas Ähnliches wie die spätere Nervosität gab es schon im 18. Jahrhundert. Aber es war in Deutschland noch kein Massenphänomen; man brauchte dafür noch keinen eigenen Begriff. Wäre es anders gewesen, hätte man das erkannt: Keine herrschende Lehre hätte dieser Wahrnehmung im Wege gestanden.

Seit den 1780er Jahren bekam Pyrmont in seiner Nachbarschaft Konkurrenz durch den aufstrebenden Badeort Driburg, der ebenfalls seinen Stahlbrunnen besaß, sich aber gegenüber dem mondänen Adelsbad Pyrmont als ländlich-idyllische Zuflucht für das arbeitende Bürgertum profilierte. Mehr als in Pyrmont herrschte hier das Ideal der Ruhe; wie der Driburger Brunnenarzt Joachim Dietrich Brandis 1792 schrieb, komme man nach Driburg, »um das Landleben zu genießen, von dem Joche des Geschäftslebens auf einige Zeit befreit, einmal frei zu atmen« und der »Gesundheit zu pflegen«. Aber auch Brandis kreiert für sein Bürgerbad keine konsequente therapeutische Philosophie der Ruhe und der Besänftigung der überreizten Nerven. Im Grundsatz glaubt auch er, »allgemeines Zittern« durch Anwendung kalten Wassers sei für das »Nervensystem« heilsam, da die »Erschütterung des Nervensystems« das Ziel sei.

1837 kam der spätere Naturheiler Franke alias Rausse, gerade aus den USA zurückgekehrt, mit einem »fast bis zum Wahnsinn überreizten Nervensystem« zu dem Wasserheiler Prießnitz nach Gräfenberg, stellte aber fest, daß die kalten Bäder seine Nerven nur noch mehr in Aufruhr versetzten, und begründete seine eigene Wasserkur für Überreizte; aber Prießnitz beherrschte weiterhin das Feld.[41]

Auch außerhalb der Bädermedizin überwog im damaligen Deutschland die Tendenz, Nervenreize als Heilmittel grundsätzlich hochzuschätzen, wenn auch mit speziellen Vorbehalten. Nicht umsonst bekam »reizend«, ursprünglich wertfrei gebraucht, damals seinen heutigen Sinn. Manche Zeitzeugnisse erwecken den Eindruck, als könne der Mensch von Reizen nie genug kriegen. Pockels, der Mitherausgeber von »Gnothi sauton«, träumt in einer Fußnote zur Lebensbeschreibung Adam Bernds von einem Fortschritt zum unendlichen Nervenkitzel: »es läßt sich gar wohl denken, daß unser Leib einmal so verfeinert werden kann, daß die ihn umströmende Materie des Äthers einen unaufhörlichen angenehmen Kitzel an den Endfäden der Nerven hervorzubringen im Stande ist«.[42]

Das »aufregendste Ereignis der Medizin jener Zeit« (Nelly Tsouyopoulos) war die »Erregungstheorie« des schottischen Exzentrikers John Brown, die dieser in seinem Buch »Elementa medicinae« (1780) darlegt. Sie übte in Deutschland eine größere Wirkung aus als im eigenen Land, größer auch als in Frankreich; ja sie wurde im deutschen medizinischen Denken ab 1793/94 »zu der meist diskutierten Lehre« überhaupt und Brown zum »Heros des Tages«. Max Dessoir stellte 1894 die rhetorische Frage: »Wer erkennt nicht in dem Brownianismus die Erregung des ganzen nervösen Geschlechts wieder?« Deutschland wäre zum »Haupttummelplatz der Brownianer« zu einer Zeit geworden, »als man überhaupt in schwächlichen Empfindungen zu ersticken drohte«. Aber das ist eine Rückprojektion des Zeitbewußtseins am Ende des 19. Jahrhunderts. Hätte man in Deutschland um 1800 wirklich so empfunden, dann hätte man einen Brown nicht ernstgenommen, der, selbst als er fast gelähmt war, seinen Schülern vormachte, wie er durch ausgiebigen Weingenuß wieder auf die Beine kam. Brown suchte alle Leiden mit dem polaren Begriffspaar Sthenie und Asthenie zu erklären; die Kraftfülle der Sthenie war durch Reizentzug, die Kraftlosigkeit der Asthenie durch Reizzufuhr zu kurieren. Theoretisch hätte man aus dem Brownianismus also auch eine Lehre von der Überreiztheit und der Ruhetherapie ableiten können. Aber die Attraktivität des Brownianismus in Deutschland beruhte auf der Asthenielehre, die auf das gleiche hinauslief wie die bereits populäre Gleichsetzung von Lebenskraft und Reizbarkeit: auf die heilsame Wirkung der Außenreize. Der spätere Begriff »Neurasthenie« verweist zwar äußerlich auf den alten Astheniebegriff Browns; aber die ihm innewohnende Tendenz war eher konträr. Der prominente englische Psychiater Thomas C. Allbutt vertrat noch 1895 das alte Konzept von der vitalen Bedeutung der »excitability« und gab ihm bezeichnenderweise eine scharfe Pointe gegen die neue Neurasthenielehre, die den krankmachenden Charakter der modernen Reizüberflutung behauptete: »Es gibt keinen prätentiöseren Unsinn, als den Schrei, unsere Nerven seien zu sensibel, zu erregbar. ... Darf ich fragen, worin sonst der Wert unserer Nerven besteht, als darin, erregbar zu sein? Je erregbarer, desto effizienter: Wie das Rassepferd sich vom Esel unterscheidet, so der zivilisierte Mann sich durch den Wert ebendieser Erregbarkeit seiner Nerven.«[43]

Einer allerdings griff mit großer Konsequenz die ganz andere im Brownianismus enthaltene Denkmöglichkeit auf: der österreichische Staatskanzler Metternich, der nach dem Sturz Napoleons in Mitteleuropa dreißig Jahre lang die Fäden in der Hand hielt. Er, der die »Karlsbader Beschlüsse« zur Unterdrückung revolutionärer Umtriebe sinnigerweise in einem Kurbad verkündete, begriff erstmals die Politik als Nervenkur großen Stils: als systematische Ruhetherapie für ein überreiztes Europa. Sich selbst bezeichnete er gerne als »Arzt im großen Weltspital«. Im Jahre 1800 bürgte er sogar mit 25 000 Francs für den verschuldeten Franz Josef Gall, damit dieser den zweiten und dritten Band seiner Anatomie und Physiologie des Nervensystems drucken lassen konnte. Lebenslang blieb er ein Anhänger der Brownschen Erregungslehre.[44] Der Witz ist nun allerdings der, daß die therapeutische Philosophie Metternichs im Unterschied zu der eines Marcard fast gar nicht auf der Erfahrung eigener qualvoller Unruhe beruhte: Ganz im Gegenteil, Metternich verkörperte die unerschütterliche Gelassenheit und Lässigkeit in einer Steigerung wie kaum ein anderer großer Staatsmann der Weltgeschichte. In einem phänomenalen Maße war er stets mit sich im Einklang: ob politisch oder philosophisch, gesundheitlich oder sexuell. Nichts machte ihn nervös; selbst während der Völkerschlacht von Leipzig entschlüpfte er in ein Liebesnest; sein Lieblingslied war »Freut euch des Lebens«, während er seinen Zeitgenossen Beethoven nicht mochte. Seine überlegen lächelnde Ruhe wirkte auf andere aufreizend und erregte den tiefen Haß der von brodelnder Unruhe erfüllten jüngeren Generationen. Metternich konstruierte sich eine europäische Krankheit auf eine solche Weise, daß er sich mit seiner Politik der Restauration selbst als Heilmittel anbot. Wahrscheinlich hatte er sogar recht mit seiner Überzeugung, daß die allermeisten Menschen im Grunde auch nichts anderes wollten als ruhigen Genuß. Aber die Metternichsche Ruhe kam bei den jungdeutschen Studenten nur als Friedhofsruhe, nicht als die gelöste Entspanntheit der sinnlichen Befriedigung an. Es war der erste große historische Fehlschlag einer quietistischen Sinnproduktion; die vielfältigen Anstrengungen um 1900, das »nervöse Zeitalter« durch zeitfüllende Ruhe zu heilen, wurden dann ein vergleichbares Fiasko.

Der vollentwickelte Mensch war um 1800 der reizbare und empfindsame Mensch, zumindest in den Augen des deutschen Bildungsbürgertums. In der Enzyklopädie von Krünitz findet man unter dem Stichwort »kaltblütig« (1789) nur ein eingeschränktes Lob dieser Eigenschaft: Rühmlich sei nur jene Kaltblütigkeit, die aus der Stärke der Vernunft komme, nicht jedoch die, die in einer natürlichen Unempfindlichkeit wurzele; »denn ein unempfindlicher Mensch ist fast immer ein armes, unbrauchbares Geschöpf«. »Wir suchten uns wehmütiger zu machen«: so charakterisiert Johann Heinrich Voß, ein Mitglied des »Göttinger Hainbunds«, eine Abschiedsszene im September 1773, bei der die Beteiligten ihre Seelen so lange mit Gesang, Umarmungen und Punsch vereinten, bis alles in Tränen schwamm. Die nervliche Überreizung, von der die Literatur jener Zeit berichtet, war oft eine von der Art, die man schätzte, als Ausdruck besonderer Begabung ansah und absichtsvoll herbeiführte, – was nicht ausschloß, daß sie dann doch ein nicht mehr nach Belieben zu steuerndes Eigenleben entwickelte. »Reizbare, schwache, überspannte Nerven«, bekannte Jean Paul, Hysterie und Hypochondrie seien »viele Taufnamen meiner einzigen Lieblingskrankheit«.[45]

Schwache und zugleich reizbare Nerven kennzeichneten nach verbreiteter Annahme ganz besonders die Frauen. Manche spotteten darüber; aber Pierre Roussel, Verfasser eines »Essai sur la sensibilité«, rühmte diese »Schwäche und Empfindlichkeit« als »Geschenk der Natur«. Marianne Ehrmann, die anonyme Autorin einer »Philosophie des Weibs« (1784), behauptete sogar, die meisten Männer könnten »Liebe nur nachaffektieren, weil ihnen ihre fingerdicken Nerven dies heilige reelle Gefühl nicht wirklich zuzulassen scheinen«. Also eine ähnlich selbstbewußte Geringschätzung der »Dickhäuter« wie bei dem reizbaren Badearzt Marcard! Wie die Erregung von Nerven und Seele einen Zug von religiöser Erleuchtung bekommen konnte, so findet sich ein Nachklang des Kultes der Empfindsamkeit noch in den religiösen Erweckungsbewegungen des 19. Jahrhunderts, wo die »Stumpfheit« der Feind und die »Erregung« das Ziel war.[46]

In den 1770er Jahren begegnet zum ersten Mal der durch eine neue Technik hervorgerufene feine Nervenkitzel: in der musikalischen Karriere der Glasharmonika. Es war ein Instrument aus eng ineinandergesteckten, auf einer Spindel rotierenden Glasschalen, die mit Pedalantrieb bewegt und mit feuchtem Finger zum Klingen gebracht wurden. Benjamin Franklin hatte das Instrument technisch vervollkommnet; aber »seine eigentliche Heimat wurde Deutschland«. Die Glasharmonika stellte hohe Anforderungen an die Nerven der Hörer und noch höhere an die der Spieler; die blinde Marianne Kirchgeßner, die an der Glasharmonika berühmt wurde, mußte ihre Virtuosenlaufbahn aus nervlichen Gründen abbrechen. So machte man schon erste Erfahrungen mit den Grenzen der Belastbarkeit bestimmter Nerven. Hegel bemerkte in seinen Vorlesungen zur Ästhetik, daß viele beim Anhören der Glasharmonika »bald einen Nervenkopfschmerz empfinden«; E. T. A. Hoffmann verglich den Klang mit dem »Kratzen eines Messers auf der Fensterscheibe«. Man sieht, nach einer gewissen Zeit konnte man das Instrument nicht mehr ausstehen. So ging es auch mit der stimulierten Sentimentalität überhaupt. Aber das dauerte länger. Noch 1839 rühmte der Komponist Hieronymus Truhn an dem 1822 verstorbenen E. T. A. Hoffmann das »feine, elektrische Nervensystem«, dessenthalben Hoffmanns Freund und Biograph Eduard Hitzig den Autor des »Kater Murr« mit einem »Sprüh-Kater« verglichen hatte.[47]

Der Kult der Reizbarkeit prägte – wie konnte es anders sein? – die erotische Erfahrung. Kurt R. Eissler kommt in seiner »psychoanalytischen Studie« über Goethe zu der durch viele Belege gestützten Mutmaßung, daß Goethe bis ins reifere Mannesalter an vorzeitiger Ejakulation gelitten habe, die schon durch Küsse ausgelöst werden konnte. Eissler vermutet sogar, daß die »psychologische Basisverfassung seiner Persönlichkeit zur vollen emotionalen Abfuhr bei minimalem Reiz tendierte«. Ein Jahrhundert später wäre er sich mit dieser Veranlagung als Neurastheniker vorgekommen. Zu seiner Zeit aber deutet nichts darauf hin, daß er sich wegen dieses Naturells als Fall für den Arzt empfunden hätte. Selbstbewußt spricht der 32jährige 1781 seiner Mutter gegenüber von der »Weite und Geschwindigkeit« seines Wesens, die ihn in einem »engen und langsam bewegten bürgerlichen« Kreis »rasend« machen würde, während die Freiheit, seinem Wesen nach zu leben, seine Gesundheit immer besser mache. Wenn sich das Selbstbewußtsein auf die Empfindsamkeit gründete, dann war ein durch bloßes Küssen herbeigeführter Samenerguß nicht schlimm, sondern eher ein Zeichen für ein feines Naturell. Auf seiner Italienreise veränderte Goethe jedoch seine Lebensphilosophie und – nach Eissler – auch sein sexuelles Verhalten.[48] Wenn er nunmehr die Romantik als krankhaft empfand, so deutet das auf eine nicht nur ästhetische, sondern auch vitale Ablehnung hemmungsloser Gefühlsergüsse.

Im Jahr 1840 – zu einer Zeit, als die Romantik in der Literatur bereits auf ein triviales Niveau hinabgesunken war – bestieg in Preußen mit Friedrich Wilhelm IV. ein notorischer Romantiker den Thron, der ganz das Produkt der sentimentalen Erziehung war. Seine Empfindsamkeit war offenbar echt; nur unter »lautem Schluchzen« unterschrieb er das Todesurteil gegen den Storkower Altbürgermeister Tschech, der auf ihn ein Attentat begangen hatte und den er zu keinem Wort der Reue bewegen konnte, das eine Begnadigung ermöglicht hätte. Anfangs entzückte er die Berliner durch die schwärmerische Art seiner Rhetorik; aber kurz vor der Märzrevolution von 1848 war er in der Karikatur nur noch der Champagnerkönig, dem der Sektpfropfen aus der Kehle knallte. Treitschke schildert den Monarchen aus der Distanz der Bismarckzeit als »letzte, feine Blüte der langen, kaum erst überwundenen Epoche ästhetischer Überschwänglichkeit«; zugleich deutet er eine sexuelle Impotenz an: Die »männliche Kraft des Leibes und der Seele« sei diesem Herrscher mit der »gedunsenen Gestalt« und den »schlaffen, bartlosen Gesichtszügen« »versagt« gewesen. Bismarck bemerkte angeekelt: Wenn man bei diesem König »fest zugriff«, »blieb nur noch eine Handvoll Schleim«.

Ähnlich wie Wilhelm II. galt auch Friedrich Wilhelm IV. mit der unsteten Sprunghaftigkeit seiner Phantasie später als Prototyp des politischen Neurasthenikers. Aber während Wilhelm II. von Kind auf dazu erzogen war, seinen verkümmerten Arm als schweren Makel zu empfinden, den er durch forsches Säbelrasseln zu kompensieren suchte, zeigte Friedrich Wilhelm IV. nichts von einer derartigen Psychodynamik, und das wirft ein Licht auf die Andersartigkeit jener Zeit. Seine heitere Ruhe war für einen Treitschke geradezu ein »Rätsel«. Er spürte keine Neigung, seine Reizbarkeit durch Militanz respektabel zu machen, sondern bekundete ein für einen preußischen König ungewohntes Maß an Friedensliebe und Militärferne. Als Tiefpunkt seines Lebens gilt der 19. März 1848, als er, durch das Blutvergießen bei den Barrikadenkämpfen erschreckt, den Abzug der Truppen aus Berlin befahl; aber aus heutiger Sicht kann man fragen, ob nicht gerade diese »Schwäche«, die ein neues Blutbad verhinderte, von Einsicht und gutem Instinkt zeugte.[49] Die Zartheit der Nerven konnte zu einer Begabung werden: vor allem dann, wenn man zu ihr stand.

Die Empfindsamkeit herrschte von Anfang an nie unangefochten, sondern war oft von Widerwillen begleitet. Bei aller Wertschätzung der Reizbarkeit stand doch der Gedanke, daß Überreizung schädlich sei, stets im Raum. Campe verabscheute das »Empfindsamkeitsfieber« als »Seelenseuche« und warnte, daß man durch die absichtliche »Erregung des Nervensystems« krank werde, ohne es zu merken. In einer Betrach-

tung über die Bedingungen des Eheglücks (1791) brandmarkt Emilie von
Berlepsch die »Empfindeley« als »schleichendes Gift«, das »viel weibliche Nerven zerrüttet habe«. Der Grobianismus der Burschenschaften
versteht sich als bewußte Provokation gegen einen zu verzärtelten Stil.
Ludwig Börne, der sich seiner eigenen nervösen Reizbarkeit bewußt war,
ekelte sich zuweilen vor der »erbärmlichen Nerven-Philosophie« seiner
Zeit, die er dem Kraftmenschentum einer imaginären Vorzeit kontrastierte.[50]

Reizüberflutung war eben im damaligen Deutschland kein großes und
drängendes Problem. Für den, der sich Gedanken machte, bestand vor
allem der entgegengesetzte Mißstand: der Mangel an Anregung und die
alles durchdringende Trägheit der Verhältnisse. Germaine de Staël,
selbst eine Frau von auffallend hektischem Tempo, berichtet anschaulich
darüber: »Wenn man aus Frankreich kommt, gewöhnt man sich anfangs
nur mit Mühe an die Langsamkeit und Trägheit des deutschen Volkes. Es
übereilt sich nie, es findet überall Hindernisse, und den Ausruf: ›Das ist
unmöglich!‹ hört man in Deutschland hundertmal öfter als in Frankreich.« »Die Öfen, das Bier und der Tabakrauch bilden in Deutschland
um die Leute aus dem Volk eine schwere, heiße Atmosphäre, aus der sie
nur ungern heraustreten.« Man darf das Bewußtsein der Zeitenwende,
das die deutsche Literatur um 1800 durchzieht, nicht mit einer Veränderung des alltäglichen Zeitablaufs verwechseln. Höchstens war es so, daß
manch einer das Tempo, das er bis dahin für normal gehalten hatte, nun
als langsam empfand – so wie Börne, der 1821 in seiner »Monographie
der deutschen Postschnecke« die Post als Exemplar der Mollusken ver-
ulkte. Dagegen scheint das Gefühl, durch den täglichen Zeitablauf be-
drängt zu werden, damals noch selten gewesen zu sein. Dafür entdeckte
man die Langeweile als Gefahr für Leib und Seele. Erst viel später, im
»nervösen Zeitalter«, lernte man sie als Heilmittel schätzen.[51]

Im 18. Jahrhundert konnte man den ökonomischen Umgang mit der
Zeit deshalb so unbeschwert preisen, weil noch nicht viele Menschen die
Qual des stets vom Minutenzeiger diktierten Tagesablaufs kannten.
Selbst zwischen Berlin und Dresden verkehrte die Postkutsche damals
nur alle 14 Tage, und als sie einen Fahrplan bekam – schon das eine Innovation! –, rechnete dieser vorerst nach Stunden, nicht nach Minuten und
wurde ohnehin oft nicht eingehalten. Unter solchen Umständen war
Schnelligkeit etwas Begehrenswertes, nichts Erschreckendes. »Reichtum
und Schnelligkeit ist, was die Welt bewundert und wonach jeder strebt«,
schreibt Goethe 1825 an Zelter. Der von dem Münchener Anatomen
Sömmering um 1810 erfundene elektrische Telegraph dagegen, der aus
seiner Sicht das Nervensystem nachbildete, kam nicht einmal in der Tur-

bulenz der Napoleonischen Kriege voran, und nach den Kriegen verschwand das Interesse erst recht: »Das direkte Bedürfnis verlangte eine so schnelle Kommunikation noch nicht.« »Wir haben Zeit die Hülle und Fülle«, verkündete Menzel, ein deutscher Literaturpapst des Biedermeier, zum Ärger Börnes. Selbst ein Fürsprecher des Eisenbahnbaus in Preußen bemerkte 1843, »bei uns« fehle es »mehr an Geschäften, als an Zeit, sie zu machen«: Zum Zeitsparen wurde die Bahn noch nicht gebraucht. Als in der Neujahrsnacht 1834 der Zollverein in Kraft trat und an innerdeutschen Grenzen die Schlagbäume hochgingen, setzten sich lange Reihen wartender Frachtwagen mit Peitschenknall und unter dem Jubel der Bevölkerung in Bewegung: Die neue Mobilität, die immer noch langsam genug war, war eine Quelle der Hoffnung, nicht der Angst.[52]

In manchen protoindustriellen Regionen gab es schon eine Art von »Hypochondrie«, die nicht mehr bloß jener Gliederschwere und »Blähsucht« glich, die Hufeland bei Bauern und Schmieden fand, sondern schon auf eine psychosomatische Störung modernerer Art hindeutet, die sich aus einer Verbindung von Bewegungsmangel, monoton-angespannter Aufmerksamkeit und maximaler Steigerung des Arbeitstempos erklärt. Ein aufschlußreiches Beispiel enthält die deutsche Neubearbeitung von Ramazzinis Standardwerk über die Berufskrankheiten durch Johann Christian Gottlieb Ackermann (1780). Dieser war damals Stadtphysikus im vogtländischen Zeulenroda, dessen Einwohnerschaft großenteils aus Strumpfwirkern bestand, und so fügte er dem Opus ein aus eigener Erfahrung schöpfendes Kapitel über die berufsbedingten Leiden der Strumpfwirker ein. Da heißt es: »Viele Strumpfwirker sind so hypochondrisch, als der gelehrteste Mann. Ihre Denkungsart ist fast immer ausschweifend; sie sind ... meist in einem hohen Grade eigensinnig, jähzornig, schwer eines bessern zu überreden« und dabei doch, »mit anderen Menschen verglichen, ungemein schwächlich«. Also schon in Reinkultur jene »reizbare Schwäche«, die später den Titel »Neurasthenie« bekam! Der Strumpfwirkerstuhl, damals »eine der allerkünstlichsten Maschinen, welche es in der Welt gibt«, schuf schon eine Arbeitsbelastung modernen Typs; denn er forderte zwar nicht viel Körperkraft, aber um so mehr eine angestrengte und zugleich monotone Konzentration auf eine komplizierte Apparatur. Der dem Verlagssystem entsprechende Stücklohn verführte zu einer Steigerung des Arbeitstempos.[53]

Ausgerechnet der Ökonom Adam Smith erkannte schärfer als die meisten Mediziner seiner Zeit, daß die Leistungsanreize einer auf Hochtouren laufenden Wirtschaft die Gesundheit der Arbeiter gefährden können, obwohl diese Einsicht zu dem liberalen Vertrauen auf die Selbststeuerungskräfte der Wirtschaft nicht paßte. »Gut bezahlte Akkordarbeiter«, schreibt Smith, »neigen sehr häufig dazu, sich zu überanstrengen, und ruinieren dadurch ihre Gesundheit in wenigen Jahren.« Spätere Gewerkschaftler hätten sich mit der Parole »Akkord ist Mord« auf Smith berufen können! Smith hatte die Verhältnisse in London und Manchester vor Augen. Im damaligen Deutschland dachten die meisten Arbeiter jedoch noch anders. Sie waren in einem für viele Unternehmer irritierenden Maße bedürfnislos, und auch Lohnanreize brachten sie nicht leicht aus der Ruhe. Nach 1815 erzwang die englische Konkurrenz manchmal verzweifelte Anstrengungen; aber nach dem ersten Schock verstand es doch ein Großteil der deutschen Wirtschaft noch geraume Zeit, sich in der Vielzahl der von den englischen Fabriken übriggelassenen Nischen ganz leidlich einzurichten. Die großen Textilfabriken mit ihrem maschinellen Tempo sind für die frühe Industrialisierung längst nicht so typisch, wie es in vielen Geschichtsbüchern den Anschein hat. Der Maschinenbau ging noch lange Zeit in handwerksartigen Betrieben recht gemächlich vor sich und war bis ins späte 19. Jahrhundert im allgemeinen keiner scharfen Konkurrenz ausgesetzt.[54]

Natürlich brachten die Napoleonischen Kriege viel Unruhe und bedeuteten für Deutschland den Einbruch einer Zivilisation, die schon ein etwas rascheres Tempo besaß. Aber im Gegenzug erfanden die Deutschen die Gemütlichkeit als ruhenden Pol in ihrer neuen nationalen Identität. Zu einem beliebten Wort wurde »gemütlich« im 18. Jahrhundert zuerst in pietistischen Schriften; und der moderne deutsche Quietismus hat seine religiöse Wurzel bei den »Stillen im Lande«. Um jedoch zu einem Stück moderner nationaler Identität zu werden, mußte sich die Gemütlichkeit säkularisieren und mit Lebensfreude, Bierseligkeit sowie einem gewissen antiwestlichen Impetus verbinden. Alice Berend hat wohl recht, wenn sie den Ursprung dieser Gemütlichkeit im Umkreis der Guillotine sucht.[55] War die Gemächlichkeit des Daseins bis dahin eine nur latente deutsche Lebensqualität gewesen, die lediglich von außen Kommende wie Germaine de Staël als solche wahrnahmen, so wurde die Gemütlichkeit im Anblick der Herausforderung durch die Französische Revolution und dazu durch die englische Arbeitshetze zu einer bewußten nationalen Qualität. Sie war nicht nur ein schöner Traum, sondern sie besaß eine reale Basis in einer verbreiteten Genügsamkeit und Nischenexistenz.

Konsequent gedacht, stand sie eigentlich in Spannung zu den heroischen Idealen der Freiheitskriege. Aber auch der Held braucht zwischendurch seine Ruhe. In den studentischen Kommersbüchern standen vaterländische Kriegsgesänge einträchtig neben all den Sangesblüten der Bierseligkeit. 1845 entstand nach der Weise »Wohlauf, Kameraden, aufs

Pferd« das Nachmitternachtslied »Die Ritter von der Gemütlichkeit«, dessen erste Strophe lautet: »Und wenn sich der Schwarm verlaufen hat um mitternächtige Stunde, dann findet unter den Edleren statt eine würdige Tafelrunde, es sind erhaben ob Raum und Zeit die Ritter von der Gemütlichkeit.« Erst zwei Generationen später begann sich zwischen der Biergemütlichkeit und dem heroischen Ideal eine deutliche Kluft zu öffnen.

1847 allerdings setzte der Bankier David Hansemann im preußischen Landtag das geflügelte Wort in die Welt: »Bei Geldfragen hört die Gemütlichkeit auf.« Treitschke (geb. 1834), für den sich die 1840er Jahre mit Kindheits- und Jugenderinnerungen verbanden, schildert diese Zeit als Beginn einer Ära krankhafter Reizbarkeit«: »Ein neues Geschlecht begann heranzuwachsen, das von Ort zu Ort, von einem Eindruck zum andern hastete, schnell lernend und schneller vergessend, immer genießend, immer erwerbend, ganz in sich selbst und in das Diesseits verliebt, friedlos und freudlos.« Besonders den Frauen sei »ein guter Teil ihrer gewohnten stillen Wirksamkeit abhanden« gekommen. Die wachsende Unübersichtlichkeit der ökonomischen Situation habe zudem die Eheschließung erschwert; »so wuchs die Zahl der unbefriedigten, der kranken und nervösen Frauen ständig an«. Treitschke empfand damals seine eigene Mutter als »nervös« und »reizbar«: so sehr, daß er nichts von Mutterliebe spürte.[56] Diese Entstehung der Nervosität kontrastiert zu dem von Treitschke so verherrlichten Parallelprozeß des nationalen Erwachens. Aber erst ein, zwei Generationen danach, als die Erstlinge des neuen Tempos längst zur älteren Generation geworden waren, erkannte man die pathogenen Folgen der Beschleunigung als Massenphänomen. Viele Neurastheniker verwiesen schon auf »nervöse« Eltern.

Der Chemiker Justus Liebig zeigte schon in jungen Jahren alle Anzeichen einer Schädigung durch unablässigen Streß. Bei seiner Arbeit stets voller Ungeduld, klagte er unentwegt über Leiden dieser und jener Art. Sein Freund Wöhler belehrte ihn 1832, er leide an der »Hysteria chemicorum, erzeugt durch übermäßige geistige Anstrengung, Ehrgeiz und schlechte Laboratoriumsluft. Alle großen Chemiker leiden daran.« Liebig stellte sich selbst die Diagnose »Hypochondrie«, da seine Phantasie ihm das kleinste Übel so vergrößere, daß ihm »jeder Genuß verbittert und jede angenehme Stunde verdorben wird«. Von seinen Nerven sprach er nicht. Später wettert er in seinen »Chemischen Briefen« gegen das der modernen Wissenschaft spottende Gerede der Ärzte von der »alles bedingenden Nervenkraft«. Um die Jahrhundertmitte bekam der medizinische Jargon in Deutschland einen neuen Ton, der von einem neuen Schub in der Anwendung naturwissenschaftlicher Methoden in

der Forschung begleitet war. Der Brownianismus wurde zu einer peinlichen Erinnerung; Begriffe wie »Irritabilität« und »Asthenie«, »Ner-
vengeist« und »nervöser Genius« gerieten in Verruf, mochten manche
ärztliche Praktiker auch an ihnen festhalten.[57] Gerade als der Streß des
Industriezeitalters begann, fehlte zunächst jeder adäquate Begriff.

Einen gewissen Ersatz dafür bot in den 1840er Jahren die »Spinalirritation«, die von manchen mit der »Unrast der Zeit« in Verbindung gebracht wurde. Dieses aus England übergesprungene Krankheitskonzept
begriff diverse Beschwerden als Folgen einer Reizung des Rückenmarks.
Es gründete sich auf die frisch entdeckte Zentralität des Spinalmarks im
Nervensystem und entsprach der neuen Forderung, alle Krankheiten
strikt zu lokalisieren. Später galt die Spinalirritation als direkte Vorläuferin der Neurasthenie, wenn auch diese Abstammung nicht gerade rühmlich war. Denn schon bald enthüllte sich der pseudosomatische Charakter
dieser Lehre, und die streng anatomische Richtung gebot ein »donnern-
des Halt«. Romberg machte aus der Spinalirritation ein »Gespenst«.
Dennoch war sie jahrzehntelang nicht totzukriegen: Ein praktischer Bedarf nach einem solchen Begriff war offenbar da.

Und die alte »Nervenschwäche«? Ein Hannoveraner Arzt kritisierte
1845 das Unbefriedigende dieses Begriffs: »Schwach« seien die Nerven
lediglich in ihrer Unfähigkeit, »sich der Norm gemäß zu verhalten«.
Aber statt dessen trieben sie häufig anderes, wie die Reizbarkeit vieler
»nervenschwacher« Leute zeigte, so daß man »mit demselben Rechte in
jenen Krankheitszuständen eine *gesteigerte* Kraft des Nervensystems annehmen« könne.[58] Um so erstaunlicher ist aus historischer Sicht eine Generation darauf die glorreiche Wiederauferstehung des alten Begriffs der
»Nervenschwäche« in der Form der »Neurasthenie«!

Am Anfang Beard oder Bismarck?
Die Neurasthenie als amerikanische und
als deutsche Krankheit

Während sich die Ursprünge vieler Krankheitsbilder im Nebel verlieren, kann man die Geschichte der Neurasthenie wie ein Märchenerzähler
mit »Es war einmal ein Mann« beginnen; dieser Mann war der New Yorker Nervenarzt George M. Beard (1839–1883). Auf diese Weise wird
diese Geschichte seit hundert Jahren erzählt. Aber je mehr man über
Beard liest, desto schwerer fällt es, sich von ihm ein klares Bild zu ma-

chen. Manchmal wirkt er wie ein kühner Pionier der Medizin mit einem Schuß genialer Intuition, manchmal jedoch wie ein unklarer und oberflächlicher Denker, der sich auf der Suche nach dem Effekt an wechselnde Trends hängt. Schon die Meinung der Zeitgenossen war geteilt; einer verspottete Beards »Neurasthenie« als medizinischen Zirkus Barnum, für viele andere dagegen war der neue Begriff das erlösende Wort. Aus der Rückschau wirkt das Neurastheniekonzept, das Beard erstmals 1869 vortrug, als typisches Produkt seiner Zeit: jener turbulenten Ära der »Reconstruction« nach dem Bürgerkrieg, als – um mit Lewis Mumford zu reden – das »alte Amerika« schlagartig »vernichtet« wurde und der Industriekapitalismus in tollster Form »über Nacht seinen Einzug« hielt. »Die Neurasthenie wurde in einem sehr realen Sinn eine Rationalisierung von Amerikas neuer sozialer Ordnung ... Obwohl die Neurasthenie in den 1920er Jahren einen Armentod starb, war sie nichtsdestoweniger ein bedeutsames Zeugnis von Amerikas unruhiger Anpassung an das Industriezeitalter.«[59]

Kein Zweifel, die Öffentlichkeitswirkung Beards und seiner »Neurasthenie« war mindestens so sehr ein Phänomen jener Zeit wie ein Ereignis der medizinischen Wissenschaft; aber ebendas, was Beard dem modernen Mediziner suspekt macht, weckt das Interesse des Historikers. Und eine belanglose Gestalt war Beard ganz gewiß nicht. Dieser bis dahin nicht allzu erfolgreiche Arzt wäre nicht so bekannt geworden, wenn er mit seiner »Neurasthenie« lediglich einen hochtrabenden Begriff für gängige Gemeinplätze geprägt hätte. Zu seiner Zeit empfanden selbst bedeutende Mediziner, die in der akademischen Hierarchie weit über ihm standen, die »Neurasthenie« als eine große Entdeckung, die die Augen öffnete. Dabei konnte Beard weder durch bahnbrechende Forschungen noch durch theoretische Brillanz imponieren. Wenn seine »Neurasthenie« dennoch so prompt und weltweit einschlug, bleibt nur die Erklärung, daß sie eine verbreitete Erfahrung auf den Begriff brachte.

Der erste wichtige Punkt in Beards Werdegang ist seine eigene Leidenserfahrung, die durch Hypochondrie verstärkt wurde. Schon in seiner Jugend neigte er zu ängstlicher Selbstbeobachtung und entdeckte an sich viele jener Symptome, die er später der Neurasthenie zuschlug, ob Ohrensausen oder Kopfschmerzen, Verdauungsstörungen oder allgemeines Schwächegefühl. 1858 eröffnete ein Arzt dem 19jährigen, er sei »sehr nervös« und müsse »geistige Betätigung meiden«. Natürlich wußte Beard mit diesem Rat nichts anzufangen. Eine Zeitlang suchte er sein Heil in besserer Ernährung; aber dann störte ihn sein Übergewicht. Auch nach Überwindung seiner Jugendkrise »überwachte er seinen Körper weiterhin mit einer Art zwanghafter Zärtlichkeit, einem angsterfüllten

Narzißmus, der seinem Gewicht, seiner Ausdauer, seinen dicken Backen galt« (Gay).[60]

Der zweite Hauptpunkt in Beards Entwicklung ist seine Abkehr von der väterlichen Frömmigkeit. Sein Vater war ein Prediger der Kongregationisten, zwei Brüder gingen ebenfalls in das geistliche Amt, und seine Jugendkrise wurzelte in religiösen Skrupeln und einem Hin und Her zwischen Sündenangst und den Lockungen des Lebens. Der Wechsel von der Religion zur Medizin bedeutete für ihn eine innere Befreiung; aber er brachte ein Stück des religiösen Eifers in den Arztberuf mit. Wenn mit seiner Neurasthenielehre »der öffentliche Einbruch der Neurologen in die persönlichen Probleme begann« (Abbott), so hieß das, daß Beard einen Bereich, der für die Frommen bis dahin zur Seelsorge gehörte, für die Neurologie eroberte. Eine seiner ersten Schriften befaßte sich mit den »Stimulanzien und Narkotika« (1871). Da distanzierte er sich vom radikalen Antialkoholismus und dem puritanischen Kampf gegen die Genußmittel. In krassem Kontrast zu vielen späteren Nerventherapeuten pries er sogar die kräftigende Wirkung des Alkohols auf die Gesundheit. Er verwies auf einen Mann mit chronischer Bronchitis, der pfeiferauchend und mit einer Flasche Gin pro Tag ein biblisches Alter erreicht habe.[61] Gewiß unterschätzte er das Alkoholproblem; aber er hätte die Neurasthenie nicht gefunden, wenn seine Suche nach dem Wesen des Leidens in den puritanischen Kampagnen gegen Luxus und Ausschweifung steckengeblieben wäre.

Die dritte wichtige Station auf Beards Weg zur Neurasthenie ist seine Beschäftigung mit der Elektrizität und ihren therapeutischen Chancen. Seine Erstlingsschrift, »Electricity as a tonic« (1866), läßt noch die alte Auffassung erkennen, daß es bei der Nerventherapie um die Straffung des erschlafften »Tonus«, der Nervenspannung, gehe. Das war eine logisch-technologische Grundlage für die Elektrobehandlung. Beard war schon von Kind auf von der Elektrizität fasziniert und probierte ihre Wirkungen am eigenen Leibe aus. Einem Bericht zufolge war es die wohltätige Wirkung eines solchen Selbstversuchs, die ihn zu dem Entschluß brachte, Arzt und Forscher zu werden. Eine Zeitlang arbeitete er mit Edison zusammen und wurde einer der begeistertsten Jünger dieses berühmtesten Erfinders seiner Zeit. Durch Edison bekam die Elektrotherapie in Beards Augen eine kosmische Dimension; 1876 verkündete er, in den bei den Edison-Experimenten sprühenden elektrischen Funken die Lebenskraft entdeckt zu haben. Noch 1881 schrieb er, »Edisons elektrisches Licht« gebe »die bestmögliche Illustration der Wirkungen der modernen Zivilisation auf das Nervensystem«. Wenn nämlich »neue Funktionen« an den (menschlichen) Stromkreis angeschlossen würden, wie es die moderne Zivilisation ständig verlange, fingen bei gleichbleibender Energie die schwächeren Glühbirnen an zu flackern oder gingen ganz aus: »Dies ist die Philosophie der modernen Nervosität.«[62] Passagen dieser Art wirken heute als Stilblüten. Dennoch war eine elektrotechnische Kompetenz durchaus geeignet, die Vorstellungen über das Nervensystem ein Stück realistischer zu machen. Von Anfang an bis heute bezog die Neurologie immer wieder Inspirationen aus der Elektrotechnik und Elektronik. Und wenn Beard in der Elektrotherapie manchen Unfug angestellt hat – leider nicht nur er –, so wurde er doch kein Monomane der Elektrizität, jedenfalls nicht auf Dauer. Sein Buch über die Neurasthenie (1880), das ihn international berühmt machte, entstand in einer Situation, in der ein Versuch, als ein Herold der Elektrizität zu Ruhm zu kommen, fehlgeschlagen und er zu seinem Arztberuf zurückgekehrt war. Es enthält nicht nur einen Homo electricus, sondern Erfahrungen mit wirklichen Menschen. Beards Denkstil wirkt heute vielfach mechanistisch; dennoch sah er in dem Neurastheniker nicht nur eine leergelaufene Batterie, die wieder aufgetankt werden mußte, sondern war »wahrscheinlich der früheste amerikanische Psychotherapeut«.[63]

Edisons Glühbirne mag Beards Aufmerksamkeit für das Moment des Flackerns in den menschlichen Lebensäußerungen geschärft haben. Aber die Metaphorik, mit der er die Nervenkraft beschreibt, läßt erkennen, daß er in seiner Phantasie nicht nur vom Dynamo, sondern auch von der Wassermühle, nicht nur von der Dampfkraft, sondern auch von der Solarenergie angetrieben wurde. »Der menschliche Organismus repräsentiert gewissermaßen ein Kraftreservoir mit konstantem Zu- und Abflusse; der Kräfteverbrauch wird ersetzt durch das einzige und zugleich universelle Kraftzentrum – die Sonne.« Erst eine »Times«-Rezension brachte ihn auf die Idee, daß die Dampfmaschine ein geeignetes Modell für seine Nervenlehre bot. Beard verglich die Indianersquaw, die – ein Kontrastbild zur modernen Amerikanerin – »sorglos vor ihrem Wigwam« sitze, mit einem »Mühlwehr« an einem großen Teich, »in welchem der Zu- und Abfluß des Wassers stets einander folgen und die Kraft, das Mühlrad zu treiben, infolgedessen nie versiegt«. Die Neurasthenikerin dagegen gleiche einem Mühlwehr mit kleinem Reservoir und raschem Abfluß. Es fällt Beard jedoch nicht ein, in der Logik dieser Ausführungen die Indianerfrau als Vorbild hinzustellen; im Gegenteil, er perhorresziert ihre vermeintliche Roheit, die sie im Streit mit ihrem Mann handgreiflich werden lasse, und preist die Zartheit und Sensibilität der nervösen weißen Amerikanerin![64]

Ganz zu Anfang, 1869, hatte Beard noch darüber spekuliert, die Neurasthenie könne von einer »Dephosphorisierung« des zentralen

Nervensystems, also sozusagen von einem Schwund des Nervenbrenn-
stoffs herkommen; in der Folge begriff er diese Nervenschwäche jedoch
als »funktionelle« Störung, also als Krankheit ohne erkennbare organische Grundlage. »Funktionell« war ihm das, was das Mikroskop »nicht
sehen kann«.[65] Man sieht, wie das Mikroskop zu einer schärferen Unterscheidung zwischen organischen und funktionellen Krankheiten führen
konnte. Im übrigen fällt bei Beards Beschreibung der Neurasthenie auf,
daß er sich im Unterschied zu späteren Autoren fast gar nicht um eine
Eingrenzung der Symptome bemüht. Sein Buch setzt einen Arzt voraus,
der einen Blick für die Totalität des Menschen besitzt und für die Neurasthenie einen Instinkt entwickelt. Es ist bemerkenswert, wie viele damalige Ärzte dennoch zu der Überzeugung gelangten, daß es sich bei dieser
Nervenschwäche um ein identifizierbares Leiden handele. Nicht zu Unrecht glaubte Beard, eine Einsicht in Worte zu fassen, die instinktiv und
unartikuliert schon längst da war.

Was die Ätiologie angeht, so schickte Beard seiner »Neurasthenie« die
Behauptung voraus, »daß der erste und wesentliche Grund der Nervosität in der modernen Zivilisation und den sie begleitenden Umständen
liegt«. Nervenbelastend wirkten in den Augen Beards nicht nur der
durch die moderne Technik und Industrie bewirkte Leistungsdruck, sondern die »Unterdrückung der Emotion«, die von der modernen Freiheit
gebotenen Chancen und – man erinnere sich an Beards Herkunft« – das
protestantische Sektenwesen. »Kein katholisches Land ist sehr nervös« –
das merke man gleich, sobald man die Grenze zu dem katholischen Kanada überschreite. Obwohl man meinen sollte, daß die moderne Zivilisation in den USA alle Gesellschaftsschichten erfaßte, glaubte Beard, die
Neurasthenie sei am besten bei den »wohlhabenden Klassen« zu studieren. Auch dies, so Beard, sei ein Grund, weshalb sie bislang als Krankheit
eigener Art nicht erkannt worden sei; denn das medizinische Wissen sei
bis dahin zu einseitig aus dem Hospital und der Armenarztpraxis hervorgegangen.[66]

Da Beard ein gewisses Maß an Nervosität für eine zwangsläufige Folge
der modernen Zivilisation hielt und an die Akkumulation der Nervosität
durch Vererbung glaubte, wäre es eigentlich logisch gewesen, wenn er
eine zunehmende nervliche Degeneration der Kulturvölker befürchtet
hätte. Aber Beard blieb im Grundton optimistisch, und Dekadenzängste
lagen ihm fern. Seine Schriften sind von der Zuversicht getragen, daß
sich die Neurasthenie im allgemeinen auf ein unschädliches Niveau von
Nervosität herunterbringen lasse. Diese Nervosität ist, ihm zufolge, sogar
von Vorteil: »Die exzessive Nervosität der Amerikaner scheint als ein
Gegengift und Präventiv gegen Gicht und Rheuma ebenso wie gegen an-

dere Entzündungskrankheiten zu wirken.«[67] Der Gedanke, daß die als Krankheit geltenden Phänomene für den Körper einen Sinn haben können, war originell und zukunftsträchtig.

Auch in der Therapie besaß Beard keine bestimmte Generallinie, sondern praktizierte eine breite, fast wahllose Palette von Heilmethoden. Aus heutiger Sicht wirkt vieles wie Quacksalberei. Eine moderne Medizinsoziologin kommentiert, Beards Behandlungsmethoden, die auch das gefährliche Strychnin nicht verschmähten, rechtfertigten den Rat, sich die Ärzte vom Leibe zu halten. Der Münchener Nervenarzt Leopold Löwenfeld übernahm zwar den Neurastheniebegriff, aber entsetzte sich über Beards Elektrobehandlung an den Genitalien. Vermutlich entsprach Beard mit der Variation seiner Methoden den Wünschen seiner Klienten. Wie er in der »Neurasthenie« schrieb: »Die Patienten verlangen unaufhörlich Hilfe und nötigen dadurch ihre Ärzte, nach neuen Mitteln und Behandlungsmethoden zu suchen.«[68]

Die prompte Wirkung der Beardschen »Neurasthenie« ist gerade in Deutschland frappant. Der »neue Name« – so Möbius – »bezauberte Ärzte und Laien«. Genaugenommen habe es das Wort schon vorher gegeben, »aber es lag in der Rumpelkammer«. »Neurasthenie« war eine Diagnose für solche Fälle, denen gegenüber sich die Ärzte bis dahin sprachlos vorgekommen waren.

Der noch unbekannte Sigmund Freud glaubte 1887, die Neurasthenie sei »die allerhäufigste Erkrankung in unserer Gesellschaft«. Krafft-Ebing erinnerte sich später, Beards Arbeit sei »trotz ihrer großen Mängel wie eine Offenbarung auf medizinischem Gebiet« erschienen, und zwar gerade im deutschen Bereich. »Überall fanden sich in großer Zahl die seiner Schilderung entsprechenden Krankheitsbilder«, schreibt Otto Dornblüth, der Verfasser des letzten großen Neurasthenie-Lehrbuchs (1911), »es war gerade, als ob die Welt auf den Namen und die Abgrenzung der Krankheit gewartet hätte.« Neben das Sprichwort »Wer rastet, der rostet«, trat um 1900 der von dem damals populären Schriftsteller Otto Erich Hartleben gereimte Vers: »Raste nie, doch haste nie, sonst haste die Neurasthenie.« Aus der kritischen Rückschau der 20er Jahre bemerkte Oswald Bumke, eines der damaligen Häupter der deutschen Psychiatrie: »Es gibt wohl keinen zweiten Fall in der Geschichte der Medizin, in dem ein bloßes Wort so große wissenschaftliche Wirkungen und zugleich den Anschein so vieler neuer Erkrankungen herbeigeführt hat, wie das Wort: ›Neurasthenie‹.«[69]

Dieser Erfolg, der vielen Zeitgenossen so selbstverständlich erschien, wirkt aus der Rückschau zunächst wie ein Rätsel. Aus einer Brillanz des Beardschen Konzeptes oder der von seinem Autor präsentierten Forschungen erklärt er sich ganz gewiß nicht. Ebensowenig erklärt er sich aus einer einflußreichen Position Beards in der Wissenschaft: Der New Yorker Arzt stand ja außerhalb der akademischen Hierarchie, und er starb zu früh, um für die Verbreitung seiner Lehre viel tun zu können. Er wirkte zu einer Zeit, als in der Wissenschaft Europa noch der Lehrmeister der Neuen Welt war und sich nur in der Technik das Lehrer-Schüler-Verhältnis umzukehren begann. Bis heute sind psychiatrische Begriffe amerikanischen Ursprungs sehr selten geblieben; auch in dieser Hinsicht war die Neurasthenie eine große Ausnahme. In Deutschland, das sich damals dem Gipfel seines wissenschaftlichen Ruhms näherte, war Beard vor 1880 kaum bekannt; nur innerhalb der Elektrotherapie, die seit den 1850er Jahren einen Boom erlebte, hatte er einen Namen.[70]

Beard, obwohl ein sehr amerikanischer Typ, war von der deutschen Wissenschaft fasziniert; er stand in Kontakt zu dem Heidelberger Neurologen Wilhelm Erb, auf den er sich wiederholt berief, und schrieb in einer Art, die deutsche Leser ansprach. »Wären wir nicht ständig am Busen Deutschlands genährt, dann wären England und Amerika schon längst wissenschaftlich verhungert« – auf so geschwollene Art konnte er Deutschland verehren. Diese Schmeichelei wurde jedoch in Deutschland ignoriert. Alles weist darauf hin, daß Beards Wirkung sich nur aus einem dringenden Bedarf nach einem Konzept wie dem der Neurasthenie erklärt. Wo es um Streßerscheinungen ging, bei denen man einen Zusammenhang mit dem modernen Wirtschaftstempo vermutete, durfte man von einem New Yorker Arzt eine Kenntnis aus erster Hand erwarten. Zugleich weckte »Asthenie« romantische Assoziationen.[71] In ihrer alten Form konnte man die Asthenielehre um 1880 nicht mehr vorzeigen; aber die Beardsche Neuauflage wirkte supermodern.

Beard erntete in der deutschen Medizin keineswegs nur Anerkennung; gewisse Vorbehalte gegen den amerikanischen Außenseiter gehörten fast zum guten Ton. Aber immer wieder findet man das Grundmuster, sich zwar zunächst von Beard zu distanzieren, aber dann doch das meiste von seiner »Neurasthenie« zu übernehmen. Otto Binswanger wollte noch 1883 lieber von »Erschöpfungsneurosen« sprechen und klagte, daß »dieser über's Meer zu uns gekommene Krankheitsbegriff bis jetzt nur Verwirrung und Schaden angerichtet« habe; aber später verfaßte er eines der Standardwerke zur Neurasthenie und attestierte dem New Yorker Arzt »reiche Erfahrung«. Beards Einfluß wirkte auch dort, wo man sich nicht auf ihn berief; daran kann man seine Überzeugungskraft ermessen.

Krafft-Ebing erinnerte daran, daß die Medizin als Folge des Siegeszuges der Anatomie zeitweise »anatomisch nicht definierbare Krankheitserscheinungen« ganz aus dem Blick verloren habe; das daraus entstandene Vakuum erkläre die abrupte Wirkung Beards besonders in Deutschland.

Aber rein von der Wissenschaft her hätte es für die Deutschen nähergelegen, von Frankreich statt von den USA zu lernen. Rudolf Arndt, den Beards Ruhm irritierte, rief den schon 1860 erschienenen »Nervosisme« des Kinderarztes Eugène Bouchut, Professor für Medizin in Paris, in Erinnerung. Das Buch und sein Begriff waren aus einer im Jahr davor in der Akademie der Medizin geführten Diskussion hervorgegangen. Aber Bouchuts Buch wirkte, wie Arndt sich erinnert, zunächst nur verwirrend. Bouchut hatte seinen »nervosisme« zwar, wie Beard später die Neurasthenie, als rein funktionelle Störung ohne erkennbare organische Grundlage definiert, aber Fieberattacken und andere akute Krankheiten massiver Art darein gemengt; dadurch kam er der klinischen Forschung ins Gehege. Außerdem spielte bei ihm die moderne industrielle Zivilisation als pathogenes Element keine Rolle; sein Buch enthielt nicht die Erfahrung eines stürmischen Industrialisierungsschubs. Bouchuts Angaben über die durch die Lebensweise bedingten Ursachen des »nervosisme« sind kurz und stereotyp; sie folgen dem Muster der Kritik an Luxus und Leidenschaften und könnten ebensogut aus dem 18. wie aus dem 19. Jahrhundert stammen.[72] Bouchuts Wirkungslosigkeit zeigt, wie sehr die Überzeugungskraft des neuen Nervositätskonzepts an seiner Modernität im technisch-industriellen Sinne hing. Bis um 1880 hatten die Deutschen mit »Nervosität« eher französische Assoziationen verbunden. Vielleicht hinderte sie das daran, sich zu ihrer eigenen Nervosität zu bekennen, bis Beard aus ihr ein amerikanisches Leiden machte.

»Nervös« galt vorher als französisches Lehnwort, obwohl es im 18. Jahrhundert zuerst aus England gekommen war und Deutschland bei dem Begriff der »Nervenschwäche« durchaus eine gewisse Priorität hätte beanspruchen können. »Nervosité« scheint in Frankreich sogar als Lehnwort aus der deutschen »Nervosität« aufgekommen zu sein. Aber weder die bodenständige deutsche Tradition der »Nervenschwäche« noch die Nervosität à la française waren um 1880 zu gebrauchen, um die neue Leidenserfahrung der Zeit zu artikulieren. Literarisch versierte Deutsche kannten die französische Nervosität aus Flauberts »Madame Bovary« (1857), deren Verfasser selber viel über seine Nerven klagt. Aber da war »nervös« ein ablenkendes Hüllwort für erotische Frustration und das Leiden unter der Langeweile der Provinz; es war das Gegenteil zu dem Leiden unter dem Leistungsdruck und der Reizflut der Großstadt. Selbst in Frankreich wirkte Beards »Neurasthenie« als etwas Neues, und kein Geringerer als Charcot, der berühmteste Neurologe seiner Zeit, pries die Krankheitsbeschreibung als »exzellent« und realitätsgetreu, obwohl die Neurasthenie für Charcots Hysterielehre eine potentielle Konkurrenz bedeutete. Auch dieses hohe Lob zeigt, daß die Neurasthenie trotz der verwirrenden Vielfalt ihrer Symptome damals wie ein klar identifizierbares Leiden wirkte.[73] Wenn dies heute nicht mehr so ist, so erklärt sich das nicht zuletzt aus der Veränderung kollektiver Seelenzustände.

Man erkennt den deutschen Klimawechsel während der 1870er Jahre, wenn man auf neurologische Ausführungen zur »Nervenschwäche« unmittelbar vor der »Gründerzeit« zurückblickt. Ein Handbuch über »Krankheiten des Nervensystems« unterscheidet in seiner Ausgabe von 1869 schon zwischen organisch bedingten und funktionalen Störungen und bezeichnet die letzteren als »die eigentlichen sogenannten Nervenkrankheiten (Neurosen)«. Umrißhaft war das, was man zehn Jahre später »Neurasthenie« nannte, schon da. Das Handbuch enthält ein Kapitel über »gesteigerte Sensibilität im allgemeinen, krankhafte Reizbarkeit, reizbare Schwäche, Nervenschwäche« – »es kommt auf die Wortbezeichnung nicht viel an«. Man merkt, daß ein neuer Komplex von Symptomen in Sicht gerät, für den der griffige Name noch fehlt. Nun heißt es, »der gegenteilige Zustand, die größere Stumpfheit«, habe »eine geringere praktische Bedeutung«; noch um 1800 sahen es viele Ärzte umgekehrt. »Die Ursachen der reizbaren Schwäche« vermochte der Autor »nicht mit Genauigkeit anzugeben«. »Bei aller Wichtigkeit« dieser Faktoren – schließt der Absatz – »würde es doch zu weit führen, hier eine speziellere Auseinandersetzung zu versuchen.«[74] Genau hier ist der Punkt, wo die deutsche Nervenlehre bis in die 1870er Jahre stehenblieb und wo Beard weiterging.

Ein Patient, der sich 1881 in die Praxis des von Beard beeinflußten Elektrotherapeuten Siegmund Theodor Stein in Frankfurt am Main begab, führt mit seiner Leidensgeschichte schon mitten in die neue Welt der Neurasthenie; bei ihm trat die rein exogene Leidensursache und ihre Zeittypik unverkennbar ins Licht, und man kann verfolgen, wie sich die »Nervosität« zu »exquisiteren Formen der Neurasthenie« steigert. Es handelte sich um einen 44jährigen Kaufmann, dessen Unternehmungsgeist durch lukrative Lieferungen im Krieg von 1870/71 auf Hochtouren gekommen war. Damals begann für ihn eine »ebenso aufregende als anstrengende und verantwortungsvolle Geschäftstätigkeit«, die kein Ende mehr nahm. Der Kriegsgewinnler stürzte sich, »mit pekuniären Mitteln reichlich versehen«, in den Gründerboom:

»Die Wogen der damaligen Spekulation hatten auch ihn mit Macht ergriffen und ebenso, wie die meisten seiner Kollegen, den bald folgenden Verlusten des Jahres 1873 ausgesetzt. Der Börsenkrach, welcher seine Vermögensverhältnisse zwar erschütterte, aber nicht untergrub, bildete den Beginn zu dem Wanken seiner Gesundheit. Nachdem alle vorangegangenen geschäftlichen Aufregungen den sonst sehr heiteren und lebenslustigen kräftigen frischen Mann in keinerlei Weise beeinflußt hatten, beginnen jetzt mangelhafter Appetit, Verdauungsstörungen, Schlaflosigkeit und Gemütsverstimmung sich geltend zu machen. … Im Jahre 1877 jedoch begannen sich exquisitere Formen der Neurasthenie herauszubilden, in erster Linie Zunahme früherer dyspeptischer Erscheinungen…, Unbehaglichkeit im Unterleibe, Rückenschmerzen, Kopfdruck und Angstgefühl.«[75]

Seit den 1870er Jahren fanden die psychischen Folgen des technischen und industriellen Wandels selbst unter deutschen Nationalökonomen Beachtung, und diese Aufmerksamkeit verband sich mit einem wachsenden Krisenbewußtsein. Gustav Schmoller, der aufsteigende Stern der deutschen Nationalökonomie, hielt um 1870 sogar die These von der modernen Zunahme der Lebenserwartung sehr zu Unrecht für ein »Märchen«: »Das Leben ist eine durchschnittlich kürzere Erscheinung geworden. Arbeit und Genuß reiben es auf.« Er glaubte, die Wirtschaftswissenschaft müsse künftig den psychischen Schadenswirkungen des industriellen Fortschritts besondere Aufmerksamkeit widmen. 1873 schilderte er den »Einfluß der heutigen Verkehrsmittel« auf das gesamte Lebensgefühl in superlativischer Weise, wobei die Beschreibung der Gegenwart mit Zukunftsperspektiven verfließt:

»Wir sehen, wir erleben das hundert- und mehrfache von dem, was unsere Großväter gesehen. Unermeßlich hat sich der Horizont erweitert; die Ferienreisen unserer Väter hatten den heimatlichen Kirchturm selten aus dem Blick verloren; jetzt reist der Sekundaner schon nach dem Harz, nach dem Schwarzwald, in den Alpen. … Wir handeln entschlossener, wie wir intensiver leben, genießen und arbeiten. Schnell muß alles vorwärts gehen. Die Tugend der Präzision ist vielleicht am allermeisten gestiegen. Die Eisenbahnen wirken … wie große Nationaluhren. Freilich wer mitkommen will im Leben, muß alle individuellen Wünsche zurücklassen, dem raschen Tempo, den allgemeinen Bedingungen des Dauerlaufs sich fügen. Immer schneller soll es gehen. Immer hastiger stürzt sich das junge Geschlecht in die Bahn des Lebens. Keine Minute verlieren ist die Losung; das ganze Leben gleicht einem dahinbrausenden Eisenbahnzug.«[76]

Alles in allem ein Text von faszinierender Ambivalenz. Er entstand auf dem Höhepunkt der Euphorie der Gründerjahre, noch vor dem großen Krach, und ist von einem Vollgefühl der Energie durchdrungen. Aber man spürt, wie leicht die euphorische Stimmung kippen kann, und wie sich die Gesellschaft einer Reizschwelle nähert. Durch die Reichsgründung war die Welt der Deutschen auf einen Schlag viel größer und komplizierter geworden; und die Eisenbahn sorgte dafür, daß diese Vergrößerung sich nicht nur auf der Landkarte, sondern auch im Alltag bemerkbar machte. Der Boom der Gründerjahre führte in den Kollaps; die Jagd nach dem Glück wurde zum Kampf um die Existenz. Der Euphorie der deutschen Einigung folgten die jähe Konfrontation mit schweren inneren Spannungen und der Kampf der neudeutschen Führungsschicht gegen die »Reichsfeinde«, die katholischen »Ultramontanen« und die Sozialisten. Das neue deutsche Gefühl der Überlegenheit wurde auf der Weltausstellung von Philadelphia (1876) tief verletzt, als es hieß, die deutsche Ware gelte in der Welt als »billig und schlecht«. Die USA tauchten als neues Vorbild und künftiger Rivale auf, und man merkte, wie wenig die Stellung der Deutschen auf dem Weltmarkt gesichert war, als sie sich aus ihrem Nischendasein hervorwagten.

Nach dem Gründerkrach herrschte über zwei Jahrzehnte Krisenstimmung. An der Statistik läßt sich nachweisen, daß es sich bei der »großen Depression«, die von 1873 bis weit in die 90er Jahre gedauert haben soll, um einen »Mythos« handelt; was die Produktionsziffern zeigen, ist für die meisten Jahre lediglich eine Wachstumsverlangsamung. Erst die kollektive Stimmung ängstlicher Unruhe machte daraus eine schwere Dauerkrise. Für Hans Rosenberg sind die Jahre von 1873 bis 1896 – also die Zeit der angeblichen »großen Depression« – »ein zu Wahnvorstellungen neigendes Zeitalter der Neurose«, in dem »die menschlichen Nerven überfordert wurden«. 1879 bemerkte ein Wiener Arzt, man gebrauche »heutzutage bei allen möglichen und unmöglichen Gelegenheiten das Schlagwort ›nervös‹«. Hellpach brachte den durchschlagenden Erfolg der Beardschen »Neurasthenie« mit der »großen Wende« des Deutschen Reiches in den späten 1870er Jahren in Verbindung: mit der Abkehr von Freihandel und Liberalismus, der Beendigung des Kulturkampfes, dem Sozialistengesetz und dem ersten »Wetterleuchten des Antisemitismus«. Der liberale Industrialismus habe gleichsam einen »nervösen Kollaps« erlitten, und genau um 1880 habe die nervös gewordene Zeit das Bedürfnis bekommen, »sich sozusagen vor den Spiegel zu setzen«. Der Übergang zum Schutzzoll demonstrierte die Macht des neuen Bündnisses zwischen Agrariern und Schwerindustrie, aber er verband sich mit einer allgemeinen atmosphärischen Wende: mit dem überhandnehmenden Gefühl, daß zur Rettung der deutschen Gemütlichkeit Schutzwälle gegen den hemmungslosen Konkurrenzkampf errichtet werden müßten. Bismarck bezeichnete 1880 die Freihandelsära als eine Zeit der »Krankheit« und die Schutzzollgesetze als »Kur«.[77]

Zur selben Zeit machte Bismarck Krankheits- und Regenerationserfahrungen ganz persönlicher Art. In den 1870er Jahren war er durch seine Unersättlichkeit im Essen und Trinken zu einem Zweieinhalbzentnermann geworden, dessen aufgeschwemmter Körper und aufgedunsenes Gesicht mit den schweren Tränensäcken und dem neuralgischen Zucken wie das fleischgewordene Sinnbild alles Krankhaften der »Gründerjahre« wirkten. Auch die durch die liberale Kulturkampfära aufgerissene Kluft zu den altpreußischen Konservativen lag ihm schwer auf der Seele, da sie für ihn eine Entfremdung von seiner emotionalen Heimat bedeutete. Die Dampfschiffe, die billiges amerikanisches Getreide über den Atlantik brachten, stürzten die Agrarier, die lange Zeit ein relativ ruhiges Leben genossen hatten, in den modernen »Kampf ums Dasein«. Bismarck empfand die Gürtelrose, an der er 1878 erkrankte, wohl mit Recht als psychosomatisches Leiden: als eine »Quittung über Erschöpfung der Nerven«, die gerade noch durch die peinlichen Sticheleien der »Reichsglocke« gegen Bismarcks Beziehung zu dem jüdischen Bankier Bleichröder strapaziert worden waren. Damals glaubte der Kanzler, mit seiner »Gesundheit am Ende zu sein«: »Ich verfiel in einen Gesundheitsbankrott, der mich lähmte.« Jetzt fürchtete er, doch dem verachteten Friedrich Wilhelm IV. zu ähneln; und ihn verfolgte die Angst vor »Gehirnerweichung«. Seine Ärzte äußerten Verdacht auf Leber- und Magenkrebs; Bismarck erwog seinen Rücktritt. Aber dann folgte seiner politischen Wende – der Heimkehr zu den Konservativen – eine nicht minder wichtige Wende in der Lebensweise, die ihm ein seit vielen Jahren nicht mehr gekanntes »Gesundheitsgefühl« verschaffte. Der Held dieser neuen Wende zur Wiedergenesung war Schweninger mit seiner Naturheilmethode – bald kursierte schon das Verb »schweningern« –, und Erlösung von der Angst vor Wahnsinn und Tod brachte dem Kanzler die Einsicht, daß er lediglich unter den Folgen einer naturwidrigen Lebensweise und »Nervenkrisis« litt.[78]

Oder wollte er genau das erfahren? Denn die »Nerven« waren für ihn kein neues Thema. In Ludwig Bambergers Tagebüchern begegnen »die Nerven« bereits 1870 als typisches Bismarck-Vokabular. Schon seit den 1860er Jahren hatte er immer wieder davon gesprochen, daß er durch sein aufreibendes Leben seine Nervenkraft aufzehre. Berühmt wurde sein Weinkrampf in Nikolsburg 1866, als er den sofortigen Friedensschluß mit Österreich forderte, darüber mit seinem König so heftig zusammenprallte wie noch nie und danach monatelang krank war; damals »entlud sich der Sturm seiner Nerven«, schrieb später der österreichische Historiker Friedjung. Der Nervenzusammenbruch als Katalysator der kommenden deutschen Einigung! Aber der Krieg von 1870/71 bekam den Bismarckschen Nerven vorzüglich und brachte »alle Beschwerden zum Schwinden«.

In seiner schweren psychosomatischen Krise, die dann folgte, meinte Bismarck, der Ruin seines Nervensystems habe schon mit seinem »liederlichen« Studentenleben begonnen. Um 1880 litt er, wie die Baronin Spitzemberg notierte, »sehr an seinen Gesichtsschmerzen, die ihn am Reden und Essen hindern und entsetzlich nervös machen«. Schweninger fand Bismarck 1882, als er ihn erstmals besuchte, »aufgeregt und doch apathisch müde«, »von Gesichtsschmerz und Migräne geplagt, schlaf- und appetitlos, fahl von Gesichtsfarbe, von stürmischen Magenerscheinungen und Verdauungsstörungen ... heimgesucht«. Außer einem Gallenstein fand er jedoch keine ernsthaften organischen Mißbildungen, sondern nur eine »Reihe nervöser und funktioneller« Störungen und verschrieb seinem prominenten Patienten eine strenge Diät, die sich nicht nur auf Essen und Trinken, sondern auf den gesamten Tagesablauf erstreckte. Als Bismarck eine kurze Abwesenheit Schweningers nutzte, um »an die zwei Pfund ... Schlackwurst nebst Spickgans« und eine »Dreimännerportion« Buttermilch zu sich zu nehmen und danach an einem furchtbaren Aufruhr seines Unterleibs litt, erfuhr er diese Qual als prompte Strafe für die Auflehnung gegen seinen Arzt. Später berichtete er beifällig, wie Schweninger ihm all die von den vorherigen Ärzten verschriebenen »Fläschchen vor der Nase« weggenommen und ihn »durch die Rückkehr zur Natur« wiederhergestellt habe.[79]

Den Begriff »Neurasthenie« scheint Schweninger nicht gebraucht zu haben, wie es überhaupt sein Credo war, daß es keine Krankheiten, sondern nur kranke Menschen gebe. Galt Bismarcks Leiden in der deutschen Öffentlichkeit als Neurasthenie und trug es dazu bei, diese Krankheit ehrenwert zu machen und an sich und anderen zu entdecken? Vor allem in der respektlosen Atmosphäre nach 1918, als auch der Bismarckkult eine Art von Demokratisierung erfuhr, kam es sogar unter Bismarck-Verehrern in Mode, Bismarck zum Neurastheniker zu stilisieren, ähnlich wie der verkrüppelte Arm Wilhelms II. nun dazu herhalten mußte, Mitgefühl für den gestürzten Kaiser zu wecken. Ein Sanitätsrat aus Mönchengladbach diagnostizierte 1921 bei Bismarck »Erschöpfungs-Neurasthenie« und glaubte sogar, seine Krankheitsgeschichte könne »zur allgemeinen wissenschaftlichen Klärung der Neurasthenie-frage« beitragen. »Denn die Neurasthenie ist eine Krankheit der geistigen Führer, nicht der Männer der Handarbeit.« Für den effekthascherischen Emil Ludwig besaß Bismarcks Nervosität etwas Animalisches: »Wie ganz gleicht deine Natur der jener Doggen, die du darum liebtest: stark und nervös ... So mächtig, nervös und gefährlich wie sein Hund war Bismarck.« Bismarck hat selber erzählt, wie Sultan, der »Reichshund«, ihm bei seinen Weinkrämpfen die Pfote auf die Brust legte und ihn durch sein Mitgefühl beruhigte.[80] Ganz nach dem Neurastheniemuster beschrieb der Psychologe Ernst Kretschmer den Reichsgründer, obwohl das Neurasthemiekonzept zu Kretschmers Typenlehre quer lag. Mit Recht habe Bismarck gesagt – so Kretschmer –: »Ich bin ganz Nerven, und zwar derartig, daß Selbstbeherrschung die einzige Aufgabe meines Lebens geworden ist.« »So ist das wirkliche Bild Bismarcks: Die Reckengestalt eines Hünen mit dem Gehirn eines Neurasthenikers ..., ein Genie, dessen Willenskraft gestachelt ist von seiner Nervenschwäche.« Erst das nervöse Erbe seiner Mutter habe ihn zu dem gemacht, was er wurde.

Doch schon um 1900 waren Bismarcks »nervöse« Züge keineswegs unbekannt, zumal er selbst in seinen Memoiren deutliche Hinweise gegeben hatte. Für Friedjung war Bismarck »der stolzeste und reizbarste aller Männer«; ein englischer Bismarck-Verehrer erwähnt 1912 die »nervöse Reizbarkeit« des Kanzlers wie eine bekannte Tatsache. Der alldeutsche Bismarckianer Paul Liman zitierte 1914, was Bismarck einst über seinen Kampf mit seinen Gegnern am Hof ausgerufen hatte: »Dieser Kampf kostete mir meine Nerven, meine Lebenskraft.«[81] Aber, kein Zweifel: Bismarck war kein Neurastheniker in der Art Wilhelms II., sondern verkörperte einen anderen Typus des Nervösen, der seine Unruhe nicht permanent auslebte und motorisch abreagierte, sondern gezielt und geballt einsetzte, und dessen Naturell sich gegen die Überforderung von Zeit zu Zeit mit psychosomatischen Zusammenbrüchen wehrte. Und am Ende schien es ihm zu gelingen, durch einen monatelangen Rückzug auf sein pommersches Gut Varzin oder in den Sachsenwald seiner Nervosität Herr zu werden. Der alte Bismarck, dessen zur Ikone erstarrtes Bild in die wilhelminische Ära fortwirkte, bot seinen Verehrern ein Monument der durch Kampf erworbenen, kampfesfreudigen und immer wieder überwundenen Nervosität. So war er die ideale Identifikationsfigur für ein »nervöses Zeitalter«; aber dieses Leitbild enthielt einen Vorwurf, der die unbeherrschte und unentschlossene Unruhe der nach ihm Kommenden um so krankhafter erscheinen ließ.

Von der Schwäche zur Reizbarkeit:
Metamorphosen und harter Kern der Neurasthenie

Von der Wortbedeutung her war die Neurasthenie ein Zustand der Schwäche; und in diesem Sinne wurde sie von Beard auch definiert. Wenn Sigmund Freud in den 1880er Jahren das, was er als seine Neurasthenie empfand, mit Kokain zu bekämpfen suchte, dann hieß das, daß auch er sich damals unter Neurasthenie einen reizbedürftigen Zustand der Erschlaffung vorstellte. Viele Nervöse präsentierten sich dem Arzt in demonstrativer Schlappheit. Dubois berichtet von Neurasthenikern, »die während der Konsultation völlig vom Lehnstuhl heruntergleiten und alle Viere von sich strecken«.

Wenn man nach einem theoretischen Verständnis dieser Nervenschwäche strebte, stellte sich jedoch die Frage, wie sich die ausgeprägte Reizbarkeit vieler Patienten damit vertrug. Darüber grübelten schon manche Autoren des 18. Jahrhunderts; und noch für Otto Binswanger, den Verfasser eines Standardwerks zum Thema, war dieses Doppelgesicht des Leidens das »Rätsel der Neurasthenie«.[82] Nach wie vor war man bei der Lösungssuche auf Spekulationen angewiesen, wenn man diese auch besser als früher mit Nervenphysiologie verkleiden konnte. Es gab eine ganze Reihe von Erklärungsmodellen: Ging man davon aus, daß die Leistung des Nervensystems nicht nur in der Transmission, sondern in der Regulierung der Reize besteht, dann folgte daraus, daß eine Schwächung ebenso Reaktionsmängel wie Überreaktionen zur Folge haben kann. Hatte man vom Nervensystem eine eher dezentrale Vorstellung, konnte man die Schwäche und Überreizung an verschiedenen Stellen lokalisieren. Aber besonders gut ließen sich Reizbarkeit und Schwäche in der Sexualität auseinander ableiten: Der vorzeitige Samenerguß, die »ejaculatio praecox«, wirkt oft wie das Urbild der reizbaren Schwäche, und die Neurasthenie enthielt eine Interpretation der Gesamtbefindlichkeit von dieser Männererfahrung her.

Das Nebeneinander von Schwäche und Reizbarkeit ist besonders dadurch von historischem Interesse, daß es sich in charakteristischer Weise wandelte: Im Laufe der Zeit verschob sich der Hauptakzent im Krankheitsbild der Neurasthenie von der Schwäche auf die Überreiztheit. Für manche spätere Autoren war der Hang zu Überreaktionen das Primäre der Neurasthenie und die leichte Ermüdbarkeit nur ein sekundäres Phänomen. Wie Otto Dornblüth 1911 feststellte, bestand die abnorme Erschöpfbarkeit der Neurastheniker oft nur in ihrer Einbildung: »Ich habe zahlreiche Neurasthenische gesehen, die von den lebhaftesten Klagen über ihre geistige Unfähigkeit voll waren, aber Arbeitsleistungen vollbrachten, denen die Mehrzahl ihrer Alters- und Berufsgenossen nicht gewachsen war.«[3] Damals hielten nur noch »einzelne Forscher« daran fest, daß die »abnorme Erschöpfbarkeit« »das Grundelement der Neurasthenie« sei; für Hermann Oppenheim war auch diese Erschöpfbarkeit »gewissermaßen eine kaschierte Reizbarkeit«. Er verwies dabei besonders auf die »sexuelle Sphäre«.[83]

Ein typischer Fall ist ein 35jähriger ostelbischer Rittergutsbesitzer, der sich 1905 in die Anstalt »Bellevue« begab und dort die Diagnose »Neurasthenie« bekam. Es waren depressive Anwandlungen, die bei ihm zu einem akuten Therapiebedarf führten; aber aus dem Lebenslauf dieses Mannes, der das Eindringen des kapitalistischen Geistes in die Landwirtschaft verkörpert, ergibt sich keineswegs das Gesamtbild einer Depression:

»Stets leicht reizbar. Seit 5–6 Jahren scharf in der Arbeit drin, viel Ehrenstellen etc., die viel Mühen machen, weiter sehr bestrebt, sein Vermögen zu vergrößern, dazu überfleißig in der Arbeit auf seinen Gütern. Seit das Kind geboren, hat Pat. noch mehr die Idee, Geld verdienen zu müssen, obgleich für Frau und Kind eigentlich aufs Beste gesorgt wäre. Sexuell stets sehr erregbar, auch jetzt in der Ehe. Stets starker Raucher, 30–35 Zigarren täglich.«

Alfred Adlers »nervöser Charakter« (1912) ist ganz von aggressiver Macht- und Geldgier beherrscht; das alte Element der Schwäche hat sich in eine Einbildung, nämlich in den »Minderwertigkeitskomplex« verwandelt. Er versteht sich nicht zuletzt darauf, auch den Umgang mit Zeit als Machtmittel einzusetzen: Von anderen pflegt er Pünktlichkeit zu fordern, während er selber ewig zu spät kommt und auf diese Weise die anderen zwingt, auf ihn zu warten. Er ist mindestens sosehr ein Problem für die Gesellschaft wie für die Medizin. Die Novelle »Der Neurastheniker« (1913) von Martin Beradt schildert einen Mann, der vor unausgelebter Unruhe – Bewegungsdrang, sexueller Gier, Zerstörungslust – fast verrückt wird und in wilden Phantasien tobt, die jedoch Phantasien bleiben. Die Neurasthenie, die als ein Zustand überwiegender Schwäche zunächst kriminologisch ziemlich uninteressant gewesen war, gewann in der Form der Reizbarkeit als Verbrechensursache doch eine gewisse Bedeutung.[84]

Ein Laienratgeber, »Nicht mehr nervös«, von 1911, der sich mit der kühnen Behauptung anpries, die Nervosität fordere alljährlich »mehr Opfer als der blutigste Krieg«, machte die Zerfahrenheit trotz vorhandener Energie zum obersten Kennzeichen der Neurasthenie: »Der Geist wandert in alle Richtungen und verliert sich trotz aller Willensanstrengung in Träumereien.« Diese Träumereien seien häufig ehrgeiziger Art – es ist nicht mehr die Schwäche, der die Qual der Neurasthenie entspringt. Rudolf Steiner nannte den Nervösen 1912 einen »seelischen Zappelfritzen«.[85]

Wie erklärt sich die Akzentverschiebung von der Schwäche zur Überreizung, von der Ermüdbarkeit zum Hin-und-her-gerissen-Sein? Gewiß nicht aus einem medizinischen Paradigmenwechsel; vielmehr erkennt man, wie der Neurastheniebegriff der Wissenschaft mehr und mehr in den Sog des populären Nervositätsbegriffs gerät. Wilhelm Bergmann, leitender Arzt an der Kaltwasserheilanstalt Kleve, anerkannte 1911, »das Volk« habe, indem es unter »nervös« ein breiteres Leidensspektrum als das der Neurasthenie fasse, »mit feinem Instinkt« »der Wissenschaft in etwa vorgegriffen«. 1912 bemerkte Hellpach, »das Wort ›nervös‹, das eine Zeitlang gänzlich von dem Wort ›neurasthenisch‹ verdrängt worden sei, sei neuerdings »wieder mehr zu Ehren gekommen«.[86]

Diese medizinische Ehrenrettung eines verwaschenen Begriffs der Alltagssprache ist einigermaßen verblüffend. Auf keinen Fall kann man glauben, daß die medizinische Wissenschaft sich freiwillig den Anschauungen der Volksmedizin unterwarf. Die Lösung des Rätsels läßt sich nur so vorstellen, daß reizbare Verhaltensweisen unter den Neurasthenikern tatsächlich unverkennbar zunahmen. Umrißhaft zeichnet sich ein Zusammenhang ab mit dem atmosphärischen Wandel der Zeit: von der »großen Depression« zur Hochkonjunktur, von der Ära der Sozial- zu der der »Weltpolitik« – und schließlich des Weltkrieges.

Aber auch eine soziale Dynamik der Nervosität war mit im Spiel. Möbius erwähnt als Beispiel einen Vater, dessen »Nervosität« sich »hauptsächlich durch Jähzorn kundgibt« und der auf diese Weise den Zustand seines »nervenschwachen« Sohnes erst recht verschlimmert. Otto Binswanger schildert den »dumpfen Druck«, der auf einer Familie laste, die von einem »neurasthenischen Vater« tyrannisiert werde. Man erkennt, daß die therapiebedürftigen Neurastheniker in typischen Fällen die Opfer der Aggressiv-Nervösen sind. Vermutlich war es das, was sich nicht selten hinter dem Standardhinweis der Neurastheniker auf ihre »nervösen« Väter und Mütter verbarg. Der Aggressiv-Nervöse ist häufig einer, der sich selbst therapiert, indem er seine Unruhe nach außen abreagiert; in den Worten Baumgarts:

»Der Nervöse leidet selbst wenig; denn bei den geringsten körperlichen Beschwerden macht er meist einen solchen Lärm, daß die Leute zusammenlaufen, und das tut dem krankhaft gesteigerten Subjektivismus des Nervösen so wohl, daß er sich dieses seines Triumphes freut und den geringfügigen Schmerz gar bald vergißt.«[87]

Aber wird der andere, der Leidend-Nervöse, stets in seiner Opferrolle bleiben? Die Nervosität eignet sich so gut als Spielball. Man muß die Möglichkeit annehmen, daß viele Passiv-Nervöse auf die Länge der Zeit ihre Lernprozesse machen und den Ball der Nervosität weiterzuspielen verstehen. Auf diese Weise wird die Nervosität zu einem sozialen Prozeß der sich fortpflanzenden Unruhe.

Es paßt ins Bild, wenn in der Ätiologie der Trend im großen und ganzen dahin ging, in der extern verursachten Neurasthenie die Reinform des Leidens zu sehen, auch wenn man eine »nervöse« Anlage als Vorbedingung annahm. Die bei Beard von Anfang an gegebene Generallinie, die die Neurasthenie auf die moderne Zivilisation zurückführte, konkurrierte in Deutschland stärker mit Hereditäts- und Konstitutionstheorien; aber über die Länge der Zeit war und blieb sie in dem Wust der Neurasthenielehre doch immer wieder der harte Kern. Cramer ging bei der Betonung der Exogenese manchmal so weit, daß er die Neurasthenie wie eine Vergiftung schilderte und den »hochgradigen Neurastheniker« mit einem »Strychninfrosch« verglich, der zuerst heftig zuckt und dann steif wird. Zugleich allerdings glaubte er, einen endogen verursachten Typus von Nervosität zu erkennen, auch wenn er sich nach eigener Behauptung gegen diese Einsicht »jahrelang« sträubte.[88] Die Aufspaltung der Nervosität in eine Überarbeitungsneurasthenie einer- und eine »nervöse Entartung« andererseits wurde später gefährlich, weil man mit den Entarteten ein Objekt für eine ausmerzende Eugenik schuf.

Nicht unbedingt aus der Sicht der Medizin, aber um so mehr aus der Sicht der Gesellschaft war die Frage zentral, ob es sich bei typischen Neurasthenikern um wohlanständige Leute oder um eher dubiose Figuren handelte. Aber gerade auf diese Frage gab es am wenigsten eine eindeutige Antwort, sondern die Urteile gingen extrem auseinander. Von Beard her gab es die Tradition, sich unter dem Musterneurastheniker einen Ausbund von emsigem Fleiß vorzustellen, der sich durch die Arbeit aufgerieben hat. Möbius meinte, der »Stand« der Müßiggänger sei nicht wirklich zur Nervosität disponiert. Aber seit dem 18. Jahrhundert gab es auch die andere Tradition, hinter zerrütteten Nerven Ausschweifungen zu wittern. Und auf dieser Linie rutschten den Neurologen auch manche ärgerlichen Ausfälle gegen die Neurastheniker heraus, obwohl das moralische Urteil eigentlich nicht Sache der modernen Medizin war. Otto Binswanger spricht von »neurasthenischen Lumpen« und »neurasthenischen Bummlern«, »die in den höheren sozialen Schichten als Müßiggänger, verschwenderische Taugenichtse, in den niederen Kreisen als Vagabunden und Stromer hervortreten«. Krafft-Ebing weist in einer kleingedruckten Passage seiner »Gerichtlichen Psychopathologie« dar-

auf hin, daß »viele Vagabunden konstitutionelle Neurastheniker« seien.
»Sie unterscheiden sich von vielen Bemittelten, die zeitlebens ihrer Nervosität wegen in allen möglichen Bädern, klimatischen Kurorten usw.
sich herumtreiben, nur dadurch, daß sie mittellos sind.« Ganz ähnlich
schreibt der sozialdemokratische Hygieniker Grotjahn über die »geborenen Neurastheniker«, die er von den durch äußere Einflüsse der Neurasthenie Verfallenen scharf unterscheidet:

»Stammen sie aus den höheren Kreisen, so verbummeln sie, verarmen, treiben Hochstapelei, bilden den Schrecken ihrer Familie oder vertrödeln im besten Falle ihr Leben in ›Pensionen für Nervöse‹. Kommen sie aus den unbemittelten Bevölkerungsschichten, so sinken sie in das Lumpenproletariat, das voll von Nervenkranken ist, und helfen das Heer der Bettler, Vagabunden und Verbrecher verstärken.«[89]

Zwischen den Zeilen spürt man den Ärger des vielbeschäftigten Arztes über Menschen, die er als seine Antitypen empfindet und die ihm die Zeit stehlen. Der Schweizer Ingenieur Grohmann, der viele Nervenkranke zu keiner Arbeitstherapie zu bewegen vermochte, schimpfte auf die reichen »Nervengigerl«. Der glaubensfeste Landarzt Steding unterschied die »Elitetruppe der Neurastheniker«, die sich im »Kampfe des Lebens« aufgerieben habe, von den »Komödianten der Nervosität«.[90]
Wenn man allerdings viele Patientengeschichten durchsieht, wird einem bewußt, wie schwer es oft war, die »guten« und die »schlechten« Neurastheniker voneinander zu unterscheiden. Das Neurastheniekonzept, das die Grenze zwischen den überarbeiteten und den verbummelten »Nervösen« systematisch verwischte, war in diesem Punkt ein Spiegel der Realität.

Die Neurasthenie durchkreuzte die Schranken der Moral: Es war im Endeffekt gleich, ob man sich die Nerven auf sittsame oder unsittliche Art ruiniert hatte. Der Pädagoge Friedrich Wilhelm Foerster – nicht nur ein Pazifist, sondern auch ein rigider Moralist – warf den Nervenärzten, deren Gesichtsfeld ganz von den »Minderwertigen« und »Neurasthenikern« verstellt sei, einen demoralisierenden Einfluß vor.

In den Patientenakten von Ahrweiler findet sich ein denkwürdiges Fallbeispiel, wo eine sozial tief gesunkene junge Frau durch die Diagnose der »nervösen Überreizung«, der bürgerlichen Moral zum Trotz, rehabilitiert wird. Die Ehe der Eltern war unglücklich gewesen; die Mutter starb früh im Wochenbett; der Vater verfiel dem Alkohol und Morphium, befand sich »meistens ... in sehr gereizter Stimmung« und endete durch Selbstmord. Danach kam sie zu einem Onkel, ihrem Vormund. Dort entwickelte sie ein kleptomanisches Verhalten mit um so fataleren Folgen, als ihr Onkel ein Juweliergeschäft betrieb. Als sich nicht nur Diebstähle, sondern auch »Liebesaffären« häuften, brachte der Onkel die Frau in eine Irrenanstalt; dort mußte sie volle acht Jahre aushalten. In der Anstalt registrierte man bei ihr nicht nur moralische Defizite, sondern auch Wissenslücken von der Art, daß sie weder über die Schlacht von Königgrätz noch über Sedan Bescheid wußte. Über ihre sexuelle Ausgelassenheit zeigte sie keine Reue, sondern erklärte, »sie könne es ohne Geschlechtsverkehr nicht aushalten«. Endlich kam sie nach Ahrweiler; und als sie sich dort in der Großküche bestens bewährte, stellte sich Ehrenwall mit allem Nachdruck hinter sie, zumal sie – nunmehr verlobt – überzeugend versicherte, daß sie »fortan die Kraft habe, treu und brav zu sein«. In einem 18seitigen Gegengutachten nahm Ehrenwall jene Gutachten, auf Grund derer sie acht Jahre lang in der Irrenanstalt festgehalten worden war, mit beißender Ironie auseinander. Der Fehler liege nicht in einer krankhaften sexuellen Veranlagung, sondern daran, daß sie acht Jahre in der Anstalt gewesen sei. Ihr abweichendes Verhalten erkläre sich aus einer »starken nervösen Überreizung«, wobei eine erbliche Belastung und sehr mangelhafte Erziehung zusammenkämen.[91]

Für die Patienten und ihre Ärzte lautete natürlich die allerwichtigste Frage, ob Nervosität und Neurasthenie harmlos oder bösartig seien. Damit verbunden war die andere Frage, ob es sich dabei um Krankheiten eigener Art oder um Vorstadien zu schlimmeren Geisteskrankheiten handele. Möbius nannte die Nervosität den »Urschleim«, aus dem »alle allgemeinen Nervenkrankheiten ihren Ursprung nehmen«. Ähnlich bezeichnete Krafft-Ebing die Nervosität als »eine Art Pandorabüchse«, aus der »alles mögliche Unheil« entstehen könne. Kein Wunder, daß unter den Neurasthenikerängsten die »Vorstellung, geisteskrank werden zu müssen«, »am häufigsten« war.

Der Gesamttrend in der Medizin ging nach der Jahrhundertwende jedoch eher dahin, der Neurasthenie das Furchterregende zu nehmen. Die Theorie von der Vererbbarkeit erworbener Eigenschaften geriet in Zweifel; die Technik der Diagnose schwerer organischer Leiden wie der Tuberkulose und der Syphilis verbesserte sich, und auch die Ausgrenzung schwerer Psychosen aus dem weiten Reich der Nervenleiden schritt voran. Paul Dubois gelangte zu der Einsicht, daß die Neurasthenie »die gutartigste« der Psychoneurosen sei. Zwar komme es vor, daß sie am Ende »in Geistesstörung« ausarte. »Aber in noch höherem Grade bin ich von der Gutartigkeit überrascht, welches dieses Leiden selbst in seinen anfänglich scheinbar schweren Formen zeigt.«[92]

Einen extrem anderen Tenor dagegen findet man zu jener Zeit bei dem Kneipp-Arzt Baumgarten, für den es »sicher« war, »daß Cholera und Pest nicht solches Unheil im Menschengeschlechte anrichten wie die

Neurasthenie. Langsam zwar, aber sicher aufreibend nagt sie am Marke der Menschheit, ihr einen erbitterten und scheinbar aussichtslosen Kampf aufzwingend gegen diesen unheimlichen Feind.« Und er pochte bei seinem düsteren Gemälde darauf, daß es – ihm zufolge – »nicht sehr viele Nervenärzte« gebe, »die ein so umfangreiches Material von Neurasthenie zu verarbeiten Gelegenheit« gehabt hätten wie er in seiner zehnjährigen Praxis in Wörishofen. Die schlimmste Bangemache kam manchmal aus den Kreisen der Naturheiler!

Da es als wissenschaftlicher Fortschritt gilt, ein Phänomen zu untergliedern, probierten dies manche Mediziner auch bei der Neurasthenie und unterschieden zwischen »zerebraler« und »spinaler« oder zwischen Sexual- und Verdauungsneurasthenie. Keine dieser Unterscheidungen hat sich gehalten. Die Neurasthenie behielt ihr proteusartiges Wesen, indem sie sich im Laufe einer Lebensgeschichte bald auf die eine, bald auf die andere Art äußerte. Wie Martius schrieb, bietet ihre Geschichte ein Lehrstück dafür, wie »alle vorzeitigen Systematisierungen« immer wieder vor der Erfahrung zusammenbrechen.[93] Man sieht, wie wenig das Neurastheniekonzept gegen Erfahrungen aus der ärztlichen Praxis abgeschottet war.

Die Diagnose »Neurasthenie« pflegte teilweise »per exclusionem« gestellt zu werden: durch den Ausschluß körperlicher Leiden und schwerer Geisteskrankheiten. »Wir modernen Neurologen schlagen schuldbewußt an unsere Brust, wenn ein Neurastheniker später Insasse einer Irrenanstalt wird«, beteuerte der Herausgeber des »Handbuchs der Neurasthenie« (1893). Ein Fall aus der Charité, wo der Patient sich zum Neurastheniker erklärt, der Arzt ihm diese Diagnose jedoch nicht abnimmt, läßt erkennen, daß der Neurastheniebegriff durchaus eine gewisse Trennschärfe besaß, in der Praxis sogar manchmal mehr als in den Lehrbüchern. Es handelt sich um einen 20jährigen »Commis voyageur«, der angibt, als Jude schon früh Unangenehmes erfahren zu haben. Später, als Angestellter in einer Gummifabrik, bekam er »Krach mit seinem Chef, warf in seiner Erregung mit einem Gegenstand nach demselben und ging fort«. Seit zwei Jahren litt er unter Angstzuständen, die er teils auf die Lektüre spiritistischer Bücher, teils auf Überarbeitung zurückführte. Er hält sich »für geistig gesund, nur für nervös«. In seinem Beruf als Handelsreisender wollte er »Großes leisten« und schämte sich um so mehr über die »Blamage«, daß ihm dann, wenn es darauf ankam, oft die Sprache versagte. In der Charité bemüht er sich in exaltierter Weise, den Genußmenschen zu spielen, und gibt zugleich zu verstehen, daß ihm dies nicht gelingt. In einem Dankesbrief an Freunde, die ihm Zigarren und Tabak gebracht hatten, schwärmt er von dem »köstlichen Genuß des

Rauchens«, um dann mit bitterer Ironie fortzufahren: »Und weil die gütige Mutter Natur es bei mir immer so einrichtet, daß jeder glückliche Moment nicht lange währt, so mußte heute, Mittwoch um 11.15 Uhr vormittags, mein Wonnegrunzen, das ich so in alle Winde ewig blasen wollte, ersterben.« Er klagt über die »furchtbare« Langeweile in der Charité und gibt sich als verhinderter Lustmolch: »Nichts zu rauchen! Nichts zu lesen! Nichts zu – – – – – – –! Wenn ich sicher wäre, daß es keine Kontrolle für meine Briefe gäbe, hätte ich noch mehr – Gedankenstriche gemacht.« Dem Arzt versichert er, er sei »nicht todkrank«, bekämpfe sein Leiden »mit Energie immer fest«, aber ohne Erfolg, und sei in die Charité gegangen, um von seiner »lästigen Neurasthenie befreit zu werden«. In der Charité schwankt man mit der Diagnose; die Akte trägt die Vermerke »Angstpsychose«, »Dégéneré«, »Paranoia incipiens«, nicht jedoch »Neurasthenie«. Nach zweieinhalb Wochen wurde er »ungeheilt« in die Irrenanstalt Dalldorf überwiesen.[94] Die Hemmungslosigkeit und Überdrehtheit seiner Ausdrucksweise paßte nicht in das übliche Bild des Neurasthenikers. Für ihn selbst hatte der Gedanke, »nur« neurasthenisch zu sein, etwas Beruhigendes.

Ein Kölner Gynäkologe setzte schon 1880 als bekannt voraus, daß das »Bild der Nervosität (Nervosismus, Neurasthenie)« »in chamäleonartigem Farbenwechsel alltäglich dem Arzte vor Augen« trete. Verblüffend nur, wie einfach es viele namhafte Ärzte fanden, dieses »Chamäleon« zu identifizieren. Bei aller Vielfalt der Ursachen und Symptome bleibe der Grundtyp des Neurasthenikers unveränderlich, versicherte schon Charcot. Eulenburg sprach von Kranken, »denen man den Neurastheniker sofort ansieht und anhört«. Freud fand, daß »der Neurasthenie eigentlich ein monotones Krankheitsbild entspreche«. Viele Nervöse gaben sich dem Arzt sogleich durch ihre Klagen zu erkennen. Adolf Strümpell, für den »Neurasthenie« und »Hysterie« 1888 »noch so schwankende Krankheitsbegriffe« waren, »daß man absolut feste und allgemein anzuerkennende Kennzeichen … nicht aufstellen« könne, bemerkte gleichwohl 1908 bei der Eigensicht der Nervösen ein einheitliches Bild. »Fragen wir einen Nervösen, worüber er am meisten zu klagen hat, so wird er fast immer antworten: ›Ich bin innerlich stets so unruhig, jede Kleinigkeit reizt mich, alles regt mich auf, darum kann ich keinen Schlaf finden, immer quält mich diese beständige innere Unruhe.‹«[95] Im Zustand der Überreiztheit war die Nervosität klarer zu identifizieren als im Zustand der Schwäche.

Oft wird jedoch aus der Literatur nicht ganz klar, woran die Ärzte die Neurastheniker erkannten. Viele von den Nervösen müssen einen unverwechselbaren Habitus besessen haben: Das war der Grund, weshalb die

Neurasthenie ansteckend wirkte und zur Nachahmung reizte. Wenn der Arzt bei einem Patienten eine gewisse Vibration, eine halbunterdrückte Unruhe und Reizbarkeit, eine Mischung von Anspannung und Schlaffheit bemerkte, dann wußte er, woran er war. »Eine gewisse Hast und Unstetigkeit macht sich im ganzen Tun und Treiben bemerklich.« So schildert der Leiter eines Sanatoriums im thüringischen Friedrichsroda den typischen Neurastheniker.[96]

Doch die Identität der Neurasthenie bestand nicht nur im äußeren Habitus. Geht man Hunderte von Patientengeschichten durch, kristallisiert sich so etwas wie ein harter Kern, wenn auch nicht im medizinischen Sinne: die immer wiederkehrende Vorstellung eigener Unzulänglich- und Energielosigkeit, im Beruf wie im Sexualleben. Dieses Motiv zieht sich durch viele Neurasthenikeranamnesen mit einer so monotonen Selbstverständlichkeit, daß man vergessen kann, es überhaupt zu registrieren. »Seine hauptsächlichen psychischen Beschwerden sind, daß er durchaus nicht freudig an seine Braut denken könne..., ferner daß er kein Interesse für das Geschäft habe«: Diese Klage eines Heizungsfabrikanten aus Chicago steht stellvertretend für die Klagen sehr vieler Neurastheniker.[97]

Um die Jahrhundertwende kam ein belgischer Politiker zweimal als Patient nach Ahrweiler. Mit seiner Lebensgeschichte präsentierte er sich zunächst als Musterbeispiel dessen, der bei schwacher Veranlagung durch permanente Überarbeitung einen Dauerzustand der Nervosität hervorruft. »Pat. als Kind schwach, ein sog. Sorgenkind, ... schlechte Verdauung, reger und tüchtiger Student gewesen, aber immer nervös. Mit 22 Jahren widmete er sich der politischen Journalistik, wodurch sich die Nervosität steigerte; nach seinem Austritt aus der Zeitungsredaktion wurde es besser...« Aber dann wurde er schon mit 26 Jahren Professor, bekam Streit mit seinen Kollegen, verheiratete sich unglücklich, ging wieder in die Politik, machte rasch Karriere, wurde Minister, brachte Reformmaßnahmen durch und vertrat Belgien auf verschiedenen Weltausstellungen, die zu jener Zeit als wahres Trommelfeuer für die Nerven galten ... Darauf stürzte sein Ministerium, und er erlitt obendrein Verluste an der Börse. Eine Italienreise mit seiner Tochter verschlimmerte nur noch seine quälende Unruhe. In Ahrweiler nannte er immer wieder seine »deux chagrins«, seine zwei Kümmernisse, als Wurzel seines Leidens: seine Vermögensverluste und seine unglückliche Ehe. »Die Kälte, der Egoismus seiner Frau treibe ihn zur Raserei, zur Verzweiflung. ... Seine Frau wünsche seinen Tod.« Am Ende erfüllte er ihren Wunsch und erschoß sich. Er beruhigte sich nicht bei dem Gedanken, »nur nervös« zu sein, sondern glaubte, er sei »der schwerste Patient der Anstalt«.[98] Der

Arzt in Ahrweiler erlebte ihn im Zustand völliger Energielosigkeit, während sein gesamter Lebenslauf von großer Energie zeugt. Sein Fall führt besonders drastisch vor Augen, wie die »deux chagrins«, berufliches und erotisches Mißgeschick, als ein und dasselbe Versagen wahrgenommen wurden und ein panisches Krankheitsgefühl auslösten. Die spannendste, aber auch schwierigste Frage ist, ob die Neurasthenie für den Betroffenen einen Sinn haben konnte. Der Gedanke, daß das, was der Mensch als Krankheit empfindet – etwa das Fieber –, eine Art ist, wie der Körper sich selber hilft, ist keine Entdeckung der allerneuesten Zeit, sondern begegnet in mancher Form schon früh, ähnlich wie die therapeutische Philosophie der Heilung durch eine absichtlich herbeigeführte Krise eine lange Geschichte hat. 1897 bezeichnete Ottomar Rosenbach, einer der klügsten Kritiker der »anatomischen Richtung« in der Medizin, die Frage, ob eine nervöse Reaktion »zweckmäßig für die Erhaltung des Individuums« sei, als das »schwierigste Problem aller medizinisch-therapeutischen Erkenntnisse«.[99]

Schon Beard hatte geglaubt – und das war das merkwürdigste Stück seiner Lehre –, daß die Neurasthenie die Menschen vor schwereren Krankheiten bewahre; er fand, Neurastheniker sähen in ihrer Mehrzahl jünger aus, als ihrem Alter entspräche, und hätten eine hohe Lebenserwartung. Keine These Beards fand in Deutschland entschiedeneren Widerspruch als diese. War sie wirklich so abwegig? Auf den ersten Blick könnte man die Neurastheniker der Jahrhundertwende mit den heutigen Streßopfern gleichsetzen; aber wenn man genauer hinschaut und eine Masse von Fällen durchsieht, bemerkt man einen entscheidenden Unterschied, der zugleich auf einen möglichen Sinn der Neurasthenie hindeutet: Die Neurastheniker waren in vielen Fällen solche Menschen, die sich einem selbstzerstörerischen Streß rechtzeitig zu entziehen wußten. Auch so erklärt sich der Wechsel von Reizbarkeit und Schwäche. Man lese Otto Binswanger:

»Wenn Sie eine größere Zahl von Neurasthenikern überblicken, so fällt Ihnen, wenigstens bei den ausgeprägten Fällen, die eigentümliche Schlaffheit und Energielosigkeit ihres Verhaltens auf. Sie beschränken ihre Handlungen auf das allernotwendigste Maß, ziehen sich scheu vor allen Aufgaben zurück, die außerhalb der Sphäre des täglichen beruflichen Arbeitspensums gelegen sind. Die Kranken haben ihre Arbeitsleistung ihrem Kräftemaß sorgfältig und ängstlich angepaßt.«[100]

Und nicht zu vergessen: »nervös« war nicht nur ein Begriff der Medizin! Man darf sich durch den ärztlichen Blick nicht irreführen lassen. Es gab auch viele Nervöse, die der Arzt nie zu sehen bekam. Als kulturelles Gesamtphänomen hatte die Nervosität nicht nur therapiebedürftige, sondern auch lustvolle Seiten. Man denke an die weibliche Heldin von Musils »Mann ohne Eigenschaften«, bei der das Telefon nie zur Ruhe kam, als bei ihr die Fäden zur Vorbereitung des Reichsfestes zusammenliefen:

»Dieser Nervenzusammenbruch, der niemals eintrat und immer zitternd in ihrem Körper pochte, schenkte Diotima aber nun ein Glück, das sie noch nicht gekannt hatte. Es war ein Schaudern, ein Überrieseltwerden von Bedeutsamkeit, ein Knistern wie das des Drucks in einem Stein, der im Scheitel des Weltgebäudes sitzt, ein Prickeln wie das Gefühl des Nichts, wenn man auf einer weithin alles überragenden Bergspitze steht.«[101]

Dieser Zustand erzeugte keinen Therapiebedarf. Daher findet man die euphorische Seite der Nervosität nicht in den Sprechzimmern der Ärzte, wohl aber in der Kultur der imperialistischen Zeit. Die Patientengeschichten geben demgegenüber Einblick in psychologische Schattenseiten jenes Zeitalters, die auf die Dauer auch politische Bedeutung erlangten.

2
Ärztlicher Blick und
Patientenerfahrung

Diesseits des ärztlichen Blicks:
Krankenakten als Fundgrube

WENN AUS DER MEDIZINGESCHICHTE Sozialgeschichte werden soll, stellt sich die Forderung, neben die Perspektive der Ärzte auch die der Patienten zu stellen. Aber auch wenn dieser Vorsatz da ist, kommt die Krankheitsgeschichte doch in der Regel über den Medizinerdiskurs nicht weit hinaus; und die Meinung herrscht vor, aus Mangel an Quellen gebe es überhaupt keinen Weg in ein Jenseits oder Diesseits dieses Diskurses. Um die Krankenakten machte die bisherige Geschichtsforschung meist einen Bogen. Eine der ganz wenigen Abhandlungen, die sich mit dem historischen Quellenwert dieses Materials befaßt, bezeichnet dessen Auswertung als »herkulische Aufgabe«.[1] Und immer wieder stößt man auf die Behauptung, diese Akten spiegelten doch nur die Sicht der Ärzte und führten in den medizinischen Diskurs zurück.

Im Falle der Neurasthenie kommt die Schwierigkeit hinzu, daß Patientenakten in größeren Massen nicht leicht zu finden sind. Am ehesten zugänglich sind die Akten mancher staatlicher Irrenanstalten; aber in der Regel kamen Neurastheniker nicht dorthin: Um 1905 betrug in Deutschland ihr Anteil an den Anstaltsinsassen 5,65 Prozent. Sie sammelten sich vor allem in den privaten Nervenheilstätten, aber von deren Akten gingen sehr viele verloren. Dennoch fand ich nach und nach – oft durch Zufallshinweise – eine breite Quellenbasis aus Krankenakten. Sie stammen aus Anstalten unterschiedlichen Typs mit verschiedenen regionalen und sozialen Einzugsbereichen: staatlichen und privaten Heilstätten, Irren- und »Kuranstalten«. Es handelt sich um die Karl-Bonhoeffer-Nervenklinik in Berlin, einst »Dalldorf«, die sprichwörtliche Irrenanstalt; die Nervenklinik der Charité, in deren Heizungskeller sich ungeordnete Aktenbestände aus der Zeit vor 1914 stapelten; die hessische Anstalt Eichberg, deren Akten im Hauptstaatsarchiv Wiesbaden liegen und sogar nach Diagnosen aufgeschlüsselt sind; die Frankfurter Nervenklinik, den einstigen »Affenstein«, der sein Gepräge durch den »Struwwelpeter«-Autor Heinrich Hoffmann bekam; das Haus »Bethesda« in Bethel; die

Binswangersche »Kuranstalt« Bellevue in Kreuzlingen am Schweizer Ufer des Bodensees, deren Akten nach Tübingen gekommen sind; und schließlich die »Dr. v. Ehrenwall'sche Kuranstalt« im rheinischen Ahrweiler, die wie wohl kaum eine andere vergleichbare Anstalt ihren Charakter vom Kaiserreich bis heute bewahrt hat.

Besonders ergiebig waren die Bestände aus »Bellevue« und aus Ahrweiler. In beiden Anstalten reicht die große Zeit der Neurasthenie etwa von 1890 bis 1910. In Kreuzlingen begegnet in diesem Zeitraum »Neurasthenie« 73mal als Aufnahme-, dagegen 283mal als Entlassungsdiagnose: So gesehen, produzierte die Heilstätte Neurastheniker. Die Ehrenwallsche Anstalt behandelte zwischen 1898 und 1909 210 Neurastheniker.[2] Trotz der Häufigkeit wirkt Neurasthenie nicht als routinemäßige Verlegenheitsdiagnose: Wo die Ärzte wirklich in Verlegenheit waren, verzichteten sie auf einen Begriff. Bei aller Ähnlichkeit bestanden zwischen beiden Anstalten charakteristische Unterschiede: Ehrenwall stand in engem Kontakt zu zahlreichen Familien des rheinisch-westfälischen Wirtschaftsbürgertums, während bei Binswanger mehr das Bildungsbürgertum den Ton bestimmte. In »Bellevue« kostete ein Einzelzimmer mit ärztlicher Behandlung um 1900 12 Mark pro Tag; die Preise von Ahrweiler lagen höher und variierten je nach Komfort. Eine bis in den Anstaltsalltag durchschlagende herrschende Lehre findet man zu jener Zeit weder an dem einen noch an dem anderen Ort. Ehrenwalls psychiatrische Ausbildung scheint nur flüchtig gewesen zu sein; er war viel auf Reisen, während seine Frau daheim die Regie führte. 1907 revoltierte der leitende Arzt Kurella, ein Spezialist für Elektrotherapie, gegen das Regiment der Frau, und dieser Konflikt, bei dem die Vorwürfe der Nervosität und Geisteskrankheit hin und her flogen, beschäftigte sogar die Regierung in Koblenz.[3] Dennoch hielt die Heilstätte sich besser als viele andere Sanatorien. Sie warb mit ihrer guten Küche und den berühmten Ahrweinen, noch zu einer Zeit, als mehr und mehr Psychiater den Antialkoholismus predigten.

Gegenüber dem Gros der heutigen Krankenblätter besitzen die Patientenakten aus den Jahrzehnten um 1900 für den Historiker entscheidende Vorteile. Auf der einen Seite war damals die Bürokratisierung des Anstaltsbetriebes schon soweit vorangeschritten, daß viel Papier produziert wurde; auf der anderen Seite zeigte die Professionalisierung der Psychiatrie noch erhebliche Mängel. Daher ist der »ärztliche Blick« längst nicht die einzige Sichtweise, die die Akten bieten. Damals verfügte die Nerven- und Seelenheilkunde nur erst über wenig Fachjargon, und selbst mit den paar Begriffen, die sie schon hatte, ging sie in der Praxis oft zögernd um. Noch 1908 klagte Forel, die psychiatrische und neurologische Terminologie sei »in einer Weise verfahren, die jeder Beschreibung spottet«.

In vielen Fällen ließ man die Patienten einfach erzählen und unterbrach sie nicht ständig mit Fragen, die den Fluß der Erzählung kanalisierten. »Wir müssen also die Kranken anhören«, lehrte Otto Binswanger in seinem Neurastheniebuch. »Der Anamnese ist große Sorgfalt zu widmen«: Mit dieser Mahnung begann Hermann Oppenheims großes Handbuch der Nervenkrankheiten.[4] Viele damalige Ärzte fixierten die Gespräche nicht von vornherein auf bestimmte Punkte, die als pathologisch relevant galten. Auch das weitere Verhalten der Patienten in der Anstalt wird manchmal recht ausführlich dokumentiert; und dieses ließ sich anders als heute nicht durch Psychopharmaka und Tranquilizer, sondern nur durch beruhigende Bromkaliumpräparate beeinflussen. Zwar enthalten auch die Lehrbücher zur Neurasthenie viele Fallgeschichten; aber mit Vorliebe solche, mit denen sich eine bestimmte These beweisen ließ. Nur aus den Originalakten bekommt man ein Gefühl dafür, daß man medizinische Wahrnehmungsmuster nicht mit der ursprünglichen Erfahrung des Leidens verwechseln darf.

Viele Neurastheniker, nach der Vorgeschichte ihres Leidens befragt, fingen ganz von selber an, ihre gesamte Lebensgeschichte seit ihrer Kindheit zu erzählen. Nicht selten brachten sie Merkzettel mit, um von ihrer Leidensgeschichte ja nichts zu vergessen. Charcot nannte den Neurastheniker daher den »l'homme aux petits papiers«: Diese Bemerkung wurde zum geflügelten Wort. Ein 23jähriger Kandidat der Jurisprudenz kam sogar mit 55 großen und engbeschriebenen Seiten nach Kreuzlingen! Freud schildert anschaulich den »Neurastheniker, der seine Schmerzen beschreibt«: »Seine Gesichtszüge sind gespannt..., seine Stimme wird schriller, er ringt nach Ausdruck, weist jede Bezeichnung, die ihm der Arzt für seine Schmerzen vorschlägt, zurück ...; er ist offenbar der Meinung..., diese Empfindungen selbst seien etwas einziges, noch nicht Dagewesenes, das man gar nicht erschöpfend beschreiben könne...«[5] Viele Neurastheniker begaben sich in die alte Tradition, Selbstbewußtsein durch eine Leidensgeschichte aufzubauen. Auf diese Weise verwandelte sich die Ich-Schwäche in eine abwechslungsreiche Individualität. Diverse körperliche Molesten reihten sich als Ausdruck zunehmender Nervenerschütterung zum lebensgeschichtlichen Prozeß.

Aber längst nicht alles war Selbstinszenierung. Bei der Durchsicht vieler Krankenblätter kann man unmöglich verkennen, daß diese Menschen schwer gelitten haben. Nicht selten bietet sich ein Bild, wie prominente Patienten, die draußen im Leben Erfolg und Überlegenheit zur Schau stellten, in der Anstalt zu einem Häuflein Jammer schrumpfen und auf eine tief unbehagliche Körperlichkeit zurückfallen. Eine solche Szene ist kein bloßes Theater. Dennoch erfordern die Klagen ihre eigene Art von Quellenkritik; denn sie besitzen ihren eigenen rhetorischen Schwung, und nicht alles ist wörtlich zu nehmen.

Ein junger Journalist aus Warschau, der sich 1907 nach Ahrweiler begab, wirkte dort als »typischer Neurastheniker«; er trug »seine Lebensgeschichte ausführlich beschrieben bei sich.« Der Journalist kam mit eigenen detaillierten Vorstellungen über sein Leiden und die wünschenswerte Therapie. »Vor allem wünscht er seine ›Gehirnschwäche und Arbeitsunlust‹ zu beseitigen.« Als der Arzt ihn »psychotherapeutisch dahin zu beeinflussen« suchte, »daß er ein wenig mehr Energie entwickele« und »die ihm unliebsamen Pflichten zuerst erledigen solle«, bat er schriftlich, »daß man ihn fortan mit derartigem Zureden verschonen möge, da es ihn sehr aufrege«. Dieser »typische Neurastheniker« ist gar nicht das, was man sich heute unter einem »Streßtyp« vorstellt, sondern im Gegenteil ein langsamer Mensch, der in seinen bisherigen Tätigkeiten keinen Schwung entwickelte, dem aber offenbar die an ihn gerichteten Erwartungen desto mehr auf die Nerven fallen. Der Kern der Neurasthenie besteht nicht in körperlichen Beschwerden, sondern in Frustration und dem Gefühl der Unzulänglichkeit. Wir haben nicht nur die Berichte der Ärzte, sondern auch die von dem Journalisten selbst geschriebene »Geschichte der Krankheit«. Es lohnt sich, aus ihr ausführlich zu zitieren:

»Ich bin 26 Jahre alt; mein Vater leidet fast seit meiner Geburt an Neuralgie (von Zeit zu Zeit stärkere Schmerzen in den Beinnerven); meine Mutter ist seit 8 Jahren gestorben, Todesursache inneres (im Bauche) Krebsgeschwür. ... In den letzten Jahren ihres Lebens litt Mutter stark an Neurasthenie. ... Im 16. Jahre meines Lebens begann der Onanismus. Aus derselben Zeit stammen auch die ersten neurasthenischen Symptome: Gehirnerschöpfung, funktionelle Ermüdung des unteren Teils des Rückgrates, schlechter Schlaf (nicht Schlaflosigkeit), allgemeines Mattfühlen, Geistesdrückung etc. So dauerte es während 8 Jahre stets mehr oder weniger schlecht. Heilmittel wurden nur Natrium bromatum und Hydrotherapie angewendet. ... Die Sommerkur und die Auslandsreise nach Wiesbaden und besonders noch zwei andere wichtige Veränderungen haben ... eine Besserung herbeigeführt, obgleich nur vorläufig. Die zwei Veränderungen sind: daß ich mich onanisieren und rauchen aufgehört habe. Das erste vertauschte ich im Frühling 1906 gegen das Geschlechtsverhältnis mit einer Prostituierten (während des Winters Onanismus 6–8 Mal monatlich und 1–2 Mal Geschlechtsverhältnis mit demselben Mädchen, an welches ich mich allmählich gewöhnte). ... Nach der Rückkehr nach Hause habe ich bemerkt, das Geschlechtsverhältnis reizt und erschöpft mich, (indem es) nämlich gewisse schwer zu beschreibende Empfindungen in den Waden... hervorruft. ... Das hat mich sehr erschrocken; denn ich dachte an die schrecklichen Beinschmerzen des Vaters. Deshalb entschloß ich mich, so wenig wie möglich zu gehen und so selten wie möglich die Frau zu benutzen.«[6]

Man bemerkt auf den ersten Blick die Schlüsselrolle der sexuellen Erfahrung. Der Journalist macht aus der Onanie, auf die er seine Neurasthenie zurückführt, sogar einen -ismus, als ob es sich bei dem »Onanismus« um ein Gebilde mit eigener Logik handele, wie bei »Rheumatismus« oder »Sozialismus«. Eine furchtbare Angst vor den Folgen der »Selbstbefleckung« kann man dem Text nicht entnehmen; er macht sogar die Erfahrung, daß sich Onanie und Koitus miteinander verbinden lassen. Die Prostituierte, die er »benutzt«, wirkt freilich nur wie eine lustlos eingenommene Antionaniemedizin; die Vermutung liegt nahe, daß sein freudloses Verhältnis zur Sexualität der Grund ist, daß er bei Onanie und Geschlechtsverkehr nur die erschlaffende Wirkung spürt. Er ist jedoch nicht monomanisch auf sexuelle Probleme fixiert, sondern erkennt auch in seinem Kettenrauchen eine Ursache seines Unwohlseins, zumal er an »Kehlaffektationen« litt. Wenn man sieht, daß er nach einem abgebrochenen Studium zur Zeitung seines Vaters ging, könnte man mutmaßen, die Abhängigkeit vom Vater sei der Grund, daß es ihm nicht gelang, eine im Einklang mit sich selbst stehende Existenz zu finden. Aber sein Vater kommt in seiner Leidensgeschichte nur als Neuralgiker vor, an dessen Schmerzen er sich bei den »schwer zu beschreibenden Empfindungen in den Waden« nach dem Geschlechtsverkehr erinnert fühlt. Der akute Therapiebedarf scheint sich nicht aus den Leiden selbst zu ergeben, sondern aus der quälenden Antriebsschwäche bei der Arbeit.

Ist das der letzte Grund seines Leidens? Seine Anamnese ist noch nicht zu Ende: Es folgt eine neue Überschrift »Geistliche (sic!) Individualität und geistliches Leben« und eine weitere fünfseitige Abhandlung; erst hier bringt er die Quintessenz seiner Selbstdiagnose; »geistlich« meint »geistig« und wird in dem folgenden Auszug so wiedergegeben:

»Viel wichtiger als die Beschreibung materieller Symptome der Krankheit ist nach meinem Erachten das Bild ihrer psychischen Grundlage. Es gibt drei Urquellen meines Onanismus und meiner unerträglichen Gehirnentkräftung, die mich an jeder ernsten, so sehnsüchtig begehrten Arbeit hindert: 1. ein geerbtes, von der Geburt stammendes geistiges Gebrechen, – die Schüchternheit; 2. eine geistige Naturgabe, – die stark entwickelte Phantasie; 3. ein eingeborener Malkontentismus, eine grundsätzliche Unzufriedenheit mit den zeitgenössischen Kultur- und Lebensformen. Die Schüchternheit war, besonders in der früheren ... Zeit, ganz außerordentlich stark entwickelt, so daß sie physiologische Erscheinungen mit sich führen konnte. Zum Beispiel, wenn ich in eine fremde Gesellschaft, an welcher die jungen Damen teilnahmen, eintrat, meine Knie wurden von widersinnigster Angst so schwach und zerbrechlich, daß ich mich nur mit Mühe aufrecht halten konnte. In der Brust fühlte ich ganz materiell das kitzelnde Aufregungsgefühl, das Herz pochte stark. Die Kehle war so zusammendrückt, daß ich nur mit Mühe mit einer fremden, zitternden Stimme sprechen konnte. Und das alles trotz der größten entgegengerichteten Willensanstrengungen. Nebst der ethischen Abneigung ... war (diese Schüchternheit) das Haupthindernis, das mir den Besuch von öffentlichen Häusern und unbekannten Mädchen unmöglich machte. Ich versuchte es von Zeit zu Zeit, einmal für mehrere Monate, aber es war im höchsten Grade für das Nervensystem erschütternd und erschöpfend gewesen; es kostete mich größte Willensanstrengung und (war) dabei, besonders in den Anfangszeiten ..., auch erfolglos, ich will sagen, eine Impotenz als Folge der Nervenerschütterung. – Die Schüchternheit hat mich einerseits von der menschlichen Mitwelt getrennt ..., und andererseits die Einbildungsgabe ermöglichte die Schaffung einer idealen Welt für mich selbst. ... Das Bewußtsein des Abgrundes, der ›meine Welt‹ von der reellen trennte, war stets da, die Qual des Zwangslebens mitten in der verabscheuten tatsächlichen Umgebung kehrte immer zurück. So in die Träume vertieft habe ich von 8 bis 18 Jahre gelebt. ... Zwar träume ich fast nicht mehr; wenn ich aber aus irgendwelchem Grunde mein Gehirn nicht mit einer ernsten Gedankenarbeit beschäftigen kann, so ist mir äußerst schwer, (es) im Zaume zu halten; (es) betreibt das unregelmäßige phantastische und nichtswerte Denken von selbst, berührt alle möglichen Gegenstände, nur nicht das Reelle, nicht die Handarbeit, die gerade zu tun ist ... An die Beschäftigungstherapie knüpfe ich große Hoffnung im allgemeinen. Speziell glaube ich, daß man dadurch das Wirklichkeitsgefühl entwickeln kann, das Hineintreten in das positive konkrete Leben erleichtern. Es ist für mich äußerst nötig, mich an das tatsächliche Leben zu gewöhnen, auch um die monströse Hyperempfindlichkeit im Verhältnisse zu allen möglichen Lebenskleinigkeiten zu vermindern. ... Diese Empfindlichkeit macht das Dasein bitter und frißt die Energie.«

Mit der Willensübung folgte der Journalist dem damals neuesten Trend der Nerventherapie, nicht allerdings mit der konkreten Methode: dem Versuch der Überwindung des Widerwillens gegen das Bordell, so als sei es die Pflicht des gesunden Mannes, auch im Bordell zu funktionieren! Auch in den Aufzeichnungen über die »geistige« Seite seines Leidens tritt das sexuelle Moment stark hervor. Aber anders als bei den von

Freud geschilderten Neurotikern hat das Leiden nicht mit einer Verdrängung, sondern eher mit einer zu starken Rationalisierung sexueller Wünsche zu tun. Besonders quälend wirkt die Wahrnehmung der eigenen Sexualität durch die Brille damaliger Energie- und Willenslehren. Der Gesamteindruck ist der einer großen Unsicherheit über das eigene Wesen und die eigenen Ziele, wobei sich die berufliche mit der sexuellen Ebene vermengt. Darin war er in der Tat ein »typischer Neurastheniker«.

Freud verlor das Interesse an den »Aktualneurotikern«, deren Äußerungen keinen Symbolwert besaßen, sondern unmittelbarer Ausdruck unbefriedigter Wünsche waren: Bei ihnen hatte der Psychoanalytiker nichts zu tun. Aber sie machten die große Masse der Neurastheniker aus. Daraus folgt, daß sich der Historiker bei vielen Selbstzeugnissen der Kranken so, wie er es gewohnt ist, an die Worte halten darf und nicht auf psychoanalytische Spekulationen angewiesen ist. Selbst dann, wenn man davon ausgeht, daß psychische Leiden aus Wünschen entspringen, ist man nicht genötigt, die Wahrheit tief unter der Oberfläche der Worte zu suchen.

Das gilt auch für sexuelle Wünsche. Otto Binswanger wußte, wovon er sprach, wenn er seinen Studenten lange vor der Verbreitung der Freudschen Lehren versicherte: »Tatsächlich werden Ihnen von Kranken beider Geschlechter die subjektiven Klagen über Krankheitserscheinungen der Genitalsphäre recht häufig entweder mit epischer Breite oder in heimlich schwerer, zaghafter Weise, aber immer so vorgetragen, daß Sie unschwer erkennen können, welch große Bedeutung die Kranken selbst diesen Symptomen zumessen. ... Es liegt für viele neuropathische Menschen ein eigentümlicher Reiz darin, ihre sexuellen Empfindungen und Vorgänge genau zu beobachten, darüber zu grübeln und mündlich oder schriftlich den Arzt um Rat anzugehen, ob ihre sexuellen Funktionen der Norm entsprechen oder nicht.« Und die Schreiber der Anstalten übten, wie es scheint, keine systematische Zensur. Bei einem von Angstpsychosen verfolgten Inhaber einer Lackfabrik, der – so die Anamnese – »von Jugend auf nervös« gewesen sei und »viel getrunken« habe, protokolliert die Charité (1902): »In der letzten Zeit kommt es mir vor, als ob ich ›Hinterlader‹ wäre, ... ›Arschficker‹ sei. ... Er sei der miserabelste Mensch der Welt, sei abnorm gebaut, habe einen zu kleinen Penis; er habe ganz abnorme Gefühle in seinem ›Hintern‹.«[7] Mit dem Konkurs seiner Lackfabrik hatte sich offenbar das Gefühl sexueller Minderwertigkeit bis zur Qual gesteigert.

Die Selbstzeugnisse der Patienten zeigen ganz deutlich, daß es nicht nur einen medizinischen und literarischen, sondern auch einen laienhaften und alltäglichen Diskurs über Nervosität und Neurasthenie gab. Der

Quellenbestand gestattet daher Diskursgeschichte im ursprünglichen Sinn: nicht nur als Destillation von Worten aus Worten, sondern als Rekonstruktion von Wahrnehmungs- und Erfahrungsstrukturen. Und was die Lehrbücher meist verschweigen, zeigen die Krankenakten deutlich: daß bei der Nervosität vor 1914 ein Definitionsmonopol der Medizin noch nicht funktionierte, sondern daß die Diagnose – falls sie überhaupt gestellt wurde – oft nicht viel mehr als die Selbstinterpretation des Patienten war, mochte der Arzt auch nach außen seine Expertenrolle spielen. Daher sind die Patientenzeugnisse ein Bindeglied zwischen dem medizinischen Diskurs und der Nervosität der Zeit.

Die Neurasthenielehre und die Strategien der Medizin: Im Spannungsfeld zwischen Neurologie, Psychiatrie und Naturheilkunde

KRIMINALROMANE, DIE EINEN begrenzten Kreis der Tatverdächtigen präsentieren, lieben die Methode, den Täter durch entlastende Indizien für die anderen einzukreisen. Ähnlich verfuhr Emile Durkheim, als er bei der Suche nach den Ursachen moderner Selbstmorde die Gesellschaft als Schuldigen nachweisen wollte: Er suchte eine Reihe alternativer Ursache-Hypothesen – Wahnsinn, Neurasthenie, Rasse, Heredität, Klima, Nachahmung – eine nach der anderen zu eliminieren. Die gleiche Methode bietet sich an, um die reale Existenz und kulturelle Bedingtheit der Neurasthenie nachzuweisen, ähnlich wie die Ärzte früher Neurasthenie »per exclusionem« identifizierten. Die Methode ist für sich allein allerdings nicht unfehlbar; denn der potentielle Täterkreis ist in diesem Fall recht groß, und die entlastenden Indizien sind nicht immer ganz eindeutig. Aber das ist bei vielen Kriminalfällen nicht anders.

Bei der Neurasthenie gibt es immerhin einen Hauptverdächtigen: die Medizin! Die Vermutung, daß Mediziner dieses Leiden erfanden, um das Prestige ihrer Profession zu erhöhen und neue Patientenpopulationen zu erschließen, ist der nächstliegende Gedanke. Aber gerade hier stößt man prompt auf Entlastungsindizien stärkster Art. Der Generaltrend der Medizin ging in der zweiten Hälfte des 19. Jahrhunderts zur Lokalisierung der Krankheiten; die Neurasthenielehre jedoch lag quer zu diesem Trend. Sie begann nach dem Fehlschlag der lokalisierenden »Spinalirritation« und schloß von Anfang an die Vorstellung aus, daß die nervöse Schwäche irgendwo im Körper einen festen Sitz habe. Auf die

Virchowsche Frage »Ubi est morbus?«, »Wo sitzt die Krankheit?«, verweigerte sie die Antwort. Und weiter: Der Siegeszug des Neurasthenie-konzepts fiel in eine Zeit, als die Bakteriologie auf dem Höhepunkt ihres Triumphes war und den Fortschritt der Medizin verkörperte. Erfolg im wissenschaftlichen Sinne bedeutete damals, die Ursache einer Krankheit unter dem Mikroskop präsentieren zu können. Beards diffuse Ätiologie wirkte dagegen so unbefriedigend wie nur möglich. Diese Sperrigkeit des Neurastheniekonzepts ist ein durchschlagendes Argument für seinen Realitätsgehalt. Die Wirklichkeit dieses Leidens muß sich den Medizinern in einem Maße aufgedrängt haben, daß diese hier etwas zur Kenntnis nahmen, was in ihre damaligen Professionalisierungs- und Profilierungsstrategien gar nicht hineinpaßte.

Gelästert wurde über die Neurasthenie viel: mündlich gewiß noch mehr als schriftlich. Die schärfste Attacke kam von dem Würzburger Neurologen Konrad Rieger, der die Neurasthenie ein »diagnostisches Faulheitspolster« nannte. Aber Rieger, der um 1900 eine Kontroverse über die Relevanz der Kastration auslöste, indem er die Bedeutung der Genitalien für den Charakter des Mannes bagatellisierte, blieb ein Außenseiter. Möbius, der sich mit Rieger ausführlich auseinandersetzte, spielte dabei seine eigene Großstadterfahrung in der turbulenten Messe-stadt Leipzig, deren Einwohnerzahl zwischen 1871 und 1914 von 100000 auf 625000 wuchs, gegen den beschränkten Würzburger Horizont aus: »Offenbar macht es die Ruhe der alten Bischofsstadt, daß R. die Kranken, die wir gewöhnlich als Nervenschwache schlechtweg bezeichnen, selten sieht.« Neben dem »Faulheitspolster«- gab es den »Topf«-Vorwurf, der auf den Greifswalder Psychiater Rudolf Arndt zurückgeht: »Neurasthenie als eine Art von Topf..., in welchem man promiscue die verschiedensten, früher anderen Neurosen zugeteilten Symptome und diverse nosologisch nicht gut zu klassifizierenden Zustände zusammengeworfen habe.«[8] Arndt schrieb dennoch über die Neurasthenie ein ganzes Buch und mehrere Aufsätze.

Eine Satire von 1911 schildert einen trinkfesten Junggesellen namens Scharleß Nulpe, der sein periodisches Mißbehagen nicht als simplen Kater wahrhaben will, sondern »sich auf eine regelrechte, zeitgemäße Neurasthenie kapriziert«, um Grund für einen ausgiebigen Kuraufenthalt zu haben. Auf seiner Suche nach Modernität begibt er sich zu seinem Unglück in eine Naturheilanstalt, deren Unbequemlichkeiten bei ihm eine »bedenkliche Reizbarkeit« entstehen lassen, bis er am Ende von einem Zanderapparat, dem damaligen Nonplusultra moderner schwedischer Trainingstechnik, im Kampf erwürgt wird. Wenn man wollte, konnte man die Neurasthenie mit Leichtigkeit ins Lächerliche ziehen; noch dem heutigen Historiker fällt es zuweilen schwer genug, bei diesem Thema ernst zu bleiben. Um so mehr erstaunt es, wie zäh sich das Neurastheniekonzept über Jahrzehnte in Deutschland hielt. Niemals kam es darüber zu einer großen medizinischen Kontroverse. Wiederholt behandelten deutsche Mediziner Beard und seine Neurasthenie von oben herab – und machten sich dann dieses Krankheitskonzept doch mehr oder weniger zu eigen.[9]

Die Neurasthenielehre kam nicht aus der medizinischen Theorie, sondern aus der Arztpraxis. Dennoch war sie nur mäßig geeignet, das Ansehen des Arztes zu stärken. Das gesamte Konzept entsprach besser der Naturheilkunde als der wissenschaftlichen Medizin: Das Leiden ließ sich nicht lokal und durch spezifische Methoden kurieren, sondern erforderte im Grunde eine Regeneration des ganzen Menschen. Und wenn die Hauptursache des Leidens in der modernen Zivilisation bestand, dann geschah die Heilung am besten durch eine Rückkehr zur Natur. Die »Zivilisationskrankheiten« – ob real oder imaginär – waren das bevorzugte Objekt der Naturheiler. 1908 warnte der Leiter einer »Kuranstalt für Nervöse«, auf keinem anderen Gebiet der Medizin habe sich das Kurpfuschertum so breitgemacht wie bei der Behandlung der Nervosität. Die Nerventherapie war damals das wichtigste Kampffeld in dem Gerangel zwischen Schul- und Laienmedizin. Aber mit frontalen Attacken kamen die Schulmediziner hier nicht voran.

Etwas gewunden klärte Otto Binswanger seine Studenten auf, daß sie, sobald sie »Neurastheniker behandeln, in steter Berührung mit der Frage nach den Ursachen der Unausrottbarkeit der Kurpfuscherei stehen werden«. Seine Folgerung: Die »physikalischen Heilmethoden« müßten »zum Gemeingut aller Ärzte« werden. Nur indem die Ärzte sich selbst die Naturheilverfahren zu eigen machten, blieben sie bei den Neurasthenikern konkurrenzfähig. Wilhelm His bemerkte 1908, »erst nachdem die Nervosität Volkskrankheit geworden« sei, hätten »die Naturheilmethoden ihre wichtigste Indikation, ihre erfahrungsgemäße Anerkennung« gefunden. Im Namen der Neurasthenie und des Volkes konnte man die Autorität der Medizin attackieren.

»Die besondere Bevorzugung der physikalischen Heilfaktoren bei der Behandlung von Neurasthenie entspringt dem Gefühle der Volksseele«, versicherte der Kneippianer Baumgarten 1905, und er erblickte in seiner Gegenwart eine stürmische Demokratisierung der Medizin: »Sieghaft hat das Volk die Schranken der ängstlich gehüteten, ärztlichen Zurückhaltung durchbrochen. Da man es nicht lehren wollte, belehrte es sich selbst, so gut es ging.«[10]

Selbst Möbius gab offen zu, daß die »Kurpfuscher« bei Nervenkranken »nicht schlechtere Erfolge hatten als die wissenschaftlich tüchtigen Ärzte«. Dieser Begründer der Nervositätslehre in Deutschland scherte sich um keinen medizinischen Korpsgeist. Hermann Oppenheim schloß das Neurastheniekapitel in seinem großen »Lehrbuch der Nervenkrankheiten« Auflage für Auflage ungeachtet aller Therapieempfehlungen mit der eindringlichen Mahnung: »Man hüte sich vor einem Zuviel in der Behandlung. ... Ich kenne Fälle dieser Art, in denen der Kranke, nachdem er viele Kuren vergeblich gebraucht, auf jede Behandlung verzichtend zu einer vernünftigen Lebensweise zurückkehrte und genas: ›Zuletzt heilt ihn allgegenwärtiger Balsam allheilender Natur‹.« Hier geht Oppenheim in seinem Naturvertrauen sogar noch über einen Kneipp hinaus, der der Natur mit Wassergüssen nachzuhelfen suchte: Das ärztliche Nichtstun als die wahre Naturheilung![11]

Hatte es die Medizin nötig, den »Kurpfuschern« so viele Konzessionen zu machen? Gewiß tat sie das nicht aus freien Stücken; ihr Mangel an wirksamen Heilmethoden, die Unzufriedenheit der Nervösen und die Erfolge mancher Naturheiler zwangen sie dazu. Wenn man von den Langzeittrends der Medizingeschichte her glauben könnte, daß mit dem späten 19. Jahrhundert ein ununterbrochener Triumphzug der Labormedizin begonnen habe, ist man, sobald man die Zeit von der Nähe besieht, überrascht, in welchem Maße sich damals viele Ärzte von den Naturheilern bedroht fühlten. In der Tat glaubten um 1900 viele an den kommenden Sieg der Naturheilkunde. »Nietzsche und Kneipp, Wörishofen und Bayreuth« waren für ein ironisches Gedicht auf die Jahrhundertwende die Zeichen der allerneuesten Zeit. »Natur und Medizin im Kampf um die Herrschaft« lautete um 1900 ein typisches Vortragsthema an einem Vereinsabend. Vergebens bemühten sich die Ärzte um die Wiedereinführung des 1869 aufgehobenen Kurpfuschereiverbotes. Die Sympathien für die Naturheiler reichten von Bismarck bis in die Reihen der Sozialdemokratie. Vor allem seit den 1880er Jahren schossen Naturheilvereine allenthalben wie Pilze aus dem Boden; 1913 gab es 885 Vereine mit 148336 Mitgliedern. Claudia Huerkamp spricht von einer regelrechten »Massenbewegung«. Damals fanden die Naturheiler Rückhalt bei manchen Krankenkassen, weil sie die wachsenden Kosten für Medikamente eindämmen halfen. Die deutsche Ärzteschaft hatte das »Gefühl, in der Öffentlichkeit beständig an Ansehen zu verlieren«. In dieser Situation schlossen sich immer mehr Ärzte der Naturheilbewegung an und drängten dort den Einfluß der Laienheiler zurück.[12] Mehr und mehr gab es Naturheilverfahren auch als innermedizinische Position. Die Neurastheniker hatten an diesem Vorgang erheblichen Anteil.

Alfons Labisch hat jüngst die These vertreten, der moderne »Homo hygienicus« sei im späten 19. Jahrhundert als Ausgeburt der zur Herrschaft gelangten Bakteriologie entstanden. Aber schon um 1900 hatte der Herrschaftsanspruch der Bakteriologen einen schweren Stoß erlitten. »Gar manche Vertreter« der bakteriologischen Schule seien »an schöpferischen Ideen allmählich so steril geworden wie ihre geliebten Nährböden«, spottete der Sozialhygieniker Adolf Gottstein 1903. Robert Koch, gerade noch als Entdecker des Tuberkelbazillus wie ein Nationalheld gefeiert, hatte 1891 mit dem von ihm entwickelten Tuberkulin, das verfrüht als vermeintliches Wundermittel Sensation machte, ein Fiasko erlebt, das selbst den Reichstag beschäftigte. Der »Taumel der Tuberkulinimpfungen« war fortan als »psychische Epidemie« in übler Erinnerung. Damals begriff die Öffentlichkeit, daß von der Ätiologie kein direkter Weg zur Therapie führte und die bahnbrechenden Erkenntnisse in der Pathologie dem Gros der Kranken vorerst nichts nützten. Wie eh und je sahen sich die Ärzte bei vielen Leiden auf die Heilkraft der Natur angewiesen. In den 1890er Jahren wuchs die Selbstkritik in den Reihen der Ärzteschaft; die Empfindung nahm zu, daß man bei der Suche nach lokalisierbaren Krankheiten den ganzen Menschen aus den Augen verloren habe. Aus der Sicht der nachfolgenden Zeit war die Medizin der Jahrhundertwende durch eine »ungeheure psychotherapeutische Erweckung«, eine »Wiederentdeckung der Seele« charakterisiert.[13]

In der Abscheu vor der Tablettenmedizin, die bei der Bekämpfung der Neurasthenie mit Mitteln wie »Antineurasthin« und marktschreierischer Reklame aufwartete, waren sich viele Mediziner ohnehin mit den Naturheilern einig. Jener Prozeß, der viele Ärzte mehr oder weniger zu Helfershelfern der Pharmaindustrie absinken ließ, hatte damals kaum begonnen. Um 1900 wirkte die Arzneimitteltherapie auf viele nicht als etwas Modernes, sondern als ein Überbleibsel der alten »Quacksalberei«, vor allem dann, wenn es sich nicht um Naturstoffe mit bekannter Heilwirkung, sondern um »Geheimmittel« handelte. »Von Pillen, Mixturen, von Salben und Pflastern/Strotzt jedes Rezept bei den alten Knastern«, heißt es in einem Medizinerlied von 1874.[14] Der Hygieniker Adrien Proust, der Vater des hochnervösen Marcel Proust, schrieb im Vorwort zu seiner »Hygiene des Neurasthenikers« (1897), er scheue sich nicht auszusprechen, daß die Arzneimittel den Neurasthenikern insgesamt mehr geschadet als genützt hätten, und dies in einem Maße, daß man sich fragen müsse, »ob die Neurastheniker die Schuldner oder die Opfer der Medizin sind«. Die Neurasthenielehre enthielt manchmal ein Stück medizinischer Selbstkritik. Sie entwickelte sich in einer undogmatischen und zu Naturheilverfahren hin offenen Atmosphäre.

Die Neurasthenielehre kam zu einer Zeit auf, als man begann, die Kehrseite des Spezialistentums in der Medizin zu begreifen, und sie ist von Kritik an schädlicher Überspezialisierung durchzogen. Otto Binswanger bricht in seinem Neurastheniebuch förmlich in Wut aus, wenn er auf jene Gynäkologen zu sprechen kommt, die sich bei sexuellen Molesten von Frauen monomanisch auf Vaginaluntersuchungen verlegten. Das »Spezialistentum im schlimmen Sinne des Wortes, d. h. die ausschließliche Bearbeitung eines einzelnen Körperorgans«, so Binswanger, führe »zu wahren Ungeheuerlichkeiten«. Manche Neurologen wollten ihr Fach zum Erben der alten Einheit der Medizin machen: Der Nervenarzt sei »der geborene Gegner dieser Magen-, Darm- und Nierenspezialisten«. Robert Gaupp dagegen zog 1907 vor dem württembergischen Ärzteverein über die zunehmende Betriebsblindheit auch der Neurologie her: »wir Neurologen« seien mitschuldig, wenn der Nervöse »schließlich beim Kurpfuscher« lande; denn allein mit den Mitteln der Neurologie könne man ihm nicht helfen. Man müsse den »Mut haben«, diese Dinge »so zu sehen, wie sie sind«; »der zu große Autoritätenglaube schädigt hier nicht nur unsere Kranken, sondern auch... das Ansehen unserer Wissenschaft«. Man sieht, wie die Nervositätslehre dazu beitrug, die Beziehung zwischen Wissenschaftlern und Praktikern, zwischen Spezialisten und Generalisten zurechtzurücken. Gaupps Ausführungen enthielten ein Kompliment an die praktischen Ärzte und wurden von diesen »durch reichen Beifall belohnt«.[15]

Der Begriff »Neurasthenie« trug die Handschrift der Neurologen; Kritik daran kam in typischen Fällen aus den Reihen der Psychiatrie. Als Forel 1908 vor dem Verein Schweizerischer Irrenärzte gegen den »modernen Konfusionsbegriff Neurasthenie« polemisierte, ritt er zugleich eine heftige Attacke gegen »eine sogenannte modernste Neurologie«, die, »den wissenschaftlichen Fortschritt völlig verkennend«, sich »von der Psychiatrie lostrennen« wolle.[16]

Deutlicher als in Deutschland erkennt man in den USA ein strategisches Kalkül im Neurasthheniekonzept. Dort hatte sich in den 1870er Jahren ein offener Konflikt zwischen Neurologen und Irrenärzten entwickelt, wobei die Neurologen als die neue aufsteigende Profession in die Offensive gingen. 1881/82 kam es über der Frage, ob der Mörder des Präsidenten Garfield als zurechnungsfähig zu gelten habe oder nicht, zu einem aufsehenerregenden Schaukampf zwischen Psychiatern und Neurologen. Auch Beard profilierte sich als streitbarer Vorkämpfer des Kompetenzanspruchs der Neurologie.[17] Sein Neurastheniekonzept war gut geeignet, um die Klientel der Nervenärzte zu vergrößern und eine Menge Leiden als ihren Kompetenzbereich zu definieren, auch wenn es für die neurologische Forschung wertlos war. Um die Irrenärzte herauszuhalten, war es nützlich, die Neurasthenie von den schweren Geisteskrankheiten deutlich zu unterscheiden, was, wie sich zeigte, im großen und ganzen auch den Tatsachen entsprach.

In Deutschland dagegen bestand nicht das gleiche Interesse, die Neurologie gegen die Psychiatrie abzugrenzen; im Vergleich zum anglo-amerikanischen Raum standen beide Disziplinen in enger Verbindung. Seit Griesinger war diese Allianz speziell eine »Berliner Tradition«. Von der preußischen Regierung bis zu den praktischen Ärzten war die Ansicht verbreitet, daß eine Trennung von Psychiatrie und Neurologie im Prinzip unvernünftig sei. Eine wirkliche Synthese beider Disziplinen wollte nicht gelingen; dazu war ihre Herkunft zu unterschiedlich. Auch in Deutschland war die Beziehung zwischen diesen Fächern konfliktgeladen.[18] Dennoch bestand teilweise eine offene Grenze; und davon profitierte der deutsche Weg der Neurasthenielehre.

Zwischen der Psychiatrie und der Neurologie bestand an und für sich eine durch die historische Genese beider Fächer bedingte existentielle Kluft. Die Psychiatrie entstammte als geistiger Entwurf aus der Philosophie, als Praxis jedoch aus der Verwaltung der Irrenhäuser. Die Neurologie dagegen entwickelte sich als ein Bestandteil der inneren Medizin. Aber sie wollte dort nicht bleiben. Im späten 19. Jahrhundert verliefen die Professionalisierungstrends der Psychiatrie und Neurologie in mancher Hinsicht zueinander konträr. Die Psychiatrie strebte aus ihrer bisherigen Isolation innerhalb der Medizin heraus; die Neurologie dagegen kämpfte um ihre Eigenständigkeit. Die Psychiatrie bestand großenteils nur aus trübseliger Praxis; die Neurologie dagegen mußte sich ein eigenes Praxisfeld aufbauen. Sie wollte sich von der inneren Medizin emanzipieren, über die damals der Zynismus umging, sie sei »die Lehre von den unheilbaren Krankheiten«; aber auch das neue separate Revier der Neurologie wirkte auf den jungen Hellpach erschreckend »trostlos«. Die meisten wissenschaftlichen Fortschritte der Neurologie waren ohne therapeutischen Wert; bis in die Gegenwart gilt die Neurologie als Musterbeispiel einer Wissenschaft, die zwar in faszinierender Weise von Erkenntnis zu Erkenntnis schreitet, aber den Arzt am Krankenbett im Stich läßt. In den 1890er Jahren fand Hellpach, daß die Neurastheniker zwar das »tägliche Brot« des Nervenarztes waren, dieser jedoch von seinem Studium her für diese Aufgabe nichts mitbrachte. 1891 begann die »Deutsche Zeitschrift für Nervenheilkunde« zu erscheinen, und Wilhelm Erb begann die erste Ausgabe mit einem triumphierenden Rückblick auf die »gewaltigen« Fortschritte der letzten Jahrzehnte.[19] Von dieser Triumphstimmung war die nervenärztliche Praxis jedoch meilenweit entfernt.

Noch tiefer war die Unzufriedenheit in Kreisen der Psychiatrie. Zwar besaßen die Psychiater als Leiter der wachsenden Zahl großer und repräsentativer Irrenanstalten und als Gutachter bei Kriminal- und Entmündigungsprozessen eine fest etablierte Position. Aber weder in der Medizin noch in der Öffentlichkeit standen sie in gutem Ruf. Der einstige »psychiatrische Zukunftschiliasmus« – die Hoffnung, die »Wahnsinnigen« in absehbarer Zeit heilen zu können – war verflogen; wieder hatten die Irrenanstalten etwas Hoffnungsloses bekommen. Man mußte einsehen, daß man – wenn überhaupt – nur leichtere psychische Störungen zu heilen vermochte. Kraepelin klagte, daß »der unausgesetzte Verkehr mit Geisteskranken«, »die Hoffnungslosigkeit des ärztlichen Wirkens, endlich die Unklarheit und Unzulänglichkeit unseres wissenschaftlichen Verständnisses« bei zartbesaiteten Psychiatern zu »allgemeiner Nervosität« führten. 1903 bemerkte Gaupp, die in der Psychiatrie verbreitete »lähmende Resignation« bewirke eine »Flucht in das freundliche Nachbargebiet der Neurologie«.

Mit den Neurasthenikern bekam man endlich Patienten, die Erfolgserlebnisse bescherten. Nur an dem Begriff »Neurasthenie« stießen sich manche Psychiater und betonten, die angeblich »Nervenkranken« seien in Wirklichkeit Geisteskranke. In diesem Punkt kam von den Neurologen nicht einmal heftiger Widerspruch. Kraepelin, die Autorität für das international verbindliche psychiatrische Vokabular, ließ den Begriff »Neurasthenie« ab der fünften Auflage seines Psychiatrielehrbuchs (1896) als Bezeichnung einer eigenständigen Krankheit fallen. Aber auch er führte keinen offenen Angriff gegen das Neurastheniekonzept.[20]

Die von Neurologen geschriebenen Nervositäts- und Neurastheniebücher beginnen häufig mit Ausführungen über die Anatomie des Nervensystems. Auf diese Weise erwecken sie den Anschein, als besitze ihre Lehre ein neurologisches Fundament. Wer diese einleitenden Kapitel beim Wort nimmt, kann leicht an den neurologischen Ursprung der Neurasthenielehre glauben. Edward Shorter datiert in der Neurologiegeschichte ab 1870 den Niedergang des »Reflex-Paradigmas« und den Aufstieg des Paradigmas vom zentralen Nervensystem und sucht dort einen wissenschaftlichen Ursprung der darauffolgenden Entwicklung der Nervenheilkunde.[21] Aber die Vorstellung aufeinanderfolgender herrschender Paradigmen überschätzt den Ordnungsgrad der Dinge bei weitem und erweckt auch einen viel zu hohen Eindruck von der Steuerungsfähigkeit der Wissenschaft. Wenn man will, kann man die Akzente genau umgekehrt setzen: Die Vorstellung des allumfassenden Nervensystems entstammte dem 18. Jahrhundert; neu war im Jahrhundert darauf die Entdeckung des vegetativen Nervensystems und später der Nervenzellen, der »Neuronen«. Aber weder das eine noch das andere ergab ein herrschaftsfähiges Paradigma.

Die aufregendste Neuigkeit der Neurologie bestand um 1890 in der Entdeckung, daß »einzelne Nervenzellen relativ unabhängig voneinander funktionierten«. Ab 1891 setzte sich Waldeyers Begriff der »Neuronen« für die Nervenzellen durch. Auf diese Weise wurde die Neurologie der Virchowschen Zellulartheorie einverleibt. Dazu paßte die weitere Entdeckung, daß Nervenimpulse sich langsamer und diskontinuierlicher fortpflanzten, als man einst geglaubt hatte. Das Nervensystem war doch etwas anderes als das Telegraphennetz. Aber die Neurasthenielehre gründete sich nicht auf diesen neuesten Stand der Neurologie, sondern war älterer Herkunft. Aus der Neuronenlehre praktische Folgerungen zu ziehen war ohnehin äußerst schwierig. Die neue »molekulare Perspektive« vergrößerte in mancher Hinsicht sogar die Unsicherheit darüber, wie dieses sich nun so extrem kompliziert darstellende Nervensystem funktionierte.[22] Von der Neurophysiologie lernte man nichts darüber, ob und wie sich das Verhalten der Nervenzellen steuern ließ. Wie man eine übermäßige Erregbarkeit dämpfte, war allein Sache praktischer Erfahrung. Zwar deutete Cramer die Neurasthenie als »Erschöpfung der Neurone«, und zwar glaubte die Neurologin Margaret A. Cleaves, bei Anfällen von Neurasthenie jedes einzelne Neuron zu spüren; aber wenn man bedenkt, daß allein das menschliche Gehirn über 10 Milliarden Neuronen enthält, dann erkennt man die Absurdität der Idee, man hätte von den Neuronen irgend etwas fühlen oder ihr Verhalten beobachten können. Die Neuronen fristeten damals eine ähnlich fiktive Existenz wie die Atome. Beard versteckte in einer Fußnote die vielsagende Bemerkung, in der Wissenschaft komme »dem Wissen am nächsten die Einsicht, daß wir nicht wissen«.[23] Zumindest untergründig ist die Geschichte des Neurasthheniekonzepts nicht zuletzt ein Teil der noch ungeschriebenen Geschichte des medizinischen Umgangs mit dem Nichtwissen. Und die kritischen Köpfe unter den Beteiligten wußten das auch.

Paul Julius Möbius (1853–1907) verdient als der »deutsche Klassiker der Nervosität« (Hellpach) besondere Beachtung. Längst ist sein Name in Verruf geraten; denn bekannt ist er heute nur noch als Autor der Schrift »Über den physiologischen Schwachsinn des Weibes« (1900), deren Titel selbst die erzkonservative »Kreuz-Zeitung« peinlich berührte und ihm bei dem Freudianer Stekel den Titel »Sensations-Bombenwerfer« einbrachte.[24] Als Strümpell ihm den Titel vorhielt, redete er sich heraus: »Ach, das war ja nur Reklame für den Buchhändler.« Man ist versucht, den Möbiusschen »Schwachsinn« neben die andere, 1903 erschienene Bibel der Frauenfeinde zu stellen, in der Möbius ein Plagiat seiner selbst erblickte: neben »Geschlecht und Charakter« des unglücklichen Otto Weininger, der sich noch im gleichen Jahr erschoß. Scheinbar Ausgeburten eines bornierten Männlichkeitswahns, handelt es sich bei beiden Schriften, schaut man auf die Persönlichkeiten ihrer Verfasser, doch eher um exhibitionistische Zurschaustellungen der eigenen neurotischen Unfähigkeit, mit Frauen zurechtzukommen. Wer Möbius aus seiner glück- und kinderlosen Ehe mit einer zehn Jahre älteren und nicht gerade angenehmen Frau kannte, wußte über die Hintergründe seines Buches Bescheid. Da Möbius mit seinem Buchtitel die Frauen bewußt provozierte und sich über die Schmähungen, denen er sich dadurch aussetzte, keine Illusionen machte – in späteren Auflagen druckte er eine Auswahl der Schmähbriefe, mit denen er überschüttet wurde, im Anhang ab –, hat diese seine Selbstentblößung etwas Masochistisches: Weil er die Frauen nicht lieben konnte, wollte er von ihnen wenigstens gezüchtigt werden.[25]

Von seinem Naturell her war er alles andere als ein maskuliner Grobian, sondern ein Empfindsamer, der sich empört gegen die Manier wandte, Nervenleidende leichthin zu Simulanten oder lamentierenden Hypochondern zu stempeln, und der der Elektrotherapie gerade zu jener Zeit, als diese durch den Aufstieg der Starkstromtechnik gefährlich wurde, einen noch lange nachwirkenden Stoß versetzte. Mit bitterer Ironie schrieb er 1904, ein französischer Kritiker seines Frauenbuchs sehe »in mir armem Manne den Typus der neudeutschen Brutalität«; dabei war er in Wirklichkeit, wie er bekannte, »kein guter Patriot«, sondern ein Anhänger Buddhas, dessen Büste sein Arbeitszimmer zierte. Mit um so größerer Beklommenheit stößt man bei dem gleichen Möbius auch auf militant-eugenische Ideen, bis hin zum Tötungswunsch gegenüber unheilbar Kranken. Er, der sich selber halb scherzend als »Dégénéré supérieur« bezeichnete, geriet in den Bann der Entartungslehre. Wieder waren seine pathologischen Gedanken sichtlich ein Reflex seiner Schwierigkeiten mit sich selbst. Seine Wende zur Degenerationsfurcht entsprach keinem allgemeinen Trend der Neurasthenielehre, sondern ging bei ihm mit einer Abkehr von dem Neurasthheniekonzept zusammen. In seinen letzten Lebensjahren sprach er – wie sich Hellpach erinnert – »nur noch mit einem wahren Ingrimm von dem ›Neurastheniegerede‹ und ließ die vermeintliche Neurasthenie in die verschiedenen Erscheinungsformen der ›Entartung‹ zerfließen«. Er selbst mußte damals einsehen, daß er nicht nur unter Nervosität, sondern auch unter Krebs litt. Der passionierte Raucher hatte den Tabak als Beruhigungsmittel gegen die Verdammungsurteile der Nichtraucher verteidigt, aber sich nicht um dessen krebsauslösende Wirkung geschert.[26]

Weder die Habilitation noch die Ehe mit einer ungeliebten Professorentochter brachte Möbius den ersehnten Lehrstuhl. Während seine Schriften eine weite Resonanz fanden, war er ein schlechter Redner; seine Vorlesungen mußten allesamt ausfallen, da die Studenten wegblieben. 1893 war er das Dasein des ewigen Privatdozenten leid und verzichtete auf seine Lehrbefugnis, um sich ganz seiner umfangreichen Praxis und seiner Schriftstellerei zu widmen. Nach rein universitären Maßstäben also eine gescheiterte Existenz. Dennoch pries ihn selbst Kraepelin, der die Nervositätslehre nicht gerade schätzte, als »ungewöhnliche Persönlichkeit« mit einer »überragenden Veranlagung« und als einen Pionier der Psychiatrie. Freud rühmte ihm nach, er habe das »erlösende Wort« gesprochen, als er die Erfolge der Elektrotherapie auf Suggestion zurückführte. Mit seiner berühmten Definition der Hysterie – »hysterisch sind alle diejenigen krankhaften Veränderungen des Körpers, welche durch Vorstellungen verursacht sind« – wurde Möbius für Esther Fischer-Homberger zum »Kolumbus der Psychiatrie«.[27] Viel unzweideutiger als Charcot mit seiner Dramatisierung der Hysterie entlarvte Möbius die Uterusoperationen bei Hysterikerinnen als ärztlichen Unfug. Es entbehrte nicht der Paradoxie, daß dieser Wissenschaftler als Frauenfeind in die Geschichte einging!

Kaum einer griff damals die einseitig anatomische Ausrichtung der Medizin schärfer an als Möbius, obwohl er aus der anatomischen Forschung kam. Hier wurde der sonst sanftmütige Mann militant. 1894 schrieb er – damals unter dem frischen Eindruck der Hypnose –, die »ganze Geschichte der Medizin« wäre eine »weniger beschämende, hätte man jederzeit den psychischen Faktor genügend berücksichtigt«. »Ein Gramm Kenntnis des menschlichen Gemütes kann dem Arzte nützlicher sein als ein Kilogramm Physiologie ohne jenes.« »Von der Seele des Menschen« habe er »in den medizinischen Schulen ... nichts gehört«. In seinen älteren Jahren sprach Möbius vom »heutigen Stande der Wissenschaft« nur noch mit beißender Ironie. »Das Schlimmste ist natürlich die absolute Naturwissenschaft.«[28] Aus heutiger Sicht verblüffte es, mit welchem Selbstbewußtsein er hervorhob, daß er sich bei seinem Krankheitsbegriff von den Nervositätsvorstellungen der Laien leiten ließ. Und dabei wurde er von den Häuptern der Neurologie und der Psychiatrie, von Erb und Strümpell wie von Forel und Kraepelin gelobt!

Wilhelm Erb (1840–1921), ab 1880 Professor und Direktor der medizinischen Poliklinik an der Universität Leipzig, galt damals als Deutschlands führender Neurologe. In seinem Charakter »unkompliziert und geradlinig«, »schlicht und einfach«, besaß er, anders als Möbius, mit der Neurasthenie offenbar keine Selbsterfahrung; bei ihm äußerte sich eine innere Spannung vorwiegend in Herzrhythmusstörungen. Während Mö-

bius die Elektrotherapie als Humbug entlarvte, verfaßte Erb ein Handbuch der Elektrotherapie (1882) und war in einem für eine damalige
medizinische Autorität ungewöhnlichem Maße auf diese technische Heilmethode fixiert. Hierüber entstand eine respektvolle Beziehung zu
Beard, und es mag sein, daß Erb die Nervosität auf der Suche nach geeigneten Patienten für die Elektrotherapie entdeckte. Weil er eine im Kern
simple Kausalvorstellung von der Aufeinanderfolge von Nervenreiz und
nervlicher Reaktion besaß, konnte er in seinem Heidelberger Vortrag
von 1893 die »wachsende Nervosität unserer Zeit« in klassischer Weise
als Wirkung der modernen technischen Zivilisation schildern. Wie
Strümpell mit leichter Ironie schreibt, traktierte Erb die Neurastheniker
»ebenso wie organisch Nervenkranke«. »Die meisten seiner Nervenkranken behandelte er mit elektrischen Strömen und zeigte darin eine
unermüdliche Ausdauer.« Er empörte sich jedoch über die »Ungeheuerlichkeiten« einer harten Medikamententherapie, die einen »unglücklichen
Neurastheniker« mit einer Mischung aus einem Dutzend der »stärksten,
giftigsten Alkaloide« zu kurieren suchte.[29]

Erb gab zu, es sei oft schwierig, »die somatischen und psychischen Nervenkrankheiten voneinander zu trennen«, zumal es viele »Grenzfälle«
gebe. Dennoch gab er seinen Assistenten die Devise: »Hütet euch vor den
Psychiatern!« und bestand auf einer scharfen Abgrenzung der Neurologie gegenüber der Psychiatrie. Hier war Adolf Strümpell (1853–1925),
Erbs Mitarbeiter und Nachfolger auf dem Leipziger Lehrstuhl, entschieden anderer Auffassung. Legte Erb, wie er 1890 an Strümpell schrieb, immer mehr Wert darauf, »daß von seiten der Inneren Kliniker alles getan
werden muß, um die zunehmende Usurpation der Nervenkrankheiten
seitens der Psychiater zu bekämpfen«, erklärte Strümpell 1924 im Rückblick: »Das Verlangen nach einer Trennung der Neurologie von der
Psychiatrie kommt mir wie das Verlangen an einen Geigenspieler vor, er
dürfe nur auf der G- und D-Saite spielen, weil die A- und E-Saite für
einen anderen Spieler bestimmt seien.«[30]

Ein Wiener Nervenarzt schrieb 1899 in dem Vorwort zur vierten und
fünften Auflage seines Neurastheniebuchs über die damalige Situation
bei der Behandlung der Nervenkrankheiten: »Die schwachen Erfolge,
die ... die Ärzte bisher auf diesem Gebiet verzeichnet hatten, verursachten es, daß jedem phantastisch launenhaften, abenteuerlichen und selbst
aberwitzigen Einfalle Tor und Tür geöffnet wurde. ... Von den alten,
vielgestaltigen Trink-, Bade-, Durst-, Hunger- und Schwitzkuren bis zu
den in modernster Einseitigkeit immer mehr fortgeschrittenen Einschlä-
ferungs- und Knet-, Mast-, Radfahrer-, Sonnenbäder- und Lichtbadku-
ren, wozu neuerdings noch die Lohtannin- und Sandbadekuren kom-

men, von der Prießnitzkur, Schrot-, Bauting- bis herunter zur Oertel-
und Schweninger- und Kneippkur (e tutti quanti) abgesehen, was haben
wir nicht an Spezialkuren der verschiedensten Art kommen und gehen
sehen!« Kein Zweifel, wir haben hier nicht eine Zeit der Herrschaft eines
wissenschaftlichen Paradigmas, sondern eine Ära des wilden Experi-
mentierens vor uns.

Gerade manche der besten Köpfe der Medizin wußten, daß das therapeutische Selbstbewußtsein der Medizin gegenüber den psychosomatischen Leiden nur gespielt war. Dubois schimpfte hemmungslos auf seine
ärztlichen Standeskollegen und stellte ihnen die richtige Einsicht vieler
Patienten entgegen: »Noch herrscht unter den Ärzten eine unglaubliche
Begriffsverwirrung, und zwar in solchem Maße, daß oft die Kranken
oder deren Angehörigen klarer sehen, als ihre Äskulape, und heimlich
über die Kuren lachen, denen man sie unterworfen hat.« Und sein Abscheu gilt nicht nur den blindwütigen Chirurgen, sondern auch den
Elektrotherapeuten:

»Nun kommt die Reihe an die Elektrizität: Die Kranke muß sich auf
den Isolierschemel der statischen Maschine setzen. … Und mit großer
Befriedigung wird der Nervenarzt seine Elektrode über die ganze Kör-
peroberfläche seines Opfers spazieren führen, ohne sich durch das – ach,
wie so skeptische – Lächeln der Kranken abhalten zu lassen. Seien wir
ganz offen: der Kränkste von beiden ist gewiß nicht der, den man meinen
sollte!«[31]

Ein entscheidender Vorteil des Konzepts der Neurasthenie gegenüber dem vorausgehenden der Spinalirritation bestand darin, daß
es den Bereich des Nichtwissens deutlicher zu erkennen gab und wenigstens nicht durch pseudoanatomische Definitionen verstellte. Die
»Nerven« waren nicht einfach nur bestimmte greifbare anatomische
Strukturen, sondern besaßen zugleich den Charakter einer großen Unbekannten: Das wußten auch Nichtmediziner. Paul Valéry schrieb 1903
seinem Freund André Gide, »die Nerven – oder etwas, das zu unbekannt ist, um es zu beschuldigen –« hätten ihn »übermannt«; und schon
1901 hatte er gespottet, bei dem »Nervensystem« falle »der Therapeut
in die sechste Versenkung, wo die Okkultisten, die Ästhetiker und die
Philosophen an ihren eigenen Füßen knabbern«. Aber auch ein hand-
fest somatisch ausgerichteter Neurologe wie Wilhelm His bemerkte, als
er von der »Nervosität« handelte, er gebrauche »absichtlich« »diesen
unbestimmten Ausdruck«. Ein präziser Ausdruck hätte ja ein Spezial-
wissen vorgetäuscht, das nicht existierte. Und gerade in dem Überhand-
nehmen des Spezialistentums bei der Behandlung Nervenkranker erblickte His eine Gefahr.[32]

In jüngster Zeit ist es beliebt geworden, in der Wissenschaftsgeschichte vor allem das Element der Strategie, der Konstruktion, des Aushandelns der sogenannten Wahrheit zu entdecken. Und es gibt dieses Element gewiß; daran ist nicht zu zweifeln. Dennoch sollte man den heutigen Zustand der Wissenschaft, wo Theorien nicht selten aus einem taktischen Kalkül heraus geboren werden, nicht zu sehr auf das 19. Jahrhundert zurückprojizieren. Damals herrschte in der Wissenschaft teilweise noch eine Wahrheitssuche und Entdeckungsfreude, wie sie sich viele heutige Wissenschaftler kaum mehr vorstellen können. Die Neugier rangierte noch höher als die Altklugheit; und gerne entdeckte man eine Terra incognita; Beard präsentierte seine »Neurasthenie« als Vorstoß ins Unbekannte. Das Neurastheniekonzept entwickelte sich nicht aus innerwissenschaftlichen Bedürfnissen, sondern aus einer Offenheit der Medizin für neue Erfahrungen ihrer Zeit.

Das Ich als Zitterpappel: Die Unruhe nervöser Selbsterfahrung und der Eigensinn der Patienten

Bei der Lektüre der Nervositätsschriften hat man immer wieder Gelegenheit, über die Komplimente zu staunen, die manche Mediziner – selbst namhafte Autoritäten – den Laien machen: von Möbius, der sich ausdrücklich und nicht ohne Seitenhiebe auf die Wissenschaft den populären Nervositätsbegriff aneignet, bis hin zu Dubois, der beifällig von dem geheimen Lachen der Patienten über die ihnen verordneten Kuren erzählt. All dies erstaunt um so mehr, als, insgesamt gesehen, im späten 19. Jahrhundert der Prozeß der »medizinischen Entmündigung der Patienten« voranschreitet.[33] Die Medizin pocht erfolgreich auf die Autorität der modernen Wissenschaft; das Zutrauen der Laien zu den alten Hausmitteln geht zurück – das war, so scheint es, der generelle Trend; aber er brach sich an dem Eigensinn der Nervösen. Der Wiener Nervenarzt Hirschkron schrieb, die »meisten Nervösen« konsultierten »wohl Ärzte«, befolgten »aber nur die Ratschläge, die ihnen von Laien erteilt werden«. Oft höre man von Nervösen: »Endlich bin ich darauf gekommen, was mir gut tut, und das werde ich fortsetzen.«[34]

Die »meisten Neurastheniker« wüßten »sehr genau die Ursache ihres Leidens«, versichert ein Arzt in den »Reformblättern«. »Sehen Sie sich nur meine Zunge an«, sagte ein junger Hamburger zu Baumgarten,

»und dann werden Sie wissen, woher meine Neurasthenie kommt« – nämlich aus dem Magen, meinte er. »Ich möchte Ihnen sagen, welcher Rat mir derzeit am meisten genützt hätte«, belehrte ein anderer junger Hamburger seinen Konstanzer Arzt. »Sie hätten meine Mutter kommen lassen sollen, und mit ihr hätte ich ins warme Klima gehen müssen. Sie hätten dadurch nicht nur mich, sondern auch meine Mutter glücklich gemacht! So habe ich die letzten Jahre meiner Jugend verloren…« Wie man sieht, nahmen nicht wenige Ärzte den Neurasthenikern ihr therapeutisches Selbstbewußtsein sogar ab: manchmal mehr, als sie nach außen zugaben. Paul Cohns Nerven-Ratgeber von 1931 schloß sogar mit der Mahnung, der Nervöse solle »nicht immer zuerst zum Arzt« gehen; »er betrachte seine Nervosität als Erziehung, er verachte sie als Entschuldigungszettel«. »Jeder einsichtige Nervöse ist sich selbst der beste Arzt.«[35]

Das nervöse Selbstbewußtsein der Laien war jedoch keine solide Basis für eine Autonomie gegenüber der Medizin. Denn es gründete sich auf eine Selbsterfahrung, die ihrerseits von medizinischen Begriffen und Theorien durchtränkt war. Wenn viele Neurastheniker sich über ihr Leiden ihre eigenen Gedanken machten, so wurden sie dabei doch oft viel zu unruhig, um auf ihre Fähigkeit zur Selbstheilung zu vertrauen, und auch wenn sie mit den Ärzten unzufrieden waren, zeigten sie sich doch unersättlich in ihrem Bedarf nach immer neuen Ratschlägen und Therapiemethoden. So etwa ein 62jähriger deutsch-englischer Geschäftsmann, der seit 1871 in London lebte und von sich behauptete, »von allen Deutschen in London die allererste Rolle gespielt« zu haben. 1910 kam er nach Ahrweiler und bekam dort die Diagnose »Neurasthenie«. Seit 40 Jahren war er von der Angst verfolgt, sich mit der Syphilis infiziert zu haben. Zweimal hatte man bei ihm Tabes, eine Spätfolge der Syphilis, diagnostiziert; dann ging er zu Erb, »der die Diagnose auf Tabes umwarf und dem Pat. erklärte, daß es sich bei ihm um einen nervösen Erschöpfungszustand handle«. Aber auch dann gab er keine Ruhe; in Ahrweiler behauptete er, insgesamt »mehr als 500 Ärzte konsultiert« zu haben! Trotz häufiger Magenleiden – so die Akte – »ißt Patient wie ein Schwein (besabbelt sich, fährt mit seinen Fingern in den Mund, um Speisereste zu entfernen)«. Nach Ahrweiler war er auf Drängen seiner Frau gegangen, nachdem er im Geschäft »Energie und Willenskraft verloren« und hohe Verluste verursacht hatte. Die Frau war »der Meinung, daß der Pat. in dem Moment gesund« werde, »in dem sie die geschäftlichen Angelegenheiten geordnet hat, was ihr, wie sie sicher glaubt, innerhalb weniger Wochen gelingen wird«.[36] Die offenbar recht energische Frau, die in ihrem Mann einen krankhaften Mangel an Energie erkannte, legte dem Arzt die Diagnose »Neurasthenie« geradezu in den Mund!

Neurastheniker bedrängten die Ärzte und glaubten zugleich doch nicht, daß diese ihnen helfen konnten. So etwa ein junger Elektrotechniker, der 1901 nach »Bellevue« kam und bei dem sich in charakteristischer Weise berufliche und erotische Frustration miteinander zu einem Zustand ständiger Aufgeregt- und Verzagtheit verquickten. Nüchtern besehen, hatte er eigentlich keinen Grund, sich für ernsthaft krank zu halten; dennoch beschwor er Rudolf Binswanger »auf Ehre und Gewissen«, ihm »ohne jede Schonung« die Fragen zu beantworten; (1) ob er »geistig anormal« sei, (2) ob er je »ein zufriedener Mensch werden« könne, (3) ob er überhaupt noch an Heirat denken dürfe. Zugleich aber beharrte er darauf: »Helfen kann mir ja doch niemand als ich einzig und allein, in ein Sanatorium oder eine Anstalt gehe ich nicht und wäre dies auch zwecklos.«[37] Auf der einen Seite will er den Arzt über die allerpersönlichste Frage, ob er heiraten dürfe, entscheiden lassen und macht sich von dessen diagnostischer Kompetenz ein absurd übertriebenes Bild; auf der anderen Seite traut er ihm therapeutisch nichts zu!

Die »Nerven« verbanden sich meist mit beunruhigenden Vorstellungen, so als seien sie schon als solche ein Krankheitsherd. Manchmal grenzt es ans Groteske, wie mechanistische Vorstellungen von der Nervenkraft – als ob diese durch eine genaue Balance zwischen Produktion und Verbrauch gewahrt würde – die Selbsterfahrung von Patienten prägen. Man lese etwa die Leidensgeschichte eines Fabrikbesitzers, der 1892 zu Otto Binswanger nach Jena kam, nachdem er – »überarbeitet durch geschäftliche Unternehmungen und Erfindungen« – acht Jahre lang unter verschiedenen psychosomatischen Beschwerden gelitten hatte. »Am quälendsten waren für den Pat. die Gasansammlungen im Darme, die bei mangelnder Darmtätigkeit nicht nach unten entwichen, sondern sich nach oben durch den Mund entleerten und auf das Herz drückten.« »Zur ›Entlüftung‹ des Unterleibes trieb Pat. seit 1885 Schreber'sche Zimmergymnastik (Stabschwingen), wobei die Luft nur nach oben entweicht.« Aber nach sechs Jahren »Stabschwingen über den Kopf« stellten sich Arm- und Achselschmerzen ein. Der Unternehmer reagierte darauf mit einer genauen Ökonomie der Schreibarbeit. »Ich achte möglichst auf den Zeitpunkt, wo die Nerventätigkeit sich dem Verbrauche nähert, und unterbreche dann die Arbeit.« Er bildete sich also ein, den Pegelstand seiner Nervenkraft genau zu fühlen.[38]

Die Verunsicherung durch solche Vorstellungen beschränkte sich nicht auf die gebildeten Schichten, die Zeit und Geld für aufwendige Therapien und medizinische Lektüre besaßen, sondern reichte bis in die Arbeiterschicht, wobei sich die Nerven mit der Idee der »Zerrüttung« verbanden. Schon 1872 klagte ein Lokführer nach einem Schock, als während der Fahrt ein Treibrad der Maschine gebrochen war, »sein ganzes Nervensystem sei zerrüttet«. Ein zwanzigjähriger Tapezierer führte 1907 in der Frankfurter Nervenklinik sein Unwohlsein auf »Nervenzerrüttung« zurück. Als ihn der Arzt fragte, worin diese »Nervenzerrüttung« bestehe, antwortete er: »Ich erinnere mich schlecht der Daten, der Zahlen, und wenn ich versuche, zu denken und zu arbeiten, dann stellt sich das ein: der gebrochene Blick und die Folgen«, nämlich die Urinabgänge. Die »Nervenzerrüttung« offenbart sich im Bett wie am Arbeitsplatz: »Dann ist das Bewußtsein an der Arbeit soweit geschwunden, daß ich keine rechte Freude an der Arbeit hatte, daß ich für den Erfolg nicht garantieren konnte.« Der Tapezierer setzt also voraus, Arbeitsfreude sei normal und fehlende Arbeitsfreude ein Indiz für schlechte Nerven.

Selbst ein Berliner Ziegeleiarbeiter, der 1909 die Charité aufsuchte, nachdem er sein väterliches Erbteil von 1500 Mark durch ein »flottes Leben« verjubelt hatte, ließ sich durch das Gespenst der »Nervenzerrüttung« den Spaß an Sex und Saufgelagen verderben, statt auf die Idee zu kommen, sein »Zittern« könne die normale Folge eines dauernden hohen Alkoholkonsums sein:

»Jeden Abend habe ich geschlechtlich verkehrt, entweder mit meiner Braut oder mit den Mädchen aus der Weiberkneipe. Hierdurch verschlimmerte sich das Zittern der Hände, das jetzt auch in der Ruhe auftrat, ich wurde furchtbar leicht erregt ... kann immerzu pennen, Tag und Nacht, werde dabei aber jeden Augenblick wieder wach. Ich mache mir furchtbare Gedanken über meine Krankheit. Daß sie sich verschlimmern tut. (Arzt: ›Was für eine Krankheit?‹) Wenn ich Ihnen die Wahrheit sagen soll: ›Nervenzerrüttung‹. Ich bekomme so ein Fliegen, ein heftiges Zittern am Körper, ganz plötzlich.«[39]

Die Mediziner waren an dieser Fehlsuggestion nicht unschuldig. Ein Geheimer Medizinalrat schrieb 1910 im »Anti-Rüpel«, dem Organ des Antilärmvereins, dessen Leser für Nervensorgen sehr anfällig waren: »Das menschliche Nervensystem gleicht (soweit es unserem Organismus die Eindrücke der Außenwelt übermittelt) den Blättern der Zitterpappel. Wie diese durch den leisesten Lufthauch, so wird jenes schon durch die minimalsten, von außen kommenden Reize in Erregung versetzt. Reize, die so schwach sind, daß sie uns unter gewöhnlichen Verhältnissen kaum oder gar nicht bewußt werden. Und wie der Lufthauch zum Sturm werden und die Äste knicken, die Blätter mit sich reißen kann, so ist auch das Nervensystem der ganzen Staffel von den schwächsten bis zu den schwersten Erregungen unterworfen, wobei die Spuren eines solchen Nervensturmes auch nicht ausbleiben.«[40]

Immerhin, ein »Nervensturm« war so etwas wie ein Naturereignis. Als »elektrischen Sturm« erfuhr Margaret A. Cleaves ihren ersten schweren Neurasthenieschub; und im gleichen Zusammenhang bekannte sie: »Ich bin besonders elementar, und ich habe mich mein ganzes Leben am Kampf der Elemente ergötzt.« Die amerikanische Ärztin gab bei allem Leiden das Elementare und Lustvolle ihrer Nervenvibration zu erkennen: In ihrem Zittern spürte sie ihre Einheit mit den Vibrationen des Kosmos. Trüber war die nervöse Selbsterfahrung eines jungen Insassen der hessischen Irrenanstalt Eichberg, der von sich sagte, er sei »seit Jahren von schwerer Neurasthenie heimgesucht« und von »qualvollen Nervenstörungen« gepeinigt. Aber auch er besaß sein Neurastheniker-Selbstbewußtsein. Eigentlich wollte er den Arzt dazu bringen, ihn aus der geschlossenen Anstalt zu entlassen, in die er wegen Suizidgefahr eingewiesen worden war. Dennoch schildert er sich wie einen hoffnungslosen Fall, der nur leidet und nichts aushält. Er kennt die damals schon vorangeschrittene Psychisierung der Nervenlehre und empfindet sie als Bedrohung; denn er möchte nicht als psychisch krank, sondern als nervenkrank im körperlichen Sinne gelten. Dennoch hat seine Selbstdiagnose nichts Beruhigendes. Sie trägt den Titel »Subjektives von einem Nervenkranken« und beginnt:

»Wenn der Nervenkranke sein Leiden beschreibt, ist er sich klar darüber, daß diese subjektive Krankheitsbeschreibung niemals vom Nervenarzte als wirklich wertvoll für die ärztliche Beurteilung seiner Krankheit angesehen wird. Er sieht sich meist in die peinvolle Lage versetzt, als krankhafter Übertreiber angesehen zu werden. Die Gegensätze, die der objektive Befund einer körperlichen Untersuchung des Kranken und die subjektiven Leidensbeschreibungen des Kranken bieten, haben den modernen Psychiater zu der Auffassung veranlaßt, diese Leiden seien hauptsächlich psychischer Natur. Der objektive Befund ist ein geringer, der Kranke beschreibt sein Leiden jedoch als unmenschlich und qualvoll: Der Kontrast verführt leicht zu der genannten Auffassung. Und doch beruhen die Leiden der Nervenkranken auf schweren funktionellen Störungen, die sich dem Patienten in einer Weise bemerkbar machen, daß er sich in seinem ganzen Lebensvorgang auf das stärkste beeinträchtigt fühlt. Bei ihm funktioniert eben nichts richtig.«[41]

Ein vergleichbarer Fall ist ein 21jähriger Patient der Frankfurter Nervenklinik, der 1905 eine noch weit ausführlichere Abhandlung »Meine Krankheitserscheinungen und ein kurzer Überblick über mein Leben« verfaßte. Der Klinikchef diagnostizierte »schwere Neurasthenie«. In der Tat bietet er das Musterbeispiel eines Neurasthenikers: mit seinem gestörten Verhältnis zur Sexualität und seiner zwanghaften Neigung, sich trotz seiner schwächlichen Konstitution zeitweise zu überarbeiten und danach arbeitsunfähig zu sein. Ein Arzt erkannte bei ihm »Zwangsideen«, die »besonders darauf hinausgehen, die Arbeitskräfte des Patienten im Übermaße anzuspornen, dabei aber doch lähmend und aufregend wirken«. »Derartige… Vorstellungen reizen den Patienten besonders, wenn er das hastige Arbeitstempo vermindern, und am Stärksten, wenn er ausruhen will und sich etwas bequem fühlt. Es treten hierbei infolge der nervösen Erregung folgende körperliche Erscheinungen auf: krampfhafte Kontraktionen und Druck in den Genitalien, Herzbeklemmung, Atemnot, Spannungen im Kehlkopfgebiet, starkes Ziehen und Zittern in den Beinen…«

Ein besonders quälendes Hin und Her, das sein Leiden akut und therapiebedürftig werden ließ, hatten in ihm die »Zweifel« ausgelöst, ob er »nach Amerika gehen« wollte. »Der Zweifel brachte mich bald um; ich hatte zu nichts mehr Lust.« Er fühlte seine Nerven in einem ganz körperlichen Sinne zerstört: »Ich sag's Ihnen genau, ich bin verloren. Meine Nerven sind kaputt bis auf den Lebensnerv, und auch der ist im Absterben begriffen.« Einmal hatte er »das Gefühl, als ob sich die Nerven hier (zeigt auf die Stirn), teilen würden; die ganze linke Seite sei mit dem Denken fertig; es käme ihm so vor, als ob sich die Nerven verschoben hätten«.

Seine ausführliche Anamnese zeigt eindrucksvoll, wie man mit »Nervosität« eine Identität aufbauen und einen roten Faden durch die gesamte Lebensgeschichte ziehen kann. Dabei gewinnt die Nervosität – stets ängstlich beobachtet – ein wachsendes Eigenleben, das sich am Ende dramatisch und zerstörerisch zuspitzt:

»Die Nervosität äußerte sich bei mir schon im frühesten Kindesalter. Ich kann mich erinnern, daß ich als Kind häufig Ohnmachtsanfälle bekam und beim Pfeifen einer Lokomotive heftig zusammenfuhr. … Da ich meiner Schulpflicht mit dem größten Eifer oblag und dabei manchmal die Mahlzeiten darüber vergaß, so geriet ich in eine körperliche Entkräftigung, die mit großer Nervosität verknüpft war. … Die damaligen Erscheinungen waren folgende, der Reihe nach: Ich war dauernd aufgeregt, konnte mich über jede Kleinigkeit furchtbar erregen. Kam ich in eine Menschenansammlung herein, so wurde mir schwindlig. Unwillkürlich fuhr ich mit der Hand ans Herz, ich glaubte einen Herzschlag zu bekommen, dann stellte sich furchtbares Herzklopfen ein. … Die während des Anfalls krampfhaft zusammengezogenen Nerven zuckten dann im ganzen Körper. … Hand in Hand mit diesen Anfällen ging eine schwere Hypochondrie. Wenn ich z.B. in der Zeitung las, daß jemand einen Schlaganfall bekam, so wurde ich leichenblaß, fuhr mit der Hand ans Herz und stöhnte vor Angst. … Die Belästigungen, die ein solches

Leiden mit sich bringt, sind unbeschreibbar. … Jahre litt ich an dem Gedanken, ich würde meine Arbeit nicht genügend ausführen, was täglich die heftigsten Erregungen zur Folge hatte.«

Wie dann aus dem Hin und Her der Impulse, ob er nach Amerika gehen soll oder nicht, die Nervenkatastrophe entsteht, schildert er mit merkwürdiger Anschaulichkeit, wobei die Nervosität zum »Dämon« wird:

»Als willensschwacher Mensch geriet ich dann mit mir im Innern in die heftigsten Widersprüche. Dieser Umstand rief Exzesse hervor, die meine Nerven der Vernichtung preisgeben mußten. Es hatte sich ein Dämon in mein Leben eingeschlichen, der stärker als mein Wille war, und der meine Glückslaufbahn durchquerte. Da ich dieser teuflischen Gewalt nicht widerstehen konnte, so mußte ich auf die Bahn des Unglücks kommen. Wenn ich bedenke, wie raffiniert dieser dämonische Trieb auf die Ereignisse einzuwirken wußte, wie geschickt er die Gegenströmung einwirken ließ und mich an meinen wunden Punkten faßte, so stehe ich vor einem geheimnisvollen Akt. …

Seitdem konnte ich ganz genau wahrnehmen, wie die einzelnen Nervenstränge sich loslösten und teils ins Rückenmark und in den Magen flossen. Heute lebe ich nur noch mit dem Nerv, der das Bewußtsein bzw. den Verstand von der Seele zum Gehirn vermittelt. Da dieser Lebensnerv sehr gut bei mir entwickelt ist und eine enorme Ausdauer hat, so muß ich sehen, wie mein Körper bereits bis auf einen kleinen Teil abgestorben ist, was sich deutlich in dem Verwesungsgeruch bemerkbar macht. So muß ich denn als 21jähriger Mann, der – ohne einen Größenwahn zu haben – mit großen Talenten ausgerüstet war und sicherlich ein hohes Alter erreicht hätte, mit vollem Bewußtsein meine Auflösung abwarten.«

Zuerst zeigte er sich in Frankfurt als angenehmer Patient, rühmte die Behandlung als »musterhaft« und versicherte, man könne dem Ärztekollegium »nicht genug Hochachtung entgegenbringen«. Als er jedoch in den Verdacht kam, einem Insassen zur Flucht verholfen zu haben, schrie er den Direktor an und kam in die geschlossene Abteilung. Darauf verglich er seinen Fall mit der Affäre Dreyfus, »wo eine vor Neid und Haß strotzende, minderwertige und brutale Clique einen gesinnungstüchtigen und aufstrebenden jüdischen Offizier … unter dem Deckmantel des Patriotismus ins tiefste Elend stürzt«.[42]

Immer wieder sieht man, wie die Nerven in der Phantasie eine mobile Existenz und ein Eigenleben entwickelten. Ein 1885 geborener Arbeiter, der 1913 und 1920 in der Frankfurter Nervenklinik behandelt wurde und behauptete, seine »Nervosität« »bei Krupp« bekommen zu haben, hörte manchmal Stimmen und glaubte zu wissen, »daß die Stimmen Nervositäten seien«. Ein 1878 geborener Bäcker, der von 1911 bis 1914 viermal in der Klinik war, behauptete, »er sei verhext, die Nerven zöge man ihm heraus«; er und seine Frau erklärten sich wechselseitig für nervös.[43]

Zwischen der Furchtsamkeit der Nervösen und der Angstmacherei der populären Nervenliteratur konnte sich eine Eskalationsspirale aufbauen. Manche populären Nervenratgeber verbreiteten eine unglaubliche Ängstlichkeit, ob beim Lieben oder beim Lernen, beim Essen oder beim Baden. Ständig mußte der Nervöse befürchten, etwas falsch zu machen, und sei es auch nur, daß er sich zuviel Wärme oder zuviel Kälte, zuviel Flüssigkeit oder zuviel Gewürze zumutete. Ein neurasthenischer Pfarrer fiel in Kreuzlingen durch Überängstlichkeit beim Essen und Trinken auf: »wagt es nicht, etwas Obst oder eine Flasche Bier zu nehmen ohne ärztliche Erlaubnis«. Als ein indischer Maharadscha mit 30 Dienern und einem buddhistischen Arzt zu Kneipp nach Wörishofen kam, hatte Baumgarten Gelegenheit zu staunen, welche Mengen von Curry die Inder vertrugen.[44] Er schob das Wunder auf das indische Klima und Naturell.

Viele Ärzte haben – kein Zweifel! – an der Ängstlichkeit der Nervösen nicht schlecht verdient. Kraepelin verwandelte seine psychiatrische Klinik in Dorpat von einem Zuschußbetrieb in ein einträgliches Unternehmen, indem er nicht nur Geisteskranke, sondern auch zahlende Patienten »wegen irgendwelcher nervöser Beschwerden« aufnahm. Bodelschwingh gründete 1886 in Bethel aus finanziellen Gründen den »Eichhof« für bemittelte Nervenleidende; er titulierte ihn »vornehmes Schlingelheim«. Wie sich Freud später erinnerte, »verschwand in der Stadtpraxis des Privatarztes« in den 1880er Jahren, als er zu praktizieren begann, die geringe Anzahl der organisch Nervenkranken »gegen die Menge der Nervösen, die sich überdies dadurch vervielfältigten, daß sie unerlöst von einem Arzt zum anderen liefen«.[45] Aus alldem jedoch zu folgern, die Neurasthenie sei ein von den Medizinern zum eigenen Nutzen erfundenes Phantom gewesen, geht an der Wirklichkeit vorbei. Dazu kamen die Nervösen viel zu oft ungerufen, drängten sich den Ärzten auf und behielten dabei ihren eigenen Kopf. Ob es sich dabei um willkommene oder unangenehme Patienten handele, darüber gingen die Meinungen unter den Ärzten weit auseinander. Möbius legte Wert darauf, man dürfe bei den »Nervenkranken« nicht immer an »junge hysterische Weiber« denken: Die meisten hätten ein »ausgeprägtes Friedensbedürfnis und wenig Neigung, sich um den Nächsten zu kümmern«. Otto Binswanger schildert die Egozentrik der Neurastheniker nicht so freundlich:

»In Hotels sind die Neurastheniker der Schrecken der Wirte und der Kellner, in den Nervenheilanstalten stellen sie die höchsten Anforderungen an die Langmut und Festigkeit der Ärzte und des Wartpersonals. Sie sind mit allem unzufrieden, kritisieren jede ärztliche Maßregel und Leistung in wegwerfender und verletzender Weise, schimpfen auf die Organisation des Hauses, auf die Tätigkeit der Hilfskräfte usw. Sie untergraben auf diese Weise die Autorität des Arztes bei den anderen Kranken, stiften förmliche Verschwörungen gegen den Ruf des Arztes und der Anstalt an und führen schließlich unliebsame Katastrophen herbei, indem der Arzt gezwungen ist, diesen unbotmäßigen Gästen die Tür zu weisen. Es gibt chronische neurasthenische Patienten, die von einer Kaltwasser- oder Nervenheilanstalt zur anderen pilgern und überall Unruhe und Verwirrung stiften.«[46]

Dieser Idealtypus der neurasthenischen Nervensäge gehört offensichtlich jener Oberschicht an, die die Hotels und Bäder frequentiert und gewohnt ist, Bedienstete herumzukommandieren. Aber nicht nur mit diesen bekamen die Ärzte Ärger. Eine 1911 in der Nervenabteilung von Otto Binswangers psychiatrischer Klinik in Jena angefertigte Dissertation erwähnte besonders die Lehrer – und zwar namentlich die Volksschullehrer – als undankbare Patientenpopulation, die ewig alles besser wisse.

Von dem Eigensinn der Neurastheniker zeugen viele Krankenakten. Ein Berliner Arzt schrieb 1909, »mehr als jeder andere Patient« habe der Nervöse das Verlangen, »in das Wesen seiner Krankheit einzudringen«.

Ein neurasthenischer Textilfabrikant, zugleich Vorsitzender eines Vegetariervereins und Anhänger der Naturheilkunde, wollte in »Bellevue« »für jedes Procedere eine theoretische Erklärung haben«. Ein in mehrfacher Hinsicht typischer Neurastheniker und zugleich ein unbequemer, allerdings einträglicher Patient war ein Wiener Jurist, der sich in seiner Freizeit als Komponist betätigte und ab 1900 immer wieder in »Bellevue« erschien. Früher hatte er sich in Wien der Freudschen Analyse unterzogen; aber – wie es in seiner Kreuzlinger Akte heißt – dem »Wachrufen von Erinnerungen« folgte »völliger Zusammenbruch«. »Seit dieser Zeit nichts als Kuren, München, Karlsbad, Moorbäder, wieder München, Wiesbaden« – nichts hilft, Wasser und Schlamm schlagen ebensowenig an wie Suggestion und Psychoanalyse. Kein Wunder, daß die Früchte der Medizin den Medizinern bei einem solchen Patienten zu schaffen machten: »Pat. hat sich im Verkehr mit Ärzten und aus der Lektüre umfassende Kenntnisse der Neurasthenologie (sic!) angeeignet, die er gern vorträgt. Für jede Behauptung des behandelnden Arztes weiß er eine Autorität anzuführen, die diametral das Gegenteil gesagt hat.« Er wettert gegen die »unerhörte Unwissenheit« des ihn behandelnden Arztes. »Das einzig wirksame, eine Opiumkur, hat er unterlassen. Dafür gab er mir Treitschkes Politik zu lesen: ein unerträgliches Buch.« In der Tat kann man den therapeutischen Wert Treitschkes bezweifeln. Beim Abschied von Kreuzlingen macht der Jurist noch einmal seinem Ärger Luft: »Es wäre bei Gott viel gescheiter gewesen, wenn ich meinen Sommer in Paris oder London verbracht hätte, statt in Bellevue warme Bäder zu nehmen.«[47] Vielleicht hatte er ja recht – aber warum zog es ihn dennoch immer wieder nach Kreuzlingen?

Nicht umsonst hatten die Mediziner vor vielen Neurasthenikern Respekt. Klarer noch als in den Lehrbüchern erkennt man in den Akten, wie oft die Ärzte den Wünschen ihrer Patienten folgten. Wie der »Struwwelpeter«-Autor Heinrich Hoffmann, der Direktor der Frankfurter Irrenanstalt, in seinem »Badeort Salzloch« (1860) – einer Persiflage auf die Werbeschriften der Kurbäder – spöttisch empfahl: »Trinkt einer lieber, so lasse man ihn trinken; zieht er das Baden vor, so mag er baden; tut er lieber gar nichts, so lasse man ihn gar nichts tun. Indem man so dem Kranken seinen Willen läßt, kann man es doch immer so einrichten, als geschähe dies alles auf ärztliche Autorität hin, und beide Teile fahren gut dabei.« In der Tat, Otto Binswanger erklärte seinen Studenten unverblümt:

»Dem großen Heer der neurasthenischen Großstädter, welche alljährlich ihre Sommerferien zu Erholungsreisen benutzten und hinlänglich eigene Erfahrungen über die Einwirkung solcher klimatischen Kuren auf ihren nervösen Zustand sammeln konnten, ist ärztlich ziemlich leicht zu raten. Man befolgt einfach den Grundsatz, den Patienten dahin zu schicken, wo er schon früher Erholung und Kräftigung gefunden hat.«[48]

Auf diese Weise bescherte die Nervenschwäche auch Wunscherfüllung. Bei aller Zerfahrenheit der Selbstwahrnehmung war die Nervosität nicht nur ein elendes Gefühl; sonst hätten sich nicht so viele Menschen als nervös bezeichnet. Bei sich selbst vielerlei Beschwerden auf Nervosität zurückzuführen, bedeutete, daß man in einer Vielzahl von Lebensäußerungen ein gemeinsames Wesen empfand und ein – wenn auch negatives – Gefühl der eigenen Totalität erlangte, auf das sich Ansprüche gründen ließen. Und weiter: Je mehr die Nervosität als Zeichen der Zeit galt, desto mehr schuf die Empfindung der »Nervosität« einen Konnex zwischen der eigenen und der kollektiven Erfahrung.

Über das Herzklopfen, den Schwindel, die Potenzschwäche geriet man in den Strom der Zeit! Auf diese Weise erlangten viele alltägliche Beschwerden einen höheren Sinn. Noch wichtiger ist eine weitere Konsequenz: Dadurch, daß die »Nervosität« zu einem zusammenhängenden und therapiefähigen Gebilde wurde, keimte die Hoffnung, ein breites Spektrum von Glücksbeeinträchtigungen sei auf einen Schlag zu kurieren. Geht man davon aus, daß der Mensch bewußt oder unbewußt nach Wunscherfüllung strebt, dann hat man hier eine Erklärung für die Attraktivität des Nervositätsbegriffs.

Die Nervenkur als Utopie und als technisches Netz: Die Verbindung von Nervosität und Heilstättenbewegung

ALS CARL PELMAN (1838–1916), der Doyen der rheinischen Psychiatrie, im November 1900 vor dem Niederrheinischen Verein für öffentliche Gesundheitspflege zur Gründung subventionierter Volksnervenheilstätten aufrief, wies er darauf hin, daß im Deutschen Reich schon an die 500 private »Nervenanstalten« bestünden: Daran möge man die Größe des Bedürfnisses ermessen. Schon bedeckten sie »jeden schönen Punkt unseres Vaterlandes«, und sie seien »jahraus, jahrein von Kranken überfüllt«. Denn: »wer ist heute *nicht* neurasthenisch?«[49]

Mit der Masse der Nervenheilstätten bekam der Nervositätsdiskurs ein materielles und organisatorisches Substrat; er bewegte sich nicht mehr ganz in einem freien Raum, sondern legitimierte Gründungen und Geldanlagen – oder übte Kritik daran. Für wohlhabende Patienten mit viel freier Zeit brachte das wachsende Angebot schön gelegener Nervenheilanstalten die Chance, aus der Nervosität eine Lebensform zu machen, mit vielen Reisen, Kuraufenthalten und Experimenten am eigenen Körper und Geist, die unerschöpflichen Stoff für Gespräche mit Leidensgenossen boten. Kommunikative Netzwerke entstanden, wo die Nervösen von den Ärzten weiterempfohlen wurden oder einander weiterempfahlen und wo »Nervosität« als geballtes Massenphänomen sichtbar in Erscheinung trat.

Der Nervenheilstättenboom, so zeitgemäß er damals auf viele wirkte, ist im Licht der Neurasthenielehre fragwürdig und erklärungsbedürftig. Denn diese Lehre präsentierte kein einheitliches Krankheitsbild, das ein geeignetes Objekt für standardisierbare Methoden geboten hätte; vielmehr stimmten fast alle Autoren darin überein, daß die Neurasthenie ein breites Spektrum individueller Varianten umfaßte und einer entsprechend individuellen Beratung bedurfte, auf die sich noch am ehesten ein mit dem Patienten seit langem vertrauter Hausarzt verstand. Daher meinte selbst ein Anstaltsarzt, daß »eine Anstalt den Charakter einer eigentlichen Nerven-Heilstätte über eine gewisse Größe hinaus« verliere.

Hilty warnte, die »sogenannten Nervenheilanstalten«, wo die Neurastheniker ständig unter ihresgleichen seien und dazu oft »mit nervenaufregenden Methoden« behandelt würden, seien manchmal »eher schädlich als nützlich«. Ein 24jähriger russischer Student, der sich 1904 als Neurastheniker nach Ahrweiler begab, verlor dort vollends die Fassung, was der dortige Arzt in Anbetracht der Umstände sogar »natürlich« fand.[50]

Ein Ursprung der Nervenheilstätte war ohne Zweifel, mochte man davon auch nicht gerne reden, das private Irrenasyl für Patienten aus den wohlhabenden Schichten. Binswangers »Bellevue« und die Ehrenwallsche »Kuranstalt« waren beide aus solchen Anfängen hervorgegangen. Bei der Asylierung der Geisteskranken hatte sich der abseits der Städte gelegene Anstaltstypus herausgebildet. Das Prinzip der Isolation stammte ursprünglich von dem Umgang mit ansteckenden Seuchenkranken; im 19. Jahrhundert fand es bei Geisteskranken eine neue Begründung mit dem vermeintlichen therapeutischen Wert der Ruhe. »Man lebte in dem Wahn, durch ländliche Stille und Abgeschiedenheit die seelische Heilung zu befördern«, spottete Hoche; die Isolation habe jedoch nicht auf die Kranken, sondern nur auf die Irrenärzte gewirkt und bei diesen den Typ des Eigenbrötlers und Sonderlings gezüchtet.[51] In den Nervenheilstätten der Jahrhundertwende probierte man an den Neurasthenikern zum Teil Therapiemethoden aus, die zuvor bei den schweren Geistesstörungen versagt hatten.

Dem Nervenheilstättenboom war ein Bauboom bei den Irrenanstalten vorausgegangen. Ein nicht weniger bedeutsamer Zusammenhang bestand jedoch am Ende des 19. Jahrhunderts mit der Gründerwelle bei den Lungenheilstätten. Man hat für jene Zeit von einer regelrechten Heilstättenbewegung gesprochen. Ein Fürsprecher dieser Bewegung, der Sanitätsrat Peretti aus Grafenberg, erklärte 1904:

»Wir leben in dem Zeitalter der Heilstätten und es gibt kaum eine Art von nicht-akuten Krankheiten, für die man nicht Heilstätten vorgeschlagen hat. Unter befruchtendem Geldregen sprießen die Lungenheilstätten am üppigsten hervor, man fürchtete schon, sie würden zu sehr ins Kraut schießen, statt die erwarteten Früchte zu tragen, man denkt schon daran, die Stätten, da heilbare Tuberkulöse sie nicht füllen würden, zum Teil auch für unheilbare nutzbar zu machen, ja es verlautete gelegentlich, die nichtbemittelten Nervenkranken würden das Erbe der Lungenheilstätten antreten.«[52]

Peretti gibt zu erkennen, daß die Heilstättenbewegung bei den Lungenkranken eine vom Bedarf losgelöste Eigendynamik gewonnen hatte. Der Lungensanatorienboom wirkt am Ende des 19. Jahrhunderts mindestens so seltsam wie die Konjunktur der Nervenheilstätten; denn wenn man an den bakteriologischen Ursprung der Tuberkulose glaubte, dann hatte die Heilmethode mit Licht und Luft eigentlich nicht viel Sinn. Die damalige Gründerwelle bei den Irren-, Nerven- und Lungenheilstätten erklärt sich nicht primär aus der Medizin, sondern aus dem Bedürfnis der Gesellschaft, daß auf diesen Bereichen etwas öffentlich Sichtbares und Ansehnliches geschah, zumal es in diesem Punkt von rechts bis links einen breiten politischen Konsens gab.

Mehrere Fürsprecher der Nervenheilstätten behandelten die Lungensanatorien als Rivalen. Der Vorsitzende der Sozialdemokratischen Partei August Bebel allerdings plädierte 1899 für die Lungen- und gegen die Nervenheilstätten. Dabei hatte er in seinem vielgelesenen Buch »Die Frau und der Sozialismus« die Nervosität als »Geißel unseres Zeitalters« bezeichnet, aber doch als ein Übel von solcher Art, daß es nicht durch die Medizin, sondern erst durch den Sozialismus zu kurieren war. Für Bebel waren die »Volksnervenheilstätten« damals nicht wirklich Sache des Volkes. Anders dagegen die Lungensanatorien. In einer Reichstagsrede gegen die Flottenvorlage von 1899 konterte er den Flottentaumel mit einem gigantischen Tbc-Heilstättenprojekt: »Nehmen Sie 600000 arme tuberkulose Kranke, bauen Sie 2000 Anstalten für dieselben …, und Sie tun für die Kultur und für das Glück der Menschen unendlich viel mehr, als mit allen Ihren Flottenvorlagen.« Mit dem Frontalangriff auf die Flotte verband er einen Seitenhieb auf die »Seelenärzte« – gerade hatte die Gründung von Haus Schönow die Nervenheilstätten zu einer Art Politikum gemacht –: »Sie haben für die Seelenärzte Geld in Hülle und Fülle, für die Leibesärzte haben Sie keins.« Das war arg übertrieben und zeigt, wie sehr Bebel den Nervenheilstättenboom als Oberschichtenmode empfand.[53]

Als Kaiserin Auguste Viktoria im Herbst 1900 in einer »schlimmen Nervenverfassung« war, fürchtete Wilhelm II., »die arme Kaiserin in einer Kaltwasseranstalt endigen zu sehen«. Die Kaltwasseranstalt war also für Wilhelm II. die übliche Antwort auf eine Nervenkrise. Vieles, was damals als »Nervenheilstätte« firmierte, war aus einer Wasserheilanstalt hervorgegangen. Aus der Sicht Albert Molls bedeutete »Nerven-« und »Kaltwasserheilanstalt« fast das gleiche, nur daß die Wasserheilanstalt vielleicht noch ein Bassin hätte. Er betrachtete die Assoziation von Nerven und Wasser eher mit Skepsis: Er kenne Damen, die dort erst richtig hypochondrisch oder gar morphiumsüchtig geworden seien.[54]

»Kein Krankheitsbild tritt dem Leiter einer Wasserheilanstalt häufiger und vielgestaltiger entgegen als dasjenige der Neurasthenie«, versicherte 1891 der Leiter der Wiesbadener Thermalbadeanstalt Nerothal, die sich in der Folge als Nervensanatorium deklarierte. Nicht zufällig war F.C. Müller, der Herausgeber des »Handbuchs der Neurasthenie« (1893), der leitende Arzt einer Wasserheilanstalt. Gerade noch hatte er ein Lehrbuch der Hydrotherapie verfaßt, wo er darlegte, wie die Wasserheiler von theoretischen wie von praktischen Erwägungen auf die Neurastheniker gestoßen würden: zum einen brauchten sie als neue Indikation solche Leiden, bei denen der Gedanke an eine Wasserheilung nicht im Lichte der modernen Wissenschaft zur Lächerlichkeit wurde, zum anderen strömten die Neurastheniker ohnehin in die Wasserheilanstalten.[55]

Shorter meint, die Gründerwelle bei den Nervenheilstätten erkläre sich nicht aus einer wachsenden Nachfrage, sondern aus Strategien der Anbieter, insbesondere der Wasserheilanstalten. Diese hätten damals zunächst in der Krise gesteckt, da das alte Vertrauen in die Heilkraft des Wassers nachgelassen habe; auf der Suche nach neuen Krankheitsindikationen und einem neuen Design hätten sie die Nerven entdeckt. Die Schilderung Müllers paßt nicht schlecht zu dieser These. Tatsächlich verwandelten sich viele vormalige Wasserheilanstalten im späten 19. Jahrhundert teils in Natur-, teils in Nervenheilstätten. Zwischen »Natur« und »Nerven« bestand eine intime Beziehung! Von einer großen Krise der Hydrotherapie ist im späten 19. Jahrhundert jedoch nicht viel zu bemerken; und eine Erfindung der Hydrotherapeuten war die Neurasthenie gewiß nicht. Denn wenn man diese Überreizungs-Nervenschwäche als Krankheit ernst nahm, dann war die »alte Wasserplantscherei« von zweifelhaftem Wert. Ein Arzt im böhmischen Teplitz klagte 1886, »sehr oft« werde in den Kaltwasserheilanstalten an den Neurasthenikern »arg gesündigt«, indem gegen diese empfindlichen Kranken »das ganze schwere Geschütz« der Kaltwassermethoden aufgefahren werde.[56]

Zu Hochburgen der »Nervösen« entwickelten sich viele Kurbadeorte, die ihren Heilbetrieb zwar am liebsten auf alte Zeiten zurückführten, aber in der Ära der Eisenbahn und der Grandhotels zu nie dagewesenen Dimensionen wuchsen und neue Patienten und Krankheiten suchten. Die ernsthaften Luft- und Wasserapostel mit ihrer meist asketischen Lebensweisheit erblickten allerdings gerade in den berühmtesten Kurorten eine unlautere Konkurrenz, da diese nicht ganz zu Unrecht in dem Ruf standen, ihre Attraktivität nur scheinbar der Heilkraft ihrer Quellen, in Wahrheit aber ihren Spielkasinos und Varietés zu verdanken. Während in den Nervenlehren »Venus und Bacchus« sowie Aufregung und Risiko gewöhnlich als pathogene Faktoren vorkamen, war die geheime Philosophie der großen Kurorte genau entgegengesetzt und baute auf den Reiz des Prickelns.

Wenn man das Geheimnis der Geschichte im materiellen Interesse sucht, könnte man den Verdacht schöpfen, daß der Neurasthenieboom irgendwo ein Werk der vielen Kurbäder sei; denn es fällt auf, daß im Deutschland der Jahrhundertwende sowohl die Neurasthenie als auch die Bäder phänomenal expandierten und voneinander profitierten. Aber wie so oft in der Nervengeschichte, geraten simple Kausalitäten bei genauem Hinsehen in Zweifel. Selbst der leitende Kurarzt des im Taunus gelegenen Schlangenbads, das sich mit seiner relativen Waldesruhe »eines besonderen Rufes als beruhigendes Nervenbad« erfreute und sich dabei sogar auf Romberg (1795–1873), einen Begründer der modernen Neurologie, berufen konnte, machte sich in seinen jährlichen »balneologischen Berichten« die neue Indikation »Neurasthenie« nur vorübergehend zu eigen. Nach anfänglichem Zögern erhebt der Kurarzt 1893/94 Schlangenbad zur idealen Zuflucht für Neurastheniker. Aber schon 1897 bemerkt er, die »Indikationen für den Gebrauch Schlangenbads« hätten sich insofern geändert, »als jetzt weniger die schweren Fälle von Neurosen vertreten sind wie früher, weil die Nervenheilstätten und Spezialkliniken jetzt von solchen Kranken bevölkert sind«. Um die Jahrhundertwende gehen die Nervenheilstätten teilweise in räumliche Distanz zu den etablierten Kurbädern und machen sogar dem »Nervenbad« im Taunus Konkurrenz![57] Sobald man die Neurasthenie als neuartige Krankheit wirklich ernst nahm, wurde der therapeutische Wert vieler Kurbäder und auch sonstiger Wasserheilanstalten dubios. Die Wasserkur entstammte ja eigentlich dem alten, aus dem 18. Jahrhundert stammenden Konzept jener Nervenschwäche, die in der Schlaffheit und nicht in der Reizbarkeit bestand, und viele Wasseranwendungen folgten noch der alten Idee der Reizung der erschlafften Nervenfaser. Krafft-Ebing berichtet, er habe mit Wasserheilanstalten, die nicht auf das besondere Wesen des Neurasthenikers eingingen, »unzählige üble Erfahrungen« gemacht. Am schlimmsten seien die zu warmen Thermalbäder, in welchen »Neurasthenie, und zwar recht schwere Formen derselben, geradezu gezüchtet« würden. Schon Bismarck glaubte, sein Staatsminister Bernhard von Bülow, der Vater des späteren Reichskanzlers, sei an der Kur in Badgastein gestorben (1879), da diese für »überarbeitete Nerven« nicht geeignet sei. Das Gasteiner Wasser war besonders heiß und radioaktiv. Friedrich von Holstein, die spätere »graue Eminenz« des Auswärtigen Amtes, fand 1869 in Homburg, das »Wasser« mache ihn »sehr nervös«. Nicht wenige Neurasthenikergeschichten passen in die lange Reihe balneologischer Moritaten, die seit Jahrhunderten die Nachtseite der Bädergeschichte bilden.[58]

Um 1895 vereinten sich die Initiativen zur Gründung subventionierter Nervenheilstätten »in überraschender Schnelligkeit« zu einer regelrechten Bewegung; die Schlüsselfigur dabei war Möbius, dem es gelang, »durch seinen eindringlichen Ruf eine stattliche Zahl klangvoller Stimmen zu wecken und zu einem nicht mehr zu überhörenden Chor zu sammeln«. Um das öffentliche Interesse zu unterstreichen, nahm er brave Staatsdiener mit exogener Nervenschwäche als Exempel: »Es hat vielleicht ein Lehrer oder Beamter sich aufgerieben im Dienste des Gemeinwohls. Hat er Glück, so wird er geisteskrank (sic!), denn dann ist für ihn gesorgt, dann kommt er in eine schöne Anstalt, die mit dem Aufwand von Millionen gebaut ist. Gehört er aber zu den Nervenkranken, die geistig krank, aber nicht geisteskrank sind, so kann er sehen, wo er bleibt.« Mit den bei Heilstätten gegebenen technischen Möglichkeiten zu argumentieren lag Möbius fern: Von seiner psychischen Sichtweise her war ihm die technisierte Nerventherapie ein Greuel. Mit all den Prozeduren, mit denen man in den bisherigen Kuranstalten die Zeit totschlage – mit dem Baden und Einwickeln, dem Elektrisieren und Massieren –, gebe man dem Nervösen erst so richtig das Gefühl, »daß er recht sehr krank und leistungsunfähig« sei. Was ihm vorschwebte, war eine Verbindung von meditativer Ruhe und beschaulicher körperlicher Arbeit in ländlichen Siedlungskolonien. In einem Vorschlag für die in der Schweiz geplante »Kolonie Friedau« (1903) entwarf er eine idyllisierte Feudalwelt, wobei sich die Anstalt zur sozialen Utopie weitet:

»Als Vorbild ist ein großes Landgut gedacht, das eine kleine Welt für sich ist und für den größeren Teil seiner Bedürfnisse selbst sorgt. Wie dort das Herrschaftshaus den Mittelpunkt bildet, so tut es hier die Heilstätte … Wie dort das Dorf sich an das Herrschaftshaus anschließt, so sollen hier kleine Landhäuser die Heilstätte umgeben, als Wohnort der gebesserten Kranken, der nicht eigentlich kranken Kurgäste und der in die Kolonie eingetretenen Gesunden.«

Die Kolonie solle, so Möbius, »gewissermaßen ein verklärtes Landleben« bieten. Von sichtlicher Abscheu gegen den gängigen Kurbetrieb erfüllt, entwirft Möbius ein klösterliches Ideal: eine reine Männergesellschaft, eine Gemeinschaft ruhiger Individualisten, ohne Sex und Alkohol, mit der Arbeit als hauptsächlicher Abwechslung. Angeekelt zieht er über jene Anstalten her, in denen »vor jedem Gaste mittags und abends die Weinflasche« steht. Damit bekam er prompt den Beifall Forels, der ihm versicherte, er »bekämpfe beständig die sogenannten Nervenanstalten, die nichts sind als Trinkerhotels mit hohen Preisen«. Ganz offen bekannte Möbius, dessen Familie sich auf Martin Luther zurückführte, daß ihn der »Kloster-Gedanke« »überhaupt zu dem Plane der Nervenheilstätte geführt« habe. »Wirklich, wenn man sich so die Idee eines Klosters klar macht, so erkennt man, daß dieses eine ideale Nervenheilanstalt ist.«

Die Armut befreie von allen Besitzsorgen, der Gehorsam nehme »alle Verantwortlichkeit weg«, und »in gleichem Sinne wohltätig« wirke die »Keuschheit«; »denn da alle Reize ausgeschaltet werden, erlischt das Verlangen«. Ohne sexuelle Enthaltsamkeit werde es »nie und nimmer gelingen«, Nervenkranken »wirklich Ruhe zu verschaffen«. In diesem Punkt ist Möbius ein Anti-Freud, auch wenn er von dessen Auffassung, daß die Neurose in der Libido wurzele, nicht weit entfernt ist. Das Leitbild des Klosters kehrt in den Ideen zur Heilung der Nervösen mehrmals wieder.[59]

Wenn man annimmt, daß der Glaube, Ehe und Familie seien ein Kraftquell des Lebens, ein Kernstück bürgerlicher Ideologie sei, dann kann man darüber staunen, wie stark in manchen Plädoyers für die Anstaltsbehandlung eine familienfeindliche Tendenz durchbricht. Die Frau funktioniert nicht mehr als ruhender Pol im Getriebe der Welt. Dem Bruder eines in Ahrweiler befindlichen Patienten, eines 25jährigen Kaufmanns aus dem Ruhrrevier, erklärt Ehrenwalls leitender Arzt mit unhöflicher Direktheit: »Am liebsten wäre er (der Patient) frei und ledig; die Ehe drückt ihn, er möchte sich ihrer Fesseln entziehen. … Es ist daher unbedingt notwendig, Ihren Herrn Bruder soweit als irgend möglich mit Korrespondenzen zu verschonen, ihm aber vor allem nicht mit Familientratsch (sic!) etc. zu kommen. Wie weit Ihren Herrn Bruder die verschiedenen Familiendifferenzen zurückgebracht haben, davon können Sie sich kaum eine Vorstellung machen.«[60]

Die Gründung von Haus Schönow in Zehlendorf bei Berlin 1899 galt als das bahnbrechende Ereignis in der Nervenheilstättenbewegung. Den ideellen Anstoß gab Möbius' Heilstättenschrift von 1896; 1897 stiftete der Berliner Bankier Berl einen Kapitalgrundstock von 100000 Reichsmark; 1898 bildete sich ein »Verein Heilstätte für Nervenkranke Haus Schönow«, und schon Ende 1899 konnte die Heilstätte eingeweiht werden – das war selbst für damalige Berliner Verhältnisse ein bemerkenswertes Tempo.[61]

Durch die Werbung für Subventionen wurden die Nervenheilstätten zu einem öffentlichen Thema, und erste Gegenstimmen meldeten sich zu Wort, die den Sinn dieser Philanthropie in Zweifel zogen. Über der Gründung von Haus Schönow kam es 1898 in der »Zukunft« zu einer in der Tat zukunftsträchtigen Kontroverse, die erstmals zeigte, wie das Anwachsen der Nervositätskultur fundamentale Gegenreaktionen hervorrief. Der Berliner Neurologe Albert Eulenburg, eines der Häupter der Medizinerzunft im Kampf mit den Krankenkassen, artikulierte ein Unbehagen gegenüber den Nervenheilstätten, obwohl er zu deren ersten Befürwortern gehört hatte. Jetzt zeigte er sich besorgt, man könne des

Guten zuviel tun. Und es fielen auf einmal Worte, wie sie bis dahin im Nervendiskurs ungewohnt waren:

»Statt der übergroßen Sympathie, die wir der lästigen Überzahl der lebenden, aber zum Leben nutzlosen ›Minderwertigen‹ und ›nervösen Schwächlinge‹ entgegenbringen, statt des zu weit getriebenen überängstlichen Bemühens, sie alle auf Staats- oder Gesellschaftskosten heilen oder doch in Anstalten nach ihrer Art möglichst glücklich machen zu wollen, wenden wir lieber der Zukunft den Blick zu und suchen wir durch kräftige, wenn auch vielfach unwillkommene und unpopuläre Mittel und Maßregeln dem Überwuchern dieser unsere Volkskraft auf die Dauer mit schwerem Siechtum bedrohenden Zustände … vorausschauend zu begegnen.«

Es berührt merkwürdig, wie Eulenburg, der noch 1905 in der »Gartenlaube« beim Thema »Nervosität« den betulichen Ton anschlägt und sich darum sorgt, daß »schlaffen Neurasthenikern« »die Atmosphäre gewisser Riviera-Orte« nicht zuträglich sei – wie ebendieser Eulenburg in der »Zukunft«, die später in dem Fürsten Philipp Eulenburg das Weiche des Wilhelminismus bekämpfte, den harten Sozialdarwinisten und Eugeniker markiert. Es mag sein, daß er sich dieser Zeitschrift, deren Nimbus im Wachsen war, interessant machen wollte; kurz darauf publizierte er in ihren Spalten über Sade und Sacher-Masoch.[62] Die »Zukunft« gab Möbius jedoch noch im gleichen Jahrgang Gelegenheit zu einer streitbaren Entgegnung.

Als Haus Schönow am 3. Dezember 1899 feierlich eingeweiht wurde, sprach der brandenburgische Oberpräsident Bethmann Hollweg, der spätere Reichskanzler. Er konnte berichten, daß der Kaiser persönlich an der Gründung Anteil genommen hatte. Bei Anbruch des neuen Jahrhunderts war die Nervenheilstättenbewegung also hochseriös geworden. Die Anstalt konnte anfangs 80 Patienten unterbringen; die durchschnittliche Verweildauer betrug etwa zwei Monate. Unter den Kranken standen die Neurastheniker an erster Stelle. 1903 bildeten sie mit 210 Personen die weitaus größte Gruppe. »Freibetten« gab es nur wenige; die Tarife orientierten sich an den voraussehbaren Selbstkosten. 1901 waren 60 Prozent der Patienten Selbstzahler, für 30 Prozent zahlten die Krankenkassen. Aber war auch der Mittelstand in der Überzahl, so wurden doch auch neurasthenische Arbeiter hier erstmals als überschaubare, der Medizinalstatistik leicht zugängliche Gruppe faßbar; das brachte in den Nervendiskurs ein neues Element.[63]

Die nächste reichsweit beachtete Gründung war die Heilstätte Rasemühle bei Göttingen, die am 29. September 1903 eingeweiht wurde und für 75 Patienten eingerichtet war. Auch hier ging die Entwicklung von der ersten Initiative bis zur Eröffnung der Anstalt rasch und zügig; man merkt, wie die Gründung von einer bereitwilligen Gesamtstimmung getragen war. Die treibende Kraft war der Göttinger Psychiater August Cramer: ein Mann, der – wie ein Biograph schreibt – »über eine außerordentliche Überzeugungskraft verfügte, die alle in Betracht kommenden Gewalten restlos der Durchführung seiner Pläne dienstbar zu machen wußte«. Er köderte die Provinzialregierung in Hannover mit der Aussicht, der Provinz würden aus den reichlich sprudelnden Quellen der Rasemühle, die durch die Anstalten längst nicht ausgeschöpft würden, so gute Einnahmen erwachsen, daß das Nervensanatorium mit seiner Wasserbasis eine finanziell lukrative Angelegenheit werden würde. In einer zündenden Rede vor dem Hannoverschen Provinziallandtag begründete er die Heilstätte vor allem als Präventivmaßnahme zur Verhütung unheilbarer Geisteskrankheiten, die der Öffentlichkeit eine weit größere Belastung aufbürdeten.[64]

Die größte nicht auf Profitbasis betriebene Nervenheilstätte des Kaiserreichs wurde die Anstalt Roderbirken in der Nähe von Solingen, am Rande der bergischen Textil- und Kleineisenregion; die repräsentativ gebaute Anlage, die 1906 eingeweiht wurde, bot Platz für 145 Patienten. Die erste Initiative lag bei dem Bergischen Verein für Gemeinwohl; in der Folge war es dann die mit dem Verein eng verbundene Landesversicherungsanstalt (LVA) Rheinland, die das Gesetz des Handelns bestimmte. Auf ganz ähnliche Weise war die nahe gelegene Lungenheilstätte Ronsdorf zustande gekommen: Man erkennt den Zusammenhang der verschiedenen Heilstätteninitiativen und auch den breiteren Hintergrund der Hygienebewegung, die gerade im Rheinland eine starke Aktivität entfaltete, dazu die Verstärkung der Schubkraft durch das staatliche Versicherungswesen. Bemerkenswert ist Roderbirken im übrigen durch den besonders hohen Unterschichtenanteil an der Belegschaft und noch dazu dadurch, daß die Anstalt entgegen der ursprünglich mit Volksnervenheilstätten verbundenen Absicht zunächst nur für Frauen bestimmt wurde. Das Leitmotiv war nicht so sehr die Verhütung von Geisteskrankheiten, sondern vor allem die kostengünstigere und effektivere Behandlung von Rekonvaleszentinnen, bei denen in der Mehrzahl der Fälle »Nervosität« und »Nervenschwäche« erkannt wurde. Über die Dringlichkeit des Bedarfs entstand rasch ein breiter Konsens. 1903 konstituierte sich eine Förderergesellschaft »Rheinische Volksheilstätte für Nervenkranke«, an der sich die Creme des rheinischen Wirtschaftsbürgertums unter Einschluß von Krupp und Stinnes beteiligte. Selbst von Zeiss in Jena kam eine Spende von 1000 Mark. In der Rheinprovinz hatten die Nerven- und Irrenärzte einen gemeinsamen Verein, auch dieser setzte sich für die Volksnervenheilstätte ein. Eine Reihe von Irrenärzten sah sich von dieser Verbandspolitik allerdings überfahren; denn ihr Dasein drohte noch trübseliger zu werden, wenn sie die leichteren Fälle, die Heilungschancen boten, an die Nervenheilstätte verloren. Aber solche Stimmen fanden in der Öffentlichkeit keine Resonanz. Der Glaube an den Nutzen von Nervenheilstätten herrschte damals fast uneingeschränkt, und er reichte bis in die obersten Etagen der Behörden.

Als die Pläne in ihr konkretes Stadium traten, gab die LVA den Ausschlag, die in der Gründerzeit von Roderbirken für 80 Prozent der Pflegekosten aufkam. Während die Förderergesellschaft »zunächst nur eine kleine Anstalt in käuflich zu erwerbenden Villen oder einem Landgute, gewissermaßen als Versuchsstation« geplant hatte, wurde auf Betreiben der LVA »eine bei weitem größere Anlage ins Auge gefaßt«, die Modellcharakter bekommen und in einer »allen Anforderungen der Wissenschaft« entsprechenden Weise eingerichtet werden sollte. Daß gerade die Versicherung, die den Löwenanteil der Kosten trug, darauf drängte, ins Große zu gehen, wirkt zunächst überraschend. Aber damals wurde ihr von mehreren Seiten eingeredet, sie werde mit der Nervenheilstätte ein gutes Geschäft machen, denn wer sich dort erhole, bleibe länger arbeitsfähig, und die LVA werde das Doppelte und Dreifache der Aufwendungen für Roderbirken bei den Rentenzahlungen einsparen. Die Unterlagen über die Vorgeschichte der Volksnervenheilstätte vermitteln jedoch nicht wirklich den Eindruck eines ernsthaften und gründlichen Kosten-Nutzen-Kalküls. Nüchtern besehen, hatten die Landesversicherungsanstalten – wie der Leiter der Anstalt Naunhof bei Leipzig feststellte – kein sehr starkes Interesse an Nervenheilstätten, »da die ihnen nach der jetzigen Gesetzeslage zufallenden Heilverfahren Nervenkranker, was die Wiedererlangung deren Erwerbsfähigkeit anlangte, meistens als recht zweifelhaft zu beurteilen sein dürften«. Aber im rheinisch-bergischen Raum *wollte* man eben an den Nutzen von Nervenheilstätten glauben, deshalb prüfte man die dafür sprechenden Argumente nicht sehr kritisch.

Der Absicht nach war die Behandlung der »mehr oder weniger akuten oder erworbenen Neurasthenie« die Hauptaufgabe der Volksnervenheilstätte. Allein im ersten Jahr nahm Roderbirken 479 Patientinnen mit »funktionellen« Erkrankungen, davon 286 mit »verschiedenen Formen der Nervenschwäche« auf. Noch 20 Jahre danach war »Nervenschwäche« die häufigste Diagnose; in den 30er Jahren ging sie zurück, und dafür nahmen die Magenbeschwerden zu.

Bei Möbius trug der Nervenheilstättengedanke ein ganz und gar maskulines Gepräge. Um die Jahrhundertwende dagegen wurde kontrovers darüber diskutiert, ob nervöse Frauen nicht mindestens ebensosehr der öffentlichen Fürsorge bedürften. Dabei wurde nicht nur das alte Argument der natürlichen, sondern auch das neue der wirtschaftlichen Schwäche der Frauen dafür angeführt, daß diese »im Kampfe ums Dasein mehr verwundbar« seien. Die Eigendynamik der Nervenheilstättenbewegung zeigt sich in der Überwindung ihrer frauenfeindlichen Anfänge. Aus der Sicht der LVA Rheinland bestand der zahlenmäßig stärkste Bedarf bei weiblichen Patienten; daher wurde Roderbirken zunächst nur für Frauen bestimmt; erst 1912 wurde daneben eine eigene Heilstätte für Männer eingerichtet. Unter den Patientinnen von Roderbirken standen die Fabrikarbeiterinnen weitaus an der Spitze – hier zeigte sich der Einfluß der bergischen Textilindustrie –, danach kamen die Dienstmädchen, die Näherinnen und die Verkäuferinnen. Bei dem allergrößten Teil der Insassen handelte es sich um ledige und berufstätige Frauen bis zu 40 Jahren.[65]

Ernst Beyer, der erste Chefarzt von Roderbirken, war von Hause aus eher ein Anhänger der kleinen Privatanstalten und verhehlte nicht seine Skepsis gegenüber dem ihm unterstellten Großkomplex, der eher auf eine »Massenbehandlung« im Stil der Lungenheilstätten zugeschnitten sei. Schon die vielen Geräusche des Großbetriebs würden den Nervösen zur Pein. »Welcher Kollege hat sich nicht schon die Frage gestellt, ob der Kranke auf dem Gipfel des Montblanc oder auf einer einsamen Insel sich wohler zu fühlen glaube?«

Auf der Wiesbadener Tagung des Deutschen Vereins für öffentliche Gesundheitspflege von 1908 fand ein Berliner Arzt die bisherigen Nervenheilanstalten »viel zu teuer gebaut und viel zu kostspielig zu unterhalten«. Er berichtete von Erfahrungen mit billigen »Luftboxen«, die sich solcher Beliebtheit erfreuten, daß die Kranken »nicht herauszubekommen« seien. Die großen repräsentativen Bauten hatten in Wahrheit eben mit Nerventherapie nicht viel zu tun! Der Leiter der Heilanstalt »Tannenhof« bei Remscheid stellte 1908 fest, die Heilstätte Roderbirken habe »die auf sie gesetzten Hoffnungen leider, leider gar nicht gerechtfertigt«. Roderbirken blieb tief im Defizit: 1913 wurden von den Gesamtkosten, die 563 300 Mark betrugen, 381 246 Mark durch einen LVA-Zuschuß bestritten. Schon 1907 war zu beobachten, daß die Nervenheilstättenbewegung »nach einem anfänglich raschen Anlauf« ins Stocken kam. Für die Volksnervenheilstätte kam der große Durchbruch nie; und als 1914 der Erste Weltkrieg ausbrach, war die Zeit der Nervensanatorien ohnehin vorbei. In Roderbirken wurden 1914 schon »in den ersten drei Tagen des August alle männlichen Kranken entlassen«, und Mitte August stand auch die Frauenabteilung leer.[106]

Obwohl die Volksnervenheilstätten als öffentliches Anliegen die meiste Aufmerksamkeit auf sich zogen, blieben sie vereinzelte Ausnahmen neben der Masse der profitorientierten Privatsanatorien. Bei deren Konjunktur war, den quietistischen Nervenheillehren zum Trotz, die Faszination der modernen Technik eine treibende Kraft. In den Werbeschriften dieser Heilstätten spielen die Segnungen der Wassertechnik und der Elektrifizierung eine prominente Rolle. Ähnliches gilt für die Irrenanstalten; untergründig bestand eben doch ein Zusammenhang zwischen den Dauerbädern, mit denen die Irrenhäuser ihre Insassen ruhigstellten, und dem Badekomfort der Nervensanatorien, der die Nervösen entspannen sollte. Beides ließ sich um 1900 zu einer Perfektion treiben, die ohne die neue Technik nicht möglich gewesen wäre. Die Technisierung der Anstalten vollzog sich damals vor einem breiten Hintergrund. Im späten 19. Jahrhundert begann in den Städten die große Zeit der Kanalisation, der Elektrifizierung und überhaupt der technisierten Hygiene; Heilstätten, die als fortschrittlich gelten wollten, sahen zu, in diesem Trend möglichst weit vorne zu sein. Ein Bericht Ehrenwalls von 1898 über die Entwicklung seiner Anstalt rechtfertigte den Drang zur Größe: »Die allgemeine Entwicklung des wirtschaftlichen Lebens, angeregt und unterstützt durch eine nimmer rastende Technik, neigt überall dahin, den Klein- und Handbetrieb durch den vorteilhafteren Großbetrieb mit Maschinen zu ersetzen.« Stolz berichtet Ehrenwall, wie seine Anstalt dem Städtchen Ahrweiler bei der Kanalisation und Elektrifizierung voranging. Der oppositionelle »Volksmund« allerdings brachte 1912 einen mit dem Pseudonym »Medicus adeptus« gezeichneten Artikel »Automobilismus, Psychiatrie und der Rechtsschutz der Nervösen«, der sowohl auf Ehrenwalls Vorliebe für neue Technik als auch auf seine Rolle bei Entmündigungsverfahren anspielte. Da hieß es: »Ein Aeroplan ist unseres Wissens noch nicht zur Abholung Nervöser in die Tobsuchtszellen angekauft worden; aber wer vermag die Anpassung der praktischen Psychiatrie an die Wunder der modernen Technik abzusehen! ›Entmündige mit Dampf‹ ist ja in Ahrweiler schon lange die Losung.« Aber die Revisionsberichte des Kreisphysikus über die Ehrenwallsche Anstalt zeigten sich immer wieder beeindruckt von den neuen technischen Installationen.[67]

Während die von ihrer eigenen Idee besessenen Naturheiler das Sitzbad gegen das Vollbad, die kalte Dusche gegen das warme Bad oder überhaupt das »Luftbad« gegen die »Wasserplantscherei« ins Feld führten, verhielten sich die großen Nervensanatorien in der Regel unparteiisch und eklektisch und boten ein abwechslungsreiches Sortiment diverser, aus unterschiedlichen Philosophien hervorgegangener Therapiemethoden an. Und die neue Technik machte innerhalb dieser Methoden noch eine weitere Diversifizierung möglich. Die moderne Dusche war etwas anderes als die Gießkanne; man konnte sie stärker oder schwächer und auf verschiedene Temperaturen einstellen; und der Fortschritt der Elektrotechnik erweiterte das Experimentierfeld der Elektrotherapie.

Um 1890 wurden in deutschen Großstädten die ersten »mediko-mechanischen Institute« mit den Zanderschen Gymnastikapparaten eröffnet. Die Frage, ob manuelle oder mechanische Methode, spaltete die Heilgymnastik damals in zwei Lager. Es waren die »Nervösen«, die den Zander-Instituten die meisten Stammgäste lieferten: Man erkennt einen Zusammenhang zwischen Nervosität und Technikbegeisterung, und nicht nur hier. Im Jahre 1900 bekam die Charité, von dem mächtigen Ministerialdirektor Althoff unterstützt, ein Institut für Hydrotherapie, das sogleich einen Strom von Patienten anzog; ihm wurden Abteilungen für Mechano- und Elektrotherapie »mit einem großen Aufwand an Apparatur« angegliedert. Auch das 1906 gegründete Virchow-Krankenhaus zog mit; der französische Journalist Huret fand dessen hydrotherapeutische Abteilung »unvergleichlich«. Aus den »natürlichen« Heilmethoden wurde an der Charité ein kompliziertes und technisch aufwendiges System, bei dem die Spezialisierung auf bestimmte Körperteile auffällt:

»Es begann die Flucht in die Apparaturen. Was bisher der menschlichen Hand, dem Fühlvermögen, dem Auge anvertraut war, wurde nun der Industrie überantwortet in dem Trugschluß, man könne so die Anwendung erleichtern und objektivieren. ... Nun kam die Zeit der ... Eisbeutel und Thermophore, deren viel zu gewalttätige Wirkung man spät und erschreckt einsah. ... Es folgten die Zeiten der elektrischen Wärmekästen, der Lichtbögen, der kompliziertesten und kostspieligsten Badeanlagen ... Duschkatheter, Schlauchapparaturen für warm ... und kühl für Kopf, Herz und Magengegend, ... Arzberger-Mastdarmsonde; Luftperl- und Schaumbäder; Heißluft- und Dampfkastenbad, die verschiedenen Glühlichtbäder in Form von Reifenbahnen; ... die Heißluftapparate für einzelne Körperteile; das elektrische Glühvollbad mit Reflektoren usw. usw.«[68]

Zwischen den Zeilen vieler Neurastheniker-Leidensgeschichten der Jahrhundertwende kann man die schädliche Wirkung vermeintlicher Therapien herauslesen – manchmal in einem Maße, daß dem heutigen Leser der Verdacht kommt, ein Teil der Nervosität jener Zeit sei das Produkt der Nerventherapien gewesen. Schon damals klagten manche Nervenärzte, daß die ewigen Kuren die Neurasthenie oft nur verschlimmerten.

Aber wenn die Wasseranwendungen eine mehr technisch als therapeutisch begründete Eigendynamik entwickelten, so gab es um 1900 nicht nur diesen Trend: Zur gleichen Zeit entfaltete die Mensch-Wasser-Beziehung ein andersartiges, mehr von der Lust bestimmtes Eigenleben. Jetzt entdeckten nicht nur einzelne, sondern große Massen die Reize des Schwimmens und des Seebades: Da wurden die Wasseranwendungen in den Kuranstalten immer mehr zu einer halben Sache und zur Pedanterie. Um die Jahrhundertwende stritten sich in der Deutschen Gesellschaft für Volksbäder die Anhänger des Brause- und des Schwimmbades; 1904 trumpfte der Elberfelder Badeinspektor auf: »Das Volk hat darüber entschieden, was ihm gut tut, und dagegen können Sie mit dem Brausebad nichts machen. Das Volk verlangt das Schwimmbad. Es will kräftig werden und aus seinen Kindern gesunde Leute machen, und dazu ist das Schwimmbad da und nicht das Brausebad.« Und ein Dresdner Kollege pflichtete ihm bei und pries das »Schwimmen und das Baden im fließenden Wasser« als »nervenstärkende Kur«.[69] Der Nervendiskurs geriet doch nicht auf die Dauer in den Bann der geschäftstüchtigen Therapietechnik, sondern fand hinaus ins Freie.

Wenn die Verbindung der Nervenlehre mit der Heilstättenbewegung aus der Rückschau gemischte Gefühle weckt, so noch aus einem anderen Grund: Zumindest indirekt und auf längere Sicht beförderte das wachsende Interesse an den Nervösen die Ausgrenzung der unheilbar Geisteskranken. Unter den Nervenärzten setzte sich die Auffassung durch, »daß Nervenkranke von Geisteskranken scharf zu trennen sind«; im Heilstättenwesen mußte man eine solche Trennung erstmals organisieren. Teilweise blieb es bei der bloßen Absicht. Nicht wenige Privatanstalten nahmen aus finanziellen und praktischen Gründen leichte und schwere Fälle auf, wenn sie diese auch nach Möglichkeit in getrennten Abteilungen unterbrachten. Auf diese Weise bekamen solche Anstalten ein seltsames Doppelgesicht von Kur- und Irrenanstalt, von Himmel und Hölle. Bei Neuankömmlingen fiel die Einordnung nicht immer leicht; manchmal war es von Vorteil, wenn man die Patienten noch nachträglich hin und her verlegen konnte. Als Kurella 1907 über die Zustände in Ahrweiler herzog, bezeichnete er es als »skandalös«, daß in der so gut wie unbeaufsichtigten offenen Abteilung »schwere Fälle von Geistesstörung … ständig etwa ein Drittel des Krankenbestandes bildeten«.[70] Der sozialdemokratische Hygieniker Grotjahn, dem es vor allem auf die dauerhafte Asylierung der Unheilbaren ankam, ließ in den »Leitsätzen«, die er 1908 für Nervenheilstätten aufstellte, durchblicken, daß ihm die »besserungsunfähigen Psychopathen« dort immer noch längst nicht konsequent genug ausgeschlossen waren und ihm die dortige Arbeitstherapie noch zuviel »Spielerei« und zuwenig Leistung im ökonomischen Interesse der Anstalt enthielt.[71]

Auch die Irrenanstalten erlebten gegen Ende des 19. Jahrhunderts einen Boom. Dirk Blasius meint, die großen Anstalten hätten eine »Plattform« geboten, um »bürokratische Omnipotenz« zu demonstrieren. Aber bei den deutschen Bürokraten jener Zeit erkennt man kein Streben nach totalitärer Kontrolle, und die Geisteskranken waren auch nicht gerade ein attraktives Herrschaftsobjekt. Die Geschichte der Nervenlehre bietet eine andere Lösung des Rätsels. »Meine Herren, wer von uns dürfte sich sicher glauben, daß seine Unterbringung in eine Irrenanstalt nicht nötig sein werde?« war die rhetorische Frage eines Redners auf dem rheinischen Provinziallandtag 1865. Im 18. und 19. Jahrhundert herrschte ganz allgemein die Auffassung, auch ein gesunder Mensch könne durch Aufregungen und Schicksalsschläge in Wahnsinn verfallen. Ein Großteil der Nervensorgen entsprang der Furcht, daß die Nervosität der erste Schritt auf diesem Wege sei. Möbius erklärte in einem Plädoyer für Nervenheilstätten, das stärkste der Motive, aus denen sich die Gesunden um die Kranken kümmerten, sei »die Angst, selbst krank zu werden«. In der Tat erklärt sich der Gang der Dinge am zwanglosesten, wenn man darin das Hauptmotiv der Heilstättenbewegung sieht, ob es um die Irren oder um die Nervösen ging.

Aber nach der Jahrhundertwende änderte sich allmählich die Auffassung, vollends nach dem Ersten Weltkrieg. Die Nervosität, soweit sie nicht Ausdruck von Degeneration war, galt mehr und mehr als harmlos. Der Gesunde erlangte die Zuversicht, bei aller Nervosität doch gegen Wahnsinn gefeit zu sein. Eigene Nervosität fungierte manchmal als Rechtfertigung, um eine Gemeinschaft mit schwerer gestörten Menschen abzulehnen. Das Bewußtsein nervöser Anfälligkeit, das zunächst ein Mitgefühl mit Geisteskranken begründet hatte, wurde zu einem Motiv, die »Irren« aus dem Blickfeld zu entfernen.[72]

Neurasthenie und Geschlecht

WIE BEHANDELTE DER NERVENDISKURS die Frauen? Die bekannteste italienische Nervositätsschrift, »Il secolo nevrosico« von Paolo Mantegazza (1887) – ein auch in Deutschland beachtetes Buch, zumal der Verfasser als Erfolgsautor erotischer Bücher berühmt-berüchtigt war –, begann damit, einen männlichen und einen weiblichen Prototypen von Nervenbündel vorzustellen: eine Methode, die man in der deutschen Literatur in dieser drastischen Form kaum irgendwo findet. Beide Gestalten, Tito Nervosetti und Nervina Convulsi, sind – wie schon die Namen verraten –

Karikaturen; dabei ist der Mann noch mit Humor, die Frau jedoch nicht ohne Bosheit gezeichnet. Tito Nervosetti, ein leitender Bankangestellter, trägt die Züge des Hypochonders und unterliegt manisch-depressiven Stimmungsschwankungen; aber bei allen seelischen Tiefpunkten bleibt er doch einigermaßen leistungsfähig und beendet seinen nervösen Tageslauf mit Eierpunsch und in bester Laune. Nervina Convulsi dagegen – eine ausgeprägte Hysterikerin – fällt schon am Vormittag zehnmal in Ohnmacht, um jedesmal wieder rasch zu erwachen; sie ist eine Plage für ihre Umgebung, und ihr halber Tag besteht aus abwechselndem Essen und Sich-Erbrechen. Nach heutigen Begriffen also ein Fall von Bulimia nervosa. Weder Tito noch Nervina sind besonders typische Beispiele für das, was man damals in den USA und im deutschen Sprachraum unter Neurasthenie verstand. Schon Beard glaubte, daß die romanisch-katholischen Völker die Neurasthenie als Massenerscheinung gar nicht kannten; und Mantegazza – der sich selbst als »Italianissimo«, allerdings auch als nervösen Hypochonder bekennt – pflichtet ihm am Ende bei.[73]

Im Umgang mit der Frau unterscheidet sich das Buch des Florentiners deutlich von vergleichbaren amerikanischen und deutschen Schriften. Beards nervöse Amerikanerin ist ebenso tüchtig wie attraktiv; weniger frauenfreundlich ist sein Kontrastbild der Indianerin. Je feuilletonistischer die Nervenliteratur wird, desto anfälliger wird sie gewöhnlich für eingängige Klischees. Aber man vergleiche mit Mantegazzas »nervösem Jahrhundert« das in ähnlich mondänem Plauderton gehaltene Büchlein des Berliner »Seelenarztes« Albert Moll, des Inhabers einer gutgehenden Kurfürstendammpraxis, über das »nervöse Weib«. Zuerst zwar ködert er seinen Leser mit Witzeleien, wenn er eine hypochondrische Dame schildert, die es fast bedaure, »daß es noch keinen Spezialarzt für die vierte Zehe des rechten Fußes gibt«. Aber dann wendet er sich mit Nachdruck gegen Klischees à la Mantegazza und betont eindrucksvoll den typischen Charakter der unauffälligen Formen weiblicher Nervosität:

»Man findet sehr oft die Annahme, daß nur *ein* Typus des nervösen Weibes existiere, und man stellt sich darunter gewöhnlich eine kokette, launische, verwöhnte Frau vor, die den ganzen Tag nichts zu tun hat, als ihren Mann und die Umgebung zu ärgern ... Dieser Typus existiert, aber er ist nicht der häufigste. Es gibt tausende von nervösen Frauen, die man weniger beachtet, eben weil sie nicht aufdringlich in die Öffentlichkeit treten ... Sie wirken in der Stille des Hauses, sie tragen mit Geduld ihre nervösen Beschwerden, sei es eine Migräne oder anderes; sie sind die besten Mütter und Frauen, die man sich denken kann.«

Er preist durchaus nicht das Hausfrau-und-Mutter-Ideal als beste Medizin gegen weibliche Nervosität, sondern kritisiert sogar die damals beliebte Art, die Frauen mit dem Nervositätsargument vor Studium und Wissenschaft zu warnen: »Wenn man bei den weiblichen Studenten nervöse oder verwandte Erscheinungen sollte feststellen können, so glaube ich nicht, daß diese auf ihre Beschäftigung zurückzuführen sind.«[74]

Mantegazza zwar singt das Loblied von den Frauen der alten Zeit, die – aus richtig verstandenem Egoismus – zu Hause blieben und weder studierten noch rauchten: Die »Enthaltsamkeit und Unwissenheit« dieser Frauen seien »wie eine frische Aue« gewesen, auf welcher der Mann »von aller Nervosität genas«. Theodor Fontane jedoch, der Mantegazzas »nervöses Zeitalter« gründlich las, notierte am Rand: »Dafür waren sie kolossal langweilig und zankten noch mehr und dümmer als jetzt.« Nichts davon, daß das Hausfrauendasein ein Remedium gegen Reizbarkeit sei! Der Münchener Nervenarzt Leopold Löwenfeld monierte 1894, daß gerade jene Erziehung, die ganz darauf angelegt sei, aus dem Mädchen ein »begehrenswertes Heiratsobjekt« zu machen, »der Neurasthenie und Hysterie den Boden« bereite.[75] Diese Art der Erziehung enthielt ja einen aufreizenden Widerspruch, indem sie das Mädchen einerseits ganz auf die Geschlechterbeziehung fixierte, andererseits zur Unterdrückung sexueller Regungen anhielt.

Albert Eulenburg bezeichnete in dem gleichen »Zukunft«-Artikel, in dem er am Schluß die »alte Siegfriedsonnennatur« der Deutschen gegen die Nervosität der Zeit beschwor, die »Erweiterung der Frauenrechte« als gutes Gegenmittel gegen weibliche Nervosität. So sehr führte die Reflexion über Nervosität manchmal aus Macho-Allüren heraus! Nicht frei von Klischees ist Eulenburgs Essay über die »nervöse Berlinerin« (1910). Aber wenn er schreibt, daß sich allein über »die nervöse Ehefrau und Hausfrau« »Bände schreiben ließen« und daß der »Küchenkoller« längst als eine Berufskrankheit in die Annalen der Nervenpathologie eingegangen sei, so geht daraus hervor, daß auch er die Nervosität keineswegs als Argument benutzt, um die Frauen auf Heim und Herd zu beschränken; auch ihnen empfiehlt er den Sport als Gegenmittel. Im Prinzip gelten also für weibliche Nerven die gleichen Gesetze wie für männliche. Ob das Fahrrad, das kräftigen Neurasthenikern Erlösung versprach, auch weiblichen Nerven zuträglich sei, war um die Jahrhundertwende noch umstritten. Moll jedoch versicherte schon 1898, die »überaus günstige Wirkung des Radfahrens auf unzählige nervöse Frauen« sei nicht zu verkennen, möge dieser neue Sport auch bei manchen Frauen sexuelle Erregung auslösen.[76]

Der frauengeschichtliche Zugang zu den psychischen Leiden richtet sich gewöhnlich an erster Stelle auf die Hysterie, über Jahrhunderte das psychosomatische Frauenleiden par excellence; daher hat dieses Thema in jüngster Zeit, wie Mark S. Micale schreibt, eine »Forschungsexplosion« erlebt und ist »hoffnungslos modisch« geworden.[77] Mit gutem Grund kann man erwarten, auch über die Hysterie in nächste Nähe der Neurasthenie zu gelangen; denn im späten 19. Jahrhundert waren beide Leiden einander benachbart. Teilweise waren es dieselben Autoren, die über beide Themen schrieben; ähnlich wie die »reizbare Schwäche« zeichnete sich die Hysterie durch eine rätselhafte Ambivalenz von Unempfindlichkeit und Überempfindlichkeit aus, und manche Autoren fanden die Unterscheidung zwischen beiden Krankheiten nicht leicht.

An und für sich reicht der zeitliche Bogen bei der Hysterie unendlich viel weiter: Ihre Geschichte beginnt schon mit Hippokrates und Platon. Vom Wortsinn her war die Gebärmutter der Sitz des Leidens; ob und in welchem Sinne das zutraf, war schon seit der Antike unsicher und führte zu wilden Spekulationen; im 19. Jahrhundert richtete der Drang zur Lokalisierung der Krankheiten die Aufmerksamkeit erneut auf den Uterus. Mit Blick auf die Hysterie sprach Romberg 1853 vom »warnenden Spiegel der Geschichte«, die an die Vergänglichkeit medizinischer Theorien gemahne.[78]

Eigentlich hätte man die Hysterie von ihrer jahrtausendelangen Geschichte her nicht mit der modernen Zivilisation in Verbindung bringen können. Dennoch glaubte Max Nordau um 1890 an eine »ungeheure Zunahme der Hysterie in unseren Tagen«; und viele andere dachten ähnlich. Zu den Krämpfen, dem ursprünglichen Merkmal der Hysterie, kamen im 19. Jahrhundert die Lähmungserscheinungen; bei dieser Symptomatik erkennt man im 19. und frühen 20. Jahrhundert eine markante Kurve von Aufstieg und Niedergang, die auf die Historizität dieser Hysterie hindeutet. Edward Shorter glaubt, die Hysterie habe ihre dramatische Theatralik zu einer Zeit entwickelt, als die Gesellschaft nur auf solche Art zu beeindrucken gewesen sei, und diese Dramatik verloren, als eine krasse Demonstration körperlicher Funktionsstörungen nicht mehr nötig gewesen wäre, da inzwischen rein psychische Leiden den Respekt der Gesellschaft gefunden hätten. Die Karriere der Neurasthenie zeigt jedoch, daß sich die Gesellschaft schon in der Zeit der »grande hystérie« auch durch ein weniger auffälliges psychosomatisches Leiden beeindrucken ließ. Mochte die Hysterie oft theatralisch wirken, so war sie doch kein bloßes Theater. Die neuerliche Hysteriehistorie gibt zwar eine Vorstellung davon, was bei der Neurasthenie an historischem Zugriff noch fehlt; aber die Neurastheniegeschichte wirft auch ihrerseits ein neues Licht auf die Hysterie, bei deren Interpretation bislang ganz konträre Deutungsmuster – Hysterie als Waffe der Frauen und als Waffe *gegen* die Frauen – bunt durcheinandergehen.[79]

Bei der Hysterie ergibt sich der Bezug zur Frauen- und Geschlechtergeschichte auf den ersten Blick, obwohl die Geschlechtsspezifik der Hysterie schon vor dem 19. Jahrhundert manchmal in Zweifel geriet. Auch frauenfeindliche Untertöne waren bei dem Hysteriekonzept so deutlich, daß sie schon um 1900 manche Mediziner peinlich berührten. Wenn man nun sieht, in welch enger Nachbarschaft zur Hysterie die Neurasthenie entstand, erwartet man auch bei dieser eine geschlechtergeschichtliche Pointe. Aber wie sieht diese aus? Auf den ersten Blick ist sie nicht zu erkennen. Für die Nervositäts- und Neurasthenieliteratur ist die Frage nach dem »männlichen« oder »weiblichen« Charakter der Neurasthenie kein großes Thema; ginge man nur von dieser Literatur aus, könnte man fast vergessen, die Frage nach der Beziehung zum Geschlecht überhaupt zu stellen. Es fehlt zwar nicht an Passagen, die sich auf männliche und weibliche Eigenheiten beziehen; aber sie sind kein zentraler Punkt und besitzen keine theoretische Tragweite.

Um weiterzukommen, muß man erst einmal klären, wieweit die Diagnose »Neurasthenie« überhaupt auf Frauen angewandt wurde. Daran schließt sich die Frage, ob auch dann, wenn es die Neurasthenie im Prinzip für beide Geschlechter gab, dennoch in der Art der Diagnose eine Diskriminierung durchschlug. Auch die Beziehung zwischen Neurasthenie und Hysterie ist zu untersuchen: Wurde die Neurasthenie in deutlicher Abgrenzung zur Hysterie entworfen, oder blieben die Grenzen verschwommen? War die Neurasthenie eher eine Art männliches Pendant zur Hysterie, das dazu diente, Männern die schmachvolle Hysteriediagnose zu ersparen? Am Schluß steht die Frage, wieweit von den Phänomenen Nervosität und Neurasthenie her ein Licht auf die Wechselbeziehungen zwischen den Geschlechterrollen fällt. Auf diese Weise könnte die Nervositätshistorie ihr Teil dazu beitragen, daß aus der separaten Frauen- und Männergeschichte, die reale Zusammenhänge zerreißt, eine Geschichte der Geschlechterbeziehungen entsteht.

Gab es unter den Neurasthenikern mehr Männer oder mehr Frauen? Natürlich war ein exakter statistischer Beweis unmöglich; das wußte man damals wie heute. Aber auch der gefühlsmäßige Gesamteindruck zeitgenössischer Beobachter war uneinheitlich und gespalten; die Literatur zeigt eine bemerkenswerte Unsicherheit darüber, ob es Sinn habe, eine Geschlechtsspezifik der Neurasthenie zu betonen. Diese Unsicherheit beginnt schon bei Beard. Sein Neurasthenieopus präsentiert eine Mischung männlicher und weiblicher Fallbeispiele ohne durchgängige geschlechtsspezifische Akzente. In seiner »American Nervousness« bringt Beard den von ihm schwärmerisch gepriesenen Reiz amerikanischer Mädchen mit ihrer Nervosität in Verbindung; denn diese Nervosität ist für ihn eben nicht nur ein Leiden, sondern auch eine Begabung, eine Fähigkeit zum raschen Tempo. »Im Gehirn des amerikanischen Mädchens reisen Gedanken im Schnellzug, in dem seiner europäischen Schwester im Bummelzug.«[80]

Emile Durkheim glaubte, daß »es stets mehr neurasthenische Frauen als Männer« gebe. Axel Munthe, der aus Pariser Erfahrungen des späten 19. Jahrhunderts schöpfte, erklärte es für das »Los aller Nervenspezialisten«, »von einer Leibgarde nervöser Damen umringt« zu sein. Möbius dagegen hielt die Meinung, »Nervosität sei hauptsächlich im weiblichen Geschlecht zuhause«, für einen verbreiteten Irrtum. Ein in der thüringischen Wasserheilanstalt Elgarsberg untersuchtes Sample von 3000 Neurasthenikern enthielt 68 Prozent Männer; Rudolph von Hößlin fand unter 828 Neurasthenikern in seiner Münchener Nervenklinik einen Männeranteil von 73 Prozent. Otto Binswanger glaubte, die Häufigkeit der Neurasthenie sei »bei beiden Geschlechtern fast gleich«, und kritisierte die »üble Gewohnheit«, »alle funktionellen Nervenleiden des weiblichen Geschlechts unter dem bequemen Sammelnamen der Hysterie zusammenzufassen«.[81]

1911 resümierte Dornblüth, daß, wenn man früher einmal geglaubt habe, »daß die Neurasthenie eine Krankheit des Mannes, die Hysterie die Krankheit der Frau sei«, gegenwärtig von einer derart geschlechtsspezifischen Sicht »nicht mehr die Rede sein« könne. Kraepelin fand zwar unter seinen »Nervösen« 65 Prozent Männer, dem ihm nachfolgenden Psychiatriepapst Bleuler zufolge jedoch »wohl deshalb, weil die Frau durch solche Anomalien in ihren gewöhnlichen Berufen weit weniger gestört und so auch weniger zum Arzt geführt, oder weil sie als hysterisch bezeichnet wird«. Manche Formen der Nervosität schufen eben bei Frauen, anders als bei Männern, kaum einen Therapiebedarf. Das gilt etwa für Angstzustände; wie ein anonymer Autor 1903 in der »Zukunft« schrieb: »Ein Mann, der sich fürchtet, ist uns zuwider, ein geängstetes Weib hat einen Reiz mehr.«[82] Eine gutbürgerliche Hausfrau, die ihre dienstbaren Geister hatte, konnte sich eine Menge Stimmungsschwankungen und Zerfahrenheiten leisten. Mangelnde Arbeitsfähigkeit schuf bei ihr keinen Therapiebedarf und brachte sie nicht in den Gesichtskreis der Nervenärzte. Anders stand es bei Arbeiterinnen und Dienstmädchen. Wir haben gesehen, wie das große Nervensanatorium Roderbirken trotz des zunächst sehr maskulinen Gepräges der Nervenheilstättenidee nach eingehender Diskussion für solche Frauen bestimmt wurde.

Die meisten Frauen hatten im Unterschied zu vielen Männern keine dramatischen Geschichten von der Überforderung durch einen verantwortungsvollen und aufreibenden Beruf zu bieten. Auch die in männlichen Leidensgeschichten nicht selten ausführlichen Onaniekonfessionen und die Klagen über sexuelle Potenzprobleme fehlen in den Anamnesen der Frauen, die gegenüber den männlichen Ärzten mit intimen Details viel zurückhaltender waren als die Männer. Aber es gab wohl noch einen weiteren Grund, weshalb die Rolle der Frauen in der Neurasthenieliteratur nicht besonders eindrucksvoll ist, und damit gelangen wir an den Punkt, der einen geheimen Reiz dieses Literaturgenres ausmacht: Das Schrifttum zur Nervosität erhielt seine besondere Farbe und Eindringlichkeit durch den Untergrund ärztlicher Selbsterfahrung; diese jedoch kam, da in Deutschland die an diesem Diskurs beteiligten Ärzte ausnahmslos männlich waren, vor allem der Schilderung der männlichen Neurasthenie zugute.

So gesehen, enthielt die Nervenliteratur also zumindest unterschwellig eine Art von Frauendiskriminierung. Aber wenn man die Nähe der Neurasthenie zur Hysterie und das Stereotyp vom »schwachen Geschlecht« bedenkt und sich daran erinnert, daß der Nervositätsdiskurs in Deutschland Anfang der 1880er Jahre von Medizinern wie Möbius und Arndt in Gang gebracht wurde, die von Frauen nicht eben eine hohe Meinung hatten, dann hätte man von diesem Schrifttum weit Schlimmeres an Frauendiskriminierung erwarten können als das, was tatsächlich kam. Der Nervositätsdiskurs besaß seine Eigendynamik, und diese war – vor dem Hintergrund jener Zeit betrachtet – eindeutig nicht antifeministisch, sondern viel eher dazu angetan, auf Ähnlichkeiten in den Nöten und Streßreaktionen beider Geschlechter aufmerksam zu machen. Mochten auch manche Beteiligte ihre frauenfeindlichen Vorurteile haben, so zeigt sich doch gerade bei der Geschlechterthematik, daß dieser Diskurs entscheidend durch Erfahrungen und Entdeckungen und nicht durch Ideologien und Vorurteile bestimmt wurde.

Gewiß war die Vorstellung von den schwachen Nerven der Frauen immer noch vorhanden; aber sie wirkt mehr wie ein Relikt der Tradition. Die moderne Neurophysiologie kannte zwischen männlichen und weiblichen Nerven keinen Unterschied nach Stärke und Schwäche. Selbst in der damaligen Laienmeinung war der Glaube an die weibliche Nervenschwäche nicht mehr allgemein verankert. In Theodor Vischers »Auch Einer« kommt vor, daß die Frau sich anders als der Mann durch die Tücke des Objekts nicht verrückt machen läßt: »Mein Herr, das Weib hat Zeit für den Kampf mit dem Racker Objekt, sie lebt in diesem Kampf, er ist ihr Element; ein Mann darf und soll keine Zeit hierfür haben ...« Wenn Bismarck klagte, daß er seine Nerven durch seine Kämpfe am Hof ruiniere, so dachte er ganz besonders an sein ewiges Schattenboxen gegen den Einfluß der Kaiserin Augusta und der Kronprinzessin

Victoria, deren starke Persönlichkeiten er fürchtete. Karl May beschreibt in seiner »psychologischen Studie« über seine erste Frau – Psychologie schon hier als Waffe im Geschlechterkampf! –, wie die »krankhafte Erregung der Geschlechtsteile« Frauen eine dämonische Macht verleiht: Was männliche Nerven schwächt, wird bei Frauen zur geheimen Kraft! 1908 veranstaltete die Berliner »Frauen-Rundschau« eine Umfrage über »Großstadtgeräusche und Frauennerven«; eine Frau antwortete trotzig, sie werde durch kein Großstadtgeräusch gestört, denn sie habe »keine Nerven«.[83]

Wenn Mediziner die Anwendung der Neurastheniediagnose auf Frauen vertraten, dann manchmal mit der erklärten Absicht, diese davor zu schützen, zu Unrecht zu Hysterikerinnen abgestempelt zu werden; und damit kamen sie den Wünschen ihrer Patientinnen entgegen, die die Diagnose »Hysterie« als beleidigend empfanden. Man erkennt auch, wie sich manche Nerven- und Seelenärzte unter dem Einfluß des Neurastheniekonzepts weiterentwickeln. Krafft-Ebing, der noch 1878 den weiblichen Ovarien eine zentrale Rolle bei der Erzeugung von Hysterie und Irresein zugeschrieben hatte, tadelte in seinem Nervositätsbuch von 1900 die Neigung, »jede allgemeine Neurose, die beim Weib sich findet und hysterische Elemente aufweist, als Hysterie zu bezeichnen«, wobei er bekannte, er habe »die Anschauung gewonnen, daß die Neurasthenie nur um ein Geringeres seltener beim Weib als beim Mann« sei. In dem Zusammenhang bemerkt er, die »Einflüsse der Surmenage und der Debauche« (Überarbeitung und Ausschweifung) bei der Entstehung männlicher Neurasthenie würden »nahezu kompensiert beim Weibe durch Überanstrengung im Beruf als Hausfrau und Mutter«. Demnach wäre der ehrenwerte Ursprung bei der weiblichen Neurasthenie sogar noch eindeutiger als bei der des Mannes![84]

Folgt man Tom Lutz, dann war der amerikanische Nervositätsdiskurs der Jahrhundertwende trotz Beard hochgradig geschlechtsdiskriminierend: Die Ursachen seien bei beiden Geschlechtern ganz unterschiedlich geschildert worden, und als Therapie habe man den Frauen Ruhe, den Männern einen Ritt durch den Wilden Westen empfohlen. Der Gesamteindruck im deutschsprachigen Raum ist anders: In der Neurasthenie gab es bei beiden Geschlechtern einen breiten und zunehmenden Bereich von Gemeinsamkeiten. Kollarits bekannte ganz offen, im Gedenken an die Wesensunterschiede zwischen Mann und Frau habe er »a priori erwartet, daß nicht nur die Form der Nervosität bei beiden Geschlechtern verschieden« sei, »sondern daß auch bei den Hilfsbedingungen Unterschiede festgestellt werden könnten«. Diese Erwartung habe er jedoch nicht bestätigt gefunden. Zuerst habe er angenommen, »daß die Frauen kleinlichere auslösende Momente« hätten. »Wenn ich aber bedenke, daß der eine nervöse Patient die letzte Verschlimmerung seiner Nervosität darauf zurückgeführt hat, daß eines seiner Kaninchen gestorben ist, so kann ich auch bei den Frauen nicht so besonders kleinliche Anlässe finden.« Unter den drei prototypischen Fällen, an denen August Cramer das Wesen der Neurasthenie illustriert, befinden sich ein »Börsenjobber«, ein Bankier und eine Krankenschwester. Die Frau erweckt in dem Trio entschieden die meiste Sympathie: Sie ist geradezu das Muster einer vorbildlichen Neurasthenikerin, die das Opfer ihres Leistungswillens wurde. Ihre Neurasthenie hat weder mit natürlicher oder ererbter Schwäche noch mit schlechten Angewohnheiten, sondern mit Überarbeitung und mit traumatischen politischen Erfahrungen zu tun:

»Krankenschwester Fräulein X, 29 Jahre alt, war als Schwester in China tätig, als die Boxerunruhen ausbrachen; ist erblich in keiner Weise belastet, war immer ganz gesund, hat während längerer Wochen fast täglich schreckhafte Szenen und alle möglichen Greuel mitmachen müssen, war in steter Aufregung und Unruhe, hatte dann auch während des chinesischen Feldzuges sehr viel zu tun, kehrte schließlich nach Deutschland zurück und begann, da sie nur geringes Vermögen besaß und sich nach einem Erwerb umsehen mußte, sich für das Oberlehrerinnenexamen vorzubereiten, nahm mit großem Eifer die Studien auf, arbeitete den ganzen Tag über bis spät in die Nacht hinein. Im dritten Semester dieser Arbeit, die auch in den Ferien ununterbrochen fortgesetzt wurde, beginnt vor allen Dingen der Schlaf nachzulassen. ... (sie sagt,) wenn sie glücklich einmal schlafe, wache sie sofort wieder infolge äußerst schreckhafter Träume auf. Sie fühle sich ›matt und abgeschlagen‹ ganz im Gegensatz zu ihrer früheren Spannkraft.«

Einer solchen Frau war zu helfen; nach achtwöchiger Kur war die »alte Spannkraft und Elastizität« wieder da.[85] Mitleidige Erörterungen über die Nervosität studierender und berufstätiger Frauen bewegen sich nicht selten in einem Zwielicht zwischen Frauenfreundlichkeit und Frauendiskriminierung; aber bei Cramer ist keine Rede davon, daß der Verzicht auf den Beruf für die Frau die beste Nervenkur wäre. Es gab auch viel zu viele nervöse Hausfrauen, die solche Lehren Lügen straften.

Alfred Baumgarten bringt bei seiner Schilderung typischer Fälle von Neurasthenie eine Reihe eindrucksvoller weiblicher Beispiele, bei denen sich das Leiden überwiegend aus beruflicher Überarbeitung erklärt, man aber zugleich erkennt, daß der Beruf für diese Frauen eine Selbstverwirklichung und keine Verletzung ihrer Natur bedeutet. Baumgarten berichtet, wie er 1886 durch eine Patientin, deren Schwächezustand ihm zunächst ein Rätsel gewesen war, dazu veranlaßt worden sei, »die Neurasthenie zum Gegenstande besonderer Aufmerksamkeit« zu machen: Es handelte sich um eine 48jährige Frau, die eine »sehr anstrengende Berufstätigkeit« hinter sich hatte und einen Nervenzusammenbruch erlitt, nachdem sie bei der Geburt ihres ersten Enkels, die unter schweren Komplikationen erfolgte, hatte Hilfe leisten müssen. Es ist merkwürdig, daß er selbst bei diesem Fall, der ihn »im höchsten Maße persönlich und sachlich« bewegte, nicht deutlicher auf das Problem der weiblichen Doppelbelastung zu sprechen kommt. An solchen Punkten zeigt sich, wie der Neurastheniediskurs vor 1914 doch durch den männlichen Erfahrungskreis begrenzt blieb. Der zartfühlende Philipp Eulenburg allerdings führte die »schlimme Nervenverfassung« der Kaiserin auf ihre Dreifachbelastung zurück: »Sie könne nicht ›bürgerliche‹ Mutter, zärtliche Gattin und regierende Kaiserin zugleich sein.«[86]

Nur in den USA kam es damals schon vor, daß eine Frau als Ärztin öffentlich das Wort ergriff, wenn sie auch so tat, als ob sie nicht von sich selbst spräche, sondern nur den Bericht einer Patientin wiedergebe: Es war die Nervenärztin Margaret A. Cleaves mit ihrer 1910 veröffentlichten »Autobiography of a Neurasthene«. Das Thema »Neurasthenie« diente ihr dazu, die Geschlechtsspezifik von Berufsrollen zu bestreiten, und sie legte Wert darauf, daß die Heilsamkeit der Arbeitstherapie auch für Frauen gelte: Gerade ihre Arbeit als Ärztin habe ihr die wenigen Momente der Gesundheit beschert, die ihr vergönnt gewesen seien. Gleich am Anfang ihrer Autobiographie betont sie, es tue nichts zur Sache, ob der Verfasser ein Mann oder eine Frau sei: Die »völlige Erschöpfung der höchsten Nervenzentren«, so wie sie hier geschildert werde, komme bei einer Frau nur »selten« vor. Die Schriftstellerin Charlotte Parkins Gilman empörte sich darüber, daß Weir Mitchell ihr das Schreiben verbieten wollte und sich einbildete, durch derart quälende Untätigkeit weibliche Nerven kurieren zu können.[87]

Man kann annehmen, daß sich nervöse Frauen mindestens so sehr wie ihre männlichen Leidensgenossen ihre eigenen Gedanken über die richtige Heilmethode machten; denn noch immer fiel die Heilung alltäglicher Molesten in die Zuständigkeit der Frau – nicht umsonst beschwor die medizinische Populärliteratur die »Frau als Hausärztin«! Die Akte einer unverheirateten Lehrerin aus adliger Familie, die sich 1908 als 34jährige für drei Monate nach Ahrweiler begab, gewährt aufschlußreiche Einblicke; sie zeigt, wie sich eine medizinisch interessierte Frau damals zwischen etablierter Medizin und diversen Naturheilverfahren hin und her bewegte, und wie sich die Therapie in weibliche Beziehungsnetze verstrickte. Wenn sie selbst ihre »Nervosität« auf Überarbeitung zurückführte, so fragt man sich doch bei der Durchsicht ihrer Akte, ob nicht auch ein ausgeprägtes Interesse an der Erprobung aller möglicher Therapien dabei mitspielte, da diese zugleich menschliche Intimkontakte herstellten. Der Anstaltsarzt beschreibt sie als »große, ziemlich dicke Patientin«. Es heißt in ihrer Lebensgeschichte, die offenbar ihre eigenen Aussagen wiedergibt:

»In der Schule kam Pat. gut vorwärts. Mit 17 J. kam Pat. auf das Lehrerinnenseminar..., wo sie kolossal arbeitete, weil sie das Examen durchaus machen wollte in 1 Jahr. Sie stand oft um 4 Uhr früh auf und arbeitete sehr intensiv. Sie machte auch das Examen zur vorgenommenen Zeit, glaubt aber, daß daher ihre Nervosität kam. Später in England, dann in Wiesbaden, gab viel Privatstunden, später Privatstellung in Luxemburg, wo sie wieder sehr viel zu tun hatte. Darauf war sie ein Dreivierteljahr krank und blieb zu Hause. Als sie einigermaßen auskuriert war, ging sie nach Paris – 10 Monate –, wo sie eine sehr gute Stellung hatte, nebenbei aber die Universität besuchte und mehrere Examina machte. Ohne sich auszuruhen, ging sie nach Aachen an die höhere Mädchenschule, wo sie in sehr schwierige Verhältnisse kam, d.h. sie bekam den französischen Unterricht in den drei obersten Klassen. Sie merkte, daß dies nicht so weiter ging. Bekam nun Urlaub in diesem Jahr im August und ging nach Waldesheim (Kneippsche Kaltwasserkuranstalt bei Düsseldorf; J.R.), wo sie eine ›Pferdekur‹, wie sie sagte, durchmachte. Jetzt leidet sie an Schlaflosigkeit, Kopfschmerzen, Zappligkeit, allgemeiner Reizbarkeit. ... In letzter Zeit wieder Unterleibsschmerzen, gegen die von einer naturheilkundigen Freundin Thure-Brand-Massage gemacht wurde. Öfters auch Erregungszustände, wo sie viel weinte und stöhnte. ... Klagt zur Zeit besonders über schlechten Schlaf und Schmerz in der Gegend des Introitus vaginae. Gegen letzteren hat ihr die Mutter mit vierwöchigem Erfolg Lehmumschläge gemacht. Hat schon unendlich viele Ärzte konsultiert, die sich alle gegenseitig widersprachen; auch gibt es wohl kaum ein Mittel, das sie nicht schon durchprobiert hätte.«

Ein Brief der Mutter an den Arzt in Ahrweiler verrät Eifersucht auf jene »naturheilkundige Freundin«, die die Patientin mit der sogenannten Thure-Brandt-Massage behandelte: ein von einem schwedischen Major zur Behebung von Vaginalsenkungen und Gebärmuttervorfällen entwickeltes Verfahren, bei dem »der in die Scheide oder den Mastdarm eingeführte Finger der einen Hand bei völliger Ruhighaltung das zu behandelnde Organ der äußeren, beweglichen, massierenden Hand entgegendrängt«. Die Mutter klagte, daß ihre Tochter »eine gewisse Bitterkeit« gegen sie gefaßt habe, weil sie »so wenig einverstanden war mit der Naturheilärztin, die nur Masseuse ist«. Die Unterleibsschmerzen seien erst zurückgegangen, als sie, die Mutter, »frischen guten Lehm besorgt«

und der Tochter um den Leib gelegt habe.[88] Die Rivalität verschiedener weiblicher Kompetenzansprüche und die Verquickung der Therapie mit intimen Beziehungen ist in dieser Deutlichkeit ein ungewöhnliches Element. Aber man kann gewiß als Regel annehmen, daß Krankheit bei Frauen die Mutter-Tochter-Beziehung intensivierte. Das war jedoch ein Bereich, den die Mediziner meist nicht durchschauten. Im übrigen weist die Geschichte der adligen Lehrerin durchgängige Parallelen zu den Geschichten männlicher Neurastheniker aus gehobenen Kreisen auf: Man erkennt beruflichen Ehrgeiz, eine Neigung zur Selbstüberforderung und im übrigen eine bemerkenswerte Mobilität.

Ein Hauptverdienst der Neurasthenielehre, das man bei allen ihren Unzulänglichkeiten nicht vergessen sollte, bestand darin, daß sie die Frauen vor sinnlosen Operationen im Genitalbereich schützte, und das zu einer Zeit, wo ein solcher Schutz so nötig war wie nie zuvor. Im Zuge der allgemeinen Operationswut, die mit der technischen Vervollkommnung der Chirurgie im späten 19. Jahrhundert um sich griff, nahmen auch die Vaginal- und Uterusoperationen einen dramatischen Aufschwung. Der mikroskopische Blick in die Schleimhäute des weiblichen Unterleibs präsentierte eine aufregende neue Welt, die von Mikroben und Entzündungen, Zysten und wunden Stellen wimmelte und Spekulationen über Krankheitsherde stimulierte. Obwohl die Uterustheorie innerhalb der Hysterielehre in den 1880er Jahren auf dem Rückzug war, gingen die Uterusoperationen gegen »nervöse« Störungen jetzt erst richtig los. Selbst Charcot, der heute als der große Bahnbrecher der psychischen Interpretation in Erinnerung ist, suchte die Ursache der Hysterie immer noch in den Ovarien und gab Anlaß zu routinemäßigen Eierstockentfernungen. Noch 1900 klagt Konrad Rieger, daß »man z.B. um bloßer ›Nervosität‹ willen beide Eierstöcke herauszunehmen durchaus kein Bedenken trägt«. »Die Frauen zeigen dabei häufig einen wahren furor operatorius passivus, die Ärzte einen furor operatorius activus.«[89]

Der Nervositätsbegriff bot also als solcher keinen sicheren Schutz gegen unsinnige Genitaloperationen; wenn man wollte, konnte man eine durch Anomalien im Genitalbereich hervorgerufene Erschütterung des gesamten Nervensystems konstruieren. Die Neurasthenielehre war jedoch in ihrem Grundzug von Anfang an antilokalistisch, und insgesamt brachte sie eindeutig eine Gegenbewegung gegen den Furor operatorius. Gerade der Frauenfeind Möbius erwarb sich hier ein Verdienst um die Frauen. Albert Moll schließt sein populäres Buch über das »nervöse Weib« mit einer eindringlichen Warnung vor operativen Eingriffen zur Behandlung von Nervosität: »Ist man doch sogar bis zur vollständigen Kastration des Weibes gegangen, um eine Hysterie zu heilen!!«[90]

Wenn die Neurasthenie klar von der Hysterie unterschieden wurde, bot sie den Frauen einen wirksameren Schutz gegen sinnlose Unterleibsoperationen als die Hysteriediagnose. Aber existierte eine klare Grenze zwischen Neurasthenie und Hysterie? Für Beard ganz gewiß; für ihn war die Hysterie allerdings noch ein typisches Frauenleiden. Er äußert sich ausführlich zur Differentialdiagnose von Neurasthenie und Hysterie. Als ersten Unterschied betont er bei der Neurasthenie das Fehlen von Krämpfen, den traditionellen Kennzeichen der Hysterie. Bei der Hysterie seien die »Symptome akut, intensiv, heftig, aktiv«, bei der Neurasthenie »mehr gemäßigt, mehr ruhig, passiv«. Auch Charcot, der Großmeister der »grande hystérie«, der durch seine dramatischen Vorführungen hypnotisierter Hysterikerinnen Sensation machte, schuf ein von der Ermattungsneurasthenie scharf unterschiedenes Hysteriebild, wie er andererseits Beards »Neurasthenie« in höchsten Tönen lobte. Er erfand jedoch auch den Begriff »Hystero-Neurasthenie«, kannte also auch den Übergangsfall als verbreiteten Typus. Im übrigen wurde Charcots »grande hystérie« in den 1890er Jahren teilweise als Produkt ärztlicher Suggestion entlarvt: Die Hysterie verlor ein Stück ihrer Dramatik. Und die verbleibende »kleine Hysterie« – ohne heftige Krämpfe und Lähmungen – war von der Neurasthenie nicht mehr so klar zu unterscheiden.[91]

Bis in die 1880er Jahre war die Hysterieforschung eine französische Spezialität, und die Deutschen hielten bis dahin die Hysterie für eine charakteristische Eigenschaft französischer Frauen. Erst in der Zeit der Neurastheniekonjunktur fand auch die Hysterie in Deutschland verstärktes Interesse. Bis dahin hatte der Hysteriebegriff als wissenschaftlich suspekt gegolten; Pelman erinnerte daran: »Zur Hysterie verwies man früher wie in eine Rumpelkammer alles das, was in dem zarteren Geschlecht minder liebenswürdig und lobenswert war, und wofür uns im Grunde genommen das richtige Verständnis fehlte.« Auch im Alltagsdeutsch war der Begriff »hysterisch« zu jener Zeit nicht sehr verbreitet; die Anamnesen der Patienten erwähnen weibliche Familienmitglieder zwar sehr oft als »nervös«, nur ausnahmsweise jedoch als »hysterisch«. Wenn das deutsche Interesse an Neurasthenie und Hysterie etwa gleichzeitig und zum Teil bei den gleichen Autoren aufkam, so spricht das dafür, daß man sich unter beiden Leiden zunächst etwas Unterschiedliches vorstellte. Gerade für Möbius war die Hysterie von der Neurasthenie zunächst »gänzlich verschieden« – bald jedoch mußte er feststellen, daß beides »überaus oft zusammen« vorkomme. Der junge Hellpach, der nicht nur über die Nervosität einen Artikel nach dem anderen, sondern auch über die Hysterie ein dickes Buch schrieb, behauptete, die Grenze dazwischen sei »so außerordentlich scharf«, daß eine Verwechslung »durch nichts mehr zu entschuldigen« sei – aber er hatte damals noch nicht viel praktische Erfahrung. In der Theorie konnte man beide Leiden voneinander absetzen; in der ärztlichen Praxis dagegen beobachtete man eine »ungemein häufige Vergesellschaftung«.[92]

Wenn die Nachbarschaft zwischen Neurasthenie und Hysterie zunehmende Beachtung fand, so hatte das noch einen besonderen Grund: Je mehr die Reizbarkeit ins Zentrum des Neurastheniekonzepts rückte und je wichtiger die Rolle der Vorstellungen auch für die Neurasthenie wurde, desto fließender wurde die Grenze zur Hysterie. Diese Grenzöffnung ging nicht unbedingt zu Lasten der Frauen. Zuweilen staunt man, wie selbst weibliche Wut- und Tränenausbrüche, die so leicht als »hysterisch« hätten etikettiert werden können, die Diagnose »Neurasthenie« bekamen, so bei Otto Binswanger: »Ich habe hochgebildete Frauen mit einem großen Maße von Selbstbeherrschung gekannt, die in solchen neurasthenischen Affektzuständen mit den Füßen auf dem Boden stampften, Teller auf die Erde schleuderten und planlos hin und her rannten, um sich schließlich in verzweifelter Stimmung und unter heftigem Weinen aufs Sofa oder aufs Bett zu werfen.« Er deutet dies Verhalten keineswegs als typisch weiblich, sondern parallelisiert es zu der »ruhelosen Geschäftigkeit« eines von Angst befallenen »neurasthenischen Kaufmanns«![93] Zumindest untergründig scheint es zwischen dem Hysterie- und dem Neurastheniekonzept eine Wechselwirkung gegeben zu haben: Zunächst wird die Hysterie der Neurasthenie ähnlicher und beeinflußt das Neurastheniebild. Heute jedoch, wo nur noch der Hysteriebegriff im Volksmund dank seines verunglimpfenden Effekts überlebt hat, hat er die unangenehmen Seiten der alten Neurasthenie in sich aufgenommen: die launische Reizbarkeit und das Schwanken zwischen Wehleidigkeit und schrillen Tiraden.

Mußte das Neurastheniekonzept in typischen Fällen dazu herhalten, ehrenwerten Männern die Diagnose »Hysterie« zu ersparen, und bestand genau darin eine geheime Funktion der Neurasthenie? In manchen Fällen vermutlich ja. So präsentiert Otto Binswanger einen »intellektuell sehr hochstehenden Geistlichen«, der durch »öffentliche Reden in Volksversammlungen« hervortrat, als Fall von Neurasthenie, obwohl er unter Krämpfen und »fast völliger Unfähigkeit, die unteren Extremitäten zu bewegen« zu leiden hatte. Oswald Bumke befürwortete in den 20er Jahren eine Beschränkung der Hysteriediagnose auf ganz bestimmte psychogene Körperreaktionen mit folgendem Argument: »Wollten wir ... *jede* ungewöhnliche körperliche Folge starker Gemütsbewegungen ohne weiteres als hysterisch auffassen, so würden wir – horribile dictu – damit sogar *Bismarck* treffen, der nach sehr aufregenden Verhandlungen gelegentlich auch einmal einen Weinkrampf bekommen hat.«[94] Als guter Deutscher durfte man Bismarck wohl als Neurastheniker, nicht aber als Hysteriker einstufen. Bei den Frontsoldaten des Ersten Weltkrieges brauchten sich die Ärzte jedoch nicht zu genieren: Wenn diese die Nerven verloren, wurden die Helden zu Hysterikern. Während des Krieges erlebte die Hysteriediagnose bei Männern in Deutschland ihren absoluten Höhepunkt. Sie besaß den »nationalen« Vorzug, daß sie die Ursache für das Zittern in das Innere der Soldaten verlegte, die pathogene Wirkung des Krieges ignorierte und Rentenforderungen vorbeugte.

Über das Schicksal der männlichen Hysterie in Deutschland behauptet Ursula Link-Heer – und sie beruft sich dabei auf französische Quellen –, die »deutsche soldatisch-gesunde körpergepanzerte Nation« habe »die männliche Hysterie niemals akzeptieren« können. Aber da überschätzt sie bei weitem die tatsächliche Tragweite der von den völkischen Nationalisten kultivierten Klischees. In England zwar fand die Idee der männlichen Hysterie keinen Anklang; aber in Deutschland machte man sich diese Vorstellung rasch zu eigen. Die deutschen Nervenärzte glaubten nicht im Traum, daß der deutsche Mann ein hürnener Jung Siegfried sei. Schon 1894 bemerkt Löwenfeld, daß die Anschauung von der Geschlechtsspezifik »in neuerer Zeit eine gewaltige Veränderung erfahren« habe; allenfalls im verborgenen dürfe man noch dem alten Glauben frönen, daß die Hysterie ausschließlich eine Frauenkrankheit sei.[95]

In der Binswangerschen Anstalt »Bellevue« findet man die Hysteriediagnose noch in den 1880er Jahren fast nur bei Frauen und »Neurasthenie« vorwiegend bei Männern; 1889 wird ein adliger baltendeutscher Senator als Neurastheniker und seine Frau als Hysterikerin aufgenommen. 1890 jedoch diagnostizierte Robert Binswanger sogar bei einem preußischen Hauptmann aus ostelbischem Adel Hysterie, obwohl dieser sich selbst als Neurastheniker eingeführt hatte. Entscheidend für die Diagnose waren wohl die Wutausbrüche des Patienten, die Binswanger auch bei einem Hauptmann nicht als natürliche Lebensäußerung akzeptierte und die das Idealbild des Neurasthenikers störten. Binswanger schob einen Gutteil der Schuld auf die Gattin des Offiziers, so daß dessen Hysterie letztlich doch noch eine weibliche Wurzel bekam: »Sehr ungünstig wirkt auf den Patienten seine Frau, welche selbst sehr nervös, vollgestopft mit medizinischem Halbwissen, ausgepicht mit Mißtrauen gegen Ärzte und Kuren, die ärztliche Behandlung ungemein erschwert.« Auch ein Professor und Geheimer Rat, der 1887 als Morphinist in »Bellevue«

aufgenommen worden war, verließ die Anstalt 1889 als Hysteriker. Ein rheinischer Kaufmann, der zwischen 1896 und 1901 viermal zur Kur nach Ahrweiler kam, zeigte zunächst die Symptome einer durch »Überhäufung mit Arbeit« und »ausgedehnte Eisenbahnreisen« hervorgerufenen Neurasthenie; als ihm jedoch bei körperlichen Erschütterungen durch Reisen und Radfahrten »unbewußt und unfreiwillig« Kot- und Spermaabgänge unterliefen, wurde er für den Arzt zum Hysteriker. Das entscheidende Kriterium war dabei die aus der Unbewußtheit dieser Vorgänge gefolgerte Anästhesie.[96]

Die Nervenärzte waren es gewohnt, nicht nur die Frauen, sondern auch die Männer als schwaches Geschlecht zu erleben. Die männliche Neurasthenie präsentierte sich in vielen Fällen nicht die Spur heroischer als die weibliche. Nervöse Männer – selbst solche mit imposanten beruflichen Karrieren – zeigten sich dann, wenn sie sich in eine Nervenheilstätte begaben, nicht selten ängstlich und weinerlich, unentschlossen und übersensibel, unstet und schwankenden Stimmungen ausgeliefert. Beard berichtete von einem unter »nervösen Symptomen« leidenden Politiker: »Er war ein ungewöhnlich herkulischer Mann, machte aber eine solche Schilderung von seiner Krankheit, wie man sie nur von der allerzartesten hysterischen Frau zu hören gewohnt ist.« Auch Dubois betonte, Nervenstärke habe überhaupt nichts mit körperlicher Stärke zu tun: »Männer, welche von äußerer Gesundheit förmlich strotzen«, könnten »die Nervosität von zierlichen Putzdämchen zeigen«. In der Nervosität wurden die Geschlechter einander ähnlich. Möbius schrieb, die Nervosität erzeuge »weibische Männer und männische Weiber«. Im Vergleich zur Neurasthenie war die Hysterie eigentlich sogar eine kraftvollere, wenn auch für die Umwelt unangenehmere Art, psychische Spannungen auszuleben. Schleich betonte die »stahlharte Willenskraft« der Hysteriker![97]

Man kann die nervöse Ähnlichkeit der Geschlechter darauf zurückführen, daß Männer und Frauen in ihrem Innern eben doch nicht so verschieden sind, wie sie sich nach außen geben; oder man kann den Grund darin suchen, daß die Nervosität ansteckend war, ganz besonders in der Intimität der Familien- und Partnerbeziehungen. Aber das erklärt nicht, weshalb sich Beobachtungen dieser Art gegen Ende des 19. Jahrhunderts häufen, zumal dann, wenn man davon ausgeht, daß bei der Entstehung von Neurasthenie äußere Umstände wesentlich mitwirken. So besehen, ist die Neurastheniewelle eines der Indizien dafür, daß die Geschlechterrollen und die Arbeits- und Lebenswelt der Geschlechter, die sich im 19. Jahrhundert zunächst auseinanderentwickelt hatten, sich am Jahrhundertende einander wieder anzunähern begannen. Und zwar entstand diese neue Affinität nicht nur dadurch, daß Frauen verstärkt in den

Rhythmus des Industriezeitalters hineingezogen wurden, sondern auch auf die Weise, daß sich die Männer mehr als bisher einer Art von Belastung ausgesetzt sahen, die traditionell eher das Dasein der Frauen charakterisierte. Die totale Ausfüllung der Zeit, die ewige »Eile« und die Zersplitterung der Aufmerksamkeit – dieses Ständig-zu-tun-Haben, dieses Hin und Her und An-mehreres-zugleich-denken-Müssen – hatten früher eher die Welt der Frau charakterisiert; jetzt mußte sich auch eine wachsende Zahl von Männern mit diesem Streßtypus herumschlagen. Man kann es auch daraus erklären, wenn die Musterexemplare der Neurasthenie häufig männlichen Geschlechts waren; denn viele Männer waren an diese Art der Belastung weniger gewöhnt als die Frauen.[98]

Die neue nervöse Nähe schuf neue Kommunikationsstile zwischen den Geschlechtern. Thomas Clifford Allbutt, eine führende Autorität für Neurasthenie in England, bemerkte bereits 1895 in ironischer Rückschau: Als die »Neue Frau« gekommen sei, hätten beide Geschlechter gemeinsam »den Nervengesang angestimmt (began to chant nerves together), ihre Symptome verglichen, gemeinsam über physiologische Probleme spekuliert und sich Hand in Hand durch die Kuren gequält«.[99] Der Nervendiskurs trug sichtlich dazu bei, die Geschlechterrollen auch im Bewußtsein in Bewegung zu bringen.

Die Assimilation von männlichem und weiblichem Streß konnte zu einer neuen Intimität der Verständigung zwischen beiden Geschlechtern führen, sofern man/frau die Ähnlichkeit der Belastung begriff. Die Max-Weber-Biographie Marianne Webers bietet, mag sie die sinnliche Seite dieser Beziehung auch als ungelöstes Rätsel hinterlassen, Beispiele für ein solches Sich-Verstehen über die »Nerven«. Marianne Weber bemerkt, sie habe sich, da sie selbst »nervös belastet« gewesen sei, »völlig in den Zustand ihres Mannes einzufühlen« vermocht. In der Tat, die »zersplitternde Vielgeschäftigkeit«, die dem psychischen »Absturz« Webers vorausging, war von der Struktur her ein Belastungstyp, wie er vielen Frauen wohlbekannt war; und die Frauen besaßen mehr Erfahrung als viele Männer darin, wie man diese Art von Streß durch ein Zurückstecken der Ziele und eine Ökonomie der Kräfte bewältigt. Eduard Baumgarten glaubt, die Krankheit habe Weber mit der »Freiheit des Unglaubens an die Superiorität männlicher (gröberer) Kraft« begabt.[100]

Der Nervendiskurs zwischen den Geschlechtern vollzog sich jedoch keineswegs nur friedlich. Das Thema »Nervosität« bot unerschöpflichen Stoff für gereizte Partnerspiele. Die Neurasthenieliteratur, die das Leiden grundsätzlich als individuelles Phänomen erfaßt, behandelt die soziale Komponente der Nervosität insgesamt nur punktuell und andeutend; erst aus den Patientenakten schlägt einem manchmal ein Stück nervöser

Familienalltag entgegen und bekommt man eine Vorstellung davon, daß »Nervosität« nicht nur eine Eigenschaft von Individuen, sondern auch von eingefahrenen Kommunikationsmustern war. Otto Binswanger bemerkte bei typischen Neurasthenikern eine ausgeprägte Raffinesse, Familienmitglieder aus der Fassung zu bringen, und »eine fast dämonisch zu nennende Freude darüber, ihnen vorwerfen zu können, die Selbstbeherrschung verloren zu haben«. Wenn der Nervöse seinen Partner anfahren konnte: »Sei doch nicht so nervös«, war der Ball zurückgespielt.[101]

Manche nervösen Männer bedienten sich in der Tat solcher Tricks, um aus ihrer Nervosität ein Machtmittel zu machen. Aber dazu waren längst nicht alle in der Lage. Und auch manche Frauen wußten mit der männlichen Nervosität zu operieren. Man nehme etwa den Fall eines 53jährigen holländischen Bankiers, der 1902 auf Betreiben seiner Ehegattin für zwei Monate nach Ahrweiler kam. Schon im Sommer 1888 waren sie zusammen dort gewesen, und die Frau hatte seitdem einiges über nervöse Leiden und nervöse Partnerspiele gelernt. 1902, als sie ihren Mann erneut an die Ahr schickte, lieferte sie die Neurastheniediagnose mitsamt Erläuterungen gleich mit und gab sich mit Selbstverständlichkeit als diejenige, die bei nervösen Leiden das Sagen hat: »Da mein Mann seit einiger Zeit an Neurasthenie leidet, möchte ich ihn gerne zur Genesung in Ihrer Heilanstalt unterbringen. ... Da Nervenkranke leider unberechenbar sind, kann ich Ihnen noch keinen Tag bestimmen ... Da mein Mann leider behauptet, nicht krank zu sein und sein Geschäft nicht verlassen zu können, ist es äußerst schwierig, ihn zur Reise zu bewegen.« Aber es gelang ihr doch.[102]

Nervöse Partnerspiele ereigneten sich auch auf sozial niederem Niveau: so etwa bei einem Frankfurter Druckereiarbeiter und seiner Frau, die eine Wäscherei betrieb. 1910 hatten sie geheiratet, nachdem er ihr »mit Totschießen« gedroht hatte, wenn sie ihn nicht heiraten würde – das jedenfalls behauptete die Frau. Sie berichtete auch, daß er sie beschimpft und mißhandelt habe, wenn sie ihn gebeten habe, ihr in der Wäscherei zu helfen. Aus der Akte geht immerhin hervor, daß er seinen Druckerberuf aufgegeben und eine Zeitlang in der Wäscherei gearbeitet hatte. Schon 1911 kam er auf Betreiben seiner Frau in eine geschlossene Anstalt, aus der er so bald nicht mehr freikommen sollte; denn er erhielt die Diagnose »Dementia paranoides«. In der Tat äußerte er Wahnideen. Aber aus seiner Sicht lag alle Schuld bei der Nervosität seiner Frau, die er eigentlich selber hatte in die Anstalt bringen wollen:

»(Er) sei völlig gesund. ... Seiner Frau zuliebe habe er seine Stellung als Steindrucker an den Nagel gehängt ... Er passe nicht zur Wäscherei; habe dort als Ausläufer fungieren sollen; habe keine Ruhepause gehabt, habe sich ganz kaputt machen sollen ... Er habe seine Frau schon auf die Anstalt bringen wollen, da sie hochgradig nervös sei. ... Dem Doktor ist denunziert worden, daß ich nervös bin.« Und »sehr umständlich« erzählte er den Ärzten, wie »sehr nervös« seine Frau sei. Aber es nützte ihm nichts: Bei dem Spiel, sich gegenseitig den Schwarzen Peter »hochgradige Nervosität« zuzuschieben, war seine Frau schneller und erfolgreicher gewesen.[103]

1897 kam ein Professor der Pharmazie, damals 48 Jahre alt, zu Robert Binswanger nach »Bellevue«. Sein Dresdner Hausarzt teilte mit, bei dem vielbeschäftigten und angesehenen Mann habe sich »unter dem Einfluß eines periodischen Alkoholismus und einer außerordentlich regen angestrengten geistigen Tätigkeit ... eine immer wachsende Neurasthenie herausgebildet«, die sich in Schlafmangel, Reizbarkeit, Unstetigkeit und abnehmender Leistungsfähigkeit äußere. Man müsse sogar befürchten, daß sich hinter dem Alkoholismus des Pharmazeuten »die Anfangserscheinungen einer fortschreitenden Gehirnlähmung verbergen könnten«. Am Bodensee nahm man jedoch das, was in Dresden schon als sehr bedenklicher Alkoholismus galt, vor der Jahrhundertwende noch nicht so tragisch. Als die Frau des Professors den Arzt geradezu flehentlich bat, ihren Mann möglichst lange in »Bellevue« zu behalten, bekam sie die Antwort: »Solange sein Nervensystem in dem jetzigen guten Zustand ist, steht zu hoffen, daß er Energie genug besitzt, abstinent zu bleiben.« Aber die Frau ließ nicht locker: »Wir wissen leider ganz genau, daß ihm seine jetzige Energie zu Hause sehr bald wieder abhanden kommen wird.«[104] Bei dem Zustandekommen des Therapiebedarfs bei dieser »Neurasthenie« war offenbar das weibliche Interesse im Spiel. Es war jene Wendezeit, als die einen den Alkoholgenuß noch für gesund, die anderen den Alkoholismus schon für eine Volksseuche hielten; und die Frauen im Bund mit einer Ärztefraktion trugen im eigenen Interesse dazu bei, daß sich die letztere Sichtweise durchsetzte.

Der amerikanische Psychotherapiekritiker Jeffrey M. Masson suchte aus den Akten von »Bellevue« den Fall der 19jährigen Julie de La Roche heraus, die nach mehreren Fluchtversuchen aus ihrer Familie – einmal mit einer Freundin, einmal mit einem Freund – 1896 von ihrem Vater in die Anstalt eingeliefert wurde, nachdem der Hausarzt die Sorge geäußert hatte, daß das Mädchen einem »Zustand von Moral Insanity« entgegengehe. In »Bellevue« bekam die Patientin erst einmal eine Woche Bettruhe verordnet; danach floh sie und lancierte einen anklagenden Bericht gegen die Anstalt in die Presse. Dieser Fall ist jedoch bei weitem nicht so typisch, wie Masson ihn darstellt. Entgegen seiner Behauptung gehörte die Diagnose »moral insanity« nicht zum Binswangerschen Vokabular.

Massons Behauptung, jeder damalige Psychiater habe bei einem Mädchen wie diesem an einen »moralischen Defekt« glauben müssen, zeugt von Unkenntnis der deutschen Psychiatriegeschichte.[105] Sexuelle Bedürfnisse und der Drang nach Freiheit von einer strapaziösen Familie galten in der »Nerven«-Literatur auch bei jungen Mädchen mitnichten als Anzeichen einer beginnenden Geisteskrankheit; vielmehr war die Einsicht, daß das Dasein in bestimmten Familien für sensible Menschen eine Qual ist, eine Prämisse der gesamten Nervenheilstättenbewegung. Die Nervenheilstätten dienten im allgemeinen nicht als Kampfmittel gegen die weibliche Emanzipation; im Gegenteil: Gar nicht selten erscheinen die Frauen als treibende Kraft bei der Einweisung männlicher Patienten, und offensichtlich haben diese Anstalten viele Frauen zumindest für eine Zeitlang von dem Zusammenleben mit unleidlichen Alkoholikern und Streithähnen erlöst.

Ein Bergbauingenieur, der 1921/22 als 63jähriger für anderthalb Jahre nach Ahrweiler – und zwar zunächst in die geschlossene Abteilung – kam und den der dortige ärztliche Bericht als »typischen Neurastheniker« kennzeichnet, schrieb seinem Bruder aus der Anstalt, er sei »ja hier vollständig eingesperrt auf Veranlassung meiner Frau«, und der Bruder teilte dem Arzt mit, daß dieser nervenschwache Mann »zitternd auf den Knien vor seiner Frau« gelegen habe. »Nie hat er darüber gegen irgend jemand etwas verlauten lassen; seine Frau – die ja wohl selbst nervös ist, aber ihm an Energie und Willenskraft bedeutend überlegen ist – hat es mir letzten Sonntag selbst gesagt und sogar – daß sie ihn geschlagen hat!« Immer wieder grämt sich der Mann wegen früherer Alkoholexzesse, obwohl er nur Bier getrunken hatte: Auch die Antialkoholikerbewegung konnte bei dem, der ihre Lehre erst nach längerer alkoholischer Arglosigkeit verinnerlichte, hypochondrische Ängste auslösen. Der Ingenieur hatte sich einem Antialkoholiker, der als früherer Alkoholiker besonders fanatisch war, angeschlossen und von ihm verängstigen lassen, nun fing er selber an zu jammern, daß das Volk früher über die Gefahren des Alkohols nicht aufgeklärt worden sei. Man sieht, wie der Bierkonsum selbst in dem durstigen Bergbau hier und da sein gutes Gewissen verlor. Der Ingenieur fühlte seine Schmerzen nicht an den Nerven, sondern im Herzen, und seine Schmerzerfahrung war durch seinen Beruf geprägt: Immer wieder gebrauchte er Bilder von der Art, »als wenn jemand mit einem Bohrer tief ins Herz hineinbohrt«. Aber weder die Gefahren des Bergbaus noch der Weltkrieg und die französische Besatzung nach 1918 waren die Wurzel seines Leidens; sondern seine Crux war offenbar von Anfang an seine Ehe. Schon 1886, unmittelbar nach seiner Eheschließung, begann ein Magenleiden, und er begab sich erst einmal zur

Erholung zu seinen Eltern. In Gegenwart seiner Frau bekam er »Tob-suchtsanfälle«, bei denen er Tisch und Stühle umwarf – um dann auf den Knien Abbitte zu leisten.[106] Selbst in einem sehr männlichen Beruf waren sich die Männer ihrer Virilität nicht sicher!

Die Familie als Nervositätsquelle: Die Literatur behandelte dieses Thema im allgemeinen nur beiläufig und diskret; aber verdrängt wurde es keineswegs. Cramer schilderte, wie sich Familienmitglieder »in ihrer Nervosität« wechselseitig »zu immer höherer Reizbarkeit« herauf-schrauben. Oft könne man in der Sprechstunde, noch bevor die Patienten ein Wort gesagt hätten, vom Verhalten des Mannes auf die Nervosität der Frau und umgekehrt schließen. Er beschreibt den »Mann mit einer an-scheinend eisenfesten Gesundheit«, den die hysterische Frau nervös macht, aber auch die an ihrem demütigenden Verhalten zu erkennenden »unterdrückten Sklavinnen«, wo im Hintergrund der »reizbare, gewalt-tätige, egozentrische, endogen nervöse Mann« als Krankheitsursache er-kennbar ist. Cramer kennt sowohl die fixe Rollenverteilung zwischen ak-tiver und passiver Nervosität als auch die wechselseitige Induktion, die gleichsam nervöse Wechselströme erzeugt. Im Vergleich dazu entwirft die Hysterielehre ein feststehendes Rollenszenario. Für Weir Mitchell ist ein hysterisches Mädchen wie ein »Vampir, der gesunden Menschen in seiner Umgebung das Blut aussaugt«.

Nicht alle Autoren kennen den aggressiven Neurasthenikertyp; für Otto Schär spielt der typische Neurastheniker für seine soziale Umge-bung die Rolle des »Last- und Packesels«, dessen aufreibendes Dasein so wenig Anerkennung findet, »daß nicht selten dem Esel noch ein Ermun-terungshieb gegeben wird in Form von versteckten Anspielungen, Spott usw., so daß es jener ganz in der Ordnung findet, noch weiter zu laufen, und sich zu erhöhten Leistungen zwingt«. Da um 1900 an eine Famili-entherapie noch kaum ein Gedanke war – obwohl sich manche Eheleute gemeinsam in eine Nervenheilstätte begaben –, schien die Rettung nur in der zeitweiligen Isolation von der Familie zu bestehen. Aschaffenburg meinte, es sei nicht zuviel gesagt, wenn man behaupte, »die Hälfte der Behandlung sei mit der Trennung von den Angehörigen erreicht«. Dra-stischer schrieb ein Kreuzlinger Arzt 1920 an Ludwig Binswanger über einen in seine Hamburger Bankiersfamilie heimgekehrten Patienten – nachdem er, der Arzt, diese Familie aus der Nähe erlebt hatte –, dieser solle »dringend von zu Hause fort«. »In dem wahren Hexenkessel seines Heimes« sei »die Atmosphäre durch allerlei Intrigen und Schmarotze-reien, wie sie besser nicht an einem Rokokohöfchen gedeihen könnten, so dick geworden«, daß seine Genesung ernsthaft gefährdet sei.[107]

August Châtelain, langjähriger Direktor der großen Irrenanstalt im schweizerischen Préfargier, veröffentlichte noch als 73jähriger (1911) eine »Hygiene des Nervensystems«, in der er nervösen Paaren den Rat gab, die Ferien voneinander getrennt zu verbringen. Und dann kommt er in einer damals ungewöhnlichen Art auf das nervöse Potential der Mutter-Tochter-Beziehung zu sprechen, das vielen Männern verborgen blieb: »Ich habe Töchter gesehen, die allein mit ihrer Mutter lebten und im höchsten Grade neurasthenisch wurden. – ›Mein liebes Kind!‹, sagte die Mutter vor dem Sterben, ›was soll aus ihm werden, wenn ich nicht mehr sein werde?‹ ... Und die trauernde Tochter genas schnell von ihrer Neurasthenie. Das ist oft so bei Frauen.«[108]

Der Tod des anderen als Therapie – solche Gedanken blieben meist tabu, außer in den damals von Freud im Unterbewußtsein aufgedeckten Vatermord-Wünschen. Daß aber nicht nur die Vater-, sondern auch die Mutterbeziehung eine Quelle von Nervosität sein kann – und zwar auch bei Männern –, war schon zu jener Zeit manchen Ärzten bewußt. Bei einem 26jährigen Kandidaten der Jurisprudenz, der 1910 zum zweiten Mal nach Kreuzlingen kam – schon 1907 war er ein Vierteljahr dort gewesen –, begründete Robert Binswanger die Diagnose »Neurasthenie« mit besonderer Sorgfalt, um den Verdacht auf Dementia praecox abzuwehren:

»Pat. benimmt sich bei der ersten Besprechung in Gegenwart seiner Mutter und des Arztes höchst kindisch. Dies ... läßt dementia praecox vermuten. Aber auch diese Annahme hält sich nicht. Die Diagnose lautet auf eine im Kindesalter aufgetretene *Neurasthenie* mit Zwangsideen und Zwangshandlungen (Reinlichkeits- und Ordnungsmanie). ... Intellektuell ist Pat. gut. So verzogen, verwöhnt, so eigenwillig, so beherrscht er von nosophobischen Vorstellungen ist, so bricht doch seine Intelligenz, seine Einsicht immer wieder durch. ... Als Pat. im J. 1907 uns verließ, setzten wir alle Hebel in Bewegung, um ihn von dem Schürzenband der Mutter los zu bekommen.«[109]

Zumindest zwischen den Zeilen der Akten erkennt man nicht ganz selten ein nervöses Potential der Vater-Sohn-Beziehung. Eskalierte eine familiäre Nervosität in der Regel dadurch, daß ein reizbarer Vater seine Söhne tyrannisierte, und ist es das, was sich hinter den zahlreichen Neurasthenikerhinweisen auf »nervöse« Väter verbirgt? Aber wenn der Vater ein ausgeprägter Tyrann oder Patriarch war, wurde das dazugesagt: In dem Begriff »nervös« als solchem war diese Bedeutung nicht enthalten. Und wenn man den tobenden Vater als »nervös« kategorisierte, hieß das, daß man sein Toben nicht ernst nahm. Dadurch wurden die väterlichen Ausbrüche nicht unbedingt erträglicher. Grotjahn empfand es in der Erinnerung als besonders unangenehm, daß sein Vater, obwohl er die

»Prügelpädagogik« eigentlich habe »humanisieren« wollen, ihn mit »nervöser Hast« geschlagen habe. Ein Leiden unter dem Druck der väterlichen Autorität findet man dagegen seltener, als man von gängigen Bildern der kaiserlich-deutschen Gesellschaft her erwarten möchte. Statt dessen zeigt sich ein preußischer Professor der Jurisprudenz 1886 Robert Binswanger gegenüber dadurch irritiert, daß sein siebenjähriger Sohn ihn ewig um Erlaubnis fragt! »Zu Hause hat uns Erich mit der Frage, ob er dieses oder jenes dürfe, oft recht gequält.« In seinem späteren Leben entwickelte sich der Sohn offenbar zu einem berufsunfähigen Nervenbündel. Wenn man sieht, wie ihn sein Vater ständig neurologisch analysiert, bekommt man einen Begriff davon, wie schon in den 1880er Jahren Nervenlehren auch außerhalb der Medizin kursierten und die familiären Gespräche infizierten. Man erkennt aber auch, wie der neurologische Blick in der Vater-Kind-Beziehung schon damals die moralisierende Sichtweise zurückdrängt.[110]

In den Patientenakten von »Bellevue« findet man einen 26jährigen Kandidaten der Philologie, der sich wie ein leibhaftiges Schauobjekt der Neurasthenie präsentiert, und zwar in enzyklopädischer Fülle. Er sprudelt nur so heraus mit seinen Symptomen, und die Liste nimmt kein Ende:

»Unlustneurose, Energielosigkeit, Gedankenhemmung, Zwangsideen, Melancholie, Hypochondrie, Gedankenkonzentrierungsunfähigkeit, Erschöpfungszustände, Angstgefühle, Lähmungsgefühle, Apathie, Lethargie, Grübelsucht (Zusatz: Schlaflosigkeit), Mißtrauen (Verstimmtheit), Selbstmordgedanken, ungleicher (sic!) Geschlechtstrieb, Rührseligkeit, innere Unruhe und Unbehagen, Temperamentlosigkeit, Empfindlichkeit, Menschenscheu (Ekelgefühl), Befangenheit, Ungeduld, Humorlosigkeit, (Langeweile) Wankelmut, sog. Launenhaftigkeit ..., Hoffnungslosigkeit, Schwermut, Unzufriedenheit ... (usw.)«

Die Aneinanderreihung verrät ein regelrechtes Nervositätstagebuch, das durch einschlägige Lektüre unterstützt wurde. Bei einem Sproß der Münchener literarischen Boheme fällt auf, daß bei all dieser Überpräzision das sexuelle Moment nur undeutlich und beiläufig angesprochen wird. Lenkt der Wortschwall von dem wundesten Punkt ab?

Dieser Verdacht wird stärker, wenn man den Vater des Patienten ansieht, der bei der Entstehung dieser Neurasthenie offenbar eine wichtige Rolle spielte: Es handelt sich um Georg Hirth, den Redakteur der 1895 gegründeten Zeitschrift »Jugend«, von der es schon 1897 hieß, sie habe sich »in der kurzen Zeit ihres Bestehens den Erdball erobert«. Hirth war gewiß das Gegenteil eines repressiven Spießbürgervaters: Er war vielmehr ein Prophet der sexuellen Befreiung – allerdings einer von jener Sorte, die das sexuelle Glück zum Pflichtprogramm macht. Nach außen eine Kraft- und Frohnatur mit breitem Schmunzeln und funkelndem Blick, verherrlichte er die »paradiesische Kraft des Phallus« und schmähte jene Männer, die durch verfrühten Samenerguß die Frau um ihren Orgasmus betrögen. Er verteufelte die Onanie nicht, aber er verachtete sie als »Affenkunst«. Für seine Person hatte er einen Hang zum Sexualprotzentum und fand es wichtig, sexuelle Potenz noch bis ins Alter zu demonstrieren: »Wo Großväter ihren Enkeln kräftige Onkel zeugen können, da zieht Entartung feig sich in ein Mauseloch zurück.« Ähnlich wie sein Sohn kannte er die Neurasthenielehre in- und auswendig. Der Sohn charakterisierte seinen Vater als »exaltativen Nervösen« und glaubte, er habe seine eigene Nervosität von den Eltern geerbt.[111] Dieser Lehrbuchfall von Neurasthenie stammt aus einer Vater-Sohn-Beziehung von einer Art, wie sie nach herkömmlichen Vorstellungen nicht im Kaiserreich, sondern eher in die Gegenwart paßt, wo bereits viele Väter die Heilslehre der »sexuellen Revolution« verkünden. Damit sind wir bei dem sexuellen Moment der Neurasthenie; und auch hier gibt die Nervengeschichte manche unkonventionellen Einblicke in die Vorkriegsgesellschaft.

»Das Bett ist der eigentliche Kampfplatz des Neurasthenikers«: Neurasthenie und männliche Sexualängste – Venus, Bacchus und Malthus

DER NERVOSITÄTSDISKURS WAR über weite Strecken ein halbverdeckter Diskurs über die Sexualität. Bei den »Nervenreizen« dachte man nicht zuletzt an sexuelle Reize, bei der »Nervosität der Zeit« an die Turbulenzen der »freien Liebe«, die um die Jahrhundertwende aus der Sicht vieler Zeitgenossen das explosivste von allen Problemen war. Sexuelle Nöte sind das Leitmotiv unzähliger Neurasthenikergeschichten: in welchem Maße, das zeigen die Patientenakten noch deutlicher als die Lehrbücher. Schon Beard bezeichnete die »sexuelle Neurasthenie«, sein letztes Thema, als »fast die wichtigste unter allen Neurastenieformen«. Die Sexualität bot das Grundmuster der »reizbaren Schwäche«; denn starke Erregbarkeit und schwache Potenz liegen hier oft nahe beieinander. In vielen Krankengeschichten ist nicht zu verkennen, daß das sexuelle Moment der eigentliche Kern der Neurasthenie ist oder zumindest der springende Punkt, wo der Therapiebedarf akut wird. Um das zu bemerken, braucht man keine psychoanalytische Brille. Selbst ein scharfer Gegner Freuds wie Theodor Ziehen, der 1894 in der ersten Auflage seines Psychiatrie-Lehrbuchs die sexuelle Komponente der Neurasthenie nur nebenbei erwähnt hatte, hob in der vierten Auflage 1911 nach langjähriger Charité-Erfahrung die »Störungen auf sexuellem Gebiet« als »besonders wichtig« hervor. Rudolph v. Hößlin läßt in seinem Beitrag zu F. C. Müllers »Handbuch der Neurasthenie« erkennen, wie die sexuelle Frustration auf die Phantasie des Neurasthenikers einen förmlichen Sog ausübt und einen ganz besonderen Erlösungsbedarf hervorruft, so daß der Patient an nichts anderes mehr denkt. Wenn Goethe seinen Mephisto über die »Weiber« spotten läßt, es sei »ihr ewig Weh und Ach / So tausendfach / Aus *einem* Punkte zu kurieren«, so scheint das mindestens ebensosehr für viele neurasthenische Männer zu gelten. So heißt es über den baltischen Baron, der sich 1889 nach »Bellevue« begab: »Seit 1878 kein Coitus mehr. Nur diesen Sommer nach den elektrischen Bädern.« War es konkret dieser Effekt, den sich viele Männer vom Kribbeln des Schwachstroms erhofften? Die Wirkung der Elektrizität bei Impotenz sei »eine superiore«, versicherte der Wiener Neurologe Benedikt 1911, der sich über Elektrotherapie sogar habilitiert hatte.[112]

Otto Binswanger prophezeite seinen Studenten, »fast jeder Neurastheniker« werde ihnen früher oder später »sein Herz ausschütten« und »zu beweisen versuchen, daß er das unglückselige Opfer seiner Jugendtorheiten« – sprich: der Onanie – geworden sei. Für ihn war diese Überzeugung in vielen Fällen nur eine fixe Idee. Bedenklicher wird die Sache bei Hermann Oppenheim, der noch an die hochgradige Schädlichkeit der Onanie glaubte. Er stellte fest, der »Sexualapparat« stehe »sehr häufig« im Mittelpunkt der nervösen Beschwerden. Das erste »Glied in der Kette« sei die »Masturbation«. Diese erzeuge ein »Heer nervöser Beschwerden«, und diese Nervosität verleite wiederum zur Masturbation: »So schließt sich der Ring der sexuellen Neurasthenie.« Sowohl Ursache wie auch häufige Folgeerscheinung sei die Impotenz. »Ja, es ist nicht zu viel gesagt, wenn man behauptet, daß die Mehrzahl der Individuen, die über Impotenz zu klagen haben, Neurastheniker sind ...« Diese Kernsätze hielten sich durch alle Auflagen von Oppenheims »Lehrbuch der Nervenkrankheiten«.[113]

Ein Musterbeispiel für eine neurasthenische Besessenheit von Sexualproblemen bietet ein 36jähriger »Privatier«, der 1896 nach Ahrweiler kam; Erb hatte ihn seines »neurasthenischen Zustandes wegen« dorthin geschickt. Wie er berichtete, hatte er »schon als Kind viel unter Nervosität zu leiden«. »Frühzeitig hatte er sexuelle Vorstellungen, die ihn bald zur Onanie führten, die er lange Zeit sehr stark betrieb.« Nach seinem Studium lebte er drei Jahre mit einer jungen Witwe zusammen und »war oft sexuell sehr ausschweifend«. »Bei dieser ausschweifenden Lebensweise arbeitete Pat. zeitweise sehr anstrengend. Er hatte damals viel an Kopfschmerzen und Kopfdruck, ferner Herzbeklemmungen und hochgradiger Neurasthenie zu leiden.« Ein Professor erkannte bei ihm »starke Nervenzerrüttung« und verordnete »Aufenthalt im Süden etc.«. Da er die Riviera liebte, ließ er sich das nicht zweimal sagen. Sein Interesse an seiner Neurasthenie nahm zu. In Ahrweiler betrieb er »eifrige Studien medizinischer Bücher, namentlich des Krafft-Ebingschen Machwerkes über Neurasthenie« und entdeckte »fast täglich neue Symptome dieser Krankheit an sich«. »Nachts wird Pat. anscheinend durch sexuelle Erregungen sehr gequält. Er sagt, das Bett ist der eigentliche Kampfplatz des Neurasthenikers.«[114]

Alles in allem läßt sich beim Studium der Neurasthenikergeschichte leicht nachvollziehen, daß Freud in diesem Patientenmilieu zu der Überzeugung gelangte, der Ursprung all dieser nervösen Störungen sei sexuell, und alles übrige sei nur Beiwerk. Wenn man daran glaubte, daß es einen einzigen Ursprung der Nervosität gebe und dieser eine allumfassende Macht sein müsse – die meisten Autoren der Nervenliteratur glaubten nicht daran –, dann konzentrierte sich der Verdacht fast zwangsläufig auf die Sexualität. Weit weniger kann man jedoch nachvollziehen, wieso Freud glaubte, die wahren sexuellen Motive aus der Tiefe des Unbewußten hervorholen und selbst in den Träumen noch eine Zensurinstanz annehmen zu müssen. Wie Hößlin im Handbuch bemerkt, wimmelten die Träume der Neurastheniker von sexuellen Phantasien.[115] Die Patienten fingen von sexuellen Themen an, ohne daß der Arzt sie darauf zu bringen brauchte; Freud mußte sich nur von seinen Patienten leiten lassen – und zwar von ihren bewußten und ausdrücklichen Aussagen –, um in das Reich des Sexus zu gelangen. Indem er sich jedoch darauf verlegte, unbewußte sexuelle Triebkräfte zu ergründen, ließ er die in den Patientengeschichten immer wiederkehrenden banalen Motive, die keine Analyse brauchten, beiseite: die unerfüllten sexuellen Wünsche, den Verdruß über ein Nachlassen der Potenz und die Angst vor der Syphilis und den vermeintlichen bösen Folgen der Onanie.

Nicht weniges in den Befunden dieser Untersuchung paßt zu der antifreudianischen Grundannahme Michel Foucaults, daß sich die Moderne nicht durch das Schweigen, sondern durch das Reden über die Sexualität auszeichne, und daß gerade dieses viele Reden den Menschen Zwang angetan habe. In vielen Fällen ist das, was an den Neurasthenikergeschichten auffällt, gar keine Verdrängung des Sexus, sondern ein zwanghaftes Zuviel an Worten und Grübeleien.

Von daher braucht man nicht Prüderie, sondern kann Lebensweisheit darin erkennen, wenn die Nervenheillehren im allgemeinen dazu neigten, die Aufmerksamkeit des Patienten von seiner Sexualität abzulenken. Hermann Oppenheim erklärte bei seinen Ausführungen zur Impotenz der Neurastheniker: »Der Geschlechtsakt duldet keine Reflexion, keine Betrachtung des Ichs, keine ängstlichen Erwägungen und Befürchtungen.« Allerdings hat auch seine strenge Abwehr aller Reflexionen etwas Ängstliches und Gezwungenes – als ob alle Gedanken gleich die Libido verdürben –; die Maxime verrät gegenüber der Sexualität eine krampfhafte »Augen-zu-und-durch«-Einstellung![116]

Einen empfindlichen Mangel der gesamten Nervositätsliteratur kann man darin sehen, daß sie dem Nervösen so gut wie nirgends die Zuversicht vermittelt, daß er seine Sexualität auch so wie er ist, in seiner nervösen Art, genießen kann. Einen Ton von Humor und Leichtigkeit im Umgang mit der Sexualität sucht man in den Nervenlehren meist vergebens; die meisten Autoren konnten offenbar nicht anders, als dieses Thema in tierischem Ernst abzuhandeln. Egal, ob einer häufigen Geschlechtsverkehr für gesund oder für ungesund hielt: daß das Sexualverhalten viel mit der Gesundheit zu tun habe, darin waren sich fast alle einig. Daß es dagegen für die Gesundheit ziemlich gleichgültig sein könnte, ob und wie jemand sexuell verkehrt: auf diese Idee kamen die wenigsten Autoren.

»Er glaubt, daß ein Fluch auf seinem ganzen Leben laste, weil er seit frühester Jugend oniert habe«, heißt es in Ahrweiler über einen 40jährigen Oberlehrer, der sich seit seinem 22. Lebensjahr über seine »Neurasthenia dyspeptica« sorgte, während sein Arzt »darüber lachte«. Eine typische Neurasthenikerkonfession! Denn die Onanie stand eindeutig im Zentrum neurasthenischer Sorgen. Wenn Freud 1893, als er noch über die Neurasthenie nachdachte, zu dem Schluß kam, die »Quelle« der männlichen Neurasthenie sei die Masturbation – wohlgemerkt nicht nur eine, sondern *die* Quelle schlechthin! –, so hieß das, daß er eine damals gerade unter den Patienten verbreitete Auffassung zur alleinigen Ätiologie erhob. In der Tat: Wenn man die Neurasthenikerakten durchsieht, dann versteht man, daß man notwendigerweise bei der Onanie landete, wenn man darauf bestand, die Neurasthenie aus einer spezifisch sexuellen Ursache abzuleiten. Die Liste der Patientengeschichten zu diesem Thema ließe sich nahezu beliebig verlängern. »Wir sind uns ja alle in dem Urteil einig, daß das Thema der Onanie schier unerschöpflich ist«: Damit beendete Freud die Onaniediskussion der Psychoanalytischen Vereinigung.[117] Die Onanie war zu jener Zeit in der Tat ein Thema ohne Ende. Nicht selten wirkt sie wie die große Angstlust schlechthin und als eine Unruhe, die als ungeheuer bedeutungsschwanger erlebt wurde. Der vielgelesene Wilhelm Bölsche glaubte, die Onanie sei eine Urerfahrung der Sinnlosigkeit, durch die das Bedürfnis nach Sinn erst eigentlich drängend werde.[118]

Die Angst vor den Folgen der Onanie war an und für sich um 1880 nichts Neues. Um in Erfahrung zu bringen, wieweit die Neurasthenie dennoch eine Zeitkrankheit war, sollen Auszüge aus einigen Patientengeschichten folgen, die eine anschauliche Vorstellung von der Art, der Wirksamkeit und der Zeitgebundenheit der mit der Onanie verknüpften psychischen Verwicklungen geben.

Im ersten Fall handelt es sich um einen 20jährigen Pfarrerssohn aus dem Oldenburgischen, der 1902 für sieben Monate nach Ahrweiler kam. Dort verfaßte er, vom Arzt ermutigt, einen langen Bericht über die Geschichte seiner Onanie; Arzt und Patient waren sich offenbar einig in der pathologischen Bedeutsamkeit dieses Themas, wie auch die gesamte Lebens- und Leidensgeschichte eine eskalierende Wechselbeziehung zwischen Patientenerfahrung und ärztlichem Rat erkennen läßt. Offenbar machten die Ärzte dem Jugendlichen angst; aber dieser zeigte auch eine kolossale Anfälligkeit für ärztliche Bangemache und suchte ohne Zutun seiner Eltern immer neue ärztliche Konsultationen, die ihn beunruhigten, wobei sich bei ihm eine fatale Mischung aus Altklugheit und Wehleidigkeit entwickelte.

»Augenblicklich beinahe 20 Jahre alt, habe ich seit frühester Jugend, wahrscheinlich seit dem 10. Lebensjahr, an Onanie gelitten, jedenfalls erinnere ich mich, daß ich überhaupt noch keinen Samen hatte, als das Leiden sich zum ersten Mal zeigte. Wie ich dazu gekommen bin, weiß ich nicht, verführt bin ich von niemandem, vielleicht hat neben leichter nervöser Veranlagung die Darreichung einer zu üppigen Nahrung zu früh diesen Trieb geweckt. Die Krankheit trat häufig und stark auf, von Anfang an täglich mindestens einmal, in den letzten Jahren gewöhnlich zwei- bis dreimal. ... Die Ärzte erklärten mich stets für gesund, obwohl ich doch so traurig aussah, und meine Eltern merkten infolge des Urteils der Ärzte auch nichts.« Statt dessen belohnten sie das matte und kränkliche Gehabe ihres Sprößlings mit Kuraufenthalten. »So schleppte ich mich nach Durchführung einer vierwöchigen Kur im Solbad Rothenfelde bei Osnabrück, nach einer Harzreise bis zum Winter 1899 hin, da wurde es plötzlich sehr schlimm, ich bekam Pollutionen, die zuletzt sogar zweimal in jeder Nacht auftraten. In diesem Elend hatte ich durch ein Buch von einem Arzt in Berlin gehört, der derartige Leiden ganz auf schriftlichem Wege ... behandelte.«

Er schrieb dem Arzt und bekam verschiedene Anweisungen, die nicht gerade auf einen im Elternhaus lebenden Jugendlichen berechnet waren:

Er solle nach einer bestimmten Diät leben, seine Verdauung durch Klistiere befördern ... Er meinte, die Ratschläge möchten ihm »ganz gut bekommen sein«, wenn er »alles richtig befolgt hätte«, aber unter den gegebenen Umständen ging die Aufregung jetzt erst richtig los: »Da ich aber die Kur hinter dem Rücken meiner Angehörigen durchführte und mich nach Heilung sehnte, so hing ich mit nervöser Erregung an den mir gegebenen Vorschriften und machte vieles falsch ...« Volle vier Monate lang aß er sich »keinen Tag ordentlich satt«. Schließlich, im September 1899, gestand er den Eltern seine Onanie und sein Leiden. Von einem väterlichen Donnerwetter ist keine Rede; überhaupt kommt im Unterschied zu dem, was man sich gewöhnlich unter einem norddeutschen Pfarrhaus in alter Zeit vorstellt, eine drückende väterliche Autorität in der Geschichte überhaupt nicht vor. Seine Eltern reagierten auf sein Bekenntnis ratlos und schickten ihn erst einmal für volle sechs Monate in Urlaub. Er selbst behält die therapeutische Initiative. Bei seiner Therapiesuche geht er bis nach Berlin; dort bekommt er durch Sauerstoffzufuhr zuerst ein Hochgefühl, erleidet aber gleich einen »sehr schweren Rückfall« in sein »altes Leiden«, nämlich die Onanie: »Die Krankheit zeigte sich täglich bis zu fünf Malen.« Für ihn ist die Onanie schon selbst die Krankheit, und sie nimmt ihren Lauf, ohne daß er selbst etwas machen kann; indem er die Selbstbefriedigung zur Krankheit macht, tut er so, als sei nicht mehr er selbst der Akteur. Die Beziehung zu einer Frau hat er, obwohl so oft ohne elterliche Aufsicht, anscheinend nie gesucht; Frauen sind für ihn gar kein Thema. In seinem Fall ist die Onanie Bestandteil einer totalen Selbstbezogenheit. Die Rahmenbedingungen dieser Nervositätsgeschichte sind erstaunlich modern und entsprechen nicht dem üblichen Bild von »Jugend im Kaiserreich«: eine nachgiebige Wohlstandsgesellschaft, eine üppig wuchernde Therapieszene und eine nur schattenhafte Existenz der elterlichen Autorität.

Im zweiten Fall haben wir einen 39jährigen Oberlehrer aus Hamburg vor uns, der unverheiratet bei seiner Mutter wohnte und 1896 als Neurastheniker für fünf Monate nach Ahrweiler ging. Wie er angab, hatte er »von frühester Jugend« bis in die jüngste Zeit onaniert; außerdem hatte er sich 1882 durch Infektion ein »Geschwürchen am Penis« zugezogen und war 1888 in ein Alkoholdelirium gefallen. Er datierte den Beginn seiner Neurasthenie jedoch auf einen Bauchtyphus, an dem er 1890 erkrankt war und der schwere Verdauungsstörungen zur Folge hatte.

»Er beobachtete sich seit dieser Zeit sehr, pflegte u. a. auch, seit die Mutter bei ihm melancholisch erkrankte, häufiger mit Psychiatern Verkehr, die ihn über manches, so Neurasthenie, Gehirnparalyse und ihre häufigsten Ursachen aufklärten. Er hielt sich dann schon lange für einen Neurastheniker und vermied ängstlich Vergnügungen und Zerstreuungen.«

Die Neurasthenie äußert sich bei ihm nicht in bestimmten körperlichen Symptomen, sondern in leichter Ermüdbarkeit und Depressionen, besonders jedoch in Entscheidungsunfähigkeit, wo es um die Frage der Verlobung geht. »Der Zustand wurde angeblich durch übertriebene Gymnastik und Turnen verschlimmert, mehr aber noch durch eine Verlobungsangelegenheit, die Pat. durch fortgesetztes Schwanken und Zaudern sehr in die Länge zog.« Die Sache war um so heikler, als es sich bei der in Frage stehenden Braut um die Tochter seines Direktors handelte. Er hatte das Gefühl, daß man ihn mit ihr verkuppeln wolle; »man habe sie ihm bei Tische gegenübergesetzt, und die Mutter habe einmal gesagt: ›Dr. J. . . . schläft so schlecht, na, hier ist meine Tochter.‹« Ein Kollege habe ihm prophezeit, er werde seine Stelle verlieren, wenn er sich nicht bald entscheide; er selber fürchtete noch dazu, »die Gesellschaft werde ihn aus Hamburg hinausgraulen«, wenn er die Direktorstochter nicht bald heirate. Diese gespannte Situation war für ihn offenbar der akute Anlaß, sich erst einmal in die Krankheit und an die Ahr zu flüchten. In Ahrweiler notiert der Arzt, der Schlaf des Patienten sei »vielfach durch sexuelle Erregungen gestört«. »Überhaupt scheinen sich die Gedanken des Pat. viel in dieser Sphäre zu bewegen.«

Einer der Psychiater, deren Bekanntschaft er gemacht hatte, hatte bei ihm auf »beginnende Gehirnparalyse« getippt. Wenn man solche Ängste hegte, dann war es um die Jahrhundertwende beruhigend, sich als bloßen Neurastheniker zu wissen, dessen Neurasthenie lediglich von der Onanie kam. Vielleicht ist das der Grund, weshalb der Oberlehrer betonte, »seit frühester Jugend« onaniert zu haben. Wäre ihm an der Überwindung der Onanie brennend gelegen gewesen, dann hätte er die Ehe gesucht; aber das tat er ja gerade nicht. Seine Gedanken kreisen um sexuelle Phantasien; zugleich fühlt er sich der Ehe nicht gewachsen und hat Angst, geschlechtskrank zu sein. Hier wie in vielen anderen Fällen wirkt die Onanie nicht als Ursprung des Leidens, sondern als ein Medium, das Beunruhigungen unterschiedlicher Art in Neurasthenie transformiert und sie auf solche Weise zu einer Art stabilem Dauerzustand macht, der sich auf den Begriff bringen und im Griff halten läßt. Wieder erscheint die Dauerunruhe durch die Onanie als Bestandteil einer ausgeprägten Ich-Bezogenheit und als Phänomen einer Zeit, in der zwar viel Angst vor der »Selbstbefleckung« grassierte, über das Ausmaß von deren Schädlichkeit jedoch ein Meinungswirrwarr herrschte.

Als letztes ein Fall aus der Unterschicht: 1909 erschien ein 24jähriger unverheirateter Schuster aus Berlin-Schöneberg in der Charité, wo er die

Diagnose »hypochondrische Neurasthenie mit Angstaffekten« bekam. Er berichtet, schon seine Eltern seien »nervenkrank«, und »nervenkrank« sei auch er selbst. Seit zwei Jahren fühle er sich krank und habe fortwährend Kopfschmerzen gehabt. Seit dem vorigen Jahr habe er nächtliche Pollutionen, zuweilen zweimal hintereinander. Er finde fast keinen Schlaf mehr; er fühle ein »Jucken im Penis, aber ohne Erektion«.

»Nachts hat er das Gefühl, als ob die Gedanken sich weit von ihm entfernten und schwebten; das trete auf, wenn er an seine Nervenkrankheit denke. … Wenn er auf die Straße komme, blenden ihn die Lichter; wenn die Wagen kommen, schrecke er zusammen und bekomme Angstgefühle… Er fürchte dann geisteskrank zu werden. Straßenlärm kann er nicht vertragen. … Mattigkeit nach der Arbeit und besonders nach den Samengüssen (sic!); dann kamen gleich die Traurigkeit und die Angst. Er werde mit der Arbeit nicht mehr fertig. Seitdem nicht mehr ordentlich gelacht. Habe viel mit homöopathischen Mitteln gearbeitet.«

Ob er sich »Vorwürfe« mache, fragt der Arzt. »Ja.« »Weshalb?« »Daß ich nicht früher die Aufklärung vom Elternhaus bekommen habe. Über die geschlechtlichen Vorgänge – die Masturbation.« Es folgt kein Hinweis darüber, daß der Arzt seine Sorge zerstreut hätte. Die Akte zeigt, daß Großstadtangst und Lärmbelästigung damals als Begleiterscheinungen einer tiefen sexuellen Verunsicherung erlebt werden konnten, und daß sich diese Erfahrung nicht auf das Bürgertum beschränkte. In diesem Fall ist die Onanieangst kein Werk der Eltern, sondern im Gegenteil, der Patient verübelt es ihnen, daß sie ihn nicht »aufgeklärt« hätten. Die Pseudoaufklärung über die schlimmen Folgen der Onanie scheint damals in den Unterschichten vielfach noch etwas Neues gewesen zu sein, was nicht von den Eltern tradiert wurde. Andernfalls wäre es kaum vorstellbar, daß ein Frankfurter Postbote – wie er zur gleichen Zeit in der Charité berichtete – in seiner Jugend bis zu zwölfmal am Tag ungestört onanieren konnte![119]

Eigentlich stammt die Panikmache gegenüber der »Selbstbefleckung« aus dem 18. Jahrhundert. Im Laufe des 19. Jahrhunderts hat sich die Onanieangst offenbar weit über Mediziner- und Pädagogenkreise hinaus verbreitet. Dieser Vorgang ist bis heute noch nicht befriedigend erklärt, ja seine Erklärungsbedürftigkeit oft nicht einmal begriffen worden. Das Alte Testament mit seiner Verfluchung Onans erklärt nichts; auch die Sexualfeindlichkeit der Viktorianischen Ära gehört in dieser pauschalen Form in das Reich der Legende; und die Ankläger der Onanie von der Art eines Tissot waren im späten 19. Jahrhundert längst nicht mehr zitierfähig. Von der modernen materialistischen Medizin her betrachtet konnte zwischen Onanie und Geschlechtsverkehr in der Wirkung auf den Körper eigentlich kein Unterschied bestehen. Die Fortdauer und weitere Ausbreitung der Phobie wäre kaum erklärlich, wenn nicht die Onanie in ihrer einsamen Phantasiefülle für Ängste anfällig gewesen wäre. Zwischen medizinischer Literatur und Erfahrung entwickelte sich offenbar eine fatale Wechselwirkung: Das zeigen viele Patientenberichte.

Hier muß man sich an die simple Tatsache erinnern, daß seit dem späten 19. Jahrhundert, als billige Steinkohle überall hingelangte und die Menschen nicht mehr durch die Kälte zu körperlicher Nähe gezwungen wurden, zwischen den Menschen eine physische Distanz möglich wurde wie nie zuvor. Erst jetzt, als eine wachsende Zahl von Jugendlichen alleine schlief, konnte sich die Phantasiewelt des einsamen Onanierens voll entfalten und eine beunruhigende Zwanghaftigkeit entwickeln. Zugleich wurde die sexuelle Phantasie von anderer Seite stimuliert. Dadurch, daß die körperliche Distanz zwischen den Menschen wuchs, bekam die Aufhebung dieser Distanz in der Sexualität etwas Exotisches, ja Perverses, das die Phantasie mehr als zuvor erregte und beunruhigte. Zu einer Zeit, als die Menschen stets von Kopf bis Fuß in Kleider gezwängt waren, muß die Vorstellung nackter Haut etwas Überwältigendes gehabt haben, das sich heute kaum noch nachvollziehen läßt. In der einsamen Onanie ließen sich diese Phantasien beliebig beschwören und in gesteigertem Tempo stimulieren. Der Jugendliche geriet dabei zwangsläufig an die Grenzen seiner Potenz und erlebte Frustrationen, die die ganze Phantasiewelt zerstörten und jene kribbelige Schlappheit hinterließen, die viele Neurastheniker quälte.

Die Onanie bot damals viel, allzuviel Stoff für Grübeleien, die die Spannung erhöhten. Je mehr einer nachdachte und Informationen sammelte, desto unsicherer wurde er, wie gefährlich die Onanie nun wirklich war. War sie, physiologisch gesehen, nicht das gleiche wie Geschlechtsverkehr, und galt dieser nicht als natürlich und gesund? Manche Informationen erhöhten die Angst, andere verleiteten zur Bagatellisierung der Sorgen; je nachdem, ob gerade die Lust oder der Frust der Onanie überwog, fiel dem Nervösen das eine oder andere ein. Selbst einem Freud war die »Frage nach der Schädlichkeit der Onanie« peinlich; denn er wurde dabei selber unsicher. So grollte er darüber, daß »die Welt« »sich für nichts anderes an der Onanie zu interessieren« schien. Einmal nannte er die Masturbation die »Ursucht« und die Nikotinsucht als einen Ersatz dafür.[120] Dann hätte er aus Angst vor den Folgen der Onanie seine Gesundheit durch Rauchen gefährdet! Aber die damalige Medizin bot in Sachen Onanie auch Hoffnungsschimmer. Nicht zuletzt daraus wird es sich erklären, daß viele Patienten so auffallend ausführlich auf ihre Onanieprobleme zu sprechen kamen, obwohl das Thema als äußerst peinlich galt. Irgendwie muß das Reden und Reflektieren über Onanie befreiend gewesen sein, und man hegte vermutlich die Hoffnung, Tröstliches zu erfahren.

Von den Medizinern bekamen die Nervösen jedoch fast immer gespaltene Antworten. Typisch für die Neurasthenieliteratur ist eine lavierende Umgangsweise mit dem Onanieproblem, die mitunter wie ein taktisch kalkuliertes Doppelspiel wirkt. Immer wieder das gleiche Grundmuster: Zunächst erteilt der Autor einer übertriebenen Panikmache – die er als Machenschaft unsauberer Geister hinstellt – eine energische Abfuhr, anschließend ruft er auf subtilere Weise selber Ängstlichkeiten und Unsicherheiten hervor. Fürbringer, der den »Onanie«-Artikel für Eulenburgs medizinische Real-Enzyklopädie verfaßte (1888), begegnete bei diesem Thema »auffallend kontrastierenden Ansichten unter den ehrlichsten und gediegensten Fachleuten«. Er suchte sich zwischen Pro und Kontra mittendurch zu winden und schlingerte doch hin und her. Gewiß, von der körperlichen Wirkung her seien Onanie und Koitus »völlig gleiche Akte«. Aber die Onanie verleite zur Übertreibung und zur Ausübung selbst ohne Erektion; daher führe sie zur Neurasthenie. Und am Schluß berichtet er mit grimmiger Befriedigung, wie er »einen jungen Burschen, bei dem keine Belehrung und keine Strafe half, durch einfaches Abkappen des vorderen Teiles seiner Vorhaut mit schartiger Schere dauernd geheilt, einer jungen Dame, die selbst in der Gesellschaft von ihrem entsetzlichen (sic!) Triebe heimgesucht wurde, durch wiederholte Ätzungen der Vulva eine erhebliche Besserung verschafft« habe. Und zugleich gab er zu, daß »derartige Prozeduren auf die Dauer« meist »ganz wirkungslos« blieben![121]

Waren diese Ärzte allesamt blind? Diese Annahme kann nicht überzeugen. Offenbar konnte man zu jener Zeit nicht anders denken, auch wenn man von sexualfeindlichen Vorurteilen ganz frei war. Man darf nicht vergessen, daß es über die psychische Wirkung der Onanie letztlich nicht nur objektive, sondern auch subjektive und zeitgebundene Wahrheiten gibt. Die damaligen Lehren der Medizin über die Onanie gründeten sich auf solche subjektiven Wahrheiten; sie entwickelten sich nicht zuletzt im Erfahrungsaustausch zwischen Arzt und Patient: Das erkennt man aus vielen Krankengeschichten. Diejenigen Neurastheniker, die ohnehin zur Egozentrik und zu einer Scheu gegenüber dem anderen Geschlecht neigten, wurden durch die Onanie in ihrer Schwäche bestärkt: In diesem Sinne hatten sie sogar recht, wenn sie die Selbstbefriedigung als Gefahr empfanden.

Aus der Logik der damaligen medizinischen Wissenschaft ist der ungeheure Horror vor der Onanie nicht zu erklären, weit eher dagegen aus dem Ideal der Verbindung von Sexualität und Liebe. Der Abscheu vor der Onanie entstammte oft dem Kult des Eros. Das beste Beispiel bietet Krafft-Ebing, wenn er in seiner vielgelesenen »Pathologia sexualis« ein Schreckbild von den Folgen der in zartem Alter betriebenen Onanie entwirft. »Sie streift von der sich entfalten sollenden Knospe Duft und Schönheit und hinterläßt nur den grobsinnlichen tierischen Trieb nach geschlechtlicher Befriedigung.« »Die reine Glut der Empfindung ist dahin, das Feuer sexueller Brunst fehlt, nicht minder das Selbstvertrauen, denn jeder Masturbant ist mehr oder weniger feige, mutlos.«[122] Wie man sieht, waren diejenigen Mediziner nicht ganz ehrlich, die den Eindruck erweckten, als sei die panische Angst vor den vermeintlichen Folgen der Onanie vor allem die Schuld der »Kurpfuscher« und »dunklen Ehrenmänner«: In Wahrheit waren auch prominente Wissenschaftler an der Angstmache beteiligt.

Nicht wenige Zeitzeugnisse vermitteln den Eindruck einer kollektiven Besessenheit von Gedanken an die Onanie. Aus Schulen, besonders Internaten, Kadettenanstalten und Kasernen, wurde damals von einem »Massen-« und »Wettonanieren« berichtet. Ein Unbehagen der Mediziner bei diesem Thema ist verständlich. Aber die Aufregung gerade mancher Reformer und Naturheiler grenzt an Hysterie. »Jede geschlechtliche Erregung stellt an den Nervenapparat des Herzens ungeheure Anforderungen«, warnte ein Freiburger Naturheiler 1905 im »Naturarzt«, und ein Arzt mit Doktortitel gruselt sich 1907 in den »Reformblättern«: »Wenn die kahlen Wände der Schlafräume in Internaten, die Aborte und andere abgeschlossene Winkel reden könnten – welch ein markerschütternder Schreckensschrei würde in den Herzen aller Eltern wiederhallen ob dieser Unnatur.« Und er verwirft selbst »die schlüpfrige Lektüre der Klassiker des Altertums, wie sie in den höheren Schulen sorgsam gepflegt wird«. In der Tat lag damals ein geheimer, heute fast vergessener Reiz des antiken Erbes darin, daß es für die Eingeweihten eine durchaus unbürgerliche sexuelle Moral enthielt. So verworren waren die sexualhygienischen Signale, die heranwachsende Jugendliche um 1900 vernahmen! Das Veto gegenüber der sexuellen Lust war längst nicht so klar und eindeutig, daß es durchschlagend gewirkt hätte. Wenn man danach suchte, konnte man durchaus Belege dafür finden, daß Onanie und sexuelle »Exzesse« zumindest innerhalb gewisser (aber welcher?) Grenzen ziemlich harmlos seien; aber ganz genau konnte man es nie wissen, und wenn man sich nachher fade fühlte, konnte man diesem Gefühl stets eine tiefe und unheilvolle Bedeutung geben. Das war eine Art und Weise, wie jene Befindlichkeit entstand, die man damals mit »Neurasthenie« bezeichnete.[123]

Neben der Angst vor vermeintlichen Onaniefolgen ist auch die Syphilisangst ein Leitmotiv der Neurasthenikergeschichten; die »Syphilidophobie« begegnet sogar in manchen Akten und medizinischen Artikeln als stehender Begriff. Auch aus dieser Angst entwickelte sich leicht ein gebrochenes Verhältnis zur Sexualität und überhaupt ein ängstliches und hypochondrisches Gesamtbefinden. Das hatte dann, wenn jemand an der Syphilis tatsächlich erkrankt war, nicht nur psychische, sondern handfeste physiologische Gründe; denn die »Schmierkur«, bei denen der Körper des Infizierten mit einer Quecksilbermixtur eingerieben wurde – mit der äußeren Folge, daß ihm die Zähne ausfielen –, verursachte nicht nur imaginäre, sondern ganz reale nervliche Schäden. Stefan Zweig hat die Schrecken der »Schmierkur« beschrieben; der unglückliche Patient fühlte sich »nicht nur seelisch, sondern physisch beschmutzt« und konnte am Ende nicht einmal sicher sein, ob er von der Lues kuriert war. Auf der anderen Seite hatte das Quecksilber geradezu fanatische Anhänger – Iwan Bloch feierte es als »göttlichen Merkur« und verfluchte seine Feinde! –, so daß die Literatur jener Zeit beim Thema Syphilis ähnlich wie bei der Onanie ein extremes Wechselbad von Angst und Hoffnung bescherte. Das gab der »Syphilidophobie« ihren neurasthenischen Charakter. Manche Neurastheniker pendelten zwischen Onanie- und Syphilisangst: Wenn sie den Verkehr mit käuflichen Frauen suchten, um die Onanie zu überwinden, gerieten sie vom Regen in die Traufe. Auch die »Syphilidophobie« begegnet in vielen Lebensgeschichten nicht als Kapitel für sich, sondern sie hing mit dem gesamten Charakter zusammen und prägte den ganzen Menschen.[124]

1911 begab sich ein 20jähriger Bürogehilfe mit »hypochondrischer Neurasthenie« in die Charité; er klagte über Kopfschmerzen und schwere Depressionen. Er hatte vorher als Schuster in einer chemischen Fabrik gearbeitet; als er in die Charité kam, war er schon seit anderthalb Jahren arbeitslos. Seit der gleichen Zeit hatte er, wie er aussagte, »diese Kopfschmerzen und solches Flimmern vor den Augen«. Früher sei er nicht »nervös« gewesen; als Beginn seines Unglücks empfand er offenbar einen Tripper, den er sich 1909 zugezogen hatte. Zugleich damit entwickelte sich bei ihm eine panische Angst vor Syphilis. Mit der Angst um seinen Körper quält ihn auch die Angst um seine Arbeitsfähigkeit; und zwar begriff er diese nach Kriterien des selbständigen Unternehmers. Dabei widerstrebt es ihm offenbar, seine Angst einzugestehen; vermutlich bevorzugt er deshalb den Begriff »Nervosität«:

»Angst? Das könne er nicht sagen, nur solche Unruhe. ›Früher war ich selbständiger‹, jetzt müsse er sich alles sagen lassen, was er tun müsse. ›Kein Unternehmungsgeist.‹ Habe doch früher arbeiten können, gern gearbeitet, jetzt zu nichts Lust. ›Als ob man lebendig begraben ist.‹ Möchte lieber tot sein, sei fassungslos über solche Krankheit. Lieber 1 Finger weniger, dann kann man doch arbeiten. Die Ärzte hätten gesagt, er habe Gehirnsyphilis, das sei doch schrecklich. Wenn er mit dem Kopf wackle, dann knacke es inwendig. ... Fortwährende innere Unruhe, weil er nicht so kann, wie er möchte. ›Es kommt mir vor, als ob ich Gehirnerweichung hätte.‹ ›Wenn ich Luft hole, knackt die ganze Brust, ich gehe ganz kaputt. Ich habe früher gern gearbeitet, die Energie ist mir hier direkt gebrochen worden.‹«[125]

Auf den ersten Blick ist nicht einzusehen, wieso die Syphilisangst gerade um 1900 besonders grassierte, wo doch die Gefahr damals nichts Neues war und die Lues zur Lutherzeit viel mörderischer wütete als im 19. Jahrhundert. Aber erst damals gelang der Nachweis der schleichenden Langzeitfolgen: der in der Gehirnparalyse endenden Erkrankung des Nervensystems, und erst damals wurde man auf die Möglichkeit einer Vererbung der Syphilis aufmerksam. 1880 wurde eine Statistik publik, der zufolge in der Krankengeschichte von drei Vierteln der Paralytiker eine Syphilis vorkam. Erst um diese Zeit verband sich die Syphilis untrennbar mit der Vorstellung des Wahnsinns und der Degeneration. Kraepelin rühmte die »Entdeckung, daß die Paralyse aus der Syphilis entsteht« als den »bisher größten Fortschritt in der Erkenntnis der Entstehungsbedingungen des Irreseins«; aber es war einer jener typischen Fälle, wo der Fortschritt der Diagnose dem der Therapie weit vorauseilte und zunächst bei den Betroffenen nur Angst hervorrief. Die hygienische Volksaufklärung um 1900 schürte diese Ängste. Die von dem Arzt Eugen Galewsky gestaltete Abteilung Geschlechtskrankheiten auf der Dresdner Hygieneausstellung von 1911 hieß im Volksmund »Galewskys Schrekkenskammer«. Zur gleichen Zeit liefen Wanderausstellungen, die mit Moulagen – lebensechten Wachsmodellen – die Symptome der Syphilis am Körper zeigten. Die Wirkung war durchschlagend: Beobachter sahen, wie Besucher erbleichten, und konnten »denjenigen herausfinden, dem ein schlechtes Gewissen oder eine alte, längst vergessene Sache nun angesichts des erdrückenden Materials doch einmal Kopfschmerzen macht«. Um 1900 galt die Syphilis in einem Maße wie noch nie zuvor als ein gesellschaftliches Problem ersten Ranges; eine internationale Liga gegen Syphilis entstand, und 1899 und 1902 tagten in Brüssel zwei große Konferenzen über venerische Krankheiten.[126]

All das beeinflußte die Neurasthieniewelle; denn das Gesamtbild der Neurasthenie deckte sich großenteils mit dem des Frühstadiums der progressiven Paralyse. Viele Ängste der »Nervösen«, in Wahnsinn zu fallen, beruhten nicht auf purer Einbildung, sondern hatten ihren realen Grund.

Die Diagnose der beginnenden Paralyse machte Fortschritte; aber noch 1896 fand Otto Binswanger es schwierig, diese von der Neurasthenie zu unterscheiden. 1906 kam der Wassermann-Test; 1910 versicherten zwei Psychiater, daß sie ohne den »Wassermann« »nicht mehr gern Psychiater sein wollten«; aber auch dieser Test war anfangs noch höchst ungenau. 1910 wurde das in Hoechst aus Paul Ehrlichs »606« entwickelte Salvarsan als Erlösung von der Syphilis gefeiert; aber bald brach der »Salvarsan-Krieg« aus, als sich herausstellte, daß auch auf dieses Medikament in vielen Fällen kein Verlaß war und man zudem die Tücke seiner Nebenwirkungen unterschätzt hatte. Den vollen Triumph über die Syphilis brachte erst Jahrzehnte danach das Penicillin. Vor 1914 gab das Syphilisproblem keine Ruhe. Gerade in der letzten Vorkriegszeit wurde die Syphilisangst zu einer Triebkraft der völkischen Lebensreform; das zeigt der ungeheure Erfolg von Hermann Poperts Roman »Helmut Harringa« (1910) vor allem in Kreisen der Jugendbewegung. Das Buch war eine Brandschrift gegen die Kneipen- und Kasinokultur von »Bacchus und Venus«: Da zeugt ein syphilitischer Lebemann debile Kinder und bringt seinem unschuldigen Weib den Tod; ein Edelmensch dagegen, der nach einem Zechgelage ein Haus mit der roten Laterne besucht und sich infiziert hat, stürzt sich ins Meer, um eine ebensolche Schuld zu verhüten. Bis in Hitlers »Mein Kampf« läßt sich die ideologiebildende Macht der Syphilidophobie verfolgen. Vermittels der Vorstellung, die Juden seien die Herren des Nachtlebens, bildet sich eine Assoziationskette »Judentum – sexuelle Überreizung – Prostitution – Syphilis – Rassendegeneration«, die Hitlers mörderischen Antisemitismus entfesselt.[127] In den Neurasthenikerakten der Kaiserzeit habe ich jedoch nicht ein einziges Mal eine Verbindung von Syphilisangst und Judenhaß gefunden.

Eigentlich hätten viele Neurastheniker Grund gehabt, sich mindestens so sehr vor der Tuberkulose wie vor der Syphilis zu fürchten; denn das langsame Dahinsterben an der »Schwindsucht« war damals das Lebensrisiko Nummer eins, und auch hier ähnelte das Frühstadium dem der Neurasthenie, wie sich die Tuberkulose überhaupt »nicht selten mit ausgeprägter Neurasthenie vereinigt(e)«. 1882, kurz nach Beards »Neurasthenie«, machte Robert Koch die Entdeckung des Tuberkelbazillus publik und löste damit eine Welle von Ansteckungsfurcht aus. Dennoch nahm die Angst vor der Tuberkulose nur selten neurotische Formen an. In den Neurasthenikeraussagen findet man diese Phobie nur ganz selten. Ein Hauptgrund bestand gewiß darin, daß die Tuberkulose nichts Entehrendes besaß und nicht in den Wahnsinn führte. Von besonderer Bedeutung war jedoch vermutlich der Punkt, daß die »Schwindsucht« keine sexuelle Verunsicherung enthielt und daher nicht den wunden

Punkt vieler Neurastheniker traf. Der Lungenkranke galt seit der Zeit der Romantik als attraktiv, sensibel und sinnlich: »Er ist der wandernde Jude der Liebe.«

Man muß in den Neurasthenikerakten lange suchen, um Anzeichen für eine Angst vor Schwindsucht zu finden. So bemerkt man sie zwischen den Zeilen der Anamnese eines 53jährigen gelernten Schneiders, den es aus der Lüneburger Heide nach Berlin hinter eine Kneipentheke verschlagen hatte und dem dort die ungewohnte schlechte Luft zu schaffen machte. Auch hier ist jedoch ein Untergrund von Syphilisangst und sexueller Frustration zu erkennen: Als 25jähriger hatte er sich infiziert und eine Schmierkur und Todesängste durchgemacht. Geheiratet hatte er nie. 1909 wurde er in der Charité als »hypochondrischer Neurastheniker mit Pseudodemenz« eingestuft; nach einer Woche überwies man ihn in die Lungenheilstätte Waldhaus Buch – war er doch kein bloßer Hypochonder? In der Charité gab er an, er sei hergekommen, »um mal richtig wiederhergestellt zu werden, um mal wieder als Mensch fungieren zu können«. »Sind Sie krank?« »Na mein ich. So'n schweres Leben und man hat nichts davon. Ich habe immer Angst, daß, wenn ich mit Menschen zusammenkomme, ich schlechte Ausdünstungen empfange. Da soll man immer andere Ausdünstungen einatmen. Die spucken so viel.« (Damals wurde der Spucknapf zu einer Hauptwaffe gegen die Tuberkulose!) »Jetzt habe ich nach Luft laufen müssen und früher nach Geld.« Er »müsse bald heiraten können, damit die menschlichen Teil (sic!) in Bewegung kämen. Es fehle ihm etwas, er wisse aber nicht was.« Weiß er es wirklich nicht? »Als Mensch fungieren«, das bedeutete für ihn offenbar: tief durchatmen, mit einer Frau schlafen und ausspannen. Im Jahr 1900 hatte er zur Weltausstellung nach Paris und nach Spanien gewollt: Auch so äußerte sich seine Sehnsucht, einmal herauszukommen. Wie so viele Patienten ordnet er sich nicht ganz leicht in gängige Vorstellungen von schichtspezifischen Mentalitäten ein.[128]

Onanie- und Syphilisängste schlugen häufig auf die Libido und weckten dadurch eine weitere Sorge: die Angst um die Potenz. Insbesondere der vorzeitige Samenerguß machte vielen »Nervösen« zu schaffen; die »ejaculatio praecox« galt geradezu als das »Monogramm der Neurasthenie«.[129] Mehr als irgendwo anders wurde die Reizbarkeit hier zur Schwäche. Je mehr man die Frauen als sexuell fordernd erlebte, desto stärker fürchtete man diese sexuelle Unbeherrschtheit. In Neurasthenikergeschichten findet man nicht selten eine quälende Unruhe, wenn die Hochzeit naht oder sich nach der Eheschließung herausstellt, daß die Träume nicht in Erfüllung gehen. Da es sich um eine mit Begehrlichkeit gemischte Angst handelt, ist der Begriff »Nervosität« in diesem Fall ganz treffend.

1904 kam ein 20jähriger Gymnasiast – offenbar mit seinem Einverständnis – für ein volles Jahr nach »Bellevue«, wo er von Binswanger als
Neurastheniker eingestuft wurde, während er sich selbst für einen
schlimmeren Fall hielt. Das beste Bild von seiner Selbsterfahrung gibt ein
langer und hemmungslos offener Brief, den er von dort an seinen Vater
schrieb. Er klagte, seinen Zustand während der letzten Monate könne er
nur als »Teufelsqual« und »Höllenpein« bezeichnen. »Wäre ich nicht
unnormal vielmehr völlig pervers und pathologisch durch und durch,
sondern etwa ein einfacher Neurastheniker, hätte ich mir ein Herz genommen und gesagt: Meine Herrschaften, ich bin durch Neurasthenie
zurückgekommen usw. … Jedes weibliche Wesen gab mir einen Stich
durch's Herz: Du bist unnormal, Du bist unnormal! *Du kannst nicht coi-
tieren!* (Hervorhebung im Original, J.R.) Du bist perverser Sadist!«
    Die Begriffe »pervers«, »pathologisch« und »Sadist« hatte er aus dem
Vokabular seiner Ärzte. Die fixe Idee, »nicht normal« zu sein, zieht sich
wie ein roter Faden durch den ganzen Brief; und »nicht normal« heißt
vor allem: »psychisch impotent«. Ein Arzt habe ihm gesagt, »alte Onani-
sten« (er schreibt: »O…sten«) seien »psychisch impotent«. Er weiß
schon, daß Impotenz meist mit der Psyche, nicht mit dem Penis zu tun
hat; aber diese Einsicht tröstet ihn nicht. Ihn quält der Gedanke an die
von ihm geübte Onanie; aber nicht minder quält es ihn, wenn er sich die
Onanie versagt. Wie er schreibt, befand er sich dann jedesmal in einer
»furchtbaren Stimmung«:
    »Der sinnliche Instinkt schrie nach Befriedigung, wie ein hungriger
Tiger. … Den Tag über spielte ich am Glied, hatte also Wollustempfin-
dungen, aber doppelt schwer war die unmenschliche Energie, nicht zu
o…en! Mit einem flüsternd geschrienen ›Nein!!‹ riß ich mich mit mächtiger Kraft in die Höhe. Der Kopf glühte, die Lippen brannten. Aber der
Sieg war erfochten.«
    Der Arzt genehmigte ihm schließlich drei Besuche im Konstanzer
Bordell und gab ihm sogar 10 Mark dafür; aber die Bordellbesuche verliefen »völlig erfolglos«. In mehrfacher Hinsicht trägt die Pein des Gymnasiasten zeitbedingte Züge. Der Zwiespalt zwischen Sexualangst und
der Zwangsvorstellung einer Verpflichtung zur Potenz ist extrem. Dabei
quält ihn das moderne Leitbild des Normalmenschen. Zugleich ergeht er
sich aber noch in dem alten Stil des emphatischen Gefühlsergusses, der
bei Jugendlichen des 20. Jahrhunderts aus der Mode kam.[130]
    Das damalige Zeitalter der Hygiene mit der wachsenden körperlichen
Distanz und der Assoziation des Körperkontaktes mit Schmutz und Bazillen brachte ganz unterschiedliche psychische Reaktionen hervor: Die
einen machten konsequent mit der Hygiene Ernst; für die anderen be-

kam die freie Sexualität nun erst recht den Reiz des Anrüchigen. Wenn Anna, die flotte Witwe, in Frank Wedekinds Theaterstück »Marquis von Keith« (1900) verkündet, sie teile die Menschen in »zwei große Klassen« – »Die einen sind hopp-hopp, und die andern sind ethe-petete« –, dann braucht man nur viele Neurasthenikergeschichten zu studieren, um zu wissen, wovon sie spricht. Aber der Witz ist eben der, daß viele, die »hopp-hopp« lebten – wie Wedekind selbst –, irgendwann doch von der Syphilis oder zumindest der »Syphilidophobie« erwischt wurden und daß viele andere, die »ethe-petete« waren – so wie der von Anna angesprochene zarte 15jährige Hermann –, ganz gerne einmal »hopp-hopp« gewesen wären. Zur Neurasthenie konnte man damals auf beiden Wegen gelangen. Auch die Hygiene lenkte die Aufmerksamkeit intensiv auf den Körper!

Zu dem, was man früher unter »Ehehygiene« verstand, gehörte auch die Empfängnisverhütung. Sie lief damals oft unter den Begriffen »Neomalthusianismus«, »ehelicher Malthusianismus«, und auch sie galt in einem Teil der einschlägigen Literatur als Hauptursache der Neurasthenie. Das galt besonders für den Coitus interruptus, von dem Krafft-Ebing in seinem Nervositätsbuch (1900) behauptete, daß er »neuerlich überaus sich verbreite«. Selbst Freud bezeichnete den »unvollständigen Beischlaf« seit dem Jahr 1893, als er und seine Frau sich zum Verzicht auf weiteren Kindersegen entschlossen hatten, wiederholt als eine Hauptquelle neurasthenischer Beschwerden. Viele andere Nervenärzte jener Zeit glaubten das gleiche. Dabei registrierte Krafft-Ebing allerdings unter 114 Fällen von sexueller Neurasthenie beim Mann zwar 88mal Onanie, aber nur ein einziges Mal den Coitus interruptus als Ursache![131]

Es war eine bestimmte Vorstellung von männlicher Geschlechtslust, die den »Präventivverkehr« als eine »Vergewaltigung des Naturtriebs« erscheinen ließ: die Vorstellung, es liege im Wesen der Sexualität, sich wild und besinnungslos ohne Unterbrechung bis zum Orgasmus zu steigern. Aber auch politische Aufregungen dramatisierten den »unvollständigen Beischlaf«; denn im letzten Jahrzehnt vor 1914 war der deutsche Geburtenrückgang ein Thema, das von rechts bis links die Gemüter erhitzte. Die Spannung erreichte 1913 ihren Höhepunkt bei den Auseinandersetzungen über den »Gebärstreik«, zu dem manche Stimmen aus den Reihen der Sozialdemokratie die Arbeiterfrauen aufgerufen hatten. Wutschäumende Gegenangriffe folgten, die das eine Mal die deutsche Volkskraft und die gute Sitte, das andere Mal die Stärke des Proletariats oder die »gesunde Sinnlichkeit« bedroht sahen: Das Thema durchkreuzte zum Teil die politischen Fronten. Kein Zweifel: Das generative Verhalten der Deutschen hatte sich verändert, und in dieser Veränderung äußerte sich offenbar ein weitreichender Wandel der Mentalität, der quer durch die sozialen Schichten ging. Die ganze Zeit um 1900 wirkte auf den Neurologen Rieger »sehr neomalthusianisch«. Friedrich Naumann war – wie sein Biograph Theodor Heuss schreibt – in der letzten Zeit vor 1914 besonders durch den »Geburtenabsturz bei den Festbesoldeten« und die dahinterstehende Lebenseinstellung alarmiert: »Ihre Kinderlosigkeit ist die Kehrseite ihrer Tugenden. Sie sind peinlich genau, ordentlich, rechnerisch... Eine Arbeitskraft, nicht eine Lebenskraft!« Für das deutsche Kleinbürgertum registrierte Reinhard Spree ab 1905 eine deutliche Wende zur Geburtenbeschränkung. Ähnlich verlief der Trend bei den Facharbeitern; auch dort verbreitete sich die Einstellung, daß der Weg zu einem besseren Leben über die Beherrschung der Sexualität führe, während man Kinderreichtum nunmehr mit Armut und Dummheit verband. Die Sozialversicherung führte dazu, daß die Arbeiter die Kinder zu ihrer Altersversorgung nicht mehr so nötig brauchten wie früher. 1913, im Jahr der »Gebärstreik«-Debatte, erschien Theilhabers Buch über das »sterile Berlin«; da erinnert er daran, daß noch in den 1880er Jahren in Berlin der Arbeitertypus überwogen habe, der, oft frisch vom Lande gekommen, »in bloßer Sinnenlust« »urwüchsig« Kinder drauflos gezeugt habe, ohne an die Folgekosten zu denken. Aber das habe sich gründlich gewandelt. Wie der »Alltag tausendfach« zeige, werde »von den einfachsten Leuten mit ingeniösen Mitteln, von denen selbst der Fachmann nichts weiß, die Geburtenverhütung durchgeführt«.[132]

Peter Gay meint, bereits die Technik des 19. Jahrhunderts habe »beispiellos sichere und bequeme Mittel der Empfängnisverhütung« beschert. Das ist offenbar falsch, obwohl es am Jahrhundertende von entsprechenden Annoncen wimmelte. Noch 1914 klagte Grotjahn, beim Anlegen eines Gummipräservativs bekomme man ein taubes Gefühl und der »Gebrauch des Kondoms« werde einem rasch verleidet. Seit 1882 war das Diaphragma in Deutschland bekannt; aber es scheint damals von Frauen noch nicht viel gebraucht worden zu sein, zumal es teuer war und von einem Arzt eingepaßt werden mußte.

»Der Teufel hole alle Schwämmchen und Mäntelchen und die dazu gehörigen Klysopompen (Spritzen zur Scheidenausspülung)!« fluchte Georg Hirth. Wenn man zu jener Zeit die Empfängnisverhütung zu technisieren suchte, geriet man in Unannehmlichkeiten; in diesem Punkt hatte Freud wohl recht. Aber in Frankreich hatte sich die Empfängnisverhütung schon seit der Revolutionszeit ohne moderne Technik und Chemie erfolgreich verbreitet. Wohl nicht ohne historischen Grund gilt der Oralverkehr bis heute in Deutschland als »französisch«. Zwar erwähnt auch die französische Nervenliteratur des späten 19. Jahrhunderts den Präventivverkehr gelegentlich als Quelle der Neurasthenie, aber doch nur als eine von vielen möglichen Ursachen. Aus der Sicht französischer Nationalökonomen gelang die Trennung der sexuellen Lust von der Zeugung schon vor 1914 »mühelos«. Man erkennt, wie die »malthusianische Grundhaltung der Gesellschaft« (Ziebura) auch die sexuelle Erfahrung beeinflußt.[133]

Waren die Deutschen anders veranlagt? Aber es fällt auf, daß der »eheliche Malthusianismus« als Neurastheniefaktor in der Literatur eine viel größere Rolle spielt als in den Patientengeschichten. Mit der neurasthenischen Trias der Onanie-, Potenz- und Syphilisangst ist er als unruhestiftendes Element überhaupt nicht zu vergleichen. Ein ungewöhnlicher und bizarrer Fall einer auf »Malthusianismus« zurückgeführten Neurasthenie entstammt dem Milieu Freuds: Es handelt sich um einen Wiener Professor der Medizin. Wie sein Hausarzt schrieb, war er »seit vielen Jahren Neurastheniker und sehr erregt«. Er sei homosexuell veranlagt und sei dieser Neigung – die er in seinem Stand selbstverständlich verheimlichen mußte – masturbierend nachgegangen. Später habe er immer mehr Morphium genommen, nicht nur, um seine Schlaflosigkeit, sondern auch, um seinen »perversen« Sexualtrieb zu bekämpfen; dadurch sei er zum Morphinisten geworden. Zu allem Elend habe er sich in seinem Beruf noch eine luetische Infektion geholt. Er habe geheiratet, habe aber die Onanie dem Geschlechtsverkehr stets vorgezogen. Nach der Geburt zweier Kinder wollten die Eheleute weitere Schwangerschaften vermeiden. »Erst mit dem ehelichen Malthusianismus verlor er allmählich die Fähigkeit, mit einem Weibe zu koitieren, und dürfte er seit 6–7 Jahren komplett pervers geworden sein.« Am Ende kam es zu einer konfusen Katastrophe: Ein Neffe von ihm hatte sich erschossen; ein Polizist erschien zur Tatbestandsaufnahme bei ihm zu Haus; da bekam der Professor Erektionen und wurde von einem stürmischen homosexuellen Verlangen überwältigt – er irrte durch Wiener Pissoirs, bis es ihm gelang, einen erigierten Penis zu küssen; danach wollte er sich vor Scham erschießen. Aber dann begab er sich doch lieber zu Binswanger an den Bodensee. Der lobte den Hausarzt: Er habe ihn »auf die richtige Fährte geführt«; für »alle Auswüchse der Neuropathie« des Professors sei »in erster Linie die bei ihm anfallsweise auftretende sexuelle Perversität verantwortlich zu machen«. Er sei ein »Neuropathiker par excellence«. »Malthusianismus« bedeutete in diesem Falle den Verzicht auf jeglichen ehelichen Geschlechtsverkehr; aber dieser Verzicht fiel dem Professor nicht schwer. Offensichtlich war der »eheliche Malthusianismus« lediglich der Auslöser einer schweren Lebenskrise, deren eigentlicher Grund in der Unmöglichkeit bestand, die homosexuelle Veranlagung auszuleben.[134]

Iwan Bloch, der die Geburtenregelung befürwortete, versicherte 1907, heute halte man in der Medizin den Coitus interruptus für längst nicht mehr so schädlich wie früher. Für eine gewisse Schädlichkeit sprächen zwar »die Häufigkeit nervöser Beschwerden in der Verlobungszeit«, die ein Kollege als »einen einzigen Coitus interruptus« bezeichnet habe; daß jedoch derartige Schädigungen ernst oder dauernd seien, dafür gebe es keinen Beweis. Peyer bekam bei seiner Untersuchung über den Coitus interruptus von einem erfahrenen Kollegen zu hören: »Ja, wer tut das denn nicht?« Ärztliche Warnungen vor dem Präventivverkehr beeindruckten die Laien nicht entfernt in dem Maße wie die Angstmache vor der Onanie: ein Zeichen dafür, daß die Medizin nicht beliebig Ängste hervorrufen kann, sondern nur dann, wenn bestimmte Erfahrungen dem Alarm eine Resonanz verschaffen. Ein deutscher Bauer konterte eine Warnung vor den Gefahren des Coitus interruptus ungerührt mit dem Einwand, das könne wohl nicht sein; denn dann wären alle Leute krank.[135]

Der sicherste Weg der Empfängnisverhütung war die sexuelle Enthaltsamkeit; aber war diese gesund? Um 1900 wurde diese Frage inner- und außerhalb der Medizin heftig und kontrovers diskutiert. Iwan Bloch glaubte, bei keiner anderen Frage prallten die Ansichten so schroff aufeinander. August Bebel bekannte sich mit Emphase zu dem Glauben, daß der Geschlechtsverkehr ein Jungbrunnen sei, und mit keiner Kritik an seinem Buch »Die Frau und der Sozialismus« setzte er sich so ausführlich auseinander wie mit Hegars Attacke auf seine Verherrlichung der Sexualität. Aber auch die Gegenposition hatte durchaus nicht unbedingt den Geruch des Reaktionären. Damals war für manche Mediziner die Auffassung, daß sexuelle Askese unschädlich oder sogar gesund sei, der neueste Stand der Erkenntnis, während der augenzwinkernde Rat an triefelmütige Patienten, gemäß der pseudolutherischen Devise von »Wein, Weib und Gesang« doch ein wenig flotter und fideler zu leben, aus der Sicht der strengen Hygieneapostel eher die alten Praktiker charakterisierte, die nicht ganz sauber waren.[136]

Alles in allem haben viele sexuelle Spannungen jener Zeit nicht eigentlich mit Repression des Sexus, sondern mehr mit einem »nervösen« Hin und Her zwischen unterschiedlichen Signalen zu tun. Hellpach meinte später, um 1890 sei »die große Jungfräulichkeitsidee des Bürgertums« »unerhört rasch« zusammengebrochen. »Es hat in der Sittengeschichte selten eine so rapide Umwandlung gegeben.« In der anglo-amerikanischen Welt gab es damals eine ähnliche Wende zur Enttabuisierung der Sexualität; aber es scheint, daß sich die Spannung zwischen sexueller Phantasie und realem Verhaltensrepertoire, darüber hinaus zwischen dem Kult der Hygiene und dem Kult der Kraft in Deutschland mehr als anderswo zuspitzte und unterschwellig mit politischen Spannungen verband. D. H. Lawrence, der die sexuellen Nischen des wilhelminischen Deutschland aus eigenem Erleben kannte, schildert dieses Deutschland in seinem Roman »Lady Chatterly's Lover« aus der Sicht des viktorianischen England als ein Land der emotionalen und sexuellen Freiheit. Max Weber, mit Lawrence durch die Freundschaft zu den Schwestern Else und Frieda Richthofen verbunden, brach gelegentlich in förmlichen Haß aus über den Mangel an einer hart-asketischen Tradition in Deutschland. Selbst Iwan Bloch, nicht gerade ein Puritaner, glaubte behaupten zu können: Weil »wir« uns in allen sinnlichen Genüssen übernähmen, »deshalb lieben wir auch dreimal zu viel«.[137] Aber als die moralischen Skrupel gegenüber der Lust überwunden waren, stolperte man über medizinische Ängste!

Der Fall eines kaufmännischen Angestellten aus Berlin (K. L.), der 1904 im Alter von 35 Jahren in die Irrenanstalt Dalldorf eingeliefert wurde und dort einen »ausgesprochen nervösen Eindruck« machte, vermittelt ein anschauliches Bild, wie unter damaligen Großstadtbedingungen eine Mischung von sexueller Freiheit und Verunsicherung, verbunden mit ständiger beruflicher Unsicherheit, einen Dauerzustand schwerer Nervosität hervorrufen konnte, zu dessen Perpetuierung auch das medizinische Versorgungsnetz manches beitrug. Wie so mancher »Nervöse« brachte K. L. seine Lebens- und Leidensgeschichte mit großer Ausführlichkeit zu Papier; der Dalldorfer Arzt seufzte über seine »schrecklich umständliche Erzählungsweise«. Wie in anderen Fällen steht der Tripper am Anfang einer körperlichen Verunsicherung, die dann durch das Zusammenspiel der ärztlichen Therapieversuche mit der Hypochondrie des Patienten weiter voranschreitet.

»Schon in den Schuljahren litt ich an ständigen Kopfschmerzen, dem kalten Fieber und nervösen Zuständen. Im Jahre 1889 verließ ich die Schule und erlernte das Bankgeschäft, worauf ich Reisender für die Konfitüren-Fabrik … war. Im Jahre 1897 starb meine Mutter und erhielt ich darauf durch einen Onkel eine Stellung an der Berliner Börse. 1898 erkankte ich an der Brustfellentzündung und bekam (Zusatz: einen Tripper und) gleichzeitig den Gedanken geisteskrank werden zu können und weil ich den Gedanken hatte, hatte ich stets Angst, es umso eher zu werden.« Die Jahre von 1898 bis 1904 sind voll von Krankheitsängsten, Behandlungen, Kuren und Berufswechseln, verwoben mit bittersüßen Liebesgeschichten:

»Im Jahre 1896 lernte ich abends in einem Tanzlokal in Tempelhof ein junges Mädchen kennen mit welcher ich ein Verhältnis anknüpfte. Selbige wohnte bei einer Hebamme und war kurz zuvor von einem Mädchen entbunden worden und hatte sich deshalb mit ihrem Vater veruneinigt …

Ich verkehrte mit selbiger bis 1898 und zog mich von ihr zurück, als meine Mutter starb, da mir seitdem alles zuwider war. ... (1898 beginnt er eine Liebesbeziehung zu ›Fräulein N.‹, wobei sein Vater ›das Verhältnis duldete‹.) Auch mein Onkel hatte zuerst, als ich den Gedanken bekam, irrsinnig zu werden, nichts gegen den Verkehr, verbot mir jedoch später jeden weiteren Verkehr mit dem Mädchen. ... Im August 1900 verlor ich meine Stellung, so daß ich meine Wohnung kündigen mußte und meine Möbel verkaufte. Ich besorgte Frl. N. eine Stellung als Verkäuferin in einem Warenhause und wurde selbst Korrektor bei Rudolf Mosse und Herrman Gerson, was ich aber nicht auf die Dauer aushalten konnte. ... Kurz nachdem ich 1902 aus der Heilanstalt von Prof. Laehr kam, entdeckte ich abends – damals trank ich Schnaps und Bier –, wie mein Cousin Frl. N. abküßte. Unser Verhältnis blieb aber trotzdem bestehen. Frl. N. unterstützte mich in der Zeit zeitweilig, da ich öfters ohne Stellung war, und hatte ich das Empfinden, daß sie das Geld nicht aus ihren Mitteln gab, sondern es von meinen Verwandten für mich erhielt, da Prof. Laehr mir zu arbeiten geraten hatte und mir sagte, ich sei ganz gesund. Ich litt damals jämmerlich, da ich keine Stellung ausfüllen konnte, mein Onkel sich aber wenig um mich direkt kümmerte. Die Folge davon war, daß ich in die Charité kam und von dort nach Kappeln in Schleswig-Holstein, was den Bruch meines Verhältnisses mit der N. zu Folge hatte. Als ich von dort wieder nach Berlin kam, suchte ich Arbeit, und, da ich niemanden hatte, der sich um mich kümmerte, irgendwelchen weiblichen Verkehr, jedoch nicht etwa mit Dirnen. Bemerken muß ich noch hierbei, daß mir Prof. Laehr den Verkehr mit Frl. N. verboten hatte, damit ich mir nicht das Haus meines Onkels verscherzen sollte. Die Folge davon war, daß ich nun niemanden hatte ... Ich suchte also anderweitigen Verkehr, was mir aber nicht glückte, da jedes Mädchen an meinem erregten Wesen Anstoß nahm und sich nach kurzer Zeit zurückzog. ... (Er beginnt eine neue Liebesbeziehung zu einer Frau, die ihm manchmal ›mit Geld half‹.) Ich bekam während des Verkehrs mit ihr einen neuen Tripper, so daß ich mich 6 Wochen im Urbankrankenhaus behandeln ließ. Sie kam regelmäßig die ersten 4 Wochen hin, mit mal blieb sie ohne jeden Grund fort, was mir sehr nahe ging und erneuten Ausbruch des Nervenleidens zur Folge hatte. ... Hätte man mir eine Stellung besorgt..., so hätte ich mich nie von einem Mädchen mit Geld unterstützen lassen brauchen ... Die Krankheit ist gehoben, wenn keine Nahrungsorgen bestehen und ich ein menschenwürdiges Dasein führen konnte, wie auch der Arzt in der Charité meinen Verwandten sagte.« Dem Arzt in Dalldorf erklärte er, »wenn er sexuell verkehre, so sei er wohl, nehme zu und gedeihe; jetzt sei ›Collaps da‹«.[138]

Man erkennt den Circulus vitiosus: Der mangelnde berufliche Erfolg führt dazu, daß er keine Frau ernähren kann; wechselnde Beziehungen zu »leichten Mädchen« bescheren ihm immer neue Tripperinfektionen und die damals mit Geschlechtskrankheiten verbundene Angst vor Wahnsinn; diese Ängste wiederum blockierten immer wieder sein berufliches Avancement. Manches wirkt wie bloße Hypochondrie. Aber was ihn quält, ist nicht die Hypochondrie allein, sondern auch das Nachdenken über die Hypochondrie und dazu das Nachdenken über dieses Nachdenken; und vor allem quälen ihn die Folgen dieses zwanghaften Grübelns im praktischen Leben. Man erkennt die Wirkung medizinischer Lehren auf die Selbsterfahrung eines verunsicherten Menschen; diese Wirkung vollzieht sich nicht unbedingt über die Ärzte, sondern teilweise sogar im Widerspruch zu ärztlichen Beschwichtigungen.

K.L. führt sein Leiden nicht auf Zeitumstände, sondern auf private Begebenheiten zurück. Ichschwache Neurastheniker erlangten durch das Leiden und die Erfahrung mit diversen Therapieinstanzen ihre lebensgeschichtliche Identität. Aber zwischen den Zeilen der Geschichte des K.L. erkennt man deutlich das neue Berlin der Jahrhundertwende, das Berlin der Presse und der Börse, des Tempos und der nach Aufträgen jagenden Handlungsreisenden: eine Millionenstadt, deren strapazierende Wirkung auf die Nerven keineswegs nur in der Phantasie reaktionär-romantischer Kulturkritiker existierte.

In mehrfacher Hinsicht steht die Existenz des K.L. auf der Grenze zwischen traditionellem kleinbürgerlichem und modernem Großstadtmilieu: in Hinsicht der gesellschaftlichen Stellung, der Lebensweise und der sexuellen Normen. K.L. geht keinen vorgezeichneten beruflichen Weg; er nimmt immer wieder neue Stellungen an, aber er sucht dabei auf familiäre Beziehungen zurückzugreifen – vor allem auf Beziehungen seines Onkels –, und er läßt sich sogar noch als 30jähriger von diesem Onkel in sein Sexualleben hineinreden. Dabei war er überzeugt, daß der Geschlechtsverkehr die Grundlage der geistigen Gesundheit sei. Deshalb war alle Nerventherapie – ob in Laehrs Anstalt oder bei den Verwandten auf dem Land – mit dem Dilemma behaftet, daß sie ihm die sexuelle Selbstbestätigung entzog. Nervosität und Therapie wurden bei ihm sichtlich zu einem sich selbst reproduzierenden System!

In vielen Neurasthenikerakten findet sich als stehende Wendung der ärztliche Vermerk, daß der Patient »in Baccho et Venere excediret« habe oder auch nicht. Die Formel »Bacchus und Venus«, die selber etwas Weinseliges hatte und über der dumpfen Luft der Kneipen und Bordelle den antiken Götterhimmel öffnete, entstammte dem Studentenjargon. Sie spielte auf ein bestimmtes traditionsreiches, manchmal geradezu ritualisiertes Muster der männlichen Art, über die Stränge zu schlagen, an, so wie man es aus der Welt der studentischen Korporationen und Offizierskasinos kannte: zuerst das gemeinsame Besäufnis, danach der gemeinsame Bordellbesuch. Manchmal gesellte sich zu dem Katzenjammer am nächsten Morgen die Angst vor der Syphilis, vor allem in der Zeit der schockierenden Volksaufklärung über die venerischen Krankheiten.

Ob es sich dabei jedoch um eine typische Quelle von Neurasthenie handelte, war nicht klar. Der Ärztestand besaß von Hause aus zum Alkohol absolut kein negatives Verhältnis; die Medizinstudenten sangen in der Kneipe: »'ne Medizinerkehle, die ist ja wie ein Loch, / und hat er noch nicht aufgehört, so trinkt er noch!« Virchow empfahl seinem alternden Freund Heinrich Schliemann, dem Entdecker Trojas, gegen Potenzstörungen »größere Ruhe« und bayerisches Bier, »in mäßiger Menge genossen«. Ein Sproß des ostelbischen Adels berichtete 1889 in »Bellevue«, als Quartaner sei er einst von einem »Zustand von ›Nervosität‹« mit Wein und Bouillon kuriert worden. Selbst der Lebensreformer Ernst Neumann mahnt unter seinen 150 Maximen zur »Heilung der Nervosität«: »Bedenke: Wessen Vater es mit Wein, Wildschwein und Weibern hielt, der kann nicht mit einem Male ein Heiliger werden!«[139]

Zur gleichen Zeit sammelte sich jedoch eine Front von Nerven- und Seelenärzten gegen den Suff, und das hatte seinen Grund. Am Ende des 19. Jahrhunderts wurden die psychiatrisch-neurologischen Kliniken von Alkoholkranken förmlich überschwemmt; damals fand man in der Psychiatrischen Abteilung der Charité bei fast der Hälfte aller neu aufgenommenen Patienten die Anzeichen des Deliriums.[140] Wenn man die trübselige Monotonie dieser Fälle durchsieht, kann man nachempfinden, daß Psychiatern wie Kraepelin und Forel damals die Erkenntnis, daß der Alkohol der größte Feind sei, wie eine Offenbarung kam. Und gerade solche Psychiater, die angesichts der Unheilbarkeit vieler Geisteskrankheiten nicht resignieren, sondern etwas machen wollten, fanden hier einen handfesten Angriffspunkt, um zu kämpfen. Nicht nur aus theoretischer Einsicht, sondern auch aus praktischen Erwägungen solcher Art erklärte sich bei manchen die Konzentration auf den Alkohol. Insofern gab es nicht nur eine Neigung, die Alkoholproblematik herunterzuspielen, sondern auch eine Tendenz zur Überbetonung und Monomanie. Das Neurastheniekonzept stand zu dieser Monokausalität in gewisser Konkurrenz, auch wenn es sich zeitlich parallel und in enger Nachbarschaft zur medizinischen Auseinandersetzung mit dem Alkohol verbreitete.

Die Unsicherheit beim Alkoholkonsum war seit der Jahrhundertwende nicht mehr nur ein individueller Tick, sondern ein sich mit einer gewissen Gesetzmäßigkeit verbreitendes Phänomen. Nachdem alte religiös-moralische Bedenken gegen ein feuchtfröhliches »Freut euch des Lebens« längst erledigt waren, wirkte der medizinisch-psychiatrische Alarm gegen den Alkohol seit dem späten 19. Jahrhundert wie eine bestürzende neue Offenbarung, die in Deutschland tiefsitzende gesellschaftliche Gewohnheiten in Frage stellte. Die Trinkrituale der studentischen Korps blieben weiterhin eine nicht leicht zu überspringende Sprosse auf kaiserlich-deutschen Karriereleitern; aber bis in die höchsten Kreise des wilhelminischen Deutschland verbreitete sich doch ein Unbehagen gegenüber dieser alkoholischen Kultur. Selbst Wilhelm II., der gewohnt war, schon zum Frühstück Wein zu trinken, bequemte sich schließlich zu der Einsicht, daß Alkohol schlecht für die »Nerven« sei. Ein ärztlicher Beitrag über die »Volksgesundheit« zu einem Repräsentationsband »Deutschland als Weltmacht«, der 1911 zum 40jährigen Jubiläum des Deutschen Reiches erschien, brandmarkte den Alkoholismus als »alten Feind«, der den Siegeszug der Hygiene heimtückisch unterlaufe und »vielfach schuld« sei an der »Nervosität unserer Zeit«. Wenn man auf die Statistik des Alkoholismus schaut, führte die Antialkoholbewegung in Deutschland vor 1914 zu keinem durchschlagenden Erfolg – immerhin ging der Branntweinkonsum zugunsten des Bierkonsums und ab 1906 auch der Pro-Kopf-Verbrauch an Alkohol zurück –, aber eine Verunsicherung bewirkte sie gewiß. Diese Verunsicherung reichte bis in die sexuelle Sphäre: Wenn man in der Hochzeitsnacht gewöhnlich schwer bezecht war, schon um die Hemmungen zu überwinden, so grassierte damals doch zugleich die Angst, ein in der Trunkenheit gezeugtes Kind sei von Geburt auf geschädigt.[141]

Gewiß war der deutsche Weg des Antialkoholismus gewöhnlich moderat: Nicht strikte Enthaltsamkeit, sondern Mäßigkeit lautete in der Regel die Devise; verdammt wurde nur der Schnaps, nicht das mit Maßen getrunkene Bier; war das Trinken im Dienst verpönt, so doch nicht in der Freizeit; und mit einem Alkoholismus, der einen Arbeiter schon zum Trunkenbold machte, konnte ein Mann der besseren Stände immer noch als »fideles Haus« gelten. Die »Studentenherrlichkeit« behielt ihre besondere Lizenz; aber die Lebensreform- und Jugendbewegungen verbreiteten Ekel gegen die studentischen Trinksitten, und in den »Simplicissimus«-Karikaturen wirkten die Korpsstudenten, die ihren Bierbauch nur mühsam unter die Weste zwängten, immer ältlicher und häßlicher. Der »Simplicissimus«-Redakteur Ludwig Thoma blickte verächtlich auf die Zeit zurück, in der der »aufgeschwemmte Student«, der sich »um Gesundheit und Tatkraft soff«, das Vorbild für »frische Jungen« gewesen war: »Heute verachtet jeder Schüler einen Mann, der in den zwanziger Jahren schon an den Folgen des Trinkens leidet, heute rühmt er den besten Bergsteiger, Schneeschuhläufer...« Allerdings – die deutsche Trinkkultur bestand fort. Aber in dem entstehenden Normenkonflikt wurde die »Dosierung der Droge Alkohol«, wie Hasso Spode bemerkt, »zu einer schwierigen Gratwanderung«.[142] Vermutlich war sie in Deutschland ein wenig schwieriger als anderswo, weil alkoholische Geselligkeit und Reformbewegung hier einerseits besonders heftig aufeinanderprallten, man sich andererseits jedoch zwischen beiden Normsystemen hindurchzulavieren pflegte.

Der Bund von »Bacchus und Venus« trug dazu bei, die freie Liebe in eine ungesunde Luft zu befördern; da hatten die Lebensreformer ein ideales Angriffsziel. Das Bündel der Reform- und Gesundheitsbewegungen brachte in die Alltagskultur des Kaiserreiches einen tiefen Bruch, der um so mehr schmerzte, als er quer durch die Psyche vieler Individuen ging. Das erkennt man aus nicht wenigen Neurasthenikergeschichten. Deutlicher als die Literatur zeigen die Patientenschicksale, wie verschiedene Leitbilder sich in den Einzelmenschen quälend überkreuzen, wie aus Begriffen Zwangsvorstellungen entstehen und sich alles dies in den Verwicklungen einer Lebensgeschichte zu einem erlösungsbedürftigen Circulus vitiosus auswächst.

3
Die Modernität der Neurasthenie

Die Modernitätsthese und ihre Kritiker: Modernität und Heredität; deutsche und andere Sonderwege

DIE VERBINDUNG VON »Nerven« und »Moderne« fließt vielen Autoren leicht aus der Feder. Aber wie modern war die »Nervenschwäche« um 1880 wirklich? Oder besser: Was läßt sich über ihre Modernität nachweisen? Bei der Lektüre der Zeitzeugnisse schwankt man hin und her. Wenn so viele informierte Zeitgenossen mit dem Brustton der Überzeugung versichern, die sich rapide ausbreitende Nervosität komme vor allem von den Belastungen der modernen Zivilisation, hätte der Historiker – sofern es nicht gewichtige Gegenargumente gibt – eigentlich keinen Grund, diesen Versicherungen nicht zu glauben; manch andere seriöse Theorie über das Deutsche Kaiserreich gründet sich auf weit weniger Belege. Andererseits: Je mehr man sich über den Leierton dieser Behauptungen langweilt – immer wieder »der Kampf ums Dasein«, das »Hetzen und Jagen«, die großstädtische Reizüberflutung –, desto mehr schöpft man Verdacht, es könne sich bei alledem um nichts als ein kulturkritisches Geschwätz handeln, das der eine vom anderen abschreibt. Esther Fischer-Homberger führt den Glauben an die Zivilisationsleiden auf den antiken Pandoramythos zurück: auf die fixe Idee, daß neue Errungenschaften der Zivilisation stets auch neue Krankheiten nach sich ziehen müßten.[1]

Zwar stand die Neurasthenielehre frühzeitig unter dem Eindruck technischer Innovationen; aber die Sorge, daß die Moderne Gefahren für Geist und Seele enthalte, war schon älter und hing nicht an Erlebnissen mit neuer Technik. Von daher könnte es sein, daß die Technik als Krankheitsursache nur als Versatzstück für ein älteres Denkmuster diente. Schon im revolutionären und postrevolutionären Frankreich etablierte sich die Idee von dem Ursprung der Geisteskrankheit aus gesellschaftlicher Unordnung.

Noch 1881 präsentierte Heinrich Hoffmann, der Direktor der Frankfurter Irrenanstalt, die These von der Modernität nervöser Leiden ohne den Faktor Technik: Daß die »Menschheit der Gegenwart« eine »vorzugsweise nervöse« geworden sei, dürfe »niemanden verwundern«, da man »jetzt das Gehirn von früher Jugend an weit mehr anstrengt und weit mehr Gehirnarbeit verlangt als vor 30–40 Jahren«.[2]

Eine relativ frühe Beachtung findet der Faktor Technik in der Arbeitsmedizin. Aus den ärztlichen Gutachten über die durch die Fabriken bewirkten Gesundheitsschäden, die der Bericht der englischen Fabrikkommission von 1833 zitierte, bezog Karl Marx den Grundgedanken, daß die Maschinenarbeit, während sie das »vielseitige Spiel der Muskeln« unterdrücke, »das Nervensystem aufs äußerste angreif(e)«, allerdings mehr durch geistlose Monotonie als durch Anspannung und Zersplitterung der Aufmerksamkeit.[3]

George M. Beard präsentierte die Modernitätsthese dann in ausführlichster Form. In seinem fast hundertseitigen Panorama der Nervositätsursachen steht die Veränderung des Lebens durch technische Innovationen an erster Stelle; kein deutscher Autor hat dieses Thema auch nur annähernd so ausführlich behandelt. Beard beginnt mit den »notwendigen Übeln der Spezialisierung«, kommt danach auf die Taschenuhr und den Zwang zur Pünktlichkeit und behandelt sodann den Telegraphen, der das Geschäftsleben rapide beschleunigt habe, aber als Ursache der Nervosität noch zuwenig beachtet worden sei. Mit für die damalige Zeit auffallender Ausführlichkeit schildert er anschließend die nervenschädigende Wirkung des Lärms: Da ist er moderner als die meisten deutschen Autoren.[4]

Erst in den 1890er Jahren wurden in Deutschland solche Texte häufiger, die die Technik unter den Nervositätsursachen besonders betonen. Das paßt zu den realen technischen Entwicklungen jener Zeit und versteht sich nicht nur als papierene Diskursgeschichte. Schon damals ereignete sich unter dem Stimulus technischer Innovationen ein Übergang zur »Kommunikationsgesellschaft« (Wehler). Max Nordau rechnete 1892 scheinbar exakt vor, wie sich im vergangenen halben Jahrhundert als direkte oder Fernwirkung technischer Neuerungen die alltägliche Tätigkeit des Menschen vervielfacht habe, und zwar wie von selber und ohne bewußte Absicht des einzelnen durch die bloße Beschleunigung und Verbilligung des Verkehrs: »Eine Köchin empfängt und versendet mehr Briefe als einst ein Hochschulprofessor, und ein kleiner Krämer reist mehr, sieht mehr Land und Volk als sonst ein regierender Fürst.« Er erblickt in den »nervösen Leiden« ein Phänomen mangelnder Anpassung: »Die gesittete Menschheit wurde von ihren neuen Erfindungen und Fortschritten überrumpelt.«[5]

1893 ergriff mit Wilhelm Erb der führende deutsche Neurologe das

Wort. Sein Heidelberger Vortrag »über die wachsende Nervosität unserer Zeit« ist im Stil eines breiten kulturkritischen Panoramas gehalten; gleichwohl wirkt der Grundton nicht pessimistisch, sondern eher als Aufruf zum Aufbau einer Wissenschaft von der »Hygiene des Nervensystems«. Persönlich scheint Erb unter dem beschleunigten Tempo der Zeit nicht sehr gelitten zu haben; später verkündete er die Devise: »Fix arbeiten und sich fix amüsieren.« Seine technischen Ursachen der Nervosität – er erwähnt vor allem die neuen Verkehrs- und Kommunikationsmittel – wecken nicht nur quälende, sondern auch euphorische Gedanken: »Zeit und Raum scheinen überbrückt, wir fliegen mit der Geschwindigkeit des Windes durch ganze Weltteile, wir sprechen direkt oder indirekt mit unseren Antipoden.« Erb verfällt in einen futuristischen Stil; in Wirklichkeit »flog« man ja 1893 noch nicht, und der Berliner konnte damals noch nicht einmal mit London, geschweige denn mit seinen »Antipoden« telefonieren. Aber die Fortschritte der Elektrizität hatten damals den Zukunftshorizont in kurzer Zeit enorm erweitert; überhaupt schien der technische Fortschritt von da an in einer Weise, die man sich noch 20, 30 Jahre zuvor nicht hätte vorstellen können, ins Unendliche zu führen.[6]

Erb unterstellt der amerikanischen Konkurrenz eine alles durchdringende Kraft, die diese in Wirklichkeit erst weit im 20. Jahrhundert erlangte. Er sieht schon 1893 eine »ins Ungemessene gesteigerte Konkurrenz«; Amerika trete »mit seiner rastlosen Tätigkeit, mit seinen unerschöpflichen Hilfsmitteln« in Wettbewerb mit der Alten Welt und drohe sie »auf vielen Gebieten zu überflügeln«. Der einzelne ebenso wie ganze Nationen sähen sich »zu gewaltig vermehrten Anstrengungen in dem Kampfe um ihr Dasein genötigt«. Eine dramatische Szenerie, die den Betrachter einem Wechselbad von Faszination und Furcht aussetzt.

Es war nichts anderes als das Weltbild des deutschen Imperialismus. Man konnte folgern, daß es für die von Erb beschriebene Nervenkrise nur eine politische Lösung gab: ein protektionistisches Imperium Germanicum; denn eine zuverlässige »Hygiene des Nervensystems«, die die Nerven gegen den Konkurrenzkampf gefeit hätte, existierte ja nicht.

Im gleichen Jahr 1893 erschien ein »Umgangs-Handbuch für den Verkehr mit Nervösen«, das schon im Leierton begann: »Zwei Worte sind es, die immer und immer wiederkehren, wenn man unsere Zeit und die heutige Gesellschaft charakterisieren will: ›Der Kampf ums Dasein‹ und das ›Zeitalter der Nervosität‹.« Der Verfasser liefert ein »düsteres Gemälde« von dem Gemütszustand seiner Gegenwart und versichert, daß »alle Nervenärzte einstimmig eine fortschreitende Zunahme der Nervosität« konstatierten. Das Lied »Nervöses Zeitalter«, das 1895 Eingang in das Kommersbuch fand, lamentiert:

»Überall ein Rennen, Jagen nur nach Mammon, schnödem Geld;
jeder möcht die erste Geige gerne spielen in der Welt.
Hastges Treiben, hastge Miene, wildes Wogen und Getös!
Und der Mensch wird zur Maschine, und der zweite wird nervös.«[7]
»Nervös« wird anscheinend derjenige, der *nicht* zur Maschine geworden ist!

Der Neurologe Albert Eulenburg sprach 1896 auf der Berliner Gewerbeausstellung über die »Nervosität unserer Zeit«. Mitten im turbulentesten Berlin legte er den Akzent darauf, daß die wahren Quellen moderner Nervosität nicht in der Außenwelt, sondern in den »Tiefen und Untiefen unserer Gedanken- und Gemütswelt« zu suchen seien. Die Menschen hätten ihren Lebensinhalt, den »Glauben an sich und ihre Zukunft«, verloren, daher seien sie für die äußere Unruhe so anfällig geworden. Und er schließt mit dem Treitschke-Wort: »Kein Volk hat Gott verlassen, das sich nicht selbst verließ.« Die kulturpsychologische Deutung der nervösen Modernität, sosehr sie eine richtige Erkenntnis enthielt, öffnete das Tor für herausfordernde nationale Regenerationsfanfaren.[8]

Ein Handbuch-Artikel über »Neurasthenie« von 1900 bietet ein wahlloses kulturkritisches Panoptikum in einer Art, als ob es sich bei dieser wirren Ätiologie um gesichertes Wissen handele.[9] Wenn man den Ermüdungseffekt dieses ewigen Ursachenpotpourris auf sich wirken läßt, kann man nachvollziehen, welchen Reiz es für einen bohrenden Analytiker wie Freud gehabt haben muß, dieses ganze Sammelsurium beiseite zu schieben und sich auf eine einzige – und eine tief unter der Oberfläche verborgene – Ätiologie zu konzentrieren. Und man versteht ebenfalls, daß viele andere zu der Auffassung gelangten, man könne die vielköpfige Hydra der Nervosität nicht durch Beseitigung der Ursachen und Symptome, sondern nur durch irgendeine Art von Aufbesserung der menschlichen Erbmasse bekämpfen.

Die Vorstellung von der nervenzerrüttenden Moderne reicht bis in die innersten Zirkel der wilhelminischen Politik. »Es muß doch etwas in unserer heutigen Art des Lebens und Empfindens liegen, was die Nerven auf schwere Proben stellt«, schrieb Holstein 1908 an Hardens Gattin. »Das Ergebnis sieht man an der wachsenden Zahl von Gemütsheilanstalten.«[10]

Auf den ersten Blick gewinnt man den Eindruck, als habe die Modernitätsthese absolut vorgeherrscht: Immer wieder präsentiert sie sich mit einem ganzen Wortschwall wie die Feststellung einer allbekannten und tausendfach belegten Tatsache. Aber dieser Eindruck täuscht. Geht man die Literatur systematischer durch, dann findet man eine Reihe abweichender, teilweise konträrer Meinungen. Sie besitzen in der Regel nicht die Geschlossenheit der Modernitätsthese; meist allerdings sind sie nicht weniger klischeehaft und manchmal sogar noch dürftiger begründet als jene.

Die meisten von denen, die die Modernität der Neurasthenie bestritten, erinnerten an die alte Hypochondrie und Spinalirritation und an einschlägige Autoren vom 17. bis zum frühen 19. Jahrhundert. Damit blieb die Modernität des Leidens jedoch in einem weiteren Sinne erhalten; nur die Ableitung von den technischen Innovationen des 19. Jahrhunderts fiel fort. Andere Kritiker gingen weiter zurück und erinnerten an entnervende Perversionen im kaiserlichen Rom, an die Tanzepidemien des Mittelalters und an den Hexenwahn der frühen Neuzeit. Nicht wenigen boten diese Exkurse eine Gelegenheit, historische Belesenheit zur Schau zu stellen; andere liebten dabei die lässige Haltung und das gegen moderne Aufgeregtheiten gerichtete »Alles-längst-schon-dagewesen«. Ein Großteil der historischen Rückverweise besteht aus Klischees, die alles in einen Topf werfen: Ausschweifungen, Kollektivpsychosen, Zwangsvorstellungen und Aufregungen aller Art. Rudolf Arndt machte Herakles und Ajax, David und Saul, Mohammed und Metternich, Alkibiades und Buddha, die späten Merowinger und die Heilsarmee in Bausch und Bogen zu Neurasthenikern.[11] Wieweit diese historischen Präzedenzfälle ernst gemeint waren, ist oft unklar; denn danach folgen regelmäßig doch erhebliche Konzessionen an die Modernitätsthese. Eines wird dabei immerhin deutlich: Auch um 1900 war man für mögliche Gegenargumente gegen die Modernitätsthese keineswegs blind. Es war nicht etwa so, als ob das Gerede vom »nervösen Zeitalter« die alleinige Mode gewesen wäre und man auf Grund einer bildungsbürgerlichen Technikskepsis gar nicht anders gekonnt hätte, als vom technischen Fortschritt Schäden für die Seele zu erwarten. Die Vorstellung von der modernen Nervosität setzte sich nicht deshalb durch, weil die Gebildeten jener Zeit zu einer anderen Sichtweise gar nicht fähig gewesen wären.

Während die 1890er Jahre einen Höhepunkt der Modernitätsthese markieren, nahmen die kritischen Stimmen seit der Jahrhundertwende zu: Auch die Kritik kam in Mode. Besonders polemisch schrieb der durch Auseinandersetzungen mit Unfallneurotikern gereizte Frankfurter Nervenarzt Laquer 1908: »Das ewige Winseln um die Nervosität der Gegenwart wird vorübergehen, wie die Tarantelsucht und der Wertherschmerz früherer Tage.« Das war ein Kraftwort, und doch: Ein »beträchtliches Quantum von Nervengesundheit« werde »vom rollenden Kraftwagen der Kultur« »über den Haufen geworfen«!

Die brillanteste und temperamentvollste Auseinandersetzung mit der

These von der Modernität der Neurasthenie stammt von dem Internisten Friedrich Martius (1850–1923). Er stellt sich als »Kulturoptimisten« vor, während er auf der Gegenseite einen sich ausbreitenden Pessimismus bemerkt. 1909 sieht er die Neurasthenielehre im Bündnis mit der Degenerationstheorie; diese Furcht vor dem Niedergang greife »wie ein fressendes Geschwür um sich«. Überhaupt mokiert er sich über die Untergangsszenarien mancher Eugeniker, so als müsse die »arische Rasse« »definitiv zur Spermaspritze greifen«, um sich »gegen Japaner, Mongolen und andere mehr oder weniger gelbe Zeitgenossen zu behaupten«. Martius gehört zu den Begründern der Konstitutionslehre; auch bei der Neurasthenie – deren Existenz er keineswegs bestreitet – ist er sicher, daß es sich um ein durch die Konstitution bedingtes Leiden handele. In seiner ärztlichen Praxis hatte er mit Neurasthenikern viele Erfahrungen gesammelt; seine Karriere begann damit, daß er 1889/90 einen mecklenburgischen Großherzog durch Hypnose von einer Reihe psychosomatischer Beschwerden kurierte. Martius kämpfte gegen den medizinischen Herrschaftsanspruch der Bakteriologie, überhaupt gegen simple Kausalmodelle, die Krankheiten ganz auf äußere Ursachen zurückführen; er spottete mit einem Zitat des Philosophen Lichtenberg, die Ärzte seien eben immer »in ihrer Mehrzahl recht naive Ursachentiere gewesen«. Das zahlenmäßige Anwachsen der Neurastheniker in moderner Zeit könne man statistisch überhaupt nicht beweisen: die Hammel in Mecklenburg, allenfalls noch die Krebskranken könne man zählen, die Neurastheniker nicht. Im übrigen sei er erstaunt gewesen, wieviel »in auffällig hohem Maße verweichlichte Neurastheniker« er in Mecklenburg auf dem platten Lande gefunden habe: Nur die in den großen Metropolen lebenden Nervenärzte könnten sich einbilden, die Neurasthenie komme vom Großstadtleben. Er schließt seine Schrift mit dem Credo:

»Die Anpassungsfähigkeit des menschlichen Gehirns an neue soziale Verhältnisse, an die Wirkungen technischer Fortschritte ist viel größer, als die Kulturpessimisten uns glauben machen wollen. Nicht daß man von Rostock nach Berlin in 4 Stunden und von Hamburg nach New York in 5 Tagen gelangen kann, macht den modernen Menschen nervös. Nervös werden wir dagegen fast alle, wenn wir, um von Rostock nach Roebel (kleine Stadt im südlichen Mecklenburg) zu gelangen, 5 Stunden in der Klingelbahn sitzen müssen.«[12]

Im letzten Satz spürt man die Erfahrung; aber ein wenig widerlegt er sich damit selbst, indem er erwähnt, daß gerade die modernen Anpassungsprozesse eine neue Nervosität hervorrufen können!

Und auch sonst findet man immer wieder, daß auch die Kritiker der Modernitätsthese dem Gegner erhebliche Konzessionen machen. Selbst

Oswald Bumke, der der Neurasthenielehre mitsamt der Modernitäts-these nach dem Ersten Weltkrieg eine schneidende Abfuhr erteilte, wie es sie in dieser Schärfe bis dahin nicht gegeben hatte, glaubte noch 1912, bestimmte nervöse Leiden nähmen »täglich zu« und zeigten eine »direkte Abhängigkeit von den besonderen Zügen unserer gesellschaft-lichen Einrichtungen«.[13]

In die Erörterung der Frage, ob die moderne Kultur Nervosität er-zeuge, mischte sich häufig die ältere und noch erregendere Diskussion darüber, ob die schweren Geisteskrankheiten unter den Einflüssen der modernen Zivilisation bedenklich zunähmen und immer weiter anzu-wachsen drohten.

Der Vierte Internationale Kongreß zur Fürsorge für Geisteskranke, der im Oktober 1910 in Berlin tagte, widmete sich einen Vormittag lang der Frage des Zusammenhangs zwischen »Geisteskrankheit und Kul-tur« oder auf französisch »la civilisation et la folie«. Zunächst vertrat ein italienischer Referent die kulturoptimistische und danach Ernst Rüdin (1874–1952), eines der Häupter der deutschen Rassenhygiene, die kultur-pessimistische Position, wobei er besonders auf die durch Alkohol und Syphilis bewirkten Schäden verwies. Rüdin, für den das moderne Wachstum der Nervosität und der Geisteskrankheiten *ein* Prozeß war, kam zu dem Schluß, es bleibe »nichts übrig, als uns aufzuraffen und der drohenden Entartung durch rassenhygienische Maßnahmen einen Damm zu setzen«. Ein russischer Redner entgegnete, Alkohol und Sy-philis seien nicht die Zivilisation, sondern Zivilisationsmängel; Kraepelin betonte die Offenheit des Problems, während Aschaffenburg und Fried-länder Rüdins Pessimismus kritisierten. Für einen Moment entstand eine zukunftsträchtige Konstellation, wie sie jedoch für die Vorkriegszeit noch nicht typisch war: Zwei Neurologen jüdischer Herkunft standen gegen einen Wegbereiter der NS-Eugenik.[14]

Eines der großen Rätsel war die Frage der Heredität, die einen wach-senden intellektuellen Sog ausübte. Theoretisch müßte man meinen, daß die Modernitätsthese zu Spekulationen über die Erblichkeit der Nerven-schwäche in Konkurrenz gestanden und als Gegenkraft gegen das Aus-wuchern der Heredititätstheorie fungiert hätte; zuweilen war das auch der Fall, aber häufig lagen die Dinge anders. Denn damals gehörte die These von der Vererbbarkeit erworbener Eigenschaften, die auf Jean-Baptiste de Lamarck (1744–1829) zurückging, noch zum Gemeingut des biologi-schen und medizinischen Denkens und damit auch die Annahme, daß sich die Nervosität von Generation zu Generation vererben und steigern könne. Noch 1912 bemerkte Bumke, den meisten Ärzten sei ein »naiver Lamarckismus« »so geläufig, daß viele eine experimentelle Prüfung für vollkommen überflüssig« hielten und den spekulativen Charakter dieser Theorie nicht bemerkten.[15]

Zusammen mit der Idee des evolutionären Fortschritts war auch der Gedanke der Abwärtsentwicklung, der Degeneration, aufgekommen, und zwar auch der nervlichen Degeneration. Benedict Augustin Morel (1809–1873), der Begründer der Degenerationstheorie, stellte ein »Gesetz der Progressivität« auf: Aus einer bloßen Nervosität in der ersten Generation werde in der zweiten eine Neurose, in der dritten eine Psychose und in der vierten Idiotie.[16]

Von Anfang an stand die Neurasthenielehre unter dem Einfluß, wenn auch nicht direkt im Bann dieser Degenerationstheorie. Morels Degenerationsstufen widersprachen nicht unbedingt der Modernität der Neurasthenie; der Beginn der modernen Nervenbelastung wurde nur um ein, zwei Generationen vorverlegt. Für die neue Generation, deren Eltern bereits im Zeitalter der Eisenbahn aufgewachsen waren, wirkte diese Annahme ganz plausibel. Auf diese Weise konnte man sich vorstellen, daß da, wo die Eltern bereits nervös waren, die Kinder von der Neurasthenie bedroht wurden und obendrein befürchten mußten, geisteskranke Nachkommen zu zeugen. Die Befragung »nervöser« Patienten begann stets mit Fragen nach Eltern und Verwandten, und oft fingen diese auch gleich selbst damit an, von der »Nervosität« ihrer Mutter oder ihres Vaters zu berichten. An und für sich lag es nahe, für die Übertragung der Nervosität von den Eltern auf die Kinder die Erziehung verantwortlich zu machen; auch damals war man nicht so blind, diesen offenkundigen Einfluß nicht zu sehen. Aber sehr oft lag bei dem Hinweis auf die nervösen Eltern ein Hereditätsverdacht in der Luft.

1886 hielt der Biologe August Weismann (1834–1914) seinen bahnbrechenden Vortrag »Über den Rückschritt in der Natur«, in dem er durch Beobachtungen bei Schwanzlurchen nachwies, daß man zur Erklärung von Rückbildungsvorgängen der Annahme einer Vererbbarkeit erworbener Negativmerkmale nicht bedürfe, diese Hypothese vielmehr der biologischen Grundlage entbehre. Aus der Rückschau war es eine Entdeckung von größter Tragweite: Sie entzog der Degenerationstheorie den Boden, ermöglichte allerdings zugleich einen radikalen Rassismus, der von der Ewigkeit der Rassequalitäten ausging. Aus späterer Sicht erschien Weismanns Pionierleistung als die Grundlage der gesamten dann folgenden Eugenik. Die alten Anschauungen besaßen jedoch ein zähes Leben. Zum Verständnis dessen muß man bedenken, daß nicht nur der alte Lamarckismus, sondern auch die Übertragung der Weismannschen Einsichten auf die menschliche Nervenlehre ein spekulatives Element enthielt.[17] Die Kontroverse über Weismanns Thesen zog sich noch über viele Jahre hin.

Otto Binswanger ging in seinem Lehrbuch der Neurasthenie (1896) davon aus, die Sache sei geklärt. Er gestand, daß ihm Weismanns These zunächst nicht behagt habe: Er sei von der »dem Kliniker fast immanent gewordenen und durch die Erfahrung scheinbar berechtigten Voraussetzung« ausgegangen, »daß es nicht schwer fallen dürfte, die Vererblichkeit erworbener Geistes- oder Nervenkrankheiten durch zwingende Tatsachen zu erhärten«. Aber dieser Beweis gelang nicht – eine für Binswanger »beschämende« Erfahrung. Auf Weismann berief sich mit Nachdruck der »Kulturoptimist« Martius (1909) der bekräftigte, daß die Degenerationshypothese, die immer noch so viel Ängste wecke, »falsch sein« müsse; denn sie stehe und falle mit dem Lamarckismus. Bumke erklärte 1912 in einem Referat »Nervosität und Entartung« rundheraus, der Degenerationsbegriff werde »so verwaschen, daß er überflüssig wird«; die ganze Entartungslehre sei reif für die »Liquidation«. Das war für ihn durch die neueste Forschung zu einer gesicherten Erkenntnis geworden: »Das stolze Gebäude, welches die psychiatrische Hereditätsforschung aufgerichtet hatte, ist in den letzten Jahren Stück für Stück abgetragen worden. Nicht zur Entartung führen die Vererbungsgesetze, sondern zur Regeneration.« »Degeneration, Entartung ist ein Schwindel«, wetterte Schleich in einem Artikel »Was ist Neurasthenie?«.[18]

Nicht, daß man ein Element der Heredität, eine vererbte »nervöse Disposition« ganz und gar geleugnet hätte; aber man konstruierte daraus keine sich kumulierende Abwärtsentwicklung. Diese Sichtweise setzte sich jedoch nie ganz durch; eine Nähe von Nervositäts- und Degenerationslehre blieb stets bestehen. Als Engelhardt 1925 in seiner Schrift »Das Geheimnis der Nervosität« polterte, die voreilige Annahme einer ererbten Nervosität sei »unsinnig« und nichts als ein »Lehnstuhl für bequeme Ärzte«, stellte er zugleich fest, daß es diese »bequemen Ärzte« in großer Zahl gab: Die Rückführung der Nervosität auf das Erbgut sei »fast zum Dogma geworden«. »Mit ihr tritt die Mehrzahl der Ärzte dem nervösen Patienten entgegen, machen andere sich ihm gegenüber wichtig…«[19]

Ackerknechts These, daß die Degenerationstheorie um 1900 in der Psychiatrie den Boden verloren habe, ist als generelle Aussage nicht haltbar. Einem Neurologen wie Albert Eulenburg war Weismanns neue Lehre wohlbekannt; aber er behandelte sie als graue Theorie oder als bloße Wahrheit der Schwanzlurche. Krafft-Ebing schildert, wie die ausgelaugten »Kopfarbeiter« »Generation um Generation immer nervöser« würden und wie der »moderne Geschäfts- und Arbeitsmensch«, wenn er endlich in vorgerückten Jahren zur Heirat komme, »mit den bescheidenen Resten seiner Manneskraft, mitten in der Hast und Erschöpfung des Berufslebens«, »kränkliche, schwächliche, nervöse Kinder« zeuge. Hellpach glaubt 1902, daß »sehr wahrscheinlich die Nervosität einer der stärksten Hebel der Entartung« sei, und er entblödet sich nicht, die Behauptung, »daß die einmal begonnene Degeneration mit Riesenschritten um sich greift und schon große kraftvolle Völker vom Schauplatz der Geschichte abzutreten genötigt hat«, als Lehre der »kulturgeschichtlichen Erfahrung« auszugeben. Selbst Leubuscher und Bibrowicz, die den Akzent ganz auf die arbeitsbedingten Ursachen der Neurasthenie legen und Weismanns These bereits als überwiegenden Standpunkt der Fachwelt kennen, lassen sich durch Krafft-Ebing verunsichern und empfinden das Hereditätsproblem als »furchtbare Frage«, die »dunkle Wetterwolken über der Zukunft aufsteigen läßt«![20]

1928 enthält sogar eine in einer sozialistischen Schriftenreihe vertriebene Broschüre über die Neurasthenie die damals längst widerlegte These, die »Nervenschwäche« sei »in vielen Fällen angeboren«. Wenn Vater und Mutter »nervenschwach« seien, würden »hochgradig nervenschwache Kinder erzeugt«; und »hochgradig nervenschwache Personen« sollten »unbedingt auf Fortpflanzung ihres Geschlechts verzichten«. Dieselbe Broschüre präsentiert die Modernitätsthese in ihrer alten Form (»Überall, wo wir sehen, ein Hasten, Rennen und Jagen...«)! Endgültig abgekoppelt wurde die Nervositäts- von der Degenerationslehre nie. In die nationalsozialistische Rassen- und Ausrottungspolitik führte jedoch nicht der Verbund der Degenerationstheorie mit der Lehre von der modernen Nervosität, sondern die andere Lehre von der Degeneration durch Rassenmischung, die eine Konstanz des Erbguts unterstellte.[21]

Wieweit nahm die Neurasthenielehre in Deutschland eine Sonderentwicklung, ob in der Modernitäts- oder in der Hereditätsfrage? Am nächsten liegt der Vergleich mit Frankreich, das unter den europäischen Ländern neben Deutschland die umfangreichste Neurasthenieliteratur hervorbrachte und wo die Beschäftigung mit der Nervosität um 1880 eine längere Tradition besaß als in Deutschland. Frankreich war das Ursprungsland der Degenerationstheorie, und der Nervositätsdiskurs stand zunächst stark unter deren Einfluß; später aber kamen von französischer und französisch-schweizerischer Seite – mit Charcot und Janet, Bernheims Ecole de Nancy und den Schweizern Forel und Dubois – die stärksten Impulse zur Psychisierung der Nervenlehre. Die Betonung des Psychischen ging mehr oder weniger auf Kosten der Entartungstheorie, von der Dubois spottete, daß sie »Trunkenbolde und Wüstlinge« mit »alten, antivivisektorisch gesinnten Engländerinnen« in einen Topf werfe. Aber obwohl der Verkauf von Bromkalium in der Pariser Zentralapotheke von 1855 bis 1875 auf nahezu das 200fache stieg und obwohl (oder weil?) Paris die Hauptstadt der Mode war, fand die moderne technische Zivilisation als Neurasthenieursache in der französischen Literatur nur eine auffallend geringe Beachtung. Zwar spielte die Überarbeitung (»surmenage«) als pathogener Faktor eine Rolle – Krafft-Ebing übernahm den Begriff »surmenage« sogar ins Deutsche –, aber nur selten ertönte die Klage über deren rapide Zunahme in neuester Zeit. Charcot bemerkte sogar ausdrücklich, die von Beard beschriebene Manier, sich in Beruf und Freizeit ständig zu übernehmen, sei eine typisch amerikanische Unsitte. In dem Frankreich der Belle Époque, dem Eldorado der Rentiers, war das Leiden unter Überaktivität kein so prominentes Phänomen wie in Beards New York. Ganz gleich, aus welcher theoretischen Richtung ein Autor kam: Im damaligen Frankreich wirkte die These vom Zusammenhang von Nervosität und moderner Kultur nicht plausibel und blieb oft wie selbstverständlich unbeachtet.[22]

Gab es in Frankreich eine typisch moderne Art der Nervosität vielleicht eher abseits von Paris? 1911 veröffentlichte Raymond Belbèze, ein Neurologe aus Nevers, ein Buch über das ungewöhnliche Thema der Neurasthenie auf dem Lande. Er stützte sich auf acht Jahre ärztlicher Erfahrung in der Garonnegegend und kam zu dem Schluß, daß 30 Prozent der ländlichen Bevölkerung dort neurasthenisch seien. Das ungemein häufige Vorkommen der Neurasthenie sei dort relativ jungen Datums und rühre von der zunehmenden Verarmung her. Er spricht geradezu von verschiedenen »Neurastheniekulturen«: einer familiären, einer schulischen und einer literarischen. Zumindest die schulische und die literarische seien relativ neu. Das Resümee dieser originellen Untersuchung, die eine intensive Feldforschung erkennen läßt, verdient Beachtung:

»Genau die in Frage stehende Region hat einen sehr raschen Übergang von der Prosperität zum Niedergang durchgemacht, und ihre Einwohner haben aus diesem Grunde ein moralisches Trauma erlitten, dessen Wirkung durch verschiedene Faktoren übersteigert wurde: durch die Erziehung – verdorben wie sie war in einer entvölkerten Gegend –, durch die Schule, durch die Presse oder Literatur und durch den Militärdienst. All diese Ursachen haben seit 1870 in unerwarteter Heftigkeit und um so intensiver gewirkt, als sie in einer ganz und gar materiellen Zivilisation durch kein psychisches Gegengewicht kompensiert wurden.«[23]

Die *englische* Neurasthenieliteratur führt uns wiederum in eine andere Welt. Der Trend zur psychischen Deutung war hier viel schwächer als in Frankreich. Es ist bezeichnend, daß Janet Oppenheim, der wir die ausführlichste Darstellung des viktorianischen Nervendiskurses verdanken, die Ätiologie des Neurasthteniekonzepts als »kompromißlos somatisch« empfindet: Dieser Eindruck wäre bei einem Studium der französischen und deutschen Literatur undenkbar! In England hatte die Literatur über nervöse Leiden die längste Tradition; schon im 18. Jahrhundert hatten die Engländer die Nerven als Generalnenner zahlreicher Molesten entdeckt. Auch auf den Zusammenhang zwischen der Zivilisation und diffusen Beschwerden war man hier schon früh gekommen. Aber um 1880 lag Cheynes »English Malady« (1733) bereits 150 Jahre zurück. Der Konnex zwischen Industrialisierung und Nervosität hatte hier längst seinen akuten Charakter verloren. Das Industrialisierungstempo hatte sich verlangsamt, und die Engländer erfanden als erste den Sport als Gegenmittel gegen den zunehmenden Bewegungsmangel. Wenn die englische Nervenliteratur mit besonderer Vorliebe die Nervenkraft mit einem Kapital vergleicht, mit dem man haushalten müsse, dann mehr aus der Sicht der Rentiergesellschaft, die vom ererbten Kapital lebt und nicht so sehr darauf drängt, es durch kühne Unternehmungen zu vermehren.[24]

Als der junge Max Eyth 1861 in Antwerpen aufgeregt zum Kanaldampfer keuchte, voller Angst, die Abfahrt zu verpassen, erlebte er es, wie ein Engländer seelenruhig im allerletzten Augenblick zum Landungssteg kam und sich obendrein noch, einen Fuß auf der Schiffstreppe, ausgiebig mit seinem Kommissionär unterhielt, ohne das Tuten des Schiffs und die Ungeduld des Kapitäns zu beachten! Das Goethe-Wort »Dem Phlegma gehört die Welt« wurde für Eyth zur tiefen Einsicht, die ihn fortan begleitete. Auch vielen anderen Deutschen erschienen die Engländer als Prototypen unerschütterlicher Ruhe, während die Deutschen selbst ihren alten Ruf der Gemütlichkeit verloren. August Nolda, Arzt im mondänen St. Moritz, der ein »internationales Material« von über 2000 Neurasthenikern zu überblicken behauptete, fand es 1906 »bemerkenswert, wie wenig häufig die Neurasthenie bei den Engländern vorkommt«. Er führte die nervliche Stabilität der Briten nicht nur auf den Sport, sondern auch auf deren »Arbeits-Einteilung« zurück. Beards »Neurasthenie« wurde auch in England bekannt, aber seine These, daß die Neurasthenie eine neue Zivilisationskrankheit sei, stieß bei der Mehrzahl der britischen Mediziner auf Widerspruch. Die Meinung überwog, daß die Neurasthenie lediglich ein neuer Begriff für ein längst bekanntes Krankheitsbild sei. Die französische Degenerationslehre allerdings fand bei englischen Psychiatern eine »enthusiastische« Resonanz. Bezeichnend für derartige Sorgen war Carlyles Frage an Darwin, ob sich der Mensch auch wieder zum Affen zurückentwickeln könne.[25] Darwins »Origin of Species« hatte den »struggle for life« in aller Munde gebracht; bei Darwin fungierte der »Kampf ums Dasein« allerdings nicht als Auslöser von Nervosität, sondern als Weg zur Selektion der anpassungsfähigsten Arten!

Die englische Neurasthenieliteratur macht insgesamt einen farbloseren Eindruck als die französische; man vermißt bei diesem Thema im spätviktorianischen England den breiten Fundus an lebendiger Erfahrung. Dafür erlebte das Neurastheniekonzept dort frühzeitig aus der Feder einer medizinischen Autorität eine vernichtende Kritik, wie sie in dieser Schärfe weder aus dem damaligen Deutschland noch Frankreich bekannt ist. Sir Andrew Clark gab zu Anfang seiner »Beobachtungen über die sogenannte Neurasthenie« (1886) zu verstehen, von einer Neuheit könne keine Rede sein; vielmehr handele es sich um ein Spektrum von Symptomen, das alle kompetenten Beobachter seit den Tagen von Cheyne und Whytt beschrieben hätten. Und dann fiel er über den Neurastheniebegriff mit seitenlangen Vorwürfen her: er sei »fehlerhaft«, »ungenau«, »unwissenschaftlich« und »therapeutisch irreführend«.[26]

Das gründlichste und originellste englische Neurastheniebuch waren Thomas Dixon Savills »Lectures on Neurasthenia«, die von 1899 bis 1909 vier Auflagen erlebten. Savill stützte sich auf Erfahrungen in verschiedenen Londoner Hospitälern. 1899 stellt er kritisch fest, daß die Neurasthenie immer noch nicht in englische Lehrbücher eingegangen sei. Während er sexuelle Komponenten der Neurasthenie nur flüchtig behandelte, hielt er sich um so mehr bei nervösen Magenbeschwerden auf; denn es war seine eigenste Auffassung, daß Verdauungsstörungen bei der Entstehung von Neurasthenie von besonderer Bedeutung seien, indem sie das Nervensystem durch eine Selbstvergiftung des Körpers beeinträchtigten. Auch Savill beachtet die Modernitätsthese kaum, obwohl er eine ungewöhnlich breite Kenntnis der internationalen Literatur zeigt.[27]

Vergleicht man die Neurasthenielehre in den USA und Deutschland mit der in Frankreich und England, so stellt sich eindeutig heraus, daß die Modernitätsthese in denjenigen Ländern den weitaus größten Anklang fand, die im späten 19. und frühen 20. Jahrhundert einen stürmischen Industrialisierungsschub erlebten. Dabei spielte die Vorherrschaft dieser oder jener medizinischen Richtung bei der Beurteilung der Modernitätsfrage keine große Rolle. In der Frage der Modernität der Neurasthenie wurde Deutschland sehr amerikanisch. Wenn man die deutsche und englische Literatur vergleicht, spürt man deutlich, daß sich England als das Ursprungsland der Industrialisierung fühlte, während für viele Deutsche der Industrialisierungsprozeß etwas durch den Konkurrenzkampf Aufgezwungenes war; auch das war ein Grund, weshalb dieser Prozeß leichter als nervliche Belastung erfahren wurde.

Ist es prinzipiell möglich, die Modernitätsthese empirisch zu testen? Wie schon beim Neurastheniekonzept insgesamt, ist eine *direkte* Überprüfung nicht leicht, und man muß teilweise »per exclusionem« – durch Ausschluß alternativer Deutungsmuster – voranzukommen suchen. Ein erster und naheliegender Einwand wäre der, daß die Modernitätsthese nichts weiter sei als ein Spiegel damaliger kulturpessimistischer Modeströmungen. Diese Hypothese ist jedoch relativ leicht zu erledigen: Bei einer ganzen Reihe der bekanntesten Vertreter dieser These – ob Erb oder Hellpach, Oppenheim oder Lamprecht – ist evident, daß sie alles andere als Kulturpessimisten waren, sondern im großen und ganzen die technische und kulturelle Modernisierung begrüßten.

Bestand ein Interesse der Mediziner an der Modernitätsthese, und gibt es von daher Grund zur Vorsicht? Manchmal ja: Nervenheilstätten, die abseits vom Großstadttrubel in idyllischer Natur lagen, spielten in ihrer Reklame auf die Modernitätsthese an. Der Hinweis auf den modernen »Kampf ums Dasein« mitsamt dem Refrain, daß der Nervenkranke erst einmal aus seiner krankmachenden Umgebung heraus müsse, gehört zu den Leitmotiven der Ehrenwallschen Werbetexte. Auch für schreibfreudige Ärzte besaß der Zusammenhang zwischen moderner Zivilisation und Nervenleiden zeitweise einen Reiz; denn das Thema kam in der Öffentlichkeit gut an. Dank des Honorars für »Nervosität und Kultur« konnte es sich der junge Hellpach manchmal leisten, im Berliner »Schwarzen Ferkel«, dem Stammlokal des Generalstabs, zu speisen. Andererseits – wenn wirklich die moderne technische Zivilisation die Hauptschuld an der Neurasthenie trug, so hieß das, daß die Ärzte im Grunde wenig tun konnten. Daher besaßen die Mediziner von Hause aus keineswegs die Neigung, eine Krankheit aus modernen Bedingungen herzuleiten, sondern tendierten im Gegenteil dazu, selbst solche Phänomene, die nach verbreiteter Auffassung modern waren, »zurück zu datieren und der modernen Gewandung zu entkleiden« (Eddy Schacht).[28]

Wie Gaupp 1908 in einem Vortrag »Über die wachsende Nervosität unserer Zeit« sagte: »Die Bekämpfung der Nervosität als Zeitkrankheit führt in die Probleme der sozialen Hygiene: Sorge für Arbeit unter günstigen Bedingungen, Abkürzung mechanischer Tätigkeit, Wohnungsreform, Dezentralisation der Großstädte, freie Bahn für jede Begabung, Schulung des Körpers, Umgestaltung unseres geistigen Lebens, Überwindung des Chauvinismus (sic!).«[29] Deutlicher konnte ein Arzt nicht erklären, daß der Kampf gegen die als moderne Zeitkrankheit verstandene Nervosität weit über den ärztlichen Kompetenzbereich hinaus drängte.

Wissenschaftlich gesehen, bedeutete die Modernitätsthese für damalige Mediziner erst recht eine Sackgasse; denn sie führte in ein Ursachenfeld, dessen Erforschung sich der Medizin entzog. Nicht einmal materielle Krankheitsfaktoren der industriellen Arbeitswelt waren für die medizinische Theorie zu gebrauchen: Selbst bei der Staublunge wollten Zellularpathologen und Bakteriologen zunächst nicht wahrhaben, daß diese ganz einfach durch Steinstaub verursacht wurde, da diese Erklärung für die herrschenden Forschungsrichtungen nichts brachte. Noch viel weniger konnte die medizinische Forschung mit industriellen Streßwirkungen anfangen.

Mit gutem Grund legte Max Weber, der von Kraepelin auf dem laufenden gehalten wurde, auf der Nürnberger Generalversammlung des Vereins für Sozialpolitik 1911 Wert darauf, mit aller Schärfe klarzustellen, daß man bei allem Gerede über Forschungsergebnisse zur Arbeiterpsychologie doch in Wahrheit »noch gar nichts« an gesicherten Resultaten habe.[30] Dieser Mangel an fundiertem Wissen über psychopathologische Seiten der Arbeitswelt erschwert die empirische Überprüfung der Modernitätsthese, denn so konnte es kaum anders sein, als daß die Bemerkungen der Mediziner über den durch die modernen Verhältnisse bewirkten Nervenverschleiß formel- und floskelhaft blieben – zumindest dann, wenn sie solche sozialen Schichten betrafen, von deren Arbeits- und Lebenswelt die Ärzte durch ihre gesellschaftlichen Beziehungen keine unmittelbare Anschauung besaßen.

Entsprach die Modernitätsthese einem Interesse der Patienten? In mancher Hinsicht gewiß, so mit dem behaupteten Kausalzusammenhang zwischen Überarbeitung und Neurasthenie. Auf diese Weise wurde die Nervenschwäche ehrenhaft; kein Wunder, daß Hinweise auf Überarbeitung in den Anamnesen häufig vorkommen, auch wenn der Leser bei manchen ewig zur Kur gehenden Neurasthenikern den Verdacht schöpft, ihr Gefühl, zuviel zu arbeiten, möchte eher subjektiver Natur gewesen sein. Aber darüber hinaus würde man von der Literatur her erwarten, in den erzählten Lebensgeschichten eine Fülle von Klagen über die moderne Hetze, das beschleunigte Tempo und die Unterwerfung des Menschen unter die Technik zu finden. Diese Erwartung wird durch die Akten jedoch enttäuscht: Man muß nach solchen Klagen suchen, und die, die man findet, wirken nicht immer überzeugend.

Wenn man sich allerdings in die Patienten hineindenkt, wundert man sich nicht mehr über die Fehlanzeige. Viele Neurastheniker zeichneten sich durch Egozentrik aus; der ganze Stil ihrer Selbstbeobachtung lenkte von den durch Zeit und Gesellschaft bedingten Leidensursachen ab. Wenn die Patienten in der Nervengeschichte ihre Identität suchten, konnten sie kollektive Phänomene nicht gebrauchen. Wollten erzählfreudige Neurastheniker ihre Leidensursachen in Form von Geschichten präsentieren, kamen sie ebensowenig auf strukturelle Bedingungen; denn diese ließen sich schlecht erzählen. Noch in den 30er Jahren bemerkte der ungarische Neurologe Völgyesi, daß der »nervöse Mensch seine Nervosität stets mit Gelegenheitsursachen« begründe. Gerhard Heilig machte bei seiner Untersuchung über »Fabrikarbeit und Nervenleiden« die Erfahrung, daß »sich über die Sinnesreize der technischen Arbeit als ätiologischen Faktor überhaupt verhältnismäßig wenig ermitteln ließ«; nur bei 66 der von ihm untersuchten 574 Fälle, also bei 11 Prozent, habe er entsprechende Angaben gefunden.[31]

Nervöse Mediziner, die über Nervosität schrieben und ihrer eigenen Erfahrung etwas Allgemeingültiges abzugewinnen versuchten, fanden in diesem Schreiben vermutlich ein Mittel, sich zu erleichtern und das Gefühl eigener Minderwertigkeit zu überwinden. Aber jene Laien, die zu den Nervenärzten gingen, hatten diesen Ausweg im allgemeinen nicht oder *noch* nicht gefunden: kein Wunder, daß man in ihren Anamnesen so wenig von einem Gefühl dafür merkt, daß sie von einem Strom der Zeit getragen wurden. *Zwischen* den Zeilen ihrer Geschichten spürt man diesen Strom der Zeit jedoch allenthalben. Man denke nur an die wortreichen Bekenntnisse des Berliner Angestellten K. L. mit ihrer Mischung beruflicher und sexueller Probleme, die ein ungesichertes und nicht von klaren Normen reguliertes Singledasein in einer modernen Großstadt spiegeln! Zahlreiche Neurasthenikeranamnesen führen in eine für damalige Verhältnisse moderne, auf keinen Fall mehr biedermeierliche Welt, in der wenig festliegt und viel gereist wird und in der sowohl die Berufsziele als auch die sexuelle Moral unsicher und schwankend geworden sind. Aber diese modernen Verhältnisse treten in der Regel nur als bedingendes, nicht als direkt krankheitsauslösendes Moment in Erscheinung.

Ein Beispiel bietet die Lebensgeschichte eines 25jährigen Elektrotechnikers, der 1901 nach »Bellevue« kam; ihm ist der Zusammenhang seines Schicksals mit seiner Zeit noch relativ bewußt. Seine Lebenskrise entwickelte sich, als er 1898 nach Buenos Aires ging, um eine selbständige Stellung und die Hand der geliebten Frau zu erlangen; ihm glückte weder das eine noch das andere, obwohl er häufig 16 Stunden am Tag arbeitete. Er, der Sohn eines Direktors, mußte sich, nach Berlin zurückgekehrt und bei der AEG untergekommen, in die neue bürokratische Disziplin der Großindustrie einordnen. Die erotische Frustration verbindet sich mit der beruflichen. »Und ich, der ich nur ganz selbständig arbeiten kann, konnte in dritter Stellung nichts leisten, konnte mich einer Disziplin überhaupt nicht fügen ... Bei den heutigen Zeiten erschien es mir unmöglich, das zu erreichen, was ich wünschte ... So wurde ich immer nervöser, aufgeregter, arbeitsunfähiger, quälte meine Angehörigen und verscherzte durch mein Benehmen und meine Unzufriedenheit mir die Neigung des einzigen Wesens, das ich je wirklich geliebt habe.« Wieder wollte er fort, zurück nach Amerika; dann ging er an das AEG-Büro in Madrid, aber auch dort verließ ihn »diese gräßliche Unruhe« nicht.[32]

Eine Mischung von hereditärer Belastung und modernen Streßmomenten ist in der Krankheitsgeschichte eines Uhrmachers aus dem Schwarzwald enthalten, der sich als Geschäftsinhaber in London etablierte und 1888, 49 Jahre alt, nach »Bellevue« kam; dort wirkte er wie ein »gutmütiger, strebsamer, gottesfürchtiger Mann«. Aus seiner Lebensgeschichte kamen folgende Angaben zu Protokoll:

»Pat. ist hereditär belastet, Vater war starker Potator, Großmutter geisteskrank, ein Neffe ist im Irrenhaus. Als Kind gesund, wanderte (er) als junger Mann, nachdem er im Schwarzwald seiner Heimat als Uhrmacher ausgebildet worden war, nach London aus, gründete hier ein Geschäft und brachte es durch außerordentlichen Fleiß und regelmäßigen, sparsamen Lebenswandel zu einem kleinen Vermögen. Überarbeitung wird auch als Ursache eines heftigen Anfalls von Schwindel, Bewußtlosigkeit, Irrereden und Konvulsionen angegeben (Winter 1878). Dieses sowie hinzutretende Magenkrämpfe..., außerdem ein ganz steifes, bei Bewegung sehr schmerzhaftes Genick führten ihn zu einem Charlatan und einem Straßenelektriseur. Da der Zustand sich unter der einsichtslosen Behandlung eher verschlimmerte, kam der Patient nach Deutschland und lebte hier ohne Arbeit zwei Jahre lang. Gebessert suchte er bald wieder seine Tätigkeit in London auf. Hier gewann er Neigung zu einer puella publica und ging damit um, sie zu heiraten. Die Betreffende wanderte nach Amerika aus, und seitdem will Pat. seinen Tiefsinn (sic), beständigen Kopfdruck, stete Selbstmordgedanken, nervöse Schmerzen in Rücken und Armen nicht losgeworden sein.«[33]

Auf den ersten Blick wirkt er wie ein Musterexemplar der bürgerlichen Kultur – und dann gibt es doch lauter dunkle Punkte, die zu dieser Bürgerlichkeit nicht passen und ihn in die Nähe eines modernen Aussteigers rücken. Diese Instabilität hinter der bürgerlichen Fassade findet man in den Lebensgeschichten von Neurasthenikern nicht selten. Statt zu einem wohlanständigen Arzt zu gehen, vertraut er sich der damaligen »alternativen« Medizin an – aus Binswangerscher Sicht zu seinem Verderb. Aber es war um 1880 modern, sich elektrisieren zu lassen. Um sein Wohlbefinden wiederzuerlangen, leistet er sich einen Urlaub von vollen zwei Jahren: eine nach diesem Bienenfleiß erstaunliche Lebenswende! Und nicht genug damit, verliebt er sich danach hoffnungslos in eine Prostituierte, die sich ihm jedoch entzieht, obwohl er ihr die Heirat anbietet! Am Ende ist es nicht die Überarbeitung, sondern die erotische Frustration, die bei dem alternden Mann eine psychische Katastrophe auslöst, obwohl die angeblich hereditäre Belastung seiner Lebensgeschichte aus der Rückschau von Anfang an einen dunklen Unterton gibt. Streckenweise erinnert die Geschichte an Heinrich Manns »Professor Unrat«; aber die bürgerliche Gesellschaft vermochte mehr Extravaganz aufzufangen, als ihr manche Kritiker unterstellten. Das Ausleben einer Neurasthenie gehörte zu diesen Auffangnetzen.

Technik und Tempo, Akkord und Lärm: Auf der Suche nach dem harten Kern der Modernitätsthese

BEI EINER REIN wissenschafts- oder ideengeschichtlichen Betrachtung der Neurastheniewelt ist die Versuchung groß, mit dem Lamento ironisch umzugehen und die ganze »Nervenschwäche« als Phantom zu behandeln. Beim Studium der Technik und der Arbeitsprozesse dagegen fällt es dem Betrachter wie Schuppen von den Augen, daß es sich bei dem beschleunigten Tempo und der Hektik der Zeit keineswegs nur um Einbildungen handelte, mag auch der harte Kern echter Erfahrung häufig von stereotypen Floskeln verdeckt sein. Es hatte seinen Grund, wenn »rastlos« und »unentwegt« zu den Modeadjektiven jener Zeit gehörten und sich das Wort »Tempo«, das vorher die angemessene Geschwindigkeit meinte, nun in einen Ruf nach maximaler Beschleunigung verwandelte. Wie selbst nüchterne Sozialhistoriker bemerken, verschwand am Ende des 19. Jahrhundertes »ein Teil der Behäbigkeit der alten Welt« (Ritter/Tenfelde). Ein Streben nach Zeitersparnis begegnet zwar schon im 18. Jahrhundert – damals jedoch eher in der Form der »Eile-mit-Weile«-Weisheiten –, und schon im frühen 19. Jahrhundert gab es in der Technik einen ersten Schub von »Schnell«-Komposita (»Schnellbleiche«, »Schnellgerberei«, »Schnellseifensiederei«, »Schnellpost«, »Schnellpresse«); aber mit der neuen Technik der Jahrzehnte um 1900 bekam die Zeitökonomie eine neuartige Bedeutung: Sie wurde von der bloßen Ermahnung zur durchorganisierten Praxis, zum Experiment fortwährender Beschleunigung und zur zweiten Natur des Menschen. Ein spürbarer Wandel vollzog sich im Zeitraum einer Generation. Im Deutschen Reich entstand die neue Welt der Industrie und Technik damals in rapiderem Tempo als in den meisten anderen europäischen Ländern; vor allem in den USA und Deutschland, keineswegs aber generell in Europa galt um 1900 die Schnelligkeit als Zeichen der Zeit. Der amerikanische Geschichtsphilosoph Henry Adams, der um 1900 in der Weltgeschichte ein »Gesetz der

Beschleunigung« erkannte, fand dafür außerhalb der USA besonders krasse Beispiele im Deutschen Reich: Überall spüre man die neue, von der Kohle gespeiste Energie; der Rhein sei moderner als der Hudson geworden; der Kölner Dom wirke neben dem Hauptbahnhof so geistesabwesend wie die Kathedrale von Chicago. Einem französischen Beobachter fiel auf, daß sich die Abkürzungen in Deutschland »täglich mehr« verbreiteten; das ginge so weit, daß man bei einer geschäftlichen Übereinkunft jetzt einfach »M. w.« (»Machen wir«) sage.[34]

Die Zeitzeugnisse über das »Hasten und Jagen« wirken glaubhafter, wenn man sieht, daß sie nicht nur von sensiblen Literaten, sondern auch von robusten Technikern kamen. Besonders anschaulich hat Alois Riedler, eine der Koryphäen der damaligen Maschinenbaulehre, den Tempoumbruch in der Technik zwischen den 1870er und 90er Jahren geschildert. Bis in die 70er Jahre reichte für ihn die alte Zeit der Frühindustrialisierung, als die gußeisernen Maschinen »im trägen Takte ihrer schweren Glieder« arbeiteten und »Genauarbeit« noch unbekannt war; in den 90er Jahren dagegen war die »technische Welt« zu einem »brodelnde(n) Kessel« geworden, aus dem fortwährend riskante Neuerungen wie Blasen aufstiegen, und wo unter der Peitsche der Konkurrenz alles anders wurde. Er selbst erklärte 1899 als Rektor der Technischen Hochschule Berlin-Charlottenburg den »Schnellbetrieb« zur Parole der neuen Zeit. »Die Verwendung hoher Geschwindigkeiten«, so Riedler, sei »nicht bloß das Kennzeichen unseres Verkehrs ..., sondern alles technischen Schaffens der Gegenwart überhaupt«.[35]

In den USA war die Schnelligkeitsparole schon älter. Vor allem bei der Herstellung von Massenstahl für Eisenbahnschienen wurde in den 1870er Jahren das Tempo systematisch beschleunigt, bis man die Grenzen der Belastbarkeit bei den Arbeitern kennenlernte. Daß das Hetztempo zum Kennzeichen des Amerikaners wurde, war damals etwas Neues; noch einige Zeit davor galt der Yankee als ein Typ, der »durch nichts aus seiner Ruhe zu bringen« war. Die Beschleunigung verlief bei der damaligen Technik nicht reibungslos: »Die Räder jaulten und quietschten, sobald sie schneller liefen, so daß man ständig um ihren Ausfall fürchten mußte.« Schon mit rein technischer Logik rief die Tempoerhöhung eine Welle von Streßerscheinungen hervor, beim Material wie bei den Menschen. Die Gleichzeitigkeit zwischen dem Übergang zum Schnellbetrieb und der Verbreitung der Beardschen Neurasthenielehre ist frappant. Schon vor der Erfindung des Fließbands gab es das Antreibersystem: »Auf etwa fünf bis sechs an den Werkzeugmaschinen Arbeitende«, berichtet Hans Dominik aus der amerikanischen Elektroindustrie, »kam ein Antreiber, der ihnen mit der Uhr in der Hand beständig im Nacken saß.« In der Folgezeit fand Frederick W. Taylor, daß die meisten Werkzeugmaschinen immer noch zu langsam liefen und die Maschinisten zu Unrecht behaupteten, eine Beschleunigung gehe auf Kosten der Produktqualität. Sein »Schnellstahl« legte die technische Grundlage für eine weitere sprunghafte Temposteigerung, die nach 1900 binnen weniger Jahre »in der ganzen Metallbearbeitung eine ungeheure Umwälzung« hervorrief. Ein allgemeines Wettrennen in der Leistungssteigerung begann, das über das technisch Optimale weit hinaus ging und an unerwarteten Stellen der Maschinen zu Materialbrüchen führte.[36] Das war die Situation, als die deutsche Industrie um 1900 eine Welle der Amerikanisierung erlebte.

Der Ingenieur Wilhelm Berdrow, der spätere Haushistoriker der Firma Krupp, schrieb im Jahr 1900 für die »Gegenwart« einen Artikel »Die Technik an der Jahrhundertwende«, dessen Grundtenor dahin ging, übertriebene Erwartungen an das neue Jahrhundert zu dämpfen. Große technische Überraschungen erwartete er nicht, ja er glaubte sogar, das 20. Jahrhundert werde ebenso im »Zeichen des Dampfes stehen wie das abgelaufene Säkulum«. Um so mehr fällt auf, daß auch er unter dem sinnlichen Eindruck der damaligen Technik die Erwartung einer allgemeinen und anhaltenden Temposteigerung teilte:

»Gesteigerte Schnelligkeit in allen technischen Betrieben, das wird eine der Hauptdevisen des 20. Jahrhunderts sein. Wie der Telegraph ... vom gewöhnlichen Schreib- zum Schnelltelegraphen wird ..., wie die ... Dampf- und Dynamomaschinen, die Werkzeugmaschinen, Hämmer und Pressen, Bohrer- und Nietmaschinen mit immer ungestümerer Eile ihr lautes Werk vollenden, wie ein Kriegsschiff, ein Handelsdampfer in der halben Zeit gegen früher vollendet, eine Lokomotive in wenigen Tagen gleichsam aus dem Nichts geschaffen wird, so drängt es im ganzen Umfang der Technik und Industrie gärend, unaufhaltsam nach der äußersten, angespanntesten Leistung.«[37]

In dem Sammelwerk »Die Technik im 20. Jahrhundert« heißt es 1912, »komplizierte Maschinen« würden erfunden, die sich »manchmal durch die Ersparnisse von Sekunden« bezahlt machten. Die Anfertigung einer Schraube dauere an der alten Drehbank 30 Minuten, auf der automatischen Revolverdrehbank 50 Sekunden, und dabei könne jetzt ein Arbeiter bis zu zehn Maschinen gleichzeitig bedienen: insgesamt also eine Lohnersparnis von mehr als dem Dreihundertfachen! Gewiß betraf ein Technisierungsschub dieser Art nur begrenzte Bereiche der Massenproduktion; aber diese Bereiche dehnten sich aus. Selbst eine Branche wie die Möbelherstellung, bis dahin eine Domäne des alten Handwerks, begann um 1900 von Mechanisierung und Serienproduktion erfaßt zu werden. Im Dunkel des Untertagebergbaus hielt sich eine Autonomie der Handarbeit bis weit in die Hochindustrialisierung; aber von 1909 bis 1917 wuchs die Anzahl der Schüttelrutschen im Ruhrrevier trotz des Widerwillens der Bergleute von 6 auf 630: Das war eine technische Revolution, die ein Element der Fließarbeit in den Bergbau brachte und nicht nur die Arbeitsintensität erhöhte, sondern auch einen gewaltigen Lärm und dadurch »das Gefühl einer erhöhten Gefährdung« verursachte.[38]

Es paßt ganz ins Bild, wenn die Deutsche Reichspost ab 1901 den Schnellschreibtelegraphen einführte, der damals 24000, aber fünf Jahre später schon 100000 Wörter pro Stunde schaffte. In der Zahl der Telefonanschlüsse erlangte Deutschland, auch wenn es neben den USA hoffnungslos zurückblieb, gegenüber Frankreich und England einen weiten Vorsprung: 1913 lag es mit 1076000 Anschlüssen fast fünfmal so hoch wie das französische Telefonnetz; erst durch den Weltkrieg fiel es zurück. Da man damals in Deutschland noch kaum zum Vergnügen telefonierte, zeugt diese Zahl vor allem von einer Beschleunigung der Kommunikation in Wirtschaft und Verwaltung. Ab 1900 war es zulässig, betriebsinterne Fernsprechanlagen mit Amtsleitungen zu kombinieren. Eugen Diesel erinnert sich später beklommen an die »freudige Erregung« bei der Installation des Telefons im Hause Diesel um 1898: »Noch hatten wir nicht begriffen, daß mit dem Telefon ein Dämon ins Haus und ins Geschäft gedrungen war, der sich unangemeldet jederzeit mit schrillem Läuten ankündigen kann, den Gang der Gedanken und Gespräche mit einem kleinen gesundheitsschädlichen Schock jäh unterbricht, den vor einem liegenden Aktenstoß mit neuen Nervositäten durchraschelt ...«[39] Wie man an alten Filmen merkt, klang das Schrillen des Telefons früher viel aufregender als heute!

1875 brauchte man mit einem durchgehenden Zug für die 650 Kilometer von München nach Berlin 18 Stunden: Das entsprach einer Durchschnittsgeschwindigkeit von 36 Stundenkilometern. Solange jeder Wagen einzeln und manuell gebremst werden mußte, stieß eine Geschwindigkeitserhöhung bald auf Sicherheitsbedenken. Aber seit den 1880er Jahren gab es die durchgehende und halbautomatische Druckluftbremse; jetzt ertönte in der Öffentlichkeit der Ruf nach einer Steigerung des Tempos. 1892 wurde die preußische Schnellzuglok mit einer Höchstleistung von 100 Stundenkilometern eingeführt; 1907 erreichte eine Lokomotive einen Rekord von 154,5 Stundenkilometer. Die Temposteigerung wurde mit Vibrationen und mit erhöhter Nervenanspannung beim Fahrdienstpersonal erkauft.

Parallelphänomene findet man zur See. 1880 richtete der Norddeutsche Lloyd nach englischem Vorbild einen Schnelldampferverkehr ein. Das wachsende Tempo stellte neuartige Anforderungen an die Qualifikationen der Schiffsbesatzung. Im Blick darauf sah sich das Reichsamt des Innern Ende 1898, im Jahr des Flottengesetzes, dazu veranlaßt, eine nautische Fachkonferenz einzuberufen, mit der Begründung, daß die verschärfte Konkurrenz der europäischen Mächte »das Streben nach Zeitersparnis bei allen sowohl die Seemannschaft als auch die Nautik betreffenden Aufgaben in einer Weise in den Vordergrund gerückt« habe, »wie es in der guten alten Segelschiffzeit nicht annähernd bekannt war«. 1897 lief der deutsche Schnelldampfer »Kaiser Wilhelm der Große« vom Stapel und errang noch im gleichen Jahr das »Blaue Band« für die schnellste Fahrt zwischen Europa und Amerika. Weitere Superlative von deutschen Dampfern folgten, immer größer und immer schneller. »Alle hatten riesige Expansionsdampfmaschinen … und litten bei hohen Geschwindigkeiten unter beträchtlichen Vibrationen.« Der Drang zum technischen Superlativ wurde damals eher noch mehr als heute mit erhöhter nervlicher Anspannung erkämpft; denn die wachsende Kompliziertheit der Technik ließ sich noch nicht mit elektronischen Regelsystemen auffangen. Allein für den Betrieb der Maschinen und Kessel waren um 1910 auf einem modernen Schnelldampfer fast 400 Menschen nötig![40]

Besondere Belastungen enthielt die neue Technik nicht unbedingt als solche, aber in Kombination mit Beschleunigungen und Intensivierungen des Arbeitsprozesses. Allgemeine Aussagen über diese qualitativen Aspekte sind stets mit Unsicherheit behaftet, da hier – anders als bei Arbeitslohn und Arbeitszeit – die großen Statistiken fehlen; aber auch wenn ein exakter statistischer Nachweis nicht möglich ist, so deutet doch eine Fülle von Indizien darauf hin, daß um 1900 in der Arbeitswelt eine wachsende Hetze und ein zunehmender Leistungsdruck erfahren wurden. Ein Streben nach Temposteigerung verbreitete sich auch unabhängig von technischen Sachzwängen. Kurz vor 1914 begann das »Boschtempo« in den Stuttgarter Bosch-Werken sprichwörtlich zu werden und führte in Verbindung mit dem Akkordsystem zu einem heftigen Arbeitskonflikt, obwohl Robert Bosch sonst als arbeiterfreundlicher Unternehmer galt.[41]

Die Unternehmer betrieben die Intensivierung der Arbeit mit zwei zumindest theoretisch voneinander unterschiedenen Methoden: mit dem Leistungsanreiz durch Akkordlohn und mit einer Verstärkung der Arbeitskontrolle von außen. Die Arbeitskontrolle vor Ort war in Deutschland vor 1914 und noch lange danach durchweg Sache der Meister, mochten auch die aufstrebenden Ingenieure den »Sturz der Meisterherrschaft« proklamieren; es war daher schwer, eine Arbeitsintensivierung von außen über die Köpfe der Meister hinweg durchzusetzen. Infolgedessen stand das Akkordsystem im Mittelpunkt der Auseinandersetzungen um den wachsenden Leistungsdruck in den Fabriken. Wieweit der

Akkord als Entlohnungsform in jener Zeit tatsächlich zunahm, ist nicht leicht zu sagen: Das Gesamtbild der Lohnformen ist unübersichtlich. Der Akkordlohn übt nur dort einen Anreiz aus, wo für Individuen oder Kleingruppen eine Möglichkeit zur Leistungssteigerung besteht; und er ist nur dort sinnvoll, wo es beim Produkt auf die Quantität und nicht auf die Qualität ankommt. Daher begünstigt die Mechanisierung der Arbeit nicht generell den Akkordlohn; denn technisch perfekt vernetzte Arbeitsprozesse lassen sich nicht individuell beschleunigen, und der Ertrag von Kontroll- und Überwachungstätigkeiten läßt sich nicht quantifizieren. Als Stücklohn ist der Akkord vorindustrieller Herkunft und paßt idealtypisch in eine Welt der Handarbeit.

Es gab eine ganze Reihe von Fällen, wo sich die damals moderne Technik und der Akkordlohn nicht gut miteinander vertrugen.[42] Aber trotz aller Mechanisierung herrschte in der Industrie um 1900 doch weithin noch die Handarbeit, und der Arbeiter war keineswegs ein so willenloses »Rädchen im Getriebe«, wie viele Bildungsbürger meinten, sondern konnte seine Produktionsleistung in sehr vielen Fällen durchaus beeinflussen. Daher gab es für die Einführung von Einzel- oder Gruppenakkord weite Spielräume. Die Unternehmer waren in einer Situation, in der eine Verlängerung der Arbeitszeit nicht mehr möglich war und teilweise unter gewerkschaftlichem Druck die Arbeitszeitverkürzungen begannen, mehr denn je daran interessiert, per Akkord das Arbeitstempo zu beschleunigen. Aber auch Teile der Arbeiterschaft kamen diesem Bestreben entgegen. Herkner behauptete sogar, auf Erhebungen des Vereins für Sozialpolitik gestützt, man könne von Arbeitern oft hören, »die Akkordarbeit helfe über die Langeweile hinweg«. Offiziell gaben die Freien Gewerkschaften zwar die Parole »Akkord ist Mord« aus; in der Praxis jedoch bröckelte die Front gegen den Akkordlohn, da nicht wenige Arbeiter diese Entlohnungsform als eine Möglichkeit der Lohnsteigerung schätzten.[43] Das Aufkommen neuer Bedürfnisse und die vermehrte Selbstbestätigung durch Konsum förderten auch in manchen Arbeiterkreisen eine Bereitschaft, aus der Arbeitszeit soviel wie möglich herauszuholen. Gerade deshalb, weil der Akkordlohn den Arbeitern nicht nur aufgezwungen wurde, sondern sich auch mit ihren eigenen Aufstiegswünschen traf, schuf er manchmal ein Klima allgemeiner Hetze, zumindest in einer Übergangszeit, in der sich noch kein neuer Arbeitsrhythmus eingespielt hatte.

Manche Zeitzeugnisse verweisen auf einen Zusammenhang zwischen Akkordlohn und Neurasthenie. Die beiden Ärzte des Sanatoriums Beelitz, die 1905 eine auf statistische Befunde gestützte Untersuchung über die »Neurasthenie in Arbeiterkreisen« vorlegten, hoben vor allem die

»veränderten Lebens- und Arbeitsbedingungen« als Ursache neurasthenischer Störungen mit schlimmen organischen Folgewirkungen hervor: »Die Arbeit ist eine andere geworden! Zwar hat die Akkordarbeit bessere Einnahmen geschaffen, doch ein Hasten und Jagen und eine Intensität des Schaffens gezeitigt, die man früher nicht kannte, und in erster Linie trifft das den schwächeren Teil der Arbeiterbevölkerung ... Es ist eine dauernde Angst vorhanden, zurückzubleiben, nicht auf gleicher Höhe in der Stellung, im Arbeitslohn zu verharren.« Ein Militärarzt, der zur gleichen Zeit ohne Kenntnis der Beelitzer Studie die »Ursachen der Neurasthenie und Hysterie bei Arbeitern« an 200 Fällen in Haus Schönow untersuchte, machte in 45 Fällen Überarbeitung als Hauptursache aus; bei einem Drittel dieser Fälle war der Akkord als Verursacher deutlich zu erkennen. Der Arzt zeigte sich von dieser Zahl beeindruckt. »Aber wer einmal in Fabrikbetriebe hineingesehen hat, wer gesehen hat, mit welcher enormen Schnelligkeit gearbeitet wird, was für Umsicht und Aufmerksamkeit ein jeder einzelne aufbieten muß, der wird das Aufreibende der Akkordarbeit wohl zu würdigen wissen. Und es ist auch nicht nur die körperliche Anstrengung, sondern vorzugsweise der psychische Faktor, der in Betracht kommt.« Viele Arbeiter empfanden es ähnlich.[44] Auch Heinrich Herkner, der 1911 auf der Nürnberger Tagung des Vereins für Sozialpolitik über Ergebnisse von Untersuchungen zur Arbeiterpsychologie referierte, sprach von der »nervösen Hast der Akkordarbeiter« wie von einer bekannten Tatsache.[45]

Nicht immer bestimmt das Arbeitstempo als solches die Nervenbelastung, sondern mindestens so entscheidend sind Gleichmäßigkeit oder Ungleichmäßigkeit des Tempos und die Möglichkeit, die Arbeit nach eigenem Gefühl zu rhythmisieren. In dieser Hinsicht empfanden viele die Situation um 1900 als kritisch. Nicht ohne Grund entdeckte der Nationalökonom Karl Bücher damals den Rhythmus der Arbeit als Problem. Mit Recht verweist er auf einen anthropologisch bedeutsamen Umbruch in der Technik von der Früh- zur Hochindustrialisierung, je mehr sich gegenüber alternierenden Maschinenbewegungen die Rotation durchsetzt:

»Die älteren Hobelmaschinen lassen einfach die Stöße des Handhobels durch mechanische Kraft vollziehen; die ältesten Sägewerke zeigen in der Gattersäge das Abbild der Handsäge, die älteste Wursthackmaschine die Bewegungen des Wiegemessers; die ältere Schnellpresse in der Buchdruckerei lehnt sich eng an die Handpresse an ... Mit der weiteren Entwicklung des Maschinenbaues strebt man danach, den mit dem rhythmischen Gang des Mechanismus meist verbundenen toten Rückgang auszuschalten und geht, wo nur immer möglich, ... zur kreisförmigen

Bewegung über, die jenen Kraftverlust vermeidet. ... Damit schwindet die alte Musik der Arbeit, welche die rhythmisch gehenden Maschinen noch deutlich erkennen ließen, aus den Werkstätten...« Zwar böten auch die neuen Maschinen eine Möglichkeit zur Rhythmisierung der Arbeit. Aber diese neuen Arbeitsrhythmen seien »von den alten sehr verschieden«; denn der Arbeiter sei »nicht mehr Herr seiner Bewegungen«.[46]

Pauschalurteile über die Nervenbelastung in der Arbeitswelt vor hundert Jahren sind stets anfechtbar: Kein Wunder, daß die Historiker bislang nur geringe Neigung zeigten, sich mit dem realen Kern der damaligen Streßklagen zu befassen. Natürlich erhöht die Rotation in der Technik nicht stets und automatisch die Fremdbestimmtheit der Arbeit. Wenn Angelo Mosso, der Begründer der Ermüdungsforschung, zu erkennen glaubte, »daß der Mensch verurteilt sei, mit gigantischen Automaten Schritt zu halten, und daß kein Ausruhen mehr für ihn möglich sei«, so fand dieses Schreckbild als Aussage über die empirische Wirklichkeit berechtigte Kritik. Es wäre nicht richtig, sich die gesamte Fabrikwelt vor 1914 als ein Pandämonium der Nervenstrapazen vorzustellen.

Ein allzu idealtypisches Bild von dem beschleunigten Tempo jener Zeit, das alle Gegenindizien herausläßt, verfällt jener optischen Täuschung, die typischerweise dadurch zustande kommt, daß man Trendprognosen mit realen Vorgängen und modernste Technikentwürfe mit dem Stand der Technik verwechselt. Der »Amerikanersaal«, der 1872 bei Siemens & Halske eingerichtet wurde und abrupt Methoden moderner Massenproduktion mit hochgradiger Arbeitsteilung und Akkord einführte, paßt selbst in der Darstellung des Haushistorikers Georg Siemens ganz in das Bild einer psychisch zermürbenden Neuorganisation des Arbeitsprozesses; aber diese erste Phase stürmischer Amerikanisierung hörte bei Siemens schon bald wieder auf, und in den 1890er Jahren war das Unternehmen zu einem – aus späterer Sicht – »veralteten und verschlafenen« Betrieb geworden. Noch 1890 hielt es eine Arbeitsordnung bei Krupp für nötig, das Schlafen während der Arbeitszeit ausdrücklich zu verbieten: Diese Bestimmung wirft ein Schlaglicht auf noch vorhandene Zeitnischen im Arbeitsprozeß. Als der 91jährige Feldmarschall von Moltke 1891 im Reichstag aus militärischen Gründen für die Einführung einer nationalen Einheitszeit plädierte, stellte er doch zugleich fest, »im praktischen Leben« werde »sehr selten eine Pünktlichkeit, die mit Minuten rechnet, gefordert«, und an vielen Orten stelle man die Schuluhr zehn Minuten zurück, »damit die Schüler da sind, wenn der Lehrer kommt«.[47] Später, aus der Sicht der Rationalisierungsära der 1920er Jahre, wirkte die Arbeitsweise der Vorkriegszeit insgesamt noch recht »gemütlich«.

Eine direkte Evidenz für die Beschleunigung als Neurasthenieursache findet man in den Krankenakten nur selten. Erst über berufliche und sexuelle Probleme pflegten sich Streßerscheinungen in eine behandlungsbedürftige Neurasthenie zu transformieren. Vielleicht mochten sich viele Neurastheniker ein Leiden unter Zeitdruck auch nicht eingestehen: Dubois erwähnt die »pedantische Pünktlichkeit« als einen Charakterzug des Neurasthenikers. Zwischen den Zeilen der Akten erkennt man jedoch häufig die Wirkung von Leistungsdruck, Überforderung und der Angst, im verschärften »Kampf ums Dasein« zu unterliegen. Bei einem 35jährigen Ingenieur, der 1908 für zwei Monate nach Ahrweiler kam, verband sich die Sorge, mit dem geforderten Arbeitstempo nicht mitzukommen, mit sexuellen Phobien. Er glaubte, sein nervöses Leiden sei entstanden, als er eine Stelle bei der AEG in Berlin angetreten habe:

»Im Frühjahr (1908) wurde Pat. zu einer besonderen Tätigkeit bestimmt, der Chef erklärte ihm aber eines Tages, daß das nicht ginge. Der Chef sagte: Sie arbeiten nicht rasch genug und machen einen eigenartigen Eindruck. Die Tatsache regte den Pat. sehr auf, so daß er dachte, man würde ihm jeden Augenblick kündigen. Er war so erregt, daß er beinahe gar nicht mehr arbeiten konnte. ... Er glaubte, sein Chef schicke jedesmal in das Restaurant, wo er Mittag aß, eine junge Dame, für die er sich interessieren solle. ... Seit 1 Jahr ißt Pat. nur in vegetarischen Restaurants; er bekam nun die Idee, daß man ihm etwas ins Essen täte, weil er auf die Heiratsgeschichte nicht einging.«[48]

Das Leiden einer aus wohlhabender Familie stammenden Frau, die zuerst 1908 und dann 1927 für den Rest ihres Lebens in die Betheler Anstalten kam, begann 1907, als ihr Mann starb, sein Geschäft in Konkurs ging und sie »buchstäblich vor dem Nichts« stand: »Einen Beruf habe sie nicht zu ergreifen gewagt, denn wenn man da nicht ganz fix sei, komme man doch nicht voran.«[49] Die bloße Erwartung von Tempoanforderungen konnte zu einem Faktor bei der Entstehung eines psychischen Leidens werden.

Die Technikerfahrung wird nicht nur durch den technischen Status quo, sondern auch durch die mit der Technik verbundenen Perspektiven, die Hoffnungen und Ängste bestimmt. Gerade in den 1890er Jahren begann eine Ära stürmischer technologischer Zukunftsprojektionen. Diese erwartungsvolle Ära setzte damals ziemlich plötzlich ein, vor allem mit den neuen Elektrovisionen. Noch kurz davor hatten viele geglaubt, die technische Entwicklung nähere sich ihrem Ende. Die Anwendung der Dampfkraft, aber auch der bis dahin bekannten Elektrotechnik war damals an Grenzen gestoßen. Selbst Mitglieder der Familie Siemens glaubten noch an kein elektrisches Zeitalter, sondern engagierten sich auch in anderen Technikbereichen; Werner v. Siemens bezeichnete in den 1880er Jahren den Wirbel um Bells Fernsprecher als »Telefonschwindel« und wollte an den Sieg der Glühbirne über das Gaslicht noch nicht glauben. 1901 dagegen vermochte selbst Adolf Wagner, einer der Kritiker einer ungehemmten Industrialisierung, keine festen Grenzen des technischen Fortschritts in der Landwirtschaft zu erkennen. 1880 versicherte der Präsident des Deutschen Schiffszimmerer-Vereins, »die Zeit der Erbauung eiserner Tröge« werde »bald vorüber« sein, und dann werde man »wieder hölzerne Segelschiffe zu bauen bekommen«; 20 Jahre später hätte man sich mit einer solchen Prognose lächerlich gemacht.[50]

Die Vorstellung von »der« Technik als gesetzmäßig zusammenhängendem Gebilde war um 1900 zum Gemeingut geworden, und durch die Elektrifizierung bekam die Technik gleichsam Nerven. Diese Technik präsentierte sich nunmehr als unendlicher Strom, in dem der einzelne wohl oder übel mitschwimmen mußte. Während die Deutschen sich bis weit ins 19. Jahrhundert gegenüber den von Westen kommenden Innovationen eher bedächtig verhalten hatten, entstand am Jahrhundertende in Deutschland ein innovationsfreudiges Klima wie noch nie. Aufwendige technische Großprojekte wie die Kanalisation oder die zentrale Kraftstromversorgung, die zunächst auf eine breite Front einflußreicher Gegenspieler gestoßen waren, erlangten nunmehr ein unwiderstehliches Durchsetzungsvermögen. Auch viele Mediziner wurden von dem allgemeinen Innovationsfieber angesteckt. Während noch im frühen 19. Jahrhundert das simple und harmlose Stethoskop bei deutschen Ärzten zu seiner Durchsetzung Jahrzehnte gebraucht hatte, verbreitete sich die gefährliche Röntgentechnik um 1900 geradezu blitzschnell und wurde mit einem unglaublichen Leichtsinn eingesetzt.[51]

Es kennzeichnet die 1890er Jahre und die Zeit kurz nach der Jahrhundertwende, daß momentane Trends lieber in eine weite Zukunft extrapoliert wurden und die Grenze zwischen Realitäten und Perspektiven verschwamm. Nicht zufällig kamen zu jener Zeit Frühformen der Science-fiction-Literatur auf, und der Übergang zwischen der reinen Phantasie und der ernstgemeinten Vision war teilweise fließend. 1891 eröffnete der Frankfurter Oberbürgermeister Adickes die Internationale Elektrotechnische Ausstellung in Frankfurt, die den Durchbruch des Wechsel- und Hochspannungsstroms bewirkte, mit den Worten: »Es geht ein Geist der Unruhe durch diese Zeit; phantastische Vorstellungen erfüllen weite Kreise. Weil man an die Technik glaubt, erwartet man das Unmögliche von ihr; es ist die Zeit der Utopien.« Zu einer Zeit, als die deutschen Schnellzüge mit Mühe gerade eine Spitzengeschwindigkeit von 100 Stundenkilometern erreichten, über die sie dann jahrzehntelang nicht hinauskamen, triumphierte August Bebel: »Jetzt heißt die Losung 200 Kilometer in der Stunde.« 1909 erwartete Wilhelm Ostwald allen Ernstes, »daß der Mensch ebensogut fliegen lernen wird, wie es die großen Seevögel tun, welche riesige Geschwindigkeiten ohne Flügelschlag erzielen«.[52]

Ob sich nun das Arbeitstempo im Einzelfall tatsächlich beschleunigte oder nicht: Um 1900 war es kaum möglich, von der Zukunft etwas anderes als Tempo und Beschleunigung zu erwarten, ganz gleich ob man dem Technikoptimismus oder -pessimismus huldigte. Mochte die bestehende Realität mehrdeutig sein: die Aussicht erschien eindeutig – zunächst zumindest. Und mit dieser Aussicht verbanden sich andere Perspektiven, die ebenso klar wirkten: der Fortschritt zum Großbetrieb, zur immer perfekter vernetzten Großorganisation, zur immer vollständigeren Mechanisierung, und das hieß auch: zur zunehmenden Ersetzung von Menschen durch Maschinen. Längst nicht alle Erfahrungen wiesen in diese Richtung; aber ein großes eindrucksvolles und logisch zusammenhängendes Bild des technischen Fortschritts gab es nur nach dieser Seite – es fehlten ähnlich eindrucksvolle Gegenbilder. Die Wirkung dieser Zukunftsperspektive, die den arbeitenden Menschen in immer stärkere Abhängigkeit von großen technischen Systemen brachte, erkennt man bis in die Leidensgeschichte neurasthenischer Angestellter hinein: Man denke an den in Buenos Aires gescheiterten Elektrotechniker, der in der Berliner AEG-Zentrale verzweifelte![53] Von Walther Rathenau bis zu den Sozialisten gab es nur die Botschaft der schrankenlosen Mechanisierung und des grenzenlosen Wachstums der Betriebsgrößen.

Diese Aussicht war erschreckend und faszinierend zugleich. Das höhere Tempo beängstigte und berauschte; die Mechanisierung konnte Versklavung durch die Maschine, aber auch Befreiung von der Mühsal des Daseins bedeuten. Es ist aussichtslos, das Zeitklima um die Jahrhundertwende einseitig auf Technikeuphorie oder auf Technikangst festlegen zu wollen: Belege genug findet man für beides. Charakteristisch war eben die Mischung widersprüchlicher Emotionen. Der grenzenlose technische Fortschritt war vielen nicht geheuer; aber man konnte sich ihm nicht entziehen, da sich mit der neuen Technik auch elementare Wunschvorstellungen verbanden. Auf diese Weise bekam das allgemeine Verhältnis zur Technik jenes nervöse Hin und Her, das einer Mischung von Angst und Begehrlichkeit entspringt. Die Nationalisten brauchten den technischen Fortschritt zur Stärkung des Reichs, die Sozialisten zur Herbeiführung des Zukunftsstaates: Die Technik wurde – ähnlich wie die damit verbundene Hygiene – im wilhelminischen Deutschland zu einem Konsenselement, dessen Bedeutung noch viel zuwenig gewürdigt worden ist. Vor 1914 drang sie selbst innerhalb der hochadligen Führungsschicht Deutschlands bis in die Träume der jungen Generation. Ende 1913 zeigt sich die Baronin Spitzemberg verwundert und beunruhigt über die »passionierte Richtung der adeligen Buben auf die Technik«: Die Sprößlinge der Bismarcks, Bethmanns und Varnbülers träumten »Tag und Nacht davon wie frühere Generationen von der Jagd«.[54]

Nicht in jeder Hinsicht wirkten die Technikträume beunruhigend. Eine besonders eindrucksvolle Neuerung jener Zeit war die Dampfturbine, die die Erschütterungen der Kolbendampfmaschine mit ihrer Hin- und Herbewegung aufhob. Die Drehbewegung, die alte Arbeitsrhythmen beseitigte, brachte bei technischer Perfektion zugleich eine sehr spürbare Vibrationsminderung, von der nach 1900 besonders die Kriegsschiffe profitierten. Es gab durchaus einen technischen Fortschritt zu größerer Ruhe – allerdings einer Ruhe bei hoher Betriebsgeschwindigkeit. Diese Art von Ruhe bereitete den Weg für eine weitere Temposteigerung.

Selbst unter Technikern stieß der Temporausch der Jahrhundertwende immer wieder auf Kritik. Der Rekordehrgeiz – »schneller, höher, stärker« – entstammte nicht der industriellen Technik, sondern dem Sport; er bietet ein gutes Beispiel dafür, wie der moderne Sport die gesamte Mentalität prägt. Die Techniker sprachen von dem Geschwindigkeitsfimmel manchmal wie von einer Kollektivpsychose, und man erkennt, wie der Nervositätsdiskurs auch die Meinungsbildung unter den Technikern beeinflußte. Das gilt besonders für die Eisenbahntechniker, da die Nervenbelastung durch wachsendes Tempo im Zusammenhang mit der Bahn schon am längsten diskutiert worden war. Ende des 19. Jahrhunderts, schon kurz nach der Einführung der preußischen Schnellzuglok mit einer Spitzengeschwindigkeit von 100 Stundenkilometern, entstand unter Eisenbahntechnikern ein Konsens, daß mehr als 110 Stundenkilometer »schwerlich jemals gestattet werden« dürften; dieses Argument diente damals zur Abwehr der Propaganda der Elektrolobby, die die Elektrifizierung der Bahn mit den dadurch zu erzielenden Geschwindigkeitssprüngen attraktiv zu machen suchte. Das Tempolimit wurde nicht nur mit Anforderungen der technischen Sicherheit, sondern auch mit dem Nervenargument begründet; der Oberbaurat Stambke, einer der führenden Autoritäten der Eisenbahntechnik, erklärte rundheraus: »Unsere Zeit ist ohnehin schon nervös und hastig genug; man soll dem nicht durch immer größere Geschwindigkeiten noch Vorschub leisten.«[55]

Auch aus der Sicht vieler Ingenieure war das »Hasten und Jagen« ein zu überwindender Mißstand. Die Autorennen waren vielen Technikern ein mutwilliger Unfug. Die Schnelligkeitsparolen der Jahrhundert-wende provozierten Gegenreaktionen. Schon nach den ersten zehn Jahren »Schnellbetrieb« stellte man in der Berliner Maschinenbaubranche fest, daß »sowohl in der Ausführung zeitsparender Einrichtungen als auch in der Verstärkung der Mechanismen zuviel getan wurde«. Auch in der amerikanischen Stahlindustrie hatte der »Schnellbetrieb« nur eine vorübergehende Phase charakterisiert. Bei der Paradeschau der Technik in dem 1911 zum 40jährigen Jubiläum der Reichsgründung erschienenen Repräsentationswerk »Deutschland als Weltmacht« traten Tempotriumphe auffallend zurück: Verwissenschaftlichung der Technik und Optimierung des energetischen Wirkungsgrades waren statt dessen die Leitmotive des technischen Fortschritts. Nach der »Titanic«-Katastrophe von 1912 äußerte sich Otto N. Witt von der Berliner Technischen Hochschule in der von ihm herausgegebenen Zeitschrift »Prometheus« abfällig über den »ewige(n) Kampf um den Schnelligkeitsrekord«, der aus dem Geist der »Rennplätze und Radler-Wettfahrten« stamme und die Hauptschuld an der Katastrophe trage.[56] Wenn das Thema »Nervosität« nach 1910 allmählich aus der Mode kam, so mag eine Modifikation der Leitbilder in der Industrie – ein Zurücktreten der Tempoambitionen – dazu beigetragen haben.

Die Tendenzen der Verkehrstechnik um 1900 wiesen, nüchtern betrachtet, durchaus nicht alle in die Richtung einer unendlichen Beschleunigung. Gerade viele für Fortschritt und Zukunft begeisterte Menschen wurden damals vom Fahrradfieber gepackt; andere, vor allem viele Landbewohner, erblickten in einem flächendeckenden Ausbau des Kleinbahnnetzes die große Aufgabe der Zukunft. Wenn man den möglichst billigen Massentransport als vorrangiges Ziel ansah, bekam der Ausbau der Flüsse und Kanäle Priorität; selbst Sombart hielt die Binnenschiffahrt damals für »geeignet, als ebenbürtige Nebenbuhlerin den Eisenbahnen zur Seite zu stehen«.[57] Der Bau des Mittellandkanals entwickelte sich zum Politikum ersten Ranges. Eine Zeitlang wurde der Zeppelin mit seiner majestätischen Ruhe zur Verkörperung deutscher Technikträume schlechthin. All diese Verkehrstechniken blieben jedoch nach einiger Zeit stecken; sie erzeugten keine zusammenhängende Vision einer »sanften« Alternative zur Beschleunigungstechnik. Es lohnt sich, vor allem bei dem Fahrrad und dem Automobil zu verweilen; denn diese Techniken erregten damals besonders heftige Emotionen.

Gerade das Fahrrad ist ein faszinierendes Beispiel: nicht nur durch die von ihm aufgewühlten Gefühle, sondern auch durch seine markante Rolle im Nervendiskurs. Fahrradhistoriker geben dem Zweirad mit Vorliebe eine möglichst weit zurückreichende Geschichte: so sehr, daß sie dabei sogar manchen Fälschungen aufgesessen sind; aber viel bedeutsamer ist der große Sprung der Fahrradgeschichte in den 1890er Jahren. »Die Welt steht im Zeichen des Zweirads«, schrieb Georg Hirth 1896 in der »Jugend«; und im selben Jahr seufzte der 59jährige Holstein, »durch nichts« habe er »das Gefühl des Alters und einer neu anbrechenden Zeit so bekommen wie durch die Erscheinung des Fahrrades«. Eduard Bertz verkündete an der Jahrhundertwende, der »Kampf des Fahrrads um sein Recht« laufe auf nichts weniger als »auf eine neue Teilung der Welt« hinaus. Erst auf dem damaligen Stand der Technik konnte das Radfahren für weite Kreise zum überwältigenden Erlebnis werden: auf dem in Massenproduktion gefertigten Niederrad mit leichten Stahlröhren, Kettenantrieb, Kugellager, Freilauf und Luftgummireifen. Die neue Seligkeit des Radelns war jedoch nicht ganz und gar spontan und hatte nicht nur mit Technik zu tun, sondern auch damit, daß sich zeitgemäße Regenerations- und Erlösungsträume auf das Fahrrad projizieren ließen. Schon 1885, noch in der Hochradzeit, nannte eine englische Schrift über die »Degeneration unter den Londonern« das Fahrrad an erster Stelle unter den Rettern vor der Entartung.[58]

In dieser Frühzeit allerdings mobilisierte das Fahrrad eine ganze Welle ärztlicher Bedenken; damals befaßten sich die Mediziner mehr als die Ingenieure mit dem Veloziped. In der Erinnerung der späteren Fahrradenthusiasten lebten diese Bedenken nur als Flausen eines ängstlichen Philistertums fort; aber sie waren am Anfang nicht unbegründet. Bei der Nähmaschine hatte sich das Trampeln als unterleibsschädlich erwiesen; außerdem neigten die noch unerfahrenen Radler dazu, sich mit ihren Kräften völlig zu übernehmen. Später, im Kriegsjahr 1915, notierte ein keineswegs zimperlicher Arzt, die »überradelten und übersportelten Herzen« der Vorkriegszeit hätten die durch Überanstrengung hervorgerufenen Herzleiden vorweggenommen, die im Weltkrieg zur Massenerscheinung geworden seien.

Unfreiwillig komisch wirken heute die Sorgen, die man sich damals über die durch das Radfahren angeblich stimulierte sexuelle Überreizung machte. 1896 behauptete ein Arzt, bei Radlern sei es »nichts Seltenes, daß sie wiederholt ihren Weg unterbrechen müssen, da starke und andauernde Erektionen sie hindern, auf dem Fahrrade zu bleiben«.[59]

Auch damals konnte man allerdings gegenfragen, ob denn das so schlimm sei. Der Berliner Nervenarzt Moll, dessen Privatsammlung phallischer Kleinkunst ein Geheimtip für Kenner war, nahm diesen Nebeneffekt des Radfahrens nicht tragisch: »Die überaus günstige Wirkung des Radfahrens auf unzählige nervöse Frauen wird kein vorurteilsloser Arzt mehr bestreiten.« Mit wachsender Gewöhnung scheint das erotische Kribbeln nachgelassen zu haben; 1906 empfiehlt Hermann Oppenheim das Fahrrad sogar als Gegenmittel gegen die Onanie! Zu jener Zeit hatte der Nervendiskurs längst eine fahrradfreundliche Wende genommen: nebenbei ein Zeichen dafür, daß eine Überanstrengung des Herzens in der Nervenliteratur nur wenig Beachtung fand. Das Fahrraderlebnis mit all seinen psychischen Dimensionen brach in die Nerventherapie ein. Ein Arzt schrieb in einem repräsentativ gestalteten Sammelband über den »Radfahrsport« (1897), den »größten und umwälzendsten Einfluß« übe »der Radsport auf das Nervensystem aus«; diese noch viel zuwenig gewürdigte Einsicht bleibe jedoch »demjenigen stets verschlossen«, »der seine Studien am Schreibtisch statt aus dem Sattel heraus macht«.[60]

1898 veröffentlichte der Charlottenburger Arzt Arthur Kann eine Broschüre »Nervosität und Radfahren«, die rasch mehrere Auflagen erlebte und in der er das Fahrrad als ein »Ereignis für die nervöse Welt« und als einen »mächtigen Konkurrenten der Wasserheilanstalten« pries. Kann begründet die heilende Wirkung des Radelns mehr mit eigener Erfahrung als mit Neurologie; er gerät dabei ins Schwärmen: Das »wonnige Gefühl«, das beim Radfahren »alle Glieder durchströmt«, sei »unbeschreiblich.« Der müde Mann, der eben noch jede körperliche Anstrengung aus Furcht vor Erschöpfung ängstlich mied, fordert bald den Freund zum olympischen Wettkampf auf der Landstraße auf und fühlt einen Siegesstolz, als habe er die Welt bezwungen.« »Mut und Kaltblütigkeit bilden sich aus, und der kraftlose Schleicher verwandelt sich in ein stolzen und erhobenen Hauptes dahinschreitendes Menschenkind.«[61] Der Leser spürt, wie selbst der Arzt im Hochgefühl des Radelns medizinische Bedenken gegen die Raserei vergißt, und wie bei dem, der sich eben noch schwach fühlte, im Kraftgefühl des Trampelns und tiefen Durchatmens eine Verachtung gegen Schwächlinge durchbricht!

Der Schriftsteller Eduard Bertz, den 1881 ein »schweres Nervenleiden« veranlaßt hatte, sich für ein Jahr in ein Blockhaus in den »Urwäldern von Tennessee« zurückzuziehen, veröffentlichte im Jahr 1900 eine »Philosophie des Fahrrads«, in der er das Radfahren – gewiß aus eigener Erfahrung – als Patentmittel zur Regeneration nervenschwacher Menschen feierte. »Wo etwa die gesunde Naturfarbe der Entschließung schon von des Gedankens Blässe angekränkelt war, da wird sie wieder aufgefrischt. Welch herrliche Schule der Mannhaftigkeit ist darin gegeben!« Das Radeln bekommt als Zeitzeichen unversehens einen harten, aggressiven Zug: Bertz erkennt einen Kampf des Fahrrades gegen die »breite, zähe Philistermasse«; dieser jedoch sei nichts anderes als der Kampf, den »eine neue, aufstrebende Zeit gegen die alte, sinkende führt, die nicht sterben will und sich verzweifelt gegen ihren Untergang wehrt«.[62]

Zwischen Fahrraderfahrung und Nervenlehre entstand um 1900 eine Wechselwirkung, die in der Beziehung zwischen Technik- und Nervositätsgeschichte einzig dasteht. Die Euphorie des Radelns war sichtlich von einem Hochgefühl nervlicher Regeneration getragen. Aber dieses Erlebnis wirkte seinerseits auf die Nervenlehre zurück. Man erfuhr am eigenen Leibe, was man vorher nicht hatte wissen können: daß man durch die sausende Bewegung eine sichere Balance gewinnt, die man beim Stillstehen verliert; diese Erfahrung von der Ruhe in der Bewegung war ein anthropologisches Novum. Das Grundgefühl, daß die bewegungslose Ruhe in der Nerventherapie ein Irrweg sei und die Nerven im Gegenteil durch die Bewegung und Anspannung gekräftigt würden, wurde durch das Fahrrad gestärkt, wenn nicht gar hevorgerufen. Zola pries das Radfahren in seinem Paris-Roman (1898) als »fortgesetzte Schulung des Willens«; und Willensschulung wurde in der Folgezeit die Parole all jener Nerventherapeuten, die die Liegestühle und die warmen Bäder zu verachten begannen. Der von Kind auf geübte Radfahrer kann Zolas Lob des Fahrrades nicht nachvollziehen; denn er braucht zum normalen Radfahren keinerlei Willensanstrengung. Aber wer um 1900 über das Fahrrad schrieb, hatte das Radeln erst als Erwachsener gelernt, und man merkt den Lobeshymnen noch die Mühen und die überstandenen Ängste an – daher dieses Gerede von der »Kaltblütigkeit« und »Geistesgegenwart«, die man brauche, um nicht zu verunglücken! Außerdem gab es noch keine Gangschaltung, die das Bergauffahren erleichterte.

1909 war ein neurasthenischer Student zur Behandlung in der Charité. Er hatte nach einer Syphilisinfektion »sehr viel gearbeitet, hastig gearbeitet«, war dann in den Ferien »sehr viel geradelt, sehr schnell gefahren« und danach in Apathie versunken. Man erkennt, wie er seine Nervosität durch übertriebenes Radfahren abzureagieren versuchte, aber gerade dadurch vollkommen zusammenbrach. 1903 kam ein 28jähriger Apothekersohn nach Ahrweiler, der sich als »sehr nervös« vorstellte; sein Vater meinte, er sei »überreizt«, und das sei durch seine Verlobung und durch übermäßiges Radfahren gekommen. 120 bis 140 Kilometer sei er am Tag geradelt. Ein Politiker begab sich 1901 wegen »hochgradiger nervöser Abspannung« nach »Bellevue« am Bodensee: Wie herauskam, hatte er in den letzten Jahren zuviel gearbeitet und zuviel getrunken und lebte noch dazu in der Ehe mit einer Frau, die schon mehrmals in nervlicher Behandlung gewesen war. Aber zum akuten Ausbruch war seine »nervöse Erkrankung« erst nach einer mehrtägigen Radtour gekommen; danach erklärte er seiner Frau, er könne sie nicht mehr lieben und es mache ihm nichts aus, ob er bald sterben werde. Kurz darauf erlag er einem Schlaganfall.[63]

Von links bis rechts galt die Raserei auf dem Rad als Phänomen des nervösen Zeitalters; für den »Vorwärts« ebenso wie für den Alldeutschen Paul Liman, der an seinem Idol, dem Kronprinzen, einzig die Begeisterung für Radrennen auszusetzen hatte, diese aber mit der »gesteigerten Nervosität der Zeit« entschuldigte. Sogar manche Passagen in der »Philosophie des Fahrrads« des nervösen Eduard Bertz wirken, genauer besehen, seltsam doppelbödig. Denn Bertz spricht davon, daß sich im Radeln auch die nervenzerrüttende Hetze der Zeit austobe. »Zeit ist Geld, – das alte englische Sprichwort scheint im Velociped seine Verkörperung erlangt zu haben.« In der »Sportfexerei« – typisches Schimpfwort jener Zeit – und rücksichtslosen Raserei erblickt er sogar eine tödliche Gefahr für das ganze Volk: Da werde das Fahrrad zum »Tyrann und Zerstörer«; »durch das Übermaß beschleunigt der Radsport, der doch berufen ist, die Volkskraft zu mehren, unseren Niedergang und bringt Verderben über uns und unsere Nachkommen«. Wie so manche Technikeuphorie war auch der Fahrradenthusiasmus mit Angst gemischt. Dennoch vermittelte das Fahrrad dem Schriftsteller die »Zuversicht, daß diese schaffens- und kampfesfreudige Zeit auch Heilung findet für die Wunden, die sie schlägt.« Ausgerechnet die Fahrradvision als Rettung eines verunsicherten technischen Fortschrittsoptimismus![64]

Auch das Auto wurde in dem ersten Jahrzehnt nach 1900 zu einem Inbegriff der Zukunftstechnik. Nach heutigen Maßstäben war Deutschland vor 1914 noch nahezu autofrei; aber die wenigen Autos, die es schon gab, erregten um so mehr Aufsehen. Schon um 1910 fand Conrad Matschoß, daß das Auto »in wenigen Jahren« das »gesamte Verkehrsbild« verändert habe. Bei manchen Zeitzeugnissen glaubt man sich schon in die Ära der Massenmotorisierung versetzt: so sehr antizipierten die Autoren die Zukunft!

In dem Schrifttum über den frühen Automobilismus findet man an vielen Stellen die Spuren des Nervendiskurses. Aus heutiger Sicht würde man erwarten, das Auto als einen Hauptschuldigen an der modernen Nervosität denunziert zu finden. Entsprechende Klagen hat es auch gegeben: Anfang 1909 prophezeite ein Artikel der »Mindener Zeitung«, der eine Geschwindigkeitsbeschränkung auf 12 Stundenkilometer forderte und schon ein Tempo von 25 Stundenkilometern als »wilde Schnellfahrerei« brandmarkte: »Dauern diese unerquicklichen Zustände fort, so wird die Nervosität des Zeitalters mächtig steigen.« Und damit werde »die Angst, die Besorgnis, die Verkümmerung an Lebensfreude« zunehmen.[65] Insgesamt aber ist die Rolle des Autos im Nervositätskontext längst nicht so negativ, wie man denken könnte. Das Auto steht eben nicht am Anfang des Nervendiskurses, sondern dieser war ursprünglich auf die Eisenbahn eingeschossen. Das Automobil verbreitete sich zu einer Zeit, als man die Nervenstärkung zunehmend in der *Bewegung* suchte und viele das Erlebnis des Radelns wie eine Offenbarung erfahren hatten. »Er ist fast genauso neurasthenisch wie ich«, schreibt Oscar Wilde 1899 über einen Freund, »aber wir hatten das Automobil.«[66] Das Auto als Medikament gegen Neurasthenie: Mit dieser Hoffnung stand er damals nicht allein!

Wie bei den Diskussionen über das Fahrrad, so waren auch bei denen über das Auto die Ärzte gleich dabei; und auch da verhielten sie sich bald nicht mehr ganz unparteiisch; denn der Besitz eines Autos wurde für den praktischen Arzt frühzeitig attraktiv. Ein französischer Mediziner schrieb schon 1903 über die »therapeutische Rolle des Autos«. Für Hellpach bedeutete das Auto damals in nervlicher Hinsicht gegenüber der Eisenbahn einen sehr großen Fortschritt, und er prophezeite sogar, der wachsende Automobilismus werde den Menschen am Ende mehr Ruhe bescheren: denn er werde »die größte Wohltat durchsetzen deren wir noch harren: die grundsätzliche Trennung des Fußwegs von der Fahrstraße«. Von einem derart krampfhaften Kulturoptimismus konnte die Nervositätslehre begleitet sein! Ein Psychiater allerdings machte sich 1904 berechtigte Sorgen über die »Umnebelung der Sinne« durch den Temporausch. Wenn man wollte, konnte man die Grundprobleme einer ungehemmten Massenmotorisierung schon zu jener Zeit erkennen. Aus damaligen Erfahrungen ergab sich sogar ein in mancher Hinsicht übertriebenes Bild von der Nervenbelastung am Steuer des Automobils; denn als der Straßenverkehr noch nicht auf Autos eingestellt war, mußten die Chauffeure reaktionsschneller sein als später. Noch um 1930 galt die Bestimmung, daß »hochgradige Neurasthenie zum Führen eines Kraftwagens untauglich macht«. Dennoch ging die »wohltuende Wirkung« des Autofahrens »auf die Nerven« 1909 selbst in Meyers Großes Konversationslexikon ein.[67] Wie schon das Fahrrad zeigt, pflegen die zum System »Nervosität« gehörigen Techniken sowohl in der Ätiologie als auch in der Therapie aufzutauchen.

Zu einer Zeit, in der der Zwang zur Beachtung genauer Uhrzeiten, den die Eisenbahn gebracht hatte, für viele noch ungewohnt und beunruhigend war, bescherte das Auto einen Rückgewinn der Zeitautonomie; diese Erlösung von der Urangst, zu spät zu kommen, wirkte auf den Schriftsteller Otto Julius Bierbaum geradezu als »wollüstige Perspektive«. Er, der Verfasser der berühmtesten deutschen Apotheose des Autos (1903), stilisierte die selbstbestimmte Autofahrt zur Renaissance der »empfindsamen Reise« der Goethezeit, wobei er die »Bummelfahrt« pries und immer wieder die Devise »Reisen, ohne zu rasen« ausgab. Mit »Eisenbahnnerven« bezeichnet er eine überreizte und temposüchtige Mentalität.

Wenn das schnelle Autofahren noch nicht als Ausdruck von Hetze galt, so muß man bedenken, daß der Autosport damals das Privileg von Wohlhabenden war, die Zeit hatten. Der Autofahrer erhöhte sein Vollgefühl mächtiger Ruhe dadurch, daß er andere Leute in Unruhe versetzte. Baudry de Saunier, seinerzeit der bekannteste französische Automobilpublizist, beobachtete 1902: »Nichts ist erheiternder für den Beobachter, als das Gesicht gewisser Fahrer im Momente, wo sie ihre Hupe ertönen lassen und in olympischer Ruhe die Wirkung der starken Stimme abwarten. ... Nichts darf dem Gebrüll des Löwen, der sonst in Wut gerät, widerstehen.« Frühe Autoberichte verraten nicht selten das boshafte Vergnügen, das die Aufregung der Passanten den Autoinsassen bereitete. Im »nervösen Zeitalter« erwies sich das Auto als ein vorzügliches Mittel, um durch die Externalisierung der Unruhe eine überlegene Ruhe zu erlangen. Auch diese Erfahrung trug dazu bei, ein Grundmuster des Umgangs mit Nervosität einzuüben. Der Siegeszug des Autos, das anfangs bei der Masse der Bevölkerung sehr unbeliebt war, enthielt den psychischen Mechanismus der Identifikation mit dem Aggressor. Der Kaiser ging dabei voran. Wie Bülow schreibt, war Wilhelm II. zuerst voller Wut auf die Automobile, »die seine Pferde scheu machten«, und schnaubte seinem Kanzler zu: »Ich möchte am liebsten jeden Chauffeur in den ... schießen.« »Als er dann selbst fuhr und seine eigenen Chauffeure lustig ihr Tatütata erschallen ließen, wurde er ein feuriger Lobredner... des Automobilsports und betrachtete jede Kritik seiner Auswüchse fast als persönliche Beleidigung.«[68]

Zu einem der schlimmsten und am wenigsten bewältigten Streßfaktoren der Industriegesellschaft wurde der *Lärm*. Der Kampf gegen Lärmbelästigungen trat in Deutschland ziemlich genau mit Beginn des »nervösen Zeitalters« in eine neue Phase ein. Noch 1869 hatte sich der preußische Handelsminister geweigert, Gewerbebetriebe aus Gründen der Lärmerzeugung konzessionspflichtig zu machen; 1882 dagegen fällte das Reichsgericht eine Entscheidung, die epochemachend hätte sein können, indem es die Klage eines Nachbarn gegen den nächtlichen Betrieb einer Druckerei für Rechtens erklärte und nicht – wie bis dahin üblich – an die Polizei verwies. Wenn die Bewohnbarkeit eines Hauses – so das Reichsgericht – durch ein »fortwährendes außergewöhnliches Geräusch« behindert oder erschwert werde, so werde damit das Eigentumsrecht ebenso verletzt, »wie wenn von dem Nachbargrundstück Steinsplitter herüberfliegen«. Der alte, schon aus dem römischen Recht stammende Emissionsbegriff erfuhr also eine wesentliche Erweiterung. Vom rechtlichen Rahmen her hätte es fortan eine Ausgangsbasis für einen Frontalangriff auf den Lärm gegeben.[69]

Leider wirkte der Nervendiskurs jedoch zwiespältig. Die meisten Mediziner waren sich zwar darüber einig, daß fast alle Neurastheniker besonders geräuschempfindlich seien. Die Frage jedoch, ob dauernde Lärmbelästigung Nervosität hervorrufe oder es sich bei der Lärmempfindlichkeit um ein bloßes Symptom der Nervosität handele, blieb unbeantwortet. Wie ein Kenner der Lärmschutzbewegung 1914 rückblickend feststellte, wurde es »gefährlich für die Lärmfeinde«, »als die Nervosität Mode wurde«. Denn wenn sich nun jemand über Lärm beschwerte, konnte der Lärmverursacher erwidern, die Empfindlichkeit des Klägers beweise seine Nervosität, diese jedoch sei eine Krankheit und kein Normalzustand, auf den man Rücksicht nehmen müsse. Tatsächlich flog das Nervositätsbild bei Lärmklagen immer wieder auf die gleiche Weise hin und her: Die Nachbarn klagten, der Lärm mache sie nervös; der Lärmerzeuger entgegnete, die Kläger *seien* nervös.[70]

1896 wies das Reichsgericht die bis dahin vom preußischen Verwaltungsgericht vertretene Auffassung zurück, »daß Schutz gegen jeden Lärm zu gewähren sei, welcher gesunde Menschen krank und kranke Menschen kränker machen könne«. Zwar habe der Richter nicht von Menschen mit »tadelloser«, aber doch mit »durchschnittlicher Gesundheit« auszugehen und dürfe sich nicht nach solchen richten, »die an ungewöhnlicher krankhafter Reizbarkeit oder Nervosität leiden, und zwar auch dann, wenn derartige Leiden nicht selten angetroffen werden«. Das war die Erfindung des »normalen Durchschnittsmenschen«, der kurz darauf in das BGB einging. Aber was war unter modernen Bedingungen »normal«? Das preußische Oberverwaltungsgericht vertrat in den 1890er Jahren die Auffassung, die Nervenschwäche sei so verbreitet, daß man auch hochnervöse Personen schützen müsse. Der Leipziger Mediziner Carl Reclam hatte schon 1880 bei einer Nachbarschaftsklage gegen einen Dampfhammer begutachtet, daß die Bewohner großer Städte als Folge der dortigen Lärmeinwirkungen und Erschütterungen allesamt nervöser seien als die Landbevölkerung.[71] Reclam gab die Zeitschrift des Internationalen Vereins gegen Verunreinigung der Flüsse, des Bodens und der Luft heraus, einer damals einflußreichen Organisation mit zum Teil radikalen Umweltschutzforderungen: Vorübergehend geriet der Kampf gegen den Lärm in einen verheißungsvollen Kontext. Wenn das »nervöse Zeitalter« und die »Nervosität des Großstädters« zur gängigen Vorstellung wurden, so enthielten diese Gemeinplätze ein rechtsetzendes Potential, indem sie einen neuen Begriff von »Normalität« schufen.

Es gelang jedoch nie, das Lärmproblem auf eine Art zu formulieren, die wirksame Gegenstrategien in Gang gebracht hätte. Die Klagen über den Lärm zersplitterten sich auf viele Gegner. Ein besonderer Zorn richtete sich gegen die »Klavierpest«: zu jener Zeit ein stehender Ausdruck für das ewige Klaviergeklimper unmusikalischer Mittelstandstöchter. Die Klage war damals nicht ganz so lächerlich, wie sie heute wirkt, wo man nur noch selten ungewollte Klavierklänge vernimmt. Welche »Summe von Nervenkraft« durch die »Klavierseuche« »verzehrt« werde, sei »hinreichend bekannt«, glaubte ein Darmstädter Arzt. Diese Geräuschbelästigung war in ihrem Ausmaß ein akustisches Novum und hatte mit der Industrialisierung zu tun, da Klaviere in Deutschland seit den 1870er Jahren fabrikmäßig in Serie produziert wurden. Theodor Lessing hebt in seiner »Kampfschrift« über den Lärm (1908) an einer Stelle das Knattern der Motorräder und Automobile als »neues Geräusch« hervor, das »unvergleichlich schrecklicher« sei »als aller lärmende Trubel, den die einst lebenden Geschlechter von toten oder lebendigen Radauinstrumenten erdulden mußten«; kaum weniger stöhnt er allerdings über das Teppichklopfen, das Heulen der Hunde, das Gackern der Hühner und vor allem über die »grauenhafte Unsitte« der Restaurant- und Kaffeehausmusik![72]

Lessing, der aus der Medizin kommende Kulturphilosoph, gründete im Dezember 1908, kurz nach dem Erscheinen seiner »Kampfschrift« »Der Lärm«, einen »Lärmschutzverband«, auch »Antilärm-Verein« genannt, dessen Mitteilungsorgan, das im Verlag der »Ärztlichen Rundschau« erschien, den Titel »Der Anti-Rüpel« trug. Schon dieser Name machte den mutwillig von Menschen angestellten, nicht den technisch verursachten Lärm zum Hauptangriffsziel. 1906 war in New York die Gründung einer »Society for the Supression of Unnecessary Noise« vorausgegangen. Nach zwei Jahren hatte Lessings Verein 1085 Mitglieder geworben, die meisten in Berlin, Hannover, München und Frankfurt am Main; unter ihnen befanden sich Hugo von Hofmannsthal, der Psychiater August Cramer – aus dem Nervendiskurs wohlbekannt – und der Historiker Karl Lamprecht. Lessing zog sich 1911 wieder aus der Antilärmbewegung zurück und stellte den »Anti-Rüpel« ein. Die Resonanz des Vereins war enttäuschend geblieben, wenn man sie mit Lessings Erwartungen und auch mit dem Erfolg der New Yorker Gesellschaft vergleicht: Diese konnte im Jahr 1913 40 Staatsgouverneure als Ehrenvizepräsidenten vorweisen![73]

Arthur Wilke, ein Wortführer der Elektro- und der Automobillobby, polemisierte unter dem Titel »Die Tyrannei der Nervösen« gegen den »Antilärm-Verein«. Er äußerte den »Verdacht«, »daß diesem Vereine zuerst und zumeist die Nervösen zuströmen«, und lieferte zugleich eine eigene Nervositätslehre mit: »je nervöser, je egoistischer«. Zudem seien die Nervösen »nicht nur in ihrer Empfindung, sondern auch in ihren Äußerungen und Forderungen ziemlich maßlose Menschen«. Wilke zeigte sich über die Möglichkeit besorgt, »daß der Antilärm-Verein seine erste Kraftprobe am Auto versucht«: Das könne dem Automobilismus gefährlich werden, da »die Massen noch immer nicht ihr Mütchen am Auto gekühlt haben«. Man erkennt, welche Chance die Antilärm-kämpfer gehabt hätten, wenn sie den verbreiteten Ärger über die Autora-serei politisch mobilisiert hätten! Theodor Lessing hielt ihm jedoch mit Recht entgegen, daß die »Antilärmiten« »gegen die Automobiltechnik sehr verständnisvoll, sehr schonend« verführen. »Wir hüten uns klüg-lich, reaktionäre Instinkte im Volke zu unterstützen und einem herr-lichen Sport die Zukunft zu verbauen.« Selbst er akzeptiert die Gleich-setzung von Auto und Fortschritt! Unter den Zielen seines Vereins stand schon an zweiter Stelle die Forderung, den »Kinderlärm von den Stra-ßen« zu verbannen; vom Autolärm auf den Straßen war dagegen nir-gends die Rede, nur wurde an achter Stelle u.a. eine »Verbesserung der Elektro- und Automobile« gefordert.

Lessing glaubte, die »empfindlichen Nerven« seien »Bedingung der Kultur«; und immer wieder zitierte er das auch von Margaret A. Cleaves auf die Neurastheniker bezogene Wort: »World's work is done by its in-valids.« Den Kern des Lärmproblems begriff er als unverschämte An-maßung des Pöbels und akustische Machtergreifung der Geistfeinde. Er und sein »Anti-Rüpel« zelebrierten einen heillos elitären, ja snobisti-schen Stil und ergingen sich am liebsten in dem Selbstmitleid der Geistes-arbeiter. »Eine nie endende Kette von Qual und Pein zieht sich durch das Leben aller mit dem Gehirne arbeitenden Menschen.« Als seine Adres-saten betrachtete der »Antilärm-Verein« nur die »kultivierten und gebil-deten Kreise«; das Lärmproblem in den Fabriken und die Frage, ob er nicht auch bei den Arbeitern Verbündete finden könne, beschäftigte ihn fast gar nicht; statt dessen suchte er den Hausbesitzerverein als Bundesge-nossen. Die lange Liste seiner Forderungen enthielt das »Verbot von Straßenmusik« und »Verweisung der Lahmen, Blödsinnigen«, Blinden in die Hospitäler. Der Philosoph, der später von den Nationalsozialisten ermordet wurde, wollte seinen Kampf gegen den Lärm als ersten Schritt zur »Eugenetik« sehen. Von der mittlerweile vollzogenen Demokratisie-rung der Neurasthenie war Lessing noch unberührt, da er die Ner-venzartheit zum Ausweis des Geistesaristokraten erhob.[74]

Das Thema »Arbeitslärm« steht an erster Stelle in Heiligs Untersu-chung über »Fabrikarbeit und Nervenleiden« (1908). Aber ähnlich wie Schoenhals in seiner Studie zur Arbeiterneurasthenie (1906) betont er, daß Außenstehende den Lärm als Ursache von Nervenleiden spontan überschätzten. Wer zum ersten Male in eine große Fabrik komme – so Heilig –, der sei wohl im ersten Augenblick von nichts so überwältigt wie von der »Unsumme akustischer Reize«, und er könne sich nicht vorstellen, wie es Menschen jahrelang in »diesem Brausen und Tosen, diesem Hämmern und Pochen« aushielten. Aber nur bei 11,5 Prozent der von ihm untersuchten Fälle – vor allem bei Neurasthenikern – habe er den Lärm als Krankheitsursache ausmachen können. Man müsse allerdings mit der Möglichkeit rechnen, daß akustische Dauerreize auch, »ohne daß der betreffende Arbeiter es merkt«, »zu einer erhöhten Labilität des Nervenlebens führten«.[75]

Bewußt und quälend erlebt wurde der Betriebslärm vor allem von solchen Arbeitern, die an eine ruhigere Arbeitswelt gewöhnt waren. Levenstein berichtet die Klage eines alten Metallarbeiters:

»Als mein Geschäft mit Maschinen versehen wurde, mit dem Glüh- und Schmelzofen-Walzen, in dem jetzt 80–100 Menschen arbeiten, da kann man sich denken, wenn man 42 Jahre ohne Getös gearbeitet und auf einmal ein Gesause und Getöse ertönt, wie dies einem alten Manne die Nerven erregt. Ich schwitze den ganzen Tag, bekomme Angstgefühle. Ich weine öfters wie ein kleines Kind, kann die Nacht nicht mehr schlafen. ... Verschiedene Arbeiter haben das gleiche Leiden davongetragen. Einer kam sogar soweit, daß er sich den Hals abschnitt.«

Ein 25jähriger Arbeiter, der zuerst als Kutscher beim Bauern und dann in einer Steppdeckenfabrik gearbeitet hatte, berichtete 1911 in der Charité, daß er seit anderthalb Jahren unter Schwindelanfällen leide, seit er »mit den Nerven zu tun habe« und in eine Maschinenfabrik eingetreten sei, »wo immer soviel Getöse war«. In der Selbstdiagnose eines AEG-Angestellten legte der dauernde Fabriklärm die Grundlage zu einer Nervosität, die sich schließlich durch Liebeskummer und Zerwürfnis mit der Mutter zu einer therapiebedürftigen Seelenkrise steigerte.[76]

Oft verdeckte die ausgeprägte Subjektivität vieler Lärmklagen den im Prinzip durchaus objektiven Charakter akustischer Schädigungen. Zwar wurde die Möglichkeit einer unbewußten Nervenschädigung durch Lärm unter den »Antilärmiten« gesehen; aber die Psychisierung der Nervenlehre lenkte von diesem bewußtseinsunabhängigen Element ab. Aus heutiger Sicht brachte das »nervöse Zeitalter« bei der Erforschung der Lärmschäden erstaunlich geringe Fortschritte.[77] Obwohl Klagen über Nervosität in der Luft lagen, muß man damit rechnen, daß die tatsächliche Streßbelastung breiter Bevölkerungsschichten größer war, als die Literatur erkennen läßt.

Kein Zweifel, eine Beziehung zwischen moderner Technik und Nervosität existierte; aber sie besteht nicht nur in einer simplen Aufeinanderfolge von Ursache und Wirkung. Schon aus chronologischen Gründen können die Innovationen der Jahrhundertwende nicht der Ursprung der

Nervositätswelle sein; denn diese setzte ja früher ein, und ihre ersten Ursachen muß man sich noch früher denken. In den Krankenakten ist die Technik – wenn man von den Unfallneurotikern absieht – in aller Regel kein Thema, und viele Neurastheniker nahmen den technischen Fortschritt mindestens sosehr als Befreiung wie als Ursprung von Nervosität wahr. Wenn sie keine Fabrikarbeiter waren, erlebten sie die Technik ja mehr in Verbindung mit Reisen, Hygiene und Hydrotherapie als mit Arbeitshetze. Aber gerade diese zum Teil durchaus positive Beziehung zur Technik trug dazu bei, diese zu einem Element zu machen, das die Nervosität als dauerhaften Bestandteil moderner Lebensstile installierte.

Es war nicht falsch, wenn Hellpach hervorhob, daß der technische Fortschritt seinen Nutznießern in vieler Hinsicht mehr Ruhe verschafft habe.»Ist der Griff zum Wandkontakt beim Eintritt ins Zimmer nicht etwas unvergleichlich Ruhiges gegenüber dem Herumtappen nach Streichhölzern, dem Träufeln der Stearinkerze, dem Anschirren der Lampen?« Die damaligen Menschen hatten die vorelektrische Zeit noch in frischer Erinnerung. Heute wissen wir, daß die Verlängerung des Tages durch das elektrische Licht den menschlichen Biorhythmus tief beeinflußt, und es gibt Grund zu der Annahme, daß diese Umstellung von Streßerscheinungen begleitet ist; aber dieser Wirkungszusammenhang wird nicht in direkter Form erlebt. Hellpach verwies darauf, wie ruhig die Bahnhöfe geworden seien, die noch in gar nicht ferner Zeit von »Schreien, Tuten, Läuten, Klingeln und Pfeifen« erfüllt gewesen wären; der »moderne Bahnhof schien ihm am stärksten« »die Tendenz des technischen Fortschritts zur Ruhe und Lautlosigkeit zu verkörpern«.[78] Aber er irrte sich, wenn er glaubte, sich auf diese Tendenz verlassen zu können.

Innerhalb des Wirtschaftslebens galt der technische Bereich manchmal als vergleichsweise nervenstabilisierend gegenüber dem kaufmännischen und finanziellen Teil der unternehmerischen Tätigkeit. Tatsächlich findet man Ingenieure in den Nervenheilstätten weit seltener als Manager aus dem kaufmännischen Bereich, die direkter mit der Konkurrenz, der Jagd um die Aufträge und dem finanziellen Risiko konfrontiert waren. Der ehemalige »Bürochef einer großen Zigarrenfabrik«, bei dem man in Eichberg Hysterie und »hochgradige Nervosität« diagnostizierte, gab an, er habe aus Rücksicht auf seine Gesundheit seinen kaufmännischen Beruf aufgegeben und sich der Chemie zugewandt. Auch die Chemie erwies sich allerdings nicht als Heilmittel gegen die Nervosität.[79]

Einer der ersten Ingenieure, die in »Bellevue« unter der Rubrik »Neurasthenie« auftauchen, war der damals 40jährige P. D., der 1895 nach Kreuzlingen kam. Wie sich zeigte, war er allerdings überhaupt kein Lehrbuchfall eines Neurasthenikers: Dazu schwelgte er zuviel in wirren

Kraft- und Größenphantasien. Einen Brief unterzeichnete er mit der Berufsangabe: »Ingenieur nach Yankee-System und wind-mill Geschwindigkeit und Arbeitsgeschick.« Ganz zeitgemäß verband er also »System« und »Geschwindigkeit« mit der amerikanischen Technik. Zuweilen überkam ihn ein protziges Kraftgefühl: »Mir geht es gut, ich biege Stahl... wie Nichts und zerbreche Hufeisen.« In »Bellevue« landete das Kraftprotzentum des Junggesellen regelmäßig bei sexuellen Wunschträumen: »Ich werde die Johanna, Rosa und die rote Susanne lieben, denn ich bin in der Hüftengegend zum Goliath geworden.« Er verfaßte ein Gedicht »An die Arbeit«, das mit einem Pathos der Vita activa beginnt, allerdings, wie man sehen wird, auf zweideutige Art:

»Auf an die Arbeit, du Faultier und Stinkkrokodil,
Den Ambos, die Feile, die feurige Schmiede im Sinn...
Nur dann frißt du gut, und dein Leib ist ein Pferd...
Der Mann wird groß, ein Feuerfresser und Schwert:
Nun wird ein tätiges Leben geführt.
Nach Grindelwald mit Yankees um die Wette gesoffen,
In Eingeweiden und Weiberbäuchen gerührt,
Einem Herkules gleich gejodelt und getrunken...«

Also wüste Männerphantasien in Reinkultur: der Traum von der bruchlosen Einheit unbändiger Arbeits- und Manneskraft – jener Einheit, die im wirklichen Leben gerade vielen Neurasthenikern am wenigsten gelang. Der Ingenieur prahlte, er sei »ein Unikum in Feinheit der Nerven und feiner Haut und Gehirn, an Größe und Bau, an Stärke und Gesundheit«.[80] Seine Phantasien sind ein genaues Negativbild der Neurasthenie; sie zeugen von einer geradezu besessenen Einbildung, die Nervenschwäche ein für allemal grandios überwunden zu haben. Diese Obsession konnte fataler sein als das Bewußtsein der Neurasthenie: Das zeigte sich nicht nur in den Heilanstalten, sondern am Ende auch in der Politik.

Nicht nur über ihre unmittelbaren und direkten Wirkungen ist die Technik ein Bestandteil der Psychogeschichte. Mindestens ebensosehr wirkt sie durch ihren Einfluß auf seelische Tiefenschichten, auf Wunschbilder und Machtträume, auf Lebensstil und Arbeitsrhythmus und nicht zuletzt auch auf die Interpretation des eigenen Körpers. Man erkennt die psychischen Fernwirkungen der Technik in dem Herumgeistern von »Energie«-Vorstellungen, in dem neuen Leitbild des »normal« »funktionierenden« Körpers und in der Idee, man könne Ruhe am besten durch Reisen und durch Bewegung finden. Besonders beunruhigend wirkte das neue Tempo in vielen Fällen gar nicht auf die, die mit der Technik direkt zu schaffen hatten, sondern auf andere, die lediglich die Fernwirkungen der allgemeinen Beschleunigung spürten. Friedrich Nietzsche klagte 1873, »der wissenschaftliche Mensch« sei »neuerdings in Deutschland in eine Hast geraten, als ob die Wissenschaft eine Fabrik sei, und jede Minuten-Versäumnis eine Strafe nach sich ziehe«. Aber längst nicht immer wirkte das gesteigerte Tempo als solches nervösmachend, sondern mindestens genausosehr dadurch, daß es die von ihm noch nicht erfaßten Vorgänge auf einmal als quälend langsam erscheinen ließ. »Es dauert immer alles länger«, war Diesels ewige Klage; eine Stockung von zwei, drei Monaten bei seinen Versuchen war für ihn eine »endlose Hölle«.[81]

Es sind die Tempo-*Diskrepanzen*, die das »nervöse Zeitalter« ganz besonders irritieren; das gilt für Arbeit und Genuß, aber – wie sich noch zeigen wird – auch für die Politik.

»Aber durch und durch nervös ist eigentlich nur das Bürgertum«: Nervosität und Klassengesellschaft

DER ZUSAMMENHANG VON NERVOSITÄT und Beruf wurde Ärzten wie Laien rasch evident, obwohl wissenschaftliche Spezialstudien zu diesem Thema erst nach 1900 kamen. Ein »gwundriger (neugieriger) Backfisch« wollte 1898 von einem schweizerischen Familienblatt wissen, woran man erkennt, »ob man ›nervös‹ ist«; »denn es hängt für mich in der Berufswahl viel davon ab, ob ich nervenschwach oder nervenstark bin«. Hößlin bot in dem Neurasthenie-Handbuch von 1893 eine Berufsstatistik. Unter den 598 von ihm erfaßten neurasthenischen Patienten standen die Kaufleute mit 198 obenan – gefolgt von Beamten (130), Lehrern und Lehrerinnen (68) und Studenten (56) – und die Landwirte mit nur 11 Neurasthenikern am Schluß. Die Neurasthenie als das typische Leiden der »Kopfarbeiter« vereinte somit das Bildungs- und das Wirtschaftsbürgertum, zwischen denen sonst vielfach eine ökonomische und mentale Kluft bestand. Wie ein Berliner Arzt anschaulich schrieb: Die »arme Elementarschullehrerin« erscheine bei der Nervosität »Arm in Arm mit dem reichen Bankdirektor«, für den sie in puncto Heirat keine standesgemäße Partie gewesen wäre. Auch für Leopold Löwenfeld (1894) war die Neurasthenie ein typisches Leiden der »Kopfarbeiter« quer durch die einschlägigen Professionen, allerdings mit einer Häufung am unteren Rand der »geistigen« Berufe: bei denen, auf die Lästiges abgeschoben wurde und die unter der Kontrolle eines Chefs standen.[82]

Eine Gruppe unter den »Kopfarbeitern« fand ganz besondere Beachtung: die Lehrer, mehr noch die Lehrerinnen. Die Dauerdiskussion über die »Schulüberbürdung« beleuchtete zuweilen nicht nur die nervliche Belastung der Schüler, sondern auch die ihrer Lehrer, und der Begriff der »Überbürdung« fiel auch hier. Ein Oberlehrer, der über die »Überbürdung« seines Berufsstandes schrieb, konnte sich auf einen Arzt berufen, um zu dokumentieren, daß der Lehrer eine erheblich größere Belastung auszuhalten habe als der Bürobeamte und eine Schulstunde mit einer Arbeitsstunde im Büro gar nicht zu vergleichen sei:

»Der Bureaubeamte kann im einzelnen nach jeweiliger Disposition arbeiten, z. B. etwas langsamer, wenn er weniger gut disponiert ist. Der Lehrer dagegen, der vor der Klasse steht und von ihr scharf kontrolliert wird, muß immer tätig sein, da jedes Nachlassen von den Schülern sofort empfunden und zu Unaufmerksamkeit benutzt würde. Außerdem ist der Lehrer durch seinen Beruf vielen Gemütserregungen ausgesetzt. Hierdurch erfolgt ein großer Verbrauch an Energie. Besonders aufreibend wirkt die erforderliche stete Anspannung der Aufmerksamkeit nach zwei Richtungen, nämlich in Bezug auf die Schüler und in Bezug auf die Behandlung des Stoffes.«

Wenn man der Literatur glauben kann, stand es mit den weiblichen Lehrkräften am allerschlimmsten. »Gouvernanten und Lehrerinnen werden, einmal erkrankt, selten wieder gesund«, warnte Pelman 1888; und Brauns, leitender Arzt an einem Sanatorium in Wiesbaden, erklärte alle Mädchen, die »sich zu Lehrerinnen ausbilden wollen«, schon im voraus zu »unglücklichen Wesen«. »Eine Lehrerin, die nicht hysterisch ist, gehört zu den Seltenheiten«, versicherte der Breslauer Psychiater Carl Wernicke 1900.

Dennoch sind gerade die Angaben über die Nervosität der Lehrerinnen mit Vorsicht zu genießen. Immer wieder begegnet man der Auffassung, daß Frauen schon durch Studium und Examen nervös würden. Kraepelin klagte 1894: »Namentlich das den Irrenärzten wohlbekannte Lehrerinnen-Examen zeichnet sich in trauriger Weise dadurch aus, daß es Gedächtnisleistungen verlangt, wie sie unsinniger und zweckloser kaum erdacht werden können.« Aber waren die Prüfungsanforderungen für die Lehrerinnen wirklich sinnloser als die für andere Berufsgruppen? Zwischen den Zeilen des herablassenden Mitleids erkennt man das Vorurteil, daß Frauen für geistige Anstrengungen nicht geschaffen seien. Ein Nervenarzt aus Bad Harzburg, der in seiner »fast 20jährigen neurologischen Tätigkeit« den Eindruck gewonnen hatte, daß die Neurasthenie bei Lehrerinnen besonders häufig sei, behauptete, 10000 (sic!) Fragebögen an Lehrerinnen verschickt zu haben, um der Sache auf den Grund zu gehen. Der Rücklauf betrug nur 780 Antworten; 549 der Befragten bezeichneten sich als kränklich. Am Ende kam er auf nicht immer nachvollziehbare Weise zu dem Ergebnis, »jede zweite sofort nach dem Examen eingestellte Lehrerin« sei »nervös geworden, obwohl sie nicht überarbeitet war«. Er zeigte bei der Auswertung einen Hang zu Sticheleien gegen die Frauenbewegung mit ihrer besonderen Neigung zum Lehrberuf und ihrer Behauptung, daß die Frau dort nicht weniger leistungsfähig sei als der Mann.[83]

Aufschlußreich ist Dornblüths Beobachtung (1911), noch vor einigen Jahrzehnten, als »die Not immer mehr Mädchen aus gebildeten Ständen in den Beruf der Erzieherinnen und Lehrerinnen« hineingetrieben habe, seien die dadurch bewirkten nervösen Schäden »überaus auffallend und schwer« gewesen. Gegenwärtig jedoch habe sich die Lage deutlich verbessert, weil viele Mädchen jetzt nicht mehr aus Not, sondern aus Überzeugung in diese Berufe gingen.[84] Identifikationsprozesse als ein Weg zur Überwindung der Nervosität! Eine neue Moderne gerät in Sicht, die ein Stück Ruhe wiedergewinnt: durch Gewöhnung, durch neues Selbstgefühl und durch das Zerbröckeln einer zeit- und kulturgebundenen Nervosität.

Wie man 1905 im bayerischen Innenministerium besorgt registrierte, mehrten sich schon seit Jahren die Fälle, wo Beamte wegen nervöser Leiden beurlaubt oder in den Ruhestand versetzt wurden, und zwar insbesondere bei der Eisenbahn, dem höheren Schuldienst, den Kreisregierungen, der Militär- und Finanzverwaltung. Auch das wachsende Heer der kaufmännischen Angestellten galt als nervlich besonders belastet; das wirkte sich darin aus, daß die »Kopfarbeiter gerade im Handelsstande« – wie ein Arzt 1912 bemerkte –, »wenn sie ihre Wünsche auf hygienischen Grundlagen aufbauen, bei der ganzen Richtung unserer Zentralverwaltungen die denkbar größte Aussicht auf Erfolg« hätten. »Erfolg« bedeutete verkürzte Arbeitszeit, Badereisen und andere Freizeitangebote. Hellpach allerdings behandelte die »Bureaunervosität« mit Skepsis und wollte nicht recht glauben, daß die Tendenz zur Überarbeitung auf den Büros allzu groß sei. Auch Dubois hatte noch nie einen Nervenkranken gesehen, dessen Zustand sich auf »einfache geistige Überanstrengung« hätte zurückführen lassen: Hier wie auch sonst sei »das, was uns rettet, unsere goldene Faulheit«![85]

Zu jener Zeit hatte sich längst die Erkenntnis durchgesetzt, daß sich berufsbedingte nervöse Störungen keineswegs auf diejenigen beschränkten, die traditionell als »Geistesarbeiter« galten. Eine »Demokratisierung« der Neurasthenie, indem man sie als Massenerscheinung auch in unteren Schichten entdeckte, vollzog sich mehr oder weniger parallel in den USA, England, Frankreich und Deutschland; dabei erlangte die deutsche Medizin in dieser Hinsicht sogar einen Vorsprung. Dieser erklärt sich vor allem aus der deutschen Sozialversicherung, die mehr als anderswo auch Arbeiter ins Blickfeld der Medizin brachte. Schon 1882, noch vor Einführung der staatlichen Krankenversicherung, kritisierte Möbius die durch Beard genährte Annahme, die Nervosität sei ein Oberschichtenleiden, als »weitverbreitetes, aber durchaus irriges Vorurteil«; nachgewiesen sei die Häufigkeit nervöser Störungen besonders bei dem Eisenbahnpersonal.

Bis zur Jahrhundertwende vollzog sich in Deutschland eine »gewaltige Verschiebung« in der sozialen Zuordnung der Neurasthenie. Wie die Beelitzer Ärzte in ihrer Studie über die Arbeiterneurasthenie schrieben: die »Frage der Arbeitererkrankungen« sei »viel mehr in den Mittelpunkt des allgemeinen Interesses gerückt als früher«. »Von unten drängt und klagt und droht die organisierte Masse des arbeitenden Volkes.« »Daß die Neurasthenie herabgestiegen ist in die breiten Massen des Volkes, das wissen die Ärzte und die Krankenkassen«, versicherte der Direktor der rheinischen Heilanstalt Grafenberg 1903; und zur gleichen Zeit bemerkte Pelman, der Fürsprecher der Volksnervenheilstätten, die Nervosität habe ihre »Exklusivität«, ihre »aristokratischen Neigungen« abgelegt.[86]

Diese »Demokratisierung« der Nervosität ist um so bemerkenswerter, als sie dem ursprünglichen Impetus der Neurasthenielehre zuwiderlief: dem Bestreben, die besondere Arbeitsbelastung und Erholungsbedürftigkeit der »Kopfarbeiter« zu unterstreichen. Alfred Hoche war 1910 zu der Überzeugung gelangt, daß die Schädlichkeit geistiger Überanstrengung »mit Vorliebe überschätzt« werde.[87] Man kann die Demokratisierung der Neurasthenie auch umgekehrt als Nobilitierung von Streßerscheinungen in der Fabrik charakterisieren, indem diese mit einem so exquisiten, ursprünglich den oberen Schichten vorbehaltenen Begriff versehen wurden. Die Masse der im Lauf der Zeit mit Unterschichtpatienten gesammelten Erfahrung muß eine eindeutige Sprache gesprochen haben: Andernfalls wäre diese Wende der Neurasthenielehre kaum zu erklären.

Aber wenn es nervöse Störungen in allen Schichten massenhaft gab: Konnten sie sich nicht doch je nach der sozialen Etage unterscheiden? Es war vor allem Hellpach, der nach 1900 mit merkwürdiger Hartnäckigkeit einen markanten und bedeutungsvollen Kontrast zwischen bürgerlicher und proletarischer Neuropathie behauptete. Er begann damit zu einer Zeit, als er sich nach anfänglicher Nähe zur Sozialdemokratie enttäuscht und verärgert von der Arbeiterpartei abkehrte, sich als Antimarxist und Antimaterialist zu profilieren versuchte und seinen Ehrgeiz auf das entstehende medizinische Verbandswesen verlegte. 1902 schrieb er, daß »alle jene Momente«, von denen man sage, daß sie die »Nerven« ruinierten, »in beiden Klassen wesentlich verschiedene« seien. Im großstädtischen Bürgertum sei es der »unaufhörliche Wechsel der Sinneseindrücke verschiedener Modalität«, der die Psyche zerrütte; die industrielle Arbeiterschaft dagegen sei einer »rumorenden Monotonie« ausgesetzt, von der man noch nicht wisse, wie sie auf die Psyche wirke. »Durch und durch nervös« sei »eigentlich nur das Bürgertum, in dem die Skepsis nistet, das den trotzig-derben Glauben an seine brutale Kraft verloren hat«. Die Nervenstärke wird hier wesentlich zu einer Sache der Ideologie, des kollektiven Selbstbewußtseins – und der Brutalität. In seinem großen Hysterie-Werk von 1904, nach seinem Bruch mit der Sozialdemokratie, versieht er das Proletariat dagegen mit weiblich-hysterischen Assoziationen. Der Gegensatz zwischen »bürgerlicher und proletarischer Welt« sei auf psychischer Ebene der Gegensatz zwischen »Reizsamkeit und Lenksamkeit«. »Und das bedeutet, ins Pathologische gewendet: in der bürgerlichen Kultur liegen ebenso ausgesprochen die Vorbedingungen der Nervosität, wie in der proletarischen die Vorbedingungen zur Hysterie beschlossen.«[88]

Hellpachs Klassenkontrast der Nervositäten, der mehr von seiner Kulturphilosophie her konstruiert als aus einem breiten Fundus von Sprechstundenerfahrung gewonnen ist, trifft jedoch mehr die öffentlich wahrgenommene als die tatsächlich erlittene Nervosität. Max Laehr, der als Leiter von Haus Schönow über besonders viel Erfahrungen mit neurasthenischen Patienten aus der Arbeiterschicht verfügte und schon auf mehrere an seiner Anstalt entstandene Dissertationen zu diesem Thema zurückgreifen konnte, bestritt entschieden die Hellpachsche These mitsamt ihrer Begründung. Aus seiner Sicht war das Dasein der Arbeiter ähnlich wie das des Mittelstandes nicht mehr wie noch vor einer Generation von Not und Monotonie, sondern vom Wachstum der »Kulturbedürfnisse« und der Zunahme des Verkehrs geprägt; daher sei auch bei den Arbeitern ein »rasches Anwachsen der ›chronischen seelischen Überreizung‹« »unvermeidlich«. Ganz sicher ist er allerdings seiner Sache nicht; er räumt ein, der größere Teil der Arbeiter stehe dem »nervenaufreibenden Treiben« der Großstadt »wohl noch fern« und sei »vielleicht auch wegen seiner naiveren Auffassung, gerade auch in Sexualibus, den Gefahren desselben weniger ausgesetzt«.[89]

Handelt es sich bei den Nervenschriften insgesamt auch um ein sehr bürgerliches Literaturgenre, so war doch ihr Grundtenor gegenüber den Nöten der Arbeiter verständnisvoll. Wenn sie mit Vorliebe die Beschwerlichkeit der »geistigen« Arbeit zum Ausdruck brachten, so sperrten sie sich doch nicht gegen die Wahrnehmung von Streßerscheinungen in den Fabriken, sondern lieferten Argumente gegen Arbeitshetze und Akkordentlohnung. Im Lauf der Jahre wurde das Plädoyer für den Achtstundentag zu einem Bestandteil der Nervenlehren. Dabei pflegte man sich auf die angeblich von Kant, in Wirklichkeit von Hufeland stammende »goldene Regel« zu berufen »acht Stunden Arbeit, acht Stunden Erholung, acht Stunden Schlaf«. Diese begegnet immer wieder, und zwar bei Autoren, die der Arbeiterbewegung ganz fern standen. Auf der Ebene der »Hygiene« ließen sich manchmal mühelos sozialpolitische Differenzen überbrücken. Das Votum für den Achtstundentag ist um so erstaunlicher, als es der Realität in den Fabriken weit vorauseilte – so weit, daß diese Forderung selbst für die Gewerkschaften um 1890, als diese sie zuerst aufstellten, »eher propagandistische als praktische Bedeutung« besaß.[90]

Erst im Lauf der Jahre stellte sich heraus, daß die Arbeitszeitverkürzung unter nervlichem Aspekt ihre Tücke besaß; denn in aller Regel wurde sie in den Unternehmen von vornherein mit einer Intensivierung der Arbeit kombiniert. Die Zeiss-Werke mit ihren hohen Präzisionsanforderungen, die schon im Jahr 1900 den Achtstundentag einführten, boten das Paradebeispiel; auch bei Bosch, der 1906 folgte, gingen Arbeitszeitverkürzung und Tempobeschleunigung zusammen. Bis zu einem gewissen Grade vollzog sich diese Kombination sogar im Einverständnis mit den Vordenkern der Arbeiterbewegung; auch Kautsky befürwortete 1890 den Achtstundentag nicht zuletzt als ein Mittel zur Hebung der »Leistungsfähigkeit des Arbeiters« und zur »moralischen und physischen Wiedergeburt« der »verkommenen Teile« der Arbeiterklasse. In der »steten Steigerung der Intensität der Arbeit« erblickte er kein Resultat unternehmerischer Willkür, sondern eine Begleiterscheinung des technischen Fortschritts. Einen ersten Dämpfer für die auf die Arbeitszeitverkürzung gesetzten Hoffnungen brachte der Internationale Hygiene-Kongreß in Berlin 1907, als sich »im Gegensatz zu allem Vorherigen« herausstellte, daß die Reduzierung der Arbeitszeit mit einer Erhöhung der Unfallrate einherging. Noch größere Betroffenheit erregten die Referate von Heinrich Herkner und Alfred Weber auf der Nürnberger Tagung des Vereins für Sozialpolitik 1911 mit ihrer These, daß die gelernten Arbeiter bei einer »feinen und schwierigen« Tätigkeit im Durchschnitt mit 40 Jahren verbraucht seien. Für den sozialdemokratischen Ingenieur Richard Woldt, der damals begann, sich mit dem Taylorismus und dem Problem des Arbeitstempos zu befassen, war das eine »furchtbare Erkenntnis«. Leonhard Schwartz berichtete 1929, schon mehr als einer von seinen nervösen Patienten hätte »den Achtstundentag verwünscht«, da es früher »mit 10 Stunden viel gemütlicher zugegangen« sei.[91]

An die »Nervosität des Zeitalters« glaubte schon seit den 1880er Jahren auch August Bebel; man kann in den verschiedenen Auflagen seines populären Buches »Die Frau und der Sozialismus« verfolgen, wie die darauf bezogene Passage schrittweise schärfer und ausführlicher wird. Am Ende ist die Nervosität zur »Geißel unseres Zeitalters« und der Sozialismus zum Erlöser von der Nervosität geworden. Um so mehr fällt auf, daß der Führer der Sozialdemokratie die Nervosität nur aus dem raschen Wechsel der Mode, nicht aus der wachsenden Hetze in der Arbeitswelt herleitet; in diesem Punkt bleiben die Passagen von Auflage zu Auflage gleich. Anders Franz Mehring, der 1904 in seiner Kritik an Lamprechts Begriff der »Reizsamkeit« bemerkte, »jedem Kind« sei die »Nervosität« »als die Folge der hochkapitalistischen Produktionsweise bekannt«.[92]

Wenn man Akten von Patienten aus der Arbeiterschicht durchgeht, wirkt die Neurasthenie manchmal wie ein unspezifisches Anpassungssyndrom, das nicht an eine bestimmte Art Arbeitsbelastung geknüpft ist, sondern vor allem in ungewohnten Arbeitsverhältnissen auftritt; dabei kann das Ungewohnte sowohl in einem Mehr als auch in einem Weniger an Autonomie und Verantwortung bestehen. 1890 kam ein 39jähriger Maschinenschlosser, der zum Leiter eines Wasserwerks aufgestiegen war, in die Ehrenwallsche Anstalt; er wurde dort als »peinliche (sic!), etwas ängstliche und unselbständige Natur« geschildert. »Schon vorher Zweifel an der eigenen Fähigkeit, den verantwortungsvollen Posten, der ihm z. T. ganz unbekannte Arbeiten auferlegte, voll ausfüllen zu können. Mit Antritt der Stellung Steigerung dieser Zweifel und Bedenken… Widerwärtigkeiten eines Aufsehers, der gleichfalls um die Stelle sich beworben hatte und der ihm vollends Schwierigkeiten in den Weg legte… Dadurch noch größere Zweifel…« Schließlich floh er aus dem Wasserwerk, glaubte, »er sei zu Nichts mehr nutze«, und spielte mit dem Gedanken, sich zu ertränken. Das Gefühl beruflicher Unzulänglichkeit wurde zur quälenden Zwangsvorstellung.[93]

Verbreiteter scheinen nervöse Störungen jedoch bei solchen Arbeitern gewesen zu sein, die von Hause aus eher handwerkliche Arbeitsverhältnisse mit relativer Zeit- und Bewegungsautonomie und »Arbeitsfreude« gewohnt gewesen waren, sich dann jedoch in eine rigidere Fabrikdisziplin fügen mußten und unter dem Bewußtsein des sozialen Abstiegs litten. So erklärt es sich, daß sich unter den neurasthenischen Arbeitern in Beelitz auffallend viele Tischler und Schlosser befanden.[94] Bei den drei »klassischen« neurasthenischen Berufen jedoch, die in der Literatur über arbeitsbedingte Neurasthenie als die Prototypen schlechthin erscheinen, spielen die Faktoren Technik und Tempo eine offensichtliche Hauptrolle: Es sind die Eisenbahner, die Schriftsetzer und die Telefonistinnen. Schon zu einer Zeit, als es Berufskrankheiten im vollen entschädigungspflichtigen Sinne noch nicht gab, avancierte die Neurasthenie bei diesen Professionen zu einer Quasiberufskrankheit. Es lohnt sich, diese drei Berufswelten genauer zu betrachten.

Wie die Geschichte der »Spinalirritation« und des »Railway Spine« zeigt, war man im Falle der Eisenbahner schon früh geneigt, nervöse Störungen als berufsbedingt anzuerkennen. Dabei galt die Aufmerksamkeit nicht nur den Unfallwirkungen, sondern auch dem chronischen Verschleiß. Max Maria v. Weber, der schreibende Eisenbahningenieur, erkannte 1862 vor allem bei den im Maschinen- und Zugdienst beschäftigten Eisenbahnbeamten »eine ungewöhnlich rasche Abnutzung des physischen Organismus«. Drastischer noch klagte ein anderer Autor, es sei das »furchtbarste Kapitel unter den sozialen Erscheinungen des Eisenbahnbetriebes«, wie dort »kernfeste, junge Gesundheitselitemenschen« schon nach wenigen Jahren grau im Gesicht und »der Elastizität beraubt« würden. Der Eisenbahnarzt Johannes Rigler prägte 1879 den Begriff der »Siderodromophobie«, einer vor allem bei Lokführern auftretenden »Eisenbahnangst«; der Begriff wurde sofort von Beard aufgeschnappt und sogar von einem französischen Standardwerk über Neurasthenie übernommen. »Nachteiligste Rückwirkung auf die Gesundheit der Maschinisten«, so Rigler, habe die in neuerer Zeit betriebene Steigerung der Fahrtgeschwindigkeit gehabt. Ludwig Hirt allerdings behauptete in seinen »Krankheiten der Arbeiter« (1871–78), einem Gründerwerk der deutschen Arbeitsmedizin, die »alten Maschinisten« der Bahn seien in ihrer Mehrzahl »kräftige, gebräunte Männer, deren Sinne sich scharf entwickelt zeigten« und »deren Verdauung in bester Ordnung sei«. Aber er ging noch von Lokführern aus, die am Tag nicht mehr als 15 Meilen (sic!) fuhren![95]

War das Fahrpersonal der Eisenbahnen wirklich besonderen Belastungen ausgesetzt, oder zeigte die Öffentlichkeit für diesen Berufsstand nur besonderes Interesse? Die Lokomotive war ja damals für den normalen Bürger die aufregendste, am meisten furchteinflößende Technik. Das tiefe Stöhnen und Zischen der abfahrtbereiten Lokomotive ging manchem Zuschauer durch Mark und Bein, obwohl es den Lokführer gewiß nicht mehr erbeben ließ. Aber auch aus Gründen der Fahrsicherheit war die Eisenbahnernervosität auch für Nichteisenbahner eine »brennende Frage« (Hellpach).

Ein Referat auf dem Berliner Hygiene-Kongreß von 1907 war den »Gefahren nervenkranker Bahnbediensteter für den Eisenbahnbetrieb«

gewidmet und stützte sich auf statistisches Material aus Preußen seit 1898. 1903/04 tauchte in der Statistik erstmals die Neurasthenie bei dem Fahrpersonal häufiger auf. Das Eisenbahnunglück im badischen Müllheim (1911), bei dem 14 Menschen starben, diente einem Kreisarzt als Memento, von »welch unendlicher Wichtigkeit die Hygiene des Nervensystems für die Betriebssicherheit« sei. Konkret ging es hier allerdings nicht um irgendeine Neurasthenie, sondern um Trunkenheit eines Lokführers, der eine Weiche, bei der nur 20 km/h zugelassen waren, mit 110 km/h durchrast und den Zug dadurch zur Entgleisung gebracht hatte. Früher hatte er schon einmal im Zustand der Trunkenheit eine Entgleisung verursacht. Gegenüber dem Alkohol herrschte damals im deutschen Eisenbahnbetrieb eine aus heutiger Sicht unglaubliche Toleranz, obwohl man schon damals den Einfluß der Promille bei vielen Unfällen erkennen konnte. Aber wie ein hoher Alkoholkonsum das traditionelle Privileg der »Feuerarbeiter« war, so galt der Alkohol damals noch vielen Eisenbahnern als unentbehrliches »Anregungsmittel«. Noch 1905 polemisierte ein Münchener Zeitungsartikel über die »Neurasthenie im allgemeinen und insbesondere bei den Eisenbahnbediensteten« dagegen, daß im Zeichen der Neurasthenie ein Feldzug gegen den Alkohol geführt werde: Nicht dieser sei die Ursache der Neurasthenie, nein, umgekehrt, ein »entartetes geschwächtes Nervensystem« vertrage den Alkohol nicht mehr![96]

Nicht alles in der Diskussion über die nervösen Leiden der Eisenbahner ist aus heutiger Sicht ernst zu nehmen. Wenn man in den Akten der hessischen Anstalt Eichberg liest, daß die »Nervenkrankheit« eines 29jährigen Bahnarbeiters mit Wahrscheinlichkeit auf seinen »aufregenden Dienst bei der Eisenbahn«, insbesondere auf das »Geräusch und Pfeifen der Lokomotive« und nicht auf einen vor 12 Jahren erhaltenen Messerstich in den Kopf zurückgeführt wird, erkennt man, wie rasch manchmal bei einem Eisenbahner eine berufsbedingte Nervenschädigung vermutet wurde. Insofern sind die Angaben über Nervenleiden der Eisenbahner teilweise mit Vorsicht zu genießen. Aber insgesamt war das Thema nicht so kurios, wie es heute scheint, wo die alte Eisenbahn mit Gemütlichkeit assoziiert wird. Man muß sich das Eisenbahnwesen des 19. Jahrhunderts vor Augen führen – die ständigen Schienenstöße und Erschütterungen, die noch unvollkommene Brems- und Signaltechnik, den Ruß und Qualm und die Zugluft im offenen Führerstand –, um zu erkennen, daß die damalige Sorge um die Nervengesundheit des Personals handfeste Gründe hatte. Eine Untersuchung des Vereins für Sozialpolitik über die Eisenbahner gibt, als sie auf Erschütterungen des Nervensystems kommt, eine drastische Schilderung, wie »der Tanz der Maschine über eine mangelhaft unterstopfte Schwellenstrecke ... eine bedenkliche Schüttelkur für den Lokomotiver« bedeute und überhaupt jede Lok »eine Individualität, verschieden zusammengesetzt aus Tugenden und Lastern« sei: »Bald überwiegen erstere, bald letztere; mit zunehmendem Alter ... gewöhnlich die letzteren.«[97]

1905 wurde im bayerischen Verkehrsministerium eine Denkschrift über die »Krankheiten des Nervensystems« beim Eisenbahnpersonal angefertigt. Das bayerische Material über die Krankheiten der Eisenbahner reichte relativ weit zurück; denn schon seit Einführung des bahnärztlichen Dienstes 1877 waren Statistiken geführt worden. 1882 tauchte erstmals der Begriff »Neurasthenie« auf: So prompt rezipierte man Beard in der Münchener Eisenbahnverwaltung! Von 1882 bis 1905 gingen 400 bayerische Eisenbahnbeamte wegen Neurasthenie vorzeitig in Pension. Überraschend war der Befund, daß die Neurasthenie bei dem Büro- und Stationspersonal häufiger und in schwererer Form vorkam als bei dem Zugförderungs- und Zugbegleitpersonal. Möglicherweise trat die Neurasthenie beim Zugpersonal neben den dort verbreiteten Neuralgien und Magen-Darm-Störungen in den Hintergrund und war eher typisch für eine Verbindung von geistiger Anspannung und sitzender Tätigkeit.[98]

Auch die Straßenbahner standen damals in dem Ruf einer besonderen nervlichen Belastung; denn die »Elektrische« galt um 1900 noch als gefährlich schnell. Hugo Münsterberg entwickelte 1910 in Boston seinen ersten psychologischen Eignungstest für Straßenbahnfahrer. Eine »durchaus ruhige, kaltblütige Sinnesart« forderte der Straßenbahner-Artikel in Weyls »Handbuch der Arbeiterkrankheiten« von den Fahrern; und vermutlich wurden diese danach ausgesucht. Thomas Mann kontrastierte damals den Straßenbahnführer als Sinnbild schweigender Ruhe zu der »flachen Aufgeregtheit« des Politikers.[99] Die unerschütterliche Ruhe, einst eine typisch aristokratische Verhaltensnorm, wurde durch die Risiken der modernen Technik zu einer Anforderung an neue technische Berufe.

Neben den Eisenbahnern waren um 1900 auch die Schriftsetzer, vor allem die der Tageszeitungen, zu Prototypen einer neurasthenischen Berufsgruppe geworden. Hier bestand ebenfalls ein eindrucksvoller Bezug zu einer neuen Technik: der in den 1890er Jahren eingeführte Linotype-Setzmaschine, die mit dem »heißen Satz« (Buchstabenguß während des Setzvorganges) nächst der Lokomotive als die komplizierteste Maschine des 19. Jahrhunderts galt. Ähnlich beeindruckend war hier der Zusammenhang mit dem Tempo der neuen Zeit, das im Journalismus wie im Verkehrswesen kulminierte. Das »Berliner Tempo«, um 1900 ein stehender Begriff, verkörperte sich ganz besonders in der Presse; die 1904 gegründete »B.Z. am Mittag« setzte ihren Ehrgeiz darein, die schnellste Zeitung der Welt zu werden. Bei der Übermittlung der Börsenkurse an die »B.Z.« wurde »die Geschwindigkeit fast zur Hexerei«: Eine Telefonleitung von der Börse direkt zu den Schriftsetzern sorgte in Sekundenschnelle für die Übermittlung der neuesten Zahlen, und in dem Tempo von der letzten Börsenmeldung bis zum Verkauf der ersten Zeitungsexemplare übertraf Berlin damals sogar New York. Unter den Berufsgruppen der neurasthenischen Patienten in dem Beelitzer Sanatorium standen die Schriftsetzer mit 16 Prozent weit an der Spitze. Ein Bericht an die Internationale Arbeitsschutz-Vereinigung über die »Gesundheitsverhältnisse im polygraphischen Gewerbe Deutschlands« (1908), der sich auf Material aus Berlin, München, Dresden und Stuttgart stützte, fand bei den männlichen Beschäftigten durchweg einen erheblich höheren Anteil der »Nervenkrankheiten« an den Krankheitsfällen insgesamt, als es dem Durchschnitt der in den Allgemeinen Ortskrankenkassen Versicherten entsprach. Auch der Beitrag über die Buchdrucker-Krankheiten zu Weyls »Handbuch der Arbeiterkrankheiten« hält eine besondere Häufigkeit der Neurasthenie unter den Buchdruckern für erwiesen. »Vor allem ist es die Art der Arbeit und die Arbeitszeit, die bei den Setzern leicht zur Nervenüberreizung führt. Das Lesen der Manuskripte, die Innehaltung der Orthographie, der Interpunktion ist für viele Setzer eine nicht leichte Tätigkeit; es ist mir vielfach mitgeteilt worden, daß manchen Setzern der Angstschweiß von der Stirn rinnt, und daß einige nie eine gewisse Ängstlichkeit verlieren.«[100]

Von der Nähe besehen ist die Schriftsetzerneurasthenie nicht so evident wie auf den ersten Blick. Man muß auch eine ganz andere Lesart der Quellen erwägen: die Möglichkeit nämlich, daß die Nervenbelastung bei den Schriftsetzern, objektiv gesehen, gar nicht besonders hoch war, jedoch hier auf einen selbstbewußten Berufsstand traf, der aus der Vergangenheit ein gemütlicheres Arbeitsklima gewohnt war und das Nervenargument wirkungsvoll auszuspielen vermochte. Eine neuere Untersuchung behandelt die Mechanisierung des Schriftsatzes in Deutschland als »Beispiel für eine verzögerte und konfliktarme Technikeinführung«. Innerhalb des Druckgewerbes waren die Schriftsetzer besonders spät von der Mechanisierung erfaßt worden, später als die Drucker und Schriftgießer. Der Weg zu einer brauchbaren Setzmaschine erwies sich als so schwierig und enttäuschungsreich, daß der »Setzmaschinen-Schwindel« berüchtigt wurde. Erst nach vielen Fiaskos gelang dem Deutschamerikaner Ottmar Mergenthaler endlich der Erfolg; mit seiner »Linotype« wuchs die Arbeitsleistung pro Setzer auf nahezu das Fünffache. Aber die teure Maschine lohnte sich nur für Großbetriebe; in Deutschland blieb das Handsetzverfahren bis 1914 vorherrschend, und zu einer größeren Arbeitslosigkeit unter den Schriftsetzern kam es nicht. Und dort, wo die Maschine eingeführt wurde, konnten die Setzer dank ihrer guten gewerkschaftlichen Organisation erreichen, daß ihnen ein Lohnzuschlag gewährt und auch weiterhin nur ausgebildete Setzer zugelassen wurden: Es war ein für jene Zeit ungewöhnlicher Vorläufer der späteren Rationalisierungsschutzabkommen. Auch bei der Durchsetzung von Arbeitszeitverkürzungen und Urlaubsregelungen gehörten die Drucker vor 1914 in Deutschland zu den erfolgreichsten Berufsgruppen. Stearns glaubt – wohl vor allem mit Blick auf England –, die Drucker hätten »eine Verstärkung des Arbeitstempos vermeiden« können, nicht zuletzt dank ihrer eindrucksvollen Klagen über ihre nervliche Belastung; die französische Druckergewerkschaft trumpfte auf (1905), Perfektion des Satzes und Geschwindigkeit seien nun einmal unvereinbar.[101] Hugo Münsterberg erwähnte die Setzmaschine als ein Musterbeispiel dafür, daß die Mechanisierung gerade nicht die Monotonie der Arbeit erhöhe. Im übrigen bewirkte die Maschine dadurch, daß die Setzer nun nicht mehr in direkte Berührung mit den Schrifttypen kamen, eine starke Verminderung der Bleikrankheit, des traditionellen Druckerleidens, hinter dem sich neurasthenische Erscheinungen zunächst hatten verstecken können.

Wenn nach 1900 die Schriftsetzer als Prototyp eines nervlich besonders belasteten Berufsstandes galten, so entstand dieser Eindruck offenbar durch ein Zusammenwirken von objektiver Beanspruchung, subjektiv empfundener Belastung und der Möglichkeit, diese Belastung auf eindrucksvolle Art zur Geltung zu bringen. Dennoch sollte man den Streß der Setzer nicht bagatellisieren und ihre Neurasthenie zu einem Phantom machen. Wie Münsterberg zeigte, lag das »Wesen größerer Leistung« an der Setzmaschine »in der Auffassungs- und Gedächtnisleistung des Setzers, indem derjenige Setzer mit der Maschine am schnellsten arbeitete, der sich die längsten Sätze am leichtesten merkte und der daher dem Sinne des Manuskriptes das meiste Verständnis entgegenbrachte«. Aber die Setzmaschine erfüllte ihren Zweck nur dann, wenn der Setzer viel schneller las als bisher; und auf diese Weise wurde es den Setzern viel schwerer, den Sinn der Texte so, wie sie es gewohnt waren, zu verstehen. Daher ist es ganz verständlich, daß die Arbeit an der Setzmaschine zumindest zu der Zeit, als sie noch neu war, eine quälende psychische Dauerspannung hervorrief. Immer wieder klagten Setzer, die Arbeitsfreude gehe ihnen verloren, weil sie in der Eile den Sinn des Geschriebenen nicht mehr in sich aufnehmen könnten. Der Handsatz geriet durch die Mechanisierung unter Druck; Druckereibesitzer veranstalteten Setzerwettbewerbe, Werbeanzeigen führten bildlich vor Augen, daß ein Maschinensetzer die Arbeit von fünf Handsetzern leistete. Mochte das tatsächliche Arbeitstempo auch noch erträglich sein, so konnten die Setzer von der Zukunft nur Temposteigerungen erwarten.

Aber es gab eine andere Berufsgruppe, die nach allgemeiner Ansicht noch schlimmer für die Neurasthenie prädestiniert war als selbst die Schriftsetzer und Eisenbahner: das waren die Telefonistinnen, laut Proust die »ewig gereizten Priesterinnen des Mysteriums« der Telefonie. Schon vor der Einführung des Telefons hatten die Telegraphenbeamten als nervlich besonders belastet gegolten, und Möbius hatte in die zweite Auflage seiner »Nervosität« einen entsprechenden Hinweis eingeschoben. Aber auf den Telefonzentralen, wo eine einzige Bedienstete für zehntausend Anschlüsse (»Klinken«) zuständig war, kam eine in der Geschichte der Technik völlig neue Art der Belastung hinzu. Eine Telefonistin beschrieb sie so drastisch, daß schon die bloße Lektüre nervös macht; wie man sieht, wollte sie demonstrieren, daß diesen Frauen zu einer Nervenwehleidigkeit gar keine Zeit bleibe:

»Sitzen Sie einmal, die siebente oder achte Stunde am Tag, das Mikrophon am Ohr, ein paar Dutzend Schnüre und Lampen und zehntausend Klinken vor sich, und alles durcheinander: Rufzeichen und Fragen, Verbindungen, wieder Trennen und Zwischenfragen, Schlußzeichen und sieben Beschwerden; dazwischen wieder Trennen und eine Automatenverbindung (mit vier Schnüren, fünf Rückfragen und wieder verbinden!), ungeduldiges Lämpchenblinken und ›nochmals rufen‹ und einmal ›Feuerwehr‹ und dann die Aufsicht und dann das Fernamt, und wieder trennen. Und finden Sie einmal unter zehntausend Nummern die richtige in einer halben Sekunde und hauen Sie nicht daneben und behalten Sie im Kopf, daß der gelbe Stöpsel in dieser Klinke das, der grüne in jener dies, und der gekreuzte wieder etwas anderes bedeutet. Und dann bleiben Sie ganz ruhig, denken Sie nur an Ihr Fernsprech-Dialog-Lexikon mit seinen fünfzig Frage-Antwortformeln und unterstehen Sie sich, einmal Ihre Nerven sprechen zu lassen. Hier gibt's keine Ehrgeiz- und Kränkungsnerven; hier ist alles Kontakt und Relais! Und wenn die Aufsicht hinter Ihnen steht.«[102]

Wernicke nahm an, so gut wie alle Telefonistinnen würden durch mehrjährige Berufstätigkeit »hysterisch«. Münsterberg berichtete aus den USA, daß die dortigen Telefongesellschaften fortwährend einen erheblichen Teil ihrer Angestellten nach einigen Probemonaten wieder entlassen müßten. Eine in England zur Untersuchung der Arbeitsbedingungen der Telefonistinnen eingesetzte amtliche Kommission fand heraus, daß von 248 Frauen »142 mehr oder weniger durch den Fernsprechdienst in ihrer Gesundheit Schaden gelitten hätten«. Ein »Buch der neuesten Erfindungen« von 1906 warnte seine Leserinnen förmlich vor diesem Metier: »Der Beruf der Telephonistin erscheint vielleicht mancher jungen Dame begehrenswert, in Wahrheit ist er aber nichts weniger als verlockend und stellt an das Nervensystem der jungen Mädchen recht hohe Anforderungen.« Es wurde zur Regel, all solche Bewerberinnen, »bei denen Bleichsucht, Blutarmut, Hysterie oder Nervosität, wenn auch nur in geringem Grade, oder selbst nur Anlage zu einer dieser Krankheiten festgestellt« wurde, »unbedingt« von der Aufnahme in den Telefondienst auszuschließen. Und dennoch zeigten die Krankheitsziffern weiterhin steigende Tendenz. Damit war der exogene, durch die Berufsarbeit bedingte Charakter der Erkrankungen erwiesen; man konnte die Schuld eigentlich nicht auf eine bereits mitgebrachte nervöse Veranlagung schieben. Noch 1925 heißt es in einer an der Universität Heidelberg entstandenen Studie über die »Berufserkrankungen« der Telefonistinnen, »nicht nur von Laien, sondern auch von Ärzten und auch selbst von leitenden Stellen der Postverwaltung« höre man »immer wieder«, daß »neu eingestellte junge Mädchen, die frisch und blühend« aussähen, im Fernsprechdienst »nach kurzer Zeit blaß« würden und »schlaffe Züge« bekämen.[103]

Fast von Anfang an waren die Telefonzentralen eine Domäne der Frauen. Ende 1897 gab es etwa 2800 weibliche Beschäftigte im Fernsprechdienst, 1911 fast 20000 im Postdienst insgesamt. Bemerkenswert rasch wurde man sich darüber einig, daß Frauen sich am besten für die Telefonvermittlung eigneten. Das Standardargument lautete, daß die »natürliche Höhenlage der weiblichen Stimme« eine klarere Verständlichkeit gewährleiste als ein männlicher Baßton. Es scheint aber, daß man den Frauen auch eine bessere Resistenz gegenüber der für die Fernsprechzentralen spezifischen Nervenbelastung zuschrieb.

Gelegentlich wurde die Nervosität der Telefonistinnen zum Ereignis, so im Jahre 1902 bei einem allgemeinen Nervenzusammenbruch in einer von Siemens neu eröffneten Telefonzentrale in Berlin; es war für Georg Grabe, den dynamischen Mann der Telefontechnik bei Siemens, »die erste größere Katastrophe«. Man erfährt aus seinen Erinnerungen:

»Wir hatten auch hier wieder in Tag- und Nachtarbeit zu dem verhältnismäßig knappen Termin das Amt fertiggestellt und von dem das Außennetz von der Innenanlage trennenden Hauptverteiler aus sorgfältig mit Revision und Superrevision das Funktionieren des Amtes unsererseits durchprobiert. Die Reichspost hatte inzwischen von der Einzelleitung auf Doppelleitung erweitert und nicht mit gleicher Sorgfalt gearbeitet. Als nun an einem Sonntag als stillem Betriebstag das Amt in Betrieb genommen wurde, stellte sich schon eine größere Zahl von Versagern heraus, die dann am Montag in einem hohen Maße anschwollen. Nun bedenke man die Folgen von solchen Störungen innerhalb eines Berliner Netzes, das in Beziehung zu einer immerhin schon beträchtlichen Zahl anderer Ämter stand. Viele Anrufe kamen nicht an, eine größere Zahl von Verbindungen zu gewünschten Teilnehmern hin war überhaupt unmöglich, die Schlußzeichen funktionierten nicht und die Teilnehmer wurden entsprechend wild; es wurden daraufhin die Beamtinnen noch wilder und schließlich brach eine in Schreikrämpfe aus, es dauerte gar nicht lange, so pflanzte sich diese Erscheinung über den größten Teil der Arbeitsplätze fort und der Telegrafendirektor, der gerade im Saal war, wollte durchaus auf das alte System zurückschalten, rang die Hände und rief nur einmal über das andere: ›Meine armen Mädchen, meine armen Mädchen!‹«[104]

Eine denkwürdige Geschichte, zumal sie, wie Grabe andeutet, nicht das einzige Fiasko dieser Art blieb! Normalerweise hätte sich ein derartiges Frauenverhalten sofort das Etikett »Hysterie« zugezogen; aber daran ist hier kein Gedanke: Es war ganz klar, daß die Ursache der emotionalen Eruption nicht bei den Frauen, sondern bei dem noch nicht eingespielten technischen System lag. Selbst der Direktor empfand ja spontan nur Mitleid mit »seinen Mädchen«, und auch er verlor die Nerven. Es lag nahe, die Schuld an dem Tohuwabohu bei Grabe selbst zu suchen, der – wie Georg Siemens schreibt – »durch sein stürmisches Draufgehen mehr als einmal die Werkstattleute zur Verzweiflung« brachte. Im übrigen ergibt sich aus den Darstellungen von Grabe und Siemens, daß die Urnervosität – und zwar eine Nervosität aggressiver Art – bei den Berliner Telefonkunden lag und es sich bei dem Kollaps der Telefonistinnen nur um die sekundäre Nervosität der Opfer handelte. Das »reizbare Berliner Publikum«, so Siemens, sei »wie ein Raubtier« gewesen.[105] Aus psychologischer Sicht ist es bemerkenswert, daß diese Telefonistinnen es unter solchem Druck überhaupt noch fertigbrachten, die Kopfhörer hinzuwerfen und einfach zu schreien. Frauen mit langjährigem Training hätten vermutlich nicht »hysterisch«, sondern eher »neurasthenisch«, also mit chronischen diffusen Leiden reagiert. Aber damals waren die großen Telefonzentralen noch neu.

Ähnlich wie bei der Bahn, dem größten technischen System des 19. Jahrhunderts, stieß man bei dem Telefonnetz, das sich zu einem noch größeren System entwickeln sollte, schon bald an die Grenzen jener Komplexität, die sich ohne automatische Regelung bewältigen läßt. Man brauchte Jahrzehnte, um zu lernen, welche Arbeitsbelastung man einer Telefonistin auf die Dauer zumuten konnte; in der Geschichte der Arbeit fehlte es ja an jeglicher Erfahrung vergleichbarer Art. Die Idee, die Telefonvermittlung zu automatisieren, lag schon um 1900 in der Luft. 1907 eröffnete Siemens das erste vollautomatische Telefonamt in Hildesheim, erlebte aber auch dort zunächst ein technisches Fiasko, obwohl das Amt nur 900 Anschlüsse hatte. Viele glaubten damals, die Kunden würden durch das Selbstwählen überfordert. Ausgerechnet der Historiker Ludwig Quidde, der mit seinem »Caligula« eine krankhafte Nervosität Wilhelms II. suggerierte, stand an der Spitze einer Münchener Bürgerbewegung gegen die automatische Telefonvermittlung![106] Die Telefonistin war noch für lange Zeit nicht zu entbehren; an der Angst vieler Bürger vor dem Selbstwählen kann man ermessen, welchen Respekt das »Fräulein vom Amt« in der Öffentlichkeit genoß.

Wie bei den Eisenbahnern und Schriftsetzern, so spricht auch bei den Telefonistinnen einiges dafür, daß nicht nur ein objektiv feststellbarer Streß, sondern auch der öffentliche Eindruck dieses Tätigkeitsfeldes dazu beitrug, daß dieser Beruf als ganz besonders nervenbelastend galt. Denn die Telefonistinnen genossen im Vergleich zu anderen weiblichen Beschäftigten eine privilegierte Stellung, die sie mehr den Mittel- als den Unterschichten zuordnete. Sie mußten eine mittlere oder höhere Schulbildung, bisweilen sogar Fremdsprachenkenntnisse vorweisen. Zu einer Zeit, als viele Arbeiter noch vergeblich um den Zehnstundentag kämpften, erreichten sie ohne Kampf den Acht-, ja sogar den Siebenstundentag und die 42-Stunden-Woche; und während der allergrößte Teil der Arbeiter ein Recht auf Urlaub noch nicht kannte, bekamen sie bereits einen mehrwöchigen Winter- und Sommerurlaub zugestanden; außerdem konnte ihnen bei ärztlichem Attest eine Kur bis zu acht Wochen bewilligt werden. Während viele Unternehmen die Gewerkschaften zunächst zu kriminalisieren suchten, behandelte die Post die Organisationsbemühungen ihrer weiblichen Beschäftigten verständnisvoll. Aber all diese Erstaunlichkeiten finden ihre Erklärung schwerlich in reiner Menschenliebe, sondern vor allem darin, daß die besondere Belastung der Telefonistinnen einfach unübersehbar war. Man mußte alles tun, damit die Frauen in diesem Beruf durchhielten und dazu noch einen freundlichen Ton bewahrten. Das schließt nicht aus, daß es andere Berufe gab, deren nervliche Belastung nicht geringer war, aber von der Öffentlichkeit nur wenig beachtet wurde, weil diese Berufsgruppen im Schatten standen und sozial diskriminiert waren: so etwa Verkäuferinnen oder Textilarbeiterinnen!

Oder man denke an die Dienstmädchen, die Opfer bürgerlicher Hausfrauenfrustrationen und eine Hauptgruppe unter den Patientinnen der Volksnervenheilstätte Roderbirken! Wie ein Experte 1911 vor dem Verein für Sozialpolitik unter zustimmender Heiterkeit berichtete, zogen viele Frauen die Fabrik dem Dienstmädchendasein vor: »Die Werkmeister seien, wird von ihnen versichert, lange nicht so grob wie die gnädigen Frauen.«[107]

Die spezifische Belastung, die durch den permanenten Zwang zur Zersplitterung der Aufmerksamkeit entsteht, fand um 1900 besonders in den Webereien Beachtung. Diese waren das ganze 19. Jahrhundert hindurch im Mechanisierungsgrad hinter den Spinnereien nachgehinkt, erreichten aber nach 1900 ein Automatisierungsniveau, das es gestattete, eine wachsende Zahl von Webstühlen von einem Arbeiter beaufsichtigen zu lassen. Max Weber bemerkte in seiner Studie zur »Psychophysik der industriellen Arbeit«, »natürlich« sei hinsichtlich der Nervenbelastung die »Hauptunterscheidung« zwischen ein- und zweistühligem Weben »von größter Wichtigkeit«. Wußte er, daß es damals schon Sechs- und bald darauf Sechzehnstuhlweber gab? Auch hier stieß man an eine Nervengrenze der industriellen Arbeit und erkannte mehr und mehr einen technischen Zwang zur Verkürzung der Arbeitszeit. Der überwiegend von Frauen getragene Crimmitschauer Weberstreik von 1903, der eine reichsweite Welle von Sympathie auslöste, fand den Beifall des prominenten Hygienikers Max Gruber, der die Forderung nach dem Zehnstundentag angesichts der beträchtlichen Erhöhung des Maschinentempos für »hygienisch berechtigt« erklärte. Die steigende Belastung scheint allerdings nur als Hilfsargument für Lohn- und Arbeitszeitforderungen fungiert zu haben. In den 20er Jahren waren die Automatenweber die »bestbezahlten Textilarbeiter«; dafür wurde bei den Lehrlingen aber auch eine »strenge Auslese« betrieben. Diese vorausgesetzt, nahm Koelsch nunmehr die nervliche Beanspruchung nicht mehr tragisch, sondern tat sie in naßforschem Ton ab: »Für Schlafmützen ist der automatische Webstuhl nicht geeignet.«[108]

Alles in allem besaß die Nervosität, auch wenn sie berufsspezifische Elemente enthielt, eine deutlich klassenübergreifende Tendenz. Soweit es eine typisch bürgerliche Nervosität gab, erklärt sich diese nicht so sehr aus den besonderen Strapazen der geistigen Arbeit, sondern eher aus der bürgerlichen Sozialisation: so etwa aus der irritierenden Mixtur von ewigem Herumerziehen und Verhätschelung. Brauns schildert unter den Neurastheniursachen naturgetreu, wie es Kindern ergeht, von denen erwartet wird, daß sie schon im frühesten Alter eine ungewöhnliche Begabung zeigen und dabei immerzu lachen, da »das Lachen des Kindes so nett aussieht«.[109] Nur insoweit, als die Nervosität ein auf den ersten Blick erkennbarer Habitus war, charakterisierte sie besonders die aufstrebenden Mittelschichten; daher wurde sie dort am frühesten bemerkt. Telefonistinnen konnten sich ein nervöses Verhalten im Dienst nicht leisten, sondern mußten ihre Unruhe gegenüber den Kunden verbergen. Es war das Privileg des Bürgertums, den Streß des Industriezeitalters zu stilisieren und auszuleben; aber die von der Öffentlichkeit wahrgenommene Nervosität war nur der sichtbare Teil eines sonst vielfach unartikulierten Unbehagens. Nervosität als Habitus wirkte deshalb überzeugend, weil die Nervosität weit mehr war als ein Habitus.

»Energetischer Imperativ« und »Zwangshypnose der Kraft«: Psychodynamiken energetischer Selbsterfahrung in der Ära des Starkstroms

EUGEN DIESEL NENNT aus der Rückschau die neue Ära, die am Ende des 19. Jahrhunderts begann, ein »energetisches Zeitalter«, und er glaubt, der »Kult dieser Tatkraft« sei »die eigentliche Religion der Jahrhundertwende« gewesen. Nicht nur Religion, sondern auch handfeste Realität: Der damals entstandene »energetische, sich selbst unablässig induzierende und potenzierende Entwicklungsstrom« habe eine ganz neue Dynamik in die Weltgeschichte gebracht. »Werde energisch« sei »ein Schlagwort unserer Zeit geworden«, schreibt der Arzt Otto Schär 1913 in seinem Buch »Im Kampf um bessere Nerven und größere Leistungsfähigkeit«. »Wie werde ich energisch?« war ein ärztlicher Ratgeber betitelt, der in wilhelminischer Zeit immer neue Auflagen erlebte und viel von »Willenskur« und Willensschulung handelte.[110]

Ist also »Energie« das Zauberwort – der Schlüsselbegriff, der am meisten imstande ist, den modernen Zug und die Zeitgebundenheit der Neurasthenie zu fassen? Erkennt man hier besonders gut, wie die technische Entwicklung – der neue »Kraftstrom« und die Elektrifizierung – das gesamte Denken und Empfinden durchdrang? Und bekommt man hier zugleich den Konnex zwischen Nervenerfahrung und imperialistischer Politik zu fassen? Denn »Energie« gehörte auch zum politischen Vokabular jener Zeit. Aber es handelte sich um einen mehrdeutigen Begriff: mehrdeutig sowohl in seinem Inhalt als auch in seinem Aufforderungscharakter. Er konnte einen Impuls zur Ruhe, aber auch zur unbändigen Aktivität enthalten; er konnte auf technizistisches, aber auch auf spiritualistisches Denken hindeuten, und er konnte die eine mit der anderen Denkweise maskieren. »Energie« wirkt, so besehen, nicht selten wie ein begriffliches Irrlicht.

Dieser Verwirrungseffekt hat seine Gründe. »Energie« ist keineswegs ein so solider physikalischer Begriff, wie viele Nichtphysiker meinen; vielmehr enthielt er von Anfang an ein Element von metaphysischer Spekulation. Seine Karriere innerhalb der Wissenschaftsgeschichte begann mit der romantischen Idee von der Lebenskraft; »Energie« bezog sich ursprünglich mehr auf die belebte als auf die unbelebte Natur. Das Gesetz von der Erhaltung der Energie wurde zuerst 1842 von dem Arzt Julius Robert Mayer für die Lebewesen aufgestellt, bevor es Helmholtz auf die gesamte Materie erweiterte. Auch die weitere Geschichte des Energiekonzepts ist durch Wechselwirkungen zwischen Physik und Anthropologie charakterisiert. In all das spielt die Suggestivkraft der technischen Entwicklung mit hinein. Ein Roman Nathaniel Hawthornes enthält 1851 die während einer Eisenbahnfahrt aufsteigende Vision, »daß die materielle Welt durch elektrische Kräfte zu einem einzigen großen Nerv geworden ist, der in der Zeit eines Atemzugs 1000 Meilen durchzittert«.[111]

Vor dem Hintergrund der stürmischen technischen Entwicklung setzte sich die schon seit Galvani bestehende Wechselbeziehung zwischen Nervenlehre und Elektrotechnik fort. Seit der Mitte des 19. Jahrhunderts nahm die Elektrotherapie einen starken Aufschwung; dabei kamen die Impulse mindestens so sehr aus der Technik wie aus der Theorie. Denn nach wie vor kannte man weder das Wesen der Nervenkraft noch das der Elektrizität; was bei der Elektrotherapie vor sich ging, darüber konnte man nur spekulieren. Und man mußte lernen, daß man mit Elektrizität Menschen nicht nur heilen, sondern auch töten kann.

Schon der Satz von der Erhaltung der Energie – der erste Hauptsatz der Thermodynamik – besaß, auf die Nerven übertragen, ein Doppelgesicht: auf der einen Seite die tröstliche Botschaft, daß Energie nicht verlorengeht, auf der anderen Seite aber das Memento, daß Energie nicht aus dem Nichts entsteht und man mit der vorhandenen Energiemenge haushalten muß. Eine direkt pessimistische Wirkung ging von dem zweiten Hauptsatz, dem sogenannten Entropiesatz, aus, den Clausius 1850 formulierte und aus dem sich ergab, daß bei allen Energieumwandlungsprozessen nutzbare Energie unwiederbringlich verlorengeht. Demnach sind alle Prozesse der Energienutzung – all das, was für den Laien »Energieerzeugung« ist und wo Energie überhaupt in Erscheinung tritt – zugleich Prozesse der Energievernichtung: Es ist eine Paradoxie, mit der die »Energiepolitik« bis heute nicht fertig geworden ist. Die moderne Zivilisation mit ihrem wachsenden Energieaufwand erzeugt also zugleich eine wachsende Menge nicht mehr nutzbarer, weil zu schwach und zu diffus gewordener Abfallenergie: Dieser Gedanke hat eine frappante Ähnlichkeit mit der Vorstellung von einer gesetzmäßig und irreversibel zunehmenden Masse von Nervosität – jener zerfahrenen und zur Tat unfähigen Unruhe, die der Überaktivität folgt! Mit Grund schrieb Margaret A. Cleaves, die Neurastheniker seien »ständig Auge in Auge mit dem interessantesten Problem des Lebens, der Erhaltung der Energie«; und sie versicherte, sie wisse, wovon sie rede.[112]

Die These vom modernen Anwachsen der Nervosität war dem Entropiesatz innerlich verwandt. Der Energieerhaltungssatz war, wie Maria Osietzki feststellt, schon in den 1860er Jahren »sehr populär«, während sich die Naturwissenschaften gegenüber dem Entropiesatz noch reserviert verhielten. Aber seit Balfour Stewarts Buch »The Conservation of Energy« (1873) zog auch der zweite Hauptsatz in der Öffentlichkeit weitere Kreise und wurde zu einem Argument der Zivilisationspessimisten.[113] Dieser Vorgang fällt zeitlich mit der Entstehung der Nervositätslehre zusammen und paßt zu ihr. Von nun an war das Thema »Energie« mit der Angst vor Energieverlust verbunden.

Beard war durch seine Zusammenarbeit mit Edison mit den neuesten Entwicklungen der Elektrotechnik vertraut, und die Elektrotherapie war zeitweise seine Spezialität. Insgesamt überwog in der Neurasthenielehre der Beardschen Tradition die Vorstellung einer Begrenztheit der Energiemenge. Das ist um so bemerkenswerter, als die industriell verfügbaren Energieressourcen sich zur gleichen Zeit dramatisch erweiterten. Zwar verrät die Nervenliteratur in ihrer Terminologie an vielen Stellen ein mechanistisches Menschenbild. Aber dennoch steckte in ihr eine große Menge nicht zu unterdrückender Erfahrung mit den Grenzen der menschlichen Leistungsfähigkeit. Der Mensch der Neurasthenielehre war nicht in dem Sinne eine Maschine, daß er sich auf höhere Touren hätte umbauen lassen. Der Entropiesatz war von der menschlichen Erfahrung her leichter zugänglich als von der technischen. Georg Hirth schildert die Erfahrung des Alterns als sinnreiche »Empfindung der eigenen Entropie; hätten wir diese Empfindung nicht, dann würden uns die neckischen Johannistriebe bald den Garaus machen«.[114]

Innerhalb der Technikgeschichte gehörte die Vorstellung, daß man mit einem begrenzten, nicht vergrößerbaren, aber durch sorgsame Pflege zu erneuernden Energiefundus auskommen müsse, noch dem »hölzernen Zeitalter« an, als sich das Wirtschaftsleben im Bewußtsein der Begrenztheit der Wald-, Wasser-, Tier- und Bodenkraftressourcen abspielte. Dieses Bewußtsein prägte die gesamte Mentalität. Noch im 20. Jahrhundert belehrte ein alter Wassermüller seinen Neffen: »Wer auf die natürliche Energie angewiesen ist, der wird geduldig und legt alles Cholerische und ›Energische‹ ab. ... So wird der Müller zum Phlegmatiker oder überhaupt Melancholiker.«[115] Dagegen gehört der Drang, »energisch« zu sein, innerlich in das Zeitalter der Kohle, in dem die scheinbar grenzenlosen Wachstumsmöglichkeiten eine veränderte Mentalität hervorbrachten. Diese expansive Energie war allerdings mit dem Zweifel behaftet, ob sie regenerativ sei. Die Gleichsetzung von »Energie« im menschlichen und im technisch-physikalischen Sinne wurde spannungsgeladener als in jener frühen Zeit, als die Technik noch größtenteils auf der Basis regenerativer Energieträger funktionierte.

Der Aufstieg des Starkstroms im späten 19. Jahrhundert und der Beginn der flächendeckenden Elektrifizierung übte auf die Energievorstellungen der Nervenlehre eine erregende und zugleich tief ambivalente Wirkung aus. Zunächst und vor allem erlangte der Energiebegriff eine suggestive Ausstrahlung wie noch nie: zuerst innerhalb der Naturwissenschaften, aber bald auch im alltäglichen Sprachgebrauch der Laien. Die Elektrizität, die man bis dahin – abgesehen vom Blitz – nur in Form von Magnetismus und Schwachstrom gekannt hatte, trat nun als *Kraft* in Erscheinung, und zwar als eine solche, die zu beliebiger Umwandlung fähig war. Aber diese neue elektrische Kraft hatte nicht mehr viel von einer Naturkraft an sich. Konnte man bei schwachen Strömen noch eine Verwandtschaft mit der animalischen Elektrizität empfinden, so war das bei dem Starkstrom, der auf Organismen tödlich wirkt, kaum mehr möglich. Und gerade in seiner Frühzeit, als die Isolationsmittel noch unzuverlässig und Kurzschlüsse an der Tagesordnung waren, zeigte der Starkstrom seine ganze Gefährlichkeit. In New York, dessen Himmel damals von Massen schlecht isolierter Elektrokabel verdunkelt wurde, erregte in den 1880er Jahren eine Serie elektrischer Unfälle eine Welle von Angst. Selbst ein wagemutiger Technikenthusiast wie Hans Dominik kennzeichnete die frühe Hoch- und Höchstspannungstechnik als »Angstbetrieb«.[116]

Die Wiener Elektroausstellung von 1883 präsentierte die Elektrizität nicht nur als Fortschrittsspektakel, sondern auch als Nervenkitzel, und dies noch ohne viel Skrupel. Besucher konnten sich bis zu solchen Stromstärken elektrisieren lassen, daß sie sich in Zuckungen wanden. »Nicht wenige mußten nach einer solchen Sitzung in die Krankenhäuser gebracht werden und trugen bleibende Schäden davon.« In der Zeit darauf kam Sigmund Freud zu der Einsicht, daß die theoretischen Grundlagen der Elektrotherapie ein Produkt der Phantasie seien. Ein nachhaltiger Rückschlag für die Elektrotherapie verband sich ausgerechnet mit der Frankfurter Elektroausstellung von 1891, die den Sieg des Hochspannungsstroms nach sich zog. Bei Gelegenheit dieser Ausstellung fand in Frankfurt eine »Elektrotherapeuten-Versammlung« statt. Möbius hatte die Anregung dazu gegeben; er war selber in Frankfurt nicht zugegen, aber auch in absentia die Hauptfigur der Versammlung: denn von Anfang bis Ende kreisten die Debatten um eine von ihm geführte Grundsatzkritik an der Elektrotherapie, und eine geschlossene Gegenfront formierte sich nicht. Das ist um so bemerkenswerter, als die Elektrotherapie damals das tägliche Brot vieler Nervenärzte war. Aber selbst Erb, der den Vorsitz führte und als einer der Begründer der modernen Elektroheilkunde galt, hielt sich bedeckt. Obwohl Möbius zeitweise selber mit elektrischen Heilverfahren geliebäugelt hatte, war er zu der Überzeugung gelangt, daß deren Heilwirkung, sofern es die überhaupt gebe, nur auf Suggestion beruhe. Ihm zufolge besaß die Elektrotherapie nicht wirklich eine medizinische Grundlage, sondern beruhte auf dem schlichten Glauben, daß der Physik die Zukunft gehöre. Aber gerade der Fortschritt von Physik und Elektrotechnik verstärkte in Frankfurt den Verdacht, daß die Heileffekte der Elektrotherapie nicht von der Elektrizität kamen. Maliziös erinnerte Albert Eulenburg daran, daß »die Heilresultate am Anfang mit unvollkommenen Apparaten viel glänzender waren als mit den jetzigen, so vervollkommneten Instrumenten«. Der technische Fortschritt wirkte entmystifizierend und verminderte die Heilkraft des Glaubens bei dem elektrischen Hokuspokus![117]

In der Bilzschen Naturheilanstalt erzielte man angeblich bei Neurasthenikern mit »elektrischen Bädern oft glänzende Heilresultate«. Aber schon das Mediziner-Kommersbuch von 1890 riß über die Elektrotherapie seine Witze; in einem Lied »Das elektrische Bad« heißt es nach einer Revue verschiedener Wasserkuren: »Doch wenn alles das versagt / Juchheidi, Juchheida, / Man das Bad elektrisch macht; / Juchheidi, heida! / Vor des Stromes Energie / schwindet jede Asthenie.« In der Tat steckte in der Elektrotherapie noch jene alte Asthenielehre, die nach Reizmitteln zur Spannung der »erschlafften« Nerven suchte. Dagegen mußte man bei einer Neurasthenie, deren Wesen in der Überreizung bestand, befürchten, daß die Zufuhr von Elektrizität – sofern sie überhaupt etwas bewirkte – den nervösen Zustand nur noch verschlimmerte. Hermann Oppenheim, obwohl von Hause aus ein Somatiker, machte einer Schriftstellerin, nachdem er ihre nervösen Augenbeschwerden erfolgreich mit Elektrizität kuriert hatte, das an Matthäus 9, 22 erinnernde Geständnis, daß nicht der elektrische Strom, sondern ihr Glaube sie geheilt habe.[118]

Das Schicksal des Energiekonzepts in der Nervenlehre war jedoch nicht an die Elektrizität gebunden. Der Energiebegriff, einst von der Physiologie in die Physik eingewandert, sprang um 1900 auf die Lehre vom Leben zurück und erfuhr dabei eine erneute Psychisierung. Wenn man nun in der Nervenheilkunde von »Energie« redete, dann mehr und mehr in dem Sinne, daß sich diese Energie durch Willensschulung und veränderte Lebenseinstellung steigern lasse, was von dem Energieerhaltungssatz her eigentlich nicht ging. Vielen Medizinern war diese neue Energielehre suspekt. Hellpach erwähnt 1902 die Auffassung, daß sich die Nervosität durch »Energie« bekämpfen lasse, als verbreiteten »Unsinn«. Auf dem tiefsten Grunde mancher psychischen Energetik erkennt man den zu jener Zeit grassierenden Spiritualismus: den Glauben an eine unsichtbare und geheimnisvolle Kraft des Geistes. Aber es war wohl auch der Eindruck des stürmischen wirtschaftlichen Wachstums, der dazu beitrug, daß um die Jahrhundertwende – in den USA ebenso wie in Deutschland – ein Therapiestil aufkam, der sich, wie T.J. Jackson Lears bemerkt, »nicht auf die Annahme psychischer Knappheit, sondern auf einen neuen Glauben an psychischen Überfluß gründete«. Dieser neue Glaube verkörperte sich am sichtbarsten in der Lehre von William James, dem Verfasser der »Energies of Men« (1906), der für ein psychologisches, nicht physikalisches Verständnis der menschlichen Energie plädierte und die Angst vor Energievergeudung bei der Psyche als unbegründet abtat. Die Mystikerin Theresia von Ávila war ihm der beste Beweis dafür, daß jene höchste Erregung, die sich in der religiösen Ekstase äußere, neue Energiequellen aufschließe. Diese Art von Energetik besaß für ihn persönlich offenbar eine kompensatorische Funktion: Einer neueren Monographie zufolge ist James der bestdokumentierte amerikanische Neurastheniker seiner Zeit, stets von der Angst verfolgt, in Energielosigkeit zu verfallen.[119]

Die neue Energielehre war Bestandteil eines neuen Vitalismus, der sich um 1900 verbreitete, wenn auch mehr in der Öffentlichkeit als innerhalb der Wissenschaft. Der von der Gründergeneration der modernen Naturwissenschaften bekämpfte Glaube an eine besondere Lebenskraft lebte wieder auf, nachdem es nicht gelungen war, das Phänomen des Lebens ganz in Physik und Chemie aufzulösen. In der Naturheilkunde erfreuten sich vitalistische Vorstellungen großer Beliebtheit; aber auch innerhalb der Universitätsmedizin wurde die Stimmung gegenüber solchen Ideen toleranter. Ottomar Rosenbach setzte seine medizinische Energetik, die den Nerven als Energietransformatoren eine Schlüsselfunktion zuschrieb, von der physikalischen Energielehre ab und begriff die »methodische Disziplinierung des Geistes und des Körpers« als die »einzig rationelle Therapie« der Neurasthenie; später galt er als einer der wichtigsten Wegbereiter des »autogenen Trainings«.[120] Da er glaubte, daß Energie stets gleichbedeutend mit Bewegung sei und es eine in Ruhelage befindliche potentielle Energie nicht gebe, besaß eine ganz auf Ruhe abgestellte Nerventherapie für ihn keinen Sinn.

Die vitalistische »Energie«-Begeisterung prägte das gesamte moderne

Weltbild. Wenn im 20. Jahrhundert die Energie in wachsendem Maße als Nerv der Dinge in Wirtschaft und Technik galt, so war das mindestens sosehr die Wirkung des vitalistischen wie die des physikalischen Energiebegriffs. Aber man suchte auch nach physikalischen Gründen für die Annahme einer Quasiunendlichkeit der Energie. Der Blitz, der am frühesten einen Begriff von der Kraft der Elektrizität gegeben hatte, brachte auf die Idee, daß sich mit zunehmender Verfeinerung der Elektrotechnik ein unendliches Energiereservoir im Weltall anzapfen lasse; an diese heute ins Reich der Science-fiction verbannte Möglichkeit glaubten um 1900 nicht wenige Ingenieure allen Ernstes.[121]

Zugleich meldete sich aber immer wieder die Angst vor Erschöpfung der Energieressourcen. Hinter der imperialistischen Eile des Deutschen Reiches stand nicht zuletzt das Bewußtsein von der Begrenztheit der Reichtümer der Erde und die Sorge, daß Deutschland bei dem sich verschärfenden Kampf um diese Ressourcen leer ausgehen könnte. Aber auch der Imperialismus verschaffte den erfolgreichen Staaten bestenfalls eine Gnadenfrist: über kurz oder lang waren ja auch die Energievorräte der Kolonialländer erschöpft. 1902 veröffentlichte der Jenaer Physiker Felix Auerbach das populär geschriebene Buch »Die Weltherrin und ihr Schatten«. Die Weltherrin: das war die Energie, aber der ihr folgende Schatten die Entropie. Und je gewaltiger die Energie wächst, desto größer wird ihr Schatten: »Es ist, als ob er ein selbständiges Leben hätte, als ob er sich gar anmaßte, seinerseits die Welt zu regieren.«[122]

Entscheidend ist nun die Frage, wie all das, was damals an »Energie«-Vorstellungen in der Luft lag, die Selbsterfahrung der Menschen prägte. Verschiedene Energiebegriffe förderten eine ganz unterschiedliche Form der Selbstwahrnehmung. Man konnte Unruhe als Energievergeudung, aber auch als Ausdruck von Energie erfahren und Ruhe als Energielosigkeit, aber auch als einen Zustand der Akkumulation potentieller Energie empfinden. Dachte man sich selbst als geschlossenes System, dann galt es vor allem, dafür zu sorgen, daß man möglichst wenig Energie nach außen verlor; glaubte man sich dagegen offen für die unendlichen Energien des Universums, konnte man sich einen viel großzügigeren Lebensstil leisten – zumindest theoretisch. »Wir leben inmitten ewiger und unendlicher Vibrationen« – so Margaret Cleaves, die hier fast ins Schwärmen gerät –, »und die Myriaden unserer chemischen Zellen vibrieren unablässig, damit Nervenenergie gespeichert, übertragen und aufgenommen wird.« Aber, fährt sie fort, unsere moderne Lebensweise sei derart, daß »die höheren Vibrationen uns nicht erreichen«.[123] Bei ihr wie bei den meisten anderen Neurasthenikern wurde »Energie« vor allem durch Verlustängste zu einem Fixpunkt des Bewußtseins. Man spürte

Energie am meisten durch ihren Mangel. Dann konnte die Energievorstellung zu einem negativen Gefühl der Einheit des eigenen Körpers und Geistes werden. Unentschlossenheit, mangelndes Durchsetzungsvermögen im Beruf, Schlaflosigkeit, Schwindelzustände und sexuelle Störungen deuteten dann alle auf das eine große Manko: den Mangel an Energie. Da »Energie« vor allem zum männlichen Leitbild jener Zeit gehörte, quälte das Leiden an Energiemangel am meisten die Männer: Neurasthenie als Ausgeburt des Männlichkeitswahns!

Sehr häufig, selbst im Schrifttum der Naturheilbewegung, wurde das Nervensystem mit einem Telefon- oder Telegrafennetz verglichen; aber diese Metaphorik wirkte zu einer Zeit, als diese technischen Systeme noch neu und störanfällig waren, überhaupt nicht beruhigend. In der Nervositätsliteratur erscheint das Nervensystem häufig nicht als ein in Jahrmillionen ausgereifter Organismus, sondern als ein schlecht isolierter Wirrwarr von Stromleitungen, wo sich Kurzschlüsse häufen und permanent Reize sich in Körperregionen fortpflanzen, wo sie gar nicht hinsollen. Carl Ludwig Schleich, der immerhin auch den im Nervensystem enthaltenen »Hemmungsmechanismus« würdigt, beschreibt den Nervenreiz dramatisch als Aufladung einer »Nervenzündschnur«. »Ein Neurastheniker«, so schreibt er, »gleicht einer schlecht isolierten flakkernden, zittrigen elektrischen Lampe, ein Hysteriker einer solchen mit Kurzschlüssen, Brandstiftungen und Explosionen.« Ein »Handbuch für den Verkehr mit Nervösen« von 1893, das das Nervensystem mit dem Telegrafennetz und mit dem »in Spannung befindlichen Dampf in einer Dampfmaschine« vergleicht, kennzeichnet den Neurastheniker als »Nervenbankrotteur« und vergleicht den auf Überarbeitung folgenden Nervenzusammenbruch mit einer durch Überdruck herbeigeführten Maschinenexplosion. Da die Selbstregulation in der damaligen Technik noch wenig entwickelt war, verband sich ein technizistisches Menschenbild nicht unbedingt mit der Vorstellung eines sicheren und perfekten Funktionierens. Außerdem präsentierte sich die moderne Technik als eine noch unbewältigte Vielfalt. Theodor Fontane strich bei der Lektüre von Mantegazzas »nervösem Jahrhundert« folgende Stelle an: »Der nervöse Mensch hat nicht fünf Sinne, sondern fünfhundert, ja fünftausend, und seine Nerven, die lauter Mikroskope, Teleskope, Mikrophone, Telephone und Galvanometer geworden sind, halten ihn in beständiger Unruhe...«[124] Immer wieder begegnet Nervosität als eine unter der Suggestion der Technik artikulierte Erfahrung: Die Störanfälligkeit technischer Systeme zeigt wie in einem Spiegel die Störanfälligkeit der mühsam aufgebauten Ich-Autonomie.

Eine vom Nervensystem hergestellte Verbindung war besonders erregend: der Kontakt aller Körperregionen zu den Geschlechtsorganen. Wenn man sich die Nervenaktivität als Stromkreislauf vorstellte und nach den beiden Polen suchte, geriet man wie von selbst an das Gehirn und die Genitalien. Der amerikanische Gynäkologe Charles A. R. Reed verglich 1899 den weiblichen Genitalbereich mit einem »zentralen Telegraphenamt, von wo die Drähte zu jeder Ecke und jedem Winkel des Systems ausstrahlen, und über welches krankmachende und andere Botschaften, wie sie gerade kommen, übermittelt werden«: ein beunruhigendes Bild, wenn man daran denkt, daß die Telegraphenämter als Hochburgen der Neurasthenie galten![125]

Kein Wunder, daß die Energetik die damalige Wahrnehmung der Sexualität prägte. Bei »Energie« dachte man nicht zuletzt an »Manneskraft«, an sexuelle Potenz. Mit Wohlgefallen zitiert der Sexualwissenschaftler Iwan Bloch den uns schon als Neurasthenikervater bekannten Georg Hirth als Lobredner der männlichen Spermien, der »wilden kleinen Kerlchen«, die dem Entropiesatz sozusagen ein Schnippchen schlagen: »Wirklich ist kaum anzunehmen, daß es irgendwo in der organischen Welt bei gleich geringer Masse etwas Schneidigeres, Unternehmenderes gebe als diese sogenannten Samentierchen … mit welcher Turbulenz sie sich fortschlängeln, bis sie das heißersehnte Ziel erreichen und sich dann kopfüber in den Eierstrudel stürzen – das ist schon allein ein Schauspiel für Götter. Hier noch an der Energetik zweifeln wollen, wäre wahrlich mehr als Baumfrevel!«[126]

Die Energetik gab, so verstanden, sexuellen Störungen eine tiefe pathologische Bedeutung, da diese einen Energiemangel verrieten; auf diese Weise wurden sie mit allen anderen Molesten des Lebens verbunden. Diese durch die Energetik hergestellte Verbindung war für die Neurasthenieerfahrung konstitutiv. Es sieht so aus, als ob das energetische Denken in seiner damaligen Form im Sexualleben besonders viel Verwirrung anrichtete. Es umgab das sexuelle Sich-Ausleben mit einer tiefen Ambivalenz, die weit mehr Unruhe stiftete als die alte religiöse Abwertung der Sexualität, die auf ihre Art wenigstens eindeutig war. War die Sexualität eine Energie, die sich gut speichern ließ, oder wurde sie wie der elektrische Strom am besten gleich nach der Produktion verbraucht? Wenn man einmal anfing zu grübeln, wußte man nie, ob man es richtig machte und ob der ausgiebige Geschlechtsverkehr oder das Aufsparen des Spermas – die kinetische oder die potentielle Energie – der eigenen energetischen Ökonomie am besten bekam. Und die Verwirrung wurde vollkommen, wenn sich erwies, daß die Anspannung der Energie nicht unbedingt das geeignete Mittel zur Überwindung von Impotenz war. Aus heutiger Sicht fällt auf, was damals selbstverständlich wirkte: wie ausschließlich Potenz als Problem des individuellen Nervenzustandes und wie wenig sie als Problem der Partnerbeziehung begriffen wurde. Schon diese Art der Problemdefinition war geeignet, aus sexuellen Enttäuschungen Dauerprobleme zu machen.

Die Klage über einen Mangel an Energie ist ein Leitmotiv vieler Neurasthenikergeschichten. Eine Generation davor hätte man die »Energielosigkeit« als Faulheit, also als moralischen Defekt verstanden. Das Energiekonzept trug wesentlich dazu bei, die Neurasthenie als einen krankhaften und therapiebedürftigen Zustand überhaupt denkbar zu machen. Bei einem Kaufmann, der 1889 wegen Selbstmordgefahr in die geschlossene Abteilung der Ehrenwallschen Anstalt eingeliefert wurde, entwickelte sich die Energiemangeldiagnose aus der Kommunikation zwischen dem Arzt und der Schwester des Patienten und wurde dann auch vom Patienten selbst aufgegriffen. Der 33jährige hatte die Aufgabe, nach dem Tod seines Vaters (1888) das Geschäft allein zu führen, nicht verkraftet; zuerst war er laut Bericht seiner Schwester »sehr tüchtig« gewesen, hatte dann jedoch über ständigen Kopfdruck, Schlaflosigkeit und »Unfähigkeit zu denken« geklagt. »Schlaffheit« ist das Leitmotiv in den Angaben der Schwester. »Er zeigte eine Schlaffheit im Handeln. Er zeigte für nichts Interesse, er vermochte nicht den einfachsten Brief zu schreiben, die Haltung war schlaff. ... Er erklärte öfters, daß er im Geschäft schneidig sein wolle, aber er konnte es nicht.« Er selbst klagte, er bringe es nicht einmal fertig, auf dem Bahnhof »schneidig« einen Gepäckträger zu rufen. »Alles ist mir gleichgültig, ich bin für alles tot.« Seine »Schlaffheit« hatte nicht zuletzt eine sexuelle Seite. »Alle sexuellen Wollustgefühle im geschlechtlichen Verkehr sind erloschen. ... Heute klagt er, daß sein Hoden schlaff ›wie tot‹ wäre und zu weit herunterhänge. Er will seine Verlobung rückgängig machen. ... Auch fragt er immer wieder, ob seine Potenz auch gewiß nicht erloschen sei.« In Ahrweiler diagnostizierte man bei ihm eine »völlige Energielosigkeit und Apathie«. Er selbst griff das Energiekonzept auf einmal positiv auf und gab sich »überzeugt, daß er alle Energie wieder habe«. Leider war das neue Energiegefühl nur von kurzer Dauer.[127]

Die Reihe der Beispiele läßt sich fast beliebig verlängern. »Die Energie«, antwortete 1906 in Eichberg auf die Frage, was ihm fehle, ein melancholischer Metzgergeselle, der Ochsen im Akkord geschlachtet und einen Selbstmordversuch begangen hatte. Das Gespräch ging weiter: »Sie sind traurig?« »Ja.« »Worüber?« »Weiß nicht, ich könnt nicht sagen weshalb, die Nerven sind's.« So sehr war die Verbindung von »Energie« und »Nerven« schon zum Gemeingut geworden. Ein Arbeiter antwortete in der Charité 1909 auf die Frage nach seinem Befinden, es gehe ihm

besser: »Es fehlt mir nur noch die Energie und Nerven.« Ein 30jähriger
ehemaliger Barbier, seit Jahren ein des Lebens überdrüssiger Alkoholiker, antwortete 1910 in der Charité auf die Frage nach seinem Leiden:
»Angst, Angst, Angst.« Auf die Frage nach Selbstvorwürfen: »Die habe
ich mir schon immer gemacht. Weil es mir so schlecht geht, da bin ich
schuld daran.« Durch Liebeskummer habe er seine Lebenslust verloren.
Jetzt mache er sich »Vorwürfe darüber, daß er keine Energie mehr
habe«. Im Augenblick sei er Fensterputzer; in den Barbierberuf könne er
nicht mehr zurück, weil er »keine Energie« habe. Ein 32jähriger Jurist,
der schon acht Anstaltsaufenthalte hinter sich hatte und wieder nach
»Bellevue« wollte, erwiderte auf die ärztliche Mahnung, seine Energie
zusammenzunehmen: »Sie sprechen von Energie, davon habe ich nicht
für einen Heller. Ich habe keine moralische Kraft mehr und bedarf der
Kontrolle und Leitung. Dies hat Forel wiederholt. ... Ich wage nicht,
allein über die Straße zu gehen, mit fremden Menschen zwei Worte zu
reden – und Sie sprechen von meiner Energie, die ich zusammennehmen
soll.« Für ihn enthielt der Energiebegriff – anders als für den Barbier mit
seinen Selbstvorwürfen – keine Aufforderung an den Willen im Sinne
von »Werde energisch!«, sondern aus seiner Sicht konnte ein energie-
loser Mensch sowenig machen wie ein Auto mit leerem Tank.[128]

Es gab ganz verschiedene Möglichkeiten, eine energetische Grundein-
stellung weiterzudenken und in das eigene Leben umzusetzen. Einen pa-
radigmatischen Kontrast markieren in dieser Hinsicht die Gestalten von
Rudolf Diesel und Wilhelm Ostwald. Beide bemühten sich in der Technik wie im eigenen Leben um einen epochemachenden Fortschritt hin zu
maximaler Energienutzung, und auf beide übte die Energetik in ganz
unterschiedlicher Weise einen geistigen Sog aus.

Seit den späten 1880er Jahren steigerte Diesel (1858–1913) sich in die
Idee hinein, einen großen Sprung bei der Erhöhung des Wirkungsgrades
der Kraftmaschinen durch den Übergang zu sehr hohen Drücken zu
schaffen. Zur gleichen Zeit wurde sein Leben immer gehetzter. Die Pariser Weltausstellung von 1889 versetzte ihn in einen Zustand quälender
Erregung: Einmal befiel ihn, wie er schrieb, »eine solche Krise von Kopf-
weh«, daß er »mitten aus der Ausstellung lief, eine Droschke nahm, und
gerade noch vor Büroschluß zum Arzt kann«. An seine Klage: »ich bin so
gehetzt, daß ich kaum mehr kann«, fügt sein Sohn Eugen den Kommentar: »das Zeitalter der Neurasthenie hatte ihn in seine Krallen genommen«. 1898 »erfolgte ein gefährlicher Zusammenbruch des Nervensystems, vor allem des Gehirns, das in einen schauerlichen Zustand sowohl
der Erregung als der Erschöpfung geraten war«; die Ärzte diagnostizierten »Neurasthenia cerebralis«. Mit immer neuen Worten schildert der

Sohn, wie der Vater – getrieben durch den »ingrimmigen Vorsatz der energetischen Übersteigerung alles Bisherigen« – das Prinzip der Selbstentzündung und Leistungssteigerung durch höheren Druck bis ins Extrem getrieben habe: bei seinem Motor und bei sich selbst. Mit einem typischen Ausdruck jener Zeit rechnet er ihn zu den »Hochdruckmenschen«, die nicht an Depression, sondern an »Suprapression« litten. Er sieht in seinem Vater eine typisch moderne Psychomotorik verkörpert: daß nämlich »die wachsende Kunst, Kraftquellen zu erschließen, eine Zwangshypnose hervorruft, immer mehr Kraft zu entfesseln«.[129]

Wilhelm Ostwald wurde zuerst als Pionier der physikalischen Chemie berühmt; bei seinem Brückenschlag von der Chemie zur Physik erkannte er den integrativen Wert des Energiekonzepts. Aber aus seiner späteren Sicht war das alles nur ein Vorspiel. Im »Sonnenschein eines wundervollen Frühlingsmorgens« um 1890 erlebte er, seinen Memoiren zufolge, bei einem Spaziergang durch den Berliner Tiergarten »ein wahres Pfingsten, eine Ausgießung des Geistes« – eine Stimmung, die er »nur mit den höchsten Gefühlen« seines »Liebesfrühlings« vergleichen konnte. Was war geschehen? Er hatte erkannt, daß das Energiekonzept einen Schlüssel für *alle* Lebensbereiche bot, und diese Erkenntnis kam über ihn wie eine Erleuchtung. Das »energetische Denken«, schrieb er später, nahm »von einem Gebiete meines Geistes nach dem andern Besitz«; diese »Ausdehnung der energetischen Betrachtungsweise« sei »fast automatisch« erfolgt. Besonders gewagt und anfechtbar war der Sprung von der Physik in die Psychologie: »Die energetische Auffassung der psychologischen Erscheinungen stellt ein besonders auffallendes Beispiel von der bereits erwähnten Eigenschaft der Energetik dar, sich unbewußt und fast wider Willen als erklärendes Prinzip in die Auffassung anscheinend ganz fernliegender Gebiete einzudrängen.« Er beobachtet die suggestive Wirkung des Energiekonzepts an sich selbst und gibt offen zu, daß die »Befruchtung« seiner »allgemeinen Anschauungen durch die Energetik« vor allem seinen »persönlichen Bedürfnissen und Nöten« entsprungen sei. Kein Wunder, daß er »Energie« auch in den Nerven entdeckt und damit der Energielehre einen entscheidenden Impuls gibt. »Erst Ostwalds Lehre von der Nervenenergie« – so ein Artikel in der »Zukunft« 1908 – »konnte mit der Energetik vollen Ernst machen und die Energie zum Generalnenner alles Geschehens, einschließlich des geistigen, erheben.«

Seiner energetischen Erleuchtung folgte ein energetischer Kollaps: 1895 verfiel Ostwald, erst 42 Jahre alt, in zunehmende Arbeitsunfähigkeit mit allen Symptomen der durch lange Überstrapazierung des Gehirns hervorgerufenen Neurasthenie. Zuerst ließ er sich vorübergehend beurlauben, 1905 legte er seine Professur endgültig nieder, nachdem er immer wieder während seiner Vorlesungen von »peinlichen Störungen« befallen und ihm die Vernachlässigung seiner Lehrverpflichtungen vorgeworfen worden war. Aus seinen Memoiren schöpft man den Verdacht, daß er die Lust an der Chemie und dem Universitätsbetrieb ohnehin verloren hatte und seine nervlichen Schwächezustände dazu dienten, ihm das Tor zur Verwirklichung seines Traumes von Freiheit und Glück zu öffnen. Er zog sich in sein Landhaus in Großbothen zurück, dem er den Namen »Energie« gegeben hatte. »Das Landhaus stellte sich mir als ein stets bereites Mittel dar, neue Energien zu sammeln, wenn ich die vorhandenen wieder einmal aufgebraucht hatte, und es konnte eigentlich gar keinen passenderen Namen erhalten als Energie.« Wie er schrieb, wurden für seine Enkelkinder in diesem ländlichen Idyll »die Begriffe Energie und Paradies ungefähr gleichbedeutend«. Die meiste Arbeit und wenigste Freude mit dem Haus hatte, wie er zugab, seine Frau. Diese klagte, das Haus habe trotz seiner 18 Räume kein Eßzimmer: Ostwald, auch in Großbothen unermüdlich, okkupierte alle Räumlichkeiten für seine Arbeit. Im Dorf fragte man, ob er oder seine Frau »Energie« hießen: Der Energiebegriff gehörte damals noch nicht zum Alltagsdeutsch.

Im Landhaus »Energie« formulierte er seinen »energetischen Imperativ«: »Vergeude keine Energie, verwerte sie.« Auf die Forderung, möglichst überhaupt keine Energie umzuwandeln, kam dieser Energiesparphilosoph noch nicht: Die Suggestivkraft seines Energiebegriffs, der auch den menschlichen Elan vital einschloß, verhinderte eine derartige Einsicht. In einer Weise schürte sein Energiekonzept Verlustängste, so als werde jedes Erlebnis mit einer Schädigung der Körperenergien bezahlt; andererseits suggerierte seine Lehre, daß das volle Leben gleichbedeutend mit hohem Energieverbrauch sei. Gelegentlich bezeichnete er sogar das mit hohem Energieumsatz erkaufte Hochgefühl als »Heldenglück«, das Behagen des Energiesparers dagegen als »Hühner-« oder »Philisterglück«!

Sein eigenes »Energie-Manometer« beobachtete er unablässig und glaubte, daß »die bewußte und strenge Anwendung des energetischen Imperativs« auf das eigene Leben einen »überaus glückbringenden Einfluß« habe. An dem Historiker Karl Lamprecht, seinem Leipziger Kollegen, der die »Reizsamkeit« zur schöpferischen Epochenkraft erhoben hatte, tadelte er die verfehlte Auffassung von der Energie: »Als Geisteswissenschaftler verkannte er die Unerbittlichkeit naturgesetzlicher Bindungen und glaubte durch Willenskraft seinem Körper unbegrenzte Energiemengen entnehmen zu können.« So sei er mit nur 59 Jahren gestorben. Daß ihm selbst einst sein Vater einzuimpfen versucht hatte, der

Wille mache alles möglich, empfand er aus der Rückschau als verhängnisvolle Irrlehre, die seine Erschöpfungszustände verschuldet habe.

Innerhalb der Naturwissenschaften konkurrierte die Energie als Integrationskonzept zeitweise erfolgreich mit dem Atomismus. Als sich Ostwalds langjähriger Gegner, der Atomist Ludwig Boltzmann, 1906 das Leben nahm, hieß es in einem Nachruf, er sei aus Resignation über die von ihm befürchtete Ära »energetischer Barbarei« in den Tod gegangen. Mit seinem Brückenschlag zur menschlichen Psyche manövrierte sich Ostwald allerdings in eine wissenschaftliche Außenseiterposition. In der Öffentlichkeit wurde er jedoch gerade dadurch berühmt: mehr als durch seine früheren chemischen Forschungen, die ihm den Nobelpreis von 1909 einbrachten. Auch in der Nerventherapie fand er hier und da Beachtung, wobei er allerdings in den neuen Trend, der auf Aktivierung des Willens setzte, nicht hineinpaßte.[130]

Als Carl Hilty, Schweizer Staatsrechtler und Verfasser eines Neurastheniebuchs, 1899 die »vorherrschende Stimmung« analysierte, mit der »das komplizierte Wesen ›zivilisierte Menschheit‹« in das neue Jahrhundert »hinübergleite«, erkannte er vor allem eine »Sehnsucht nach Kraft«. Er meinte, aus den philosophischen und naturwissenschaftlichen Haupttrends des 19. Jahrhunderts lasse sich diese Seelenstimmung nicht erklären, sondern nur aus einem neuen und tiefen Gefühl der Schwäche: Ein »sich zu schwach fühlendes Geschlecht« suche »jetzt Kraft um jeden Preis, in der Politik, wie in der Kunst, oder der Erziehung«. Wolfgang J. Mommsen hat das imperialistische Expansionsstreben jener Zeit als »Folge überschäumender Energien im Schoße der europäischen Gesellschaften« gedeutet; aber die vorhandenen wirtschaftlichen, technischen und militärischen Energien setzten sich weniger, als man erwarten könnte, bei den Menschen in ein subjektives Energiegefühl stabiler Art um. Energie, der »Zukunft« (1903) zufolge die neue Kardinaltugend schlechthin, war zugleich ein »Idol«, das psychische Unsicherheit erzeugte und überkommene Werte demontierte.[131]

Damals geisterten Energiesorgen schon seit langem durch die Politik. 1906 schrieb Philipp Eulenburg an Bülow, der vor dem Reichstag einen Ohnmachtsanfall erlitten und dadurch Zweifel an seiner Energie geweckt hatte, der Kaiser bemerke in Bülows Afrikapolitik einen »gewissen Mangel an Energie« und reite überhaupt »auf der Note ›Energie‹« herum. Der Historiker Johannes Haller argwöhnte, daß »die leise Warnung, die in diesem Brief enthalten« sei, »zu dem auffällig plötzlichen und durch die Sache selbst nicht ganz motivierten Anfall von ›Energie‹« beigetragen habe, die Bülow durch die dann folgende Reichstagsauflösung demonstriert habe. Eulenburg bemühte sich schon früh darum, Wilhelm II.

und die deutsche Politik in energetischer Hinsicht zu beeinflussen, wobei er die Interpretationsbedürftigkeit des Energiebegriffs erkannte. 1886 bemerkte er zu Holstein, »freundliche Energie« schwebe ihm »als Losungswort für innere deutsche Politik vor«; 1899 bedauerte er den »Ton lautschallender Energie« beim Kaiser, und er gab ihm zu verstehen, seine »zweifellos moderne Seite« werde »paralysiert durch eine zu hart in die Öffentlichkeit tretende Energie«.[132] Wilhelm II. verkörperte in seinem ganzen Verhalten die Überzeugung, daß Energie vor allem in der Bewegung, also als kinetische Energie existiere. Die damals in der Luft liegende Faszination durch das »Tempo« kam dieser Überzeugung entgegen.

Wenn »Energie« zur höchsten Tugend avancierte, entstand ein Weltbild, in dem es nicht mehr »gut« und »böse«, ja nicht einmal mehr »richtig« und »falsch«, sondern nur noch »energisch« und »nervenschwach«, »kraftvoll« und »schlaff« gab. Die Entfesselung des Ersten Weltkrieges geschah vor dem Hintergrund genau dieses Weltbildes. Das soll nicht heißen, daß das energetische Denken in seinen sämtlichen Varianten unheilvoll und irreführend gewesen wäre. Der Energiebegriff hat sich bis in die Gegenwart bei dem Verständnis von Erkrankung und Gesundung als produktiv erwiesen; seine Faszination war nicht nur eine zeitbedingte Mode. Aber in der Gesamtkonstellation vor 1914 fungierte er auf psychischer Ebene in der Regel als ein unruhestiftender Begriff, der ein unschlüssiges Abwarten zum krankhaften Zustand machte und dazu verführte, die Gesundheit durch Kraftproben zu beweisen.

»Ich war bekannt als der nervöse Mensch in Buenos Aires«: Manie und Reiselust als Begleiterinnen der Nervosität

Wilhelm Ostwald rechnete den Neurastheniker zu den »unglücklichsten Menschen, die es gibt«; denn er sei »außerstande, den kleinsten Entschluß zu fassen.«[133] Aber macht die Unentschlossenheit stets unglücklich? Kann das Offenhalten aller Optionen nicht auch ein Hochgefühl der Freiheit hervorrufen? Neurasthenie bestand als Gesamtphänomen längst nicht nur aus Depressionen. In den nervösen Schicksalen findet man viele Indizien dafür, daß auch manische Zustände zur Neurasthenie gehörten. Zwar begegnet das Thema »Manie« im Nervositätsschrifttum nur ganz selten; aber die Manie war damals noch ein schwimmender Begriff, der sich erst allmählich von der alten Bedeutung »Raserei« löste und dann im deutschen Sprachraum vom »manisch-depressiven Irresein« absorbiert wurde. Jedoch auch ohne den Begriff »Manie« zu verwenden, schreiben viele Autoren den Neurasthenikern manische Eigenschaften zu, so etwa Phasen euphorischer Überaktivität und ein »Hetzen und Jagen der Gedanken«, mit dem die Neurastheniker das von ihnen beklagte »Hetzen und Jagen« der Zeit spiegeln.[134] All das stützt die Vermutung, daß die Neurasthenie nicht zuletzt ein Produkt der Wünsche und des Glücksstrebens war. Dazu paßt die eminente Bedeutung sexueller Frustrationen in den Neurasthenikergeschichten.

Der Autor einer populären Nervenheilschrift stellt sich einen Typus von Leser, den er anspricht, wie ein Lehrbuchbeispiel von Manie vor: »Oder aber Du bist unnatürlich lebhaft, lustig und ausgelassen und verletzest Deine besten Freunde durch Deine Rücksichtslosigkeit. Die Gedanken strömen Dir an solchen Tagen nur so zu. Du fühlst Dich zum Fliegen leicht und könntest die ganze Welt erobern. Aber schlaflos wälzest Du Dich dann nachts auf Deinem Lager. Die Bilder der Phantasie jagen einander in ununterbrochener Folge.« Der Kneipp-Arzt Baumgarten kennt den Typ des »Erregungs-Neurasthenikers«, dessen Blick einen »eigentümlichen Glanz« zeige. Die Aufeinanderfolge von Erregungs- und Schwächezuständen ziehe sich überhaupt »wie ein roter Faden ... durch die gesamten Symptome der Neurasthenie«.[135] Ein geheimer Reiz der Neurasthenie mag in der Vorfreude auf manische Phasen bestanden haben!

Überwiegt auch in den Selbstzeugnissen der Patienten meist das Grundgefühl der »Energielosigkeit«, so enthalten sie doch in vielen Fällen eine Erinnerung an Phasen überschäumender Aktivität, die auf eine manische Stimmung hindeutet. Unter einem Fehlen der Energie litt man besonders dann, wenn man das energetische Vollgefühl kannte; und dieses Gefühl besaß schon als solches einen manischen Zug. »Energie« bedeutet ja keine bestimmte Fähigkeit, sondern eine potentielle Kraft zu allen Dingen! Diese Stimmung alternierte fast notwendig mit Phasen der Frustration.

Aber nicht nur in der Psychodynamik der Patienten, sondern auch in der ökonomischen Dynamik jener Zeit, die ein Wechselbad von Verlockungen und Enttäuschungen bescherte, lag ein Grund für manisch-depressive Stimmungszirkel. Man konnte noch glauben, mit Firmenneugründungen relativ leicht sein Glück zu machen; aber die Konkurrenz war schärfer geworden als in der Zeit der ersten Fabriken. Ein 49jähriger Chemiker kam 1911 in depressivem Zustand nach Ahrweiler; schon seit zehn Jahren war er wiederholt in nervenärztlicher Behandlung gewesen.

Früher pflegten seine Stimmungen zwischen einem Hang zu »Lebemann-Genüssen« und »griesgrämiger, verdrossener Hypochondrie« zu wechseln. »Sein Verhängnis ereilte ihn in einer hypomanischen Phase im Sommer 1909.« Damals gründete er »mit sanguinischer Kritiklosigkeit« eine Chemiefabrik; die war nach einem Jahr bankrott, er verlor sein Vermögen und beging einen Selbstmordversuch.[136]

Auch die Kolonial- und Welthandelsperspektiven, die sich im späten 19. Jahrhundert auftaten, waren wie geschaffen dazu, manische Zustände auszulösen, die fast zwangsläufig irgendwann in Frustration umschlugen. Auf diese psychologische Seite der Kolonialpolitik und des expandierenden Weltverkehrs stößt man in nicht wenigen Neurasthenikerakten; denn bei diesen Patienten handelte es sich häufig um auffallend reiselustige Leute. 1882 kam ein 26jähriger schweizerischer Kaufmann, der mehrere Jahre in Sansibar gewesen war, als Neurastheniker nach »Bellevue«. »Dort geschäftlich sich unentschlossen gezeigt. Mehr Theoretiker als Praktiker, großer Sanguiniker, träumt gern von Millionen, dann wieder ängstlich.« Das Tropenfieber förderte das Wuchern von Wahnideen; nicht nur der Traum vom Reichtum, sondern auch der von der unendlichen Liebeslust gedieh unter flimmernder afrikanischer Sonne. Er glaubte, daß »die meisten Mädchen nach ihm ihre Hand ausstrecken würden«; er verlobte sich, wurde dann aber »unschlüssig, ob er die Braut wirklich heiraten soll«. Obendrein plante er eine »Niederlassung in London«, »von der er sich Fabelhaftes verspricht« – das Resultat war eine neurasthenische Unentschiedenheit, die in der Unfähigkeit zu jeglicher Tat endete.[137]

Als Alexandra David-Néel 1910 ihr Reiseleben begann, das 1923/24 in ihrer Wanderung nach Lhasa gipfelte, triumphierte sie: »Ich bin auf dem richtigen Weg, ich habe keine Zeit mehr für meine Neurasthenie.« Und noch als sie 1969 mit über hundert Jahren starb, war ihr letztes Wort: »Reise.« Da sie auf ihren Reisen die buddhistische Meditation entdeckte, führte in ihrem Fall der Weg in die Ferne tatsächlich zur Nervenruhe. Zwischen Nervosität und Reisen besteht überhaupt eine markante Verbindung, in der Literatur wie in den Patientenakten; man ahnt, daß es sich bei der »Nervenschwäche« nicht nur um eine Krankheit, sondern auch um ein Kulturphänomen handelt. Levillain meinte mit Hinweis auf Untersuchungen des Wiener Neurologen Benedikt, das Vagabundieren sei eine Form der Neurasthenie[138]; dieses nervöse Vagabundieren gab es nicht nur auf niederer, sondern auch auf höherer sozialer Ebene. Immer wieder versuchten Neurastheniker, ihr Wohlbefinden durch Reisen wiederzuerlangen. Manchmal wurden sie von ihren Ärzten darin bestärkt, manchmal aber auch davor gewarnt. Die Warnungen hatten ihren Grund: Ziemlich häufig liest man, daß besonders heftige Nervositätsschübe durch Reisen ausgelöst wurden. Was dabei geschah, wird klarer, wenn man annimmt, daß einem neurasthenischen Down in typischen Fällen ein manischer Zustand vorausging. Denn dieser psychische Effekt des Tourismus ist klar: Reisen sind ein ideales Mittel, um eine manische Anlage zur vollen Entfaltung zu bringen und diffuse Wunschträume zu wecken. Diese Glückswelten sind in ihrem Wesen instabil; schon auf der Reise selbst stürzen sie oft zusammen. Aber im Kollaps erzeugen sie oft neue Reiselust – den Drang, »nur irgendwie weg« zu kommen. So wird die Nervosität ganz besonders durch das Reisen zu einem sich selbst reproduzierenden Psychomechanismus und attraktiven Lebensstil – gerade deshalb, weil das Reisen zeitweise etwas ungemein Entspannendes besitzt, das den Nerven guttut.

Eigentlich waren die mit der Eisenbahn verbundenen Nervensorgen dazu angetan, das Reisen nervlich ins Zwielicht geraten zu lassen. Die Reisesehnsucht vieler Nervöser war jedoch elementar und kein bloßer Reflex medizinischer Theorien; und wenn die Ärzte ihren wohlhabenden Patienten »Luftveränderung« empfahlen, dann oft nicht zuletzt deshalb, weil sie ihnen damit aus dem Herzen sprachen. Aber es kam auch vor, daß ein Arzt einen Patienten gegen seinen Wunsch zum Reisen drängte. Wie Holstein wußte, erklärte Hardens Arzt »es für lebensgefährlich, daß Harden nicht reist«. »Der will aber nicht.« Tatsächlich geschahen auf Reisen zuweilen unerklärliche Heilungen: So berichtete Ziemssen 1887 von einem »neurasthenischen Gelehrten«, der durch einige Stunden Eisenbahnfahrt von mehrmonatigen Herzrhythmusstörungen kuriert wurde.[139] War es das Gleichmaß der Schienenstöße, was das Herz wieder in Gleichtakt brachte? Als besonders gesund galten Seereisen, jedenfalls in der Zeit der Riesendampfer, die die Stürme kaum mehr zu fürchten hatten.

Der Lust-Frust-Zirkel des Reisens war älter als die Eisenbahn, aber erst im Eisenbahnzeitalter wurde er zu einer Massenerfahrung und zu einer kollektiven Seelenlandschaft. War auch der Tourismus in der Zeit um 1900 nach heutigen Maßstäben noch sehr bescheiden, so besaß er vor dem damaligen Erinnerungshorizont doch bereits revolutionäre Ausmaße und prägte in Teilen der Mittel- und Oberschicht schon so sehr die Mentalität, daß man sich manchmal in die spätere bundesdeutsche Gesellschaft mit ihrer grenzenlosen Reiselust versetzt glaubt.

Reisen sind in Neurasthenikerakten ein unerschöpfliches Thema; und oft ist schwer zu unterscheiden, ob sie bei nervösen Zuständen Ursache, Symptom oder Therapieversuch sind. In die Anstalt Morija bei Bethel wurde im Jahr 1900 ein 31jähriger Patient aus landadliger Familie eingeliefert, auf dessen Akte an der Stelle des Herkunftsorts eingetragen wurde: »auf Reisen«. Der Bericht beginnt mit der Angabe, daß er wie alle seine sechs Geschwister neurasthenisch sei. »Geistige Anlagen sehr schlecht; trotz Privatschule, Kadettencorps, Realschule, Pfarrer, Pressen kein Examen bestanden; Einj. Freiw. Examen vom König erlassen. ... Konnte Alkohol nicht vertragen. ... Wenig Neigung zum andern Geschlecht.« Und dann weiter: »Nach dem Tode des Vaters verlor er jeglichen Halt. Seit Juli 99 fortwährendes Reisen; verkehrte Briefe.« Auf den Reisen brachen Wahnvorstellungen aus: Seine Leib- und Kopfschmerzen würden »seit Jahren auf elektr. und magnet. Wege erzeugt von Leuten, die gegen ihn intriguieren; er sei beständig in Geheimgespräche mit dem Kaiser und dem König von Sachsen verwickelt ...«. »Ich hätte viel mehr leisten können, hätte ich nicht seit Jahrzehnten stets elektrischen Strom im Kopf.«[140]

Ein 35jähriger Kaufmann, der früher in Frankfurt und zuletzt in Buenos Aires gelebt hatte, berichtete, in der argentinischen Hauptstadt habe er eine Mätresse gehabt, mit der er sich »sexuell übernommen« habe; dazu sei »sehr viel Sorge im Geschäft« gekommen. »Nervös war ich schon lange. Ich war bekannt als der nervöse Mensch in Buenos Aires. Sehr leicht erregbar, kam sehr schnell in Zorn. ... Ich geriet in 2 Minuten mit jedermann zusammen.« Man gewinnt den Eindruck, daß er sein nervöses Wesen als Identität herausstreicht und nicht ohne Selbstgefühl zu erkennen gibt, daß er, der gebürtige Schweizer, selbst nach lateinamerikanischen Maßstäben als heißblütig galt. So wie er sein Leben erzählt, bestand es aus ewigem Reisen, immer mit viel angestrengter Arbeit und sexuellen Eskapaden. Man merkt, wie ihn die Reisen mit ihrem Drum und Dran zwar körperlich-seelisch zermürben, ihm aber auch Behagen verschaffen.[141] Das Geheimnis der Kolonial- und Überseeromantik lag nicht zuletzt in den von der bürgerlichen Gesellschaft unbeobachteten sexuellen und alkoholischen Exzessen.

Die Frau eines neurasthenischen Textilfabrikanten, der sich 1907 nach Ahrweiler begab, teilte dort mit, ihr Mann habe sich stets überarbeitet und seinen Nerven zuviel zugemutet. »Leider machte er auch nur wenig Geschäftsreisen (die ihm doch auch eine gewisse Anregung und Abwechslung hätten bieten können).« Geschäftsreisen als geeignete Nerventherapie? Wie der Patient selber angab, bekam er »den ersten Klaps ... in der nervösen Sphäre« nach einer Berlinreise. »Kam abgespannt zurück. Energielos.« Später, nach seinem Ausscheiden aus der Firma, unternahm er unablässig Reisen nach diversen Kurorten und sogar nach Indien und Ägypten, den beiden orientalischen Traumländern; aber immer wieder war er am Ende »in den Nerven runter«. Die Nervenschwäche hielt ihn jedoch nicht von neuen Reisen ab; Reisen und Nervosität wirken wie ein ewig sich selbst erhaltender Kreislauf.[142]

Beard mißbilligte den in den USA schon damals beliebten Brauch, als Heilmittel gegen nervöse Störungen eine Europareise zu empfehlen. Margaret A. Cleaves, die Verfasserin der »Autobiographie einer Neurasthenikerin«, reiste dennoch nach Europa und sollte diesen Entschluß schwer bereuen. Kurz vor der Abreise hatte sie »die zermalmende (crushing) Kraft des ersten schweren elektrischen Sturms« in ihren Nerven erfahren. Ihr Arzt glaubte, die Seereise würde ihr guttun; aber der Dampfer war noch nicht aus dem New Yorker Hafen heraus, da schien es ihr schon, »daß jedes Neuron außer Gefecht war«. In Fontainebleau befiel sie ein »namenloser Schrecken«; sie versuchte den »alten Trick«, biß die Zähne aufeinander und sagte: »Ich will«, aber vergeblich. An anderen berühmten Stätten Europas setzte sich ihr Nervenelend fort. Heimgekommen, stellte sie ihren Arzt zur Rede, weshalb er sie habe reisen lassen. Er gestand, sie sei die einzige Neurasthenikerin, der er eine Reise empfohlen habe; er habe nicht erkannt, wie weit es mit ihr schon gekommen sei. Rückblickend meinte sie – ein Grundthema ihrer Krankheitsgeschichte aufnehmend –, daß die Meinung, Reisen sei gut für Neurasthenie, nur deshalb verbreitet sein könnte, weil die Szenerie von Pseudoneurasthenikern beherrscht werde, die die neurasthenischen Symptome vorspielten, ohne wirklich erschöpft zu sein.[143] In der Tat mögen sich viele Konfusionen um dieses Leidenssyndrom daraus erklären, daß die Neurasthenie eine täuschend ähnliche Doppelgängerin besaß!

Albert Eulenburg war jedoch der Meinung, die allzeit beliebte Empfehlung des Reisens sei »für Nervöse im allgemeinen nicht ungerechtfertigt«. In seinem für die »Gartenlaube« geschriebenen Artikel »Nervosität und Reisen« läßt er sich – Neurologie hin, Neurologie her – von seiner eigenen Reiselust mitreißen; am Schluß gewinnt der Leser den Eindruck, man könne die Nervenkliniken getrost durch Dampfschiffe ersetzen. Eulenburg meint, in dem »für unsere Zeit so charakteristischen Reisedrange« mache sich »ein dem Auge des Kulturforschers und Sozialhygienikers wohl erkennbares, unbewußtes und unwillkürliches Heilstreben geltend«. In der Tat hatte der Reisedrang in vielen Fällen gewiß mehr mit tiefen Sehnsüchten als mit rationalen Lehren zu tun. Wenn die Ärzte ihren Patienten die Reisewünsche abschlugen, machten sie sich nicht beliebt. In »Bellevue« »heulte« ein 20jähriger Kaufmannssohn, als ihm das Reisen verweigert wurde; für ihn war es eine fixe Idee, daß er Reisen brauche, »um psychisch wieder ins Reine zu kommen«. Sein Vater jedoch wollte, daß er an Arbeit gewöhnt wurde.[144]

Nicht nur die Reiselust, sondern auch die Reiseenttäuschung war eine typische Erfahrung, zumal in einer Zeit, als die Fernreisen noch mit viel mehr Illusionen und Mißgeschicken behaftet waren als heute. Theodor Fontane, der Liebhaber des Wanderns und der Postkutsche, verspottete 1873 den, der seine Seelenruhe durch Eisenbahnreisen und in Bahnhofshotels sucht: »Er will den Vibrierungen entfliehen und zittert häufiger als daheim.« In seinem Roman »Cécile« (1887), der von einer nervenschwachen Frau handelt, prophezeit der Liebhaber: »Wir gehen einer totalen Reform der Medizin oder doch zum mindesten der Heilmittellehre entgegen, und die Rezepte der Zukunft werden lauten: drei Wochen Lofoten, sechs Wochen Engadin, drei Monate Wüste Sahara.« Aber schon die Harzreise hat für die Romanheldin schlimme Folgen.[145]

Ein 26jähriger rußlanddeutscher Kaufmann, der 1884 vier Monate in »Bellevue« weilte, reiste nach seiner Entlassung zuerst nach Holland und England – eine geplante Reise nach New York gab er auf –, um dann »im Hafen der Ruhe St. Petersburg« einzulaufen. Seinem dortigen Arzt zufolge war er »immer sehr empfindlich und ambitiös«; in Kreuzlingen klagte er über »fast ständige Benommenheit im Kopf« und »allgemeines Schwächegefühl«. Aber mit seiner Reise war er zufrieden: »Aus meiner englischen Reise habe ich in jeder Hinsicht meinen Preis herausgeschlagen, sowohl was die geschäftlichen Resultate als auch das Vergnügen anbelangt.«[146] Wie man sieht, hat sich bei dem Mann bereits eine zukunftsträchtige Mentalität voll entwickelt: ein Umgang mit der Freizeit wie mit der Arbeitszeit, nämlich mit dem Ziel des maximalen Effekts.

Das Thema »Reisen« führt zu dem größeren Thema »Freizeit«. Darüber war sich fast die gesamte Nervositätsliteratur einig, daß die Ursachen der Nervosität mindestens ebensosehr in der Freizeit wie in der Arbeit zu suchen seien: in der Jagd nach Genuß und Zerstreuung, in der Unersättlichkeit der Bedürfnisse und der Selbstüberforderung durch Reize.[147] Viele solche Betrachtungen gehören mehr in die Moral als in die Medizin. Dennoch bezeichnen sie eine Streßmotorik der Moderne: Daran ist heute nicht zu zweifeln.

Aber existierte diese Psychomotorik wirklich schon vor 100 Jahren? Bei der Lektüre vieler zeitgenössischer Texte glaubt man, daß die »Freizeitgesellschaft«, die als ein Novum der letzten Jahrzehnte gilt, schon damals entstanden sei. Dabei wirkt das, was es damals an Urlaub und an Freizeitangeboten für breitere Bevölkerungsschichten gab, nach heutigen Maßstäben mehr als kümmerlich; man sollte meinen, zumindest die Arbeiter und kleinen Angestellten hätten mit ihrer Freizeit nicht viel Last gehabt. Die Freizeit war als ein Reich für sich in der älteren Arbeitswelt unbekannt; wie Deutschmann feststellt, reagierten die Landarbeiter im Kaiserreich, in denen noch die alte Zeitökonomie lebte, »am empfindlichsten nicht, wenn die Arbeitszeit verlängert wurde, sondern wenn in die häufig gar nicht formell fixierten Pausengewohnheiten eingegriffen wurde«. Aber in der Chemnitzer Maschinenfabrik, wo der Theologiestudent Göhre arbeitete, war das um 1890 schon anders: »Die früher allgemein übliche Vesperpause war unter Billigung der Leute beseitigt worden, so daß sie schon um 6 Uhr Feierabend haben konnten.« Man erkennt einen Wandel im Verhältnis der Arbeiter zur Zeit: Die Freizeit wird zum vorherrschenden und ausbaufähigen Ziel, dem zuliebe man sogar eine Intensivierung der Arbeit in Kauf nimmt.[148]

Das Neue in den Freizeitangeboten der Jahrhundertwende bestand nicht zuletzt darin, daß sie auch denen, die zu Hause blieben, einen Reiseersatz und ein aufregendes Bewegungserlebnis bescherten. Im Lunapark am Halensee erhielt Berlin 1910 »die erste Achterbahn, eine Wasserrutschbahn mit eigenem Becken, ein Somali-Dorf mit Völkerschau..., einen Startplatz für Ballonfahrten und vieles mehr«. Die Achterbahn zeugte von der Lust am Geschwindigkeitsrausch und Nervenkitzel, aber auch vom Vertrauen in die neue Technik. Die Karusselle, nunmehr elektrisch betrieben, flogen »weit schneller durch den Raum als vor einem Menschenalter«, heißt es in einer damaligen »Weltgeschichte der Gegenwart«. »Bei Rutschbahnen, Autos und Luftschiffen ist Geschwindigkeit das vordringlichste Bestreben. Die ungeheure Bewegungslust pflanzt sich auf geistiges Gebiet fort.« Das »nervöse Zeitalter« war keineswegs nur durch Leiden unter dem neuen Tempo, sondern auch durch lustvolle Identifikation mit ihm gekennzeichnet: ebendeshalb kam es von dem Tempo nicht los.

Der Film traf auf ein bereits vorhandenes Bedürfnis: Unbeholfenere Versuche, die Bilder in Bewegung zu bringen, waren vorausgegangen. Der frühe Stummfilm war ganz eine Kunst der hektischen Bewegung. Robert Gaupp glaubte 1911, als Nervenarzt dem Kino einen »nervenzerstörenden Einfluß« zuschreiben zu müssen. »Die schauerlichen Stoffe erschüttern namentlich beim Kind und beim sensiblen Menschen das Nervensystem bis zur Qual.« Derselbe Gaupp wollte später nachweisen, daß ein gesundes Nervensystem im Krieg »auch die grauenvollsten Erlebnisse ohne dauernden gesundheitlichen Schaden« überstehe.[149] Den Film hielten die meisten Nerven aus. Der Massenerfolg des Kinos zeigt, wie sehr die jagende Bilderflucht nicht nur als Nervennot, sondern auch als Bestandteil der neuen Freizeitkultur existierte.

Diese Nervosität kam nicht nur von außen, sondern auch von innen. Sie war ein Phänomen der freier wuchernden Wünsche, des Wollens-und-noch-nicht-Könnens. Nach heutigen Maßstäben wirkt die Zeit vor hundert Jahren noch recht bedürfnislos; aber viele Zeitgenossen empfanden es ganz anders, und nicht wenige erkannten einen Zusammenhang zwischen dem Wachstum der Nervosität und der Unersättlichkeit der Bedürfnisse. Von einem ehemaligen Kolonialoffizier, der 1907 wegen dauernder »Gemütsverstimmung« in Kreuzlingen landete, heißt es: »Sein glühender Wunsch ist ein vornehmes Automobil und eine Yacht auf der See.« Die »Gemütsverstimmung« hatte im Jahr 1900 begonnen, als er die Uniform an den Nagel gehängt und eine reiche und sensible Engländerin geheiratet hatte. Seine Potenz war »sehr minimal«; das sinnliche Verlangen war vom Konsumbedürfnis ersetzt; er rauchte den ganzen Tag. Seine Verdrossenheit erreichte ihren Gipfel, als ihm, obwohl er 1904 als Freiwilliger am Hererokrieg teilnahm, eine erneute militärische Karriere verwehrt blieb. Die im Avancement gehemmten Militärs bildeten unter den Neurotikern eine trübe Truppe eigener Art. Daß er nicht nur in »Folge geistiger Anstrengung«, sondern »auch unerfüllt gebliebener Wünsche Neurastheniker geworden« sei, heißt es in den Akten von »Bellevue« auch von einem norddeutschen Architekturlehrer, der an seiner Baugewerkschule »seiner Gutmütigkeit wegen anscheinend Jahre lang als Lückenbüßer gebraucht« und nach Bedarf hin- und hergeschoben worden war.[150]

Aber was war neu an der beunruhigenden Macht der Wünsche? Die Einsicht, daß Bedürfnisse die Ruhe rauben, während die Zufriedenheit mit dem, was man ist und hat, das sicherste Glück beschert, ist an und für sich eine uralte Philosophenweisheit, die von Buddha bis Schopenhauer reicht. Sie war nicht in den Wind gesprochen; vielmehr blieb das Gros der Bevölkerung bis ins 19. Jahrhundert hinein in seinen Bedürfnissen sehr bescheiden. Es hatte seine Gründe, wenn Lassalle den deutschen Arbeitern 1863 ihre »verdammte Bedürfnislosigkeit« vorwarf: »So lange Ihr nur ein Stück schlechte Wurst habt und ein Glas Bier, ... wißt (Ihr) gar nicht, daß Euch etwas fehlt!« »Fragen Sie alle Nationalökonomen: Welches ist das größte Unglück für ein Volk? Wenn es keine Bedürfnisse hat.« In der Klage über die Bedürfnislosigkeit trafen sich die Sozialisten mit den bürgerlichen Ökonomen. Die alte Zeit der Zufriedenheit ist keine Legende; sie war im »nervösen Zeitalter« noch in frischer Erinnerung.[151]

Vor allem seit den Gründerjahren änderte sich die deutsche Mentalität, am raschesten in den Metropolen. Der welterfahrene französische Journalist Huret war 1906 erstaunt über die »Vergnügungssucht« der Berliner, wie man sie an Sommerabenden in einer Vielzahl vollbesetzter Lokale erlebe. »Solche Schlemmereien, die in Paris zwei- bis dreimal im Jahr ... üblich sind, kommen hier jeden Abend vor. Man könnte wirklich glauben, in einem sehr wohlhabenden Lande zu sein, dessen Bewohner beständig Kirchweih feiern.« Eine hedonistische Lebenseinstellung breitete sich aus, wenn auch in Spannung zu den Normen puritanischer Sparsamkeit; in nicht wenigen Neurasthenikergeschichten ist diese Spannung zu spüren. Die Lebensweise war nicht mehr eine durch die Gewohnheit bestimmte Konstante, sondern wurde zu etwas, an dem man herumprobierte. Von einer Welt der stabilen Wirklichkeiten bewegte man sich in eine Welt der Möglichkeiten: Das war die Welt des »nervösen Zeitalters«.[152]

Es ist aufschlußreich, die Semantik des »Bedürfnis«-Begriffs in ihrer Entwicklung zu verfolgen. Das Wort verbreitet sich in Deutschland zuerst um die Mitte des 18. Jahrhunderts, ist damals aber gleichbedeutend mit »necessitas«, »Notdurft«. Bezeichnenderweise schrumpft die Bedeutung von »Notdurft« im 19. Jahrhundert auf das, was sich in den öffentlichen »Bedürfnisanstalten« verrichten läßt. »Die Bedürfnisse« dagegen sind nichts Naturgegebenes mehr, sondern ein stürmisch expandierender, für Erfindungen offener Bereich.[153]

Man kann diese Entwicklung aus der Gesetzmäßigkeit des ökonomischen Wachstums ableiten. Zielte die industrielle Dynamik in ihrem Frühstadium vor allem darauf, bereits vorhandene Produkttypen billiger zu produzieren, so war ihr weiteres Voranschreiten an die Erfindung neuer Produkte gebunden. Dabei konnte sie sich zunächst auf die Befriedigung von bereits erkennbaren Bedürfnissen beschränken; aber irgendwann mußte sie, um nicht ins Stocken zu geraten, zur Erfindung neuer Bedürfnisse weiterschreiten. Der Innovationsstrom, der sich zunächst auf den Produktionsprozeß konzentriert hatte, richtete sich nunmehr auch auf die Produkte und auf die Absatzmethoden. Der Wandel der Mode, der sich früher in langen Zeiträumen durch soziale Mechanismen vollzogen hatte, wurde nunmehr in kurzem Zeitraum von den Produzenten organisiert. Noch Karl Marx hatte geglaubt – und sich dabei auf ein Zitat aus dem Jahre 1699 berufen –, daß die »Flatterlaunen der Mode« dem System der großen Industrie nicht angemessen seien; Sombart dagegen wies die immer raschere Abfolge der Moden als Gesetz des modernen Kapitalismus nach, der eben erfinderischer war, als Marx gedacht hatte.[154]

In der »großen Depression« der 1870er Jahre war in Deutschland deutlich der Punkt erreicht, wo eine Fortsetzung des stürmischen industriellen Wachstums an die Entstehung neuer Bedürfnisse gebunden war. Der in den 1880er Jahren einsetzende Elektroboom wurde dann das markanteste Beispiel für einen Innovations- und Nachfrageschub, der neue Wachstumsimpulse auslöste. Man kann also die Entstehung einer permanenten Unruhe als Dauerzustand mit glatter Logik aus den Bedürfnissen des Kapitals ableiten und aus dem Marktmechanismus dazu noch eine Unruhe in der Unruhe. Wie zwei zeitgenössische Ökonomen erklären, regelt sich der Verbrauch im Sinne der Grenznutzenlehre »in einer Art von Austausch, für den unser Innerstes der Markt und unsere sich bekämpfenden Wünsche die Feilschenden sind«.[155] Die Nervosität im Sinne eines Gespaltenseins durch widersprüchliche Wünsche als ökonomisches Regelsystem! Nur – wo steht geschrieben, daß die menschliche Psyche gehorsam den Bedürfnissen des Kapitals und des Marktes folgt? Der Prozeß der Dynamisierung der Bedürfnisse ist nur dann zu erklären, wenn er nicht nur ökonomisch, sondern auch psychologisch plausibel ist und auf eine innere Disposition der Menschen trifft. Eine solche Disposition war in damaliger Zeit gegeben, geht man davon aus, daß eine Verbindung von leichter Manie und Nervosität zu einem verbreiteten Dauerzustand wurde, dessen Stabilität mit seiner verwirrenden Mischung von Lust und Leid zusammenhing. Die Reizsuche stand unter dem Antrieb von Frustrationen.

In der Entstehungsgeschichte der Reklame bedeuten die Jahrzehnte um 1900 international den entscheidenden Sprung. Jene Dekaden erlebten eine Explosion der Reklame; die Werbung begann mit raffinierten Bildern, mit Schlagworten und Assoziationen zu arbeiten. Die Reklame war ein Zeichen dafür, daß die kapitalistische Konkurrenz bis in den Detailhandel vorgedrungen war und daß sich auch dort, im Vertrieb des Endprodukts vor Ort, ein Markt mit anonymer Käuferschaft gebildet hatte. Aber der Reklameboom war nicht nur an ökonomische Trends, sondern auch an neue Produktgruppen und neue Technik geknüpft. Das erkennt man daran, daß sich die Reklame in drei Bereichen besonders exzessiv entfaltete: in der Elektro-, der Fahrrad- und der Hygienebranche.

Allein aus Firmeninteressen läßt sich weder der damalige neue Stil der Reklame noch überhaupt die sprunghafte Zunahme der Bedürfnisse erklären. Vielen Firmen war im Gegenteil der ganze Ausstellungszauber lästig. Der Rummel um die Elektrizität führte in der Öffentlichkeit ein Eigenleben und war nur teilweise ein Produkt industrieller Werbung. Das »täglich sich fühlbarer machende Bedürfnis nach größerer Geschwindigkeit der Eisenbahnen« – so ein Kommentator der Pariser Weltausstellung von 1900 – war kein Ergebnis der Eisenbahnwerbung, sondern kam ganz aus den Kreisen der Benutzer. Ein Technologe tadelt die Schnellzugpassagiere, die immer noch höhere Geschwindigkeiten wollten, daß sie »vielleicht gerade in dem Bewußtsein der Gefahr eine Abwechslung für ihre durch Genüsse aller Art verdorbenen Nerven« fänden.[156] Die neue Raffinesse der Reklame paßt genau zu der zur gleichen Zeit entdeckten Macht der Suggestion; diese aber brauchte zu ihrer

Wirkung ein Publikum, das für suggestive Einwirkungen empfänglich war. Mit der Manipulationstheorie allein läßt sich die Revolution der Bedürfnisse zu jener Zeit nicht erklären. Auch das, was man als »Nervosität« bezeichnete, trug dazu bei, das Konsumverhalten in Bewegung zu bringen.

Das zeigt sich an dem damals rapide wachsenden Gesundheitsmarkt. Unter den Exzessen der frühen Reklame wirkt aus heutiger Sicht nichts befremdlicher als das damalige Ausmaß und der teilweise schreierische Stil der Reklame für Kuren und Medikamente. Auch Ärzte betrieben damals Eigenwerbung, und in den Kleininseraten zeigten sich die, die intime Leiden zu heilen versprachen, besonders rührig. Ein Arzt glaubte schon 1884, daß sich über ein Drittel aller Werbeannoncen auf Heilmittel bezögen. »Und achten Sie darauf, daß den meisten von den annoncierten Mitteln nachgerühmt wird, Blutarmut und Bleichsucht, Nervenschwäche und Nervenkrankheiten, Epilepsie usw. unfehlbar zu heilen.« »Werfen Sie einen Blick auf den Annoncenteil dieser medizinischen Zeitschriften. Es wimmelt darin von Anzeigen von Heilanstalten und ›Asylen‹ für Nervenkranke, Gemütskranke, für Hypochonder und Epileptische und so weiter.« Ein Berliner Arzt meinte, »das ergiebigste Feld« für alle die, »die die Urteilslosigkeit ihrer Mitmenschen fabrikmäßig ausnützen«, biete »die Krankheit unserer Zeit, die Nervosität«.[157]

Zahllose Neurasthenikergeschichten, die immer neue Therapieversuche am Leser vorbeiziehen lassen, führen vor Augen, in welchem Maße die Neurasthenie in vielen Fällen einen Zustand der permanenten Erzeugung diffuser Medikalisierungsbedürfnisse darstellte. Dieses Leiden enthielt einen Impuls, immer neue Experimente mit sich selbst anzustellen. Damit ist nicht unbedingt etwas Negatives gesagt. Die Neurasthenie wurde zwar durch die vielen Therapien häufig eher kultiviert statt überwunden; aber vielleicht blieben manchen Patienten auf diese Weise schlimmere Leiden erspart. Ein 53jähriger Fabrikbesitzer und Kommerzienrat, der schon viele Kuren durchgemacht hatte, kam 1903 nach Ahrweiler; dort fand man, der Patient sei »sehr geneigt, allerlei Mittel zu probieren und bei sich selbst zu versuchen«, aber er habe auf diese Weise manchmal »die schon seit langem bestehende Neurasthenie nur gesteigert«. »Trotz der vielen Kuren« habe sich sein Zustand »kaum wesentlich verbessert« – und dennoch, trotz fortwährender angestrengter Kopfarbeit, habe er »nie Kopfschmerzen«, und seine »geistige Kraft« sei »vorzüglich«.[158] Mit dieser Neurasthenie konnte man leben.

Die Neurasthenie als eine umfassende Krankheit, die eine Vielfalt von Symptomen auf einen Nenner brachte, spiegelte zugleich ausufernde Glücks- und Gesundheitswünsche – vielleicht liegt ihre innere Einheit

vor allem dort. Die gesamte Baugestalt der Kurorte mit ihren architekto-
nischen Extravaganzen – von dem Klassizismus der Badehäuser bis zu
dem Kolonialstil der Veranden und der maurischen Ornamentik mancher Villen – führt anschaulich vor Augen, daß es dort nicht nur um die
Behebung von Verdauungsproblemen, sondern auch um die Verwirklichung von Glücksträumen ging. Die Wünsche vieler Neurastheniker
drehten sich nicht um Kleinigkeiten; auch darin besteht die politische
Tragweite der Neurasthenie.

Gerade zur politischen Nervosität gehörte jene gewisse Manie, die in
der wilhelminischen Ära zum offiziellen Stil wurde, wobei der Kaiser
selbst am meisten den Ton angab: der funkelnde Blick, der hochgezwir-
belte Schnurrbart, der federnde Schritt, der »schneidige« Gestus, der
sprudelnde Redestrom. Wenn Wilhelm II. nach dem Wort des alten Bismarck einer war, der am liebsten alle Tage Sonntag haben wollte und
auch von anderen eine gehobene Stimmung erwartete, so erinnert das an
die »festliche Daseinsfreude«, den Dauerzustand der Manischen. Wie
ein englischer Deutschlandkenner beobachtete, begann der junge Kaiser
sein persönliches Regiment in einem allgemeinen »Delirium des Ent-
zückens«. Wilhelm II., der geflügelte Worte wie »Herrlichen Zeiten
führe ich euch entgegen« und »Schwarzseher dulde ich nicht« in die
Welt setzte, verbreitete eine Grundhaltung ewiger Vorfreude und gespannter Erwartung. Und selbst ein erbitterter Gegner des Kaisers wie
Max Weber arbeitete an der gleichen Stimmung, wenn er in seiner Freiburger Antrittsrede von 1895, die wie eine Fanfare klang, verkündete: »Es
wird uns nicht gelingen, den Fluch zu bannen, unter dem wir stehen,
Nachgeborene zu sein einer politisch großen Zeit, – es müßte denn
sein, daß wir verstünden, etwas anderes zu werden: Vorläufer einer größeren.« Die angespannte Vorfreude, die in diffusen Machtträumen
schwelgte, kennzeichnet das gesamte politische und kulturelle Klima im
Deutschland der 1890er Jahre und danach.[159] Aber sie erwies sich als ungemein anfällig für Nervositäten und Frustrationen.

Die vielen Reisen Wilhelms II., die ihm den Titel »Reise-Kaiser« ein-
trugen, passen ganz ins Bild: Sie spiegeln die im damaligen Deutschland
aufbrechende Reiselust und entsprangen in vielen Fällen keinem politischen Kalkül, sondern einem emotionalen Bedürfnis. Als der Kaiser 1896
aus politischen Rücksichten, aber unwillig auf eine England- und Mittel-
meerreise verzichtete, schmollte er: »Ich gebe damit das einzige auf, was
mir wirklich Vergnügen macht.« Reisen als schönster Sinn des Lebens:
In diesem Punkt nahm Wilhelm II. eine deutsche Kollektivmentalität
des späten 20. Jahrhunderts vorweg. Aber dem Kaiser und seinem Gefolge blieb die Erfahrung vieler nervöser Reisender nicht erspart: Bei die-

sen ausgedehnten Fahrten entwickelte sich an Bord regelmäßig eine »allgemeine Nervosität« (Philipp Eulenburg), die sich bei Wilhelm II. auf aggressive Art Luft zu machen pflegte.[160] Wilhelminische Reisen weckten Hoffnungen, die nur in gereizter Enttäuschung enden konnten.

Vom Standpunkt der traditionellen Weisheit waren die Dinge klar: Die Deutschen – zumindest die, die den Ton angaben – hatten zu viele Bedürfnisse entwickelt; der Ausweg aus der Mißstimmung war die Bescheidenheit. Die Lehre gab es nach wie vor; aber sie war nicht mehr zeitgemäß. Vor allem die Alldeutschen hämmerten der Öffentlichkeit immer wieder ein: Es stimme nicht mehr, daß Deutschland »saturiert« sei, so wie es Bismarck einst behauptet hatte; Deutschland habe vielmehr »Bedürfnisse«. Von diesen »Bedürfnissen« sprach der alldeutsche Vorsitzende Claß in einer Art, als ob sie einen Rechtstitel und eine Legitimation sogar eines Krieges darstellten.[161]

4
Der Fortschritt der Nervosität
von der Krankheit zum Kulturzustand

Nervosität als Epidemie und als Begabung

Zu einer Zeit, in der die Angst vor den echten Epidemien in Deutschland immer mehr verschwand, machten viele die Nervosität, für die es keinen Virus gab, zu der Epidemie der Zeit, und dies sogar mit erstaunlichem Ernst. Von den medizinischen Autoritäten bis zu den Naturheilern und populären Ratgebern herrschte in dieser Hinsicht Übereinstimmung. Ziemssen bezeichnete 1887 die »Krankheiten des Nervensystems und in erster Linie die Neurasthenie und die Geisteskrankheiten« als »die pathologische Signatur der Kulturepoche, in der wir leben«. Carl Pelman glaubte 1888, die Nervosität nehme »noch täglich zu« und wachse »heran zu einer Plage, so groß und unleidlich wie es jemals eine der sieben ägyptischen gewesen« sei. Für Hellpach besaß »unsere ganze Kulturepoche den Charakter des Nervösen«. Ein Berliner Arzt sprach 1908 auf der Wiesbadener Versammlung des Deutschen Vereins für öffentliche Gesundheitspflege sogar von der »Verzweiflung... im Volke gegenüber der Nervosität«, so als handele es sich dabei um eine hoffnungslose Krankheit. Wilhelm His nannte die Nervosität im gleichen Jahr allen Ernstes eine »psychische Epidemie, die seit wenigen Jahrzehnten die gesamte zivilisierte Welt immer mehr durchseucht« und »das wirtschaftliche und Geistesleben im Keim schädigt«.[1]

Besonders starke Worte fand die Populärliteratur. Von einem neuen »Sodom und Gomorrha«, einer »Sintflut, schrecklicher als die der Bibel« sprach ein schweizerisches Familienblatt mit Blick auf die Schülernervosität. Ein von einem Arzt verfaßter Artikel in den »Reformblättern« (1907) schoß den Vogel ab: Die Neurasthenie sei ein Leiden, von dem man sagen könne, es werde »an Verbreitung von keinem zweiten übertroffen«. »Wohl fordern Cholera und Pest Hunderttausende; Tuberkulose, Alkoholismus, Syphilis Millionen an Opfer, doch nichts bedeuten sie alle gegen die täglich und stündlich fallenden der Nervenschwäche. Ja, wollte man richtig definieren: erst der Zustand der Nervenschwäche ermöglicht, daß die genannten Krankheiten ihre Opfer in solcher Menge dahinraffen.«[2]

»Niemand ist so infektiös für seine Umgebung wie der Nervöse«, schrieb noch ein Nervenratgeber von 1931. Auf welchen Wegen passierte die Infektion? Max Laehr nennt als abschreckendes Beispiel einen Volksschullehrer, »der seine Schüler die Symptome der Neurasthenie auswendig lernen ließ« und dazu noch Kind für Kind fragte, »ob und welche dieser Erscheinungen es bei der Arbeit an sich selbst bemerke«. Strümpell warnt eindringlich davor, »in Gegenwart der Kinder das Wort ›nervös‹ zu oft zu gebrauchen«. »Dieses Wort sollte jedem Kinde möglichst lange unbekannt bleiben!« August Cramer beschreibt »krankmachende Personen«, die imstande seien, ganze Familien einschließlich der Dienstboten nervös zu machen. Bekannt sei auch, daß ein »nervöser Chef einer großen Behörde ein ganzes Heer von Beamten nervös machen« könne. Welche Wirkung mußte man dann erst von einem nervösen Kaiser erwarten! Manche gaben der Nervosität eine soziale und gruppenbildende Kraft; Nordau glaubte, daß »Gestörte einander zuflügen wie Magnet und Eisenfeilspäne«.[3]

Je mehr man jedoch die Nervosität als Zeitzeichen empfand, desto mehr konnte man, statt die Alarmglocke noch schriller zu läuten, die Pointe auch ganz anders setzen und zu der Überzeugung gelangen, daß die Nervosität trotz aller Unansehnlichkeiten im Kern keine Krankheit, sondern ein Kulturphänomen sei. »Wer ist heute nicht neurasthenisch?« fragte Pelman im Jahr 1900; aber wenn dem so war – war dann die Neurasthenie überhaupt noch ein krankhafter und nicht vielmehr ein ganz normaler Zustand? Hirnforschung sei nützlich »heutzutage, wo alle Menschen neurasthenisch sind, ha, ha, ha«, lachte der alte Erzherzog Rainer, als ihm 1906 die internationale Brain Commission vorgestellt wurde.

Die Nervositätslehre entwickelte im letzten Jahrhundert vor 1914 ganz unterschiedliche Trends. Teilweise geriet sie in den Sog der Degenerationsängste und machte die Nervenschwäche zu einer mehr oder weniger hoffnungslosen Verfallserscheinung. Ein Hauptstrom des medizinischen Denkens ging jedoch in eine andere Richtung und begriff die Nervosität als eine im Kern gutartige Störung ohne körperliche Ursache, die auf psychischem Wege, insbesondere durch Willensschulung, zu überwinden sei. Manche Zeitgenossen stellten allerdings die Frage, ob die gänzliche Überwindung überhaupt erstrebenswert sei und es sich bei dieser nervösen Reizbarkeit nicht um eine *Begabung* handele – um eine reaktionsschnelle und vibrierende Sprungbereitschaft und damit um ein Erfordernis der modernen Kultur!

Irgendwo lag eine positive Bewertung der Neurasthenie von Anfang an in der Luft. Schon seit der Zeit der Empfindsamkeit im späten 18. Jahrhundert gab es ja die Tradition, eine hohe Sensibilität als kulturelle Errungenschaft zu werten; besonders im Bildungsbürgertum, in künstlerischen Kreisen und bei den Frauen war diese Tradition noch lebendig. Nicht wenige Mediziner, die über Neurasthenie schrieben, empfanden sich selber als hochnervös; da lag es nahe, mit diesem Leiden auch geschärfte Sinne und eine besondere Begabung zu assoziieren. Für Beard war zwar die Neurasthenie ein Leiden, aber die Nervosität, aus der sie entstand, ein Ausdruck des zivilisatorischen Fortschritts und eine Anpassungsreaktion: »Die moderne Nervosität ist der Schrei des Systems, das mit seiner Umgebung ringt.«

Von der neurasthenischen Ärztin Margaret A. Cleaves stammt das selbstbewußte Wort, es sei anerkannte Tatsache, »that the work of the world is largely done by neurasthenes«. Gustav Aschaffenburg glaubte (1909), »Nervosität und Genialität« seien »zwei Erscheinungsformen der gleichen psychopathischen Prädisposition«; »ja nicht selten« fänden »wir die Neurastheniker als die genialen Pfadfinder der Kultur voranschreiten«![4]

Das Möbius-Wort, »unsere Kultur« sei »nur für den der Betrachtung wert, der sie in Berücksichtigung der Nervosität anschaut«, wurde von Hellpach umgedreht: »Verständnis für die Nervosität kann nur der haben, der sie nicht rein medizinisch, sondern als Kulturproblem ansieht.« Im eigenen ärztlichen Interesse wollte Hellpach die Nervosität durchaus als therapiebedürftiges Leiden gewahrt wissen; aber seit »Nervosität und Kultur« (1902) bemühte er sich, von dem Historiker Lamprecht fasziniert, zugleich auch darum, die Nervosität als Kulturkraft zu rehabilitieren, so wie er die eigene »fieberhafte« Unruhe als produktiv erfuhr.

Carl Ludwig Schleich, der die Neurasthenie sonst nicht gerade angenehm schilderte, meinte doch, sie sei »vielleicht keine beschreibbare Krankheit, sondern ein Anpassungsvorgang an eine zu schnelle kulturelle Entwicklung«. Und sie habe für den Körper vermutlich ihren Sinn: Die »Sprungbereitschaft der Nerven« erhöhe »die Abstoßung und das Fortniesen von ernsteren Krankheitserregern«.[5]

Schleich, von Hause aus Chirurg, war im Nervendiskurs ein Außenseiter, wenn auch seine philosophischen Ausflüge in die Neurologie zunehmende Resonanz fanden. Besonders nach 1918 bekam die positive Bewertung der Nervosität mitunter etwas Emphatisches. Der populär geschriebene Nervenratgeber »Das Geheimnis der Nervosität« (1925) lobt die nervöse Veranlagung mit Worten, wie sie bis dahin im therapeutischen Schrifttum nicht dagewesen waren: Die »nervöse Konstitution« bedeute an sich »nicht etwa Minderwertigkeit, sondern Anderwertigkeit und im Plan der Menschheitsentwicklung Höherwertigkeit«. Der nervöse Mensch sei nichts Geringeres als der Übergang vom Kraftmenschen zum Geistmenschen. Noch sensationeller formulierte es der ungarische Nervenarzt und Hypnotiseur Völgyesi: Er werde »nachweisen, daß die in der Nervosität verborgenen inneren Kräfte eigentlich das heiligste Ur-Erbgut jedes heutigen Menschen« darstellten. »Der heutige Kulturmensch prahlt eigentlich, wenn er über seine Nervosität klagt.« Für ihn war die Nervosität die Unruhe dessen, der zum Kampf drängt. Daher trage sie allerdings auch die Schuld an dem großen Krieg.[6]

Außerhalb der Medizin, wo man keine Patienten zum Heilen brauchte, konnte man die Nervosität noch ungehemmter zur Begabung erheben. Der Philosoph Georg Simmel kennzeichnete 1903 die »Nervosität« des Großstädters als notwendige Überlebenstechnik in der modernen großstädtischen Kultur. Für ihn war die »psychologische Grundlage, auf der der Typus großstädtischer Individualitäten sich erhebt«, die »Steigerung des Nervenlebens, die aus dem raschen und ununterbrochenen Wechsel äußerer und innerer Eindrücke hervorgeht«. »Steigerung«, nicht »Reizung«: Er verläßt das pathologische Vokabular! Die Nervosität wird bei ihm zu einer selbstbewußten Freiheit der Sinne, zur Grundlage einer modernen urbanen Identität. Als eingefleischter Berliner sprach er aus Erfahrung.[7]

Eine ungewöhnliche und merkwürdige Rolle spielte der Historiker Karl Lamprecht bei der Umwertung der Nervosität zu einer kulturellen Errungenschaft. In seinen 1901 bis 1904 erschienenen Ergänzungsbänden zur deutschen Geschichte, als er mit seinen Attacken auf die beherrschende Stellung der politischen Geschichtsschreibung bereits ein Kesseltreiben der Historikerzunft gegen sich ausgelöst hatte, präsentierte er eine psychologische Deutung der neuesten Zeit. Er bezeichnete die Periode seit etwa den 1860er Jahren – den negativ belasteten Terminus »Nervosität« bewußt vermeidend – als Zeitalter der »Reizsamkeit«. In dieser »Reizsamkeit« spürte er die innere Einheit seiner Epoche; sie war für ihn das geheime Band zwischen Wirtschaft, Politik und Kultur. Er sagte wenig darüber, woher diese Reizsamkeit stammte, sondern handelte vor allem davon, was sie leistete. Lamprecht glaubte, daß »einige der Eigenschaften, die den glücklichen Unternehmer zu machen pflegen« – »vor allem der sogenannte große und scharfe Blick« –, mit »angeborener nervöser Haltung« zusammenhingen. Innerhalb des »Zeitalters der Reizsamkeit« vermeinte er eine Höherentwicklung der Nervosität zu erkennen: von der »alten groben und krankhaften« Nervosität bis zu einer neuen »Feinfühligkeit« – ja bis zum »reizsamen Idealismus« Wilhelms II. Lamprecht wurde über seiner Apotheose der Nervosität zu einem Lobredner des Kaisers, der ihn protegierte. Die »alte grobe« Nervosität assoziierte er mit einem überwuchernden Materialismus und die geläuterte »Reizsamkeit« mit einem »neuen Idealismus«.[8] Da erkennt man die Spuren von Hermann Bahrs Manifest »Die Überwindung des Naturalismus«, von dem noch die Rede sein wird.

Bei aller idealisierenden Verkleidung hat Lamprecht wohl einen realen Wandel bemerkt, der sich in seiner Lebenszeit vollzog. Das »nervöse Zeitalter« bekommt seine Epochenqualität nicht zuletzt durch Lernprozesse, die dahin führten, daß viele ihre innere Unruhe besser abzureagieren, auszuleben und auszunutzen verstanden. Lamprecht beschönigte dabei seine eigene ungemein hektische, vielgeschäftigte und auf vielerlei Interessen zersplitterte Arbeitsweise, die wissenschaftlich nicht so produktiv war, wie er glauben wollte. Erstaunlich ist die Anerkennung, die er bei Neurologen fand: nicht nur bei dem jungen Hellpach, der selber ähnliche Stärken und Schwächen besaß und Lamprecht gegen Max Weber verteidigte, sondern auch bei Max Laehr. Obwohl Laehr als Leiter einer Volksnervenheilstätte eigentlich davon wegkommen wollte, die Nervosität vor allem mit Oberschichtenassoziationen zu verbinden, so wie es Lamprecht mit seinem »reizsamen Idealismus« tat, zollte er dem Historiker doch höchstes Lob: Dieser habe dem praktischen Neurologen »in großartigster Weise vorgearbeitet«. Und er schloß seine Abhandlung über die »Nervosität der heutigen Arbeiterschaft« mit der Aufforderung: Wenn den Arzt »gegenüber so vielen Stimmen, welche von einem hoffnungslosen Degenerativprozeß unseres Volkes reden, ein lähmender Pessimismus befallen« wolle, »dann hole er sich Mut und Kraft bei dem Geschichtsforscher«, der »von überlegener Warte« zeige, wie die »Kultur in ihrem gesetzmäßigen Werdegang« doch immer wieder die Bedingungen zu einem »neuen kräftigen Leben« in sich trage.[9] Lamprecht als Autorität gegen die Degenerationstheorie!

Emile Durkheim glaubte, der Neurastheniker sei »der allerbeste Wegbereiter des Fortschritts«: Er sei »ein unablässig sprudelnder Brunnen neuer Ideen«, da er sich »gegen das Joch der Gewohnheit« sträube. Die ewige Unruhe und Unzufriedenheit des »Nervösen« als innovatorische Potenz! In der Wissenschaft war allerdings die Tugend der Geduld nie ganz zu entbehren; die Nervosität konnte sich als Begabung dagegen besonders in der literarischen und künstlerischen Welt ausleben. Edmond de Goncourt schrieb an Zola: »Bedenken Sie, daß unser Werk – und das ist vielleicht seine Originalität, seine teuer bezahlte Originalität – auf der nervösen Krankheit beruht.«

»Ein wahrer Segen unsere Nervosität, die von den Toren bewehklagt wird«, schrieb 1894 der 31jährige Richard Dehmel, der mit dem Chirurgen Schleich befreundet war. »Das ist geradezu ein instinktives Hilfsmittel der Natur, um endlich wieder etwas frischen Puls in unser verdumpftes Kulturblut zu bringen.« In Musils »Mann ohne Eigenschaften« gerät der dichtende Multimillionär Arnheim – eine von Walther Rathenau inspirierte Gestalt –, »möglicherweise angeregt von leichten Auflösungserscheinungen, welche die Liebe in ihm hervorrief«, in eine »träumerische Verfassung«, in der er sich einen wachsenden Umsatz nicht nur an Waren, sondern auch an Gedanken und Erlebnissen vorstellte; »und er genoß unwillkürlich das ergreifende Schauspiel einer ungeheuren Produktion von Erlebnissen…, einer Art nervösen Puddings, der bei jeder Erschütterung in allen Teilen zitterte«.[10]

In der Tat gab es für eine positive Umwertung der Nervosität gute Gründe. Aber in der damaligen literarischen Boheme geriet der Kult der Nerven gewöhnlich in den Bannkreis der Dekadenz und ihrer snobistischen Egozentrik; so teilte er deren Schicksal. Nicht einmal in den Literatenkreisen war die Reputation der Nervosität von Dauer. Gerade hier, wo die nervöse Reizbarkeit am meisten zur Begabung avancierte, waren die Gegenreaktionen manchmal besonders gereizt. 1891 proklamierte Hermann Bahr – nach eigenem Geständnis (1887) ein »haltloser, von tausend sich kreuzenden Ideen zerrissener und gepeinigter Mensch« – in seinem Manifest »Die Überwindung des Naturalismus« einen »neuen Menschen«, der nur aus Nerven besteht, und dazu einen »neuen Idealismus«, dessen Inhalt nur noch »Nerven, Nerven, Nerven« sein sollen. Die »Nerven« sind für ihn das Vorbewußte, das Dumpf-Sinnliche, das »unter dem Geiste Grunzende«. Aber dieses Herumreiten auf den Nerven besaß eine unfreiwillige Komik und forderte zum Spott heraus. 1892 erschien Max Nordaus Erfolgsbuch »Entartung«, das die Kunst des Fin de siècle als pathologisches Produkt Revue passieren ließ. »Modern sind alte Möbel und junge Nervositäten«, spottete Hugo von Hofmannsthal, der Schnitzler ein »Nervenkasperle« nannte; und »modern« seien »Paul Bourget und Buddha«. Bourget hatte Bahr inspiriert, war den Kult der Nerven aber bald darauf leid geworden und hatte sich dem harten Rechtsradikalismus zugewandt. In der Zeitschrift »Die Gesellschaft«, die für die Naturalisten Partei ergriff, erschien 1894 ein antisemitisch angehauchter Artikel gegen die »Nervenpoeten«, die »Ganglien-Korybanten«, der diesen »Effemination, Verweibung des Geistes« vorwarf und ganz im Sinne der kommenden Willenslehre erklärte, das »süße Spiel der Nerven« lähme die »Willenskraft«. Besorgte Neurologen vom Range eines Oppenheim und Binswanger erhoben ihre Stimme, um vor einer ganz auf den Nervenreiz zielenden Kunst zu warnen. Aber auch der 18jährige Hermann Hesse klagte 1895, daß in der Gegenwart »selbst Talent und Genie mit dem kranken, zuckenden Nerv zur Welt« kämen, der »vor allem in der Dichtung sich selbst vernichten« müsse. Hesse, der unter seiner Nervosität litt, vermochte in dem Kult des Nervenreizes keinen verheißungsvollen Weg zu erblicken. Auch dem alten Fontane, dem seine Nerven viel zu schaffen gemacht hatten, war die Nervosität als poetische Inspirationsquelle nicht geheuer. Hatte er einst, 1857, seine »kribblige« Art nicht als nervöse Kränklichkeit, sondern als Ausdruck geistiger Gesundheit sehen wollen, so hielt er 1894 einem gestreßten Lehrer-Schriftsteller, dessen Stil ihm zu bitter-beißend war, tadelnd vor, das Wesen seiner Kunst und seiner selbst sei »Leidenschaft und Nervosität«. Der friesische Maler Momme Nissen schrieb 1905 im »Kunstwart«, der »große Mißgriff der Falschmodernen« sei der, »daß sie Nervosität an die Stelle von Seele setzen wollen«.[11]

Nach 1900 vollzog sich im ästhetischen Empfinden eine tiefgreifende Revolution, die mit dem Übergang zur künstlerischen und musikalischen Moderne des 20. Jahrhunderts jahrtausendealte Traditionen des Schönen verließ. Dieser Umbruch besaß für den Historiker bislang etwas Rätselhaftes. Wenn man davon ausgeht, daß die Ästhetik die Gesellschaft ihrer Zeit spiegelt, dann müßte man erwarten, im Vorfeld eines derart säkularen Bruchs der Ästhetik ganze Revolutionen in der Gesellschaft zu finden. Aber nichts davon: Die Gesellschaft war vor 1914 zumindest äußerlich geradezu auffallend stabil, und selbst die Vorkämpfer der modernen Kunst und Musik waren damals nicht durchweg Anhänger der sozialen Revolution. Ein Stück näher zur Lösung des Rätsels gelangt man dagegen durch die Geschichte der Nervenerfahrung; denn da gab es ein sehr ausgeprägtes Krisenbewußtsein, und die zeitgenössischen Trends in Kunst und Literatur verstehen sich nicht zuletzt als Reaktionen auf dieses Zeitgefühl.

Schon vorher war das Spannungsfeld in der Musik Richard Wagners zu höchster Dramatik gesteigert, grandioser noch als in der gesamten Kunst der Jahrhundertwende. Denn die Magie dieser Musik entstand durch den Kontrast von sirrender Vibration und unergründlicher Ruhe. Wagner zelebrierte die Reizbarkeit seiner Nerven wie kein Künstler vor ihm. Er war in dieser Hinsicht Pionier; 1854 schrieb er, er müsse seine »Nerven für ruiniert halten«: »wunderbarer Weise tun mir aber diese Nerven ... die wundervollsten Dienste ...« Aber oft genug litt er unter seiner Reizbarkeit. Wenn er die »gemeine Ruhe« verachtete, so träumte er von jener »wahren edlen Ruhe«, die nichts anderes sei als der »Genuß der Sättigung wahrer und edler Leidenschaft«. So war er ein Nervöser, der mit musikalischen Mitteln die Nervenerregung, doch auch ihre totale Überwindung inszenierte. Aber seine Ruhe lebte von der Spannung zu der höchsten Erregung. »Unbehagliche, prickelnde Unruhe« fand Wagner bei den Juden und ihren Musikwerken, andere aber entdeckten ebendiese bei Wagner selbst; für Max Nordau, den künftigen Zionisten, war überhaupt Wagner allein »mit einer größeren Menge Degeneration vollgeladen als alle anderen Entarteten zusammengenommen, die wir bisher kennen gelernt haben«. »Nervenpein« und »Nervenzerrüttung« gehörten zu den Standardvorwürfen der Anti-Wagnerianer. »Wagner est une névrose«, schrieb Nietzsche, der mit dieser Nervosität seine eigenen Erfahrungen hatte. Wagner habe in seiner Musik »das Mittel erraten, müde Nerven zu reizen«, er habe »die Musik damit krank gemacht«. Nietzsche, der anders als viele Nervöse an seinen Nerven tatsächlich zugrunde ging, wollte von dem Nervenkult nichts wissen; »unser nervöses Zeitalter«, schrieb er, setze »bei großen Menschen fälschlich eine ewige Erregtheit voraus«. Er erlebte seine Nerven als Quelle des Ich-Zerfalls: »Das Nervensystem ist ein Leitungssystem zahlreicher Individual-Geister von verschiedenem Range.«[12]

Aufstieg und Fall des Historismus in der Kunst und Architektur enthalten ebenso wie der Stilwandel in der Musik ein Stück Nervengeschichte. Der Historismus suggerierte eine Überfülle an Geborgenheit und ein immer neues Fortschreiten zum Altvertrauten. Aber je üppiger er wurde, desto mehr offenbarte er seine psychologischen Tücken. Die Ruhe, die er verheißen hatte, verwandelte sich durch die Akkumulation immer neuer alter Stile in Unruhe; die Wohnzimmer bekamen durch das Überquellen der Ornamente etwas Erstickendes. Wieder ist Nietzsche der beste Kronzeuge, weil er selbst diese Unruhe besonders früh und empfindlich spürte. In seiner Schrift »Vom Nutzen und Nachteil der Historie für das Leben« (1873) schildert er, wie das »verzehrende historische Fieber« lebensfeindlich wird und die luxuriöse Überfülle an Schätzen der Vergangenheit die menschliche Schöpferkraft schlaff macht. Der »historische Virtuose der Gegenwart« sei »zum nachtönenden Passivum geworden, das durch sein Ertönen wieder auf andere derartige Passiva wirkt: bis endlich die ganze Luft einer Zeit von solchen durcheinanderschwirrenden zarten und verwandten Nachklängen erfüllt ist«. Eine Umwelt also, die die Nervosität zum Dauerzustand macht! Eine »hygienische Flugschrift« von 1901 mit therapeutischen Empfehlungen für Nervenkranke tadelte das »Überladensein der Wohnungen« als »nervösen Geschmack«. Später glaubte der Jurist Gustav Radbruch, daß die »Reizbarkeit« der Reichstagsabgeordneten wesentlich von der »Unnatur« des mit Historismus überfrachteten Reichstagsgebäudes herrühre.[13]

Den jungen Gropius überkam während einer Italienreise – dem herkömmlichen Initiationserlebnis jedes Adepten der Kunst – ein Gefühl des Erstickens an der Überfülle der Reize. Die Großstadt assoziierte er mit »Hetze« und stellte sich seine Zukunftsarchitektur »auf dem neu erschlossenen Lande« vor. Aus der Sicht der Neuerer in Architektur und Städtebau waren die großen Städte zum optischen Chaos geworden und war eine neue Kargheit das Gebot der Zeit. Dem historistischen Horror vacui trat ein Amor vacui entgegen. Zugleich wurden ein Mißtrauen gegen sentimentale Emotionen und eine Vorliebe für das Kühle modern: in der Tanzmusik ebenso wie in der Kunst. Die Wende in der Ästhetik traf sich mit Entwicklungen in der großstädtischen Mentalität: »Kühlbleiben um jeden Preis«, beobachtete ein Arzt 1912, sei in der Großstadt »an die Stelle naiverer und feinerer Gefühle getreten«. Die nervöse Modernität wich einer neuen unterkühlten Modernität. Harden, der für mehr Härte in der Politik kämpfte, verband mit seinem Feindbild Philipp Eulenburg, dem Inbegriff wilhelminischer Weichheit, die Attribute des Populärhistorismus: »Restaurierte Burgen, Puppenalleen ... Prunkzeremonien, Aegirmusik«, »Makartbouquets, Talmirenaissance«.[14] Wenn Thomas Nipperdey den Erfolg der künstlerischen Avantgarde im letzten Vorkriegsjahrzehnt als Beweis dafür nahm, daß das deutsche Bürgertum den Weg in die Moderne gefunden habe, so deutet er diese Entwicklung zu sehr im Stil eines Happy-End; es war nicht unbedingt ein humaner Fortschritt, mit dem diese Art von Modernisierung zusammenging.

Von den Heilanstalten zur Hofgesellschaft: Nervosität und wilhelminisches Krisenbewußtsein

DIE DREIECKSBEZIEHUNG ZWISCHEN psychosomatischen Leiden, technischem Wandel und reichsdeutscher Politik wird immer dichter, je mehr man unter dem Stichwort »Nerven« zwischen den Quellen der Medizin-, Technik- und Politikgeschichte hin- und herblättert. Aber in simplen Kausalitäten geht diese Beziehung nicht auf. Daß die Nervosität eine direkte Folge technischer Innovationen war, ließ sich in sehr vielen Fällen nicht nachweisen; und noch weniger geht aus der Masse der Patientenakten hervor, daß nervöse Leiden unmittelbar durch die politischen Verhältnisse des kaiserlichen Deutschland hervorgerufen worden wären. Wenn Wolf Lepenies in der 68er Zeit die These aufstellte, die »Melancholie« des deutschen Bürgertums sei ein Reflex seiner politischen »Handlungshemmung« gewesen[15], so konstruiert er einen viel zu direkten Zusammenhang zwischen politischen Bedingungen und psychischen Leiden. In den Krankenakten der Neurastheniker kommt die Politik bis 1914 nur ganz

selten vor: In jener Vorkriegszeit war die »große Politik« von den Alltags-
sorgen der allermeisten Menschen noch weit entfernt.

Gelegentlich einmal (1903) sieht sich ein neurasthenischer Revisionsas-
sistent durch nächtliche Gedanken an den Anarchismus in Unruhe versetzt: »Es fiel mir das Wort ›Anarchismus‹ ein, und sogleich fühlte ich,
daß mich die Sorge packen würde, ich könne ihm nachhängen!!!!! Darum
hielt ich mir sogleich das Ruchlose seines Wesens vor...; ich dachte an...
die obendrein verfehlten Mittel, durch diese nie das herrschende System
geändert wird. Die ganze Lehre der Anarchisten ist hirnverbrannt!«
Noch andere zwanghafte Gedanken stören seine Ruhe: »Beim Anblick
des Nachtgeschirrs denke ich, das könnte man an den Mund setzen – Pfui!
Wenn ich Herren begegne, kommt mir der Gedanken, ich könnte nach
ihren Genitalien greifen! einfach sinnlos!!«[16] Wie man sieht, ist es nicht
der Schrecken des Anarchismus, sondern seine durch sexuelle Lockungen
gesteigerte verführerische Kraft, die ihn beunruhigt, so daß er sich
genötigt sieht, sich im Geist fortwährend auf die Finger zu hauen. Politik
kommt in den Patientenakten, wenn überhaupt, meist auf eine eher unor-
dentliche Art vor. Wenn ein Kranker viel von Bismarck oder dem Kaiser
spricht, ist das gewöhnlich ein böses Zeichen: ein Indiz, daß nicht bloß
Neurasthenie, sondern etwas Schlimmeres vorliegt.

Mag sich die Neurasthenie auch nicht als direkte Folge der politischen
Verhältnisse nachweisen lassen, bleibt doch eine umgekehrte Beziehung
denkbar: Die politischen Verhältnisse wurden als krisenhaft wahrgenommen, weil die Neurasthenie – ob als Erfahrung oder als Vorstellung
– allenthalben in der Luft lag und sich als politisches Interpretationsmu-
ster aufdrängte. Krafft-Ebing gab der Neurasthenie eine Hauptschuld
daran, daß »uns der soziale Organismus krank erscheint«.[17] Von Norbert
Elias und Pierre Bourdieu her ist uns heute die Vorstellung vertraut, daß
sich gesellschaftliche Verhältnisse in den Körper eingravieren und die
psychosomatischen Reaktionsweisen prägen. Da ist es nur logisch, auch
die Wechselwirkung anzunehmen: daß gesellschaftliche Zustände von
eigenen körperlich-seelischen Befindlichkeiten her wahrgenommen und
interpretiert werden. Das »nervöse Zeitalter« bietet dafür das klassische
Beispiel. Thomas Mann, der in seinen »Betrachtungen eines Unpoliti-
schen« das wilhelminische Deutschland als eine von quälender Spannung
genervte Nation, den Westen dagegen als eine dem Sexus verfallene
Demimonde schildert, gestand sich nach dem Ende des Kaiserreichs ein,
ohne Zweifel seien die »Betrachtungen« Ausdruck seiner »sexuellen
Introvertiertheit« gewesen.[18] Das Eindringen von Neurasthenieassozia-
tionen in den politischen Diskurs verrät, wie verbreitet die Wahrnehmung der Politik durch das Medium des eigenen Körpers damals war.

Aber braucht man die Neurasthenie, um die verbreitete Unzufriedenheit zu erklären? Aus der Sicht führender deutscher Historiker – von Hans-Ulrich Wehler bis zu Wolfgang J. Mommsen – hatte die im Kaiserreich sich ausbreitende Krisenstimmung ganz rationale Gründe; denn spätestens seit dem Rücktritt Bismarcks habe sich das Reich in eine latente Dauerkrise manövriert. Die halbabsolutistische Struktur des Bismarckreichs sei ein Anachronismus gewesen, der nach Bismarcks Abtreten einen Zustand der Politikunfähigkeit gegenüber neuen Problemen hervorgerufen habe; das feudalaristokratische Machtzentrum sei in krassen Widerspruch zu der stürmischen industriellen Entwicklung geraten; das unaufhaltsame Wachstum der Arbeiterbewegung habe die herrschenden Mächte, die zu rationalen Reaktionen auf diese Herausforderung nicht fähig gewesen seien, zunehmend in die Enge getrieben.

Das ist die eine Lesart der reichsdeutschen Geschichte. Auf der anderen Seite kann man Bethmann Hollweg verstehen, wenn er rückblickend den auch von ihm empfundenen »Druck«, der auf dem politischen Leben Deutschlands gelastet habe, »fast unerklärlich« fand. »Die Geschäfte gingen glänzend, die Kommunen wetteiferten in gemeindlichen und gemeinnützigen Veranstaltungen, Arbeit war reichlich vorhanden, und bei schnell wachsender allgemeiner Wohlhabenheit konnte sich auch die Lebenshaltung der unteren Schichten sichtlich heben.« All das traf ja mehr oder weniger zu. In den 1890er Jahren begann eine lange Hochkonjunktur, die nur vorübergehende Einbrüche erfuhr. Deutschland wurde damals wohlhabender als je zuvor in seiner Geschichte. Und auch die innere Einheit war ständig im Wachsen. War der Sedanstag in der Zeit des Kulturkampfes für viele Katholiken ein »Satanstag« gewesen, so ergriff der Nationalismus seit den 90er Jahren auch die katholische Welt. Glaubte man noch um 1890, das Deutsche Reich könne wieder zerfallen, verloren solche Sorgen bald darauf jeglichen Grund. Innerhalb der Sozialdemokratie machte der Reformismus nach dem Ende des Sozialistengesetzes rasche Fortschritte; Insider bemerkten bald, daß das revolutionäre Pathos nicht mehr ernst gemeint war. Das administrative System funktionierte in Deutschland besser als in den meisten anderen Staaten. Selbst der alte Fontane, der über die deutschen Verhältnisse immer wieder in große Bitterkeit ausbrach, schrieb wenige Tage vor seinem Tod: »Dennoch, aller Mängel und Lederheiten zum Trotz, ist es im ganzen doch wohl bei uns am besten, selbst mein geliebtes und gepriesenes England nicht ausgeschlossen.« Englische Historiker wie Geoff Eley und John Röhl, die zu den besten Kennern des wilhelminischen Deutschland gehören, haben bei aller Aversion gegen den Wilhelminismus die Vorstellung einer permanenten Krise bezweifelt. Das deutsche Krisenbewußtsein, das es dennoch zweifellos gab, erklärte sich aus keiner objektiv faßbaren Krise, sondern aus einer »nervösen« Wahrnehmung der Wirklichkeit. Den Pionieren der sozioökonomischen Interpretation des Kaiserreichs unter den Historikern – ob Eckart Kehr, George W.F. Hallgarten oder Hans Rosenberg – war diese Tatsache durchaus bewußt; aber sie haben diesen Faden nicht weiterverfolgt.[19]

Das Bild von der deutschen Dauerkrise ab 1890 stammte ursprünglich von den Bismarckianern, für die die Entlassung des Reichsgründers die Ursünde Wilhelms II. war. Auch für einen fanatischen Alldeutschen wie Heinrich Claß war die deutsche Politik seit 1890 ein einziges »Elend«.[20] Es liegt eine Ironie darin, daß jenes Krisenbewußtsein, das ursprünglich am schärfsten von der »nationalen Opposition« artikuliert wurde, später von linken Kritikern des »persönlichen Regiments« übernommen wurde. Das war nur möglich, weil die Krisenstimmung später nicht mehr nur den bismarckianischen und alldeutschen Beigeschmack besaß, sondern diffuse Ursprünge hatte. Erklärungsbedürftig wird sie dadurch um so mehr.

In der Kontroverse über die Entstehung des Ersten Weltkrieges ließen sich Fritz Fischer und seine Schüler bei ihrem Umgang mit den Quellen vielfach von der Grundannahme leiten, daß man dann, wenn man in den Akten ein ökonomisches Motiv oder einen beteiligten Wirtschaftsführer gefunden hatte, zum Kern der Dinge vorgestoßen sei. Aus der Rückschau kann man jedoch bezweifeln, ob die Fischer-Schule mit dieser Tendenz zur ökonomischen Interpretation der Überzeugungskraft ihrer These – der absichtsvollen Entfesselung des Krieges durch Deutschland – einen guten Dienst leistete. Denn das tödliche Wagnis eines so großen Krieges läßt sich am allerwenigsten ökonomisch motivieren. Auch aus gesellschaftlichen Statusinteressen ist der »Sprung ins Dunkle« vom August 1914 nicht auf rationale Art herzuleiten; denn ein furchtbarer Krieg, der zur Mobilisierung der letzten Reserven zwingt, führt fast unweigerlich zu einer tiefen Erschütterung des Bestehenden.[21] Eine wirtschafts- und sozialgeschichtliche Interpretation der Vorgeschichte von 1914 setzt stets voraus, daß die Beteiligten ihre Interessen in neurotischer Weise interpretierten. Auch auf diesem Wege gelangt man dahin, einen Schlüssel der Erklärung bei pathologischen Mechanismen zu suchen.

Die kaiserliche Kinetik und die strukturelle Nervosität wilhelminischer Weltpolitik

UNTER DENJENIGEN DEUTSCHEN, die sich für den Kaiser hielten, war Wilhelm II. der einzige, der das tun durfte, ohne als größenwahnsinnig zu gelten. Beim deutschen Kaiser deckten sich Größenideen bis zu einem gewissen Grade mit der Realität; bei ihm war weniger leicht als bei normalen Sterblichen die Grenze zu bestimmen, wo der Größenwahn begann. Dennoch verbreitete sich schon ziemlich bald nach seinem Regierungsantritt ein Gemunkel, Wilhelm II. sei geistig nicht normal. Seit dem Bruch zwischen dem jungen Kaiser und Bismarck wurde der alte Kanzler eine Hauptquelle mulmiger Gerüchte über den Geisteszustand Wilhelms II. Die Bismarckianer sahen sich durch den neuen Kaiser an Friedrich Wilhelm IV. erinnert, den »Romantiker auf dem Thron«, der in Geisteskrankheit geendet war, und kritisierten an Wilhelm II. die unzuverlässige, sprunghafte Art und den Hang zur politischen Phantasterei. Aber selbst der Generalfeldmarschall Waldersee, der Wilhelm II. zum Sturz Bismarcks ermutigt hatte und für ihn zeitweise zum politischen Mentor wurde, dachte über ihn nicht viel besser.

Besorgte Andeutungen über den Charakter Wilhelms II. entwickelten sich zu einem beliebten Gesprächsthema, bei dem sich ganz unterschiedliche Kenner des Kaisers einig waren. 1894 erschien Ludwig Quiddes »Caligula«, der mit insgesamt 34 Auflagen das »erfolgreichste politische Pamphlet im kaiserlichen Deutschland« (Wehler) wurde. Jeder Leser erkannte in der Schilderung des halbverrückten römischen Kaisers sogleich die Satire auf Wilhelm II. Quidde glaubte ganz ernsthaft an eine Ähnlichkeit zwischen dem »Cäsarenwahnsinn« des Römers und des Hohenzollern. Sein »Caligula« schöpft an vielen Stellen aber auch aus der neuen Nervositätslehre, die zu jener Zeit noch die Möglichkeit kannte, daß Nervosität die erste Stufe zum Wahnsinn sei. Der »durchgehende Charakterzug« der Maßregeln Caligulas – so Quidde – war eine »nervöse Hast, die unaufhörlich von einer Aufgabe zur anderen eilte«. Unter Berufung auf Cassius Dio sprach Quidde von Caligulas »Rast- und Ruhelosigkeit«, dem »Widerspruchsvollen und der Unberechenbarkeit seiner Einfälle«; all das seien »Züge der Nervosität«. An solchen Punkten und an dem bei beiden Kaisern hervorstechenden Hang zum Bramarbasieren wurde Quidde die Ähnlichkeit zwischen Caligula und Wilhelm II. »förmlich unheimlich«, und der ungeheure Erfolg seiner Schrift zeigt, wie sehr diese Sichtweise des Kaisers in der Luft lag.[22] Wenn die Psychologie von da ab als ein Hauptschlüssel zur Wirklichkeit galt, so trug Wilhelm II.

zu diesem Eindruck nicht wenig bei; die Literatur über ihn strotzt nur so von psychologischen Anspielungen. Ihn als »nervös« zu bezeichnen war mitunter ein respektvoller Euphemismus solcher Beobachter, die eigentlich »Größenwahnsinn« oder »pseudologia phantastica« meinten. Auf die Diagnose »Nervosität«, aus der sich sowohl Sympathisches als auch weniger Angenehmes heraushören ließ, konnten sich Freunde und Kritiker des Kaisers einigen. »Wilhelm der Unstete«, »Wilhelm der Plötzliche«, »Wilhelm der Eilige«: so und ähnlich lauteten die ironischen Epitheta, mit denen man ihn bedachte. Daß Wilhelm II. ein »Neurastheniker« sei, erwähnt Bülow in seinen Memoiren mehrmals wie eine bekannte Tatsache. Philipp Eulenburg, lange Zeit der engste Vertraute des Kaisers, machte von Anfang an die »Nerven« zu einem förmlichen Leitmotiv. Wenn er Wilhelm II. beschwor, seine Nerven zu schonen, so betonte er seine eigene bittere Erfahrung und stellte eine innere Verwandtschaft zwischen sich und seinem geliebten Kaiser her; zugleich verkündete er eindringlich das Nervenevangelium der Ruhe:

»Ew. Majestät können sich schwer einen Begriff von dem entsetzlichen Zustand der Nervenkrise machen, die ich infolge von zu vieler Arbeit und Unruhe bekam. Den Anstoß zur Krise gab die Rose, die so unzeitig in den herrlichen Fjorden blühte. Ich flehe Ew. Majestät an, daran zu denken und auch nicht übermäßig zu arbeiten und unruhig zu sein. Meine Nerven waren ebenso wie diejenigen Ew. M., und wenn ich durch gnädigen Urlaub mich als simpler Privatmann wieder zurecht machen kann, vermögen Ew. M. allerhöchst Sich niemals einen so intensiven Urlaub zu geben. Daher sind prohibitive Maßnahmen allein ja das Richtige – d. h. das Tempo in Ew. M. Leben muß möglichst kurz gehalten werden.«

Eulenburgs eigene »Nervosität« fungierte teilweise als Chiffre für die Unsicherheiten, die das Versteckspiel eines Homosexuellen mit sich brachte; daran mag es gelegen haben, daß ihn die Rose, die gegen die Regeln der Natur blühte, so erschütterte. Ihn beunruhigte, daß bei dem Kaiser die reizbare Seite der Nervosität immer schlimmer wurde. Auf der Nordlandreise 1903 quälte ihn die Einsicht, daß die »Reizbarkeit und unsachliche Erregtheit«, die sich bei Wilhelm schon seit Jahren gezeigt habe, »jetzt der dauernde Zustand geworden« sei. Er erkennt eine Wechselbeziehung zwischen der Reizbarkeit des Kaisers und der politischen Gesamtsituation, die zu einer »grauenhaften Stimmung *aller* Kreise in Deutschland« geführt habe. Gleichzeitig förderte er jedoch im eigenen Interesse die weiche, empfindsame Seite der kaiserlichen Nervosität. In seinem »politischen Testament« von 1913 bemerkte er, es sei immer ein günstiger Augenblick, wenn Wilhelm II. die Nerven verlöre: »Er ist alsdann leicht zugänglich für jedwede Vorschläge und Konzessionen und mild gestimmt – so wie ein normaler Fürst.«[23]

Aber Wilhelm II. war für die quietistische Nervenlehre nur begrenzt empfänglich und um so offener für den späteren aktivistischen Trend in der therapeutischen Philosophie, zumal er von seinem Naturell her durchaus eine robuste Seite besaß; zu Eulenburgs Horror führte er auf seinen Nordlandreisen den Frühsport ein. Wie Bülow später über den Kaiser schrieb: »Er wollte, daß immer etwas los sei, er wollte immer neue Eindrücke, neue Bilder«, »dieser impressionable, unstete und quecksilberige Mann«. Der lärmempfindliche Theodor Lessing bekundete »halbwegs staunende Bewunderung« für den »Nervenapparat« des Kaisers, der imstande sei, am Abend »Wer hat Dich Du schöner Wald« »aus 1200 sangesfreudigen deutschen Männerkehlen« zu ertragen und sich am Morgen darauf durch einen Huldigungsmarsch »von sämtlichen Kapellen der Garnison« wecken zu lassen.[24]

In der Umgebung Wilhelms II. setzte sich schon früh die Sorge fest, daß der vom Kaiser betriebene Nervenverschleiß in Krisen zu einer ernsten Gefahr würde. Eulenburg schrieb an Bülow im September 1900, als er fürchtete, daß die Kaiserin mit ihrer »schlimmen Nervenverfassung« ihren Gemahl anstecken werde: Die politische Lage sei »so entsetzlich schwierig, daß sie die äußerste Kaltblütigkeit und Ruhe des Kaisers erfordere«. »Verliere er die Ruhe im Hause durch gestörte Nächte und Szenen aller Art, so leide nicht nur er, sondern auch der Staat durch seine gesteigerte Nervosität.« »Nerven«, immerzu »Nerven«! In der damaligen Situation verband Eulenburg, der konservative Romantiker, mit der kaiserlichen »Nervosität« eine konkrete politische Sorge: daß Wilhelm II. offen Front gegen die Agrarier machen werde, deren Widerstand gegen die »gräßliche Flotte« ihn in Wut versetzte.[25]

Andere verbanden mit der »Nervosität« Wilhelms II. ganz andere Befürchtungen. Der preußische Innenminister von Köller sorgte sich schon um 1895: »Gott behüte uns vor einem Kriege, solange Wilhelm II. auf dem Thron ist. Denn er wird die Nerven verlieren, er ist feige.« Mit diesem ehrenrührigen Nervositätsbegriff wurde es gefährlich: Sobald Wilhelm II. sich ihn zu eigen machte, wurde es klar, daß er seine nervliche Gesundheit und Ehre nur durch Kriegführen unter Beweis stellen konnte! Das war eine ganz andere Nervenphilosophie als die Eulenburgsche, und sie war im Vordringen. Da bekamen die »Nerven« eine unheilvolle Bedeutung: die Fähigkeit, die deutsche Stärke durch Krieg oder durch eine glaubwürdige Kriegsdrohung politisch auszuspielen. Im März 1909 erfuhr Zedlitz-Trützschler von General von Lynker, daß dieser die Gelegenheit zu einem Krieg mit Frankreich und Rußland für günstig hielt. Als er darauf einwandte, »daß die Nerven des Kaisers schlecht seien«, stimmte der General ihm zu und bemerkte, der Generalstabschef Moltke fürchte »nicht die Franzosen und die Russen, wohl aber den Kaiser«.[26] In der Sicht all derer, die auf einen harten Expansionskurs drängten, wurde die Nervosität Wilhelms II. zur deutschen Achillesferse, da sie in günstigen Situationen einen raschen Kriegsentschluß oder auch nur eine wirkungsvolle Kriegsdrohung unmöglich machte.

Da Wilhelm II. das Rampenlicht der Öffentlichkeit suchte, wurde sein Verhalten viel genauer beobachtet als das früherer Monarchen; und im »nervösen Zeitalter« sprang man auf alles, was dieses Zeitbild verstärkte. Auf diese Weise bekam der wilhelminische Stil etwas Ansteckendes, auch wenn der Kaiser längst nicht überall als Vorbild galt. Als Holstein dem Fürsten Eulenburg Anfang 1894 schrieb, Seine Majestät komme ihm vor wie »einer, der bergab zu schnelles Tempo fährt und nachher Schwierigkeiten hat, den Wagen zu halten«, seufzte Eulenburg: »Der arme Kaiser macht die ganze Welt nervös, das aber läßt sich nicht ändern.«[27]

Hat es Sinn, den Kaiser tatsächlich als einen Neurastheniker zu betrachten, oder ist der springende Punkt der, daß alle möglichen Zeitgenossen ihn aus unterschiedlichen Motiven so sehen wollten? Wilhelm II. strotzte ständig vor Selbstbewußtsein; darin wirkt er wie das genaue Gegenteil des Neurasthenikers. Sein Glaube an den göttlichen Ursprung seines Kaisertums hielt sich bei ihm mit merkwürdiger Hartnäckigkeit bis in die Zeit des Exils. In mancher Hinsicht zeigte er in seinem Denken eine erstaunliche Sturheit und Primitivität und war gar nicht so sensibel und differenziert, wie viele von seinen Bewunderern, die eigene Wünsche in ihn hineinlegten, gerne glauben wollten. Zu Eulenburg sagte er 1897, sein Erzieher Hinzpeter habe ihn »eisern« machen wollen, »was ich eigentlich schon war«. »So kommt es, daß ich absolut nichts empfinde, wo andere leiden.« Holstein notierte 1889 über den jungen Kaiser, er habe »die für einen Souverän wünschenswerte Eigenschaft, herzlos zu sein«. Respektloser bemerkte Herbert von Bismarck 1887, der Prinz sei »kalt wie eine Hundeschnauze«. Trotz seiner ewigen Unruhe erlitt Wilhelm II. nie einen wirklich schweren psychophysischen Zusammenbruch, der ihn zu einer längeren Untätigkeit verurteilt hätte. Sein Kollaps nach der Daily-Telegraph-Affäre hatte rationale Gründe und war nicht neurotischer Art. Ein Neurastheniker im klinischen Sinne war er offenbar nicht.

Aber gerade die Art seines Selbstbewußtseins war innerlich instabil. Die wilhelminische Beschwörung des alten Gottesgnadentums war eine

Quelle fortwährender Mißtöne. Wie Röhl schreibt, hatte der von Wilhelm II. unternommene Versuch, das traditionslose Hohenzollernkaisertum zu »charismatisieren«, etwas Desolates und zum Scheitern Verurteiltes. Dem Kaiser selbst entging auf die Dauer nicht, daß sich zwischen seinem kaiserlichen Anspruch und dem, was er faktisch durchsetzte, eine weite Kluft öffnete und er trotz aller großen Worte nicht umhinkonnte, ständig Rücksicht auf das Gesetz, den Reichstag und die öffentliche Meinung zu nehmen. So schwankte er im Laufe der Zeit zunehmend zwischen Gefühlen der Allmacht und der Ohnmacht hin und her. Wilhelms Vorstellungen von seiner Kaiserwürde waren in ihrer Starrheit gewiß kein stabilisierendes Element, vielmehr war die Unmöglichkeit, sie in die Praxis umzusetzen, eine Quelle immer neuer Gereiztheit.[28]

Ein Gefühl eigener Unzulänglichkeit war in Wilhelm II. von Kind auf durch seinen verkümmerten linken Arm angelegt und durch die vielen quälenden Prozeduren, mit denen sich die Ärzte vergeblich um die Normalisierung des Arms bemühten, noch bestärkt worden. Wilhelm mußte es erleben, daß seine eigene Mutter ihn als körperlich minderwertig empfand und enttäuscht war, daß die Medizin diesen Makel nicht zu beheben vermochte. Victoria fürchtete, er würde »feige« und »nie männlich und selbständig sein wie andere Jungen«: Schlimmeres konnte man ihn nicht spüren lassen! Aber Wilhelm besaß ohne Zweifel Energie und brachte es auf die Dauer fertig, sein körperliches Manko durch Beweglichkeit zu kompensieren. Dieses Erfolgserlebnis muß ihn tief geprägt haben. Der erstaunliche Reiz, den er auf viele Zeitgenossen – und gerade auch auf sensible und labile Menschen – auszustrahlen vermochte, erklärt sich nicht zuletzt daraus, daß er zwar deutliche Merkmale des Neurasthenikers aufwies, aber zugleich eindrucksvoll demonstrierte, wie man die Schwäche in Stärke verwandelte und über die Neurasthenie triumphierte. Wenn Wilhelm II. für nicht wenige Zeitgenossen irgendwo etwas Rührendes hatte, dann gewiß nicht nur durch seine Stärken, sondern auch durch seine Schwächen: Gerade diese machten ihn zum wirklichen Repräsentanten des »nervösen Zeitalters«. Um so mehr faszinierte es, wie er durch seinen optimistischen Schwung und seine kinetische Energie dem, was bei normalen Sterblichen nur eine nervöse Unruhe war, zeitweise einen Stil und eine Brillanz verlieh. Daß ihm dies jedoch im letzten Vorkriegsjahrzehnt immer schlechter gelang, durchkreuzte die gutgemeinten Ansätze, aus der Nervosität eine Begabung zu machen.

Obwohl Wilhelm II. sich am liebsten mit Schmeichlern umgab, blieb es ihm nicht verborgen, daß er als nervlich labil galt; und manchmal nutzte er diesen Ruf sogar aus. 1905 konterte er Bülows Rücktrittsdrohung mit der Aussicht, dann »einer schweren Nervenkrankheit anheimzufallen«; 1914 hütete er nach den Kriegserklärungen 24 Stunden das Bett:»A little nerves rest cure«, wie er sagte. Seine Gemahlin hielt ihn für nervös, er sie aber für noch nervöser. Gewiß, niemand konnte es wagen, dem Kaiser ins Gesicht zu sagen, daß er bei ihm Nervosität im Sinne von Feigheit und Minderwertigkeit erkenne. Dennoch bekam Wilhelm II. es zu spüren, daß er diesen Ruf zu fürchten hatte. Eulenburg warnte den Kaiser 1899 auf einem »einsamen Spaziergang«, daß, wenn er durch Unvorsichtigkeit eine gefährliche politische Situation herbeiführe, »unter Umständen im Reiche eine Aktion« unternommen würde, »die auf eine Abdankung oder Entmündigung des Kaisers hinziele«.[29] Ob Wilhelm II. sich während des Eulenburg-Skandals und der Daily-Telegraph-Affäre daran erinnerte? Damals erlitt er einen Schock der Ernüchterung und begriff, daß seine Ehre auf dem Spiel stand. Weil er jedoch mehr Energie und Selbstbewußtsein besaß als ein echter Neurastheniker, mußte er sich von nun an um so stärker dazu herausgefordert sehen, Nervenstärke um jeden Preis zu demonstrieren.

Gerade deshalb, weil Wilhelm II. von seinen persönlichen Anlagen her nur mit Einschränkung als »nervös« gelten kann, läßt sich sein »nervöses« Erscheinungsbild um so besser als Produkt der damaligen deutschen Gesellschaft identifizieren. Hallgarten hat wohl recht mit seiner Bemerkung, daß Wilhelm II. »zwar kaum geistig so anormal war«, wie manche seiner Kritiker glaubten, seine »Neurasthenie aber um so heftiger gesteigert« worden sei, »je mehr gewisse gesellschaftliche Gruppen ihrer zu ihrer eigenen Lebensfähigkeit bedurften«. Waldersee notierte schon 1889, daß der »Wunsch, populär zu sein« alle Handlungen des neuen Kaisers bestimme. Seine Popularität beruhe jedoch darauf, daß »jede Partei ihn für sich haben möchte«.[30] Konservative und Liberale, Agrarier und Industrielle, Sozialpolitiker und Imperialisten, Englandfreunde und Englandfeinde: alle wollten in dem jungen Kaiser ihren Mann sehen, und dieser war süchtig nach ihrem Beifall. Daraus entwickelte sich zwangsläufig ein ruheloses Hin und Her, das am Ende alle enttäuschte. Im Deutschen Kaiserreich fehlte es eben an einer Institution mit voller politischer Verantwortlichkeit, die ein verbindliches Clearing der divergierenden Interessen organisiert hätte; es war Sache des Kaisers, das Gemeinsame zu verkörpern, aber dieser fand keinen über Generationen gewachsenen nationalen politischen Konsens vor. Die kaiserliche »Nervosität« hatte strukturelle Gründe.

Die »wilhelminische Ära« trug ihren Namen zu Recht; Anhänger und Kritiker des Kaisers stimmten darin überein, daß zwischen Wilhelm II. und der damaligen deutschen Kollektivmentalität eine sehr enge Wechselbeziehung bestand. Alexander von Hohenlohe, der Sohn des Reichs-

kanzlers, fand die Frage »schwer zu entscheiden, wie weit der Kaiser auf
sein Volk und sein Volk auf ihn gewirkt« habe: so oder so sei Wilhelm
der »zur Karikatur übertriebene Repräsentant seines Volkes gewesen«.
Rathenau schildert als enttäuschter Verehrer des Kaisers Wilhelms Zeit-
repräsentanz im Stil der Panoramen des »nervösen Zeitalters«: »Ein
überhitztes... Großstadtleben, auf Technik und sogenannte Errungenschaften gestellt, begierig nach Festen, Erstaunlichkeiten, Aufzügen und
lärmenden Nichtigkeiten, für die der Berliner die Spottnamen Klimbim
und Klamauk erfunden hat, verlangte eine Repräsentation, die Rom und
Byzanz, Versailles und Potsdam auf einer Palette vereinigte.« Friedrich
Naumann formulierte es 1905 noch mit dem Ausdruck der Bewunderung: »Wilhelm II. ist geradezu der erste Virtuos des modernen Ver-
kehrszeitalters. Er lebt überall das Leben mit, telegraphisch hörend und
redend.« Er sei »eine Verkörperung der in uns allen wirksamen elektrischen Tendenzen«.[31]

Wie Lamprecht schrieb, war dieser Kaiser keiner, »der irgendeinen
Deutschen kalt läßt«; für Verehrer wie für Tadler war er der »Mann, der
die politische Bühne Europas dreißig Jahre dominierte«. Als der Film aufkam, avancierte der Kaiser »zum häufigsten Darsteller der in Deutschland gedrehten Aktualitäten«; seine ständige Zurschaustellung kineti-
scher Energie war dem Kino ganz konform. Gerade führende Vertreter
der neuen Eliten, deren Sache es eigentlich gewesen wäre, das »persönliche Regiment« in verfassungsmäßige Schranken zu verweisen, zeigten
eine Schwäche für die kaiserliche Beweglichkeit und Hemmungslosigkeit, da diese ihnen eine Gewähr gegen die Übermacht konservativer
Kräfte bot. Wie die »Zukunft« 1903 schrieb, war die Meinung verbreitet,
daß nur die »eiserne Faust« des Kaisers die Agrarier »niederzwinge«;
wenn es diesen Kaiser nicht mehr gebe, sei es »mit der industriellen Weltmacht, mit der imperialistischen Expansion bald vorbei«.[32]

»Energie, Schnelligkeit, Ruhelosigkeit in jeder Bewegung von seinem
kurzen, schnellen Kopfnicken bis zum Aufsetzen des Fußes«: So schildert Viscount Morley 1891 den jungen Kaiser. Je nachdem, wie man ihn
gerade sah, war Wilhelm II. die verkörperte Neurasthenie oder die Inkarnation der kinetischen Energie: Als Habitus lag beides eng beieinander. Er lebte schon ganz in dem modernen Grundgefühl: Tempo ist
Macht. Was in den 1970er Jahren Ivan Illich bemerkte – »Der Hochbe-
schleunigte reißt die Lebenszeit der weniger Beschleunigten an sich« –,
glaubte schon Wilhelm II. entdeckt zu haben. »Mit Volldampf voraus«,
war seine Parole. Ganz besonders wollte er den Engländern Tempo
demonstrieren: Als er 1901 zur Beerdigung der Königin Victoria fuhr
und sein Zug Portsmouth mit Verspätung verließ, gab Wilhelm dem

Lokführer die Weisung, die Verspätung wieder aufzuholen, woraufhin dieser angeblich streckenweise über 145 Stundenkilometer fuhr und so lange Dampf gab, bis er eine Entgleisung riskierte. Max Weber äußerte schon 1889 über das Auftreten des neuen Kaisers – und Holstein empfand es ganz ähnlich –: »Man hat den Eindruck, als säße man in einem Eisenbahnzuge von großer Geschwindigkeit, wäre aber im Zweifel, ob auch die nächste Weiche richtig gestellt werden würde.« Die Tempoversessenheit entsprach gewiß dem persönlichen Naturell des Kaisers, dessen Schnelligkeit und Ungeduld vielen Beobachtern auffiel; sie entsprang aber auch der Faszination durch das Tempo, die damals rapide um sich griff. Wenn es darauf ankam, konnte Wilhelm auch eherne Ruhe zur Schau stellen. Die kaiserliche Kinetik fiel um so mehr auf, als traditionell zum Monarchen die gravitätische Ruhe gehörte. Der wilhelminische Stil war etwas Neues, und er war die eigenste Erfindung des Kaisers; aber er war auch ein Spiegel kollektiver Wünsche. Lamprecht glaubte, daß die Deutschen bei ihrem Kaiser das viele Herumreisen im Grunde liebten: überall wollte man ihn »tätig schauen von Angesicht zu Angesicht«.[33]

Nicht minder wichtig ist eine ganz andere strukturelle Ursache dessen, was als die »Nervosität« Wilhelms II. galt: die Zieldiffusion der deutschen Außenpolitik, die eine unkoordinierte Interessenvielfalt spiegelte. Man könnte einwenden, daß ein gewisses Maß von Divergenz und Konkurrenz der Ziele in der Außenpolitik normal ist; aber das Ausmaß der Widersprüche im politischen Pläneschmieden des wilhelminischen Deutschland besaß etwas historisch Singuläres. Das hatte seine Gründe. Während die etablierten Kolonialstaaten zuerst ihr Imperium gewonnen und erst danach eine imperialistische Ideologie ausgebildet hatten, war es in Deutschland umgekehrt: Die imperialistische Ideologie war da, aber das Imperium selbst nur in ersten Ansätzen. Mehr noch: Es gab keinerlei einhellige Vorstellung darüber, in welcher Richtung sich dieses Imperium erstrecken solle: ob nach Südosten in Richtung Balkan und Bagdad oder ob in Nord-, Mittel- oder Ostafrika – oder überhaupt besser in Ost- oder Westeuropa. Nur die Grundüberzeugung war da, daß ein größeres Reich auf alle Fälle kommen müsse; aber bei der Erfindung konkreter Expansionsbedürfnisse irrte die Phantasie hin und her, und die Außenpolitik stand unterschiedlichsten Einflüssen offen. Selbst der »Weltmarschall« Waldersee, der im Jahr 1900 nach China zur Niederschlagung des Boxeraufstandes entsandt wurde, aber intern seit langem den Krieg gegen Frankreich und Rußland gepredigt hatte, bezeichnete »Weltpolitik« als ein Schlagwort, von dem er nicht wisse, was es bedeuten solle.

Hans Delbrück, der Nachfolger Treitschkes als Herausgeber der Preußischen Jahrbücher und einer der Ideologen wilhelminischer Weltpolitik, verband diese nicht mit bestimmten Zielen und anerkannten deutschen Bedürfnissen, sondern präsentierte sie als kategorischen Imperativ. »Wir ersticken an unserer eigenen Fülle, wenn wir uns auf die Wahrung des heutigen deutschen Reichsgebietes beschränken wollen, während England, Frankreich und Rußland sich halbe Kontinente unterwerfen« – Weltpolitik gleichsam aus Gründen der gesunden Verdauung und des Fitneßtrainings. Marschall von Bieberstein, der als Staatssekretär des Äußeren (1890–1897) die neue Weltpolitik inaugurierte, begründete sie gleichsam energetisch: Deutschlands »Kraftüberschuß« bilde ein kostbares Kapital, das für das Reich selbst nutzbar gemacht werden müsse, statt an fremde Länder abgegeben zu werden; nichts anderes sei der Sinn der Weltpolitik. Bülow argumentierte in der Folge im gleichen Sinne; es handelte sich um eine immer wiederkehrende rhetorische Figur. Das Grundgefühl, daß alles darauf ankomme, die eigene Energie kraftvoll, konzentriert und effektiv einzusetzen, und daß man der Degeneration verfalle, wenn man seine Energie zersplittere oder in inneren Reibungen vergeude, ist den ewigen Energiesorgen des Neurasthenikers innerlich verwandt.

Aber es bereitete den Deutschen bis 1914 geradezu groteske Schwierigkeiten, sich auf konkrete Ziele zu einigen und sich mit diesen innerlich zu identifizieren. Fataler als irgendwo anders machte sich hier der Mangel an einem politischen Entscheidungsmechanismus bemerkbar, der zumindest die gröbsten Widersprüche innerhalb der auswärtigen Ziele bereinigt hätte. Zweimal schien Deutschland nahe dran, sich wegen Marokko in einen großen Krieg zu stürzen; dabei war nicht einmal Wilhelm II. in der Lage, sich für Marokko zu begeistern, obwohl er auf Bülows Weisung durch seine Landung in Tanger am 31. März 1905 – bei stürmischer See und unter körperlichem Risiko – für den theatralischen Coup der ersten Marokkokrise sorgte. War schon Bülows Marokkopolitik in ihren Zielen undurchsichtig gewesen, begriff 1911 nicht einmal Bethmann Hollweg, worauf sein Außenminister Kiderlen, der alle Aktivitäten an sich gerissen hatte, in Marokko hinauswollte; einmal sagte er zu Riezler, seinem engsten Mitarbeiter, »er wolle Kiderlen abends feste zu trinken geben, damit er endlich sagt was er eigentlich will«.[34]

Der nationalliberale Publizist Arthur Dix erklärte in seiner Schrift »Deutscher Imperialismus« (1912) die Gebietserweiterung zur gebieterischen Notwendigkeit, um eine deutsche Degeneration zu verhüten: »Wir haben nur eine Wahl: zu wachsen oder zu verkümmern.« Aber auch er kam nicht um die Feststellung herum, »daß es schwer genug fällt, dem deutschen Imperialismus klare, positive Ziele zu bieten«. Der Zentrumspolitiker Martin Spahn schrieb im gleichen Jahr in einem Zeitungs-

artikel, der den Beifall des Kaisers fand, es fehle »dem deutschen Volke
mehr als den anderen staatlich geeinten Völkern zurzeit an einheitlichen,
ihm in Fleisch und Blut übergegangenen Hoffnungen und Forderungen
auswärtiger Politik«.[35] Ein politisches Krisenbewußtsein entstand im
Deutschen Reich mehr als durch alles andere durch die unbewältigte Vielfalt der Möglichkeiten. Die Zersplitterung der Außenpolitik in widersprüchliche Linien führte dazu, daß keine einzige Strategie konsequent
und wirkungsvoll verfolgt wurde. Daraus ergab sich ein Gesamtzustand
groß aufgeblähter, aber diffuser und verschwommener Wünsche, verbunden mit dem immer quälenderen Gefühl, praktisch nichts zu erreichen.
Das wirkte wie der neurasthenische Zustand der »reizbaren Schwäche«,
des Wollen-und-nicht-Könnens!

Der Vorwurf des »Zickzackkurses«, des unsteten Hin und Her, wurde
zum Standardmotiv der Kritik an der wilhelminischen Außenpolitik. Er
kam von ganz unterschiedlicher Seite: von den Alldeutschen, von Hardens
»Zukunft«, aber auch von Mitgliedern des Auswärtigen Amtes. »Zickzackkurs« bedeutete Sprunghaftigkeit, Entscheidungs- und Willensschwäche: Es war eine Deutung der Berliner Politik nach dem Muster
der »reizbaren Schwäche«. Oft trugen gerade diejenigen, die diesen Vorwurf erhoben, ihrerseits kräftig zur Zieldiffusion und zu der allgemeinen
Atmosphäre nervöser Ungeduld bei.[36] Ohne diese Atmosphäre hätte der
»Zickzackkurs« auch als eine Politik des Ausprobierens und des Offen-
haltens mehrerer Optionen gelten können.

Ist die Prämisse richtig, daß die Politik große Ziele braucht, auf die sich
alles konzentriert? Mit Recht meint Röhl, die Antwort auf die Frage, was
Deutschland hätte machen sollen, um die Katastrophe von 1914 zu vermeiden, sei verblüffend einfach: »gar nichts«. Das konnte man schon damals erkennen. Der langjährige deutsche Botschafter in London, der
Graf von Hatzfeld, pflegte zu sagen: »Wenn man in Deutschland doch
nur stillsitzen könnte, dann würde die Zeit bald kommen, wo uns die ge-
bratenen Tauben in den Mund fliegen.« Und selbst der ungeduldige
Harden bestätigte diese Wahrheit auf seine Art, indem er in einem seiner
Brandartikel gegen die – aus seiner Sicht – zu große Energielosigkeit der
Berliner Politik schrieb: »So lange wir uns für saturiert erklären und
fromm die Hände falten, tut uns in Ost und West keiner was zu Leid.«[37]
Wenn eine außenpolitische Unentschlossenheit Deutschland an kolonia-
lem Gebietserwerb hinderte, so schadete das dem Reich ja überhaupt
nichts; heute sieht man, daß der industrielle Aufstieg Deutschlands nicht
einmal durch furchtbare militärische Niederlagen und gewaltige Ge-
bietsverluste aufzuhalten war.

Eine abwartende »Politik der freien Hand«, die alle Optionen offenhielt und sich weder durch ein englisches noch durch ein russisches Bündnis in internationale Verwicklungen hineinziehen ließ, wäre vernünftig und friedenserhaltend gewesen – wenn sie eine Grundlage von Geduld und Gelassenheit besessen hätte. Aber diese Basis war bei vielen nicht da. Mehr und mehr verbreitete sich die Zwangsvorstellung, daß die Zeit drängt. Unter diesen Umständen wurde die Politik der freien Hand zur neurasthenischen Entschlußlosigkeit. Die Imperialisten wurden von dem Gefühl ewig neuer verpaßter Gelegenheiten verfolgt; nie hatte Deutschland zugegriffen – weder als England durch den Burenkrieg isoliert noch als Frankreich mit England durch den Faschodakonflikt verfeindet oder als Rußland durch den Krieg gegen Japan geschwächt war. Je mehr die Zeit verging, desto mehr überwältigte alle die, die die Expansion als Lebensfrage empfanden, das frustrierende Gefühl, daß dieses Deutschland zum kühnen Zupacken irgendwie nicht fähig sei.

»Deutschland ist Hamlet!« hatte einst Freiligrath geklagt, damals in dem Sinne, daß die Deutschen über all ihren Träumen zur befreienden Tat unfähig seien. Die Gleichsetzung Deutschlands mit Hamlet war seither eine fixe Idee des deutschen Selbstmitleids. Um 1900 wurde Hamlet zum Neurastheniker; und Bethmann Hollweg wirkte als Reichskanzler wie eine perfekte Hamletfigur.[38] Auf Durchhalte-Kundgebungen im Ersten Weltkrieg rief die Parole: »Deutschland ist nicht Hamlet – Deutschland ist Hindenburg« dröhnenden Beifall hervor. Nach der Niederlage wurde die Hamletallegorie wieder beliebter. Wohlgemerkt: Hamlets Unschlüssigkeit endet mit einer Kurzschlußreaktion, der selbstzerstörerischen Katastrophe!

Wenn man an die Notwendigkeit einer deutschen Machterweiterung glaubte, dann gab es in der Tat immer wieder Grund, vor Unruhe zu beben. Auch Wilhelm II., der Hauptverantwortliche für das wiederholte Zögern in der Politik, war frühzeitig von dieser Stimmung erfaßt. Schon 1893 verlor er »völlig die Nerven«, als unversehens ein englisch-französischer Konflikt über Siam drohte und er sich nicht in der Lage sah, diese Gelegenheit zu nutzen. Man kann daraus seine Ungeduld ermessen, als sich vergleichbare Situationen wiederholten. Die politische Nervosität im Sinne von unbefriedigter Begehrlichkeit bei ständigem Vorgeschmack größerer Macht wurde zum Dauerzustand. Nicht nur die »nationale Opposition«, sondern sogar der Kaiser und Bülow kritisierten mitunter das Unstete der deutschen Politik; als es 1897 um Gebietsgewinn in China ging, waren sie sich beide darin einig, »daß es die höchste Zeit sei, unsere schwankende und laue Politik in Ostasien energischer zu gestalten«.[39] »Energie« gegen »Lauheit«! Zwischen der Wahrnehmung der Außenpolitik und einer damals typischen Selbsterfahrung entstand eine unheilvolle Wechselwirkung. Sie eskalierte um so heftiger, als sie sich nicht nur aus Phantomen, sondern aus tiefsitzenden Erfahrungen speiste.

In dieser Situation immer quälenderer Unentschlossenheit übten zwangsläufig die wenigen Projekte, die einen handfesten Ansatz zur Tat boten, eine magische Anziehungskraft aus, die jede außenpolitische Vernunft durchkreuzte. Daher die Attraktivität der Bagdadbahn, eines – rein ökonomisch betrachtet – recht unsicheren Unternehmens; daher vor allem aber die Unwiderstehlichkeit des allergrößten Projekts, des Aufbaus der deutschen Schlachtflotte. Es wurde zur Standardmanier, an Tirpitz, dem Schöpfer der Flotte, die Willenskraft – das neue Wundermittel gegen Neurasthenie – zu rühmen; wenn es hieß, Tirpitz sei ein »Mann, der weiß, was er will«, dann wirkten bohrende Fragen nach dem Verhältnis von Aufwand und Ertrag kleinkariert – oder, wie man damals sagte, philisterhaft. Tirpitz faszinierte am meisten dadurch, daß er ein großes symbolträchtiges Ziel setzte und viel zu tun gab, und zwar mit Tempo. Das war der Weg, auf dem Wilhelm II. hoffen konnte, das Odium der Willensschwäche und Zickzackpolitik loszuwerden. Selbst für Eulenburg, der sich zur See nicht wohl fühlte, bewies die Flottenpolitik Nervenstärke. Da war Holstein nicht so sicher: Er sah in der ersten großen Flottenvorlage ein Produkt krankhafter Erregung. »Nie hat eine Versuchung die Nerven des Kaisers so erregt wie der Flottenplan...«[40] Als Nervensache schuf die Flottenrüstung Nervenprobleme. Ihre provozierende Wirkung auf England wäre allenfalls dann vermieden worden, wenn sie geräuschlos vor sich gegangen wäre. In Wirklichkeit jedoch vollzog sie sich so geräuschvoll wie nur möglich; denn ihr Sinn bestand ja eben darin, öffentlich zielstrebige Energie zu demonstrieren. Im Grunde ein Produkt politischer Ziellosigkeit, erzeugte die Flotte neue Ziellosigkeit; denn ein verschwommenes Streben nach Weltgeltung war das, was sie brauchte, um einen Schein von Sinn zu bekommen.

Oder war die Ziellosigkeit der deutschen Außenpolitik nur Schein, vielleicht sogar eine bewußte Irreführung? Zu dieser Ansicht neigte Fritz Fischer, der mit seiner These, die deutsche Regierung habe den Weltkrieg mit Absicht entfesselt, die größte Historikerkontroverse der Nachkriegszeit auslöste. Er arbeitete in der Vorgeschichte des Kriegsausbruchs vor allem das planvolle Element heraus: Die ehrgeizigen Kriegsziele, die Deutschland seit dem September 1914 formulierte, seien im Ansatz schon vorher dagewesen und hätten die Interessen der mächtigsten Gruppen der Gesellschaft gespiegelt. Frühere Historiker, die bei der Aufhellung der gesellschaftlichen Hintergründe der deutschen Vorkriegspolitik Pionierarbeit leisteten, verfolgten eine ganze andere Tendenz: Alfred Vagts sprach von dem »vagen, objektunsicheren, nach allen Seiten gleich einem Wellenkreis ausgehenden Imperialismus des Bildungsbür-gertums ... und der Bürokratie«, der viel verhängnisvoller gewesen sei als der Wirtschaftsimperialismus von Industrie und Hochfinanz; und der mit Vagts eng verbundene Hallgarten betonte die »Politik des Sowohl-Als auch« als die eigentliche Crux des wilhelminischen Imperialismus, da sie Deutschland am Ende mit allen anderen Großmächten verfeindet habe. Nun war diese Unentschiedenheit nicht als solche gefährlich, son-dern erst durch die Verbindung mit einem ungeduldigen und reizbaren Weltmachtstreben; es ist das Verdienst Fritz Fischers, diesen letzten Fak-tor als Hauptursache des Krieges mit allem Nachdruck zum Bewußtsein gebracht zu haben. Als jedoch Gerhard Ritter dagegenhielt, es sei »be-kanntlich nichts schwieriger, als genau festzustellen, was sich die höhere deutsche Bildungswelt vor dem Kriege unter deutscher ›Weltpolitik‹ und ›Weltmacht‹ konkret vorgestellt« habe, sah Imanuel Geiss, Fischers Mitstreiter, keinen Grund zum Widerspruch; vielmehr legte er den Ak-zent darauf, daß die deutschen »Weltmachtaspirationen« »gerade wegen ihres so wenig präzisen Charakters doppelt explosiv« gewesen seien.[41] Das ist in der Tat der springende Punkt. Nicht das Vorhandensein einer deutschen imperialen Planung vor 1914, sondern die unkoordinierte Zieldiffusion war der Grund, weshalb sich das Deutsche Reich mit allen anderen großen Mächten verfeindete. Die Entfesselung des Weltkrieges vollzog sich in einem Klima der Unverantwortlichkeit; es gab keine Stelle, die im Bewußtsein der vollen Verantwortung einen Entschei-dungsprozeß zur Herstellung klarer außenpolitischer Prioritäten betrie-ben hätte. Und es war eben so, daß Deutschland, wenn es schon einen Krieg entfesselte, viele Ziele brauchte, um diesen Krieg zu rechtfertigen; denn es gab kein einzelnes territoriales Ziel, auf das sich die deutschen Sehnsüchte konzentrierten – jedes einzelne Ziel war, für sich genommen, nur von ganz begrenzter Attraktivität und keineswegs geeignet, unge-heure Opfer an Menschenleben zu rechtfertigen.

Während Fischer ein deutsches Weltmachtprogramm erst für die letzte Vorkriegszeit annahm, glaubte Peter Winzen, ein solches schon bei Bülow zu erkennen. Aber die Belege dafür sind dürftig, obwohl Bülow ein so eloquenter und indiskreter Politiker war.[42] Winzen glaubt vor al-lem aus der Flottenpolitik den großen Plan zu entnehmen, die englische Weltherrschaft durch eine deutsche zu ersetzen. Aber wenn die deutsche Flotte jemals soweit kam, dann erst in Jahrzehnten; das wußten auch Tir-pitz und Bülow. Die politische Bequemlichkeit des Flottenbaus bestand eben darin, daß er es gestattete, die Entscheidung über konkrete deutsche Ziele in eine weite Zukunft zu verschieben, ohne den Eindruck der Untätigkeit zu erwecken!

Mit dem Mangel an einem klaren großen Leitziel verband sich ein anderer Mangel, der in psychologischer Hinsicht noch empfindlicher war: der Mangel an festen Freund- und Feindbildern. Auch hierbei handelte es sich um ein Manko, das an und für sich gar nichts Bedauerliches zu haben braucht, sondern im Gegenteil die realistische Einsicht spiegeln kann, daß in der internationalen Politik Freund- und Feindschaften nie absolut sind. Aber der deutsche Nationalismus jener Zeit entwickelte ein starkes und wachsendes Bedürfnis nach Feindbildern, und er zeigte hierbei eine bedenkliche Produktivität. Daß diese Einstellung zu einer deutschen Kollektivmentalität wurde, erklärt sich aus der Schwierigkeit, eine nationale Identität zu finden, die man lieben mochte, und auch aus einer bemerkenswerten Unfähigkeit zum Aufbau stabiler außenpolitischer Vertrauensverhältnisse. Selbst das Zusammengehen mit Österreich-Ungarn, das mit abgründiger Romantik zur »Nibelungentreue« hochstilisiert wurde, besaß nur eine brüchige emotionale Grundlage. Ausgerechnet die Alldeutschen, die die völkische Verbundenheit mit den Deutschösterreichern am meisten kultivierten, hatten für den Reiz der multikulturellen Vielfalt des Habsburgerreiches den allergeringsten Sinn; vielmehr verabscheuten sie dieses Staatsgebilde als verrotteten Völkermischmasch und das Wien der Belle Époque als »Rassenbabylon« (Hitler). Zugleich litten sie darunter, daß sie ihrer Aggressivität gegen eine ehrwürdige Gestalt wie den Kaiser Franz Joseph nicht freien Lauf lassen konnten; ein österreichischer Sympathisant der Alldeutschen klagte: »Über 60 Jahre Franz Joseph, das halten die stärksten Nerven nicht aus.« Selbst Graf Monts, der einst als Botschaftssekretär in Wien zum schwärmerischen Liebhaber der Donaumetropole geworden war und später eine Zeitlang als Nachfolger Bülows gehandelt wurde, schnaubte bei Gelegenheit, die Österreicher brauchten »in einiger Zeit wohl ein zweites Königgrätz«. Als Botschafter im verbündeten Rom dachte er über Deutschlands italienischen Verbündeten noch schlechter: Die Türkei sei »für uns viel wichtiger wie das erbärmliche Italien«![43]

Das Schwanken der Feindbilder bei gleichzeitigem starken Feindbildbedürfnis begann in der Innenpolitik. In der Kulturkampfära der 1870er Jahre waren die »Ultramontanen« die Reichsfeinde, die mit der Canossa-Reminiszenz zu tausendjährigen Reichsverderbern überhöht wurden; aber schon kurz darauf begann dieses Feindbild im Zeichen der konservativen Sammlungspolitik zu bröckeln. Im März 1890 kam es zwischen Bismarck und Wilhelm II. zum Eklat, als Bismarck privat den Zentrumsvorsitzenden Windthorst empfangen hatte, während der junge Kaiser noch die antikatholische Pose des »Nach Canossa gehn wir nicht« kultivierte. Dafür verstieß er zur gleichen Zeit gegen das Bismarcksche Feindbild der 80er Jahre: die Arbeiterbewegung, indem er hier nach Versöhnung strebte. Das gab nun wieder Bismarck Grund, Wilhelm II. eine Unzuverlässigkeit in Freund- und Feindschaften vorzuwerfen.[44]

Traditionell hatte der deutsche Nationalismus einen äußeren Feind: Frankreich; und dabei handelte es sich um eine Feindschaft nicht nur auf der Ebene der Politik, sondern auch auf der von Moral und Kultur; denn Paris galt als Inbegriff der Sittenlosigkeit. Nach dem Krieg von 1870/71 war das gespannte Verhältnis zu Frankreich mehr denn je eine Konstante der Politik; aber die emotionale Hitze dieser Feindschaft hatte in Deutschland schon bald darauf ihren Zenit überschritten. Das Bedürfnis nach Feindbildern war nicht befriedigt. Die außenpolitische Grundfrage blieb während der gesamten Zeit von 1871 bis 1914 die, ob Deutschland, da der Gegensatz zu Frankreich unabänderlich schien, das Bündnis mit England oder mit Rußland suchen sollte. Aber in dieser Hinsicht schwankte Deutschland ewig hin und her, und am Ende verfeindete es sich mit beiden Großmächten. Dieses Schwanken hatte in hohem Maße seine emotionale Seite; denn das britische Imperium und das Zarenreich waren Kontrastwelten, die starke, aber ganz unterschiedliche Emotionen weckten. Bei Treitschke im einen wie im anderen Fall höchst negative: Er wisse wirklich nicht, was »entsetzlicher« wäre, schrieb er: »die russische Knute oder der englische Geldbeutel«. Man sah das Entscheidungsproblem und verspürte zugleich die größte Lust, sich um die Entscheidung zu drücken. Der Kaiser selbst sah 1901 ganz richtig, »er könne doch nicht immerzu zwischen Russen und Engländern schwanken; er würde sich dann schließlich zwischen zwei Stühle setzen«. Eigentlich *wollte* er gar nicht schwanken; um so peinlicher war es für ihn, daß er nicht anders konnte. Ursprünglich waren Bismarcks Nachfolger mit dem Vorsatz angetreten, in der Außenpolitik die klare Linie herzustellen; Holstein hatte 1887 bemängelt: »Unsere Politik mit ihren durcheinanderlaufenden Engagements ähnelt dem Schienengewirr auf einem großen Bahnhof.«[45] Daher empfand man auch in Berlin den Eindruck des Zickzackkurses als eigenes Versagen.

Nahm man die Feindschaft mit Frankreich als unabänderlich hin, dann sprach alles für die Annäherung an England. Auch aus der Sicht des neuen völkischen Nationalismus hätte die Welt eigentlich in Ordnung sein müssen, wenn die beiden germanischen Großmächte Hand in Hand gingen. Aber der deutsche Nationalismus der Jahrhundertwende fand sein Idol nicht im hochindustrialisierten England, sondern bei den von den Briten bedrohten Buren, die in Südafrika noch nach alter Väter Weise lebten. Einst hatte ein populäres deutsches Geographie-Handbuch die Buren als ein auf Hottentottenniveau heruntergekommenes Volk von Faulenzern geschildert, dessen einzige Lebensäußerungen in Tabakqualm und Peitschenknallen bestanden. Nun wurden sie zur Gegenwelt gegen britische Gier und Grausamkeit, ja gegen das »nervöse Zeitalter« überhaupt. In der Zeit des Burenkrieges (1899–1902) explodierte in Deutschland erstmals ein heftiger Englandhaß, obwohl es nach wie vor zwischen Deutschland und England keine großen handfesten Interessenkonflikte gab. Im Ersten Weltkrieg schließlich war nicht Frankreich, sondern England der bestgehaßte Feind der Deutschen und »Gott strafe England« der neue deutsche Gruß. Dieser verhängnisvolle Gang der Dinge erschien schon kurz darauf wie ein großes Rätsel; nirgends war der Bedarf an psychologischen Erklärungen stärker als dort. Das Rätsel war um so vertrackter, als auch die alte deutsche Anglophilie in wilhelminischer Zeit keineswegs verschwunden war, sondern immer wieder durchbrach. Noch in der letzten Vorkriegszeit wollte die deutsche Regierung England als Gegner am liebsten nicht wahrhaben.

Wilhelm II. war selber die groteske Verkörperung des außenpolitischen Hauptwiderspruchs seiner Zeit. Von Geburt her Halbengländer, der als 19jähriger seiner englischen Großmutter mit Freude versicherte, er sei »auch Brite«, stand er stets im Bann der Faszination des britischen Weltreichs und unternahm mit einer ebenso auffälligen wie unnötigen Häufigkeit Englandreisen. Nie jedoch geriet er mehr in Wut als dann, wenn England seine Erwartungen enttäuschte. Wie schon 1927 Hermann Kantorowicz fand, sind die kaiserlichen Randbemerkungen in den Akten der »Großen Politik« »voll der wildesten Ausbrüche gegen England, die buchstäblich nach Hunderten zählen«. Es war der klassische Fall einer Haßliebe, die sich jedoch in zunehmendem Maße nur noch in Haß zu äußern vermochte. Als es dem Kaiser 1903 wie Schuppen von den Augen fiel, daß er sich mit seiner Flottenpolitik England zum Gegner gemacht hatte – was er bis dahin nicht hatte wahrhaben wollen –, erschien er, wie Eulenburg schreibt, »mit ganz verzerrtem Gesicht«: »Krieg, Rache, Ohnmacht, und ein grimmiger Zug verletzter Eitelkeit nach soviel Liebeswerben in seiner Herzensheimat England stand auf dem blassen, schönen nervösen Gesicht geschrieben.«

Noch bis in die letzten Vorkriegsjahre war Wilhelm II. mit seiner antienglischen Politik alles andere als konsequent. Als die allergrößte Schmach seiner gesamten Regierungszeit galt ironischerweise sein plumper Versuch, sich den Engländern anzubiedern, der im »Daily-Telegraph«-Interview von 1908 publik wurde; danach erlebte er seinen schlimmsten Nervenzusammenbruch. Immer wieder, im Dezember 1912 und im Juli 1914, erfolgten seine extremsten Ausbrüche von Wut und Ratlosigkeit, wenn sich erneut herausstellte, daß England im Kriegsfall auf der Seite der deutschen Gegner stehen würde; am Ende geriet er außer sich in seinem Haß auf dieses »verlogene, gewissenlose Krämervolk«![46]

Eckart Kehr, sonst kein Freund psychologischer Interpretation der Politik, sah die Wurzel der deutschen Englandfeindschaft in einer psychischen Projektionsmechanik des deutschen Konservatismus, der »seinen Haß gegen die Stadt und die Industrie auf die Außenpolitik« übertragen habe. Das politische Bündnis zwischen Agrariern und Industrie habe es nicht gestattet, diesen Haß *direkt* auszuleben; die Gemeinsamkeit in der Englandfeindschaft, die der Industrie die Flottenaufträge einbrachte, habe die Allianz zwischen Pflug und Hochofen ideologisch untermauert. Vom ökonomischen Interesse her gesehen, hätten die Konservativen eher Grund zu einer antirussischen Haltung gehabt, weil aus dem Osten die Konkurrenz auf dem Getreidemarkt drohte; aber England habe »das verfluchte ›time is money‹« verkörpert.[47]

In der Tat erklärte sich die Heftigkeit der deutschen Englandfeindschaft aus dieser Symbolik und daraus, daß viele Deutsche – längst nicht nur eingefleischte Konservative – unter dem »time is money« empfindlich litten und viele andere Leiden darauf zurückführten. Insofern hat der Englandhaß mit der Zeitkrankheit »Neurasthenie« zu tun. Wenn sich der »Kampf ums Dasein« verschärft und das »Hetzen und Jagen« beschleunigt hatte, so war dies alles letztlich von dem industriellen Aufstieg Englands gekommen. Der Ärger über England mischte sich mit Neid, je mehr sich der Eindruck verstärkte, daß der Engländer selbst mittlerweile in der Sicherheit seines Empire zum Inbegriff unerschütterlicher Ruhe geworden sei. Ein Artikel über »Nervosität und Neurasthenie« belehrte seine Leser im Jahr 1902, das Wort »time is money« werde in England anders verstanden als in Deutschland; der Engländer nämlich wollte »in kurzer Zeit recht viel Geld« verdienen, »um so, Tag für Tag, recht viel Zeit für seine Erholung, für die Pflege und Stählung seines Körpers zu gewinnen«. Hellpach sagte 1909, der »englische Lebensstil« sei »der gelungene Versuch, trotz Industrialisierung und Merkantilisierung die Lebensfreude und Gesundheit zu wahren«.[48]

Edward VII. galt ähnlich wie Wilhelm II. als Verkörperung seiner Gesellschaft: einer gelassen-genießerischen Herrscherschicht des britischen Empire, die die viktorianische Strenge überwunden hatte. In dem Gegensatz der beiden Monarchen verkörperte sich der Kontrast von erfolgreicher englischer Ruhe und erfolgloser deutscher Unruhe in aufreizender Weise. Dabei hatte der deutsche Kaiser mit seiner schnellen und schneidigen Art neben dem fettleibigen und kurzatmigen Prince of Wales zunächst eine viel bessere Figur gemacht, und er hatte seinen englischen Onkel diese Überlegenheit oft spüren lassen. Aber als Edward König geworden war und auf seine bedächtige Art jenes Bündnissystem knüpfte, das Deutschland als Einkreisung empfand, verkehrten sich die Rollen. 1908 zeichnete der »Simplicissimus« die Rivalität zwischen dem deutschen und dem englischen Monarchen als das Märchen vom Hasen und dem Igel: Der Hase mit dem Schnurrbart Wilhelms II. hetzt atemlos nach Paris, nach Rom, nach St. Petersburg – und überall »war der Swinegel schon da«. Edward VII. personifizierte das englische Phlegma auf lässige und genießerische Art. Als ihm bei seinem ersten Staatsbesuch in Paris, wo er sich oft privat vergnügt hatte, aus der Bevölkerung Buhrufe entgegentönten – eine Situation, bei der Wilhelm II. aus der Haut gefahren wäre –, gab er auf die Bemerkung eines Begleiters »Die scheinen uns nicht zu mögen« die klassische Replik: »Warum sollten sie auch?«[49]

Wilhelms Empörung über die Sittenlosigkeit seines feisten englischen Onkels besaß einen Untergrund von Ressentiment. Gegenüber Edward VII., der sich durch Lebenserfahrung und Erdnähe, Ruhe und Potenz auszeichnete, wirkte Wilhelm II. nun immer mehr als der Neurastheniker, den er längst abgeschüttelt zu haben glaubte. Ihm selbst wurde diese Unterlegenheit zunehmend bewußt. Ende Juli 1914, im Anblick des bevorstehenden Mehrfrontenkrieges, tobte er in ohnmächtiger Wut: »Edward VII. ist nach seinem Tode noch stärker als ich, der ich lebe!« Harden hatte geglaubt, Edward sei auf die »Nervenart« des Kaisers »eingespielt« gewesen und habe daher nur zu gut gewußt, daß dieser nicht imstande sei, Krieg zu führen.[50] In diesem Punkt sollte Wilhelm II. allerdings diejenigen, die ihm schwache Nerven unterstellten, desavouieren. Gerade wenn zu ihm durchsickerte, daß Edward ihn für feige hielt, mußte er das als tödliche Beleidigung und Herausforderung empfinden!

Die einfachste logische Folge der Englandfeindschaft wäre das Bündnis mit Rußland gewesen, dem Bismarck bereits vorgearbeitet hatte. Wilhelms englische Mutter hatte ihn gegen Rußland aufzuhetzen versucht; sie behauptete, die Russen seien nur darauf aus, »Mord, Raub, Zwietracht und alle bösen Geister der Hölle überall hineinzutragen«; aber mit der Abwendung von seiner Mutter war Wilhelm II. für eine Umkehrung der Freund-Feind-Bilder offen. Wie sich bald zeigte, fand eine Annäherung an den Zaren bei ihm eine tiefe emotionale Resonanz. Der Zarenhof war ja das Eldorado des monarchischen Gottesgnadentums und des schweren archaischen Herrscherprunks. Aber seltsam, wie instabil auch diese Neigung bei Wilhelm war. Kurz darauf geriet er unter den Einfluß des Grafen Waldersee, der von der Idee des Russenkrieges besessen war. Waldersee mußte jedoch bald erkennen, wie unzuverlässig auch Wilhelms Rußlandfeindschaft war: »Wir schwanken nach wie vor, die Russen für vortreffliche Menschen oder für bösartige Kanaillen zu halten; nur wird das

Tempo der Schwankungen ein schnelleres.« Dieses Schwanken setzte sich bis in die letzten Jahre vor 1914 fort. Wieder handelte es sich nicht nur um eine individuelle Schwäche des Kaisers, sondern um eine Schizophrenie des deutschen Konservatismus insgesamt, der nicht mehr wußte, ob er in Rußland den stärksten Hort der alten Ordnung oder die größte Bedrohung des Reiches sehen sollte.[51]

Extrem schwankend waren auch die kaiserlichen Emotionen gegenüber dem Osmanischen Reich. Bei seinem Besuch in Konstantinopel 1898 zeigte Wilhelm II. eine »Vorliebe für den Sultan und alles Türkische«, den Harem eingeschlossen; ähnlich wie der Zar war ja der Sultan ein letzter Repräsentant des sakral-absoluten Monarchentums. Schon seit Monaten hatte sich der Kaiser auf die Orientreise gefreut; Politik mischte sich mit Tourismus. Dabei hatten zu jener Zeit die Massaker an den Armeniern in der europäischen Öffentlichkeit wütenden Abscheu erregt; gerade in den Augen guter Christen war der Sultan ein Massenmörder, an dessen Händen Christenblut klebte. Es gab jedoch unter den deutschen Meinungsmachern auch eine türkenfreundliche Richtung. Für den nervenkranken Houston Stewart Chamberlain, den Wilhelm II. hochschätzte, war die Türkei das »letzte Stückchen von Europa«, wo »eine ganze Bevölkerung in ungestörtem Glück« lebe und vom »bittern Kampf ums Dasein nicht wisse«: ein zu seinem heftigen germanischen Rassismus seltsam kontrastierendes Lob. In dem Kaiser rumorten beide Türkeibilder. In Damaskus geriet er, wie Bülow beschreibt, in einen regelrechten Rausch. »Wo er erschien, begrüßte ihn die Bevölkerung mit dem langgezogenen, in Gutturaltönen hervorgestoßenen Zuruf: ›Lululu, Lululu, Lululu.‹ Dieser monotone Zuruf wirkte auf ihn wie Haschisch.« Und in dieser Stimmung versicherte er die »dreihundert Millionen Mohammedaner« seiner Freundschaft. Aber in Wilhelm II. steckte auch das andere Schwarzweißbild, für das die Türken der altböse Feind und die Widersacher der Türken auf dem Balkan christliche Helden waren. Im Oktober 1912, nach Ausbruch des ersten Balkankrieges, als der Türkei der Zusammenbruch drohte, sah man den Kaiser »mit fliegenden Fahnen ins Lager der Balkanstaaten« übergehen und mit der griechischen Kronprinzessin Telegramme wechseln, »als ob ein neues heroisches Zeitalter für die ›Christenvölker‹ auf dem Balkan anbreche«. Nun tönte er, die »Orientfrage« müsse »mit Blut und Eisen gelöst werden« und die Türkei sei in Europa »überständig«. Am besten werde die asiatische Türkei gleich mit aufgeteilt: »Die einsichtigen Türken erwarten dies Schicksal bereits in Geduld.« Aber keine zwei Jahre darauf war die Türkei deutscher Waffenbruder und waren die Balkanstaaten von wackeren Christenhelden wieder zu »Galgenvögeln« geworden![52]

Zeitweise erhitzte Wilhelm II. sich auch für das Feindbild »gelbe Gefahr«. Es handelte sich dabei um ein in den 1890er Jahren zuerst in der anglo-amerikanischen Welt aufgekommenes Schlagwort (»yellow peril«), das je nach Lage mehr auf China oder auf Japan zielte. Die Deutschen hatten gewiß den geringsten Grund, sich mit den Ostasiaten anzulegen. Wenn die »gelbe Gefahr« gleichwohl auch in Deutschland herumgeisterte, so zeugt das von einem erschreckenden Bedarf an Feindbildern. Und Wilhelm II. griff dies Phantom, kaum daß es am Horizont auftauchte, bemerkenswert hurtig auf, ja wurde sogar, wie Ute Mehnert schreibt, zum »Chefpropagandisten« der »gelben Gefahr« in der Welt. Es war die Zeit des chinesisch-japanischen Krieges von 1894, als sich der Aufstieg Japans zur Hegemonialmacht Ostasiens abzeichnete. 1895 zeichnete Wilhelm II. eine Skizze mit der Unterschrift »Völker Europas, wahret eure heiligsten Güter!«, die als Mahnruf gegen die gelbe Gefahr gemeint war. Sie zeigt den Erzengel Michael, den Patron der Deutschen, als Anführer einer Gruppe allegorischer Frauengestalten, die die europäischen Nationen symbolisieren sollten. Der Erzengel weist in die Ferne auf eine brennende Stadt. »Die Rauchschwaden ballen sich zur Form eines Drachen zusammen, und über dem Qualm wird eine Buddhafigur sichtbar, die ›mit stieren, kalten Augen auf die Zerstörung blickt‹.« Das vom Hofmaler Knackfuß ausgeführte Bild zierte auf allerhöchste Weisung die Kajüten deutscher Passagierdampfer. Bismarck fand in dem Bild keinen Sinn: »Der Buddha stört mir die Auslegung.« In der Tat war die Art und Weise, wie Buddha in das Feindbild hineingebracht worden war, der größte Unsinn in dieser Allegorie. Es war wie eine angestrengte Abwehr jenes östlichen Ideals meditativer Ruhe, das für die »Nervösen« so verführerisch war. In diesem Sinne, meinte Hermann Hesse, habe der Kaiser sogar »unheimlich richtig gefühlt«: »Es war die Ansteckung Europas durch den Osten, es war das Zurücktaumeln des müden Europageistes zur asiatischen Mutter, das er mit Recht so sehr fürchtete.«

Bahr hatte den Buddhismus eine »Religion der Nerven« genannt; die Ostasiaten galten zu jener Zeit im deutschen Raum als Muster der Nervenstärke und auch der sexuellen Gesundheit; eine japanische Schauspielerin behauptete damals triumphierend: »In Japan ist kein Mensch nervös.«

Später, im Exil, vollzog Wilhelm II. wieder einmal eine Verkehrung der Feindbilder: »Wir werden die Führer des Orients gegen den Okzident! Mein Bild ›Völker Europas‹ muß ich jetzt ändern. Wir gehören ja auf die andere Seite!«[53]

Die immer wiederkehrende Mischung von enttäuschter Freundschaft und unterschwelliger Feindschaft schuf jenes Klima der Gereiztheit, das für die wilhelminische Außenpolitik so typisch ist und am Ende die

Empfindung verbreitete, daß offene Feindschaften etwas Erlösendes hätten. Da konnte der Wirrwarr der Feindbilder so quälend werden, daß der Gedanke einer deutschen Einkreisung etwas Beruhigendes bekam; dann bestand eine feste Front, die es gestattete, alle störenden Mächte auf einmal zu hassen, und das Hin- und Herschwanken hörte endlich auf. 1908 erklärte Wilhelm II. vor einem militärischen Publikum: »Er wisse wohl, daß man uns einkreisen wolle, aber der Germane habe nie besser gefochten, als wenn er von allen Seiten angegriffen wurde. Und sie sollten nur kommen.« Die Alldeutschen hatten schon seit geraumer Zeit vorgemacht, wie man den Eindruck ruhiger Charakterfestigkeit erweckte, wenn man sich eine von allen Seiten anbrandende feindliche Flut einbildete. Es war eine Erlösung aus der politischen Neurasthenie durch die politische Paranoia. Mit einer gewissen Gesetzmäßigkeit bewegte sich diese Mentalität zum Antisemitismus hin; denn das Phantom des internationalen Juden war am besten geeignet, die verschiedenen Feindbilder zu einem zu verschmelzen. Selbst Harden, der seine jüdische Herkunft zu spüren bekam, schildert den Wiener Antisemiten Lueger als Ideal eines glücklichen Menschen »ohne Nervenschwachheit«. So ist es kein Zufall, daß auch Wilhelm II., dem jegliche bäuerlich-kleinbürgerlichen Motive der Judenfeindschaft fehlten, als Antisemit schlimmster Sorte endete: Die Ruhe im Haß fand er am besten bei diesem Feindbild.[54]

Die weiche Seite des Wilhelminismus und ihre Blamage, oder: Ver- und Entzauberung der Welt

JEDE GESELLSCHAFT – so hören wir in neuerer Zeit immer wieder – hat diejenigen psychischen Leiden, die sie akzeptiert und ermutigt. Wenn das stimmt, dann müßten diese Leiden Rückschlüsse auf die Gesellschaft zulassen. Aber wie steht es mit der Neurasthenie? Was besagt sie über die gesellschaftlichen Normen und Leitbilder des Kaiserreichs?

Bei dieser Frage steht man zunächst vor einem Rätsel. Denn die kaiserlich-deutsche Gesellschaft, so wie man sie sich heute oft vorstellt, könnte ein derartiges Leiden eigentlich in keiner Weise ermutigt haben: Jeder, der damals etwas auf sich hielt, müßte sich – so sollte man meinen – geschämt haben, mit einer solchen Krankheit zu kommen. Dirk Blasius glaubt, »nur Stärke, seelische wie körperliche«, seien »im Zeitalter des Wilhelminismus gefragt« gewesen.[55] Wie konnten sich dann ganze Massen ehrenwerter Männer zur Nervenschwäche bekennen?

Auf diese Frage gibt es zwei mögliche Antworten; und beide enthalten ein Stück Wahrheit. Die erste Antwort wäre die, daß die Neurasthenie im Kern eben *keine* gesellschaftliche Mode, sondern bittere Realität war, und zwar in einem Maße, daß sie sich selbst gegen konträre gesellschaftliche Leitbilder durchsetzte. In der Tat enthalten die Zeitzeugnisse eine Menge Evidenz, die in diese Richtung weist. Dennoch waren Begriffe wie »Nervosität« und »Neurasthenie« nicht bloße Abbilder von pathologischer Wirklichkeit, sondern enthielten auch ein Element der Konstruktion. Und das führt zu der anderen Antwort: Die deutsche Gesellschaft muß zumindest in der Phase, als sich das Neurastheniekonzept verbreitete, anders gewesen sein, als man sie sich heute gemeinhin vorstellt; sie kann nicht nur Leitbilder der Härte, des Heroismus und der Hochleistung enthalten haben. Wenn bislang noch nie eine Sozialgeschichte der deutschen Nervosität gelang, obwohl sich das Thema von den Quellen her derart aufdrängt, so hängt das vermutlich auch damit zusammen, daß man von der »weichen« Seite der kaiserlich-deutschen Gesellschaft bisher keine klare Vorstellung besaß. Eigentlich begegnet man ihr in den Zeitzeugnissen auf Schritt und Tritt; aber moderne Historiker haben sich daran gewöhnt, all die blumigen und gefühlsseligen Passagen als Phrasen zu betrachten und über sie hinwegzulesen.

Der Begriff »Nervosität« suggerierte eine Einheit von Phänomenen, die durchaus nicht automatisch als zusammengehörig begriffen werden; und wenn man überlegt, was dieser Begriff unter einen Hut brachte, und dies mit den gesellschaftlichen Normen jener Zeit vergleicht, gerät man ins Staunen. »Nervosität« konnte sich auf einen angstvollen und verzagten, aber auch auf einen begehrlichen und aggressiven Zustand beziehen: Dieser Ausdruck begriff beide Zustände – den unmännlichen und den männlichen – als eine innerlich verwandte Unruhe. Nervosität bezeichnete nicht selten eine Gemütsverfassung, die man bis dahin schlicht und einfach »Angst« genannt hätte; aber als »Nervosität« wurde dieser Zustand zu einer Nervenregung, für die das Ich keine moralische Verantwortung trug. »Nervosität« konnte auch Unverträglichkeit, Aggressivität meinen; da besaß der Begriff ebenfalls eine moralische Entlastungsfunktion, aber er deutete auch darauf hin, daß eine leichte Erregbarkeit nicht unbedingt etwas mit Mannesmut, sondern oft auch mit nervlicher Schwäche zu tun hatte und vielleicht sogar mit Ängstlichkeit zusammenhing. Noch seltsamer: Begriffe wie »Nervosität« vereinten Menschentypen, die in moralischer Hinsicht Antipoden waren: den leistungsbesessenen Mann, der seine Kräfte aufs äußerste strapaziert, und den trägen und wehleidigen Wollüstling, der sich durch Ausschweifungen schwächt oder sich seine Leiden sogar nur einbildet, um ewig von Badeort zu Badeort reisen zu können. Da schon bald keiner mehr bezweifelte, daß auch sehr viele normale Menschen mehr oder weniger nervös seien, hatte der Begriff »Nervosität« nichts Ausgrenzendes, sondern erinnerte an ein allgegenwärtiges Element der Schwäche in jedem Menschen. »Nervosität« vereinte Kommerzienräte und Arbeiter, Männer und Frauen, Deutsche und Juden. Von daher kann es verblüffen, welch enorme Popularität dieser Begriff in einer Gesellschaft erlangen konnte, die gemeinhin als konservativ-patriarchalisch und militant-chauvinistisch gilt.

Aber diese Gesellschaft war, insgesamt gesehen, durch eine dialektische Spannung charakterisiert: Ihre »harten« Züge entwickelten sich als Abwehrreaktion auf konträre Eigenschaften. Der Kult des »Energischen« spiegelte ein weitverbreitetes hypochondrisches Schwächegefühl. Dieser Zusammenhang war schon manchen Zeitgenossen evident: »Aus Angst vor der eigenen Weichheit zeigen viele von uns eine übermäßig betonte Männlichkeit«, und daher seien wir »nervös überreizt« – so der Autor eines Frankreich-Buches 1913. Selbst der spätere Pazifist Hellmut von Gerlach fand die Deutschen um 1900 »zu weich«.[56] Die langen Neurastheniker-Anamnesen sind Dokumente einer Zeit, in der man über Freuden und Leiden viel Worte machte und durch Klagen über körperliche und seelische Beschwerden eine Atmosphäre der Intimität schuf.

Neurasthenie entstand durch Überarbeitung und schuf eine Disposition für schwere Geistesstörungen: So lehrten es viele Ärzte, und diese Furcht schuf ein Gefühl der Verbundenheit mit den Geisteskranken. Die preußisch-konservative »Kreuzzeitung« veröffentlichte 1892 einen flammenden Aufruf mit vielen prominenten Unterzeichnern gegen die damalige Praxis der Zwangseinweisung in Irrenanstalten; die neokonservative »Zukunft« brachte 1906 den anklagenden Bericht einer Frau, die wegen eines 17jährigen Zwangsaufenthalts in einer Irrenanstalt eine vierjährige Kampagne geführt hatte. Es war der sozialdemokratische Hygieniker Alfred Grotjahn, der darüber klagte, daß Geistesgestörte viel zu selten für gemeingefährlich erklärt würden und die deutsche Öffentlichkeit die Anstaltseinweisung von »Nerven- und Geisteskranken« mit übertriebenem Mißtrauen betrachte.[57]

Nach den Lehrmeinungen der Jahrhundertwende mußten sich viele Deutsche, wenn sie sich nicht schon nervös fühlten, als potentielle Neurastheniker vorkommen und daher für sanfte Heillehren empfänglich sein. Theodor Lessing konnte gegen den Vorwurf, »die Antilärmbewegung sei der Aufstand der Neurastheniker«, auftrumpfen: »Wollen Sie, meine Herren, im Vollgefühl Ihrer besseren Nervenkraft alle diese Leidenden totschlagen? Wer bürgt Ihnen dann, daß Sie nicht morgen oder übermorgen der großen Armee der Leidenden eingereiht werden? ...

Wenn Sie heute gegen alle Geräusche der Stadtkultur unempfindlich sind – ein kleiner Anfall von Influenza, ein paar schlaflos durchwachte Nächte voll Sorge oder Gram genügen, um auch Sie genau so empfindlich zu machen wie die Nervösen, von deren Tyrannei Sie fabeln, während Sie sich selber zu ihrem Tyrannen aufwerfen.«[58] Wenn selbst ein Bismarck seine Nervenkrisen hatte: wer wollte es wagen, auf seine Nervenstärke wie auf einen sicheren Besitz zu pochen?

Diederich Heßling, der »Untertan« Heinrich Manns, galt später oft als der Prototyp des wilhelminischen Deutschen; aber auch er übt sich in Härte, um seine Sentimentalität zu verbergen: »Diederich Heßling war ein weiches Kind«, beginnt der Roman.[59] Wenn das Duell in jüngster Zeit wiederholt als charakteristischer Ausdruck der im Kaiserreich herrschenden Mentalität hingestellt wird, so macht Heßling jedoch als Student die tief beruhigende Erfahrung, daß die Mensur eigentlich gar nicht schlimm ist und sich im Rahmen bierseliger Gutmütigkeit abspielt. Unter all den Ängsten, von denen die Neurasthenikergeschichten wimmeln, begegnet die Angst vor dem studentischen Duell nur sporadisch. Die »burschikose« Art, die die Verbindungen pflegten, hatte ihre rüden, aber auch ihre behaglichen Seiten; es war eine Zwanglosigkeit unter Männern. Die an die Korporationen geknüpften Protektionssysteme verhießen Erlösung vom »Kampf ums Dasein«. Im übrigen war die Korporationskultur keineswegs allesbeherrschend; selbst innerhalb des nationalistischen Akademikermilieus waren die Empfindungen gespalten. Ausgerechnet Treitschke, der Abgott der Nationalisten, bekannte als Student, ihm sei das »Paukunwesen« »verhaßt«. Für die herrschenden Kreise des wilhelminischen Deutschland war das Duell als Ehrbeweis ohne Bedeutung; Norbert Elias bemerkt sogar zwischen Hofgesellschaft und »satisfaktionsfähiger« Gesellschaft eine gewisse Konkurrenz.[60]

Das feudal-agrarische Element in der politischen Kultur des kaiserlichen Deutschland war zwar eng mit der Militärkaste verbunden, aber enthielt auch einen quietistischen Zug. Man kann diesen selbst bei Bismarck beobachten, der in älteren Jahren immer öfter seine »Nerven« vorschützte, um sich monatelang auf seine Landgüter zurückzuziehen. Viele adlige Grundbesitzer hatten Sorge, den modernen Konkurrenzkampf nicht bestehen zu können, sondern am Ende finanziell und psychisch zerrüttet zu werden wie der Freiherr von Rothsattel in Gustav Freytags »Soll und Haben«. Ein Graf Armin-Schlagenthin schrieb eine Broschüre, um die darwinistische These zu widerlegen, daß der »Kampf ums Dasein« die Höherentwicklung fördere: Jeder Züchter wisse, daß diese These Unsinn sei und man keine besseren Schweine bekomme, indem man diese im Kampf um eine beschränkte Nahrungsmenge einfach sich selbst überlasse.[61] Aus der Sicht des Landadels wirkte der »Kampf ums Dasein« ähnlich fatal wie aus der Sicht der Neurasthenielehre. Diese nährte auch außerhalb der Agrarier das Grundgefühl, daß eine ländliche Gegenwelt zum Reich der Industrie schon um der psychischen Gesundheit willen dringend vonnöten sei. Insofern förderte das der Nervenschwäche entspringende Schutzbedürfnis im Endeffekt die feudal-agrarischen Elemente des kaiserlichen Deutschland; aber damit betrieb es nicht automatisch die Militarisierung der Gesellschaft. Die Vorherrschaft des Adels im Offizierskorps setzte lange Zeit der Expansion des Heeres und auch der rigoroseren Anwendung des Leistungsprinzips beim Avancement enge Grenzen.

Selbst der Sozialdarwinismus war im Vorkriegsdeutschland längst nicht so hart, wie es oft heißt. Die weitaus wirkungsvollsten deutschen Populärdarwinisten waren Ernst Haeckel und sein Freund Wilhelm Bölsche, der Verfasser des Bestsellers »Das Liebesleben in der Natur« (1898–1902). In deren Darwinismus spielt der »Kampf ums Dasein« weder eine markante noch eine besonders rühmliche Rolle. Namentlich Bölsche schwelgt ganz und gar in einem schwärmerischen Kult der Liebe: einer Verherrlichung des Sexus in vielerlei Gestalt. Sein durchschlagender Erfolg paßt schlecht zu der Vorstellung eines knochenharten und körperfeindlichen Zeitgeistes!

Nicht einmal der politischen Opposition bot das kaiserliche Deutschland, vergleicht man es mit anderen Herrschaftssystemen jener Zeit, herausfordernd harte Fronten. Wenn es im Deutschen Kaiserreich nichts der Dreyfus-Affäre Vergleichbares gab, dann wohl nicht deshalb, weil es an Rechtsgefühl und Courage gefehlt hätte, sondern schlichtweg aus dem Grund, weil die deutschen Gerichte kein derart aufreizendes Exempel einer zynisch-brutalen und an höchster Stelle ausgeheckten Rechtsbeugung boten. Den kaiserlich-deutschen Sozialdemokraten ist später oft ihr mangelnder revolutionärer Elan und ihre biedere Korrektheit vorgeworfen worden; aber dabei wurde zuwenig bedacht, daß das Kaiserreich bei all seinen Schikanen gegenüber der Arbeiterbewegung doch nie wirklich die Schwelle zum Terror und systematischen Rechtsbruch überschritt, zumindest nicht nach dem Ende des Sozialistengesetzes.[62]

Obwohl Wilhelm II. ein unruhiges Naturell besaß, standen die Anfänge seiner Regierung gegenüber der späten Bismarckzeit in mancher Hinsicht eher im Zeichen des Strebens nach Beruhigung. Er trennte sich rasch von dem kriegslüsternen Waldersee und bezeichnete es auf der Nordlandreise 1892 als einen »Erfolg«, daß »die ewige Beunruhigungspolitik Bismarcks einer friedlichen Lage nach außen Platz gemacht hat«. Tatsächlich hatte sich gegen Ende der Ära Bismarck in Berlin eine

»Kriegspsychose« entwickelt, auch wenn Bismarck selbst, bevor es ernst wurde, die Rolle des Besonnenen zu übernehmen pflegte. Eine Atmosphäre latenter Spannung schuf auch der Bismarcksche Kampf gegen die Reichsfeinde, die Verfolgung der Sozialisten und das Spiel mit Staatsstreichplänen. In all diesen Punkten brachte der »neue Kurs« Wilhelms II. eine deutliche Entschärfung. Später charakterisierte Harden die Zeit, als Bismarck den Abschied erhielt und Eulenburgs Lieder den jungen Kaiser entzückten, als eine Ära, in der »die Nerven sich nach Entspannung sehnen«. Eulenburg hegte eine »unsagbare Sehnsucht« nach Ruhe, und sei es die Ruhe des Todes.[63] Und sein Freund Bülow, der Lieblingskanzler Wilhelms II., war geradezu darauf spezialisiert, unerschütterliche Ruhe und heitere Gelassenheit zur Schau zu tragen, selbst in unpassenden Situationen.

Die wilhelminische Wirtschaftskonjunktur trug dazu bei, eine Stimmung des Optimismus zu verbreiten. Was viele für unmöglich gehalten hatten, gelang der Bülowschen Kunst der Balance im Verein mit dem wirtschaftlichen Aufwind: der Landwirtschaft einen Zollschutz zu verschaffen und doch den Fortgang des stürmischen Industrialisierungstempos zu sichern. Auch wenn es längst nicht alle wahrhaben wollten, so war doch ein nationaler Grundkonsens im Werden, der von den Konservativen bis zu den Sozialdemokraten reichte; die Augusttage von 1914 machten nur etwas sichtbar, was latent schon vorher bestand. Eigentlich waren die Bedingungen für eine politische Entspannung unter Wilhelm II. günstiger als zuvor.

Die beiden Politiker, die während der zwei ersten Jahrzehnte der Regierungszeit Wilhelms II. den größten Einfluß ausübten, Eulenburg und Bülow, suchten diese Chance auf ihre Art zu nutzen. Philipp Eulenburg war ganz von dem Wunsch erfüllt, das Neurasthenikerideal wohliger Ruhe auf die Politik zu übertragen, und sein Freund Bülow, wenn auch aus härterem Stoff, war stets am meisten in seinem Element, wenn er um sich herum eine sonnige Aura verbreitete. Beide verstanden es mit ihrer sinnlich-schwärmerischen und phantasievollen Art – die bei Eulenburg aus der Seele kam, bei Bülow zum Teil gespielt war –, um sich herum eine Zauberwelt zu schaffen, in der Wilhelm II. sich glücklich fühlte. Die Troubadourromantik, mit der Eulenburg Wilhelm schon in seiner Prinzenzeit umgab, bedeutete für diesen eine »süße Droge« (Röhl). In Eulenburgs »Liebenberger Tafelrunde«, wo der Kaiser in absentia »Liebchen« genannt wurde, konnte Wilhelm je nach Laune eine feminine Rolle spielen oder auch Kindheitsspäße nachholen. Durch die Harden-Prozesse drang vieles davon an die Öffentlichkeit: Noch 1930 erinnert ein Artikel der »Weltbühne« an die »weibische Atmosphäre des berliner Hofs« wie an eine bekannte Tatsache, obwohl Frauen am Hof Wilhelms II. eine bemerkenswert geringe Rolle spielten. Eulenburgs Sturz markiert jedoch im Umgangsstil der Hofgesellschaft einen Bruch, dessen Folgen tief in die Politik reichten.

Eulenburg war im politischen Getriebe eine seltsame Erscheinung, und noch merkwürdiger ist die Tatsache, daß er in einem Staat mit so ausgeprägt bürokratischen und militaristischen Zügen über ein Jahrzehnt einen erheblichen Einfluß ausüben konnte. Im Alter schrieb er, er habe »immer ein zu weiches Herz gehabt«; schon als Kind sei er »von grenzenlosem Mitleid beherrscht worden«. Der Staatsdienst war für ihn eine »Qual« und das Auswärtige Amt mit seinen »aufgeregten Nervositäten« die »Hölle«; wie er 1895 an Holstein schrieb, war es ihm eines der »größten Rätsel«, wieso er, Holstein, nach 20 Jahren in diesem Amt »immer noch Nerven« habe. Er war, wie er selber gestand, »kein Kanonenmensch« und liebte nicht die Kasinoatmosphäre; ihm war auch »der Anblick einer jeden Maschine verhaßt«. Er trank lieber Mineralwasser als Bier, schätzte das Schwimmen und verabscheute den Tabakqualm; darin stand er der Gesundheits- und Lebensreformbewegung nahe. Über seine politischen Schwächen machte er sich nichts vor: Als er 1893 Staatssekretär des Äußeren werden sollte, sträubte er sich – »Ich armes Huhn, zum Adler zurecht gemacht!« – und ließ sich auch von Bülow nicht einreden, daß er nicht als »armes Huhn«, sondern als »treuer, kluger, edler Wachhund« dastehen werde. Wilhelm II. hätte, wie er Bülow offen sagte, am liebsten nicht ihn, sondern Eulenburg zu seinem Kanzler gemacht; der jedoch habe sich mit seinen im kaiserlichen Dienst verschlissenen »Nerven« entschuldigt.[64]

Man erkennt bei Eulenburg ein bestimmtes politisches Ideal, bei dessen Verwirklichung er zeitweise sogar einige Erfolge hatte: das Ideal der Herrschaft durch das Charisma eines um den Kaiser gescharten und einander durch Liebe und romantische Träume verbundenen Freundeskreises, der die lieblose Öde der Bürokratie und die Kompliziertheit des modernen Politikbetriebes überwindet. Eulenburg, der mit Jacob von Uexküll, dem Schöpfer des modernen »Umwelt«-Begriffes, befreundet war, übernahm von ihm die Auffassung, daß jedes Lebewesen die ihm zukommende Umwelt brauche und – der Objektivität der Welt unbeschadet – hervorbringe; diese Weltanschauung gab ihm »das Gefühl der unbegrenzten Freiheit«. In der Tat, für geraume Zeit verstand er sich selbst darauf, sich eine menschliche Umwelt aufzubauen, die vieles Befremdende der Außenwelt verdeckte. Harden höhnte 1906 über die in Schlüsselpositionen gerückten Eulenburg-Freunde: »Lauter gute Menschen. Musikalisch, poetisch, spiritistisch ... und in ihrem Verkehr ... von rührender Freundschaftlichkeit.« Holstein, der spröde und kontaktscheue Hagestolz mit seiner »fast grausigen Nüchternheit«, wirkte in diesem Milieu wie ein Alberich, dessen Macht sich darauf gründete, daß er der Liebe entsagt hatte.[65]

Die Freundeskreis-Politik funktionierte am besten dann, wenn die politische Belastbarkeit der Freundschaften möglichst wenig auf die Probe gestellt wurde. Das Eulenburgsche Freundschaftsideal wurde dagegen gefährlich, wenn man es auf die Außenpolitik zu übertragen suchte, wo es Freundschaften im intimen Sinne auf die Dauer nicht gab. Wilhelm II. ließ sich durch seine enge Verwandtschaft mit dem russischen Zaren und dem englischen Königshaus zu der Illusion verleiten, daß auch die Beziehungen Deutschlands zu seinen mächtigsten Nachbarstaaten im Stile persönlicher Freundschaften zu regeln seien; diese Illusion verstärkte die deutsche Unfähigkeit, auch nur zu einer dieser beiden Mächte ein stabiles Vertrauensverhältnis aufzubauen. Immer wieder belastete Wilhelm II. die Beziehungen zu England und Rußland mit überzogenen emotionalen Erwartungen und reagierte regelmäßig wütend und enttäuscht, wenn sich diese Erwartungen nicht erfüllten. »Nicky und ich sind als innig, sich zärtlich liebende und absolut auf einander bauende Freunde wieder geschieden«, schrieb er 1897 an »Phili« über einen Besuch beim Zaren; um so größer die Wut, wenn »Nicky« die Freundespflichten vergaß.[66]

In der wilhelminischen Anfangszeit präsentierte sich jedoch die politische Bühne eher in rosigem Licht. Das Bühnenbild wechselte gegenüber den 8oer Jahren von der »sozialen Frage« zur »Weltpolitik«, also gleichsam von den Berliner Hinterhöfen nach Samoa. Zeitweise sah es so aus, als stehe die ganze Welt offen. In dieser Stimmung der Euphorie wirkte das, was später als neurasthenische Unentschlossenheit galt, noch als Fülle der Freiheit. Bismarcks »cauchemar des coalitions« – die alptraumartige Angst vor einer großen gegnerischen Koalition – wurde von seinen nächsten Nachfolgern nicht geteilt; man hielt eine Allianz zwischen Rußland und England für so unmöglich wie eine Heirat von Bär und Walfisch. Nicht nur in der Innen-, sondern auch in der Außenpolitik schien sich eine Entspannung abzuzeichnen. Bülow versicherte, Deutschland brauche nicht mehr wie in den ersten Jahrzehnten nach der Annexion Elsaß-Lothringens zu befürchten, »Gegenstand eines konzentrischen Angriffs« zu werden. »Die großen Ziele der heutigen Interessenpolitik – Mittelmeer, Byzanz (sic!), Persien, Ostasien – sind Fragen, denen gegenüber wir die Freiheit der Entscheidung haben.« 1906, als die Bülowsche »Weltpolitik« für ihre Kritiker zur ziellosen Allerweltspolitik wurde, schrieb Harden in der »Zukunft« über Bülow: »Der ist ein Kanzler für Sonnentage. Ein Wohlgenährter, der nachts gut schläft. Dem würde in

Gewittern keiner sich anvertrauen. Der müht sich deshalb eifernd auch stets um den Beweis, daß der Horizont heiter ist... Er gehört zu den schwachen, lauen, schwindligen Seelen, deren Sehnsucht und Stolz ist, keinen Feind zu haben.«[67]

Als glänzendster Erfolg der Bülowschen »Weltpolitik« galt in vielen Augen der Erwerb der beiden größten Inseln von Samoa Ende 1899. Diese Trauminseln waren ein für Bülow typisches Ziel, das seinem geflügelten Wort von dem »Platz an der Sonne«, den Deutschland verlange (1897), einen konkreten Inhalt gab. Seit der Berliner Samoaakte von 1889 hatte ein deutsch-englisch-amerikanisches Kondominium über diese Inselgruppe bestanden. 1899 erschien Deutschlands Stellung auf Samoa bedroht, und mit den beiden anderen Signatarmächten entstand ein offener Konflikt. Bülow berichtet, Tirpitz habe schon befürchtet, wegen Samoa werde ein großer Krieg ausbrechen und die deutsche Seemacht zugrunde richten, ehe noch die ersten deutschen Schlachtschiffe vom Stapel gelaufen seien. Da hatte Bülow seinen großen Augenblick, wo er mit Erfolg den Nichtnervösen spielen konnte: »Alles würde sich beruhigen, wenn wir nur nicht selbst die Nerven verlören.« Er profitierte davon, daß sich England wegen des damals ausbrechenden Burenkrieges einen Konflikt um Samoa nicht leisten konnte. Als der Besitz der beiden Hauptinseln gesichert war, telegraphierte Wilhelm II. voll Begeisterung an seinen Kanzler, er sei »der reine Zauberer, den Mir ganz unverdienterweise der Himmel in seiner Güte bescherte«.[68]

Die Verzauberung durch Samoa war nicht nur eine Anwandlung des Kaisers, sondern ein kollektiver Rausch. Zunächst gab es eine Phase allgemeiner Wut, als deutsche Interessen auf Samoa verletzt wurden. Professoren donnerten vom Katheder über die »Schmach von Samoa«, und ihre Studenten trampelten vor Begeisterung. Derweil seufzte der Freiherr von Richthofen, Unterstaatssekretär im Auswärtigen Amt, ganz Samoa sei nicht die Spesen wert, die für die Telegramme zwischen Berlin und Apia verpulvert würden. Bülow dagegen erklärte im Reichstag, »am höchsten« stelle er den »Wert, welchen Samoa für das deutsche Empfinden hat und für das deutsche Selbstgefühl«. »Fast nie« habe Bülow »eine derart fieberhafte Aktivität entwickelt« wie in der Samoafrage, urteilt eine neuere Untersuchung. Alfred Vagts, der den Samoakonflikt am gründlichsten untersucht hat und die imperialistische Stimmung vor 1914 noch aus eigener Jugenderfahrung kannte, beschreibt die fast süchtige Samoabegeisterung als internationales Phänomen: Eine »tiefgelagerte Strömung von Urgefühlen, verbrecherischen wie reinen«, habe den Imperialismus »an den Strand der Samoaner« getrieben, »die sich lange die Verheerungen des Alkohols und der Syphilis vom schönen Leibe fernzuhalten vermochten«. Mit Samoa verband sich der Traum einer Verbindung von Sinnlichkeit und Gesundheit – und von exotischer Ruhe. Dem »Zivilisationsmenschen und Neurotiker« sei der Samoaner ein »unverdorbener, auch sexuell ungehemmter, dem Arbeitszwang überhobener Revenant, der Wiedergänger aus seinem eigenen goldenen Zeitalter, das in Europamerika längst versunken ist«. Alle Wunschträume der neurasthenischen Ära vereinten sich auf Samoa! Mit der »Perle der Südsee« wurden »die Tagesprobleme der deutschen Politik bestrichen wie mit einem magisch nationalen Reinigungsstein«.[69]

Aber die 1906 zur Lösung der Marokkokrise einberufene Konferenz von Algeciras, als das Deutsche Reich seine internationale Isolation erstmals empfindlich zu spüren bekam und trotz großem politischem Aufwand nicht den kleinsten Stützpunkt in Marokko gewann, bedeutete den ersten großen Absturz für die wilhelminische Euphorie. Nach Algeciras, schrieb Harden, wirke »der Nimbus deutscher Politik nicht mehr mit alter Kraft«. »Ein Zauberbann dreißigjähriger Gloria ward gebrochen.« Im Sommer 1905, als Frankreichs russischer Verbündete durch die Niederlage gegen Japan gelähmt war, verbreitete sich in Deutschland blitzartig die Idee, Frankreich durch einen Krieg zum kolonialen Zurückweichen zu zwingen. Die spritzige Aristokratin Rina, der Harden in der »Zukunft« eigene Gedanken in den Mund legt, fängt bei dem Gedanken »Krieg!« zuerst an zu weinen, aber dann bibbert sie vor Kriegslust. »Habs in den Nerven«, jetzt müsse der Krieg kommen, »die Gelegenheit kommt nicht wieder«.[70] Damals formierte sich erstmals eine Front der Hardliner, die eine Politik der unverhüllten Kriegsdrohung und Kriegsbereitschaft verfochten, während Kaiser und Reichskanzler – damals noch – in dem Moment zurückzuckten, wo die Aussicht auf Krieg konkret wurde. Von da an gehörte der Vorwurf schwacher Nerven zum permanenten Arsenal der politischen Auseinandersetzung. Es wurde in der Politik immer gefährlicher, als »nervenschwach« zu gelten.

Mit dem Eulenburg-Skandal, der Daily-Telegraph-Affäre und der zweiten Marokkokrise wurde die Ernüchterung und Verhärtung perfekt. Für die Imperialisten hatte sich die offene in eine geschlossene Welt verwandelt, die nur noch durch einen Gewaltakt aufzusprengen war. Die abwartende Politik der »freien Hand« wurde zu neurasthenischer Unentschlossenheit und die Kriegsbereitschaft zum Beweis der Gesundheit.

Die wilhelminische Euphorie war jedoch schon vorher anfällig für Enttäuschungen; sie schuf eine unruhige Seelenlage. Von Anfang an wurde sie von einer Stelle besonders empfindlich gestört: von Bismarck und seinen Getreuen. Bismarcks Sturz war – psychologisch gesehen – die große Belastung der wilhelminischen Politik und ein Hauptgrund, weshalb sie unter besonderem Erfolgsdruck stand; denn dieser Vatermord großen Stils mußte nachträglich durch um so glänzendere Taten gerechtfertigt werden, zumal er ohne einen nach außen hin klaren und zureichenden Grund begangen worden war. Neurotische Elemente der wilhelminischen Politik haben ihren Ursprung nicht zuletzt in dem Phantomkampf mit dem Schatten Bismarcks.

1894 schrieb Eulenburg seinem Kaiser, der Sieg über die Bismarckianer habe die »eingesetzten Kräfte« vollständig aufgebraucht. Denn ein »fortwährendes Kämpfen und Lavieren« zerstöre »die Nerven und das Gleichgewicht«. Seine zerrütteten Nerven als Beweis, was er im Kampf gegen Bismarck geleistet hatte! Im gleichen Jahr klagt er über die »mit einem ganz eigenen Höllengift geführte Bismarckfronde« – man spürt seine Angst vor dieser Opposition! Noch 1899 erinnerte er Wilhelm II. an die »namenlose schwere Zeit« der Entlassung Bismarcks, die ihm den »besten Teil« seiner »Nerven gekostet« habe; und auch Wilhelm ließ erkennen, wie sehr er an dieser Erinnerung litt. Bülow bemerkte in seiner Reichstagsrede vom 14. November 1906 – jener Rede, in der er erklärte, »wir« seien »in Deutschland allzu nervös geworden« –, das »Dogmatisieren des Fürsten Bismarck« sei »bei uns nicht nur zu einer Manie, sondern beinahe zu einer Kalamität geworden«. Wie Ernst Jäckh schreibt, verursachte Bismarcks Verabschiedung einen »Riß« durch die »Berliner politische Gesellschaft und selbst durch das Auswärtige Amt«, der die Atmosphäre auf lange Zeit vergiftete; an der Stellung pro oder kontra Bismarck gingen Freundschaften zu Bruch. Bald gab es nicht nur mehr alte, sondern auch neue Bismarckianer: Maximilian Harden schuf den Bismarck-Anhängern mit seiner 1892 gegründeten »Zukunft« ein hochattraktives publizistisches Organ, das dem Bismarckkult einen Anschein neuer Jugendlichkeit verlieh. In dem meistgelesenen Orakelbuch jener Zeit, Julius Langbehns »Rembrandt als Erzieher«, das von einem sich durch »Bescheidenheit und Ruhe« auszeichnenden »heimlichen Kaiser« der Zukunft träumt, stand über Bismarcks Abgang geschrieben: »Es sollte die Deutschen heiß überlaufen, wenn das Bild ihres größten Helden – seit dreihundert Jahren – sie jetzt fragend und vorwurfsvoll anblickt.«[71]

Aber welche Frage lag in diesem Blick? Die Opposition dieser Bismarckianer hatte dadurch etwas besonders Zermürbendes, daß ihre Kritik diffus war und es nie ganz klar wurde, was sie eigentlich wollten. Wilhelm II. mußte das Gefühl bekommen, daß – egal was er machte – in den Augen der Bismarck-Anhänger immer alles falsch war. Die Historiker hatten gewöhnlich Schwierigkeiten, mit der Kluft zwischen Bismarckianern und Wilhelminern etwas anzufangen, da oft schwer zu sagen war, um welche sachlichen Differenzen es eigentlich ging; dennoch hat diese Kluft dem Kaiser und seinem Gefolge mehr zu schaffen gemacht als die Opposition von Parteien des Reichstags. In dieser Spannungszone wurde die Mentalität parteibildend: ob einer den sonnigen oder den schwarzseherischen Blick hatte, ob er Optimismus oder Besorgtheit zur Schau stellte und ob er zur friedlich verstreichenden Zeit ein freundliches oder feindseliges Verhältnis pflegte. Ursprünglich war die nervöse Reizbarkeit auf seiten der Bismarckianer, während im Eulenburg- und Bülowkreis die Ruhe oder zumindest Ruhesehnsucht kultiviert wurde. Aber spätestens ab 1906 verstanden es die Bismarck-Nachfolger, ob Hardenscher oder alldeutscher Observanz, den Spieß umzudrehen und sich als die Partei der gesunden Härte, die Gegenseite jedoch als die Partei dekadenter Weichheit hinzustellen. Das ging um so leichter, als die Ruhe inzwischen nicht mehr unbedingt als Urquell der Nervenstärke galt. Die Bismarckianer, die ebensowenig wie die Wilhelminer ein klares politisches Ziel besaßen, hatten doch ein personelles Angriffsobjekt gefunden: »Phili« Eulenburg und seinen Kreis der effeminierten Männer!

Die gegen Eulenburg gerichteten Verdächtigungen, die auf seine homophilen Neigungen anspielten, stammten ursprünglich von niemand anderem als von Bismarck selbst; durch ihn geriet Harden auf diese Fährte. Seine Sticheleien gegen das Eulenburgsche Freundschaftsgeflecht begannen schon bald nach der Gründung der »Zukunft«, blieben aber lange Zeit ein beiläufiges Geplänkel. Aber im Laufe der Jahre verdichteten sich diese Seitenhiebe zu einem Großangriff. Harden, der eigentlich Witkowski hieß und dessen angenommener Name später wie ein Omen der Härte wirkte, spezialisierte sich im Lauf der Jahre auf boshafte Spitzen gegen alles Weiche in der wilhelminischen Führungsschicht.

Er forderte, »an die Stelle der Schwätzer« sollten »die Männer der Tat« treten; dann werde es »dem Deutschen Reich besser gehen«. Er kannte die Schwächen der Schwätzer aus eigener Erfahrung; denn auch er gehörte zu ihnen. Er hatte ein Gespür für alles Nervöse und Zerfahrene; denn – wie Theodor Lessing über ihn schrieb – »der Grund seines reichzerklüfteten Wesens« war »eine ihn ewig gefährdende Reizsamkeit«. Er machte es dem Kaiser zum Vorwurf, daß dieser vor einem Krieg wegen Marokko zurückscheute; aber als Wilhelm II. 1914 tatsächlich zum Krieg schritt, bekam es Harden bald mit der Angst. Die Eulenburg-Affäre führte nicht nur »Phili«, das Opfer, sondern auch Harden selbst wiederholt an die Grenze des psychophysischen Zusammenbruchs. Es war ein Sich-Hochschaukeln der Nervositäten. Bismarcks einstiger Arzt Schweninger, der auch Harden behandelte, warnte ihn 1906 davor, seine »ohnehin so furchtbar überanstrengten Nerven« weiterhin zu überfordern.[72]

Harden, den Theodor Lessing als ein Beispiel für jüdischen Selbsthaß vorführte, verkörperte dazu den Selbsthaß der Nervosität.

Zum Großangriff auf die Eulenburg-»Kamarilla«, die »Liebenberger Tafelrunde«, schritt er nach Algeciras, als er die Überzeugung gewann, daß eine weichlich-süßlich-friedensselige Clique den Kaiser und seine Regierung davon abhalte, die deutsche Macht, wenn es hart auf hart gehe, durch Krieg oder offene Kriegsdrohung auszuspielen. Von nun an wurde Harden, wie Friedjung schreibt, »nicht müde«, »die Leser seiner ›Zukunft‹ hartzuschmieden«, und übertraf darin sogar die Alldeutschen. In der Zeit seiner Anti-Eulenburg-Kampagne reizte Harden den Kaiser bis aufs Blut und suchte in ihm den Eindruck zu erwecken, daß er nur durch eine kriegerische Politik seine Ehre retten könne. Weites Aufsehen erregte ein von Harden 1907 publizierter Artikel »Wilhelm der Friedliche«. Der Titel bezog sich auf eine angebliche Äußerung Clemenceaus, Wilhelm sei »ein Pazifist«. Harden meinte dazu, er habe gehört, es sei des Kaisers eigener Wunsch, »unter dem Namen Wilhelms des Friedlichen in der Geschichte zu leben«. »Unglückseliges Flötenspiel!« kommentierte er in Anspielung auf die musikalischen Neigungen des »Troubadours« Eulenburg. »Doch wenn ein deutscher Kaiser so unkriegerisch wäre, daß ihm auch der Versuch einer Demütigung nicht die Hand ans Schwert zwänge, würde das deutsche Volk, noch in Ungewittern, selbst sich sein Schicksal schmieden.« Im Juni 1908, als Harden in dem Fischer Jakob Ernst endlich einen standfesten Belastungszeugen gegen Eulenburg gefunden hatte und der Fürst zusammenbrach, triumphierte Harden: »Ein Zauberring ward gesprengt. Die süßen Zirper und Geisterseher kehren sobald nicht zurück.« Nun sei der Kaiser »frei«, befreit auch vom »Glauben an romantische Politik«.

Hardens Enthüllungen, die der Öffentlichkeit mit Raffinesse Stück für Stück über Jahre präsentiert wurden, waren eine europäische Sensation und erregten gebannte Aufmerksamkeit. Eulenburg bekannte resigniert, er sei zum »Popanz der Deutschen« geworden, bei dessen Nennung man »mit der Faust auf den Biertisch« schlage. Karl Kraus, einst ein Verehrer Hardens, schäumte nun vor Haß und Ekel über die Infamie, mit der Harden die Vorurteile gegen Homosexuelle mobilisierte, und zeigte sich entsetzt über den ungeheuren Widerhall dieses Kesseltreibens in Deutschland. Die unbegreifliche Beliebtheit des »Unlustknaben« Harden, so Kraus, zeige »die geistige Perversität dieses Volkes«; und in diesem Zusammenhang prägte er das Wort von den »Deutschen als dem Volk der Richter und Henker«, das heute gewöhnlich auf die NS-Verbrechen bezogen wird.[73]

Es war bezeichnenderweise der Kronprinz, ein entschiedener Advokat der Härte in der Politik, der dem Kaiser als erster Hardens Angriffe in der »Zukunft« vorlegte; dadurch machte er sich populär. »Niemals im Leben werde ich das verzweifelte, entsetzte Gesicht meines Vaters vergessen, das mich fassungslos anstarrte«, erinnerte er sich später. Der Kronprinz schob dieses Entsetzen auf die »moralische ›Reinheit‹« des Kaisers, der von sexuellen Perversionen in besten Familien bis dahin kaum eine Ahnung gehabt habe; in Wirklichkeit jedoch erklärt sich Wilhelms Erschrecken aus dem Bewußtsein der Gefahr, in die er selbst geriet. Zedlitz-Trützschler notierte im November 1907, der Eulenburg-Skandal habe den Kaiser »schließlich mehr angegriffen, als irgend jemand erwartete«. Ihm fiel jedoch auf, daß Wilhelm II. diese Peinlichkeit nicht zu verdrängen suchte. »Während er sonst der Wahrheit, wenn sie ihm unangenehm klingen könnte, geflissentlich aus dem Wege geht, hat es ihn hier doch einmal interessiert, alles zu hören.« Seine Reaktionen schwankten extrem; manchmal fiel er in tiefe Niedergeschlagenheit, dann aber schäumte er vor Wut auf die Presse. »Kurz, er hat sozusagen die Nerven verloren«, kommentierte sein Hofmarschall. Die Baronin Spitzemberg bemerkte in jener Zeit, daß bei Wilhelm II. und seiner Umgebung die »Brutalität« zunehme. Der Kaiser war ja nie nur der weiche Gefühlsmensch gewesen, als den ihn Eulenburg gerne haben wollte; um so heftiger kehrte er jetzt, als das Weiche in Mißkredit geriet, die harten Seiten seines Charakters hervor und ließ Eulenburg fallen.[74]

Der Eulenburg-Skandal hatte bislang seinen Ort mehr in einem anekdotenhaften Typus von Historie; aus der Sicht der politischen und der Sozialgeschichte wirkte er nicht gerade wie ein seriöses Ereignis. Dennoch hat Nicolaus Sombart wohl recht mit seiner These, daß die »politische Bedeutung« der Prozesse um Eulenburg »nicht hoch genug veranschlagt werden« könne. Mit seinem schonungslosen Kampf gegen Männer im Umkreis des Kaisers, die »im Notfall das Schwert« zu ziehen nicht bereit seien, habe Harden – so Sombart – die damals zum politischen Bewußtsein kommende Generation geprägt. Algeciras und die Daily-Telegraph-Affäre wirkten in die gleiche Richtung. Harden steigerte sich in die Vorstellung hinein, daß es eine große homosexuelle Verschwörung zu bekämpfen gelte; er habe einen Haufen Drohbriefe bekommen, aber sein Revolver sei geladen. In welchem Maße der Wirbel um die Eulenburg-Prozesse bis in psychische Tiefenschichten reichte, erkennt man daran, daß manche junge Männer damals an sich selbst Anzeichen der Homosexualität entdeckten, zugleich aber eine »Verfolgungsepidemie« (Löwenfeld) gegen Homosexuelle losbrach. Der preußische Kriegsminister forderte homosexuelle Offiziere auf, ihren Abschied zu nehmen; Erpressungen nahmen zu. Die Hiobsbotschaft ging um, die Deutschen stünden bei Ausländern im Verdacht, »in der Mehrheit gleich-geschlechtlich zu fühlen«. Hans Delbrück klagte über die »grauenhafte moralische Verwüstung«, die Harden in der »deutschen Volksseele« angerichtet habe, indem er die Beschäftigung mit sexuellen Perversionen in die Phantasie von Millionen »hineingedrängt« habe. In England hatte der Prozeß gegen Oscar Wilde 1895 ähnlich gewirkt; damals war es vorgekommen, daß Passanten auf der Straße einem langhaarigen Dandy »Hallo, Oscar!« nachriefen; aber bei der Eulenburg-Affäre war die Verknüpfung mit einer politischen Trendwende viel direkter. Die Wahrnehmung der Weltsituation verquickte sich mit der Wahrnehmung des eigenen Körpers: Auf beiden Ebenen drohte eine gefährliche Schwäche, die nur durch Härte zu bekämpfen war. Von nun an wurde es für die regierenden Kreise gefährlicher denn je, nach außen hin »weich« zu erscheinen: Wer diesen Ruf hatte, geriet sowohl in den Verdacht einer Schädigung der nationalen Interessen als auch in den eines Mangels an körperlicher und moralischer Gesundheit. Bezeichnenderweise wurde der schlimmste Nervenzusammenbruch Wilhelms II. im November 1908, noch unter dem frischen Eindruck der Daily-Telegraph-Krise, dadurch ausgelöst, daß der Chef seines Militärkabinetts, General von Hülsen-Häseler, tot umfiel, als er sich – nicht zum ersten Mal – vor dem Kaiser im kurzen Röckchen als Balletttänzerin produzierte. In der damaligen Krise erschien dieser Tod wie eine Strafe des Himmels für das Spiel mit effeminierter Männlichkeit. Holstein quittierte die Eulenburg-Affäre mit der Mahnung: »Die skandalösen Enthüllungen ... werden wir am besten dadurch überwinden, daß wir nach innen und außen eine feste und würdige Politik machen, welche die Nation aus dem Schlamm zu großen Zielen emporhebt.«[75]

Stadthygiene, Schulüberbürdung, Lebensreform: Das reformerische Potential der Nervensorge

»NERVOSITÄT« WAR EIN THEMA, zu dem den Schreibern vieles einfiel; es war noch vielseitiger zu gebrauchen als heute das Thema »Streß«.

Einen besonderen Gebrauchswert bewies das Nervositätskonzept in drei öffentlichen Dauerdiskussionen: dem Pro und Kontra über die moderne Großstadt, der Schulüberbürdungsdebatte und der Gedankenflut zu »Hygiene« und Lebensreform. Überall verband sich die Nervenlehre mit zeitgenössischen Reformbewegungen. In allen drei Fällen besaß das Nervenpalaver ein programmatisches Element.

1902 und 1903 erschienen unabhängig voneinander zwei Aufsätze mit gleichem Titel: »Nervenhygiene in der Großstadt«. Beide stammten von bekannten Neurologen: Albert Eulenburg und Otto Dornblüth; der eine hatte Berliner, der andere Frankfurter Erfahrungen vor Augen. Ebenfalls 1902 brachte der Berliner Nervenarzt Albert Moll eine Schrift über den »Einfluß des großstädtischen Lebens auf das Nervensystem« heraus; das Thema lag im Trend. Bei allen Autoren fällt auf, daß sie sich erst einmal ausführlich gegen den Verdacht der Großstadtfeindschaft verwahren, bevor sie darauf kommen, daß das Großstadtleben trotz aller neuer Errungenschaften der Stadthygiene doch eine besondere Belastung der Nerven mit sich bringt und nicht alle Warnungen vor der Großstadt aus hinterwälderischen Vorurteilen kommen. Die Großstadtfeindschaft war um 1900 keineswegs so in Mode, wie es jenes spätere Geschichtsbild suggeriert, das dem kaiserlich-deutschen Bildungsbürgertum einen tiefsitzenden Hang zur reaktionären Romantik zuschreibt. Nach Beseitigung der gröbsten hygienischen Mißstände in den Großstädten war vielmehr freie Bahn für eine neue Lust an der Urbanität, und selbst das Image Berlins war in der damaligen deutschen Presse positiver denn je. Man merkt, wie geflissentlich sich die drei Neurologen – alle der großstädtischen, dem Fortschritt verbundenen deutschjüdischen Intelligenz zugehörig – davor schützen, in eine reaktionär-agrarische Ecke zu geraten. Wenn sie dann doch von den nervlichen Belastungen durch die Großstadt sprachen, dann nicht aus antiurbanem Vorurteil, sondern trotz einem grundsätzlichen Ja zur Großstadt.

Eulenburg beginnt mit der Behauptung, die Großstädte seien nur deshalb zu Hochburgen der Neurasthenie geworden, weil sich ihre Bevölkerung »vielfach aus körperlich und geistig minderwertigen Schichten« rekrutiere. Er meint sogar, die Neurasthenie sei in kleineren Städten und auf dem Lande »heutzutage keineswegs weniger verbreitet« – und dennoch versichert er am Ende, ein in einer kleinen Universitätsstadt lehrender Gelehrter habe »tausendmal recht«, als er mit Rücksicht auf seine Kinder einen Ruf nach Wien ausgeschlagen habe! Die »dem Großstadtleben eigene ungeheuerliche Konzentration«, die die Zahl der Kontakte »in geometrischer Progression« steigere, wirke auf das Nervensystem unweigerlich schädigend. Den Widerspruch zu dem, was er noch eben gesagt hatte, scheint er nicht zu bemerken. »Alles« sei in der Großstadt »überlastet – von dem höchstgebietenden Staatsbeamten bis zum Postschalterassistenten, zum Bahnwärter und Weichensteller, vom Chef der höchsten Handlungshäuser bis zum untersten Geschäftsangestellten und Ladendiener herunter«. Dem »geplagten und nervenüberreizten Großstädter« bleibe nur noch die Flucht aus der Metropole. Wohnen in ruhigen Vororten, Reisen, Ausflüge, Gartenkolonien sind ihm die besten Remedien gegen die urbane Nervosität; er begrüßt auch die Volksbäder und unterstützt sogar die sozialistische Forderung nach Genossenschaftsküchen, die die »Frauenwelt« von »unbedeutendem und unwürdigem Kleinkram« erlösen. Im übrigen fordert er einen rigorosen Kampf gegen die »größten Übelstände des Großstadtlebens«, Alkoholismus und Prostitution.[76]

Die Großstadt begegnet als pathogenes Element in sehr vielen Nervositätsschriften, wobei sich die Argumente ewig wiederholen. Überall da, wo man nervöse Störungen aus der Reizüberflutung und einem Übermaß der Bedürfnisse und Ausschweifungen herleitete, lag es nahe, einen Hauptschuldigen in der Großstadt zu suchen. Eine »hygienische Flugschrift« für Nervenkranke spricht 1901 wie von einer erwiesenen Tatsache davon, daß »Großstadtleben und Nervosität gleichbedeutend« seien. Aber auch der Gedanke, daß es sich bei Nervosität nicht nur um ein Leiden, sondern auch um eine der modernen Kultur angepaßte Reaktionsschnelle handele, entstand im Anblick der Großstadt.

Das Thema »Nervosität« trug dazu bei, die Diskussion um die Reform des Städte- und Wohnungsbaus zu einer Zeit in Bewegung zu halten, als das erste große Ziel der kommunalen Hygienebewegung, auf das sich zeitweise alles konzentriert hatte: die Versorgung der Städte mit sauberem Trinkwasser, zumindest in den großen Städten erreicht war. 1888 sank die Sterblichkeit in den deutschen Städten erstmals unter die des platten Landes, und dieser säkulare Wandel wurde von den Zeitgenossen auch bemerkt. 1902 hielt ein Mediziner, der die »Dorfhygiene« in die Diskussion brachte, das Hygieneproblem der Stadt für erledigt und riet den Hygienikern, sich mehr mit dem Schmutz des Landlebens zu befassen. Das war ein Hintergrund der damaligen Publikationswelle über die »Nervenhygiene« der Stadt. Die Autoren erkannten ganz richtig, daß mit den ersten Großtaten der Stadtsanierung noch längst nicht alle Unbilden behoben waren; manche Belastungen wurden erst jetzt akut. Die großen Straßendurchbrüche, die Wind in die Stadtzentren brachten, beseitigten zwar den alten Horror vor schlechter Luft, aber die breiten Straßen verstärkten und beschleunigten auch den Verkehr. Straßenverbreiterung und Kanalisation besaßen den unerwünschten Nebeneffekt, daß sie indirekt die Mietskaserne begünstigten; denn breitere Straßen beseitigten hygienische und feuerpolizeiliche Bedenken gegen höhere Häuser; und die Kosten der Kanalisation ließen sich am ehesten bei dichter Bebauungsweise tragen. Für eine neue Generation der Stadtreformer geriet der ältere Typus der Stadthygiene ins Zwielicht.[77]

Die Befriedigung über das Sinken der Sterblichkeit in den Städten währte nicht lang; denn in der letzten Vorkriegszeit erregte ein neues Thema die Öffentlichkeit: der Geburtenrückgang, der in den Großstädten am frühsten einsetzte. Wer die Großstädter ohnehin für degeneriert hielt, konnte das Sinken ihrer Fruchtbarkeit nicht bedauern; aber für einen Kulturoptimisten wie Hellpach stellte sich die »große Volkslebensfrage« in den »modernen Riesenstädten« »am allerbrennendsten«, die Frage nämlich, ob es mehr die »leibliche Fortpflanzungs*kraft*« oder die »seelische Fortpflanzungs*lust*« sei, der in der Großstadt die Zerrüttung drohe. Aus heutiger Sicht ist die Antwort – so scheint es – ganz klar: Natürlich fehlt zur Fortpflanzung nicht die Kraft, sondern die Lust. Die Motive, die die Kinderfreudigkeit bei wachsendem Wohlstand reduzieren, sind heute allbekannt und banal. Früher dagegen enthielt die Frage ein dunkles Rätsel. Neurasthenie entstand, wie wir sahen, in den herrschenden Vorstellungen sehr oft aus Onanie, Syphilis und Coitus interruptus. Ihre Entstehungsweise hatte also viel mit empfängnisverhütenden Praktiken – unter Einschluß des Verkehrs mit Prostituierten – zu tun. Die Neurasthenie setzte aber oft auch die sexuelle Potenz herab; sie erzeugte Lüsternheit ohne Kraft. Wegen ihrer Reizbarkeit galten Neurastheniker ohnehin vielfach als schlechte Eltern und Eheleute. Aus alldem ließ sich ein Circulus vitiosus zwischen Geburtenrückgang und Nervenschwäche konstruieren. Otto Binswanger beobachtete, daß Neurologen mit vorwiegend großstädtischer Patientenklientel der sexuellen Neurasthenie eine sehr große Bedeutung gäben, während er mit seinem ländlichen und kleinstädtischen Einzugsbereich sie nur selten fand.[78]

Das sexuelle Moment spielt in der Großstadtkritik traditionell eine erhebliche Rolle: Nicht selten wirkt die Großstadt geradezu als Chiffre für enthemmte Sexualität. Der Horror vor der engen, distanzlosen Wohnweise der Unterschichten war nicht nur medizinischen und menschenfreundlichen Ursprungs, sondern enthielt auch ein lustvolles Grauen vor dem Phantom der sexuellen Orgien, die man in diesen Behausungen witterte. Es hatte nicht nur rationale Gründe, wenn die Mietskaserne zur bevorzugten Zielscheibe der Wohnungsreform wurde. Heute wirken viele solcher Passagen komisch und als der beste Beweis, wie sehr die damalige Großstadtkritik ein Spiegel bürgerlich-konservativer Moral war. Aber die Erfahrung, daß die damalige Großstadt die sexuelle Phantasie aufwühlte, war bei vielen zweifellos echt; das damalige Gruseln im Anblick der Großstadt war etwas ganz anderes als die neuerlichen Depressionen über die »Unwirtlichkeit« der Städte, die unter dem Eindruck der Öde und der Verdrängung des Menschen durch das Auto stehen. Selbst ein so abgebrühter Sexualforscher wie Iwan Bloch glaubte feststellen zu können, der »sinnenkitzelnde, sinnenbetäubende Charakter der Stadt« habe

»in der Großstadt unserer Tage einen unerhört hohen Grad erreicht«. »Die Stadt ist die typische Trägerin jenes Sinnen- und Nervenzustandes der Reizsamkeit, der unsere Generation historisch charakterisiert« – auch er in den Spuren Lamprechts! –, »der Städter der typische Repräsentant der Nervosität in ihrer modernen Gestalt.«[79]

Max Weber jedoch suchte nach Überwindung seines schlimmsten seelisch-nervlichen Tiefs die moderne Großstadtkultur mit all ihrer Turbulenz bewußt zu bejahen. Als er 1904 nach New York kam und in einem Wolkenkratzer logierte, begannen einige mitreisende Kollegen »mit nervösen Störungen aller Art – nicht so Weber«, dem es dort »so gut wie noch nie seit seiner Krankheit« ging. Er *wollte* New York nicht ablehnen wie so viele Europäer; und als Tourist hatte er es auch nicht schwer, die Laune zu bewahren. In einem Diskussionsbeitrag auf dem Frankfurter Soziologentag von 1910 hob er hervor, daß »bestimmte formale Werte in unserer modernen Kultur allerdings nur durch die Existenz der modernen Großstadt geboren werden konnten, der modernen Großstadt mit Trambahn, mit Untergrundbahn, mit elektrischen und anderen Laternen ... und all dem wilden Tanz der Ton- und Farbenimpressionen, den auf die Sexualphantasie einwirkenden Eindrücken«. Über die Kultur also die Bejahung gerade der nervlich aufreizenden Seiten der Großstadt! Schon vor seiner Krankheit hatte er einmal verwundert festgestellt, die »Berliner Luft« mache ihn »nervös leistungsfähiger«. Marianne Weber, die sich ebenfalls als »nervös« empfand, hatte in ihrer Jugend Berlin als Erlösung aus der Langeweile der lippischen Kleinstadt empfunden: »Der schnelle Rhythmus Berliner Lebens durchrauschte ihre Adern, das ist endlich Leben!«[80]

Der Zusammenhang zwischen Neurasthenie und Großstadt war nicht so eng und zwangsläufig, wie viele meinten. Auf den Städter machte das Landleben einen ruhigen Eindruck, aber dieser Eindruck täuschte: Auch das Land war längst von der kapitalistischen Dynamik erfaßt und ihr oft sogar besonders hilflos ausgeliefert. Und schon vormoderne Dörfer kannten epidemische Wellen von Mißtrauen und Feindseligkeit. Dennoch bestand die Großstadtkritik nicht nur aus nostalgischen Illusionen. Im Kaiserreich erlebten viele Großstädte ein explosionsartiges Wachstum wie nie zuvor und nie mehr danach. Berlin, Hamburg, München und Wien erreichten damals eine Wohndichte, die weit vor London, ja selbst vor New York und Chicago lag. Viel mehr als heute erweckten deutsche Großstädte damals den Eindruck eines brodelnden Hexenkessels, wie man ihn in der Gegenwart eher in Metropolen der Dritten Welt hat; es gab ja in den Städten noch viel Armut und Schmutz, illegale Prostitution und viel enges, unübersichtliches Gassengewirr. In vielen Großstädten war die Mobilität der Bevölkerung enorm. Häufig waren es nicht reale Chancen, sondern unbestimmte Möglichkeiten, die die Landbevölkerung in die Stadt zogen. Nie zuvor und nie danach gab es in deutschen Großstädten eine solche Masse von Menschen, die an das Großstadtleben noch nicht gewöhnt waren. Selbst Ernst Reuter, der später als Berliner Oberbürgermeister einen neuen Berlin-Mythos schuf, klagte 1913, gerade nach Berlin gekommen, in seinem ersten Brief an die Eltern: »Berlin ist mir höchst unsympathisch. Staub und entsetzlich viele Menschen, die alle rennen, als ob sie die Minute 10 Mark kostete.«[81] Besonders beängstigend wurde es, wenn man die damalige Großstadtentwicklung immer weiter in die Zukunft extrapolierte; und auf diese Denkweise gründeten sich viele Großstadtsorgen. Heute wissen wir, daß diese Prognose falsch war; das Wachstum der deutschen Großstädte geriet am Ende des Kaiserreichs für lange Zeit ins Stocken, und die großstädtische Reizfülle wuchs keineswegs ins Grenzenlose, sondern machte einer sich ausbreitenden Monotonie Platz. Aber in weiten Teilen der Welt setzte sich ein chaotisches Wachstum der Metropolen ohne Ende fort und entwickelte – ob soziokulturell, ökonomisch oder ökologisch – eine erschreckend destruktive Tendenz. Aus globaler Sicht gibt es einigen Grund zur Rehabilitation der älteren deutschen Großstadtkritik, die noch vor einiger Zeit vielfach als romantisch-reaktionär abgetan wurde – was sie in vielen Fällen gar nicht war!

Es sieht auch nicht so aus, als seien die Überlegungen zur »Nervenhygiene der Großstadt« praktisch irrelevant gewesen. Wirkungszusammenhänge gab es sehr wohl; das erkennt man vor allem, wenn man den deutschen Urbanisierungsprozeß im internationalen Vergleich betrachtet. Genau zu der Zeit, als der Strom der Nervositätsklagen anschwoll, begann in den großen Städten die Zoneneinteilung, die zunächst die Villenbewohner, dann auch die Mittelschicht vor der Nachbarschaft von Industriebetrieben schützte. Den Anfang machte Dresden, das 1878 seine ausgedehnten Villenviertel zur industriefreien Zone erklärte; 1882 folgte Altona; 1891 beschloß Frankfurt am Main eine Zonierung, die die Industrie auch in gemischten Zonen beschränkte und zum Modell für andere Städte wurde. Die Zoneneinteilung ging allerdings teilweise auf Kosten der ärmeren Wohngebiete, in denen sich nun die Industrie massierte. Aber für die oberen Schichten war die Lösung des industriellen Lärm- und Rauchproblems in Sicht. In einer Stadt wie Borbeck dagegen, »Preußens größtem Industriedorf«, wo der Wildwuchs vorherrschte und die Zonierung ein hoffnungsloses Unterfangen blieb, grassierte in den oberen Schichten die Neurasthenie!

»Licht und Luft«, die Grundprinzipien der Kurmedizin und der Naturheillehre, waren auch Leitideen der Städtebaureform. Das Leben im Grünen wurde das mächtigste Wohnideal des 20. Jahrhunderts. Obwohl es viel bürgerliche Ideologie enthielt, reichte seine Anziehungskraft bis weit nach links, ebenso wie der Horror vor der Großstadt keineswegs eine Spezialität der Konservativen war. »Unsere heutige Großstädtebildung wird niemand für ein gesundes Produkt ansehen«, schrieb Bebel; und Karl Liebknecht erklärte 1912 im Reichstag unter großem Beifall der Sozialdemokraten, daß die Großstadtbewohner »geistig, moralisch und körperlich« verkrüppelt seien und die »Städte selbst zu Gartenstädten« umgewandelt werden müßten. Aber nicht nur die Ausbreitung ruhiger durchgrünter Vorstädte, sondern auch die zunehmende architektonische Monotonie der Großstädte hat manches mit der Angst vor der Überstrapazierung der Nerven zu tun. Dornblüth bemerkte, die »Gleichmäßigkeit der Häuserfronten« sei unter nervlichem Aspekt »kein Nachteil«.[82] Auf die Idee, daß das Auge in der Großstadt unter Reizmangel leiden könne, kam man noch nicht. Der Glaube, daß die Hauptgefahr von nervöser Überreizung drohe, ist nicht nur für die Durchschlagskraft, sondern auch für die Beschränktheiten damaliger Städtereformideen mitverantwortlich.

Die Debatte über die Schulüberbürdung überschnitt sich streckenweise mit der über die Nervenreize der Großstädte; denn viele behaupteten, daß die Anforderungen der Schule erst in Verbindung mit den Einwirkungen der modernen Zivilisation zur Überforderung würden. Es handelte sich um eine europaweite Diskussion, die eng mit Schulreformdebatten zusammenhing und deren Auswirkungen von der Politik bis in die Literatur reichten. »In ganz Westeuropa wurde keiner Institution als möglicher Hauptquelle nationaler Gesundheitsverschlechterung größere Aufmerksamkeit gewidmet als den klassischen Sekundarschulen.« Im deutschsprachigen Raum führte man die Überbürdungsdebatte besonders gründlich und ausdauernd. Zur deutschen Kultur im 19. und frühen 20. Jahrhundert gehört nicht nur das humanistische Gymnasium, sondern auch die Kritik daran. Die Unzufriedenheit kam keineswegs nur von Oppositionellen und Außenseitern, sondern in vielen Fällen auch aus dem Kern der herrschenden Gesellschaft. Die Reihe prominenter Kritiker ist so lang und der mitunter hervorbrechende Haß auf die Schule so heftig, daß man staunen kann, in welchem Maße Teile des deutschen Bildungsbürgertums an der Qualität ihrer eigenen Statusgrundlage zweifelten. Die »verfluchte Bildung hat alles natürliche Urteil verdorben; jeder quatscht nach«, schimpfte Fontane – er, der mit »Frau Jenny Treibel« den Klassiker über die Spannung zwischen Bildungs- und Wirtschaftsbürgertum schrieb![83] Zwischen der Sinnkrise vieler Gebildeter und dem

Massenphänomen Nervosität gab es einen inneren Konnex. Der Nerven-diskurs beeinflußte ab 1880 deutlich die Klagelieder über die Schule. Die Nervositätsgefahr gab dem Überbürdungsproblem eine neue Art von Brisanz; und umgekehrt boten die Schulprobleme dem Nervenlamento einen praktischen Ansatzpunkt: Im »Centralblatt für öffentliche Gesund-heitspflege« taucht das Thema »Nervosität« vor allem im Kontext der Schulüberbürdung auf.

Die in Deutschland um 1880 einsetzende Agitation gegen die gym-nasiale Überbürdung übertraf alles Vorangegangene. Seit den 1870er Jahren kamen Wortführer dieser Kritik zunehmend aus der Psychiatrie, und als sich in der Öffentlichkeit die Furcht verbreitete, daß die Schule nicht nur blasse Brillenträger, sondern künftige Geisteskranke züchte, wurde es ernst. Paul Hasse, ein Braunschweiger Irrenarzt, stieß mit ent-sprechenden Warnungen zwar auf den Widerspruch der Direktoren preußischer Irrenanstalten, aber er fand Unterstützung bei der »Garten-laube«. Er schrieb, die »nervöse Konstitution der Zeit« sei die gemein-same »Stammutter« von Neuralgie, Epilepsie, Taubstummheit, Veits-tanz, Idiotismus; und das bestehende Schulwesen trage erheblich dazu bei, daß sich »die nervöse Konstitution in rasender Geschwindigkeit über die besten Kreise der menschlichen Gesellschaft« verbreite.

Die Hypermotorik, »Zappeligkeit« der Schüler machte den Schulen damals offenbar noch längst nicht so zu schaffen wie ein Jahrhundert darauf. Es waren besonders die Berichte über Schülerselbstmorde, die die Stimmung anheizten, auch ohne daß in vielen Fällen ein Zusammenhang zwischen Überbürdung und Selbstmord nachzuweisen war. 1882 gab der preußische Kultusminister Goßler eine Denkschrift zur Überbürdungs-frage an den höheren Schulen in Auftrag; und die damit betraute Kom-mission nahm ihre Aufgabe ernst. Besonders im Nervensystem – so ihr Gutachten – trügen die »bemerkbaren Veränderungen bald den Charak-ter der Ermüdung oder Erschlaffung, bald den der Reizung in allen Gra-den bis zu wirklich krankhaften Zufällen«. Also schon das Bild der »reizbaren Schwäche«! Kurz darauf seufzte der Zentrumspolitiker Rei-chensperger, sich bei der Überbürdungsliteratur auf dem laufenden zu halten setze einen selber der Gefahr der Überbürdung aus – so viel werde darüber geschrieben![84]

Ob der Schulstreß in Deutschland schlimmer war als in anderen Län-dern, ist zu bezweifeln. Vermutlich war der Anteil der Eltern an der Er-zeugung der jugendlichen Nervosität mindestens so groß wie der der Schule. »Nervöse« Eltern begegnen in den Neurasthenikeranamnesen sehr viel öfter als nervös machende Lehrer. Zwischen den Zeilen ahnt man eine – wohl durch die »idealistische« Tradition des deutschen Bildungsbürgertums bestärkte – unglückliche Entwicklung der Eltern-Kind-Beziehung, die auf beiden Seiten die Neigung hervorrief, sich selbst und die anderen nicht so zu akzeptieren, wie sie waren. Aber die Schuldzuweisung an die Schule war populär. Möbius behauptete, die »redlichen und mutigen Schulmänner« gäben den Klagen der Ärzte über das höhere Schulwesen recht: so als seien die Lehrer, die die Überbürdung anzweifelten, unredlich und feige. Er selbst scheint als Schüler mehr unter Monotonie als unter Überbürdung gelitten zu haben; aus der Erinnerung kam es ihm so vor, als sei in Geschichte »unausgesetzt von den punischen Kriegen die Rede gewesen«. Carl Pelman, die psychiatrische Autorität der rheinischen Hygienebewegung, klagte 1888, die »wahrhaft kunstmäßige Zersplitterung der Geisteskräfte in der Schule« richte »ganze Generationen geistig und leiblich zu Grunde«. Die Kritik am Schulbetrieb führte also zu dem zukunftsträchtigen Thema jener psychischen Belastung, das aus dem Zwang zur ständigen Zersplitterung der Aufmerksamkeit resultiert. Hellpach versicherte 1902, es könne »keinen überzeugteren Gegner der sogenannten humanistischen Schulbildung geben« als ihn.

Die »weitaus größte Zahl« der Schüler verfalle auf den Gymnasien der Nervosität; wenn sie Glück hätten, könnten sie sich dann in den ersten Studiensemestern von der Schule wieder erholen. Ein Artikel der »Reformblätter« über »Schule und Neurasthenie« (1907) brandmarkte die Schule als ein »Schrecksystem«, das das kindliche Nervensystem zerrütte und den Grund zur Lebensmüdigkeit und zu vielerlei Krankheiten lege.[85]

Handelt es sich bei der Schulüberbürdung um ein empirisch gesichertes Faktum? Das ist bei weitem nicht so klar, wie man von den zitierten Zeitzeugnissen her meinen sollte. Hößlin bemerkte im »Handbuch der Neurasthenie«, in der ihm zugänglichen Statistik spiele die Schulüberbürdung als Neurastheniursache »eine sehr kleine Rolle«. Auf ihn berief sich Krafft-Ebing mit seinem Verdacht, daß »mit der Überbürdung der Schüler als direkter Ursache der Neurasthenie viel geflunkert« werde. Moll spottete, die Schulüberbürdung sei »ein beliebtes Tummelfeld zahlreicher Phrasenhelden«; über die Schule herzuziehen erfordere ja weniger Mut, als den Eltern den Kopf zu waschen. Einmal brachte die »Deutsche Rundschau« die Schreckensmeldung, ein Schüler habe sich vom Gerundium des Verbums »amare« eine tödliche Hirnhautentzündung zugezogen! Nach 1918 erklärte ein strammer Sanitätsrat all jene Reformpädagogen, die die »übergroße Angst vor Überlastung« kultivierten, pauschal zu Nervenschwächlingen: »Jetzt muß der Erziehungsarbeit der Neurastheniker ein Ende gemacht werden.«[86]

In den Patientenakten kommt die Schule als Krankheitsursache nicht auffallend häufig vor, zumindest nicht in eindeutiger Weise. Bei dem Sohn eines livländischen Gutsbesitzers, dessen Nerven durch die Mathematik den ersten Stoß erlitten, lag die Schuld nicht bei der Schule, sondern beim Vater, einem Mathematiker; der Sohn klagte noch als Fünfzigjähriger, »in der Knechtschaft seines Vaters« sei er »sehr mit Mathematik geplagt« worden. Vorher habe es »keine Nervosität in der Familie« gegeben; aber er und seine sieben Schwestern seien »sehr frühe geistig überanstrengt« worden, »so daß Alle jetzt nervös sind«. Ein norddeutscher Lehrer bekannte, wie er als Schüler dadurch aus dem seelischen Gleichgewicht geraten sei, daß sich der Druck der Mathematik mit sexueller Erregung verband: »ganz besonders habe er sich erregt, wenn der Lehrer z. B. bei einer Mathematikarbeit, wo er eine Aufgabe nicht gut lösen konnte, sagte: ›Noch 10 Minuten, noch 5 Minuten, dann muß abgegeben werden!‹ Dann habe er immer einen Samenerguß mit wollüstigen Empfindungen bekommen.« Später in der Lehrerrolle brachte es ihn durcheinander, daß sich während des Unterrichts ähnliche Erfahrungen wiederholten.[87]

Einen realen Anlaß hatten die Überbürdungsklagen gewiß, auch wenn die Schule nur sporadisch als direkter Krankheitsfaktor nachweisbar ist. Parallel zu den Überbürdungsklagen gab es einen Strom von Klagen über die Gymnasiasten- und Akademikerschwemme – Margret Kraul spricht von einer »neurotischen Überfüllungsdiskussion« –, die bei den Lehrern eine barsche Selektionspraxis förderte. Im allgemeinen verteidigten die Ärzte aus standespolitischen Gründen das humanistische Gymnasium; um so gewichtiger wirkt im Fall der Überbürdung ihre Kritik. Wie die 1884 veröffentlichte preußische Denkschrift feststellte, waren sogar viele Schulräte und Oberpräsidenten der Ansicht, daß die Überbürdung der Schüler an höheren Schulen vielfach ein bedenkliches Ausmaß angenommen habe. Sie nannten dafür bestimmte Gründe: Zwar seien die »Lehrziele« an und für sich nicht höher gesteckt als vor fünfzig Jahren; aber neuerdings werde strenger darauf geachtet, daß sie in allen Fällen tatsächlich erreicht würden. Das liege daran, daß »auch für die sonst minder beachteten, fast dem Zufall preisgegebenen Lehrgegenstände (z. B. Französisch, Geschichte, selbst Mathematik) jetzt eine gründliche Vorbildung der Lehrer erreicht« sei. Die Herrschaft der alten Sprachen hatte zu einer Zeit, als die anderen Fächer noch nicht sehr ernst genommen wurden, zumindest für den, der sich in der Welt Homers und Ciceros eingelebt hatte, ihre Behaglichkeit besessen, wurde aber zur drückenden Last, als der Schulbetrieb auch ganz andersartige Fähigkeiten erforderte und viele Schüler sich nicht mehr leisten konnten, es sich in der klassischen Antike gemütlich zu machen. Paul Rohrbach führte die von den Gymnasien angerichtete »Verwüstung« darauf zurück, daß diese »gleichzeitig zwei verschiedenen Unterrichtszielen« – dem humanistischen und dem modernen – nachjagten und in dieser ihrer Zerrissenheit keines von beiden erreichten.[88]

Wilhelm Ostwald verdammte das Abitur als ein »Verbrechen an unserer geistigen Jugend« und als eine »moralische und geistige Mißhandlung«; darum kämpfte er für eine einseitig naturwissenschaftliche Bildung und machte den Wert der sprachlichen Bildung lächerlich, an dem gemessen ein Hotelportier jedem Oberlehrer voraus sei. Das zu jener Zeit vielzitierte Bonmot, Vielsprachigkeit sei etwas für Oberkellner, galt als Bismarckwort: So hoch hinauf reichte der Ärger über den Philologenhochmut! Wilhelm II. schaltete sich schon 1890 höchstpersönlich in die Schulpolitik ein, und in der Folgezeit war bekannt, daß er der Überbürdungsfrage »lebhafte Aufmerksamkeit« widmete und insbesondere die Herrschaft der alten Sprachen brechen wollte.

Die vom neuen Kaiser einberufene Schulreformkonferenz machte damals »Sensation« und wirkte als Wahrzeichen der »neuen Ära«. »Nie war Wilhelm II. auf einem richtigeren Weg«, schrieb die Berliner »National-Zeitung« 1907, »als da er, in seinen Anfängen, frisch und wagemutig die Forderung erhob, Deutsch gehöre in den Mittelpunkt des Unterrichts. Und nie hat bureaukratische Schwerfälligkeit ein übleres Werk vollbracht, als sie sich gerade hier mit ihrem Bleigewicht an des Kaisers vorwärtsdrängenden Willen hängte.« Zumindest den lateinischen Abituraufsatz brachte Wilhelm zu Fall. Nicht umsonst hatte er als erster regierender Hohenzoller das Gymnasium durchgemacht und war dabei mütterlicherseits Anforderungen ausgesetzt gewesen, die er nicht erfüllen konnte. Sein Großvater, Wilhelm I., hatte sich noch eine souveräne Unbildung leisten können.[89]

Die Überbürdungsklagen besagen nicht nur etwas über die Schule, sondern auch über die Gesellschaft, in der sie weite Resonanz fanden. Sie bestätigen den schon aus dem Gros der Nervositätsliteratur gewonnenen Eindruck, daß die damalige deutsche Gesellschaft nicht so rigide und leistungsbesessen war, wie man heute oft annimmt. Von der »Gartenlaube« bis zur »Zukunft«, vom »Simplicissimus« bis zur »Jugend« war das Überbürdungsthema damals populär und die Schule als Prügelknabe beliebt. »Die Jugend überarbeitet sich« war, dem »Handbuch der Neurasthenie« zufolge, eine stehende Redensart. Hesses 1903 entstandene Erzählung »Unterm Rad« schildert streckenweise wie nach einem Neurastheniebuch, wie ein Schüler durch die Schule und durch seine halbunterdrückte Sexualität in den nervlich-seelischen Ruin getrieben wird. Die

Geschichte gilt vielfach als autobiographisches Zeugnis; aber die wirklichen Leiden des jungen Hesse entsprangen vor allem seinen eigenen Sehnsüchten, während sein Schulrektor, so wie er ihn schildert, ein sanftmütiger und um seine Schüler fast übertrieben besorgter Mann war.[90]

Teilweise mischten sich in die Überbürdungsklagen allerdings Motive von einer Art, die nicht unbedingt auf einen entspannteren Schulbetrieb hinausliefen: so vor allem die Interessen der Naturwissenschaften, der Technik und des Sports. Außerdem gab es eine nationalistisch motivierte Kritik an der Vorherrschaft der Fremdsprachen; auch Wilhelm II. stand unter ihrem Einfluß. Sogar in Treitschkes »Deutscher Geschichte« war zu lesen, das Gymnasium leide an einer »Überfülle von Lehrfächern« und die Überzahl der Examina sei eine »preußische Staatskrankheit«. Privat wütete er noch heftiger gegen die »Examensquälerei«, »diese raffinirte Dummheit unsres Mandarinenthums«, die darauf berechnet sei, »jede gesunde Kraft in der ›Staatsjugend‹ zu ersticken«. Selbst er, der den ganzen Hochmut des Bildungsbürgertums verkörperte, schrieb über das Gymnasium ganz im Stil der Überbürdungsliteratur. Nicht nur wetterte er gegen die Naturkunde, den »verdummenden Gedächtnißballast von Affen, Häringen, Filzläusen«; sondern selbst Geschichte wurde ihm auf der Schule zuviel gelehrt! »Wir gehen an unseren Examinibus zugrunde!« kursierte als Bismarckwort. Holstein versicherte noch 1908 mit Hinweis auf die Schülerselbstmorde, nichts habe sich an seiner »Überzeugung geändert, daß die deutsche Jugend überlastet ist«. Und er fügte hinzu, der »Lehrertrust«, der die Schuld daran trage, sei ebenso wie der Flottenverein ein »Unglück für das Volk«. In der »Zukunft« führte der Schriftsteller und Ex-Lehrer Ludwig Gurlitt, der Autor einer Broschüre über Schülerselbstmorde, eine wilde Kampagne gegen die Schulüberbürdung: Er behandelte diese wie ein von der Wissenschaft klar erwiesenes Faktum und verriß eine Gegenschrift, die den Eltern die Hauptschuld an den Schülernöten gab. Derselbe Gurlitt verfaßte eine von Chauvinismus strotzende »Erziehung zur Mannhaftigkeit«. Ein Nervenratgeber von 1907 schloß die scharfe Kritik am Schulsystem mit der Pointe, »Gott sei Dank« gebe es ja noch eine andere Schule, »die große Erziehungsschule unseres Heeres«, die, indem sie Härte und Schneid beibringe, manche Sünden der Schule wiedergutmache.[91]

Im großen und ganzen kam die Nervenlehre im Bildungswesen jedoch der beginnenden Reformpädagogik zugute: sie unterstützte Tendenzen zur Reduzierung der Stoffülle, zum Abbau der Schulangst, zur körperlichen Ertüchtigung der Schüler und zur stärkeren Rücksichtnahme auf ihre Individualität. Überhaupt entwickelte sich ein deutlicher

Zusammenhang zwischen der Nerventherapie und den Lebensreformbewegungen jener Zeit. Wenn die letzten Vorkriegsjahrzehnte ein Zeitalter der Entdeckungen in Sachen gesunder Ernährung und Lebensweise waren – vom Joghurt bis zur Nacktkultur –, so war dies nicht zuletzt ein Verdienst der Experimentierfreude der Neurastheniker. Kaum ein anderes Leiden bot für die Hygiene-, Ernährungsreform- und Naturheilbewegungen ein so ideales Objekt wie die Neurasthenie.[92]

Wie vor allem in jüngster Zeit neu entdeckt wurde, handelte es sich bei den Hygienebestrebungen des späten 19. und frühen 20. Jahrhunderts um eine wirkliche Bewegung, ja sogar um eine der wirkungsvollsten und weitverzweigtesten Bewegungen jener Zeit, die ihre personellen Beziehungsnetze und eine bis zum Fanatismus gehende Begeisterung besaß. Die Sehnsucht nach Gesundheit, an und für sich uralt, wurde wie noch nie zuvor zur sozialen Kraft. Selbst der Elan des völkischen Nationalismus entsprang zu einem Gutteil dem Traum von der Regeneration. Auch die neue Naturromantik der Jahrhundertwende hing mit der Nervositätswelle und dem neuen Traum von Nervengesundheit innerlich zusammen. Hermann Löns, selber ein Nervenbündel, lebte ganz in Vorstellungen des »nervösen Zeitalters«. John Muir, der berühmteste amerikanische Naturschützer jener Zeit, erblickte in den Nervösen seine Bundesgenossen im Kampf gegen Holzfäller und Wasserbauingenieure.[93] Die Gesundheitsbewegung, wenn auch großenteils bürgerlich, ordnet sich nur begrenzt den üblichen politischen und soziologischen Kategorien zu, daher war sie in den Geschichtsdarstellungen lange nicht so recht unterzubringen. Sie verlief quer zu den Klassengrenzen und politischen Fronten des Kaiserreichs; ihre Anhänger reichten von August Bebel bis zu dem alldeutschen Kronprinzen. In neuerer Zeit wurde sie unter Rubriken wie »Sozialdisziplinierung« oder »Sozialintegration« als Herrschaftsstrategie interpretiert; aber sie brachte auch Verunsicherungen und Brüche in die herrschende Gesellschaft.[94] In mancher Hinsicht traf sie die etablierte Kultur tiefer, als es die Arbeiterbewegung vermochte; denn die neuen Gesundheitsnormen gingen unter die Haut und drangen ins Körpergefühl. Anders als gegen die Forderungen des Sozialismus konnte man sich gegen die Forderungen der Hygiene nicht ideologisch wappnen; denn die Gesundheit war ein überall anerkannter Wert und dazu eine Grundlage der nationalen Stärke.

Hans Paasches fiktiver Häuptlingssohn Lukanga Mukara, der aus dem innersten Afrika ins »innerste Deutschland« reiste (1912/13), fand dort zu seinem Staunen zwei Arten von Menschen: die häßlichen, fetten und qualmenden Säufer und die schönen, von Gesundheit und Freude strahlenden Jugendbewegten. Der Verfasser, ein Ex-Marineoffizier, der als Pazifist 1920 von Rechtsradikalen ermordet wurde, trat vor 1914 vor allem als Antialkoholiker hervor. Sein »Lukanga Mukara« veranschaulicht, wie die Gesundheitsbewegung und speziell der Antialkoholismus damals die Deutschen spalteten.[95]

Unter der Sonne des neuen Gesundheitsideals wirkte der wohlgenährte Biedermann auf einmal heruntergekommen und häßlich. Der vom Bier aufgedunsene Korporationsstudent mit Hängebauch und Hängebacken wurde zur Zielscheibe der Karikatur. Das »Hurra«, das aus schwammigem Leib und rülpsender Kehle ertönte, war für den neuen, sportlich gehärteten Nationalistentyp eine peinliche Farce, da es keine wirkliche Kampfbereitschaft ausdrückte. Dagegen schuf das gesunde Leben ein ausgeprägtes Gefühl des Besserwissens und der Überlegenheit. Und die morgendliche Welt der Jugendbewegung, des »Im Frühtau zu Berge« war etwas ganz anderes als das nächtliche Reich des feuchtfröhlich besungenen Zwerges Perkeo, der am großen Faß zu Heidelberg »den Riesen Durst bezwang«. Die sitzende und die wandernde Kultur brachten unterschiedliche Elementargefühle hervor – was nicht ausschloß, daß viele an beiden Kulturen teilhatten. Die alkoholische Kultur behielt im Kaiserreich die Herrschaft, aber sie konnte sich nach 1900 doch nicht mehr mit dem gleichen Wohlgefallen wie früher im Spiegel betrachten. Bebel zitierte beifällig einen 1901 ergangenen Aufruf namhafter Professoren an die deutsche Studentenschaft, der vor sexuellen und alkoholischen Ausschweifungen warnte – nicht nur Bacchus, sondern auch Venus geriet durch die »Hygiene« in einen zweifelhaften Ruf. Das sich im Kaiserreich ausbreitende Krisenbewußtsein, das sich weder aus politischen noch aus ökonomischen Umständen befriedigend erklärt, besaß eine Grundlage in jener körperlichen Verunsicherung, die sich in der Zeitkrankheit »Neurasthenie« verriet und sich in vielen Klagen über die Erschlaffung und »Entnervung« des modernen Kulturmenschen spiegelte.

Die Hygienebewegung war nicht nur eine Antwort auf Neurasthenie, sondern auch ein Ursprung neurasthenischer Anwandlungen wie überhaupt ein unerschöpflicher Quell hypochondrischer Ängstlichkeit. Zwischen Nervosität und Hygiene entwickelte sich ein selbstbewegter Kreislauf. Moll klagte 1902, die »doktrinären Hygieniker« der Gegenwart suchten »immer neue Gefahren« und seien auf diese Weise zu Hauptverursachern der Nervosität geworden. Dornblüth zufolge achteten »sehr viele Nervöse« fortwährend auf ihr Aussehen, ihre Zunge, ihren Stuhlgang, unterhielten sich sogar mit Fremden über etwaige Symptome, lasen mit Eifer alles, was ihnen dazu in die Hände käme, und bildeten sich daraus »oft ein umfangreiches und eingehendes medi-

zinisches System«. »Wir leben in einem sehr hypochondrischen Zeitalter«, schrieb Stulz 1909. »Von dem großen Publikum wird kaum etwas
so gierig verschlungen, wie gerade Abhandlungen aus dem Gebiete der
Medizin.« Es war gerade die Mischung aus Angst und Lust, die der Hygiene ihre besondere Spannung gab. Das neue Körperbewußtsein hatte
seine Art von Sinnlichkeit; der geheime Reiz nicht weniger Hygiene-
und Lebensreformbücher dürfte in den Abbildungen nackter und halb-
nackter Menschen bestanden haben. Die Bäder besaßen eine Ambivalenz
von Enthüllung und Desodorierung des Körpers. In den Haushalten bewirkte eine drastische Anhebung der Sauberkeitsansprüche oft ein
Klima dauernder Unzufriedenheit und ewigen Ärgers mit dem Dienst-
personal; die Waschtage, wo im Haus eine »ungemütliche, hektische, gereizte Stimmung« zu herrschen pflegte, folgten nun rascher aufeinander
als ehedem. Die Gebote der Hygiene waren zwar geeignet, die Schule
etwas schülerfreundlicher zu machen, führten aber dazu, daß an den
Kindern im Vorschulalter weit mehr herumerzogen wurde als früher;
und eine rigide Sauberkeitserziehung scheint die Entstehung einer »nervösen« Mentalität zu begünstigen.[96]

In Gottfried Kellers zeitkritischem Roman »Martin Salander«, der um
1885 entstand, spottete die Ehefrau der Titelgestalt auf den nicht zu
bremsenden Volksbildungseifer ihres Mannes: »Ei, wenn ihr erst das
gute Volk mit der Kenntnis des menschlichen Körpers und der regelmäßigen Pflege der Gesundheit zu einem einzigen Hypochonder gemacht
habt, so kann es sich an der Volksmusik herrlich wieder aufheitern« –
der Blasmusik! Die auf die Nerven gehende Hypochondrie führte mit
einer gewissen Zwangsläufigkeit zu Gegenreaktionen; gegenüber den
gebrochenen Signalen suchte man den vollen Posaunenton. Aber verkündete dieser die Überwindung der Nervenschwäche, oder gehörte er
innerlich zu ihr wie der Posaunenchor zu den Betheler Anstalten? Max
Nordau glaubte zwischen Hysterie, Hypochondrie, Lebensreform und
Chauvinismus ein Kontinuum zu erkennen: Die »deutsche Hysterie«
äußere sich ebenso im Antisemitismus wie in hypochondrischer Ängstlichkeit. Man werde, schrieb er, »in zehn Fällen neunmal nicht fehl
gehen, wenn man den in Jägertracht Einherstolzierenden für einen
Chauvinisten, den Kneipp-Schwärmer für einen Schrotbrod-Wüterich
und den nach Professorenblut lechzenden Frosch-Anwalt für einen Antisemiten hält«.[97] War es so, oder schuf sich der Mediziner und künftige
Zionist Nordau in dem antivivisektionistischen Antisemiten und Hysteriker seinen Buhmann? An diesem Punkt ist das Verhältnis von Nervosität und Nationalismus zu untersuchen.

Nationalismus und Nervosität –
Deutsche und Juden in nervöser Nähe

NEUERE AUTOREN HABEN über die Bedeutung der Nervosität für das deutsche Nationalgefühl zwei ganz konträre Auffassungen vertreten, die miteinander nur das eine gemein haben, daß sie die Nervosität als absichtsvolles Konstrukt behandeln. Andreas Steiner erblickt die Lösung des Rätsels, »warum sich das deutsche Volk in einer Epoche des wirtschaftlichen Wohlergehens, der politischen und militärischen Größe für besonders nervenkrank betrachtet«, in der Annahme, daß die Nervosität in Wahrheit eine Auszeichnung gewesen sei, die eine Nation über primitive Völker erhoben und ihren »kulturellen und zivilisatorischen Fortschritt« manifestiert habe. George L. Mosse nimmt dagegen an, daß sich das deutsche Volk nicht selbst als nervös betrachtet, sondern in der Nervosität ein Gruppenmerkmal von Juden und Homosexuellen gesehen habe: Nervosität also als ein Stigma, das ausgrenzt.[98] Der echtdeutsche Mann hätte sich demnach als Kontrast zum Nervösen in Szene gesetzt.

Die erste These ist am leichtesten zu widerlegen. Sie trifft nur für die USA und für George M. Beard zu, der die »amerikanische Nervosität« mit unverhohlenem Nationalstolz beschrieb. In Deutschland jedoch sucht man ähnliche Zeitzeugnisse vergebens. Zwar wollten manche aus der Nervosität eine Begabung machen; aber sie bekundeten dabei kaum irgendwo einen nervösen Nationalstolz. Das Fehlen fast jeglicher nationalistischer Töne in der Nervositätsliteratur ist geradezu auffällig. Möbius, der deutsche Vordenker zum Thema »Nervosität«, verehrte Buddha und bekannte von sich selbst, er sei »kein guter Patriot«. Andere, die über Nervosität schrieben, waren deutsche Nationalisten; aber sie dachten nicht daran, die Nervosität zu einer Feinheit des deutschen Wesens zu erheben. Allenfalls die Berliner trumpften mit ihrem Tempo ähnlich auf wie die »Yankees«; die Deutschen insgesamt jedoch wollten gar kein hektisches Volk sein. Eine Streitschrift von 1902 »Radfahrseuche und Automobilen-Unfug«, die das »Recht auf Ruhe« einklagte, empörte sich, die Schnellfahrerei bedrohe »die höchsten Güter unseres geliebten deutschen Volkes: Deutsche Gedankentiefe und Gemütlichkeit!«[99] Im übrigen hatte die Neurasthenie so, wie sie damals beschrieben wurde, viel zuviel mit Impotenz, Onanie und Blähungen zu tun, als daß sie Stoff für nationale Eitelkeiten geboten hätte.

Kann man daraus folgern, daß die Deutschen umgekehrt einen *anti*nervösen Nationalstolz pflegten und ihr nationales Selbstgefühl auf Ruhe und Gemütlichkeit gründeten? Bei dieser Frage lohnt es sich, länger zu verweilen. Denn eine nationale Identität dieser Art konnte an jahrhunderttealte Traditionen anknüpfen und besaß noch im »nervösen Zeitalter« einige Überzeugungskraft.

Zur napoleonischen Zeit wurde Germaine de Staël nicht müde, das schwerfällige Phlegma der Deutschen mit dem unruhigen Temperament der Romanen zu kontrastieren. Heinrich Heine konnte sich über die deutsche Gemütlichkeit lustig machen; aber als er in London über die dortige »grauenhafte Hast der Liebe, des Hungers und des Hasses« stöhnte, überkam ihn das Heimweh: »Wieviel heiterer und wohnlicher ist es dagegen in unserem lieben Deutschland! Wie traumhaft gemach, wie sabbatlich ruhig bewegen sich hier die Dinge!« Noch 1906 schreibt Shadwell in seinem Vergleich der industriellen Leistungsfähigkeit der USA, Englands und Deutschlands, die Deutschen seien »langsam, zielbewußt, sorgfältig, methodisch und gründlich in der Arbeit«. »Ihr Widerwillen gegen Eile und ihre Neigung zur Gründlichkeit zeigt sich in tausend Kleinigkeiten.« »Man sieht niemand laufen in Deutschland und ein eiliger Fußgänger ist etwas Seltenes, aber ans Ziel kommen sie doch.« Wie man sieht, darf man die deutschen Klagen über das »nervöse Zeitalter« nicht als einziges Zeitzeugnis nehmen. Die Klagen konnten eine Abwehrfunktion haben und dazu dienen, sich selber die Ruhe zu erhalten.[100]

Kein Zweifel, es hat ein auf die »Gemütlichkeit« gebautes deutsches Selbstgefühl gegeben. Seinen Höhepunkt erreichte es im Biedermeier, aber auch im Industriezeitalter war es nicht verschwunden. Dabei bekam der unübersetzbare und mehrdeutige Begriff der »Gemütlichkeit« immer stärker auch die Bedeutung von »Gemächlichkeit« und »Langsamkeit«. Der Irrenarzt Heinrich Hoffmann stellte 1856 auf einer Reise nach England und Frankreich fest, daß seine dortigen Kollegen nie Zeit hätten und das Zusammensein mit ihnen daher nur wenig Vergnügen bereite. Dagegen: »Wenn ich einen Kollegen in Deutschland besuchte, wurde ich herzlich und gesellig empfangen, es wurde eine Flasche Wein geholt, und dann ging ein müßiges Plaudern los ... und die Zeit verstrich.« Fontane schrieb, daß dem Deutschen in England zwar alle möglichen Dinge imponierten, aber »mitten in unser Staunen hinein mischt sich eine unendliche Sehnsucht zurück nach unserm kleinbürgerlichen Deutschland, wo man so garnicht zu repräsentieren, aber so prächtig, so bequem und gemütlich zu leben versteht«. Der Kult der Gemütlichkeit bestand nicht nur aus Phrasen, sondern enthielt eine echte Erfahrung des Wohlseins. Im »nervösen Zeitalter« hätte sich – so sollte man meinen – hierauf mehr denn je eine selbstbewußte antinervöse deutsche Identität gründen lassen. Beard selbst legte den Deutschen eine solche Eigensicht geradezu in den Mund: Er schrieb, die Deutschen gäben ein Beispiel von »coolness and calmness«, »das der nervlich erschöpfte Amerikaner sehr stark benötigt«, und daher bekomme eine »Germanisierung Amerikas« (sic!) den amerikanischen Nerven gut.[101] »Am deutschen Wesen soll die Welt genesen« auf neurologischer Grundlage! Aber – niemand in Deutschland nahm diesen Ball auf!

Diese Tatsache ist erstaunlich und läßt sich in zweierlei Richtung interpretieren. Zum einen weist sie darauf hin, daß Unrast und Nervosität in Deutschland eine so verbreitete Erfahrung geworden waren, daß das Hohelied auf die deutsche Gemütlichkeit für die Deutschen selbst nicht mehr glaubwürdig war. Mochten Ausländer die Deutschen noch immer als relativ gemächlich empfinden – die Deutschen empfanden sich selbst und ihre Welt nicht mehr so. Für Eugen Diesel hatte die »endlose Unrast und Arbeitswucht« (sic!) der Deutschen um 1900 geradezu etwas Rätselhaftes bekommen. Selbst in den Augen des alldeutschen Historikers Albrecht Wirth hatten osteuropäische »Mausefallenhändler und Rattenfänger« »häufig bessere Nerven als der Kulturpöbel unserer Hauptstädte«. »Man schämt sich jetzt der Ruhe schon«, klagte Nietzsche um 1880, als er – genau in der Zeit von Beards »Neurasthenie« – beschrieb, wie die »atemlose Hast« der Amerikaner das »alte Europa wild zu machen« beginne.[102]

Damit verweist er zugleich auf den anderen Punkt, der den Mangel an deutschem Nervenstolz erklärt: Damals war in Zweifel geraten, ob die alte deutsche Gemütlichkeit mit ihrem Phlegma und ihrer Bedürfnislosigkeit noch eine Charaktereigenschaft war, deren man sich laut rühmen durfte. Zwar schallte aus deutschen Wirtshäusern zu nächtlicher Stunde immer noch »ein Prosit, ein Prosit der Gemütlichkeit«; aber dem von völkischer Regeneration träumenden Nationalisten wurde der alkoholische Lallton suspekt, mochte er auch manchmal selbst mit einstimmen. Ein Presseartikel über die Kritik an den deutschen Exponaten auf der Weltausstellung zu Philadelphia 1876 (»billig und schlecht«) nennt »deutsche Gemütlichkeit und Philistertum« in einem Atemzug. Da war der fatale Begriff: »Philister«! Der Nervenarzt Hirschkron schilderte 1893 den »gemütlichen Bierphilister« – »gleichsam das Phlegma in Menschengestalt« – als Muster eines gegen die Neurasthenie immunen Menschentyps: aber der war kein Leitbild mehr für das neue Deutsche Reich! Zumal das Studium des Alkoholismus Zweifel daran aufkommen ließ, ob der »Bierphilister« am nächsten Morgen immer noch gemütlich war.

»Philister« war seit dem 18. Jahrhundert der studentische Spottname für den von Pflichten eingeengten Normalbürger. Seit dem Vormärz erfuhr der Begriff eine erste Politisierung: Er bezeichnete den für Freiheitsideen unzugänglichen Spießbürger, aber auch den vor dem Nationalstaat schaudernden Partikularisten. Rochau bezeichnete 1869 die »hausbackene Philisterhaftigkeit« im »deutschen Nationalcharakter« als »Wirkung einer langen unglücklichen Vergangenheit«. Seit den 1890er Jahren kam ein Bedeutungsakzent neuer Art hinzu: Mit »Philister« bezeichneten die Anhänger einer offensiven Politik diejenigen, die Deutschland immer noch als »saturiert« betrachteten und keinen besonderen politischen Handlungsdruck erkannten. Als General Keim 1913 vor dem Deutschen Wehrverein gegen die »Philister« wetterte, »denen die Ruhe oberste Bürgerpflicht ist und die durch keine Kriegsmöglichkeit in ihrer Sofapolitik gestört sein mögen«, wurde er von »stürmischem Beifall« unterbrochen.[103]

Aber was hatten die neuen nationalistischen Generationen dem »Spießbürger« und »Philister« entgegenzusetzen? Ein überzeugendes Leitbild des neuen deutschen Mannes war noch nicht da; und es gab nicht einmal Einhelligkeit darüber, wie man ihn sich vorzustellen habe: ob als Idealisten oder Realisten, als Asketen oder als Sonnengemüt, als Geistes- oder als Muskelmenschen. Es war der wundeste Punkt der Alldeutschen, daß viele von ihnen dem verachteten »Philister« zum Verwechseln ähnlich sahen. Vom eigenen Anspruch her die Speerspitze eines neuen Deutschtums, kamen die Alldeutschen doch in der Praxis aus der bierseligen Vereinsmeierei nicht heraus, und nichts traf sie empfindlicher als Bülows auf sie gemünztes Wort vom »Standpunkt der Bierbank« (1900). Claß selbst beschreibt erbittert, wie dieses Wort an den Alldeutschen hängenblieb und er damals zu Bülows unversöhnlichem Gegner wurde.[104]

In der Realität jener Zeit gab es längst Anhaltspunkte für einen neuen deutschen Typus, der sich vom Biedermeier-Deutschen markant unterschied. Im kaiserlichen Deutschland wimmelte es von Menschen mit großer Arbeitskraft und ebenso ausgeprägtem kommerziellen Geschick. Zugleich mit dem verschärften Konkurrenzkampf wurde – wie das staatliche Sozialversicherungssystem mitsamt seinen Folgeerscheinungen zeigt – eine bestimmte Art von Sicherheitsdenken und Gesundheitsnachsorge zu einer deutschen Tradition, die den deutschen Weg in die Moderne von dem amerikanischen unterschied. Nur – sehr viele der völkischen Nationalisten wußten diesen neuen Typus des Deutschen nicht zu schätzen! Sie wollten Heroismus, nicht Versicherungsmentalität; Idealismus, nicht Geschäftstüchtigkeit; Gemeinschaft, nicht Konkurrenzkampf. Die englische Verfasserin eines Buches über die »Neurosen der Nationen« (1925) meint, die Deutschen seien »von Natur aus Idealisten«, und die »rasche Wende zum groben Materialismus« habe ihren Geist verwirrt. Ihr »natürlicher Hang« zu »Tagträumen und Grübeleien« sei auf einmal blockiert worden; schon als Kinder hätten sie sich so zusammennehmen müssen, »daß sie nervös wurden«. Ob die Deutschen wirklich von Natur aus Idealisten sind, läßt sich bezweifeln; deutlich ist jedoch, daß die neue Wirtschaftsmentalität damals noch keinen Stoff für ein nationales Leitbild bot, mit dem sich das Gros der deutschen Nationalisten identifizieren mochte. Daher die ewige Unsicherheit bei der Frage: »Was ist deutsch?« Zwar verkündete Friedrich Naumann: »Das Thema des Deutschtums heißt Industrialisierung!« und das »neudeutsche Wesen« zeige sich am besten in der großen Organisation; aber seine Devise »Wir wollen ein Volk von Qualitätsmenschen sein« machte das Deutschsein recht anstrengend.[105] Das verbreitete Gefühl der Nervenschwäche zeugt von der Schwierigkeit, sich eine derartige neudeutsche Identität zu eigen zu machen.

Zur deutschen »Gemütlichkeit« gehörte eine Gewohnheit des Sichgehenlassens – wohlgemerkt innerhalb gewisser Schranken –, ein Mangel an Schärfe und Straffheit im Auftreten und eine relativ hohe Toleranz für plumpe Naivität und für jene Direktheit, die das »Herz auf der Zunge« trägt. »Der Zwang der Sitte in England und Nordamerika ist einem deutschen Manne unerträglich«, hatte schon Riehl geschrieben. Er sah darin noch die deutsche Art der Freiheit, die dem deutschen Wald innerlich verbunden sei und den Deutschen eine große Zukunft verbürge. Vermutlich besaß diese deutsche Art der Zwanglosigkeit tatsächlich etwas Entspannendes. Doch im neuen Deutschen Reich, das die sozialen Eliten der vielen deutschen Territorien in immer engere Berührung brachte, wurde das Fehlen einer allgemeinverbindlichen Form zunehmend als Mangel empfunden, die Formlosigkeit wurde zur Unsicherheit. Denn jetzt, wo der nationalstaatliche Rahmen da war und der Nationalismus ständig wuchs, *wollte* man ja einen nationalen deutschen Stil, und man wollte angespannte Energie und schneidige Schärfe, auch wenn man im Innern noch an der alten Gemütlichkeit hing. Nach 1870 nahm die Zahl der Anstandsbücher in Deutschland deutlich zu, und noch mehr wuchsen ihre Auflagen: ein Zeichen für eine sich ausbreitende Verhaltensunsicherheit. Franz Ebhardts zuerst 1878 erschienener Bestseller »Der gute Ton« ermahnt dazu, selbst in »bewegenden« Momenten des Lebens seine Gefühle unter Kontrolle zu halten und keine »Nervenschwäche« zu zeigen.[106]

Wenn die alte Gemütlichkeit nicht mehr als Basis für eine deutsche Identität taugte, bleibt immer noch die Frage, ob der Nervositätsbegriff nicht – wie Mosse meint – wenigstens im negativen Sinne identitätsstiftend war, indem er »Undeutsches« stigmatisierte und ausgrenzte. Da sich die reichsdeutsche Identität mehr durch Gegner als durch positive Inhalte bestimmte, wäre ein solcher Befund nicht überraschend. In mancher Beziehung hätte sogar nichts näher gelegen als dies, die Nervosität zum Inbegriff dessen zu machen, gegen das sich das echtdeutsche Wesen erhob. Denn traditionell konstituierte sich das deutsche Nationalgefühl in Front gegen Frankreich; und Paris galt als die Hochburg der Ausschweifung, der Dekadenz und der Überreiztheit. »Nervös« kam im 19. Jahrhundert als Gallizismus nach Deutschland. Vor allem galt die Hysterie noch in den 1880er Jahren als vorzugsweise französisches Leiden; selbst Charcot glaubte, daß sie in Frankreich besonders häufig sei. Für Erb war Frankreich der »klassische Boden der Hysterie«; Pelman meinte, den französischen Neurologen komme Frankreichs »Reichtum an nervösen Frauen« zugute. Aber all solche Bemerkungen bedeuteten noch längst nicht, daß man die Deutschen zum stolzen Gegenbild gemacht hätte. Nur der Schweizer Hilty, der in dem Frankreich der Dreyfus-Affäre eine »Neurasthenie im Großen« erkannte, zeigte sich davon überzeugt, daß das »siegreiche Übergewicht der germanischen Völker über die Romanen« »stets in ihrem stärkeren Nervensystem begründet gewesen« sei.[107] Die Deutschen dagegen konnten aus weiten Strecken ihrer Geschichte nicht gerade eine Überlegenheit der Germanen über die Romanen herauslesen.

Tatsächlich findet man trotz gegenteiliger Behauptungen in der deutschen Nervositätsliteratur bis 1914 fast nichts von einem Nervennationalismus. Löwenfeld bemerkte ebenso wie Moll, daß die frühere Annahme, die Hysterie sei unter den Französinnen besonders verbreitet, nicht mehr aufrechtzuerhalten sei. Erst nach Kriegsausbruch 1914 publizierte er, von der Kriegsstimmung mitgerissen, eine Schrift über die »Psychopathia gallica«, in der er die Erregbarkeit als durchgängigen Charakterzug der Franzosen betont; selbst da bleibt jedoch in der Schwebe, ob es sich dabei um eine Schwäche oder – in manchen Situationen zumindest – um eine Stärke handelt. Albert Eulenburg schwärmte zwar in der »Zukunft« von der »alten Siegfriedsonnennatur« des deutschen Volkes, hob aber hervor, daß die moderne »Nervosität« den »Tiefen und Untiefen unserer Gedanken- und Gemütswelt« entspringe, und erwähnte demgegenüber die Chinesen als ein ganz und gar nichtnervöses Volk. Dornblüth glaubte zu wissen, daß »die ganze Welt von Neurasthenischen voll ist«, man dagegen über die »Anlage verschiedener Völker und Rassen zu den Psychoneurosen« »noch nicht genügend unterrichtet« sei. Nationale Zuschreibungen hätten sich bislang regelmäßig als unhaltbar erwiesen.[108]

Mündlich mögen deutsche Mediziner ihren nationalen Vorurteilen freieren Lauf gelassen haben; in Veröffentlichungen dagegen galt ein neurologischer Nationalismus bis 1914 als unseriös. Bei Männern der Politik findet man schon eher die Vorstellung des nervösen Frankeich; aber dabei liegt der Akzent stets auf der reizbaren, nicht auf der schwachen Seite der Nervosität. Bismarck rechnete bei seiner Umformulierung der Emser Depesche auf die französische »Reizbarkeit«, sprach in dem Zusammenhang aber auch vom »gallischen Stier« – da bedeutete Reizbarkeit keine Schwäche! Bismarck zeigte ja nach Bedarf auch seine eigene Reizbarkeit mit Vergnügen. Bülow erbaute sich gelegentlich an mokanten Vorstellungen von französischer Dekadenz, betonte aber zugleich, daß Frankreichs »Elastizität und Vitalität selbst bei sittlichem Verfall nicht unterschätzt werden dürfen«. Er wußte ja aus eigener Erfahrung, daß man auch ohne Sittenstrenge Energie entwickeln kann. Hinweise auf den »nouvel esprit«, den neuen französischen Offensivgeist, wurden in der letzten Vorkriegszeit zu einem Lieblingsthema der deutschen Chauvinisten: Frankreich als Vorbild! Auch für einen erklärten Kriegstreiber wie Bernhardi waren die Franzosen »ebenbürtige Gegner«.[109]

Ein besonderer Fall dagegen sind die Juden: Sie waren nach übereinstimmender Meinung sehr vieler Autoren für nervöse Leiden besonders anfällig. Dieser Punkt könnte nun aus der Rückschau Grund zu einem tiefen Argwohn gegen den Nervendiskurs geben: Hat das ewige Gerede über Nervosität vielleicht doch den Antisemitismus gefördert – wenn nicht direkt, so doch indirekt und selbst ohne Absicht der Sprecher? Besaß der Nervositätsbegriff in diesem Fall doch die von Mosse behauptete stigmatisierende Wirkung? War es ein Zufall, daß die Flut der Neurastheniklagen genau zu jener Zeit einsetzte, als die Judenfeindschaft aus langer Latenz wieder hervorbrach und ihre fatale Modernisierung zum »Antisemitismus« erfuhr? Nicht wenige Zeitzeugnisse deuten darauf hin, daß die Juden wie ein Ursprung und eine Verkörperung der modernen Nervosität wirkten. Treitschke klagte das »Semitentum« an, daß es »unbestreitbar« eine »schwere Mitschuld« trage an »jenem schnöden Materialismus unserer Tage, der jede Arbeit nur noch als Geschäft betrachtet und die alte gemütliche Arbeitsfreudigkeit unseres Volkes zu ersticken droht«. Der damalige Leser konnte das Gefühl bekommen, daß die alte deutsche Gemütlichkeit durch die Entfernung der Juden wiederhergestellt würde. Die Juden waren ein geeignetes Projektionsobjekt für die eigene Ruhelosigkeit; die »jüdische Hast« wurde zum stehenden Begriff. Claß schrieb in seinem Kaiserbuch ganz im Sinne des von ihm verehrten Treitschke, vor allem die aus dem Osten eingewanderten Juden hätten »die Elemente der Hast, Rücksichtslosigkeit und moralischen Gefühllosigkeit in unser Wirtschaftsleben« gebracht. In den 1920er Jahren bemerkt der Psychologe Müller-Freienfels in seiner »Psychologie des deutschen Menschen«, der Jude sei dem Deutschen »durch das weit raschere Tempo seines Lebens« »stark entgegengesetzt«. Er allerdings glaubte, durch den jüdischen Einschlag komme ins deutsche Blut jener Schuß Champagner, der dem Deutschen nach Meinung Bismarcks fehlte.[110] Wenn es ein Zurück zur alten Gemütlichkeit ohnehin nicht mehr gab, hätte man sich eigentlich mit dem jüdischen Element in der deutschen Kultur abfinden können.

Die Literatur zu nervösen und psychischen Leiden, so vorsichtig sie mit nationalen Zuschreibungen sonst ist, machte bei den Juden eine Ausnahme. Das galt nicht nur für deutsche Autoren: Auch Charcot glaubte an die jüdische »Nervosität«, und durch ihn wurde sie in Frankreich zur gängigen Vorstellung; Andrea Varga, der Autor einer statistischen Untersuchung über die italienischen Irrenhäuser 1874 bis 1888, war der Meinung, daß die Juden infolge ihrer »fieberhaften Unruhe überall in Europa den größten Anteil an Geisteskranken« aufwiesen. Erb behauptete, daß die »Semiten« »von Haus aus schon eine neurotisch veranlagte Rasse« seien, »bei welcher durch ihren unzähmbaren Erwerbstrieb und die ihr durch Jahrhunderte auferlegte Lebensweise ebenso wie durch Inzucht und Familienheiraten die Nervosität zu einem ganz erstaunlichen Grade entwickelt und verbreitet« sei. Von ihm übernahm Krafft-Ebing dieses Erklärungsmuster, und von diesem wiederum zitierte es der Wiener Arzt Martin Engländer in seiner Studie über die »auffallend häufigen Krankheitserscheinungen der jüdischen Rasse« (1902), der immerhin gegenüber der Inzuchtthese Zweifel anmeldete. Noch das sozialmedizinische Handbuch von Mosse/Tugendreich (1913) konstatiert, daß fast alle bekannten Lehrbücher »die Neigung der jüdischen Rasse zu psychischen Affektationen bestätigen«, sofern man die Alkoholpsychosen – die bei Christen viel häufiger als bei Juden seien – herausließe. Statistische Belege findet man bei all diesen Behauptungen kaum.[111]

Antisemitische Töne findet man dagegen in der deutschen Nervositätsliteratur fast nirgends. Das ist um so bemerkenswerter, als es für Judengegner sehr leicht gewesen wäre, in populäre Nervenschriften einen unterschwelligen Antisemitismus einfließen zu lassen. Namhafte englische und französische Mediziner haben sich solche Seitenhiebe durchaus geleistet; aber im deutschen Sprachraum fehlen sie fast ganz. Edward Shorter erklärt dieses Faktum damit, daß die deutschen Ärzte auf ihre jüdischen Patienten hätten Rücksicht nehmen müssen.[112] Aber das allein kann es nicht gewesen sein; denn dann müßte man zumindest in den Patientenakten antisemitische Ärztekommentare finden; aber auch das kommt fast nie vor. Allem Anschein nach war der Mediziner-Antisemitismus, der in den 20er Jahren erschreckende Formen annahm, vor 1914 noch nicht sehr stark. Auch der hohe jüdische Anteil an den Nervenärzten liefert für das Fehlen judenfeindlicher Untertöne keine Erklärung; denn dann hätte man von den konkurrierenden nichtjüdischen Ärzten um so mehr antisemitische Ausfälle erwarten müssen – wenn eine Neigung dazu existiert hätte. Alles in allem spricht der Nervendiskurs ganz entschieden gegen die Goldhagen-These, daß eine mörderische Judenfeindschaft schon seit langer Zeit ein Grundelement der deutschen Kultur gewesen sei.

Viele Juden akzeptierten die Nervosität als Wesenszug ihrer selbst und teilten die Überzeugung, daß nervöse Leiden in der jüdischen Bevölkerung besonders häufig vorkämen. Löwenfeld hielt es für »Tatsache«, »daß unter den Israeliten derzeit ein unverhältnismäßig großes Kontingent Neurasthenischer und Hysterischer sich findet«. Daß das auf eine »besondere Anlage der Rasse« zurückgehe, sei unwahrscheinlich; eher müsse man bei den Ostjuden das Elend und den »ungeheuren moralischen Druck«, »im Westen die überwiegende Angehörigkeit der Israeliten zu den geistigen Arbeitern« annehmen. Das Neurastheniekonzept ließ ja breiten Raum für die Betonung externer Einflüsse. Hermann Oppenheim erwähnt den »übertriebenen Ehrgeiz« jüdischer Familien, der die Kinder zu einer »ungesunden Anspannung ihrer Kräfte« dränge, als Quelle von Nervosität. Über den Antisemitismus als Ursache schweigen diese Autoren. Dafür schildert August Cramer sehr anschaulich, wie die Nervosität bei jüdischen Patienten, die schon geheilt wirkten, durch Diskriminierungserfahrungen immer neu zum Ausbruch gebracht wurde. »Was ihnen alles geboten wird, ist unglaublich. ... Sie wissen nie, wohin sie sich auch begeben, was ihnen passiert, sei es, daß sie in der Eisenbahn fahren, die Pferdebahn benutzen oder sich in Restaurants niederlassen. Immer sind sie darauf gefaßt, daß sie ausgelacht, verspottet und verhöhnt werden.«[113] Die Nervosität war eine adäquate Reaktion auf die Lage der Juden in einem Land, wo sie zwar nicht verfolgt, aber ständig mit einem diffusen und unterschwelligen Antisemitismus konfrontiert wurden.

Aus Patientenakten wird der Eindruck von der jüdischen Nervosität verständlich, wenn auch nicht exakt überprüfbar. Daß Patienten in ihrer Anamnese ihre jüdische Herkunft als belastendes Element ausdrücklich hervorheben, kommt jedoch nur selten vor. Der Elektrotechniker in »Bellevue«, dessen nervöses Leiden durch eine Verquickung von erotischer und beruflicher Frustration in ein akutes Stadium geriet, schrieb an Robert Binswanger: »Auf dem Gymnasium war ich während langer Jahre der einzige Jude in meiner Klasse, als solcher wurde ich, zudem ich in jeder Beziehung verwöhnter, anspruchsvoller und z.T. auch begabter als meine Mitschüler war und auch an ihren Spielen nicht teilnehmen mochte, vielfach gehänselt und schlecht behandelt.« Er spricht also seine jüdische Herkunft nur an, um ihre Bedeutung für seine soziale Isolation sogleich zu relativieren.

In Ahrweiler heißt es über einen 30jährigen Bauingenieur jüdischen Glaubens, der »immer etwas zart und schwächlich« gewesen war: »Hatte seit Jahren das Gefühl, daß man ihn seiner Konfession wegen nur dulde, ihn nicht für voll ansehe. Lebte deshalb sehr einsam und zurückgezogen.« Zuerst war er im Staatsdienst, bei der Eisenbahn, wo die Arbeit ihn »nicht übermäßig« anstrengte. Da er jedoch glaubte, »wegen seiner Konfession im Staatsdienst keine Karriere machen zu können«, nahm er eine Stellung in der Privatwirtschaft an, wo die Arbeit jedoch »sehr anstrengend« war. »Allmählich wurde das Gefühl, daß man ihn auch hier über die Achsel ansehe, immer stärker. Er glaubte, daß man die Nase hinter seinem Rücken über ihn rümpfte, daß man seine Zeichnungen besonders scharf kritisierte. Dann waren die Kollegen und Vorgesetzten wieder übertrieben liebenswürdig. ... Schließlich steigerte sich das Gefühl derart, daß er glaubte, es finde eine richtige Hetze gegen ihn statt.« Nachdem er eine Woche in Ahrweiler war, klagte er seinem Vater, er fühle sich dort nicht wohl. »Die meisten Patienten seien frühere Offiziere« – gemeint war wohl: Reserveoffiziere – »und die Hetzerei gehe wieder los. Er müsse in jüdische Gesellschaft, wo er sich unverfolgt wüßte.« In Ahrweiler diagnostizierte man »nervöse Erschöpfung mit paranoiden Ideen«. Sein Leiden manifestierte sich vor allem in sexuellen Problemen: »Aus Idealismus« hatte er nie Verkehr mit Frauen gehabt, litt aber unter häufigen Pollutionen. Als pathogenes Element tritt die jüdische Situation nur in Verbindung mit anderen Belastungen auf.[114]

Manche jüdischen Autoren schilderten die jüdische Nervosität bewußt als einen unwürdigen und gefährlichen Zustand, um die Juden aufzurütteln und ihnen die Notwendigkeit einer kollektiven Regeneration vor Augen zu führen; das gilt für Nordau, den Kämpfer gegen die »Entartung« und Gründervater des Zionismus. Theodor Lessing nannte die »jüdische Reizbarkeit« gegenüber Kritik an jüdischen Eigenschaften als »ein Stück sozialer Neurasthenie« und eine zu überwindende »Pathologik der Volksseele«. Der Schweizer Psychiater und Zionist Rafael Becker bejahte die besondere Anfälligkeit der Juden nicht nur für Neurasthenie, sondern auch für schwere Geisteskrankheiten, aber nur, um zu der Pointe zu kommen, daß das einzige Heilmittel und die »radikale Therapie« in der »Schaffung eines eigenen Heimes und Landes« bestehe. Denn es sei nicht der äußere Druck als solcher, sondern der Verlust des Glaubens und der kollektive Minderwertigkeitskomplex, der die Juden der Gegenwart psychisch krank mache.[115]

Bei allen Ausführungen zur jüdischen Nervosität war doch stets präsent, daß die Nervenschwäche auch unter Nichtjuden ungeheuer verbreitet war. Zur Stigmatisierung war die Nervosität in aller Regel ganz ungeeignet. Im Gegenteil, das Thema »Nervosität« stellte zwischen Deutschen und Juden fast automatisch, auch ohne Absicht des Autors, eine gewisse Zusammengehörigkeit her. Vor allem dann, wenn man annahm, daß die Nervosität als Massenphänomen modern sei, konnte sie bei den Juden, dem ältesten Volk der Welt, keine Erbanlage sein, sondern mußte aus Frustrationen und äußerem Druck herrühren. Waren die Juden in den Augen der Antisemiten Urheber von Nervosität, so gehörten sie im Nervendiskurs zu den Opfern der Nervenschwäche. Für Houston Steward Chamberlain, den einflußreichsten Antisemiten der wilhelminischen Ära, kennzeichnete der »abnorm entwickelte« und »tyrannische« Willen den jüdischen Nationalcharakter; als Neurastheniker dagegen litten die Juden unter krankhafter Willensschwäche. Wurden sie in der Phantasie der Antisemiten durch ihre sexuelle Verführungskraft zur dämonischen Gefahr, so offenbarte das Nervenschrifttum, daß sie sich mindestens so sehr wie Nichtjuden mit sexuellen Molesten plagten.

Sobald man allerdings einen Endsieg über die moderne Nervosität für möglich hielt, konnte man die Juden als schweres Hindernis auf dem Weg dorthin empfinden. Diese Siegeszuversicht war unter den deutschen Medizinern vor 1914 selten. Aber abseits der mehr oder weniger professionellen Nervenliteratur gab es wilde Nervendiskurse, und diese waren für antisemitische Anwandlungen schon eher anfällig. Da bestand der Reiz des Antisemitismus darin, daß er die Illusion nährte, das moderne »Hetzen und Jagen« sei kein Strukturproblem, sondern sei durch die Ausschaltung einer ganz begrenzten Personengruppe abzuschaffen. Dadurch verbreitete die Judenfeindschaft jene Aura der Behaglichkeit, von der sich selbst ein Fontane nur »unter Tränen« trennte und die nach Auschwitz gar nicht mehr nachvollziehbar ist. Eine Verbindung von Nervositätslehre und jüdischem Selbsthaß findet sich bei dem Wiener Schriftsteller Arthur Trebitsch: Die Nervosität, behauptete er, sei eine »wesentlich jüdische Erkrankung«. Hitler schätzte Trebitsch trotz dessen jüdischer Abkunft als Gewährsmann für das Judentum besonders hoch: »Er hat die Juden entlarvt wie keiner.«[116] Erlösung von der Nervosität durch den Glauben an die Nation: Gab es dieses Programm nicht nur bei zionistischen Juden, sondern auch bei den Deutschen? Nichts hätte – so sollte man meinen – im nationalistischen Zeitalter näher gelegen. Noch in jüngster Zeit behauptete Nipperdey, die fehlende »nationale Identität« fordere ihren Preis in einer kollektiven »Labilität des seelischen und intellektuellen Gleichgewichts«; demnach müßte ein Vollgefühl nationaler Identität nicht nur politisch, sondern auch psychisch stabilisierend wirken. Kein Zweifel, die Idee lag im 19. Jahrhundert allenthalben in der Luft: die Nation als Quelle der Geborgenheit in der Turbulenz des Industriezeitalters, und sei es dadurch, daß sie das eigene Gewerbe mit Schutzzöllen gegen die internationale Konkurrenz abschirmte. »Die Liebe zu unserem großen deutschen Vaterland« – so erklärte Schmoller 1897 vor dem Verein für Sozialpolitik – sei die Gegenkraft gegen die moderne Brutalität der Interessenkämpfe.[117] Aber ließ sich dieser Trost auf überzeugende Art in die Nerventherapie einführen?

Das Programm dazu war längst da. Die Idee des deutschen Nationalismus enthielt frühzeitig den Glauben, mit der Schaffung der Nation – »Deutschland, nicht mehr sein eigen Eingeweide zerfleischend« – nicht nur die politische Zerrissenheit, sondern auch die Zerrissenheit in Leib und Seele zu überwinden. Der erste Band von »Gnothi sauton« (1783) enthält Selbstbekenntnisse eines anonymen Hypochonders, der »dem Schiffbruch entronnen ist«; seine Selbsttherapie besteht vor allem in dem Bemühen, »ein Teutscher zu sein«. »Die Teutschheit, in allen Stücken, ist ein wahres Antiseptikum gegen dieses giftige Übel. Auch waren wir nicht so leicht hypochondrisch, so lange wir nicht von fremden Sitten zu sehr angesteckt waren. ... Ich suche immer einen Zirkel zwar von denkenden, aber immer teutsch fühlenden und männlich heitern Fremden zu finden.« Es war eine Zeit, wo man in die »Teutschheit«, da es ein Deutschland als politische Realität noch nicht gab, viele Wunschträume hineinlegen konnte. Immer wieder begegnete damals die Vorstellung, daß die Abschüttelung französischer Sittenverderbnis den Deutschen eine Kräftigung an Leib und Seele bringen werde: Der Pädagoge Salzmann träumte davon, daß dann die Onanie verschwinden und »nervigte Männer« erstehen würden. Wenn man heute über solche Phobien den Kopf schüttelt, sollte man doch daran denken, daß die napoleonischen Armeen tatsächlich viel Syphilis und berechtigte Syphilisangst nach Deutschland brachten. Aber noch auf andere Weise setzte Frankreich die Deutschen unter Streß. Noch 1869, am Vorabend des Deutsch-Französischen Krieges, dem ein Jahrzehnt angespannte Kriegserwartung vorausgegangen war, brandmarkte Rochau die deutsche Zersplitterung als »unsere Versündigung an uns selbst«, als deren Folge Frankreich die Deutschen »seit Jahr und Tag in einer atemlosen Spannung« halte, »welche uns aufreibt«.[118] Wenn dem so war, dann hätte mit dem Sieg über Frankreich und der Reichsgründung die krankmachende Spannung gelöst sein müssen.

Aber – in kaum einer einzigen Neurasthenikergeschichte kommt 1870/71 als Auftakt einer Regenerationsphase vor! Das neue Deutsche Reich brachte nicht Ruhe, sondern Unruhe; das Gefühl der Neurasthenie breitete sich zu einer Zeit aus, als die Hoffnung auf eine innere Stabilisierung durch die deutsche Einheit zerronnen war. Der Gedanke, daß die Nervosität mit dem Materialismus der Zeit und dem Fehlen eines höheren Lebenssinns zu tun habe, war in der Literatur durchaus da; manche Autoren empfahlen den Nervösen die Religion als seelischen Halt, kaum einer jedoch die Nation. Und auch in den Selbstzeugnissen der Patienten, die zur Nervenstärkung alle erdenklichen Mittel ausprobieren, findet man nur ganz sporadisch nationale Töne: Deren Fehlen in einer so nationalistisch erhitzten Zeit ist geradezu auffallend! Ganz offensichtlich war »Deutschland« damals kein ruhender Pol für Menschen, die unter quälender Unruhe litten.[119]

Wenn es zwischen Nervosität und deutschem Nationalismus keine absichtsvoll konstruierte Beziehung gab, so existierte doch offensichtlich eine reale Affinität: Der wilhelminische Nationalismus, der von der »Saturiertheit« wegwollte, ohne ein klares Ziel vor Augen zu haben, war eine Quelle zerfahrener Unruhe und Ungeduld. Man verachtete den in sich ruhenden Biedermeier-Deutschen als »Philister«, besaß aber kein klares und wirklichkeitsnahes Leitbild des neuen Deutschen; klar war nur eines, daß er nicht mit sich und der Welt zufrieden sein durfte. »Unsere Gesittung ist jung«, schrieb Treitschke, »uns fehlt noch in unserem ganzen Sein der nationale Stil, der instinktive Stolz, die durchgebildete Eigenart« – um hinzuzusetzen: »darum waren wir so lange wehrlos gegen fremdes Wesen«. Weiß er selbst, auf welchen »nationalen Stil« er hinauswill? Gewiß will er ein starkes, dynamisches Deutschland; aber der stürmische industrielle Aufstieg des Deutschen Reiches erfüllt ihn zwischendurch mit tiefem Unbehagen, und an vielen Stellen seiner deutschen Geschichte spürt man eine Trauer über den Verlust der alten Gemütlichkeit. Schon seit jungen Jahren litt er unter dem Gefühl ständiger Zeitnot und andauernder »Arbeitshetzjagd«, und er deutete seine Zeit ganz im Stil des »nervösen Zeitalters«, schon bevor dieses Deutungsmuster zum Gemeingut geworden war. Selbst die deutsche Innerlichkeit ist für den späteren Treitschke, den seine Taubheit auf sein Innenleben zurückwarf, keine Quelle der Ruhe mehr; er schreibt, die »Innerlichkeit unserer Natur« habe sich »fast bis zur Krankheit gesteigert«, und er selbst sei »in diesem Punkte ein echter Deutscher«.[120]

Es war nicht zuletzt der Mangel an einer überzeugenden nationalen Identität – an einer selbstverständlichen Vorstellung von den deutschen Zielen und Interessen –, die dazu führte, daß die wilhelminische Politik für derart unterschiedliche Reize anfällig war und einen Zickzackkurs zwischen diffusen Zielen verfolgte, ähnlich wie das individuelle Leiden an der Reizüberflutung oft mit einem gespaltenen Selbstbewußtsein einherging.

Die Reizbarkeit wurde zu einem auffälligen Merkmal des deutschen Nationalismus im Kaiserreich. Da viele nicht wußten, was sie an der eigenen Nation lieben sollten, suchten sie die starken Gefühle im Haß. Kennzeichnet diese Aggressivität mehr oder weniger alle Nationalismen? Die Deutschen standen damals mit ihrer Reizbarkeit gewiß nicht allein; andererseits betont neuerdings Benedict Anderson, gestützt auf weltweite und epochenübergreifende Studien, daß »Nationen Liebe hervorrufen, nicht selten tiefe, selbstaufopfernde Liebe«, und man den Haß als allgemeines Kennzeichen des Nationalismus nicht überbewerten darf. Die Reizbarkeit des deutschen Nationalismus enthielt ihre besondere Note durch die Anstrengung, das gegenüber Frankreich und den anglo-amerikanischen Nationen immer noch bestehende Minderwertigkeitsgefühl zu verdecken. Eine 1922 anonym erschienene Studie »Über die Nervosität im deutschen Charakter« erblickte im nationalen Minderwertigkeitskomplex die Wurzel der pathologischen Züge im deutschen Charakter und fand dessen Grund im Verlust der ursprünglichen deutschen Identität: »Das deutsche Temperament ist schwer und voll Neigung zur Gründlichkeit und zur Tiefe. Darum war es in dem Augenblick eigentlich schon geschlagen, als es durch Besiegung Frankreichs gezwungen wurde, seine politische Großmachtstellung auf Kosten seiner geistigen Großmachtstellung zu behaupten. Der Amerikanismus war und blieb der deutschen Psyche durchaus wesensfremd. Darum erkrankte sie, als man ihn ihr aufokulierte...« Ein Schüler Alfred Adlers meinte 1927, die deutsche Art von Nationalbewußtsein spiele »gewiß eine Rolle beim Zustandekommen der nervösen Grundhaltung«, denn es sei gewaltsam-egozentrisch, ohne sich auf eine alte Kollektivbildung zu stützen wie die westlichen Nationalismen.[121] In der Logik dieses Denkens konnte man freilich folgern, daß erst die auf urdeutsche Traditionen gegründete Volksgemeinschaft die Nervosität überwinden werde.

Man staunt über die Heftigkeit mancher Äußerungen des deutschen Minderwertigkeitskomplexes, die sich aus einer tatsächlichen deutschen Unterlegenheit gar nicht erklären läßt; es ist, als ob der deutsche Nationalismus seine Aggressivität zuweilen gegen sich selbst wandte. Richard Wagner setzte 1880 seine briefliche Klage an Ludwig II., seine »armen Nerven« wollten »nicht zur Ruhe kommen«, damit fort, daß er seine »vollständige Verzweiflung an Deutschland« erklärte. Als Hermann Bahr 1890, frisch aus Paris gekommen, die »Nerven« zum wichtigsten Organ der »Moderne« erhob, schrieb er aus Berlin, er kenne bald alle »Berühmtheiten« der deutschen Hauptstadt, aber im Vergleich mit seinem Pariser Gepäckträger seien sie »nur Trotteln, ohne Ausnahme«. Maximilian Harden, der sich zum Mentor des militanten deutschen Nationalismus aufwarf, beklagte »die dem Engländer heute noch auffallende Fülle der fetten, häßlich greisenden Leiber in Deutschland«: Der vom Bier aufgeschwemmte Deutsche als Kontrast zum sportlichen Engländer! Eulenburg klagte 1903 dem Reichskanzler Bülow, daß Wilhelm II. in seinen »nervösen« Phasen voller Haß auf die »schmutzigen, eigensinnigen, dummen, armen, schlecht angezogenen Deutschen« schimpfe, »die sich ein Beispiel an Engländern und Amerikanern nehmen sollen«. Der jüngere Moltke, der Generalstabschef von 1914, ließ sich 1904 in seinem Tagebuch verächtlich über die Deutschen aus, die er nach dem »Philister«-Klischee schildert: »Das deutsche Volk ist doch in seiner Gesamtheit eine erbärmliche Gesellschaft. Lauter Kirchturmpolitiker, ohne eine Spur von Großzügigkeit, kleinlich, hämisch, voller Neid und Mißgunst, gehässig und kurzsichtig, daß es zum Erbarmen ist.« Frankreich dagegen fand er ein »wundervolles Land«. Wenn dennoch auf dem Breslauer Sängerbundfest von 1907 die Verse ertönten: »Sind wir uns einig, das Schicksal dann spricht, Welt, du wirst deutsch, ob du willst oder nicht«, dann wirkt das vor dem Hintergrund dieser tiefen Minderwertigkeitsgefühle wie eine Flucht in den Größenwahn, der an manche Produkte von Irrenhausinsassen erinnert.[122]

»Ohne Regeneration kein Volk«, schrieb Moses Heß 1862, als er schon die Botschaft des Zionismus vorwegnahm; und er fuhr fort, der »heutige deutsche Patriotismus« sei ein »bodenloser Schwindel«, »weil er nicht den Mut und das Talent hat, mit der eigenen Regeneration zu beginnen«. Da hätten ihm viele Jünger des neuen deutschvölkischen Nationalismus beigepflichtet. Der »Naturarzt« berichtete 1905 mit Schaudern, daß es in Nürnberg, der »Perle deutscher Städte«, zwar einen Naturheilverein, dafür aber nicht weniger als 38 »Freßvereine« und 50 Rauchklubs gebe. »Hier müßten wir Naturheilleute einsetzen mit der Erweckung des deutsch-völkischen Gewissens.«[123] Die völkische Idee als hygienische Kraft! Der Traum von einer Regeneration des deutschen Volkes durch ein großes nationales Sich-Aufraffen, der schon den frühen deutschen Nationalismus um 1800 erfüllte, wurde durch die Hygiene- und Lebensreformbewegung der Jahrhundertwende stärker denn je. Hatten sich Gesundheitsideen einst mit liberalen Fortschrittsidealen verbunden, so wurde diese Verbindung brüchig, als man die pathogenen Seiten des Fortschritts erfahren hatte. Die Gesundheitsvision wurde zu einer treibenden Kraft des neuen völkischen Nationalismus. Aber der real existierende Nationalismus, das bierselige Korporations- und Vereinswesen, war keine Verkörperung dieser Vision. Die Nervenheillehren fanden – vorerst – am Nationalismus keinen festen Halt.

Die besondere Reizbarkeit des deutschen Nationalismus stammte aus seiner Verquickung mit intimen Lebensproblemen. Das wachsende Gefühl nationaler Unbeliebtheit und Liebesunfähigkeit, verbunden mit einer ewig unbefriedigten nationalen Eigenliebe, hatte eine fatale Ähnlichkeit mit den Onanie- und Potenzsorgen des Neurasthenikers.[124] Die deutsche Situation war zu wilhelminischer Zeit auf ganz besondere Art dazu angetan, Verbindungen zwischen der Selbsterfahrung und der Weltsicht, konkret: zwischen der eigenen Empfindung der Nervosität und der Wahrnehmung der deutschen Situation in der Welt herzustellen. Reizbare Schwäche, quälende Ziellosigkeit und Energievergeudung hier wie dort! Da lag es am Ende in der Logik des Nervendiskurses, die Erlösung aus der Nervosität von der Politik zu erwarten, auch wenn die Nervenheillehren der Mediziner nur Lösungen im Umkreis des Arzt-Patient-Verhältnisses anboten.

In diesem Sinne bestand in der Tat der von Nordau behauptete Konnex zwischen Chauvinismus und Hypochondrie.

Sozialstaat und Neurasthenie:
Der Kampf um die »Rentenneurose«

EINE POLITISIERUNG DES medizinischen Nervendiskurses vollzog sich ganz besonders bei dem Streit über die »traumatische Neurose«; schärfer als irgendwo anders formierten sich hierbei »harte« Positionen. Zugleich läßt sich jedoch verfolgen, wie sich auch die »weiche« Grundtendenz der Nervositätslehre gegen alle Widerstände noch lange hielt.

In der damaligen Begrifflichkeit war die traumatische Neurose ein dauerhaftes schweres Nervenleiden als Folge eines Unfalls, aber ohne erkennbare organische Verletzung. Sie war der Neurasthenie eng benachbart: Die Symptome waren großenteils die gleichen; teilweise schrieben dieselben Autoren über beide Themen. Und doch wird man bei der traumatischen Neurose in eine vollkommen andere Atmosphäre versetzt und erlebt die gleichen Autoren von einer ungewohnten Seite. Während man bei der Neurasthenie die Grundsatzkontroversen vermißt, entbrannte um die traumatische Neurose eine über Jahrzehnte währende Auseinandersetzung von wachsender Schärfe. Denn hier ging es um Entschädigungs- und Rentenansprüche, wenn die Betroffenen unter die Unfallversicherung fielen oder wenn sie die Ursache ihrer nervösen Störungen bei Eisenbahnunfällen suchten; denn die Eisenbahn unterlag einer von der Schuldfrage unabhängigen Haftpflicht. Die Betroffenen mußten also glaubhaft machen, daß die Beschwerden wirklich bestanden und erst seit dem Unfall aufgetreten waren. Da ein exakter Nachweis nicht möglich war, sondern das Urteil wesentlich vom Ermessen des Arztes abhing, gab die Frage Stoff zu ewigem Streit, zumal es oft um viel Geld ging, denn die Unfallrenten lagen in der Regel erheblich höher als die meist kümmerlichen Invalidenrenten.[125] Anders als von einer Invalidenrente konnte man von einer Unfallrente ganz gut leben. Daher der Verdacht, daß es sich bei der traumatischen Neurose in Wahrheit um eine »Rentenneurose« handele: um eine von dem – bewußten oder unbewußten – Wunsch nach einer Rente hervorgerufenen Imitation nervöser Beschwerden.

Der Kampf um die »Rentenneurose« wirft auf manche Details der Neurastheniegeschichte ein neues Licht. Die langen Listen möglicher Neurasthenieursachen waren geeignet, das monokausale Denkmuster zu erschüttern, das der traumatischen Neurose zugrunde lag. Wenn man die Neurasthenie auch bei Arbeitern entdeckte, so scheint diese Wende der Neurasthenielehre zunächst von sozialem Engagement zu zeugen; zugleich machte sie es jedoch leichter, bei Arbeitern, die einen Unfall erlitten hatten, die Möglichkeit anzunehmen, daß diese schon vorher »nervös« gewesen seien. Die »mediko-mechanischen« Trainingsapparate in den Nervenheilstätten konnten den Ärzten dazu dienen, Simulanten zu entlarven, die körperliche Funktionsstörungen vortäuschten.[126]

Das Konzept der traumatischen Neurose hat zwei Wurzeln: zum einen die Spinalirritation und die mit ihr verbundene Aufmerksamkeit auf die nervlichen Folgen von Eisenbahnunfällen – 1866 schuf der Londoner Chirurg Erichsen den Begriff »Railway Spine« –, zum anderen Charcots Begriff der traumatischen Hysterie, der mit der großen Rolle, die er den Zwangsvorstellungen zuwies, die Freudsche Neurosenlehre inspirierte. Aber ein Trauma in Charcots Sinne begründete keinen juristischen Anspruch auf Entschädigung. Jener Begriff der traumatischen Neurose, der den jahrzehntelangen Kampf hervorrief, war – wie die Schweizerin Esther Fischer-Homberger schreibt – »ein Kind deutschen Geistes«.[127]

Der Auslöser der Kontroverse war Hermann Oppenheim mit seiner 1889 erschienenen Schrift über die »traumatischen Neurosen«, bei der er sich auf fünf Jahre Charité-Erfahrung berief. Der damals 31jährige Oppenheim, der sich 1886 in Berlin habilitiert hatte, war eine aufsteigende Kapazität der Neurologie. Dennoch bekam er nie eine Professur; denn er war Jude und verweigerte als Sohn eines Rabbiners den damals zu einer Universitätskarriere fast immer nötigen Übertritt zum Christentum. Rentenrechtlich entscheidend war die ungünstige Prognose, die er der traumatischen Neurose stellte: Wenn sie sich nach ein, zwei Jahren nicht gebessert habe, deute sie auf eine dauerhafte nervliche Schädigung hin, und man müsse den Kranken in Rente setzen, um eine schwere Psychose oder Selbstmord zu verhüten.[128]

Noch im gleichen Jahr 1889, als Oppenheimers Schrift erschienen war, fällte das Reichsversicherungsamt (RVA) ein Grundsatzurteil, das die traumatische Neurose als eine entschädigungspflichtige Unfallfolge anerkannte. Diese Anerkennung erfolgte mit einer Schnelligkeit, als ob das RVA auf eine derartige medizinische Theorie gewartet hätte; in der Tat zeichnete sich bei der Entschädigung der Opfer von Eisenbahnunfällen seit geraumer Zeit ein entsprechender Theoriebedarf ab. Den Präzedenzfall schuf der Bahnarbeiter Julius Röhl, der am 9. September 1886 beim Rangieren einer Lokomotive eine schwere Verletzung an der linken Schulter erlitt, die seinen linken Arm zeitweise lähmte. Rangierunfälle, bei denen die Betroffenen zerquetscht zu werden drohten, wirkten zu jener Zeit besonders erschreckend. Im Fall Röhl bestand kein Verdacht auf Simulation. Das RVA gab seiner Klage recht, auch im Bewußtsein des »schwerwiegenden Bedenkens«, »daß bei dem Mangel an nachweisbaren pathologisch-anatomischen Veränderungen und der großen Fülle lediglich subjektiver... Krankheitserscheinungen durch jene Anerkennung für Simulation und Untertreibung ein ergiebiges Feld der Betätigung eröffnet wird«.[129] Die Problematik dieses Präzedenzfalls war also von Anfang an klar.

Die Folgen zeigten sich bei der Bahn sehr rasch. Schon 1880 hatte es in den Charité-Annalen geheißen, als Folge des Reichshaftpflichtgesetzes von 1871 seien die Fälle häufiger geworden, bei denen »Erkrankungen des Nervensystems, entstanden durch Verletzung auf Eisenbahnen, ... zur ärztlichen Kenntnis und Beurteilung gelangen«. Nach dem RVA-Entscheid von 1889 ging die Kurve dieser Entschädigungsfälle erneut nach oben. Die traumatische Neurose konnte zwar im Prinzip nach Unfällen aller Art auftreten; in der Praxis bestand jedoch bei Medizinern und Richtern noch lange die Neigung, sie besonders bei Opfern von Eisenbahnunfällen anzuerkennen.[130]

Aus heutiger Sicht fällt auf, daß die Folgen von Autounfällen in der Debatte um die traumatische Neurose kein großes Thema wurden. Dabei war damals noch jeder Autounfall für die Presse ein Ereignis. Aber Autofahren galt als Sport, und zumindest die Autoinsassen suchten Schadensfolgen mit sportlicher Einstellung zu bewältigen. Man kann eine tragische Ironie darin sehen, daß die Eisenbahn durch die an die traumatische Neurose geknüpften Entschädigungsforderungen unvergleichlich viel stärker getroffen wurde als das weit gefährlichere Automobil.

Das andere große Thema neben den Eisenbahnunfällen waren die elektrischen Stromschläge. Da man wußte, daß das Nervensystem mittels elektrischer Impulse funktioniert, konnte man folgern, daß es durch Elektrounfälle besonders schlimm durcheinandergebracht würde. Besondere Aufmerksamkeit galt den Telefonistinnen, die bei der damaligen unvollkommenen Isoliertechnik – wie es hieß – »Strom bekamen«, wenn ungeduldige Kunden unnötig kurbelten. Da die »Fräulein vom Amt« jedoch ohnehin als professionelle Neurasthenikerinnen galten, geriet die traumatische Neurose hier in Konkurrenz zur Neurasthenie.

Albert Eulenburg behauptete, die Mehrzahl der sogenannten elektrischen Unfälle bekämen ihren Unfallcharakter gar nicht durch die Elektrizität, sondern durch die psychische Erregung. Es sei kein Zufall, daß diese »Unfälle« – Eulenburg setzt sie in Anführungszeichen – vor allem bei »jüngeren, anämischen oder nervös disponierten« Telefonistinnen vorkämen. Aber Hans Kurella, damals leitender Arzt der Ehrenwallschen Anstalt und Spezialist für Elektropathologie, empörte sich über Eulenburgs Art, bei jungen Frauen immer gleich auf eine »rein psychogene Entstehung des Leidens« zu tippen, und fuhr fort, man dürfe sich über die einschüchternde Art mancher Vertrauensärzte der Telegraphenverwaltung gegenüber verunglückten Telefonistinnen nicht wundern, »wenn Autoritäten wie Eulenburg sich in diesem Sinne äußern«.

Als es dagegen um einen Mann und um Starkstrom ging, wurde auch Eulenburg unsicher. Es handelte sich um die Klage von Bernhard Wechsel gegen die Berufsgenossenschaft der Feinmechanik, einen Fall, der 1904 in die Berufung beim RVA ging. Der Kläger wollte im Januar 1900 in einem württembergischen Elektrizitätswerk beim Telefonieren als Folge des Kurzschlusses einer Hochspannungsleitung einen heftigen Stromschlag erlitten haben, auf den er seither aufgetretene Anzeichen von »Gehirnerweichung« (dementia paralytica) zurückführte. Der Hergang des Unfalls blieb recht undurchsichtig. Aber Eulenburg ließ erkennen, daß er unter dem Einfluß von »hochgespannter Elektrizität« anatomische Veränderungen »in den Zentralteilen des Nervensystems« für sehr wahrscheinlich hielt, und er entwarf von diesen Veränderungen sogar ein ziemlich detailliertes Bild, obwohl es sich um einen noch wenig erforschten Bereich handelte. Der Sarkasmus der Polemiken gegen die traumatische Neurose erstarb bei der Konfrontation mit dem Starkstrom.[131]

Die Auseinandersetzung über die »Rentenneurose« erhitzte sich Anfang der 1890er Jahre zunächst an der Frage der Simulation. Möbius machte damals durch seine schneidende Abfertigung der »Simulantenjäger« von sich reden. Der von ihm in Umlauf gebrachte Ausspruch des

Psychiaters Adolf Kühn: »Die Zahl der Simulanten, welche der Arzt beobachtet haben will, steht gewöhnlich in umgekehrtem Verhältnis mit dem psychiatrischen Wissen des Beobachters«, wurde – wie Esther Fischer-Homberger schreibt – als »Kühn-Möbiusscher Satz« zum Schlachtruf gegen die Simulantenjäger und zu einer Art »Glaubenssatz der Gutachter«.

Der übertriebene Simulationsverdacht war für Möbius ein Paradefall für sein Lieblingsthema: die psychologische Ignoranz vieler Ärzte. Aber das heißt nicht, daß er die traumatische Neurose auf die Unfälle selbst zurückgeführt hätte. Er ordnete dieses Leiden vielmehr in erster Linie der Hysterie zu, und deren charakteristischer Zug bestand ihm zufolge darin, daß sie auf Vorstellungen beruhte – mehr als die Neurasthenie, bei der exogene Faktoren mitspielten.[132] Um die Mitte der 1890er Jahre zeichnete sich in der Kontroverse ein vorläufiger Kompromiß ab: Man verzichtete zwar darauf, die Antragsteller dem Verdacht der bewußten Schwindelei auszusetzen, beachtete aber um so mehr die unbewußte Wirkung der neu entdeckten »Begehrungsvorstellungen«.

Das war damals eine Art, die Macht des Unbewußten ins Spiel zu bringen. Von da an rückte das Phänomen der zwanghaften Autosuggestion in den Mittelpunkt; und der Schuldvorwurf richtete sich jetzt nicht mehr gegen die Arbeiter, sondern gegen die Sozialgesetzgebung, die solche hypochondrischen Zwangsvorstellungen hervorbringe. Eigentlich hätte damit die Hauptschuld bei Bismarck gelegen; aber man legte Wert darauf, daß diese psychologischen Folgen nicht vorhersehbar gewesen wären. »Das Gesetz hat, daran ist kein Zweifel, die Krankheit erzeugt«, versicherte Alfred E. Hoche 1910 in einer Freiburger Universitätsrede; aber: »Niemand hat es vorausgesehen, niemand hat es voraussehen können.«[133] Wobei hinzuzufügen ist, daß sich die Mediziner in den Gründerjahren des Sozialstaates über etwaige unbeabsichtigte Folgen nur wenig gekümmert hatten: Aus der Rückschau überrascht der Mangel an großen medizinischen Diskussionen über die Sozialversicherung in den 1880er Jahren.

1912 mischte sich mit Ludwig Bernhard ein Nationalökonom in die Debatte, der unter Kollegen als schwarzes Schaf galt, seit er 1908 der Berliner Fakultät gegen deren Willen als Ordinarius aufoktroyiert worden war. Seine Streitschrift »Unerwünschte Folgen der deutschen Sozialpolitik«, die rasch eine Auflage nach der andern erlebte und die »Kathedersozialisten« herausforderte, erregte um so größeres Aufsehen, als Bernhard, der Schüler Lujo Brentanos, noch einige Zeit davor als arbeitnehmerfreundlich gegolten hatte. Unter den »unerwünschten Folgen« versteht Bernhard vor allem die »Rentensucht« – er zitiert die Schlagworte »Rentenhysterie«, »Rentenhypochondrie« und »Rentenneurasthenie« –, und er beruft sich dabei auf die medizinische Literatur: Sie allein sei das »Mittel, um über die Vorgänge, die durch Parteiinteressen und Parteiintrigen verdunkelt sind, Klarheit zu gewinnen«. Da erweckt er den Eindruck, als gebe es in der Medizin längst einen festen Stand der Forschung, der das Versicherungssystem als Ursache rentenrelevanter nervöser Störungen entlarve. Nachdem er jedoch über 20 Seiten lang medizinische Literatur referiert hat, sieht er selber, daß sich auch unter den Ärzten konträre Meinungen »schroff« gegenüberstünden.[134] Die Streitfrage war mit den Mitteln der Medizin nicht zu klären.

In den letzten Jahren vor 1914 mischt sich noch ein neues, überraschendes Element in die Debatte: die Selbsterfahrung mancher Wissenschaftler, denen der neue Trend zum Sport – vom Automobilismus bis zum Bergsteigen – zu eigenen Unfallerlebnissen verholfen hatte. Auf solche Erfahrungen pochend, versicherten sie, daß weder ein harter Stoß noch ein Moment der Todesangst bei dem, der an keine Unfallrente denke, eine anhaltende nervöse Störung zurücklasse, die an der Ausübung des Berufes hindere. Siegfried Placzek, Arzt an der Unfallnervenheilanstalt »Waldsanatorium Neubabelsberg«, der sich bei der Erforschung der Nervenleiden von Eisenbahnbediensteten hervorgetan hatte, sammelte 1913 eine Anzahl solcher Fälle: angefangen mit einem Chirurgen und Geheimrat, der bei einem Autounfall 15 Meter weit geflogen war, bis hin zu einem Professor und Alpinisten, der in eine Gletscherspalte gestürzt war und sich, den Tod vor Augen, unverdrossen wieder herausgearbeitet hatte. Wenn Placzek bei all diesen Wissenschaftlern hervorhob, daß sie nach überstandenem Unfall ihrem Beruf weiterhin unbehindert nachgegangen seien, so übersah er freilich, daß das Katheder den Professor nicht so sehr an die Gletscherspalte erinnerte wie der Kopfhörer die Telefonistin an den erlittenen Stromschlag. Ein Oberarzt an der Bonner Medizinischen Universitätsklinik, der eine Gegenschrift gegen Ludwig Bernhard verfaßte, bezweifelte die Beweiskraft des Bergsteiger-Arguments.[135]

Ab 1914 allerdings machte der Weltkrieg in den Augen vieler Mediziner endlich klipp und klar, was die Medizin mit ihren Mitteln allein nicht hatte klarstellen können: daß nämlich die traumatische Neurose nichts als ein Phantom sei. Die Zeit, wo sich der Teilnehmer eines Eisenbahnunfalls, selbst wenn er am Körper nichts abbekommen hatte, für den bloßen Schock beim Anblick einer verstümmelten Leiche eine hohe Entschädigung erklagen konnte, lag auf einmal ganz fern. Schon im November 1914 berichtete ein Psychiater, der ein Lazarett mit russischen und französischen Gefangenen – unter ihnen viele Schwerverletzte – zu betreuen hatte, daß er »nicht ein einziges Mal auch nur Andeutungen von Symptomen der traumatischen Neurose« gefunden habe: Diese Gefangenen hätten eben keine Aussicht auf eine deutsche Rente und auch keine auf die Rückkehr an die Front! Jetzt mehrten sich direkte Angriffe auf Oppenheim, die mitunter seine wissenschaftliche Integrität in Zweifel zogen. Auf der sogenannten Kriegstagung der Gesellschaft Deutscher Nervenärzte im September 1916, die unter dem Thema »Neurosen nach Kriegsverletzungen« stand, behauptete Robert Gaupp als klar erwiesene Tatsache, daß psychogene Krankheiten »mit Vorliebe bei Unverwundeten«, »dagegen sehr selten bei Schwerverwundeten« aufträten; er könne »gar nicht begreifen«, wie Oppenheim dieses vielfach beklagte Faktum »leugnen« wolle.[136]

Obwohl der Erste Weltkrieg in den Augen vieler Mediziner, wenn auch die deutsche Niederlage, so doch den Sieg über die traumatische Neurose gebracht hatte, fällte das RVA erst 1926 eine Grundsatzentscheidung, die die Entschädigungspflicht bei einem Unfall ausschloß, wenn die »Erwerbsunfähigkeit eines Verletzten ihren Grund lediglich in seiner Vorstellung, krank zu sein«, habe. Ein förmliches Kesseltreiben gegen »Rentenneurosen« und »Unfallhysterie« war vorausgegangen. Nunmehr konnte man selbst die Psychoanalyse gegen die traumatische Neurose alten Stils ins Feld führen. Aber die Frage, ob eine nicht nachweisbare Schädigung des Nervensystems mit einer nicht vorhandenen gleichzusetzen sei, blieb bis heute offen.[137]

Was bleibt bei nüchterner Betrachtung vom materiellen Streitwert der Kontroverse übrig? Ein von Kraepelin zitierter Gewährsmann fand unter 5000 Unfällen nur 0,7 Prozent, ein anderer unter 1370 Unfallentschädigungsfällen ganze 0,9 Prozent traumatische Neurosen. So besehen wäre der ganze Wirbel viel Lärm um nichts gewesen und in erster Linie ein theatralischer Versuch von Medizinern, Härte zu demonstrieren und die Sozialgesetzgebung in Mißkredit zu bringen. Aber wenn sich die Zahl der tatsächlich gezahlten Renten und Entschädigungen auch in engen Grenzen hielt, so machten die Anträge und Klagen den zuständigen Versicherungsschiedsgerichten doch arg zu schaffen, und man kann beim Studium der Akten verstehen, daß sich viele Ärzte überfordert fühlten.[138] Die Berufsgenossenschaften schickten die Kläger zur Begutachtung zu immer neuen Ärzten; die Prozedur schuf zwischen Arzt und Patient eine Atmosphäre des Mißtrauens und wurde für beide Seiten zur Plage.

Für *einen* Wirtschaftssektor bedeutete die »traumatische Neurose« gewiß eine spürbare Belastung: für die Eisenbahn. Die Schockwirkung der Eisenbahnunfälle stand am Ursprung dieses Krankheitsbegriffs, und bei

Eisenbahnunfällen waren die Richter relativ großzügig, wenn es um die Anerkennung einer traumatischen Neurose ging. Eine am Seminar für soziale Medizin der Universität Bonn entstandene Untersuchung ermittelte, daß im Jahre 1911 von insgesamt 195 der im Eisenbahndirektionsbezirk Elberfeld durch Eisenbahnunfälle verletzten Privatpersonen nicht weniger als 89, also 46 Prozent, an »nervösen Beschwerden« erkrankten. Wenn jedoch die Kämpfer gegen die traumatische Neurose mit Vorliebe den Eindruck erweckten, als handele es sich bei den Simulanten und eingebildeten Kranken vor allem um Arbeiter, so vermitteln viele Fallgeschichten ein anderes Bild. Die aus der Distanz besonders skandalösen Fälle, wo auf fragwürdiger medizinischer Grundlage enorme Entschädigungssummen erklagt wurden, finden sich vor allem bei Klägern aus höheren Schichten, die sich einen guten Rechtsanwalt leisten, den Richter beeindrucken und einen hohen Verdienstausfall geltend machen konnten. So etwa ein 40jähriger Kaufmann, der 1907 bei einem Eisenbahnunfall ohne erkennbare körperliche Verletzungen davonkam, aber durch den Anblick einer kopflosen Leiche erschreckt wurde: Obwohl sein Nervensystem, der Bemerkung eines Gutachters zufolge, »infolge von Spekulationsgeschäften schon vor dem Unfall eine reizbare Schwäche aufwies« – Neurasthenie als Argument gegen die traumatische Neurose! –, erhielt er als Abfindung die damals ungeheuerliche Summe von 140 000 Mark zuerkannt! Wenn solche Urteile Schule machten, hatten die Versicherungsträger in der Tat Grund zur Panik. Ein hochversicherter Fabrikdirektor verunglückte 1907 im Schlafwagen eines D-Zuges »ohne körperliche Verletzung, aber unter gehörigem Schreck«. »Zwölf Ärzte, die bekanntesten deutschen und österreichischen Autoritäten auf dem Gebiet der Nervenheilkunde, erklärten ihn übereinstimmend für einen körperlich und geistig völlig gebrochenen Mann«, mit dem Resultat, daß er – zu einer Zeit, in der der durchschnittliche Jahreslohn in Deutschland bei 750 Mark lag – Entschädigungen von insgesamt 485 277 Mark ergatterte! Wohl mit Grund wies der ärztliche Direktor des Berliner Roten Kreuzes, zugleich Vertrauensarzt der Eisen- und Stahlberufsgenossenschaft, wiederholt darauf hin, daß es sich bei den materiellen »Begehrungsvorstellungen« keineswegs um eine Eigenart der Arbeiter handele, sondern diese »beim Mittelstand und in noch höheren Klassen mindestens ebenso groß wenn nicht noch größer« seien »als bei der Arbeiterbevölkerung«. Dabei müsse man bedenken, daß die Abhängigkeit der Ärzte von den Patienten in den oberen Schichten zunehme. Er könne nur sagen, daß er »in der Privat-Haftpflicht einer viel größeren Zahl von Begehrungsvorstellungen begegne als bei den Unfallverletzten der Eisen- und Stahlberufsgenossenschaft«.[139] Da wirkt die Polemik der Mediziner gegen die angebliche Rentensucht der Arbeiter wie ein Schaukampf, der von peinlichen Gefälligkeitsgutachten der Ärzte für gut zahlende Privatpatienten ablenkte.

Welche materielle Bedeutung der Kampf gegen die traumatische Neurose auch immer hatte – eine emotionale, demonstrative, symbolische Bedeutung besaß er gewiß. Nicht ohne Grund entwickelte sich über diesem Thema eine Eskalation der Rechthaberei und eine Polemisier- und Zitierwut mit immerzu ähnlichen Argumenten und Sarkasmen. Kein Zweifel: Es handelte sich nicht nur um taktische Gefechte, sondern die Kämpfer ärgerten sich wirklich. »Für mich ist jeder Rentenneurotiker ein Schweinehund«, erklärte ein ärztlicher Gutachter; selbst Hoche, der zu einem der letzten Generalangriffe auf die traumatische Neurose blies, sah sich hier zu scharfem Tadel veranlaßt. Der Simulationsverdacht wühlte Emotionen auf, auch außerhalb der Mediziner; vor allem in Kleinstädten und Dörfern, wo sich die Nachbarn beobachteten, kam es vor, daß Simulanten denunziert wurden. Die Ärzte empfanden ohnmächtige Wut, wenn sie mit ihren Mitteln außerstande waren, Simulanten zu entlarven. Der Medizinhistoriker Ackerknecht erinnert sich, wie sein einstiger Chef eine angeblich rückenleidende, verkrümmte Versicherte, die er eben begutachtet hatte, vom Fenster aus »beschwingt und aufrechten Ganges« sein Institut verlassen sah: »Sehen Sie«, rief er seinem Assistenten zu, »dort geht der Wurm, der am deutschen Volkskörper nagt!« Die Autoren, die gegen die traumatische Neurose schrieben, gaben sich als Kenner der menschlichen Tricks und Niedrigkeiten. Die emotionalen Untertöne der Kontroverse erinnern manchmal an die heftigen Emotionen, die in der jüngsten Zeit bei der Frage der »Scheinasylanten« aufeinanderprallten. Auch damals kollidierten zwei moralische Empörungen: Die Verteidiger verwiesen auf mitleiderregende Fälle und pochten auf das ärztliche Standesethos mit seinem Gebot, stets zum Nutzen des Patienten zu handeln; so besehen waren die Vertrauensärzte der Berufsgenossenschaften, die die Patienten wie potentielle Delinquenten behandelten, Verräter am hippokratischen Eid. Die Gegner erblickten in dem durch die Konstruktion der traumatischen Neurose erzwungenen Begutachtungsverfahren ein übles System, das den Betrug an den Ärzten programmierte und das Leiden, das es zu entschädigen vorgab, überhaupt erst hervorbrachte. Unangenehm für die Ärzte waren die Patienten, die sie sich mit der traumatischen Neurose aufhalsten – denn diese wollten ja gar nicht geheilt werden, sondern im Gegenteil ihr Kranksein demonstrieren! –, und unangenehm und zeitraubend waren die Gutachten, die sie zu schreiben hatten. Für die Nervensanatorien waren die zur Beobachtung eingewiesenen Unfallpatienten eine Belastung, ja eine Gefahr.

Selbst Gustav Aschaffenburg, der den Unfallneurotikern sonst eher wohlwollte, seufzte schwer, ein einziger dieser querulantischen Patienten könne »die Mühe des Arztes mit einem Schlage in einem ganzen Sanatorium zunichte machen«.[140]

Aus sozialhistorischer Sicht interessiert die Frage nach dem gruppenbildenden Effekt der Auseinandersetzung. Zumindest auf der Seite der Gegner bestand ein Bedürfnis nach einer einheitlichen Front; aber trotz der Flut der Kontrapublikationen kam diese Front bis 1914 nicht wirklich zustande. Gaupp bemerkte noch 1906, als die traumatische Neurose für viele Mediziner rein wissenschaftlich längst erledigt war, die »Uneinigkeit der Ärzte« sei »groß«; die »meisten Ärzte« kämen »über eine gewisse Unsicherheit nicht hinaus«.[141]

Die Herstellung einer klaren Front fiel nicht zuletzt deshalb so schwer, weil die ärztliche Interessenlage mehrdeutig war. Die bisherige historische Literatur zur traumatischen Neurose hat kaum beachtet, daß sich diese Kontroverse in nächster Nähe zu einem weit größeren Kampffeld abspielte: der Auseinandersetzung der Ärzte mit den Versicherungen, bei der sich die moderne Selbstorganisation und der Korpsgeist der deutschen Ärzteschaft ausbildete. Im Jahr 1900 wurde der Leipziger Ärzteverband, der Vorläufer des Hartmannbundes, gegründet, der 1904 mit großem Erfolg den Leipziger Ärztestreik organisierte; in jenen Jahren verbreitete sich in der ärztlichen Verbandspublizistik ein militanter Ton, und die Kampfstimmung setzte sich bis zum Kriegsausbruch 1914 fort. Wenn man sich diese Atmosphäre vergegenwärtigt, dann wird der Kampf um die »Rentenneurose« erst recht doppelbödig und vertrackt. Denn auf den ersten Blick paßt das eine nicht zum anderen. Die Simulantenjagd bedeutete ja eine Anbiederung an die Versicherung und eine Parteinahme *gegen* die Patienten, während die Generallinie der sich formierenden ärztlichen Verbandspolitik in genau die konträre Richtung wies!

Aber die Gegner der traumatischen Neurose argumentierten zunehmend auf der Linie, daß das Versicherungssystem die Versicherten dazu verführe, sich Krankheiten wie die traumatische Neurose einzubilden. Auf diese Weise liefert das Thema Stoff zur Polemik gegen den staatlichen Versicherungszwang. Mehr noch: Die traumatische Neurose bot den Medizinern eine ideale Gelegenheit, zu demonstrieren, daß nicht die Versicherungen, sondern sie selbst die besten Garanten der Sparsamkeit in der Medizin seien und sie selbst die wahren Gesundheitsinteressen ihrer Patienten verträten, während die Versicherungen den eingebildeten Kranken produzierten! Während sie das Versicherungssystem insgesamt angriffen, bewiesen sie den Versicherungen und den Berufsgenossenschaften zugleich ihre Vertrauenswürdigkeit. Das war für viele Ärzte existentiell wichtig; denn anders als später standen die Ärzte den Versicherungen zunächst noch in der Position des Unterlegenen gegenüber. Um so mehr mußten sie sich davor hüten, in den Geruch von Gefälligkeitsgutachten zu kommen. Im übrigen lohnt es sich, die Polemiken gegen die traumatische Neurose genau zu lesen: Nicht selten lassen sie nach einleitender Härtegestik eine Hintertür offen, um gegebenenfalls eine traumatische Neurose doch anzuerkennen.[142]

Phänomenal ist nicht nur die Schärfe der Kritik; sondern auffallend ist auch, wie zäh sich die traumatische Neurose dennoch hielt. Die Prozeduren des RVA, der Berufungsinstanz bei erfolglosen Schiedsverfahren, vermitteln insgesamt den Eindruck einer sorgfältigen und abwägenden Prüfung der vorgelegten Klagen. In einem Fall knüpfte das RVA an seinen positiven Entscheid die grundsätzliche Feststellung: »Es würde ... nicht dem Geiste der sozialen Gesetzgebung entsprechen, wenn man die Tatsache, daß in der medizinischen Wissenschaft noch über gewisse Krankheitsvorgänge Uneinigkeit herrscht, zu Ungunsten der Rentenbewerber in dem Sinne verwerten wollte, daß man der Entscheidung die ihnen nachteilige Meinung einzelner ärztlicher Autoritäten zu Grunde legte.« Es ist bemerkenswert, daß die Beamten des RVA keinen »Stand der Wissenschaft« verlangten, sondern willens waren, sich bei unterschiedlichen Expertenmeinungen ein eigenes Urteil zu bilden. Wie Eghigian bei einer Durchsicht der RVA-Akten feststellte, gingen viele Arbeiter, die zunächst als Simulanten abgewiesen worden waren, »oft mit großem Erfolg« in die Berufung. Es war keine Querulanten- oder Desperadomentalität, die viele Versicherte dazu brachte, den Kampf um Entschädigungen und Renten so zäh zu führen, sondern Erfahrungen bewiesen zur Genüge, daß sich der Kampf nicht selten lohnte. Das Risiko war begrenzt, denn das Verfahren selbst war kostenlos.[143]

Man erkennt, daß das allgemeine Zeitklima die Anerkennung der traumatischen Neurose begünstigte: Es lag in der Atmosphäre, neurasthenische Beschwerden als ernsthafte Krankheit anzusehen und von Unfällen – vor allem dann, wenn sie mit neuer Technik zusammenhingen – eine nachhaltige Schockwirkung zu erwarten. Esther Fischer-Homberger hat vermutlich recht, wenn sie die Entschädigungspraxis bis 1914 »großzügig« nennt.[144] Selbst die Kritiker der traumatischen Neurose gingen vor 1914 nur selten so weit, bei Fällen dieser Art jegliche Entschädigung grundsätzlich abzulehnen, sondern plädierten meist dafür, statt der Rente eine einmalige Abfindung zu zahlen: Man werde sehen, wie das Leiden dann schlagartig verschwinde. Die einmalige Abfindung wurde vor 1914 zur üblichen Kompromißposition in der Kontroverse.

Die Bewertung der traumatischen Neurose und der durch sie ausgelösten Kontroverse fällt nicht ganz leicht. Je nach dem Standort der historischen Rückschau variiert sie ganz erheblich. Schaut man darauf, wie sich die Kritik an der traumatischen Neurose nach 1914 mit einem Kesseltreiben gegen die »Kriegshysteriker« verband, ergreift man spontan Partei für Oppenheim. Sieht man dagegen den längerfristigen Trend zur medizinischen Kostenexplosion und zur Übermedikalisierung der Gesellschaft, bekommt man auch Sympathie für jene Ärzte, die den Standpunkt der Sparsamkeit und der Zurückhaltung auf einem für die Medizin noch unübersichtlichen Gebiet vertraten und die Solidargemeinschaft der Versicherten gegen Ausbeutung durch eingebildete Kranke zu schützen suchten. Der Sozialstaat behält seine Legitimität auf die Dauer nur dann, wenn krasser Mißbrauch bekämpft wird. Den Kämpfern gegen die traumatische Neurose ging es allerdings teilweise nicht um die Erhaltung, sondern um die Diskreditierung des Sozialstaates.

Die gesamte Kontroverse litt unter dem Dilemma, daß man auf einer Terra incognita feste Positionen beziehen sollte. Noch heute ist hier vieles offen. Man wird nicht im Prinzip bezweifeln, daß Unfälle – auf welche Weise auch immer – dauerhafte »nervöse« Störungen auslösen können, ebensowenig aber bestreiten, daß die Ursache in vielen solcher Fälle nicht bei dem Unfall allein, sondern auch bei Dispositionen des Patienten zu suchen ist. Auch von einem einheitlichen Krankheitsbild, wie es der Begriff der traumatischen Neurose suggeriert, ist gewiß keine Rede. All das konnte man mehr oder weniger schon vor 1914 erkennen. Bei der Konfrontation mit konkreten Menschen geriet die scharfe Unterscheidung zwischen objektiver und eingebildeter Schädigung ins Schwimmen. In den Akten findet man nicht wenige Fälle von einer Art, wie man sie in der Pro-und-kontra-Literatur vermißt, da sie weder für die eine noch für die andere Seite eindrucksvolle Argumente boten. Man nehme etwa den Fall des 43jährigen Maschinenarbeiters Eduard Balczun, der – zuletzt in einer Berliner Bautischlerei beschäftigt – 1908 für zwei Wochen in die Anstalt Dalldorf überwiesen wurde, nachdem er vergeblich die Holz-Berufsgenossenschaft auf eine Rente verklagt hatte. Die Berufsgenossenschaft hatte bei einem Arzt bereits eine kostspielige »Vielgeschäftigkeit« beanstandet; der Kreisarzt hatte B. als »gemeingefährlich geisteskrank« abgestempelt. In Dalldorf fand man dagegen, B. biete »die typischen Formen einer schweren traumatischen Neurose«. Zunächst hieß es, B. sei »vor einigen Jahren mit dem Fahrstuhl in einen Keller gestürzt und seitdem nervös«; er könne nur noch an Stöcken gehen und glaube, sich damals die Wirbelsäule gebrochen zu haben. Bei einer Röntgenuntersuchung fand man nichts; man muß allerdings an die schlechte

Qualität damaliger Röntgenaufnahmen denken. In Dalldorf kamen jedoch noch andere und zeitlich immer weiter zurückliegende Unfälle heraus, von denen Balczun mal den einen, mal den anderen als Beginn seines Leidens angab: im Mai 1907 war er auf dem Bau zwei Stockwerke tief gestürzt und bewußtlos geworden; im Januar 1907 hatte er eine Benzinvergiftung erlitten; im Jahr 1900 war er mit der rechten Hand in eine Hobelmaschine geraten; 1896 hatte er beim Aufziehen einer Mühlenschleuse einen schweren Schlag gegen den Kopf erhalten; 1892 hatte er sich durch den Hufschlag eines Pferdes eine Stirnwunde zugezogen; 1889 war er mit der rechten Hand von einem Treibriemen erfaßt worden... Wenn Balczun diese Mißgeschicke erst nach und nach berichtete, so muß man bedenken, daß es für viele Arbeiter damals normal war, in ihrem Leben mehrere Unfälle zu erleiden und in älteren Jahren körperlich lädiert zu sein. In Dalldorf bekam man damals einen ähnlichen Eindruck wie der heutige Leser aus den Akten: Die quälende Unruhe des Arbeiters war echt; ihm ging es wirklich schlecht, und zwischen seiner elenden Befindlichkeit und seinen Unfallerfahrungen bestand ein Zusammenhang. Aber es war aussichtslos, die Art dieser Kausalität eindeutig nachweisen zu wollen.[145] Und ähnlich verhielt es sich in vielen anderen Fällen.

Im Vergleich zu der gereizten Auseinandersetzung über der traumatischen Neurose lernt man manche Vorzüge des friedlicheren Neurastheniediskurses zu schätzen. Hier sahen sich die Mediziner nicht so sehr in dem peinlichen Konflikt zwischen der Rolle des Heilers und des argwöhnischen Gutachters. Die Frage, ob ein Leiden physischer oder psychischer, endogener oder exogener, vorübergehender oder chronischer Natur war, brauchte nicht definitiv und nur in *einem* Sinne beantwortet zu werden. Und wenn sich ein Leiden als psychogen erwies, so war das nicht das Ende, sondern ein neuer Anfang der Diskussion.

Welche Rolle spielte die Neurasthenie bei dem Hin und Her um die traumatische Neurose? Zunächst eine positive; denn sie war notwendig, damit die Erscheinungsformen der Unfallneurose als Krankheitssymptom erst einmal wahrgenommen wurden. Aber die Neurasthenie war auch für die Gegner der traumatischen Neurose zu gebrauchen.

Ein Standardargument gegen Rentenkläger lautete, ihr Leiden sei nichts weiter als gewöhnliche Neurasthenie, und diese könne viele Ursachen haben. Auch die sich mehr und mehr durchsetzende Tendenz, die traumatische Neurose nicht auf den Unfall, sondern auf den Kampf um die Rente zurückzuführen, enthielt eine Anleihe bei der Neurasthenielehre; denn der »Kampf ums Dasein« galt ja als eine Hauptursache der Neurasthenie. Eine Paradoxie bestand freilich darin, daß im Fall des »Rentenneurasthenikers« der Leidende selbst der Urheber des Kampfes war! In der Auseinandersetzung über die traumatische Neurose tritt umrißhaft ein neuer Typ des Neurasthenikers in Szene: ein Pseudoneurastheniker, der gar nicht gänzlich aus Willensschwäche und Unschlüssigkeit besteht, sondern der, wenn es um die Erfüllung seines Wunschtraums geht, zu einem erstaunlichen Maß an Zähigkeit und Zielstrebigkeit imstande ist.[146]

Bemerkenswerterweise brachten die Gutachter der Versicherungen niemals eine Grundsatzdiskussion darüber in Gang, ob es die Neurasthenie als Krankheit wirklich gab; denn wenn die Neurasthenie in der Regel auch keinen Rentenanspruch begründete, so war sie doch einer der häufigsten Gründe für Arztbesuche und Kuren. 1907 berichtete ein Artikel der »Ärztlichen Sachverständigen-Zeitung«, die »Belastung des Fiskus durch die zahlreichen Badekuren« neurasthenischer Beamter sei aus behördlicher Sicht »etwas beängstigend« geworden. »Ich bin nervös, ich muß ins Bad« war noch lange danach eine stehende Wendung. Dennoch sammelte sich niemals eine breite Abwehrfront gegen die Neurasthenie. Gewiß spielte dabei eine Rolle, daß es fast nie um auch nur annähernd so hohe Einzelbeträge ging wie bei der traumatischen Neurose, ja die Neurasthenie manchmal als Waffe gegen die traumatische Neurose zu gebrauchen war. Wegen Neurasthenie auch nur krank geschrieben zu werden war zumindest für Arbeiter nicht ganz leicht; ein Versicherungsexperte gab die Devise aus, in den ärztlichen Gutachten sei »zum Ausdruck zu bringen, daß neurasthenische Beschwerden im allgemeinen kein Arbeitshindernis bieten, die Arbeit vielmehr das beste Heilmittel dagegen darstellt«. Immerhin: Berliner Facharbeiter konnten mit Neurasthenie eine Zeitlang in das Sanatorium Beelitz kommen, dessen Ausstattung in den Augen des französischen Journalisten Huret das Nonplusultra von Luxus war. »Wenn sie Beelitz einmal gekostet haben, wollen sie nicht mehr an die Arbeit«, bekam er dort erzählt. Die Nervenschwäche ging also doch an den Nervus rerum der Versicherungen. Aber der Krankheitscharakter der Neurasthenie wurde vor 1914 von einem so breiten Konsens getragen, daß eine Gegenoffensive der Versicherungen aussichtslos gewesen wäre. Erst in den 20er Jahren, als die wissenschaftliche Reputation der Neurasthenie im Sinken war, wurden die Klagen über die Belastung der Kassen durch die Neurastheniker manchmal lauter. Erwin Liek, ein Wegbereiter der NS-Medizin, polemisierte jetzt gegen die Neurasthenie im Stil der Attacken gegen die traumatische Neurose: Das deutsche System der Krankenversicherung habe ganze »Volksschichten auf den Weg der Neurasthenie und Hypochondrie« gezwungen.[147] Er vergaß, daß die Neurasthenie aus den USA stammte, die von den Verführungen des Sozialstaates noch ganz unberührt waren.

Mit bloßer Neurasthenie in Rente zu kommen war – bestimmte zur Neurasthenie disponierte Berufsgruppen ausgenommen – nicht leicht, auch wenn hier und da ein Trend zu etwas mehr Großzügigkeit zu beobachten ist.[148] Und die Renten, die zugebilligt wurden, waren nicht so hoch, daß sie im voraus neurotische Begehrlichkeiten hätten hervorrufen können. Die Knappschafts-Berufsgenossenschaft berichtete 1923, sie hielte die »Renten für nervöse Erkrankungen ... im allgemeinen von vornherein sehr niedrig«. Einen vielsagenden Einblick in die Umgangsweise mit neurasthenischen Frauen gewährt ein Artikel von 1917 über die Anerkennung von Frauenleiden als Erwerbskrankheiten. Wenn der Autor empfahl, die Neurasthenie »mehr als bisher« bei Frauen »als Ursache dauernder Invalidität« anzuerkennen, so setzt er voraus, daß dies bis dahin nur widerwillig geschah. Er dachte dabei besonders an einen bestimmten Typus der neurasthenischen Frau, und zwar an die »ältere, meist ledige, chronisch unterleibskranke Industriearbeiterin«. Zwischen den Zeilen erkennt man ein stummes Elend, das in der Neurasthenieliteratur sonst kaum Beachtung fand: »In jahrelanger, eintöniger, einseitig Muskeln und Nerven anstrengender Arbeit von Jugend auf ist sie körperlich und geistig chronisch müde und vor der Zeit alt geworden.« »Chronische Blutarmut und Neurasthenie« gehören zu den »Stigmata ihres Berufes«. Selbst wenn die betreffende Frau »zuweilen erst 40 Jahre alt« wäre, sei in »solchen veralteten Fällen« »nicht mehr viel zu helfen«.

»Gynäkologisch zu heilen ist da bei der fortdauernden Fabrikarbeit nichts mehr; es ist auch meist Operation und alles Erdenkliche versucht worden. Der vielfach immer wieder versuchte Schonungsaufenthalt in Nervenheilanstalten und Luftkurorten nutzt nur vorübergehend. Nach ein paar Wochen Fabrikarbeit ist alles wieder beim alten. Die Patientinnen sind und bleiben die Sorge und Plage von Arzt, Fabrik, Werkführer und Krankenkasse. ... Da sollte die Versicherung ein Einsehen haben und für diese Patientinnen öfter die, wenn auch manchmal etwas frühzeitige Invalidität anerkennen. Sie verdienen es eher als viele andere.«[149]

Im Vergleich zu dem wortreichen Dauerstreit um die traumatische Neurose, bei der die Klagenden ganz überwiegend Männer waren, fällt auf, wie unterbelichtet in der Rentendebatte der Neurologen die vermutlich viel verbreiteteren nervösen Störungen bei diesen durch die Arbeit verschlissenen Frauen blieben. Eine Grundtendenz zu mehr Humanität und zur Gleichberechtigung der Geschlechter bewies das Neurastheniekonzept jedoch auch hier, selbst noch in den schlimmsten Jahren des Krieges.

5
Die Wende zum Willen und die Entfesselung des Weltkriegs: Die Überwindung der Nervosität als nationale Aktion

Von der Ruhe über die Hypnose
zur »Willenskultur«

ALS DIE NERVENKLAGEN nicht nur in den Heilstätten, sondern mehr und mehr auch in der Politik ertönten, war es nicht nur das Wort »Nerven«, das übersprang; sondern Querverbindungen zwischen Therapie und Politik entwickelten sich auch im Diskurs und in der Nervositätserfahrung. Das erkennt man besonders deutlich in der Wende zur Härte – vom Kult der Ruhe zu dem der Willensstärkung –, die sich im letzten Vorkriegsjahrzehnt parallel in den medizinischen und in den politischen Heilslehren vollzog.

Die Ruhe war an und für sich als Heilmittel uralt; sie folgte ja ganz einfach dem spontanen Trieb vieler Kranker. Dennoch war eine Therapie, die zuoberst auf Ruhe setzte – und zwar aus ganz bestimmten Überlegungen, nicht aus bloßer Verlegenheit –, im späten 19. Jahrhundert etwas Neues. An und für sich förderte der wachsende Ehrgeiz der Mediziner eher einen Drang zur Vielgeschäftigkeit als eine Bereitschaft, die Patienten in Ruhe zu lassen. Abseits gelegene Heilstätten machten Reklame mit der Ruhe; was sie boten, war allerdings häufig eine komfortable und abwechslungsreiche Art von Ruhe, die die Patienten mit den vielen Wasseranwendungen, elektrischen Behandlungen, Massagen und Unterhaltungsprogrammen auf Trab hielt. War das alles überhaupt nötig? Als Vorbild empfahl der Schweizer Châtelain den Nervenkranken das Murmeltier: »Das Murmeltier ist wirklich ein glückliches Tier. Den ganzen Winter in einem warmen Neste von trockenem Heu schlafen, gegen den Nordwind geschützt und den falschen Fortschritt, sich einmal ganz satt schlafen, mit geschlossenen Fäusten, in einer Nacht von fünf Monaten die ganze verlorene Ruhe wiedergewinnen, um in der lieben Aprilsonne aufzuwachen, das Gehirn erfrischt, die Nerven ausgeruht, die ›große Feder‹ aufgezogen!«[1]

Daß die Bettruhe das »zunächst Wichtigste aller seelendiätetischen Mittel« sei, war für Ehrenwall in den 1890er Jahren eine neue Erkenntnis. 1887 kam nach Ahrweiler ein 31jähriger Geschäftsmann, Sohn einer

»sehr aufgeregten« Mutter, der in über fünfjähriger angestrengter Arbeit auf Java, Sumatra und Borneo einen Eisenwarenhandel aufgebaut hatte. Er gab an, »mit 20 Jahren Hypochonder« gewesen zu sein und sich »durch eigene Willenskraft« aus diesem Zustand »herausgearbeitet« zu haben. Aber nach Überwindung der Angst vor den Folgen der Onanie verfolgte ihn die Syphilisangst. »Es bildete sich allmählich Nervosität heraus.« Ein Arzt schickte ihn nach Ahrweiler, weil er »größerer Ruhe und strengerer Aufsicht« bedürfe. Da ist die Ruhe also das neue Heilmittel, das den Anstaltsaufenthalt erfordert, nachdem ein früherer Versuch der Selbsttherapie durch den Willen mißlungen war![2]

Auch Möbius ging davon aus, daß viele seiner »nervösen« Patienten nicht mehr den natürlichen Instinkt besäßen, eine Phase der Hetze durch Ruhe zu kompensieren, sondern unter dem entgegengesetzten Trieb litten. »Ich sage oft scherzweise zu den Leuten: Sie haben da in der Brust einen kleinen bösen Geist sitzen, der bei allem schreit: rasch, rasch! Der muß totgeschlagen werden.« Bei Otto Binswangers Kurempfehlungen fällt der unglaublich großzügige Umgang mit der Zeit auf: Galten sonst drei Wochen als die klassische Zeitspanne einer Badekur gegen Nervenschwäche, wollte Binswanger die Neurastheniker – und zwar alle – mindestens für sechs Monate zur Kur schicken.[3] Man stelle sich die Welt vor, in der das möglich gewesen wäre: diese Masse von Nervenheilstätten und zugleich diese Gemächlichkeit des Wirtschaftslebens, die einem Großteil der Beschäftigten ein halbjähriges Aussteigen gestattet hätte!

»Ruhe und nochmals Ruhe«, empfahl Pelman als Therapie für Nervöse, als er im November 1900 vor dem Niederrheinischen Verein für öffentliche Gesundheitspflege für Nervensanatorien warb; und wie ein Echo darauf versicherte der erste Jahresbericht der Volksnervenheilstätte Roderbirken, »alle Autoritäten auf dem Gebiete der Nervenheilkunde« stimmten »darin überein, daß für Nervenkranke das erste Erfordernis Ruhe und nochmals Ruhe« sei – das habe sich gleich an dem ersten »Krankenmaterial« bestätigt. Auch in den Irrenanstalten war um 1900 die »konsequente Bettbehandlung« der neue Trend.[4] So scharf man nach außen zwischen Nerven- und Geisteskranken unterschied, so deutlich sind doch die Parallelen in der Entwicklung der Therapie: das gilt sowohl für die Einführung der absoluten Ruhe als auch für die dann folgende Aktivierung der Heilmethoden.

Die erlösende Ruhe war etwas anderes als die dumpfe Ruhe des Murmeltiers im Winterschlaf: Sie war kein in sich selbst ruhender Zustand, sondern bezog ihr Glück aus dem Kontrast zu einer Unruhe. Da die vorherrschenden Unruhetypen im Laufe der Geschichte wechselten, unterlag auch die erlösende Ruhe einem Wandel. Im Lärm des Industriezeitalters bekam »Ruhe« in einem Maße wie noch nie einen akustischen Sinn. Die Brasilianer, die einiges an Lärm aushielten, amüsierten sich im 19. Jahrhundert über das akustische Ruhebedürfnis der dort ansässigen Engländer, dieser »Fanatiker der Stille«, die schon durch das Klappern der Holzschuhe genervt wurden.[5] Das industrialisierte England pflegte eine für Südländer fast unerträgliche Sonntagsruhe. Die verschärfte Konkurrenz im Wirtschaftsleben förderte einen Typus von Ruhe, der vor allem in einer Ferne von den Geschäften bestand; beliebt war eine Umgebung, in der man das Industriezeitalter vergessen konnte. Diese Ruhe der Entspannung stellte sich jedoch nur nach vorangegangener Anspannung ein und verlor ihren Reiz, je länger die angespannte Phase zurücklag. Daher suchen viele, die auf das Glück der Entspannung fixiert sind, nach einer Zeit der Ruhe instinktiv wieder die Spannung. Zwischen einer bestimmten Art von Ruhe und von Nervosität besteht eine Wechselbeziehung.

Durch ihren dialektischen Charakter geriet die Ruhe in neuerer Zeit immer mehr in Bewegung. In vormoderner Zeit war die zur Schau getragene Ruhe ein Zeichen der Würde und ein Verhaltensmerkmal der Aristokraten, die nicht zu arbeiten brauchten. Aber je hektischer die Arbeitswelt wurde, desto mehr wurde das Die-Ruhe-Bewahren zu einer Fähigkeit neuer Art, die von Erfahrung und Nervenkraft zeugte. Der Theologiestudent Göhre war von der unerschütterlichen Ruhe der vielerfahrenen Wanderarbeiter fasziniert. Wer sich an nichts klammerte und stets in Bewegung war, fand manchmal eine neue Ruhe, während das Sich-Anklammern an eine feste Position nicht immer Ruhe bescherte.[6]

Die am meisten erlösenden Ruhe-Erlebnisse – die Ruhe nach der Gefahr, nach beruflicher Hochspannung und Liebesabenteuern – hatten die Nervenheilstätten nicht zu bieten; statt dessen organisierten sie jene kraftlose und ängstlich zurückgezogene Ruhe, die sich in einer immer mehr von »Energie« besessenen Zeit den Makel des Schlappen und »Philisterhaften« zuzog. Das ewige Problem der Heilstätten war die gähnende Langeweile.[7] Gerade die dauernde Untätigkeit brachte viele Patienten in einen Zustand nervöser Unruhe, weil ihre Gedanken ewig um sie selbst und ihre Symptome kreisten. Die äußerliche Ruhe, die in den Anstalten zum höchsten Wert wurde, lag mindestens so sehr im Interesse der Anstalt wie in dem der Patienten: Aus der Sicht der Anstaltsleitung, die den störungsfreien Betrieb wollte, war der Unterschied zwischen »ruhigen« und »unruhigen« Patienten die allerwichtigste Differenz, wichtiger noch als die spezifischen Diagnosen.

Vor allem seit der Jahrhundertwende mehrten sich in den Anstalten die Fälle von Unzufriedenheit mit der üblichen Therapie, die den Patienten in eine passive Rolle verbannte. Eine an Otto Binswangers psychiatrischer Klinik in Jena entstandene Studie über »Heilerfolge bei Neurasthenie« (1911), die sich auf über tausend Krankengeschichten aus dem Jahrzehnt von 1898 bis 1908 stützte, fand heraus, daß die »Heilerfolge bei den Lehrern« »im allgemeinen recht gute« seien, aber kaum einer von diesen zugeben wolle, »daß er die Besserung der Behandlung verdankt«. »Fast alle führen sie ihr jetziges Wohlbefinden darauf zurück, daß sie es verstanden haben, ihrer Beschwerden ›Herr zu werden‹, oder ›sich durch Willensstärke selbst in Gewalt zu haben‹, oder ›den Körper dem Geiste untertan zu machen‹.« Ein Lehrer, der 71 Tage in der Klinik verbracht hatte, schrieb hernach, der dortige Aufenthalt habe vor allem das Gute gehabt, ihn zu der Erkenntnis zu führen, »daß es eine große Dummheit von mir war, in eine Nervenheilanstalt zu gehen«. »Geheilt worden bin ich nicht durch Jena, sondern besser geworden ist mein Zustand lediglich durch *meinen Willen*, den ich durch systematische langsame Schulung gestärkt und gefestigt habe.« Für den Mediziner waren das nichts als Pädagogenphrasen. Gerade Otto Binswanger betonte besonders scharf die gänzliche Ausschaltung des Eigenwillens der Patienten als Bedingung einer erfolgreichen Nervenkur und kritisierte die Ansicht, »daß hochgradige Willensschwäche eine Kontraindikation gegen die Kur darstelle«. Indem der Arzt dem Patienten »jegliche Entschlußfassung und jegliche Verantwortung« abnehme, erreiche er jene »Entspannung«, ohne die alle anderen Kurmittel wirkungslos seien.[8] Bei ihm hängen das Prinzip der Ruhe und die Autorität des Arztes eng zusammen. Aber der Eigenwille der Patienten rebellierte gegen die verordnete Ruhe.

»Sehr unzufrieden« mit der Kur zeigte sich ein neurasthenischer Handelsschuldirektor in Ahrweiler, der ebenfalls gern von seiner »Willenskraft« sprach und sein Leiden »selbst sehr genau analysiert(e)«. Sein Bruder, der für die Anstalt Partei nahm, bat ihn dringend, »seinen Eigenwillen zu bekämpfen«, während er selbst aufbegehrte, er wisse nicht, »zu was die Bettkur nutze, was die Bäder sollten«. Ein Oberingenieur, dessen Neurasthenie beim Bau einer Kanalisation in ein quälendes Stadium geraten war, nahm aus »Bellevue« die Einsicht mit, daß »Hilfe und Heilung ihm wesentlich nur aus eigener Kraft, durch Anspannung seines Willens, Bekämpfung von Verstimmung, körperliche Arbeit, ablenkende Beschäftigung ... zuteil werden könne«.[9]

Aber auch der Wille, an dessen Heilkraft mehr und mehr Neurastheniker glaubten, hatte in der Therapie eine jahrtausendelange Geschichte. Bereits der stets kränkelnde Stoiker Epiktet lehrte, daß allein der Wille imstande sei, den Schmerz zu überwinden. Wieweit der Wille frei oder gebunden sei, wurde vor allem durch die Reformation zu einer theologischen Streitfrage. Adam Bernd, den ein Traktat über die Willensfreiheit seine Pfarrstelle kostete, hielt es 1738 für eine Erkenntnis der »Welt-Weisen«, daß man »mit seinem Willen, dessen Wirkung und Herrschaft über den Leib ein unbegreifliches Geheimnis Gottes ist, die Lebensgeister determiniere, und im Gehirn die Länge und die Quere hin- und herjage«. Das beste Beispiel für die Herrschaft des Geistes über den Körper erblickt er in der Erektion, die durch den Gedanken an eine begehrte Frau hervorgerufen wird; Wille und Trieb hängen also eng zusammen. In den Augen puritanischer Moralisten dagegen bewies der Wille seine Kraft gerade im Kampf gegen die Triebe. In diesem Sinne gab es eine moralphilosophische Tradition der Hochschätzung des Willens; der modernen Wissenschaft war der Wille dadurch allerdings eher suspekt. Gerade bei den Geisteskranken hatte das Dogma vom freien Willen um 1800 Übles angerichtet, indem es diese für all ihre Handlungen verantwortlich machte und folterartige Therapiemethoden rechtfertigte; diese Zeit war später in böser Erinnerung. Für die geistig Gesunden konnte die Lehre von der heilenden Kraft des Willens immer noch gelten. Kant schrieb aus eigener hypochondrischer Erfahrung, daß man seiner »krankhaften Gefühle« durch den »bloßen festen Vorsatz« Herr werden könne, und Hufeland bekräftigte diesen Satz durch den Kommentar, daß »der eigene feste Wille, die eigene Seelenkraft« das beste Mittel gegen die Hypochondrie sei. Für Schopenhauer jedoch war »unser Unglück«, »daß wir überhaupt wollen«. Der Wille bedeutete für ihn vor allem das sinnliche Begehren, dessen Macht ihn schmerzte und verdroß; die Genitalien waren ihm »der eigentliche Brennpunkt des Willens und folglich der entgegengesetzte Pol des Gehirns, des Repräsentanten der Erkenntnis«. Je mehr man aus dem Willen eine vitale Kraft machte, desto fraglicher wurde seine Beziehung zum Geist.[10]

Paul-Emile Lévy, ein französischer Begründer der Willenstherapie, berief sich auf seine Patienten, die selber hartnäckig behaupteten, »daß das Bett sie schwächt«. Die amerikanische Schriftstellerin Charlotte P. Gilman machte in ihrer Kurzgeschichte »The Yellow Wallpaper« (1892) ihrer Erbitterung über die ihr verordnete Mast- und Ruhekur Luft. Der Arzt hatte ihr für den Rest des Lebens verbieten wollen, einen Federhalter anzurühren; die Schriftstellerin klagte, sie hätte über dem Versuch, diese Anweisung zu befolgen, bald den Verstand verloren. Der Überdruß an der Ruhetherapie und die Wiederentdeckung des Willens waren eine internationale Erfahrung, die sich auch gegen den Willen der Ärzte verbreitete. In vielen Fällen spiegelt die Aufwertung des Willens das Selbstbewußtsein der Laien in der Nervenkur; die Medizin wußte den festen

Willen als Heilmittel für Nervöse zunächst nur auf seiten des Arztes zu schätzen. Als man jedoch Methoden der Willenslenkung entwickelte, eröffnete sich die Möglichkeit, mit der Willenstherapie die ärztliche Autorität zu stärken. Wenn sich im 20. Jahrhundert viele Ärzte als »Halbgötter in Weiß« gebärdeten – ganz im Gegensatz zu der Mahnung des Hippokrates, der Arzt solle nachdenklich und nicht zu selbstbewußt wirken –, so erklärt sich das nicht nur aus der Autorität der Wissenschaft, sondern auch aus neuen Einsichten über die Bedeutung der Suggestion für den Heilerfolg.[11]

Bezeichnenderweise entwickelte sich die Hypnose gegen Ende des 19. Jahrhunderts von Frankreich ausgehend zu einer europaweiten Bewegung und zur aufregendsten und am meisten umkämpften Methode der Psychotherapie. Damals übte sie eine prickelnde Faszination aus, zumal viel darüber spekuliert wurde, ob Menschen durch Hypnose gegen ihren Willen zu sexuellen oder kriminellen Handlungen verführt werden könnten. Als therapeutisches Mittel war die Hypnose, der durch Suggestion herbeigeführte Schlaf, in gewissem Sinne der Gipfel der Ruhekur; zugleich jedoch bereitete sie einer auf methodische Willensstärkung gerichteten Therapie den Boden. Im Nervendiskurs stärkte die Hypnose die psychologischen Interpretationen der Nervosität, obwohl es unter den Psychikern auch erklärte Gegner gab. Die hypnotischen Erfahrungen waren ein Argument für diejenigen, die behaupteten, daß die vermeintlichen Heilerfolge physikalischer Methoden – ob der Hydro- oder der Elektrotherapie – in Wahrheit auf Suggestion beruhten. Im übrigen förderte die Hypnose den damals weitverbreiteten Spiritismus, der aus Hardens Sicht die Geheimreligion des Eulenburg-Kreises war: den Glauben an immaterielle menschliche Wesenheiten, die sich durch geistige Kraft beschwören ließen. Der Münchener Hypnosearzt Schrenck-Notzing verfaßte nicht nur den Beitrag über die »psychische und suggestive Behandlung« im »Handbuch der Neurasthenie«, sondern auch das bekannteste deutsche Werk über spiritistische Erscheinungen.

Am Ende des 19. Jahrhunderts verlagerte sich das Zentrum des Hypnotismus von Frankreich nach Deutschland. Wilhelm Wundt, das Oberhaupt der deutschen Psychologie, bewahrte gegen die Hypnose allerdings einen Abscheu; und auch Meynert, der vormalige Lehrer Freuds, bezeichnete sie als »widerwärtige Erscheinung hündischer Unterjochung von Menschen durch andere Menschen«.

In der Schweiz wurde Forel zur Hypnoseautorität, während Dubois, die neue Koryphäe der psychologischen Richtung, es für grundfalsch erklärte, die ohnehin schon »fatale Autosuggestibilität« vieler Neurotiker »noch zu züchten«. Diese Autosuggestion war für ihn ein »boshafter Ko-

bold«. »Die Erziehung der Hysterischen zum Hypnotismus«, schimpfte
der Wiener Neurologe Moritz Benedikt, »ist unter allen Umständen ein
gleiches Verbrechen wie die Erziehung zum Morphinismus«.[12]

Auch der Vorstand des deutschen Naturheilbundes stand am Ende
des 19. Jahrhunderts ganz im Bann der Hypnose: Hypnosegegner unter
den Naturheilern kamen in der Zeitschrift »Naturarzt« zunächst nicht
zu Wort, vermochten aber nach einer Gegenoffensive zu erzwingen,
daß eine Artikelserie über die Hypnose abgebrochen wurde. Man
konnte die Hypnose als Aktivierung natürlicher Kräfte im Menschen
deuten. Ein Naturarzt jedoch, der anfangs von der Hypnose begeistert
gewesen war, bemerkte im Laufe der Zeit, daß diese die »Denk- und
Willenskraft« schwäche; »denn ohne Denk- und Willensvernichtung ist
Hypnose unmöglich«; ein anderer berichtete von der gleichen Beobachtung. Die Willenslehre wurde zur Klippe der Hypnosebewegung, und
zwar vor allem dann, wenn man die Willensschwäche als Kern der
Nervosität begriff. 1910 kam ein Industrieller nach Ahrweiler, der zugleich ein streitbarer Parlamentarier war. Er litt unter seiner »Ruhelosigkeit, Unstetigkeit, Hastigkeit«: kein Wunder bei seinem vielgeschäf-
tigen Leben. Es kam aber noch etwas anderes hinzu: Als er nach der
Geburt von 14 Kindern den Geschlechtsverkehr mit seiner Frau eingestellt hatte, brach bei ihm eine homosexuelle Anlage unwiderstehlich
durch: eine tödliche Gefahr für einen Politiker, der Feinde hatte. Das
machte ihn besonders »ruhelos und nervös«. Aschaffenburg bot ihm an,
ihn zu hypnotisieren; er jedoch scheute »eine solche Kur, weil sie den
Menschen willensschwach mache«.[13] Und etwas Schlimmeres konnte es
für einen Mann seines Schlages nicht geben!

Die Hypnose geriet durch die Konfrontation mit den Neurasthenikern zusehends in eine kritische Situation. An und für sich galten die
»funktionellen« Leiden – also die Beschwerden ohne erkennbare organische Grundlage – als das gegebene Objekt der Hypnose; eine hypnotische
Therapie organischer Krankheiten hätte die unorthodoxe Annahme vorausgesetzt, daß geistige Vorstellungen organische Veränderungen bewir-
ken können. Aber bei der Neurasthenie war unsicher, ob sie nur auf Vorstellungen beruhte oder handfestere Ursachen hatte. Beard war unter
den amerikanischen Neurologen seiner Zeit derjenige, der an der Hypnose das meiste Interesse zeigte; aber ausgerechnet in seinem Neurastheniebuch schwieg er dazu! Aus seiner Sicht beruhte die Neurasthenie
im Kern auf einem objektiven Verlust an Nervenkraft, der durch Hypnose nicht zu beheben war. Möbius dagegen betonte mehr und mehr das
psychische Moment und hielt daher eine hypnotische Heilung prinzipiell
für möglich; aber 1894 seufzte er, die »hypnotische Suggestion« sei »bei

363

den Neurasthenischen eine so schwierige Sache, daß den meisten Ärzten das Geschick oder die Geduld dazu oder beides fehlen wird«. »Ich gestehe offen, daß ich mich auch zu ›den meisten‹ rechne.«[14] Zu einem ähnlichen Befund kam Krafft-Ebing, und zwar mit der Begründung, daß die Neurastheniker »nur selten in ruhige Gemütsstimmung und zur Fixierung ihrer Aufmerksamkeit« gelangten. Wenn man sie dennoch hynotisiere, sei die »Nachhilfe mit etwas Chloroform« sehr nützlich!

Am besten hypnotisieren ließen sich – wie Löwenfeld bemerkte – »Personen, die nicht viel zu denken pflegen und … an einen gewissen passiven Gehorsam gewöhnt sind«. Neurastheniker waren jedoch oft Leute, die ihren eigenen Kopf hatten und sich viele Gedanken machten. Sogar Schrenck-Notzing, einer der entschiedensten Vertreter der Hypnose in Deutschland, gab zu, daß »die Hypnotisierung der Neurastheniker für jeden Suggestionstherapeuten die schwierigste Aufgabe darstellt«. Er empfahl die Hypnose vor allem bei »Störungen des Sexualtriebs«.[15] In diesem Fall besaß die hypnotische Beeinflussung ein klares Ziel, anders als bei neurasthenischen Störungen diffuser Art.

Nach der Jahrhundertwende war der erste Hypnoseboom merkwürdig rasch wieder vorbei. Unerfreuliche Erfahrungen mit den Neurasthenikern trugen vermutlich dazu bei; manche scheinbar hypnotisierten Patienten machten ihre Ärzte lächerlich, indem sie nachträglich bekannten, nur simuliert zu haben. Auf diese Weise war schon der Nimbus Charcots verblaßt. Reinhold Gerling, ursprünglich Schauspieler und Theaterdirektor, der mit dem »Naturarzt« die verbreitetste Zeitschrift der Naturheilbewegung herausgab und außerdem eine immer neu aufgelegte Hypnoseanleitung verfaßt hatte, publizierte 1905 eine populäre Schrift »Die Gymnastik des Willens«, die den Leser zur »Stärkung der Willenskraft ohne fremde Hilfe« anleiten sollte. Nun hieß es, die Suggestionstechnik habe sich so weit entwickelt, daß eine Hypnotisierung im Sinne von Einschläferung nicht mehr nötig sei, sondern der Patient sich bei entsprechender Schulung selbst behandeln könne. Die Autosuggestion, die Vorläuferin des »autogenen Trainings«: das war die neue Lösung, die den Widerspruch zwischen der Suggestionstherapie und der Lehre von der Willensstärkung aufhob. Die Neurastheniker scheinen dabei die Pioniere gewesen zu sein; denn sie waren empfänglicher für Autosuggestionen als für Fremdsuggestionen. Erst im Weltkrieg, als bei nervösen Soldaten nicht mehr Eigenwille, sondern Gehorsam gefordert war, kam die Hypnose zu neuen Ehren.[16]

Eine Trendwende von der Erholung zur Abhärtung entwickelte sich in der Nerventherapie auch auf technischer Ebene. Paradigmatisch war das Fahrrad, das Zola 1898 als »Schulung des Willens« für junge Mädchen und der Fahrrad-Philosoph Bertz 1900 als »herrliche Schule der Mannhaftigkeit« pries und dem eine besondere nervenstärkende Wirkung zugeschrieben wurde. Einen ähnlichen Effekt besaß die damalige Entfesselung des Wassererlebnisses. Die moderne, unter Druck stehende Wasserleitung gab der Dusche aufregendere Möglichkeiten als die, die die Gießkannendusche besessen hatte; und gegenüber dem Quietismus des warmen Wannenbades transportierte der harte Strahl der Dusche eine neue Wasserphilosophie. Und erst recht das Baden in der Brandung der Nordsee! Kabierske, der Vorsitzende der Breslauer Hallenschwimmbad-AG und ein Wortführer der Deutschen Gesellschaft für Volksbäder, verkündete 1899: »Duschen ist gut, Baden ist besser, das beste aber ist Schwimmen; es ist die Krone aller Wasseranwendungen.« Und auch er zitierte das »nervöse Zeitalter« und rühmte den Wert des Schwimmens für die »Nervenkraft«. Überhaupt brachte die Sportbewegung, die sich um die Jahrhundertwende von England nach Deutschland ausbreitete, eine Fülle von neuer Körpererfahrung, die auch die Nerventherapie beeinflußte. Viele entdeckten, daß sie mehr aushielten, als sie geglaubt hatten, und daß ihnen die Anstrengung noch dazu bestens bekam.[17]

Um 1900 wurde die aus Schweden kommende »Mechano-Therapie« mit ihren Zander-Apparaten und »Widerstandsübungen« große Mode; zeitweise entwickelte man bei diesen Körpermaschinen eine skurrile Erfinderfreude. Manche Apparate wurden durch einen Motor über Transmissionen angetrieben und gaben dem Gymnastikraum das Aussehen eines »freilich sehr reinen« Fabriksaals. Otto Binswanger berichtete 1903 begeistert von einer »jungen Schwedin«, die die neuesten Errungenschaften der schwedischen Heilgymnastik nach Jena gebracht hatte: »Ich wüßte gar nicht mehr, wie ich ohne den Ausbau der mechanotherapeutischen Abteilungen bei der Behandlung der Neurasthenie und Hysterie noch auskommen könnte.« Eigentlich widersprach der Trend zur »Mechano-Therapie« der Psychisierung der Nervenlehre; aber man konnte die »Widerstandsübungen« als Stärkung der Willenskraft interpretieren. Dennoch geriet der psychische Nutzen der Zander-Apparate bald in Zweifel. Manche Attacken waren auffallend heftig: »Ich kann mir nichts Schauerlicheres, nichts Nervenaufregenderes denken als einen Ruder- oder Kletterapparat« im Schlafzimmer, schnaubte Pelman. Wenn auch zur Therapie der Ruhe die Bewegung kommen müsse, so geschehe das am besten durch nützliche Arbeit. Wie man sieht, gab es die moderne Trimm-dich-Mentalität erst in Ansätzen; zu sehr noch überwog die Einstellung, daß Anstrengungen irgendeinen Sinn haben müßten.[18]

Der Gedanke, daß Arbeit gesund ist, war an und für sich nicht neu. Natürlich dachte man dabei stets an eine mäßige körperliche Arbeit, die den Körper nicht zu einseitig belastet und die Säfte in Bewegung bringt. Der von Möbius wieder zu Ehren gebrachte Psychiater Heinroth (1773–1843) hatte die »Beschäftigung« als die »Universal-Medizin der ruhig gewordenen« Kranken hervorgehoben. »Arbeit ist die beste Medizin«, lautete die Maxime Bodelschwinghs, der in Bethel die Mitarbeit der Kranken schon aus wirtschaftlichen Gründen brauchte, aber damit auch den Wünschen vieler Patienten entsprach. Möbius begründete die Arbeitstherapie mit dem Prinzip der Ruhe: So »wunderlich« es klinge, schrieb er, so laute auf die Frage, wie »der Kranke Ruhe und Seelenfrieden finde«, die »richtige Antwort«: »durch Arbeit«. Aber noch besser ließ sich die Arbeitstherapie mit dem Prinzip der Willensstärkung begründen. Patienten aus den gebildeten Schichten, die nicht viel körperliche Anstrengung gewohnt waren, mußten sich nämlich einen ganz gehörigen inneren Ruck geben, um bei der Arbeitstherapie mitzuhalten; oft waren sie dazu nicht bereit. Eine aus Erfahrungen im Haus Schönow und Konstanzerhof schöpfende Untersuchung (1905) bemerkte mit hörbarem Sarkasmus, es sei »eben trotz aller nachdrücklichen Betonung der Arbeit als Kurmittel nicht so einfach, einen neurasthenischen Geheimen Regierungsrat, Universitätsprofessor, Major oder Kommerzienrat zum Anlegen des Arbeitskittels zu bewegen, um Gärtner-, Tischler- oder Buchbinderarbeit zu verrichten«. 1913 nahm Haus Schönow für eine kleine Gruppe von besonders ausgewählten Kranken »Willensübungen« in sein Programm auf, und zwar von der Art, daß »nach dem Beispiele des leitenden Turnlehrers gemeinsam plastische Stellungen eingenommen und für kürzere oder längere Zeit beibehalten werden, denen antike und moderne Skulpturen zum Vorbilde dienen«. Also das zu jener Zeit beliebte Gesellschaftsspiel der »lebenden Bilder« als »Willensübung«. So harmlos blieben die praktischen Folgen des neuen Willenskultes vor 1914 in vielen Heilstätten! Anders wurde es, als die Beschwörung des Willens auf die Politik übergriff.

Emile Durkheim erkannte 1915 in seinem Kriegspamphlet »L'Allemagne au-dessus de tout« (»Deutschland über alles«) auf dem Grunde des deutschen Weltmachtstrebens »eine morbide Hypertrophie des Willens, eine Art von Willensmanie« – die Vorstellung, daß der vom Staat verkörperte Kollektivwille eine Kraft zur Überschreitung der durch die Natur der Dinge gesetzten Grenzen besitze. Er meinte, man dürfe sich die wahre Quelle des deutschen Nationalismus nicht so sehr als Ideologie vorstellen, sondern mehr als »konkretes lebendiges Gefühl«: als »übermäßige Sucht des Wollens.« War diese Schrift auch ein Tribut an die

Kriegspropaganda, so war die These doch nicht ganz falsch. Diese Willenssucht war damals jedoch in Deutschland noch eine relativ junge Manie; ihr Ursprung lag eher in Westeuropa und nicht zuletzt in Frankreich. Schon Rousseaus Verherrlichung der »volonté générale« enthielt die Hoffnung, die Labilität des Individuums durch den Kollektivwillen zu überwinden. Gebhardts Ratgeber »Wie werde ich energisch?« berief sich bei der Anleitung zur »selbsttätigen Willensschulung« auf Lévy und auf Liébeault, den geistigen Vater der »Schule von Nancy«. Lévy verwarf die Ruhekur von Grund auf und verfocht die »Willenserziehung« mit emphatischem Ton. Die »Willenskrankheiten« waren in den 1880er Jahren eine französische Erfindung; und in den letzten Jahren vor 1914 nahm der Kult der Willenskraft in der französischen populärhygienischen Literatur ähnlich zu wie in der deutschen.[19]

Auch in England hatte die Willenstherapie eine längere Geschichte als in Deutschland. Die englische Mutter Wilhelms II., die Prinzessin Victoria, brachte schon früh den neuesten englischen Stand der Nerven- und Willenslehre ins Berliner Hohenzollernschloß, wenn sie sich 1861 über die durch Hetze und Kräftezersplitterung »aufgeregten Nerven« ihres Gatten sorgte und ihm die Anwendung von »ein wenig Willenskraft« ans Herz legte. Im viktorianischen England besaß der ärztliche Appell an den Willen einen moralischen Unterton. Janet Oppenheim erkennt im 19. und frühen 20. Jahrhundert eine »Tragödie der britischen Psychiatrie«, deren Ursache in der Beschränktheit der Heilmethoden durch die herrschende Moral und in den sinnlosen und widersprüchlichen Appellen an den Willen gelegen habe, der frei und doch moralisch gebunden sein sollte.[20]

Die Auseinandersetzung zwischen der Philosophie der Muße und der der hektischen Aktivität findet man in den USA in dem Briefwechsel zwischen William James, dem Philosophen-Psychologen, und seinem Vater Henry. Henry James war stets in Sorge, seine Gesundheit durch Überarbeitung zu schädigen; der ruhelose William dagegen, nach damaligem Begriff ein Muster des Neurasthenikers, bekannte sich stets zu seinem Bewegungs- und Abwechslungstrieb, obwohl seine Überaktivität seiner Gesundheit nicht gut bekam. Der Anblick einer hart arbeitenden Frau in Deutschland inspirierte ihn dazu, seiner Schwester beizubringen, daß die arbeitende Frau die ideale und glückliche Frau sei. Er unterschied die Menschen nach zwei Idealtypen: die einen die »Zartfüßigen von Boston«, die anderen »hart wie die Rocky Mountains«. In »The Gospel of Relaxation« (1899) lehrte er, nicht die Überarbeitung mache die Amerikaner nervös, sondern eine falsche Lebenseinstellung. Wenn ein Amerikaner aus Europa, noch mit europäischen Gesichtern vor Augen, zurückkehre, falle ihm der »wilde Blick« auf den Gesichtern seiner Landsleute auf; dieser komme von einer »zu verzweifelten Gier und Angst oder einer zu intensiven Verantwortlichkeit und Gutwilligkeit«. Die Ruhekur sei dagegen ein ganz großer Fehler. Dennoch ging er im darauffolgenden Jahr zur Kur nach Bad Nauheim.

Seit der Jahrhundertwende verbreitete sich in den USA ein neuer Therapiestil, der nicht mehr von einem Energiemangel, sondern von einem Reichtum an Energie ausging. Weir Mitchell, der dortige Erfinder der Ruhekur, begann damals, männliche Patienten nicht mehr ins Sanatorium, sondern auf einen Ritt durch Dakota zu schicken. Auch Theodore Roosevelt, um 1900 der »starke Mann« der amerikanischen Politik, hatte sich als Neurastheniker gefühlt, aber als »rauher Reiter« in Dakota über seine Schwäche triumphiert. Wie Tom Lutz beschreibt, waren seine »Rauhe-Reiter-Philosophie« und seine Art von Imperialismus ein »direktes Resultat« seiner theoretischen und praktischen Beschäftigung mit der Neurasthenie. Von keinem ausländischen Staatsoberhaupt war Wilhelm II. so entzückt wie von Theodore Roosevelt; der konnte sich, anders als der deutsche Kaiser, beneidenswert viele Kraftgebärden leisten und Schlachtschiffe bauen, ohne sein Land in ernsthafte Gefahr zu bringen.[21]

Im Zuge der Psychisierung der Neurasthenie findet man etwa ab der Jahrhundertwende immer öfter, daß der Kern dieses Leidens nicht mehr in bestimmten funktionellen Störungen, sondern in der Willensschwäche gesehen wird. Daraus folgte, daß das Wesen der Therapie in der Stärkung des Willens bestand. Wenn man davon ausging, daß der Wille ein Produkt der Lebenseinstellung und Weltanschauung sei, bekam die Nerventherapie eine philosophische Seite. Lévy machte aus der Willensschwäche sogar »die große Krankheit unserer Zeit«, und auch Karl Birnbaum, Assistenzarzt an der Berliner Irrenanstalt Buch, präsentierte die Willensschwäche 1911 als Zeitkrankheit eigener Art, die eine »unverkennbar große Ausbreitung gewonnen« habe. Wegen »pathologischer Willensschwäche« und »sexueller Neurasthenie« wurde 1906 der 23jährige Erbgraf Erasmus von Erbach-Erbach entmündigt, der sich frei dazu bekannte, keinen anderen Göttern als Bacchus und Venus zu huldigen. Der Fall erregte öffentliches Aufsehen, da er alle Reize eines Kolportageromans bot; außerdem ging es um ein Erbe von 40 Millionen Mark, und da gutachtete eine ganze Galerie prominenter Namen aus der Nerven- und Seelenmedizin. Dabei ergab sich, daß die Urteile nördlich der Mainlinie strenger ausfielen als südlich davon: ein Umstand, der einen Verseschmied inspirierte.[22]

Die Entdeckung des Willenselements in der Nervosität enthielt einen wahren Kern. Wenn man bis dahin von seinen »Nerven« geredet hatte, dann hatte man oft so getan, als ob man von einem peripheren Bestandteil des eigenen Körpers sprach, der sich von dem Ich trennen ließ und für den man nicht verantwortlich war: Da stellte die Willenslehre richtig, daß sich hinter den »Nerven« in Wirklichkeit das Ich selbst verbarg. Aber was folgte daraus? Der Wille konnte etwas sein, was man von seinem ganzen Naturell her unwillkürlich hat, aber auch etwas, was man willkürlich erlangen kann, wenn – ja, wenn man nur will. In einer traditionalistischen Gesellschaft zielt Willensschulung auf die Befähigung, einen vorgegebenen Weg zu gehen; in einer im Umbruch befindlichen Gesellschaft dagegen geht es bei der Willensstärkung um die Fähigkeit, unter vielen möglichen Zielen sich auf eines zu konzentrieren und die Zersplitterung der eigenen Kraft zu vermeiden.

Am Ende des 19. Jahrhunderts geriet der Willensbegriff vor allem in der Populärpsychologie unter den Einfluß des energetischen Denkens: Da handelte es sich bei dem Willen um ein kraftvolles und zielbewußtes, wenn auch häufig angestrengtes Selbstgefühl. »Wille ist Kraft!« lautete das Motto, das Gerling seiner »Gymnastik des Willens« voranstellte. Wenn man statt dessen das Moment der Freiheit im Willen hervorkehrte, begünstigte man das neurasthenische Schwanken. Dennoch mußten die Therapeuten dem Willen ein Element der Freiheit erhalten; denn der Wille besaß nur dann einen therapeutischen Wert, wenn sich an ihm etwas machen ließ. Wenn man jedoch aus der Willensschulung eine allzu anstrengende Angelegenheit machte, ergab sich ein weiteres Dilemma: Oft ging es um die Befreiung von hemmenden Vorstellungen; aber wenn man sie zu angestrengt aus dem Geist verbannen wollte, fixierte man sich gerade auf sie! »Aber wie soll man es denn anfangen, richtig zu wollen?« fragt der Patient in einem fiktiven Dialog den Arzt, der von der »Technik des Wollens« gesprochen hatte. Die treffende Antwort: »Indem man es vor allen Dingen nicht richtig machen will! Unbekümmert geschehen lassen, das ist das Geheimnis – dann kommt alles ganz von selbst. ... Garnichts machen, das ist das große Kunststück, das der Nervöse lernen muß – vergessen, daß Sie etwas machen, etwas richtig machen wollten.«[23] Die Willenslehre geriet, intelligent durchdacht, manchmal in die Nähe der Ruhetherapie. Aber die populären Willensideen klangen oft anders.

Eine Willenslehre, die einerseits den Willen für eine Energie hielt, andererseits aber annahm, daß ein willensschwacher Mensch durch eine Art von innerem Ruck Willensstärke zu erlangen vermöge, verwickelte sich in einen inneren Widerspruch, sofern man vom Energieerhaltungssatz ausging; denn dann steckte in dieser Lehre der Wunderglaube, daß Energie aus dem Nichts entstehen könne. Wilhelm Ostwald, dessen Energetik ihre physikalische Grundlage nie ganz verleugnete, hielt denn auch die Auffassung, daß man seine Energie durch Willensakte steigern könne, für eine gefährliche Irrlehre, der William James zum Opfer gefallen sei. Ihre volle Emphase bekam die Willenslehre am besten auf antimaterialistischer Grundlage. Geistliche, die schon aus theologischen Gründen eine Freiheit des Willens zum Guten annahmen, hatten ohne alle moderne Psychologie an den Willen appelliert. Die Berufsordnung der Bodelschwinghschen Anstalten leitete die Diakonissinnen an, die »Willenskraft« der Patienten anzuspornen. Auch Rudolf Steiner erklärte 1912 die »Willenskultur« zu einem Remedium gegen die Nervosität.[24]

Aber die deutsche Psychiatrie und Neurologie jener Zeit wollte im allgemeinen weder mit Theologie noch mit einer moralisierenden oder gar spiritualistischen Betrachtungsweise etwas zu schaffen haben. Kein Wunder, daß die Willenstherapie manchen Wissenschaftlern nicht geheuer war. Dubois spottete, die angeblichen Willensmenschen seien oft in Wirklichkeit nur »Starrköpfe« und »Sklaven ihrer Impulse«. Aus dem Innern der medizinischen Wissenschaft kam die Willenslehre offensichtlich nicht, sondern mehr aus Zeitströmungen und aus persönlichen Erfahrungen.[25]

Der Wiener Nervenarzt Hirschkron gründete schon 1893 seine Nervenlehre ganz auf den Willen. »Der Wildschütze, der auf schwindelndem Wege der Gemse nachgeht«, so Hirschkron, beweise »mit großer Deutlichkeit die Macht des Willens«; die »Zaghaftigkeit und Wankelmütigkeit des Nervösen« bilde den »Gegensatz dazu«. Der »Einfluß des Willens« auf alle menschlichen »Bewegungen und Tätigkeiten« zeige die »Wirkung des Geistes auf den Körper«. Der Wille ist für ihn eine Kraft, die durch die Lebensweise aufgebaut und nicht durch Willensakte aus dem Nichts geschaffen werden kann. Es unterliegt nicht dem freien Willen des Neurasthenikers, ein Wildschütz zu werden; und der Wildschütz braucht für seine Person keine besondere Willensanstrengung, um auf die Jagd zu gehen.[26]

Weitaus emphatischer als der Neurologe bekannte sich ein medizinischer Laie wie Adolf Vomácka, der auf seine eigene Erfahrung pochte, zur Allmacht des Willens. Er zeigte sich durch einen ehemaligen Prager Kellner fasziniert, der vor einem ärztlichen Publikum unglaubliche Beispiele der Körperbeherrschung zum besten gab, ja sogar sein Herz »von der linken Seite auf die rechte in die Bauchhöhle« bewegen konnte. Aber hatte eine derartige Willensakrobatik etwas mit Gesundheit zu tun? Auch die Naturheiler, die auf die Eigenkraft ihrer Patienten bauten, setzten gerne auf die Willensstärkung. Der »Naturarzt« Diehl, Herausgeber der »Physiatrischen Rundschau«, veröffentlichte 1906 einen Artikel, dessen Titel die kaiserliche Flottenparole auf die Heilkunde übertrug: »Unsere Zukunft liegt auf dem Wasser, dem Willen und der Wissenschaft vom Willen.« Da betonte er, die Naturheilbewegung habe »als einen ungemein wichtigen Heilfaktor schon immer den Willen herangezogen«. Für ihn offenbarten die indischen Fakire die Macht des Willens. Gerlings »Naturarzt«, der zu jener Zeit eine Auflage von 150000 erreichte, legte wachsenden Wert auf die »für unsere Zeitgenossen unendlich wichtige Hygiene des Willens«. Die Zeitschrift brachte 1907 einen Nachdruck einer Willensverherrlichung aus der »Hilfe«, verfaßt von dem streitbaren Pfarrer Traub, dem Freund Friedrich Naumanns, der später im Weltkrieg mit seinen »Eisernen Blättern« Durchhaltepropaganda betrieb. Traub schildert den Willen wie einen Alpengipfel: felsenfest und unerschütterlich. Und erst im Kampf spüre man die eigene Willenskraft: »Die Kraft wächst zu, je stärker wir sie spannen; der Wille breitet seine Flügel zu immer mächtigerem Schwung.«[27] Da ist der Wille vom Alpengipfel zum Adler geworden. Die Frage der Freiheit des Willens interessierte ihn nicht; nur auf die Macht des Willens kam es ihm an.

Auch die Medizin blieb trotz theoretischer Bedenken von dem neuen Kult des Willens nicht unberührt. Auf dem Internationalen Kongreß für Geisteskrankenfürsorge 1910 gewann Adolf Friedländer den Eindruck, »als bedürfe ein Teil unserer Therapie – besonders bei Nervösen – der Revision«: »wir sollten die Verweichlichungsgrenzen möglichst enge stecken; die Kräftigung des Willens ist eines der besten Mittel, der Degeneration entgegenzuarbeiten«. Vorausgegangen war ein Vortrag Rüdins, der mit einem Aufruf geschlossen hatte, »der drohenden Entartung durch rassenhygienische Maßnahmen einen Damm zu setzen«. Für den Neurologen Viktor von Weizsäcker wurde das »Willensproblem« seit dem Ersten Weltkrieg zur zentralen Frage der Psychotherapie, ja überhaupt der Menschenkunde; die Hoffnung auf den Willen kennzeichnete für ihn die »Sehnsucht einer jüngeren Generation von Seelenkundlern«, nicht allerdings die Psychoanalyse.[28]

Damit die Psychotherapeuten mit dem Willen etwas anfangen konnten, mußte dieser als eine bildbare Kraft definiert und mußten Methoden der Willensschulung, der »Willensgymnastik« entwickelt werden. Eine entsprechende Literatur setzte in Deutschland in den 1890er Jahren ein. War der Eigenwille der Patienten bis dahin ein Stolperstein der Therapie, so verwandelte die Willensschulung die Macht des Willens in ein Mittel, um psychische Probleme in den Griff zu bekommen. Bei vielen »Willensübungen« der Anleitung »Wie werde ich energisch« muß der heutige Leser lächeln: »Sie rauchen morgens eine Zigarre zum Kaffee!« »Sie widmen die arbeits- und berufsfreie Zeit vollständig der Ruhe!« »Nach Ablauf jeder halben Arbeitsstunde legen Sie sich 5–10 Minuten horizontal aufs Sofa …!« »Sie schieben ein zweites Frühstück ein, zu dem Sie Fleisch oder Eier genießen …!«[29] Der Wille, um den es hier ging, hatte nicht viel Ähnlichkeit mit dem Alpenfelsen des Pfarrers Traub; hinter einem Gutteil der »Willensübungen« versteckte sich nichts anderes als die alte Ruhekur. Daß Ratschläge dieser Art damals ohne Lächerlichkeit als »Willensübungen« verkauft werden konnten, deutet immerhin auf eine verbreitete Gewöhnung an Hektik; da konnte es sein, daß das Einhalten gewisser Ruheregeln schon eine Willensanstrengung erforderte.

Neben der Vielfalt und Raffinesse heutiger Psychotherapien wirken die meisten »Willensübungen« der Zeit vor 1914 einfallslos und fade. Wenn der Weltkrieg auf viele wie eine große Offenbarung verborgener Willenskräfte wirkte, so nicht zuletzt deshalb, weil der Frieden denen, die unter Willensschwäche zu leiden glaubten, nicht sehr viel an organisierter Willenserfahrung geboten hatte.

Die Willenslehre, ob wirksam oder nicht, hatte einen nicht unwichtigen Nebeneffekt: Sie öffnete einen Spielraum für Kompromisse in einem alten Konfliktfeld zwischen Psychiatern und Juristen. Das Strafrecht gründete sich auf die Annahme der Willensfreiheit; die Psychiatrie dagegen entwickelte sich frühzeitig in die entgegengesetzte Richtung und verkam dadurch aus der Sicht vieler Juristen zur Helfershelferin der Verbrecher. Am stärksten neigten die Somatiker, für die alle psychischen Störungen aus Gehirnkrankheiten kamen, zum Determinismus; aber sogar ein Vorkämpfer der psychischen Richtung wie Dubois erklärte den üblichen Glauben der Richter und Geschworenen an den freien Willen der Delinquenten für einen »alttestamentlichen« Spiritualismus, der der modernen Wissenschaft spotte.[30] Was manche Therapeuten als neue Entdeckung präsentierten: die Freiheit des Willens, war für führende Köpfe der Wissenschaft ein alter Aberglaube. Andererseits war es für die Psychiater und Neurologen aus praktischen Gründen wichtig, sich mit den Juristen zu arrangieren; denn sie hatten immer häufiger Gelegenheit, vor Gericht als Gutachter aufzutreten. Da spielten sie nicht selten schon eine eindrucksvolle Rolle, während sie innerhalb der Medizin noch eine Randexistenz fristeten. Wenn die Tendenz der Psychiatrie und Neurologie dahin ging, jegliches abweichendes Verhalten zum Ausdruck von Krankheit oder krankhafter Konstitution zu machen, so wäre das in letzter Konsequenz auf die Ersetzung der Strafrechtler durch Ärzte und auf die Einweisung aller Verbrecher in Heilanstalten hinausgelaufen. Aber daran konnte natürlich kein Mediziner im Ernst denken, zumal sich die Irrenanstalten nicht gerade danach drängten, möglichst viele Gewalttäter zugewiesen zu bekommen. Man benötigte eine Mittelposition, wo der Wille zwar zum Teil etwas durch die psychisch-nervliche Konstitution Vorgegebenes war, aber doch auch seine Freiheit und Bildungsfähigkeit besaß. Eben das war der Willensbegriff, den auch die therapeutische Willensschulung brauchte.

Kaum florierten die Willensübungen, da begannen auch schon die Enttäuschungen. Selbst die Ärztin Margaret A. Cleaves, die die Leistungsfähigkeit der Neurastheniker pries, fand Appelle an den Willen nutzlos, sobald es ihr wirklich schlechtging, und bekehrte sich zur Nervenkur in der Hängematte. Der alte Forel, der dem Willen nicht traute, mokierte sich über den Übereifer seines Nachfolgers Eugen Bleuler, der zeitweise den Schlaf zur »schlechten Gewohnheit« erklärte und durch enorme Arbeitsenergie zu unterdrücken versuchte, aber »einmal plötzlich umfiel und fünf Stunden bewußtlos lag«: Sein Nachholbedarf an Schlaf war so groß, daß niemand ihn wecken konnte! Bei einem Patienten, dem das Geld ausging, gab ein Arzt in Ahrweiler die Nutzlosigkeit der dort betriebenen Willensschulung zu: »Ein nennenswerter Erfolg war der hiesigen Kur nicht beschieden. ... Möglicherweise habe ich den Schwerpunkt meiner Therapie zu sehr dahin verlegt, in dem Patienten Kräfte zu wecken und eine Willensstärkung herbeizuführen, der er sich bei seiner ganzen Anlage nicht gewachsen fühlte.« Der Ex-Theologe Johannes Müller, der mit wachsendem Öffentlichkeitserfolg eine Verbindung von Religion und Lebensreform predigte und auf eigene Erfahrungen mit der Überwindung schwerer psychosomatischer Störungen pochte, entwickelte eine förmliche Allergie gegen den Willenskult und sprach von dem »Verhängnis des Willens, daß er verkrampft und dadurch gerade das unmöglich macht, was man gerne möchte«.

Während der NS-Zeit, als sich die offizielle Willensrhetorik überschlug, offenbart die Aussage eines hochnervösen Kommunalbeamten in der hessischen Anstalt Eichberg in tragikomischer Weise das ganze Dilemma der Willensanstrengung. Auf die Frage, wieso er nicht beim Militär gewesen sei, erwiderte er kleinlaut, schon bei der Musterung sei er »wegen der Nerven« durchgefallen. Immer sei er ein »Schlappschwanz«; ebenso wie im Bett habe er auch beim Schießen versagt: »Je mehr ich den Willen anspanne, desto mehr wackelt die Waffe. Und das ist so deprimierend, daß dem Willen so Grenzen gesetzt sind.« Man wird an den polnischen Journalisten erinnert, der in Ahrweiler darüber klagte, daß er die »Impotenz als Folge der Nervenerschütterung« im Bordell auch durch »größte Willensanstrengungen« nicht habe überwinden können. Je heftiger der Wunsch nach totaler Kontrolle über den eigenen Körper war, desto mehr konnte das unbeherrschbare Element in den vegetativen Reaktionen – Schlaf, Herzschlag, Sexualität, Verdauung – zum quälenden Problem werden, und das krampfhafte Wollen machte die funktionellen Störungen nur noch schlimmer! Es war das gleiche Dilemma wie bei den »Energie«-Ambitionen. Für den von Adler beeinflußten Eugen Löwenstein wurde eine zwanghafte Willensbesessenheit geradezu zum Kennzeichen des »Nervösen«.[31] Nicht nur die Macht, sondern auch die Ohnmacht des Willens wurde zu einer Erfahrung, die die Therapie in neue Richtungen lenkte!

»Was ist der Wille?« fragte der Chirurg Schleich in einer zu Anfang des Weltkrieges entstandenen Schrift; und er löste das alte Problem der Freiheit und Unfreiheit des Willens mit der Formel: »Auch der menschliche Wille muß Teil des Gesamtwillens sein«, des »Gesamtwillens der Natur«, aber auch der Gesellschaft und des Staates. Das war eine elementare Erfahrung, die der Vorkriegstherapie in den Sanatorien nicht zugänglich gewesen war: daß eine Aktivierung des Willens, die im Alleingang nicht vorankommt, unter dem Druck einer nationalen Zwangslage und im Strom einer kollektiven Bewegung doch gelingt – eine Zeitlang zumindest. In dieser Erfahrung lag der Grund zu jener Euphorie, die gerade viele sensible Menschen in der ersten Kriegszeit erfaßte. Sie reichte bis in die Nervenheilanstalten hinein: Ein »nervös zappeliger« Musiker in der Frankfurter Nervenklinik sah seinen bis dahin vergeblichen Kampf gegen die Onanie bei Kriegsausbruch auf einmal von Sieg gekrönt. Bis dahin – so berichtete er – sei er »völlig energielos« und »allen Einflüssen schutzlos ausgesetzt« gewesen: »Ich habe bis zum Kriege onaniert, bis zum 31. Juli 1914. Dann kam die Begeisterung, und da hielt ich es für unter meiner Würde, mich tierischen Gelüsten hinzugeben.« »Der natürliche Trieb des Mannes ist Expansion«, entdeckte er jetzt und meldete sich freiwillig zur Front.[32]

Wiedergewinn der Nervenkraft durch den Krieg: Das war für viele in der ersten Zeit nach Kriegsausbruch ein überraschendes Erlebnis. Eine latente Disposition für das »Augusterlebnis« hatte sich jedoch schon im letzten Vorkriegsjahrzehnt entwickelt. Hellpachs Hysterieopus von 1902 schloß mit einem Kapitel über die »historische Überwindung der Hysterie« und dem Ausblick, daß allein durch einen Wandel der Volksseele »Hysterie überwunden werden« könne. Nach der Daily-Telegraph-Affäre beschwor Harden den kollektiven Willen der Deutschen gegen die Unschlüssigkeit und Unstete des Kaisers: »Dieser Wille schon zwingt die alte Reichskraft herbei. Und die alte Achtung kehrt wieder, seit bewiesen ist, daß der Deutsche auch gegen den Kaiser noch zu wollen wagt.« »Eine neu erstarkte Jugend wird auch die Welt des Willens wieder erschließen«, prophezeite der alldeutsche Publizist Liman, ein Hauptzeuge Hardens gegen Eulenburg, kurz vor Kriegsausbruch, »und dem schlaffen

374

Gedanken, daß der Frieden wichtiger sei als alle anderen Güter der Nation, das verdiente Ende bereiten.« »Wir hassen die Willenlosen!« tönte der Pfarrer Traub 1913 auf dem Hohen Meißner. Im Ersten Weltkrieg massierten sich die Appelle an den Willen zu einem wahren Trommelfeuer; gemeint war natürlich nicht der Eigenwille, sondern der gehorsame Wille.[33] Der Glaube an die Allmacht des nationalen Willens, der durch Hypnose von oben und durch kollektive Autosuggestion gesteigert wird, wurde später zum inneren Kern der nationalsozialistischen Ideologie. Man darf nicht vergessen, daß in der letzten Vorkriegszeit ein Großteil der späteren NS-Führungsschicht, mit Hitler angefangen, heranwuchs und entscheidende Prägungen erhielt! Die Nervenerfahrung hat ihre eigene Kontinuität.

»Platz an der Sonne« und »Zukunft auf dem Wasser«: Die Vernetzung von Nervenlehre und Weltpolitik; »Nervosität« als politischer Bumerang

DER NEUE DEUTSCHE, der weg wollte vom selbstzufriedenen Philistertum, trug zwar immer noch einen Traum von Ruhe im Herzen; aber das war nicht mehr jene biedermeierliche Ruhe, die man hier und jetzt in der eigenen Gartenlaube finden konnte, sondern die Ruhe in der Bewegung, in der Ferne, in einem exotischen Jenseits. Wir haben gesehen, welch enger Zusammenhang zwischen Nervosität und Reiselust entstand. Von Wilhelm II., der in Damaskus durch das rhythmische »Lululu« der Einheimischen in Trance geriet, bis zu Karl May, der in der Phantasie der abenteuerlichen Seelenfreundschaft mit Winnetou im Wilden Westen schwelgte, reichte der Traum von der erlösenden Selbstfindung in einer exotischen Welt. Dieser Traum, der im späten 20. Jahrhundert zum mächtigen Antrieb des Tourismus wurde, war am Jahrhundertanfang eine Triebkraft des Imperialismus. Noch viel mehr als heute konnte man die Befriedigung unerfüllter Wünsche in die Ferne projizieren: Wunschträume von körperlicher Regeneration bis zu grenzenloser sexueller Freiheit. Und die Deutschen, heute Weltmeister im Tourismus, litten damals schwer an dem Gefühl, bei der Verteilung der Welt zu spät zu kommen.

Das Begehren richtete sich in typischen Fällen auf nordafrikanische und nahöstliche Regionen. Der »Orient« war geradezu eine Chiffre für sexuelle Träume: »›Und die Frauen?‹ war stets die erste Frage, die dem zurückgekehrten Orientreisenden gestellt wurde.« Aus den Exotik-Gemälden jener Zeit erkennt man noch besser als aus der Literatur den besonderen Charakter dieser Wunschträume: Es war der Traum einer Verbindung von Wollust und Ruhe. Das war eine attraktivere Art der Regeneration als die in den Möbiusschen Nervenklöstern.

Damals standen noch manche exotische Gefilde, mit denen man heute nicht mehr so leicht hygienische Assoziationen verbindet, im Ruf besonderer Gesundheit. Das galt am meisten für Ägypten, also für jenes Land, dessen offene Okkupation durch England (1882) eine neue Ära des Kolonialimperialismus einleitete. Englische Reisende waren schon lange davor zur Wiedergesundung an den Nil gefahren. Zu Weihnachten 1858 trafen sich in Kairo Isambart K. Brunel und Robert Stephenson, die berühmtesten englischen Ingenieure ihrer Zeit, beide in einem Zustand tiefer psychosomatischer Erschöpfung und auf vergeblicher Suche nach Regeneration. Max Eyth, der schriftstellernde Landmaschineningenieur, der lange in England lebte, riet in einer halb autobiographischen Erzählung einem Freund, der seine Nerven an einem riskanten Brückenbau verschlissen hatte, er solle nach Ägypten, und zwar nilaufwärts bis zum zweiten Katarakt fahren: »Nicht eine Brücke auf dem ganzen Weg, und Hunderte haben dort ihre Nerven wiedergefunden!« Kraepelin, der für einen arbeitswütigen Wissenschaftler auffallend reiselustig war und exotische Ziele liebte, unternahm 1899 in Kairo Selbstversuche mit Haschisch. Über den Sohn eines westdeutschen Großindustriellen, der wegen seines Hanges zum Alkohol aus der Kuranstalt »Bellevue« verwiesen worden war, meinte ein Onkel, der junge Mann hätte sich besser entwickelt, wenn seine Eltern ihn im Winter »mit nach Ägypten« genommen hätten. Als Wilhelm II. 1905 in Tanger landete und damit dem Gerangel um Marokko einen spektakulären Akzent gab, hatte er eigentlich nach Ägypten gewollt – nach Bülow »lediglich aus Reiselust«; aus der Sicht des Kaisers war Tanger der Ersatz für Ägypten.[34]

Ein Reiseziel von ganz besonderer Magie war die im französischen Algerien gelegene Oase Biskra, das »Paris der Wüste«, dessen Anblick selbst ein trockenes Geographie-Handbuch jener Zeit »unbeschreiblich« nennt. Da waren im Grün der Oase, das nach überstandener Wüstenreise wie eine Fata Morgana auftauchte, Cafés und Varietés aus dem Boden geschossen, in denen sich braunhäutige Tänzer und Tänzerinnen produzierten und sich ein Amüsierbetrieb entfaltete, der vor der exotischen Kulisse wie das wiedergefundene Paradies wirkte, und wo unter dumpfen Trommelrhythmen die Trennscheide zwischen »normaler« und »widernatürlicher« Sexualität verschwand. Der Verfasser einer deutschen Biskra-Schrift (1906) schwärmt von der »Nervensonne« über dieser Oase und versichert, wenn er dort ein Nervensanatorium bauen würde, wäre er »König«. Als Max Weber 1903 nach seinem psychischen Zusammenbruch Erholung in Rom suchte, war ihm die »ewige Stadt« nicht weit genug weg vom heimischen Alltag: »Könnte man doch in eine andere Welt, etwa nach Konstantinopel!« Oder besser noch, setzte seine Mutter hinzu, »nach Afrika auf die Oase Biskra, dort muß er ja Ruhe finden!«[35]

Als England die Herrschaft über Ägypten und Frankreich die über Algerien und Tunesien erlangt hatte, während Tripolis, das spätere Libyen, zur Domäne der Italiener wurde, blieb den Deutschen in Nordafrika nur noch Marokko. Wenn man sich in eine Nordafrikamonomanie hineinsteigerte, so wie es von den exotischen Wunschträumen jener Zeit her nahelag, dann wird die Marokkofixierung deutscher Imperialisten im letzten Vorkriegsjahrzehnt verständlich. Aus rationaler Distanz betrachtet, verdient sie scharfe Kritik; man muß allerdings auch fragen, warum die anderen an Algeciras beteiligten Mächte dem Deutschen Reich nicht gewisse Positionen in Marokko gönnten, sondern die Deutschen unnötig reizten. Denn von der Psychologie des Imperialismus betrachtet, besaß die Marokkofrage tatsächlich Symbolcharakter: Ob Deutschland einen Anteil von Nordafrika bekam oder nicht, konnte als Zeichen dafür gelten, ob das Reich im Prinzip als Gleichberechtigter in den Kreis der Kolonialmächte aufgenommen wurde oder nicht und ob es seinen Anteil an der Traumwelt des Imperialismus bekam. Allerdings vermochten nicht einmal viele Deutsche, angefangen mit dem Kaiser, ihre exotischen Sehnsüchte auf Marokko zu konzentrieren; was die deutsche Regierung dort konkret wollte, blieb zur Empörung der Alldeutschen stets im Nebel. Heinrich Claß bemühte sich mit seiner Broschüre »West-Marokko deutsch« krampfhaft, diese Region – nicht zuletzt durch Hinweis auf ihr »geradezu wunderbares« Heilklima – zu einem künftigen deutschen Eldorado hochzujubeln; aber seine Schrift verrät zwischen den Zeilen nur zu deutlich, wie sehr ein deutsches Marokkointeresse konstruiert werden mußte. Um so mehr bleibt es ein denkwürdiges Phänomen, daß über der Marokkofrage erstmals in tonangebenden deutschen Kreisen eine ernsthafte Kriegsbereitschaft aufkam.

Friedrich Naumann – mit seiner manischen Zieldiffusion, seiner unruhigen Reiselust und seinem Glauben an Wasserkuren und neue Technik ein ungemein wilhelminischer Typ und dem Kaiser in seltsamer Weise emotional verbunden – unternahm 1898, zur gleichen Zeit wie Wilhelm II., eine Reise nach Palästina. Diese wurde jedoch für ihn zur herben Enttäuschung; an nichts in Jerusalem vermochte er »Freude« zu empfinden. Nur der unter der Teilnahme des Kaisers in der Erlöserkirche in Jerusalem abgehaltene Gottesdienst, als deutsche »Marinemusik« und

»Ein feste Burg« erklangen, verschaffte ihm seelisches Labsal. Er glaubte, daß Wilhelm II. ebenso wie er selbst nach Jerusalem gekommen sei, um der »Hast und Unruhe« zu entfliehen. Naumann fand jedoch in Palästina keine innere Ruhe. Er, der ehemalige Pfarrer, begriff damals, daß sein Jesus nicht im »heiligen Land«, sondern in Deutschland zu Hause war. Diese Ernüchterung wirkte nach; im Ersten Weltkrieg wollte er alle politischen Energien auf »Mitteleuropa« konzentrieren. Auch nach seiner Palästinareise behielt er jedoch eine Schwäche für koloniale Träume und wurde sogar ein begeisterter Propagandist des Flottenbaus. Gerade die Erkenntnis, daß die weite Welt, so wie sie war, dem Deutschen fremd gegenüberstand, bestärkte den Ehrgeiz, eine deutsche Welt zu schaffen. Im Zusammenhang mit seiner Orientreise verkündet Naumann die Überzeugung, daß Deutschland den Kampf mit dem »englischen Riesenreich« aufnehmen müsse. Er verteidigte sogar einen Konquistadorentyp wie Carl Peters, der 1897 aus dem deutschen Kolonialdienst entlassen worden war, nachdem er seine afrikanische Geliebte mit seinem Diener in flagranti ertappt und beide getötet hatte; darüber zerbrach Naumanns Freundschaft mit Lujo Brentano.[36]

Von den deutschen Exporten gingen vor 1914 nur etwa ein Prozent in die Türkei, dagegen etwa 20 Prozent nach England; ökonomisch betrachtet, waren die Beziehungen zu England unendlich viel wichtiger als die nach Südosten. Aber das deutsche Interesse am »Orient« hatte nicht nur ökonomische, sondern mehr noch emotionale Motive, und die Orientromantik Wilhelms II. fand in der deutschen Öffentlichkeit eine breite Resonanz.

Der mit Naumann befreundete Paul Rohrbach sah sich mit anderen Vordenkern deutscher »Weltpolitik« durch den »Glauben an Konstantinopel als an das Tor der deutschen Zukunft« vereint. Auch wenn imperialistische Ziele sozialpolitisch begründet wurden, muß man bezweifeln, ob diese Argumente – so wie es der »Sozialimperialismus«-Theorie entspräche – beim Nennwert zu nehmen sind und die tatsächliche Triebkraft des Handelns bezeichnen. In einer Zeit, in der sich die herrschende Gesellschaft zunehmend dem Druck der Arbeiterbewegung ausgesetzt sah, gehörte es zum guten Ton, nach Möglichkeit soziale Motive zur Schau zu stellen; aber das heißt nicht, daß diese Motive der wirkliche Antrieb gewesen wären. Dazu war der Nutzen kolonialer Erwerbungen für deutsche Siedler viel zu nebulos; darüber machten sich schon viele Zeitgenossen keine Illusionen. 1908 veröffentlichte die »Zukunft« den wütenden Brief eines Afrikaromantikers, der sich über den Vorschlag Robert Kochs empörte, im Interesse künftiger weißer Siedler das afrikanische Hochwild auszurotten, das der Tsetsefliege als Wirt diene; der von einer aristokratischen Naturliebe beseelte Schreiber fand den Gedanken schändlich, das edle Großwild kleinbäuerlichen Siedlern zu opfern! Ein ganz ähnlicher Geist lebt in der Afrikaromantik eines Carl Peters: sein »unaussprechliches Sehnen« ist vor allem eine Faszination durch die Wildnis – die auch Raum gibt für eine wilde Art von Herrschaft und Lust! – und gewiß nicht durch die Aussicht, daß sich die Massen deutscher Heuerlinge und Hintersassen rodend in den Urwald ergießen. Wenn man liest, wie der ehelose und kampfeslustige Carl Peters die »unverheirateten Massaikrieger« beschreibt, die nackt mit ihrer »breiten schönen Lanze« daherschreiten und denen sich die Mädchen nach eigener Wahl zugesellen – die schönsten Mädchen zu den wildesten Kämpfern –, dann hat man den Eindruck, den vitalen Triebkräften des Kolonialismus näher zu sein als bei der stereotypen sozialpolitischen Phraseologie, mit der man die Notwendigkeit kolonialer Erwerbungen in der Öffentlichkeit begründete. Es war der Traum einer bruchlosen Verbindung von Kampf und Liebe, wobei sich das sexuelle Sichausleben für den kühnen Kämpfer von selbst ergibt: Er braucht um die Mädchen nicht zu werben – sie kommen von sich aus auf sein Lager! Wehler charakterisiert Peters als »kriminellen Psychopathen«; aber wenn selbst ein liberaler und religiös gebundener Imperialist wie Naumann eine Schwäche für Peters zeigte, so geht daraus hervor, daß dieser Konquistadorentyp Sehnsüchte auslebte, die auch gesittetere Menschen in sich trugen.[37]

Bei einem anderen – durchaus liberalen und wohlanständigen – Verkünder »sozialimperialistischer« Anschauungen, dem Straßburger Rechtslehrer Heinrich Geffcken, sieht man besonders deutlich, wie die sozial- und wirtschaftspolitischen Argumente für die Kolonialpolitik einen hygienischen Kern besitzen und wie imperialistische Wunschträume eigenen »Neurasthenie«-Erfahrungen entspringen. Gerade zu der Zeit, als Geffcken zu einer wissenschaftlichen Autorität der Kolonialbewegung wurde, begab er sich als Neurastheniker in die Kuranstalt »Bellevue«. Damals, 1881, war »Neurasthenie« in Deutschland noch ein ganz neuer Begriff; Geffcken war in Kreuzlingen einer der ersten, die dieses neue Leiden repräsentierten. Seit 16 Jahren verfolgte ihn eine zunehmende Schlaflosigkeit, der sich Kopfschmerzen und Verdauungsbeschwerden zugesellten; psychisch litt er unter Beklemmungs- und Erregungszuständen. Er war schon in »mehreren Wasserheilanstalten« gewesen, hatte seine Leiden aber auch mit erheblichen Quanten von Wein zu bekämpfen versucht; eine Zeitlang hatte ihn eine »Kräuter-Doktorin am Starnberger See« mit Erfolg behandelt. Wenn ihn die diffusen Ängste um sein Nervensystem überkamen, hätte er lieber eine handfeste organische Krankheit gehabt, auf die er seine Leiden hätte zurückführen können: »Ein Königreich für eine Lungenentzündung.« Aus der Sicht verschiedener Ärzte hatte seine Neurasthenie ihre aggressive Seite: Manchmal wird er als Haustyrann geschildert, der »seine Familie heftig quälte«. Zur gleichen Zeit klagte er in einem Plädoyer für deutsche Kolonialpolitik, daß »unsere Produktion« an »chronischer Vollblütigkeit«, also an einem gefährlichen Blutandrang, leide – der »Kampf ums Dasein« werde dadurch verschärft. Der grimmigere »Kampf ums Dasein«, in der Nervenliteratur eine Hauptursache der Neurasthenie, ist aus seiner Sicht der Grund jener Unzufriedenheit, die die Arbeiter in die Arme der Sozialdemokratie treibt. Ohne neue koloniale Absatzgebiete gerieten die Deutschen in Gefahr, »zu versumpfen« und in unfruchtbaren inneren Kämpfen ihre Kraft zu »verzehren«.[38] Koloniale Ziele waren ein ideales Objekt für Wunschprojektionen, und die Neurasthenieerfahrung schuf ein breites Feld für eine Medikalisierung der Politik.

Das Eindringen medizinischer Begriffe in die Politik – Mißstände als »Krise«, der Staatsmann als Arzt – hat eine bis in die Antike zurückreichende Geschichte. Oft rechtfertigte die Medikalisierung ein brutales Durchgreifen, ob man nun die Politik als Chirurgie oder moderner als Kampf gegen Bakterien verstand. Im Vergleich dazu wirkte die Durchsetzung des politischen Jargons mit Begriffen der Neurologie und Psychotherapie weniger antihuman. Dafür war sie im »nervösen Zeitalter« jedoch ernster gemeint als die medizinische Metaphorik früherer Zeiten.

Es war damals gang und gäbe, die »soziale Frage« vorrangig als Frage der Hygiene zu begreifen. Daß die »soziale Frage« eine »Krankheitsform« sei, und zwar eine für »bestimmte Epochen fortgeschrittener Zivilisation« spezifische Krankheit, war für Bülow eine wichtige Einsicht; wer diese nicht habe, sehe »den Wald vor Bäumen« nicht. Er hielt die soziale Frage offenbar für eine im Wesen psychische Krankheit; denn er glaubte, unbeschadet der Berechtigung mancher sozialer Reformen komme es zur Überwindung dieser Krankheit doch vor allem darauf an, daß »die leitenden Leute nicht den Kopf verlieren«. Daß alles davon abhänge, »kaltes Blut« zu bewahren und Ruhe auszustrahlen, wurde zu einem seiner Lieblingsgedanken, und er entwickelte sich geradezu zum Spezialisten für diese politische Heilkunst.[39]

Eine Medikalisierung der Politik trifft man ebenfalls bei dem haßerfüllten Bülow-Gegner Claß; in dieser Beziehung bestand ein bemerkenswerter Konsens. Das »Kaiserbuch« des alldeutschen Vorsitzenden wimmelt von Passagen, die den gegenwärtigen Zustand der Deutschen als Krankheit kennzeichnen, dem Staatsmann die Rolle des Arztes zuweisen und den Krieg als Kur rechtfertigen. Den Ursprung der Krankheit sucht er bei der Industrialisierung, der Uneinigkeit der Deutschen und vor allem bei den Juden. Die Medikalisierung der Politik dient ihm dazu, ohne Rücksicht auf Recht und Gesetz jedes Mittel zur Erreichung der alldeutschen Ziele zu legitimieren. Da das deutsche Volk »sterbenskrank« sei, seien zur Überwindung dieses Zustandes, so »frivol und gewalttätig« das klinge, selbst ein Staatsstreich und Krieg gerechtfertigt. Als Arzt der Deutschen spielte sich auch Harden auf, wenn er gegen die »kränklichen Männer aller Sorten« kämpfte, die aus seiner Sicht um den Kaiser einen Ring bildeten und ihn zu einer »weichlichen Politik« verführten. Schon 1892, bei der Gründung der »Zukunft«, hatte er erklärt, sein Blatt werde all denen offenstehen, die »an der Gesundung unserer Zustände auf allen Gebieten des öffentlichen Lebens mitarbeiten« wollten. Bei einem lungenleidenden Kettenraucher wie Harden, der im Bewußtsein seiner unwiederbringlich verlorenen Gesundheit lebte und bei der Eulenburg-Affäre seinen eigenen physischen Zusammenbruch nahen fühlte – er habe die »Nerven eines verweinten Mädchens«, klagte er 1907 –, war die Regenerationsrhetorik kein leeres Wort; die Hitze der politischen Leidenschaft entsprang der persönlichen Leidenserfahrung.[40]

Auf die Frage, »was die Neurasthenie für eine Beziehung zu der Politik habe«, antwortete Hilty 1896: »eine nicht ganz unbedeutende«. In einem wiederholt nachgedruckten Artikel im »Politischen Jahrbuch der schweizerischen Eidgenossenschaft« schrieb er, nicht nur gebe es »neurasthenische Politiker« zur Genüge, sondern auch ganze Gesellschaftsklassen und Völker, die in Gefahr seien, diesem Übel zu verfallen. Die »Gesundheitsfrage« sei zu einer »Kardinalfrage der Politik« geworden; man stehe gegenwärtig vor der Alternative, ob sie durch eine Reform der »ganzen Lebensart und Lebensanschauung« oder durch ein »Blutbad« wie am Ende des 18. Jahrhunderts »oder endlich durch einen teilweisen Rückfall in die Barbarei« gelöst werde. »Ein bekanntes kaiserliches Bild scheint dies letztere zu befürchten« – er spielt auf das von Wilhelm II. skizzierte Knackfuß-Gemälde an, setzt also voraus, daß auch der deutsche Kaiser in der Überwindung der politischen Neurasthenie die Aufgabe der Zukunft sehe.[41]

Hinzpeter hatte einst dem Prinzen Wilhelm vor Augen geführt, daß »das Leben der meisten Menschen« in einem »unablässigen Ringen nach Licht und Luft« verlaufe. »Licht und Luft«: das waren typische Schlagworte der Naturheilbewegung, aber auch der Städte- und Wohnungsreform jener Zeit. Das dritte große Naturheilmittel, das Wasser, sollte für das in der wilhelminischen Weltpolitik enthaltene Therapiekonzept noch bedeutsamer werden! Die populärsten Schlagworte des wilhelminischen Imperialismus lagen ganz auf der Linie des Wasserkultes und des

»Licht-und-Luft«-Hungers der Nerven- und Naturheilverfahren: »Platz an der Sonne« und »Unsere Zukunft liegt auf dem Wasser«. »Wir wollen niemand in den Schatten stellen, aber wir verlangen auch unseren Platz an der Sonne«, war der Kern- und Schlußsatz der Rede, mit der Bülow am 6. Dezember 1897, eben erst aus Rom an die Spitze des Auswärtigen Amtes berufen, vor dem Reichstag debütierte und seinen Ruf als brillanter Redner begründete; ganz offensichtlich hatte er, der die südliche Sonne schon ausgiebig genossen hatte, deutsche Wunschträume auf den Begriff gebracht. Damals ging es um die heikle Aufgabe, die bevorstehende deutsche Okkupation Kiautschous diplomatisch abzusichern; vorübergehend drohte Kriegsgefahr. Die gutgelaunte Formulierung hatte also einen ernsten Hintergrund. Viel später notierte sich Bülow: »Ich mußte England entgegentreten, um uns Platz an der Sonne zu verschaffen.«[42]

»Unsere Zukunft liegt auf dem Wasser«, verkündete Wilhelm II. am 23. September 1898 bei der Eröffnung des Stettiner Freihafens; es war die Zeit der beginnenden Flottenmanie. Der Sinn des kaiserlichen Kernworts war nicht nur ökonomischer Art: Der »deutsche Manneswert«, so verkündete Wilhelm 1906, werde besonders kräftig zur See ausgebildet; »am besten und klarsten wird unseren Deutschen das Auge gemacht, wenn sie auf das Salzwasser kommen«. Selbst ein Verächter des wilhelminischen Deutschland wie Gurlitt war von diesem Kaiserwort hell begeistert und ließ sich von ihm zu seiner »Erziehung zur Mannhaftigkeit« inspirieren. Ein anderes Echo fand der allerhöchste Wasserkult in dem redaktionellen Artikel des »Naturarztes« (1906): »Unsere Zukunft liegt auf dem Wasser, dem Willen und der Wissenschaft vom Willen.« Die Verbindung der deutschen Zukunft mit dem Meer findet sich schon 1844 in Herweghs Gedicht »Die deutsche Flotte«; aber da ist die See zugleich das Element der Freiheit. Diesen liberalen Meereskult konnten der Kaiser und sein Kanzler nicht gebrauchen, wohl aber die von den Naturärzten gepriesene Heilwirkung des Wassers. »Das Wasser ist für die Nerven ein Radikalmittel«, schrieb Bilz in seinem Neurastheniekapitel, das »wichtigste, mächtigste«, wenn auch nicht ungefährliche Heilmittel. »Das Wasser wirkt auf die Nerven wie der Hammer auf den Ambos, wie der Regen auf ein trockenes Land, wie die Bibel auf den Gläubigen.« Bülow, der ab 1899 die Insel Norderney zu seiner Sommerfrische und zur Szenerie wilhelminischer Politik erkor, schrieb, ganz in Inselstimmung, das Meer sei »ein Lebensstrang für uns geworden, den wir uns nicht durchschneiden lassen dürfen, wenn wir nicht aus einem aufblühenden und jugendfrischen ein verwelkendes und alterndes Volk werden wollen«. »Noch jedes Volk mit gesundem Instinkt und lebensfähiger Staatsordnung hat an die Meeresküste gedrängt, wenn sie die Natur ihm versagt hatte.« Selbst der Tirpitz-Gegner Monts, ein Prototyp des Nervösen, pries die »nervenstärkende Salzluft«.[43]

In seiner Reichstagsrede vom 28. November 1906, in der Bülow sich mit Kolonialkritikern auseinandersetzte – die Herero- und Hottentottenkriege hatten romantische Vorstellungen über die deutschen Kolonien zerstört –, griff er wieder zu der Energie- und Gesundheitsargumentation: »Die Frage steht nicht so: ob wir kolonisieren wollen oder nicht; sondern wir müssen kolonisieren, ob wir wollen oder nicht. Der Trieb zur Kolonisation, zur Ausbreitung des eigenen Volkstums, ist in jedem Volke vorhanden, das sich eines gesunden Wachstums und kräftiger Lebensenergie erfreut.« Die Deutschen würden »ein kolonisierendes Volk bleiben, solange wir gesundes Mark in den Knochen haben«. Und der sonst oft so trockene Delbrück wurde warm bei seinem Lieblingsgedanken von der hygienisch-energetischen Notwendigkeit der Kolonialpolitik: Während in Deutschland das akademische Proletariat in unbefriedigenden Positionen verkümmere, beruhe die »strotzende Gesundheit des englischen sozialen Körpers ... darauf, daß diese junge Mannschaft in den Kolonien Verwendung findet und die mehr als 300 Millionen Inder und Ägypter zu regieren berufen wird«.[44] Bei genauem Hinsehen hätte man jedoch sehr daran zweifeln können, ob der Kolonialdienst in Kalkutta oder Bombay der englischen Gesundheit gut bekam und ähnlich die Stationierung in Algerien der Gesundheit der Franzosen.

In Samoa gelang es Bülow tatsächlich, den Deutschen einen »Platz an der Sonne« zu verschaffen; nur war dieser sehr klein und so weit weg, daß sehr wenige Deutsche in den Genuß dieser Sonne kamen. In Marokko, das einen etwas weniger imaginären Zugewinn an Solarenergie versprach, scheiterte Bülows Politik; aber Bülow, der sich dort nie zu konkreten Zielen klar bekannt hatte, wollte dieses Scheitern nicht zugeben. Damals vor allem begann die politische Karriere des Nervositäts- und Neurastheniebegriffs in Deutschland; und die Hauptrolle dabei spielte Bülow selbst, der seine Gegenspieler mit dem Vorwurf der Nervosität zu verunsichern suchte.

Es war eine Situation, in der sich die Regierung selber dem Vorwurf der Nervosität ausgesetzt sah. »Mut und Nervenruhe« hätte man damals gebraucht, um in Marokko Erfolg zu haben, schrieb Harden; die Deutschen hätten Algeciras mit leeren Händen verlassen, »weil wir weich wurden«. Ganz im gleichen Sinne ritt Holstein, Hardens neuer Verbündeter, seit der Marokkokrise immer wieder auf den schwachen Nerven des Kaisers herum; wenn Wilhelm II. mit seiner nervösen Art so weitermache, schrieb Holstein 1907 an Bülow, drohe ein innenpolitisches Algeciras, »und das bedeutet – Wurstkessel«. Seit jener Zeit kreiste der Nervositätsvorwurf in der politischen Auseinandersetzung wie ein Bumerang. Die immer herausforderndere »nationale Opposition« unterstellte der Regierung Nervenschwäche, und diese wiederum diagnostizierte bei ihren Kritikern nervöse Reizbarkeit. Tschirschky, der in der Zeit von Algeciras zum Staatssekretär des Äußeren avancierte und sogleich die Holsteinsche Strategie, wegen Marokko einen Krieg zu riskieren, unterband, klagte Ende 1906 in einem Brief an Monts, daß augenblicklich in Deutschland eine »politische Neurasthenie« herrsche. Damals war auch er im Visier der Hardenschen Attacken gegen die Eulenburg-»Kamarilla« geraten und, wie Monts kondolierte, mit den »warmen Brüdern Philis in einen Topf« geworfen worden. Er kehrt also einen gegen ihn gerichteten Neurasthenieverdacht gegen seine Gegner; aber auch ausländische Beobachter registrierten damals in Deutschland eine »neue Nervosität« (Isabel V. Hull), die weite Kreise zog. Tschirschky resignierte schon 1907 wieder von seinem Amt: laut Bülow, weil »ihm die Nerven fehlten, um dem Parlament gegenüber wirksam aufzutreten«. Immerhin habe er die Courage besessen, den gefürchteten Holstein »kaltblütig abzuwürgen«; aber auch darin wollte Bülow ein Zeichen von Nervenschwäche sehen: Tschirschkys »Nerven« hätten den finsteren und reizbaren Holstein nicht ertragen. Tschirschky klagte seinerseits, Holstein habe während der Marokkokrise die Nerven verloren und durch seine »täglich wechselnden Vorschläge« Bülows Zusammenbruch verschuldet.[45]

Bülow, »der Ewiglächelnde«, der als »ein Mann von vollkommenem Gleichgewicht der Nerven« galt und als junger Diplomat schon Bismarck durch seine »guten Nerven« imponiert hatte – indem er im Angesicht des Gewaltigen sein Frühstück in aller Ruhe fortgesetzt hatte –, war gleichsam als Nervenspezialist an die Regierung gekommen; »seit ich Bülow habe, kann ich friedlich schlafen«, hatte Wilhelm II. 1901 zu Eulenburg gesagt. Um so mehr mußte Bülow nach Algeciras darauf achten, seinen Ruf der exzellenten Nerven nicht zu schädigen, schon gar nach dem 5. April 1906, als er im Reichstag während einer Anklagerede Bebels einen Ohnmachtsanfall erlitten hatte. Der äußere Anlaß – Bebel erregte sich gerade über von russischem Militär verübte Vergewaltigungen, um die damalige Rußlandfreundlichkeit der deutschen Politik anzuprangern – würde heute zu psychoanalytischen Spekulationen reizen; damals dachte man zuerst an einen Schlaganfall, bis dann die – nur kurz anhaltende – Ohnmacht nach dem Neurastheniemuster als Folge von Überarbeitung gedeutet wurde. Mehr denn je war Bülow in der Folgezeit darauf erpicht, die Nervosität im Image seiner Gegenspieler zu verankern. Seine ewig lächelnde Ruhe auch in der Situation während und nach Algeciras, die für die deutsche Regierung nicht gerade zum Lachen war, zielte förmlich darauf, seine Kritiker kribbelig zu machen und in die Rolle des Nervösen zu bringen.[46]

Den Höhepunkt in Bülows Spiel mit der »Nervosität« brachte seine Reichstagsrede vom 14. November 1906. Anlaß war eine Interpellation des nationalliberalen Vorsitzenden Bassermann »über die Besorgnisse«, »welche in vielen Kreisen unseres Volkes wegen der internationalen Lage bestehen«. Bassermann spielte auf die Harden-Kampagne gegen die »Kamarilla« an, bekannte sich als Bismarckianer und kritisierte die wilhelminische Politik mit den üblichen Nervositätsassoziationen: »Wir« seien »seit Bismarcks Rücktritt in eine Periode eingetreten der Reisen und Reden, ... eine Periode der Unstetigkeit, die nicht nur im Inlande, sondern auch im Auslande unangenehm und bitter empfunden wird«. Die deutsche Politik entbehre der »Ruhe und Stetigkeit« und sei für »Stimmungen und plötzliche Impulse« anfällig geworden; als Resultat sei im Ausland die früher bestehende »Furcht vor Deutschland« »verschwunden«.

Bülow, der sich von seinem Arzt vorher hatte den Puls fühlen lassen, sprach für seine Verhältnisse ernster als gewöhnlich, suchte aber dennoch nach Heiterkeitserfolgen und fand abwechselnd Beifall links und rechts. Er wandte sich mit treffenden Worten gegen den Bismarckkult der militanten Nationalisten und äußerte die Hoffnung, daß bei Franzosen und Deutschen »die Einsicht fortschreiten« werde, »daß keiner von beiden ein Interesse daran hat, das ganze gewaltige Risiko und das ganze furchtbare Elend eines Krieges auf sich zu nehmen«. Sein Grundtenor ging dahin, daß Deutschland sich wegen seiner in Algeciras zutage getretenen Isolation keine Sorge zu machen brauche und ebensowenig über die Bündnistreue der Italiener, die die Deutschen in Algeciras im Stich gelassen hatten. Dieser Punkt war für Bülow besonders peinlich. Er war mit eine Italienerin verheiratet, besaß beste Beziehungen zu höchsten Kreisen Roms und galt als Italienfreund, der unter deutschem Himmel Assoziationen von venezianischen Gondeln auslöste: Wenn irgendwo, so hätte sein Charme in Rom wirken müssen, und sein Versagen gerade dort war eine empfindliche Schlappe. Es ist verräterisch, daß Bülow genau an dieser Stelle eindringlich vor »Nervosität« warnte. »Wir sind in Deutschland allzu nervös geworden, rechts und links, unten wie oben.« An dieser Stelle wurde er durch einen nicht wörtlich vermerkten sozialdemokratischen Zuruf – eine Anspielung auf kaiserliche Eskapaden? – unterbrochen und replizierte: »Das sage ich ja: oben wie unten!« Auf diese Replik folgte im Reichstag »große Heiterkeit«. Jeder verstand, daß Bülow auf die Nervosität Wilhelms II. anspielte, der sich denn auch über diese Rede ärgerte. Wie man sieht, verband Bülow mit dem Nervositätsbegriff ein Konsensangebot: Man sollte wechselseitige Beschuldigungen begraben, indem man sich zu dieser gemeinsamen Schwäche bekannte. Mit der »Nervosität« warf er die Kriegsfurcht und die Furcht um Deutschlands imperiale Stellung in einen Topf. Am Ende seiner Rede machte Bülow aus jener Erregung, die er eben noch als »Nervosität« bezeichnet hatte, mit Meeresmetaphorik eine »Dünung«, die noch längere Zeit nach einem Sturm fortbesteht.

Das Stichwort »Nervosität« machte Schule. Der ihm folgende sozialdemokratische Redner Vollmar fand die Nervosität vor allem auf der Regierungsseite: In die »Reichsleitung«, so Vollmar, sei »jene nervöse Unruhe gefahren, die überall mit dabei sein« wolle. Und mit unüberhörbarer Anspielung auf Wilhelm II. fuhr er fort: »Jeder Tag brachte neue Überraschungen in sprunghaftem Hin und Her, ein Brillantfeuerwerk von prasselnden Reden, um nicht zu sagen Schwätzereien...« Man erkennt, wie der Nervositätsbegriff auch unter den Kritikern der Reichspolitik einen Konsens herstellte: In diesem Punkt war sich die nationalistische Opposition mit der Sozialdemokratie einig, auch wenn die einen mit der »Unstete« eine mangelnde Konsequenz in der Härte, die anderen in der Völkerverständigung meinten. Zu jener Zeit waren die »Nerven« in Deutschland zum Bestandteil des politischen Vokabulars geworden; ein Artikel im »Naturarzt« bemerkte 1906, daß die »Nerven, ihre Leistungsfähigkeit und ihre Leiden« »im öffentlichen Leben eine bedeutende Rolle« spielten. Der Leipziger Historiker Gustav Buchholz sagte im Januar 1906 auf seiner Festrede zum Reichskommers der Sängerschaften: »Nicht die Sorgen sind es eigentlich, die uns die Laune verderben – was uns den frischen nationalen Frohmut früherer Tage nimmt und uns bald hypochondrischen, bald nervösen Stimmungen zugänglich macht, ist ein psychischer Druck, unter dem wir stehen.« Es sei der Druck unerfüllter heroisch-nationalistischer Wunschträume: »Wir hadern mit dem Geschick, das uns nicht pünktlich jedes Vierteljahrhundert einen neuen Bismarck hinstellt.« Auch er gebraucht den Nervositätsbegriff mit deutlicher Spitze gegen die alldeutsche Ungeduld.[47]

Auch in der Folgezeit begegnet »Nervosität« immer wieder als Vorwurf gegen Kriegstreiberei. Nach Bülow machte sich auch Bethmann Hollweg diesen Begriff zu eigen, vor allem, als er nach dem unbefriedigenden Ausgang der zweiten Marokkokrise selber in den Ruf schlechter Nerven geriet. Was Bülow auf heiter-spielerische Art betrieb, versuchte sein Nachfolger auf ernste und methodische Weise: zu einem Gewährsmann für Ruhe – wohlgemerkt kraftvolle Ruhe – in der Politik zu werden. Ende 1912 mahnte er mit Blick auf England: »Aber wir dürfen keine nervöse Hampelmannpolitik treiben, sonst reißt den Andern doch einmal die Geduld.« »Nervöse Hampelmannpolitik« bedeutete konkret: die zum Stillstand gekommene Flottenaufrüstung erneut in Gang zu bringen und den Verständigungsgesten gegenüber England neue Patzigkeiten folgen zu lassen. In diesem Sinne erklärte er es im späteren Rückblick zu seinem Ziel, »die Behandlung der Flottenfrage in Deutschland von der Nervosität zu befreien«. Da gab er zu, »wir« seien – »um einen vulgären Ausdruck zu gebrauchen – dem Auslande oft auf die Nerven gefallen«. Und er ließ erkennen, daß die deutsche »Unruhe« vor 1914 durchaus einen aggressiven Zug besaß und keineswegs nur »Nervosität« im Sinne von ängstlicher Unentschlossenheit war.[48]

Wenn der Reformpädagoge Gustav Wyneken 1913 auf dem Hohen Meißner von den Jugendbewegten eine »eiserne Festigkeit der Nerven« forderte, so meinte er damit eine Immunität gegenüber vorschneller Kriegstreiberei. Die zentrumsnahe »Kölnische Volkszeitung« warf im November 1913 den Alldeutschen vor, daß sie ihren »Patriotismus stets sehr laut und mit überflüssiger Nervosität« artikulierten. Am 15. Mai 1914 nannte Jagow, der damalige Staatssekretär des Äußeren, im Reichstag »die Erregung der Volksleidenschaften in unserer übernervösen Zeit ein Spiel mit dem Feuer«. Später behauptete allerdings Bülow über Jagow, dieser habe ebenso wie Bethmann in der Julikrise »vollständig die Nerven« verloren. Anfang 1916 hob Bülow gegenüber Theodor Wolff unter den deutschen Hauptakteuren der Julikrise Wilhelm von Stumm, den Leiter der Politischen Abteilung des Auswärtigen Amtes, als Neurastheniker hervor; als »neurasthenisch« empfand er offenbar sein Bramarbasieren: »In drei Tagen zwinge ich Rußland auf die Knie.« Aus Bülows Sicht war Stumm der einflußreichste Berliner Stratege bei der Entfesselung des Krieges.[49] Neurasthenie als Ursache des Weltkriegs?

Noch durch die in den 1920er Jahren entstandenen »Denkwürdigkeiten« Bülows ziehen sich wie ein Leitmotiv sarkastische Spitzen gegen die Nervosität des Kaisers und vieler anderer, die deutsche Politik machten. Carl von Ossietzky resümierte 1931 über den dritten Band der Bülow-Memoiren, daß Bülow in der deutschen Außenpolitik von 1914 »überall Dilettantismus und Neurasthenie« gesehen habe; auch ihm selbst erschien diese Sicht der Dinge offenbar ganz treffend. Nun gibt es Grund, die nach 1918 publizierten Interpretationen der deutschen Vorkriegspolitik als Ergebnisse von Nervenanspannung mit Vorsicht zu nehmen, da sie manchmal etwas von einer apologetischen Sprachregelung an sich haben. Die Nervositätsthese konnte darauf hinauslaufen, den deutschen Kriegserklärungen von 1914 den Charakter einer Kurzschlußreaktion ohne echten Kriegswillen zu geben. Wenn man unter »Nervosität« vorwiegend einen Zustand der ratlosen Besorgtheit und nicht der aggressiven Unruhe verstand, dann stützte die Nervositätsthese die Behauptung, der Grundcharakter der deutschen Politik vor 1914 sei defensiv gewesen. Dennoch behält die Erinnerung an die Vorkriegsnervosität auch nach 1918 etwas Authentisches; es handelt sich im Kern nicht um eine nachträglich konstruierte Rechtfertigung. Bülows »Denkwürdigkeiten« waren für einen ehemaligen deutschen Reichskanzler erstaunlich wenig apologetisch, sondern in Ossietzkys Augen »ein harter Schlag für die deutsche Unschuldspropaganda«. Kein Wunder, daß diese Memoiren damals in Deutschland ein Wutgeheul und eine »Front wider Bülow« hervorriefen. Bülow läßt durchaus den aggressiven Zug der deutschen Vorkriegsnervosität erkennen, so wenn er etwa daran erinnert, »wir«, und zwar »besonders Wilhelm II.«, hätten »unsere politischen Gegner ... mit hypernervöser Phantasie ärger gemacht, als sie in Wirklichkeit waren«.[50]

Es ist interessant, daß die »nationale Opposition« die Nervositätszuschreibung manchmal und in gewissem Sinne doch akzeptierte. Die positive Richtung des Nervendiskurses – Reizbarkeit als Begabung und Kampfbereitschaft – war ihr nicht gänzlich fremd, gerade wenn sie den saturierten »Philister« als Antityp aufbaute. Die Wortführer des radikalen Nationalismus wollten ja keine gelassene Ruhe à la Bülow demonstrieren, sondern stellten besorgte Unruhe und gespannte Erregung zur Schau; und manchmal verwiesen sie sogar bedeutungsvoll auf die Irritabilität ihres Nervenkostüms. »Mir fällt er einfach auf die Nerven«, ließ Harden seinen Moritz an Rina über den Reichskanzler Bülow schreiben. Eine kosmopolitische Art von deutschem Nationalismus, so als ob die Deutschen zu selbstlosen Menschheitsbeglückern berufen seien, »muß uns auf die Nerven fallen«, schrieb Claß in seinem »Kaiserbuch«. 1913 solidarisierte sich die »Allgemeine Evangelische Kirchenzeitung« mit der den Alldeutschen angelasteten Nervosität: »Die Welt wird immer noch verteilt, und wir stehen immer wieder mit offenen Mäulern dabei ... Unser Volk wird dabei nachgerade nervös! Das ganze Volk, nicht etwa nur die ›Alldeutschen‹. ... Wer ist ... heute nicht alldeutsch in dem Sinne, daß er mehr Ellbogen für unsere Nation wünscht?«[51] Aus der Nervosität entspringt eine Sehnsucht nach brutaler Kraft!

Die Verhärtung des Männerideals und die Schande des »Schlappi«: Das Scheitern nervöser Sinnproduktion

Die »weiche« Seite der wilhelminischen Kultur wurde oft verkannt, weil es sich die Friedlichen und Zartbesaiteten am Ende immer weniger leisten konnten, zu sich selbst zu stehen; denn sie gerieten zu dem Leitbild des deutschen Mannes in Widerspruch.

War das Ideal von harter Männlichkeit damals etwas Neues, oder bestand es schon längst? An Belegen ist schon für das 19. Jahrhundert kein Mangel; und die Vorstellung, daß zum richtigen Mann Körperkraft und Kampfesmut gehören, hat sehr alte Wurzeln. »Der Gott, der Eisen wachsen ließ, der wollte keine Knechte, drum gab er Säbel, Schwert und Spieß dem Mann in seine Rechte«, dichtete Ernst Moritz Arndt 1812. Aus den Freiheitskriegen ging ein neues heroisches Ideal des deutschen Mannes hervor. Aber nur ein kleiner Bruchteil der Deutschen hatte am Kampf gegen Napoleon teilgenommen; wenn die Freiheitskriege auf der Ebene der nationalen Rhetorik Epoche machten, so schufen sie doch nur ganz begrenzt eine neue Mentalität. Empfindsamkeit und Sinn für Poesie charakterisieren das gesamte 19. Jahrhundert hindurch in Deutschland die gebildeten Menschen beiderlei Geschlechts. Nicht einmal aus den Bismarck-Kriegen erwuchs ein neuer Normaltyp des deutschen Mannes: dazu waren sie zu kurz und erfaßten einen zu geringen Teil der deutschen Männerwelt. Wenn Adolf Lasson 1868 schrieb, das »eiserne Zeitalter« verlange »ein eisernes Geschlecht«, so heißt das nicht, daß das »eiserne Geschlecht« damals prompt erstanden wäre.

Im Krieg von 1870/71 wollte Bismarck, daß seine Truppen mit den französischen Partisanen, den »Franktireurs«, kurzen Prozeß machten und sogar partisanenverdächtige Dörfer niederbrannten; aber dazu waren viele Soldaten zu gutmütig.[173] Und selbst Bismarck, von dem Friedjung sagte, durch ihn sei das »Bild der Welt« »herber, männlicher geworden«, und dem Bamberger eine Brutalisierung der Deutschen vorwarf, war in seinen Körperreaktionen noch vom sentimentalen Zeitalter geprägt; innere Bewegung und nervöse Spannung äußerten sich bei ihm immer wieder in Tränen. Bei Wilhelm II. könnte man sich das kaum mehr vorstellen; seine nervöse Psychomotorik war anderer Art. Im Laufe der wilhelminischen Ära begann ein neues, hartes und unsentimentales Leitbild von Männlichkeit bis in die Körpersprache hinein zu wirken; aber erst im Weltkrieg ging das Kriegertum, das lange eine bloße Rhetorik geblieben war, vielen Männern wirklich »unter die Haut«.[52]

Unter deutschen Studenten galt schon um 1800 – zumindest an Universitäten wie Gießen oder Jena – die Bereitschaft zum Duell als unerläß-licher Beweis von Mannesmut. Aber der Duellzwang bedeutete in psy-chischer Hinsicht nicht immer das gleiche; vielmehr bemerkt man vom Anfang bis zum Ende des Jahrhunderts einen Wandel vom Warm- zum Kaltblütertum. Im Jenaer Komment von 1809 heißt es, durch ein Duell seien »die Schlagenden näher miteinander verbunden und per se in Brü-derschaft«. Dieser brüderliche Charakter ging der studentischen Prüge-lei zwar auch im weiteren Jahrhundert nicht ganz verloren; aber um 1900 wird das Duell doch mehr und mehr als Demonstration von Nerven-stärke geschätzt und bei den Duellanten auf »Ruhe und Kaltblütigkeit« Wert gelegt. Zugleich mit den steigenden Ansprüchen an die Nerven des »Paukanten« wurden die Duellbedingungen verschärft: Die Fortschritte der Chirurgie, insbesondere die Erfindung der Antisepsis, führten dazu, daß der anwesende »Paukarzt« nicht mehr wie früher eine Mensur ab-brach, wenn Blut floß. Als Nachweis von Nervenstärke erfuhr das Duell eine Modernisierung.

Ebendadurch wurde es manchmal zum Nervenproblem. Zu Anfang des »nervösen Zeitalters« spielen Duellängste in den Leidensgeschichten der Neurastheniker keine Rolle. Krafft-Ebing erwähnt zwar 1892, er habe wiederholt »beobachtet, daß durch Neurasthenie energielos und feige gewordene Individuen ihre soziale und berufliche Stellung einbüß-ten, weil sie sich zum konventionellen Mittel der Austragung von Ehren-händeln mit der Waffe nicht entschließen konnten«; aber dieser Hinweis steht im Nervositätsschrifttum isoliert. Ein Studentenroman von 1910 je-doch handelt von den Folgen der verschärften Duellanforderungen: Ein Student hatte beim Duell nicht genügend Haltung bewahrt, da er sich am Abend vorher verlobt hatte und in Gedanken bei dem Mädchen war; dar-auf war er bis zu einer »Reinigungsmensur« aus der Verbindung ausge-schlossen worden. Er erklärt einem jungen Fuchs sein Mißgeschick: »Im Korps sind seit einigen Jahren die – Anforderungen an die Mensur ... ein bißchen überspannt worden. Man ... verlangt da Dinge, die ... die eben nicht jeder leisten kann. Und mancher kann sie heute leisten und morgen wieder nicht. Es kommt da viel auf die Stimmung an ... auf den Gesund-heitszustand ... auf die Verfassung, in der die Nerven sind.« Erst in die-ser Zeit begegnet die studentische Mensur in den Patientenakten wieder-holt als pathogenes Element; so bei einem Mediziner, der in Würzburg einer jüdischen Verbindung beigetreten war:

»Das Trinken gefiel ihm nicht. Konnte nicht viel vertragen, mußte sich jedesmal übergeben. Der Fuchsmajor verlangte, daß sie auf jedes An-blicken etc. reagieren sollten, markierte Überschneidigkeit. Pat. war das sehr unangenehm. ... Sah einen mit schweren Fleischwunden, das ihn sehr unangenehm berührte; ein Konfuchs… bekam einen Hieb ins Auge. Der Gedanke daran, daß ihm etwas Ähnliches passieren könne, war ihm entsetzlich. Er bemühte sich peinlich, niemand zu fixieren, setzte sich so ins Café etc., daß er niemand sehen konnte.«

Es kam, wie es kommen mußte: Er geriet in der Verbindung in Verdacht, »daß er wohl Angst vor der Mensur habe«. Sofort focht er eine Bestimmungsmensur aus, bei der er »zwei kleine Schmisse« bekam; acht Tage darauf trat er aus der Verbindung aus. Er wechselte die Universität und ging nach Berlin; aber die Duellneurose verließ ihn auch dort nicht: Er mied alle Geselligkeiten, »konnte niemand ansehen und mußte doch dabei immer die anderen beobachten, ob sie ihn nicht fixierten«.[53]

Die Verhärtung des Männerideals war um die Jahrhundertwende – ähnlich wie die Willenstherapie in der Nervenlehre – ein internationaler Trend, der vor allem aus der anglo-amerikanischen Welt kam. Er hängt mindestens so sehr mit der Industrialisierung wie mit feudalen Relikten zusammen, wenn er auch an aristokratische Traditionen anknüpft; eine große Rolle spielte die von der englischen Oberschicht ausgehende Sportbewegung. Wie die Männer mit den neuen Anforderungen an ihre Männlichkeit fertig wurden, ist bislang noch wenig erforscht. Werner Sombart beschreibt 1902 das »heranwachsende Geschlecht« als einen »härteren« und gemütsärmeren Menschenschlag, der die Sentimentalität früherer Generationen als »Gefühlsduselei« verachtet und die moderne »Rastlosigkeit« bereits verinnerlicht hat. Bernhard Kellermann schildert in seinem Roman »Der Tunnel« (1913), der rasch zum Weltbestseller wurde, die Untertunnelung des Atlantik unter Leitung des amerikanischen Ingenieurs Mac Allan, der in extremer Weise Hektik und Härte miteinander vereint; dieser Typus hatte fast nichts mehr gemein mit den gemütvollen deutschen Ingenieur-Schriftstellern der älteren Generation wie Max Eyth oder Heinrich Seidel, dem Verfasser von »Leberecht Hühnchen«. Victor Klemperer empfand den »Tunnel« als Einbruch des Amerikanismus in die deutsche Literatur.[54]

Bertz, der Fahrrad-Philosoph, den die neue sportliche Härte an und für sich faszinierte, erkannte dennoch in der englischen »Sportmanie« ein bedrohliches Zeichen. »Daß eine brutale Gewaltpolitik in breiten Schichten des britischen Volkes auf die lebhaftesten Sympathien stößt«, schrieb er zur Zeit des Burenkrieges, »ist nicht am wenigsten eine Folge der durch maßlosen Sport genährten barbarischen Instinkte.« Wo er eine Wirkung der Sportmentalität auf den Imperialismus sieht, erkennt Janet Oppenheim auch eine Rückwirkung der imperialistischen Expansion auf das von sportlicher Härte geprägte Mannesideal. Einen politischen Beigeschmack bekam die Sportbewegung am Ende des 19. Jahrhunderts auch in Frankreich: Dort gehörte sie ebenso wie der neue Kult der Willenskraft zu den Gegenreaktionen auf die durch die Niederlage von 1870 verursachten Unterlegenheitsgefühle und Dekadenzängste. Das Deutsche Reich hinkte sowohl in der Sportbewegung als auch in der Verbindung von Sport und Politik hinter England und Frankreich zeitlich ein Stück hinterher. Das erkennt man besonders deutlich am Fußball, der im 20. Jahrhundert mehr als alle anderen Sportarten breite Volksmassen von Kind auf zu sportlicher Härte erzog: Zwar entstand schon 1900 der Deutsche Fußball-Bund als Dachverband der Fußballvereine; aber der große Durchbruch des Fußballs zur Popularität kam bei den breiten Massen erst nach 1918. In wilhelminischer Zeit dagegen fochten die Turnvereine heftige Abwehrkämpfe gegen den »finsteren Dämon des Sports«, der als »grimmigster Feind des Turnens« eine »böswillige Spaltung« im deutschen Volk hervorrufe. Aber die Turner waren längst in der Defensive; nicht mehr mit ihnen verband sich der Traum von nationaler Regeneration. Schon 1863 hatte sich ein Artikel in der »Deutschen Schützen- und Wehrzeitung« über die unter den Turnern »großartig grassierende Philisterei« und »gräuliche Komposition von Selbstsucht, politischer Trägheit, Schlaffheit... und allzugroßer Ängstlichkeit« ereifert; auch Treitschke wird stets auffallend bissig, wenn er auf Jahn und die Turner zu sprechen kommt, obwohl er ihnen ideologisch so nahe steht. In der Nerventherapie der Jahrhundertwende spielt das alte Turnen keine große Rolle mehr.[55]

Denjenigen »Nervösen«, die beim Sport mitmachen konnten, vermittelte die neue Körpererfahrung ein Gefühl von Kraft und von Überwindung der Nervenschwäche; aber sehr viele Neurastheniker – vor allem die, die nicht mehr ganz jung waren – blieben von der Sportbewegung ausgeschlossen und wurden durch das Leitbild des jugendlichen Sportsmanns in ihren Minderwertigkeitsgefühlen bestärkt. Stefan Zweig erinnerte sich später, wie in seiner Jugendzeit im Schwimmbad »ein wirklich wohlgewachsener Mann auffiel inmitten der Dickhälse, Schmerbäuche und eingefallenen Brüste«, während die neuen Generationen durch Sport und Wandern »schöner und gesünder« geworden seien. Die große Mehrheit der Deutschen gehörte 1914 noch nicht zu diesen neuen Generationen. Schon gar in den oberen Gesellschaftsschichten hatte sich als Folge des neuen Wohlstands der aus allen Nähten platzende Typ mit dem geröteten Gesicht und den schweren Tränensäcken unter den wäßrigen Augen sehr verbreitet, der zwar bismarckähnlich und stramm sein wollte, aber ein leichtes Zittern seiner Hand nur mühsam unterdrückte. Wenn man diesen Typ auf alten Fotos sieht, versteht man die Heftigkeit der damaligen Sehnsucht nach muskulöser Schlankheit und klarem, nüchternem Blick. Für viele Deutsche, auch solche in höchsten Stellungen, war es jetzt schwerer als zur Biedermeierzeit, sich mit ihrer Körperlichkeit so zu bejahen, wie sie waren. Damit geriet eine Grundlage psychischer Stabilität ins Bröckeln.[56]

Wilhelm II. stand in charakteristischer Weise zwischen den Generationen. Von Geburt her mit dem körperlichen Makel des verkümmerten Arms behaftet, war die physische Ertüchtigung von Kind auf ein wesentlicher Teil seiner Erziehung; und es gelang ihm tatsächlich, sein Gebrechen nach außen zu kompensieren. Ein Parallelfall ist der spätere Flugzeugkonstrukteur Hugo Junkers, der – wie Wilhelm II. 1859 geboren – eine verkrüppelte Hand hatte und nicht zuletzt in Reaktion darauf eine Turner- und Kämpfermentalität entwickelte. Der junge Kaiser zwang sein militärisches Gefolge zu seinen Nordlandreisen dazu, morgens mit ihm zusammen Frühsport zu betreiben, wobei er gegenüber den steifen und verfetteten älteren Männern nicht ohne boshaftes Vergnügen die Rolle des überlegenen Sportsmanns spielte. »Ein ulkiger Anblick«, notierte Zedlitz-Trützschler 1894: »Wenn all die alten Kracher von Militärs die Kniebeuge machen müssen mit verzerrten Gesichtern! Der Kaiser lacht manchmal laut auf und hilft mit Rippenstößen nach. Die alten Knaben tun dann so, als ob diese Auszeichnung ihnen eine besondere Freude machen würde, ballen aber die Faust in der Tasche und schimpfen nachher unter sich über den Kaiser wie alte Weiber.«[57]

Gegenüber seinem ältesten Sohn, dem gertenschlanken und drahtigen Kronprinzen Friedrich Wilhelm, geriet der Kaiser jedoch in die Rolle des unsportlichen Biedermanns. Der Kronprinz machte gar kein Hehl daraus, daß aus seiner Sicht sein kaiserlicher Vater körperlich minderwertig war: »Mein Vater wird mich nie verstehen«, sagte er zu dem Hofmarschall Zedlitz-Trützschler, »denn er hat eine ganz andere Sportauffassung als ich. Das ist auch ganz natürlich, denn er ist von Jugend auf durch seinen unentwickelten Arm gehindert, sich wirklich sportlich zu betätigen. Für mich aber scheiden sich die Menschen in zwei Kategorien, solche, die wirkliche Sportsmenschen sind, und solche, die es nicht sind. Mit den letzteren kann ich mich überhaupt nicht verständigen.« Eine so scharfe mentale Trennscheide brachte das neue Leitbild des Sportsmanns mitten in die herrschenden Familien hinein: selbst dort, wo schon die ältere Generation in der Idee diesem Leitbild anhing! Die sportliche Einstellung verband sich bei dem Kronprinzen mit offener Sympathie für die Alldeutschen, obwohl sich der alldeutsche Vorsitzende Claß darüber sorgte, daß sich der Kronprinz durch seinen Sportsfimmel von ernsthafter Tätigkeit abhalten ließ.[58]

Als Wilhelm auf einem Spazierritt bei Potsdam dem Kronprinzen auf einem prachtvollen Vollblüter begegnete und ein begleitender General seine Freude an diesem Anblick bekundete, erwiderte der Kaiser bitter: »es ist eine rechte Kunst, zu reiten, wenn man zwei gesunde Arme hat«. Gegenüber dem schneidigen Sportsmann, so wie ihn der Kronprinz verkörperte, wurde der verkümmerte Arm des Kaisers erneut zum Makel. Die neue Norm der Nervenstärke erhöhte den inneren Druck auf die wilhelminische Politik; in den Augen der »nationalen Opposition« geriet der Kaiser mehr und mehr in den Ruf des Versagers. Während der zweiten Marokkokrise (1911) kolportierte die »Post« aus französischer Quelle die Schmähung »Guilleaume II. le valeureux poltron«, der »tapfere Feigling«: eine tödliche Beleidigung und eine Herausforderung schärfster Art an den Kaiser. Dieser redete in der Folge über die Friedensliebe im Stil der »Eunuchen«-Metaphorik, um den selbst von seinem Sohn geteilten Verdacht mangelnder Männlichkeit von sich abzulenken: »Die ewige Betonung der Friedensliebe bei allen Gelegenheiten – passenden und unpassenden – hat in den 43 Friedensjahren eine geradezu eunuchenhafte Anschauung unter den leitenden Staatsmännern und Diplomaten Europas gezeitigt.« Der in Schande gestürzte Eulenburg klagte zu jener Zeit über die von Wilhelm II. »so intensiv betriebene Umwandlung der Denker in ›Sportscharaktere‹« und brachte diese in Zusammenhang mit dem sich in der Flottenrüstung ankündigenden Übergang zu einer »Gewaltpolitik«.[59]

Die Art und Weise, in der der männliche Mann zum Maßstab wurde, hatte in der Politik konkrete Folgen. Hardens Kampagne gegen die »Kamarilla« war ein Feldzug gegen die unmännlichen Männer in der Umgebung des Kaisers; es war Hardens erklärtes Ziel, solche Männer »als Politiker zu vernichten«, denen man nicht zutrauen könne, daß sie »im Notfall das Schwert« zu ziehen bereit seien. Besondere Blüten trieb der Männlichkeitskult bei den Alldeutschen. Mit Wohlgefallen erzählt Claß, wie der Geheimrat Kollmann, der Gründer der oberschlesischen Bismarckhütte, Harden als »verfluchten Judenjungen« beschimpfte, als dieser sich als Schöpfer des Bismarck-Nimbus gebrüstet hatte, und ihm eine Weinflasche auf dem Kopf zerschlug: Das sei ein »Mann aus einem Guß« gewesen. »Für solche ganzen Kerle haben wir in meiner Heimat das Wort: ›Feuerteufel‹.« Dabei hatten die Alldeutschen bis 1914 politisch keinerlei Anlaß, einen Harden zu beleidigen![60]

Holstein konnte sich als graue Eminenz des Auswärtigen Amtes jahrzehntelang halten und ungestraft sogar gegen Wilhelm II. intrigieren und kaiserliche Einladungen ablehnen, weil er als »eisenköpfiger Willensmensch« (Rogge) galt. Marschall von Bieberstein, von 1890 bis 1897 Staatssekretär des Äußeren, behielt auch danach, obwohl er bei Wilhelm II. in Ungnade gefallen und als »Verräter« verschrien war, als deut-

scher Botschafter in Konstantinopel beträchtlichen Einfluß; denn mit seiner Bagdadbahn-Monomanie gehörte er zu denjenigen, die stets zielbe-
wußte Ruhe ausstrahlten und die wilhelminische Außenpolitik von dem
Stigma nervöser Ziellosigkeit zu befreien versprachen. Kiderlen verglich
ihn in seinen Briefen abwechselnd mit einem Nilpferd und einem Stier:
Ein »Politiker« sei er nie gewesen; »aber wenn er ein Ziel durch die Zentrale vorgesteckt bekam, so ging er darauf los wie ein Stier aufs rote Tuch
und ließ nicht locker«. Das unerschütterliche Selbstbewußtsein besaß bei
Marschall allerdings ähnlich wie bei Kiderlen keine sportsmännische,
sondern eher eine alkoholische Grundlage; wie Bülow bemerkte, fand er
ebenso wie Kiderlen als »Opfer der Arbeit wie des Bacchus« einen
frühen Tod.[61]

Der Kiderlen-Nimbus ist ein besonders eklatantes Beispiel eines bloßen
Energie- und Nervenruhms, der fast unabhängig von politischen Leistungen gedieh. »Nerven wie Batzenstricke« spürte die Baronin Spitzemberg mit großem Vergnügen bei Kiderlen, dem Staatssekretär des
Äußeren, während der zweiten Marokkokrise; wiederholt erbaute sich
die Baronin an diesem Gedanken: Es war die Zeit, als wieder einmal
Kaiser und Kanzler in den Ruf mangelnder Festigkeit gerieten. Als Kiderlen im Jahr darauf starb, empfand ihn der Bruder der Baronin, der
württembergische Gesandte in Berlin, »wie eine überheizte Lokomotive,
der der Kessel platzt«. Wenn Wilhelm II., der gegen Kiderlen seit langem
eine Antiphatie hegte, über ihn klagte, er sei »kalt wie eine Hundeschnauze«, so empfand die Baronin Spitzemberg diese Kälte als Vorzug.
Friedrich Naumann feierte Kiderlen, der bis dahin nur Gesandter in
Kopenhagen und Bukarest gewesen war, als »schwäbischen Bismarck«:
Diese außerordentlichen Vorschußlorbeeren gründeten sich weit mehr
auf Kiderlens Naturell als auf seine Erfolge. Nur als er 1908/09 während
der Bosnienkrise den Staatssekretär des Äußeren vertreten hatte, hatte
er nach allgemeiner Ansicht Energie und Nerven gezeigt, obwohl er sich
vor dem Reichstag blamierte. Der Historiker Veit Valentin geriet noch zu
einer Zeit, als er mit seiner Karriere zum Opfer der militanten Nationalisten geworden war, beim Thema »Kiderlen« in maskuline Sprücheklop-
ferei: »Ein ganzer Kerl aus saftigem Boden«, »ein Teufelskerl, der Alles
erreicht, was er will«; »es kommt Alles darauf an, ob Einer ein Kerl ist«.
Und er nannte ihn »die größte diplomatische Kraft des wilhelminischen
Deutschlands«.[62]

Einer von Kiderlens Mitarbeitern erinnerte sich mit Behagen, wie Kiderlen es mitten in der Marokkokrise fertigbrachte, in Gegenwart des
französischen Botschafters ein Schläfchen zu halten: Er erblickte darin
ein Zeichen für »ruhige Nerven« und nicht etwa für körperlichen Ver-

fall! Die demonstrative Dickfelligkeit, mit der Kiderlen nach Agadir die Westmächte und sogar seinen Kanzler wochenlang zappeln ließ, ohne seine Ziele offenzulegen, und dazu noch mit seiner Geliebten – horribile dictu – nach Frankreich in den Urlaub fuhr, hatte schon etwas Tickhaftes: Ruhe um jeden Preis als ein Mittel, um andere aus der Ruhe zu bringen! Eulenburg allerdings, der die Zartheit der Nerven schätzte und sich durch vermeintliche Nervenstärke nicht imponieren ließ, empfand Kiderlen schon lange davor als »lallenden« Alkoholiker und auch Marschall als »Bild des Jammers und Elends«.[63]

Wenn man Bülow glauben kann, behauptete Kiderlen bis zu seinem frühen Tod, das Fiasko der deutschen Marokkopolitik nach Agadir sei dadurch verschuldet worden, daß Bethmann Hollweg, »sobald es nach Pulver roch, total die Nerven verloren habe«. Bernhardi schrieb später, Bethmann habe sich in der Marokkokrise als »Mensch ohne Mark und Nerv« offenbart. Der »Nerven«-Streit nach Algeciras wiederholte sich nach Agadir in verschärftem Ton. Kiderlen hatte im Juli 1911 mit seinem Rücktritt gedroht, als Kaiser und Kanzler zu erkennen gegeben hatten, daß sie es wegen Marokko nicht zum Krieg kommen lassen wollten: Die Franzosen müßten »fühlen«, so Kiderlen, »daß wir zum Äußersten entschlossen sind«, und das Reich müsse für einen Verzicht auf Marokko »den ganzen französischen Kongo« fordern. Schon vorher war Bethmann in Kiderlens Augen »weich« und »schwach«. Sogar Kiderlens Vorgänger als Staatssekretär des Äußeren, der Baron Schoen, bekannte: »Bethmann ist eine weiche Natur und ich bin auch eine gekochte Semmel; mit uns beiden ist keine starke Politik zu machen; nur mit Kiderlen.« Bethmann wußte von seinem Ruf, akzeptierte bis zu einem gewissen Grade die »Nerven«-Hierarchie und ließ Kiderlen in der Marokkopolitik freie Hand, solange es nicht gar zu brenzlig wurde. Noch im Juli 1914 stärkte er sich für den bevorstehenden »Sprung ins Dunkle« mit dem Gedanken an den toten Kiderlen: »Kiderlen hat immer gesagt, wir müssen fechten.«[64]

Fritz Fischer betonte jedoch mit Recht, daß das herkömmliche Hamletbild des angeblich stets unschlüssigen und entscheidungsschwachen Reichskanzlers von 1914 täuscht. Bethmann Hollweg gehörte zu jenen Willensschwächlingen, die – ganz im Geist der neuen Nerventherapie – ihre Schwäche als ein planmäßig überwindbares Manko begriffen. Bethmanns Schwanken erstreckte sich bis in den alltäglichen und privaten Bereich, und in seiner Familie riß man schon Witze darüber (»Heute hat Papa seine Ansicht schon zum drittenmal geändert!«); aber ebendeshalb bedeutete für ihn die Überwindung der Entschlußschwäche nicht nur eine politische, sondern auch eine persönliche Herausforderung. Otto

Hammann, der langjährige Pressedezernent des Auswärtigen Amtes, schildert Bethmann aus guter Beobachtung als den von Natur Entscheidungsschwachen, der diese Schwäche jedoch kennt und mit dem Willen überwindet.[65] Im Juli 1914 bedeutete das nach Lage der Dinge Krieg.

Ob Bethmann, Wilhelm II., Friedrich Naumann, Walther Rathenau, Max Weber: alle trugen sie in sich das Bewußtsein einer Schwäche, die es – persönlich und politisch – zu überwinden galt; und in der Regel erfolgte diese Überwindung nach einem Verhaltensmuster, das unter den Bedingungen der Julikrise 1914 auf Krieg hinauslief. »Der neue Stil muß eiserne Knochen haben«: Diese Parole verkündete Naumann 1896 auf der Berliner Gewerbeausstellung für die Architektur, und über die Außenpolitik redete er seit jener Zeit oft in einem ähnlichen Ton. Walther Rathenau stellte 1904 in der »Zukunft« den »Mutmenschen« gegen den »Furchtmenschen«, der zugleich der »Zweckmensch« war. Im Gegensatz zu vielen anderen Lamentos über die Ängstlichkeit erkannte er, daß der »Furchtmensch« in moderner Zeit ein höchst erfolgreicher Typus ist; er beschrieb mit ihm offensichtlich ein Stück von sich selbst. Aber er schilderte ihn als trübselige und erbärmliche Kreatur, und vor dem Hintergrund seiner Briefe erkennt man, wie er sich selbst – in den Worten Keßlers – als einen »Auserwählten« begriff, »der mit sich den Versuch zu machen bestimmt ist, wieweit ein ›Furchtmensch‹ sich in einen ›Mutmenschen‹, ein ›Zweckmensch‹ in einen ›Gesinnungsmenschen‹ verwandeln kann«. Als Rathenau zu schreiben begann, wählte er – von Harden inspiriert? – zuerst das Pseudonym »Hartenau«.[66]

Die Mutheroen und Gesinnungsidealisten fanden jedoch keine Verkörperung in den damaligen Durchschnittsdeutschen. Betrachtet man viele Zeitzeugnisse aus der Rückschau, gewinnt man den Eindruck, daß der Typ des späteren Bundesdeutschen bereits in der wilhelminischen Ära als Massenerscheinung existierte: Schon damals gab es ein erstes »Wirtschaftswunder« und unzählige Menschen, deren Denken und Handeln ganz um beruflichen Erfolg und privates Glück kreisten und die sich dabei weder von christlicher Moral noch von nationalem Heroismus stören lassen wollten. Sie liebten vor allem das komfortable Leben, unterschieden sich aber von dem alten Biedermeier-Deutschen durch eine dynamische, unternehmerische Mentalität, durch Streben nach wachsendem Konsum, durch Reiselust und nicht selten auch durch sexuelle Neugier. Hellpach schildert die deutsche Wirtschaftswundermentalität der Jahrhundertwende: »verdienen und genießen wurde eine Art nationaler Parole«. Harden schrieb in der Zeit der Bülowschen »Weltpolitik«: »Die Mehrheit der Deutschen möchte in der Heimat reichlichen Gewinn finden und alle überflüssigen Händel meiden ...« Aber während sich später, in der Bundesrepublik der 1950er und 60er Jahre, ein auf wirtschaftlichen Erfolg gegründetes deutsches Selbstbewußtsein offen artikulierte, geschah dies vor 1914 nur ansatzweise und im ganzen mehr latent: Der real existierende neudeutsche Typ war in den vom Bildungsbürgertum geprägten Idealbildern nicht unterzubringen. Wie Fritz Fischer schreibt: »Zwar wirtschaftete man in Deutschland kapitalistisch und freute sich über die dabei errungenen Erfolge, aber man tat es mit schlechtem Gewissen« – zumindest offiziell![67]

Die Ausbreitung einer zivilistischen und hedonistischen Mentalität vollzog sich gleichsam unterderhand, und man erkennt sie besonders deutlich an dem Gezeter der Gegenseite. Der Generalstabschef, der jüngere Moltke, wähnte in der zweiten Marokkokrise bereits die Reichsregierung von dieser friedensseligen und genießerischen Lebenseinstellung unterminiert; sechs Wochen nach Agadir schnaubte er: »Wenn wir aus dieser Affäre wieder mit eingezogenem Schwanz herausschleichen, wenn wir uns nicht zu einer energischen Forderung aufraffen können, die wir bereit sind, mit dem Schwert zu erzwingen, dann verzweifle ich an der Zukunft des Deutschen Reiches. Dann gehe ich. Vorher aber werde ich den Antrag stellen, die Armee abzuschaffen und uns unter das Protektorat Japans zu stellen, dann können wir ungestört Geld machen und versimpeln.« »Unter dem Protektorat Japans ungestört Geld machen«: man glaubt sich bereits in die Ära der Mikrochips versetzt![68]

Erst ein Teil jener jüngeren Generation, die durch den Ersten Weltkrieg geprägt wurde, kam dem heroischen Deutschenbild des völkischen Nationalismus näher. Der daraus entspringende Generationenkonflikt machte noch in bundesdeutscher Zeit Geschichte: Als der Freidemokrat Thomas Dehler, Jahrgang 1897, sich 1956 gegen den 22 Jahre älteren Adenauer stellte, weil er nicht mehr glaubte, daß es dem Kanzler mit der Wiedervereinigung ernst sei, warf er ihm vor, ihm gehe es nur um »Wohlfahrt« und »Sicherheit«. »Das ist verständlich. Sie gehören einer anderen Generation an als ich.«[69] Dehler war im Ersten Weltkrieg Soldat gewesen, Adenauer nicht. Bei dem Freidemokraten brach noch einmal die alte Aversion der Kriegsteilnehmergeneration gegen jene Älteren auf, die im Grunde ihres Herzens Zivilisten und Individualisten blieben. Es wirkt wie ein Symbol, daß ein Repräsentant dieser älteren Generation zur Leitfigur der jungen Bundesrepublik wurde!

Man kann eine Tragik der Zeit vor 1914 darin sehen, daß sie nicht imstande war, zu ihrem Lebensgenuß offen zu stehen und die friedenspolitischen Konsequenzen daraus zu ziehen. Allem Anschein nach verbarg sich hinter dieser Unfähigkeit ein Mangel an Lebenskunst: an der Fähigkeit, mit dem neuen Wohlstand umzugehen und die neuen Möglichkeiten zu verkraften. Es hatte seine Gründe, wenn viele Deutsche damals Wohlleben nicht mit Vitalität, sondern mit Verfettung und Erschlaffung assoziierten. Unter dem Titel »Psychiatrie und Politik« verkündete Anfang 1912 ein Medizinalrat in der »Post«: »Das deutsche Leid, es ist ererbt; aber verschärft haben den Defekt der deutsche Biedersinn, der deutsche Reichtum, das deutsche Fett.«[70]

»Idealismus« gegen »Materialismus«: Diese Frontstellung spielte im Bewußtsein der deutschen Bildungsbürger eine eminente Rolle. »Materialismus«: Das war die nur auf »schnöden Mammon« und »nackte Sinnlichkeit« gerichtete Lebenseinstellung. Die dauernde Wut der »Idealisten« zeigt, wie allgegenwärtig der »Materialismus« schon war – selbst in den unteren Regionen vieler »Idealisten«.

Eine individualistisch-hedonistische Einstellung findet man zwischen den Zeilen unzähliger Neurasthenikerakten. In sehr vielen Fällen erkennt man, daß die »Nervenschwäche« ein typisches Leiden solcher Menschen war, für die beruflicher Erfolg und sexuelle Potenz alles bedeuteten und die daher in Panik gerieten, wenn sie in dieser Hinsicht bei sich ein Nachlassen bemerkten. In den allermeisten Anamnesen sind religiöse oder nationale Werthorizonte vollständig abwesend; der Sinn des Lebens besteht einzig in individuellem Erfolg und Genuß. Das Studium der wilhelminischen Nervosität zeigt, wie ungemein verbreitet diese Lebenseinstellung schon damals war, aber auch, wie wenig sie ihr eigenes Selbstbewußtsein und ihre Lebenskunst hervorgebracht hatte und wie leicht sie in Verunsicherung und Frustration mündete!

In der Wahrnehmung vieler Zeitgenossen fehlte der Friedensliebe, mochte sie auch als vernünftig gelten, der Eros und der vitale Schwung; so erklärt sich der ewige »Eunuchen«-Vorwurf gegen die Friedensfreunde, der erst in den 1960er Jahren mit »Make love, not war« eine schlagende Replik fand. Der wilhelminische »Schlappi« besaß noch nicht den Charme und das Selbstbewußtsein des »Softie« der 60er und 70er Jahre. »Schlapp« sein war für den wilhelminischen Offizier und Reserveoffizier überhaupt der Makel schlechthin: Man denke an den Vetter Joachim im »Zauberberg« Thomas Manns! Daß Wilhelm II. und Bethmann als »Schlappis« galten, war für sie – wie Fritz Fischer schreibt – eine Belastung, die schwerer wog als der Druck von links. Der Kaiser suchte ihn abzuwehren, indem er seinerseits anderen »Schlappheit« vorwarf, so dem russischen Zaren oder sogar seiner eigenen Regierung Bülow.[71]

Theodor Lessings Anti-Lärm-Bewegung bietet das beste Beispiel für die damalige Schwierigkeit »nervöser« Sinnproduktion. Da er dem Lärm etwas Besseres entgegensetzen wollte als die bloße Ruhe, gab er die aus den frühneuzeitlichen Religionskämpfen stammende Parole »non clamor sed amor« aus.[72] Sie erinnert schon ein wenig an »Make love, not war«, und dennoch: Die Lessingsche »Liebe« hatte, so wie sie sich in seiner »Lärm«-Schrift präsentiert, etwas Dünnblütiges und penetrant Bildungselitäres, und meist wurde sie von der Gereiztheit ganz absorbiert. Die Idee von der Nervosität als Begabung, die sich mit einem Fin-de-siècle-Impressionismus verband, hatte ihre damaligen Möglichkeiten in Literatur und Kunst schon bald nach der Jahrhundertwende ausgereizt; wenn sie dort auf die Dauer versagte, so erst recht in der Politik.

Das ewige Gerede über die »Nerven« weckte am Ende eine ungeheure Sehnsucht nach »Nervenstärke«, auch wenn dies gar nicht in der Absicht der Neurologen lag und es für den Mediziner »stählerne Nerven« strenggenommen gar nicht gab. Else Hasse – eine der ganz wenigen Frauen im deutschen Nervendiskurs – schrieb 1911, »aus der nervösen Kraftlosigkeit« erkläre sich »die Anbetung alles Muskulösen und Gewalttätigen, überhaupt der Kraftrausch und die starken Deklamationen des heutigen Geschlechts«; das beste Beispiel sei Nietzsche.[73]

Der 1905 erschienene populäre Ratgeber »Starke Nerven – Frischer Geist – Überströmende Lebensfreude durch Willensübungen« verherrlichte die Heilkraft des »Helden«: »Der Mut des Helden« teile sich »wie ein belebender Hauch den halbgelähmten Scharen der Gefährten mit«, ebenso wie ein einziges Gähnen »eine wahre Epidemie des Gähnens in einer ganzen Gesellschaft« auslöse. Hieß das konkret: Nervenstärkung durch den Krieg? Aber wenn die Sinngebung der nervösen Weichheit mißlang, so fiel vor 1914 auch ein überzeugender Gegenentwurf der nervlichen Gesundung durch militante Härte nicht leicht. Eine klare Aussage über die Wirkung des Krieges auf die Nerven sucht man in der medizinischen Vorkriegsliteratur vergebens. Worauf hätte sie sich auch berufen sollen? Die letzten deutschen Kriege lagen in einer Zeit, in der es die Neurologie als eigene Disziplin noch nicht gab. Und selbst der glorreiche Krieg von 1870/71 hatte keineswegs die Lehre hinterlassen, daß der Waffengang das geeignete Mittel sei, um die Nerven der Krieger zu stärken, obwohl die psychischen Belastungen durch diesen Krieg nach 1914 geradezu harmlos wirkten.

1886 veröffentlichte die Militär-Medizinal-Abteilung des Preußischen Kriegsministeriums eine umfangreiche Erhebung über »Erkrankungen des Nervensystems« bei deutschen Soldaten im Krieg von 1870/71. Das Kapitel »Kriegs-Psychosen« beginnt mit einem Rückblick auf ein bezeichnendes Hin und Her in den Annahmen über die psychischen Wirkungen des Krieges. Früher sei man allgemein davon ausgegangen, daß der Krieg die Zahl der Geisteskranken vermehre; in neuerer Zeit hätten manche Autoren diese Annahme zu bestreiten versucht, aber nicht mit überzeugendem Erfolg. Aus dem statistischen Befund ergebe sich »mit vieler Wahrscheinlichkeit«, daß ein Krieg eine »mäßige Vermehrung der Geisteskranken in der Armee« im Gefolge habe.[74]

Im April 1912 kam ein 38jähriger Maschinenmeister zur Behandlung in die Charité, nachdem er schon ein dreiviertel Jahr in einer Wiener Irrenanstalt verbracht hatte, weil er in Wien einen Schutzmann ins Wasser geworfen hatte. Einst hatte er als Journalist in den Burenkrieg gewollt, war aber von den Buren zum Militärdienst gezwungen worden und hatte eine Kopfverletzung erlitten, die ihm viel Schmerzen bereitete. Seither überkam ihn beim Essen manchmal die Zwangsvorstellung, »als ob das Essen blutig sei«; bei Nacht quälten ihn Bilder, »als ob die von ihm erschossenen Engländer auf ihn zukamen und ihn umtanzten«. Es gab wenig Grund, an eine heilsame Wirkung des Krieges zu glauben, am wenigsten bei solchen Männern, die aus Zwang und ohne soldatische Einstellung in den Krieg zogen! Die Charité ließ Anfang 1911 einen unter einer »Angstpsychose« leidenden Schneidermeister einen Aufsatz schreiben: »Hat auch der Krieg Vorteile?« Ungeachtet des Themas hielt sich der Schneider vor allem bei den Nachteilen des Krieges auf; als Vorteil erwähnt er nicht etwa die Kräftigung des Mannes durch Kampf und Heldentum, sondern nur die Verbesserung des Avancements im Militär- und Beamtenwesen. »Trotzdem aber wollen wir den lieben Gott bitten, daß er uns die Segnungen des Friedens erhalten möge.«[75]

Eine andere Frage war die, wie der Militärdienst im Frieden auf die Nerven wirkte. Wie sich aus einer Krankenakte ergibt, kam es vor, daß ein Absolvent des Gymnasiums »wegen Nervosität« vom Militär freigestellt wurde, obwohl an körperlichen Symptomen außer Herzklopfen und Hämorrhoiden nichts vorlag und der Patient das Gesamtbild eines verwöhnten Muttersöhnchens bot. In einer Zeit, in der die Militärbehörden auf eine konsequente Durchführung der allgemeinen Wehrpflicht keinen Wert legten, mag Ähnliches öfter vorgekommen sein; in vielen Akten männlicher Neurastheniker vermißt man Angaben über den Wehrdienst. Fritz Haarmann, der spätere Serienmörder, wurde 1902 im Militärdienst wegen Neurasthenie für »dauernd ganzinvalide« erklärt, wobei der stellvertretende Korpsgeneralarzt die krankhafte Verschlimmerung des Leidens auf die »Eigentümlichkeiten des Militärdienstes« zurückführte. Wilhelm Erb dagegen versicherte, »in dem Militärdienst« liege »für sehr viele junge Leute ein treffliches Erholungsmittel für das Nervensystem«.[76]

Otto Binswanger berichtet von einem 35jährigen Lehrer, der nachts unter »ungeheuren« Pollutionen und »haushohen« (sic!) Erektionen, überhaupt unter einem nervösen Gesamtzustand gelitten habe; all das sei beim Militärdienst verschwunden, um auf Englandreisen wiederzukehren. Cramer schrieb dem Militärdienst besonders bei nervösen Akademikern »eine außerordentlich günstige Wirkung« zu; 1909 ging er so weit, von einer künftigen Abrüstung eine Gefahr für die Volksgesundheit zu befürchten. Selbst der junge Freud langweilte sich beim Militär zwar gehörig, schrieb jedoch an Breuer, es wäre »undankbar, nicht zuzugeben, daß das Militärleben mit seinem hoffnungslosen ›Muß‹ eine ausgezeichnete Kur für Neurasthenie« sei; allerdings hatte er im Militärdienst nicht viel auszustehen.[77] Die wohltuende Wirkung der Militärzeit auf die Nerven lag wohl nicht zuletzt an solchen Umständen, die der »Schule der Nation« offiziell nicht unbedingt zur Ehre gereichten: dem vielen Leerlauf und Müßiggang und der ungenierten Männeratmosphäre, die bei Bürgersöhnen manche Prüderie und Zimperlichkeit aufbrach. Aber wenn zeitweilige Militärübungen dem Körpergefühl von Schreibtischarbeitern wohltaten, so hieß das doch noch lange nicht, daß für einen dauernden Militärdienst oder gar für einen Krieg das gleiche galt.

Das Offiziersdasein galt herkömmlicherweise nicht gerade als gesund, auch im Frieden nicht. Wie groß der körperliche und seelische Verschleiß durch ehrenwerte Arbeitsüberlastung und harten Dienst war, darüber gingen die Meinungen auseinander; recht deutlich war jedoch, daß die ehelosen Offiziere, denen das Kasino die Familie ersetzte, viel leichter als normale Bürger eine Beute von Alkohol und Syphilis wurden. Unter den 200 Neurasthenikern, die Krafft-Ebing nach Berufsgruppen durchzählte, machten die 18 Offiziere die größte Gruppe aus. Ein 47jähriger Hauptmann kam in »Bellevue« zu der Erkenntnis, daß »sein Beruf sehr viel Schuld an seiner Nervosität habe«. Schlimmer noch als der Militärdienst war jedoch für den Offizier häufig die unfreiwillige Untätigkeit, wenn sein Avancement an der »Majorsecke« gescheitert war. Ein Assistenzarzt an Lahmanns »physikalisch-diätetischem Sanatorium« bei Dresden schrieb 1895, verabschiedete Offiziere litten »furchtbar unter der lähmenden Muße«, zumal wenn sie »in noch kräftigem Alter« seien. »Man sieht sie nicht selten wie einen gefällten Baum stürzen und durch die Untätigkeitsneurose hart an die Schwelle des Irrenhauses kommen.« Für solche Männer bedeutete der Kriegsausbruch eine Erlösung.[78]

Am meisten verbreitete sich die Neurasthenie allerdings bei der Flotte, in der infolge des raschen Wachstums die Schwierigkeiten des Avancements am geringsten waren; dort dominierte der mit dem forcierten Rüstungstempo und dem Wandel der Technik verbundene Streß. Ab 1898 ging der Flottenbau »in rasendem Tempo« (Salewski) voran, und noch dazu auf sehr lückenhafter Erfahrungsgrundlage. Der Flottenbau mußte schneller gehen, und die Schiffe mußten zugleich immer schneller werden. Die von Tirpitz' Vorgänger Hollmann vertretene Auffassung, daß die neuen Schiffe besser nicht so schnell seien, damit die alten in der Schlacht »mithalten« könnten, wirkte nun wie ein schlechter Witz. Die Eisenbauweise der Schiffe und die Steigerung der Geschwindigkeit verursachten zunächst unangenehme Vibrationen; der ständige Tempodruck ließ nicht viel Raum für eine Rücksichtnahme auf die physische Belastbarkeit der Beschäftigten. Die »unheimlichen Sprünge«, so Tirpitz, »mit welchen die Technik zur Zeit unseres Flottenbaues voraus eilte«, führte dazu, daß jedes Schiff bei seiner Fertigstellung »schon veraltet« war. Immer wieder mußten die Techniker den sicheren Boden der Erfahrung verlassen, was sie nur »zögernd und zagend« riskierten: Das maritime Wettrüsten erzeugte auf deutscher Seite eine Atmosphäre ständiger Spannung. Ab 1905 brachte der Zwang zur Umstellung auf den gigantischen »Dreadnought«-Typ, der »auf die Technik des Kriegsschiffbaus in der ganzen Welt wie ein Donnerschlag« wirkte, wieder alle Planungen durcheinander. Als Bülow Ende 1905 während der ersten Marokkokrise den Wunsch äußerte, das Tempo der Flottenrüstung so zu steigern, daß die deutsche Unterlegenheit gegenüber England binnen weniger Jahre überwunden würde, gab Tirpitz zu verstehen, daß das Tempo des Flottenbaus eine technische und eine medizinische Grenze erreicht hatte, da »die Leistungsfähigkeit und die Ausbildung des Personals eine Überhastung nicht vertrugen« und »ein vermehrtes Tempo mit unserer Verdauungsfähigkeit nicht zusammenstimme«.[79] Wenn selbst ein Tirpitz mit solchen Bedenken kam und damit auf die Chance, immer noch mehr zu bekommen, verzichtete, so wollte das etwas heißen!

Ein Marine-Stabsarzt veröffentlichte 1905 eine ausführliche Studie über psychische Erkrankungen in der Marine, wobei er diese mit denen im Landheer verglich. Schon das überproportionale Wachstum seelischer Störungen in der Armee hatte irritiert; nun aber mußte man in der Statistik lesen, daß Neurasthenie und Hysterie in der Marine seit 1897 »mehr als doppelt, beinahe dreimal so häufig« registriert wurden wie in der Armee und daß die Neurasthenie bei der Flotte noch dazu »bedeutend schneller und stärker« zunahm. Mit dem Hereditätsverdacht und Hinweisen auf einen voraufgegangenen Nervenverschleiß konnte man hier nicht kommen, da sich die Mannschaften durchweg aus ausgewählten jungen und gesunden Männern rekrutierten. Viel mehr als beim Landheer mußte man in der Marine die Ursache in den »besonderen Eigentümlichkeiten des Dienstes« suchen. Ungewohntes Klima, Tropenkrankheiten, hohe Unfallgefahr, ungesunde Ernährung, das Eingesperrtsein auf dem Schiff und – last not least – Alkohol und Syphilis werden als pathogene Elemente besonders hervorgehoben. Der Sanitätsbericht der Marine resümiert 1910, »das eine« könne »wohl schon jetzt vorausgesagt werden, daß die Neurasthenie in der Morbidität der Marine eine immer größere Rolle spielen wird, da durch die Zunahme der im Dienst befindlichen neuen Schiffe mit ihren vielfältigen komplizierten maschinellen Einrichtungen, durch das Hinzutreten der Unterseeboote, durch die Einführung der Funktelegraphie und durch den ganzen gesteigerten Dienstbetrieb in der Hochseeflotte immer neue Momente geschaffen wurden, die unter Umständen geeignet sind, bei längerer Einwirkung das Nervensystem zu schädigen«.[80]

Jacob Burckhardt äußerte in einer friedlichen Zeit seinen Unmut, daß ein langer Friede »Entnervung« hervorbringe und »das Entstehen einer Menge jämmerlicher, angstvoller Notexistenzen« zulasse; die Kriege dagegen, glaubte er, »reinigten die Atmosphäre wie Gewitterstürme, stärkten die Nerven, erschütterten die Gemüter« und brächten »wieder die wahren Kräfte zu Ehren«. Er konnte sich dabei schon auf ältere Gewährsleute berufen; es handelt sich bei solchen Sprüchen zum Teil noch um die vorneurologischen Nerven, die von den Muskeln nicht klar getrennt waren. In der Anfangszeit des Ersten Weltkriegs grassierte ein solcher pseudomedizinischer Bellizismus, der aus der Balneologie die »Stahlbad«-Metapher übernahm; selbst ein renommierter Neurologe wie Albert Eulenburg pries den Krieg 1915 als ein mit »fast allmächtiger Heilkraft ausgerüstetes Stahlbad ... für die im Staub langer Friedensjahre und einförmiger Berufstätigkeit verdorrenden und verschmachtenden Nerven«.[81] Wenn man am Krieg nicht das moderne und technisierte, sondern das archaische Element sah, konnte die Kriegsverherrlichung mit der These von der Modernität der Nervenschwäche operieren.

Dennoch wäre es ganz falsch, den Nervendiskurs des Krieges als bloße Fortsetzung dessen aus der Vorkriegszeit zu begreifen und die Glorifizierung des »Stahlbads« auf die Friedensjahre zurückzuprojizieren. In der Nervositätslehre vor 1914 hatte das »Stahlbad« nicht einmal im ursprünglichen, balneologischen Sinne eine Bedeutung gehabt; die Kur mit eisenhaltigem Wasser gehörte damals mehr zur Volks- als zur wissenschaftlichen Medizin. Das kriegerische »Stahlbad« war bis 1914 ohnehin kein Thema der Nerventherapie. »Wer kann heute für den Krieg schwärmen?« fragte Kollarits 1912. Wenn Otto Binswanger wenige Monate nach Kriegsausbruch die nervenheilende Wirkung der Waffen pries, dann als »ganz merkwürdige Erfahrung« und in deutlicher Abkehr von seinen früheren Lehren:

»Ich hatte eine ganze Reihe nervenschwacher Jünglinge im Laufe des letzten Jahres und zur Zeit des Ausbruches des Krieges in Behandlung:

ängstliche, kleinmütige, zaudernde, willensschwache Menschenkinder, deren Bewußtseins- und Gefühlsinhalt nur durch das eigene Ich bestimmt war und die in Klagen über körperliches und seelisches Weh sich erschöpften. Da kam der Krieg. Das Krankhafte fiel wie mit einem Schlage von ihnen ab, sie meldeten sich bei der Truppe und – was mir noch merkwürdiger erscheint – sie haben sich alle, bis auf eine einzige Ausnahme, bis heute bewährt ...«

Das Kraftgefühl des Kriegsanfangs war für viele so überwältigend, weil es so unerwartet kam. Es geschah wider Erwarten; auf Marianne Weber wirkte es wie ein »Wunder«, daß der Krieg den Nerven Max Webers wohltat.[82] Oder war eine Disposition für ein solches kollektives Gefühl wiedergewonnener Energie untergründig längst da?

In den Jahren vor Kriegsbeginn findet man vor allem die Kausalthese, daß der Krieg starke Nerven braucht und nicht, daß er sie schafft. Wilhelm II. bemerkte 1905 zu der russischen Niederlage gegen Japan, das russische Heer sei »durch Alkohol und Unzucht entnervt gewesen«; er verband also den Kampf gegen die Nervosität mit dem Antialkoholismus. Im gleichen Jahr verkündete ein Sprecher des »Deutschen Vereins gegen den Mißbrauch geistiger Getränke«, das »nüchterne Heer« werde »Sieger im Entscheidungskampfe« sein. 1910 machte sich Wilhelm II. in einer Ansprache vor Seeoffizieren und Kadetten diese Antialkoholikerparole zu eigen: »Der nächste Krieg und die nächste Seeschlacht fordern gesunde Nerven von Ihnen. Durch Nerven wird er entschieden.« Kannte er die Berichte über die zunehmende Neurasthenie in der Flotte? Der Admiral von Müller berichtet, er habe dem Kaiser »eiserne Nerven« in sein Manuskript geschrieben, und dieser habe »eisern« durch »stahlhart« ersetzt. Wilhelm fuhr fort: »Diejenige Nation, die das geringste Quantum von Alkohol zu sich nimmt, die gewinnt.« Die deutschen Antialkoholiker sorgten dafür, daß dieser kaiserliche Ausspruch zum geflügelten Wort wurde; der Kaiser selbst wiederholte sein Memento im Dezember 1914 vor Truppen an der Ostfront. Strümpell präsentierte den Ausspruch, daß das Volk mit den besten Nerven siegen werde, 1917 als Hindenburgwort. Auf Hermann Hesse machte dieses Kaiserwort, wie er sich noch 1919 erinnerte, merkwürdigerweise »seinerzeit einen furchtbaren Eindruck«. Denn für »die Ahnenden, die mit den Fühlern für morgen und übermorgen«, habe Wilhelm damals, ohne es zu wissen, die deutsche Niederlage prophezeit. »Denn sie alle wußten, daß Deutschland keineswegs die besseren, sondern die schlechteren Nerven hatte als die Feinde im Westen.«[83] Aber Hesse täuschte sich, wenn er glaubte, daß sich Wilhelm II. 1910 der deutschen und seiner eigenen Nervenstärke so sicher war. Wenn man sich an die vorausgegangene Politisierung des Nervendiskurses im Gefolge von Algeciras, des Eulenburg-Skandals und der Daily-Telegraph-Affäre erinnert, kann man an dem Element untergründiger Angst in dem kaiserlichen Memento kaum zweifeln, um so weniger, wenn man sieht, wie Wilhelm II. die Nervenstärke an Nüchternheit band. Niemand konnte damals glauben, daß die Deutschen ein besonders abstinentes Volk seien! Die immer konkretere Kriegsaussicht war geeignet, eine potenzierte Nervosität – eine Nervosität über die Nervosität – hervorzurufen.

Eines der wenigen Beispiele vor 1914, wo ein namhafter Mediziner direkt auf die Frage einer heilsamen Wirkung des Krieges auf die Nerven zu sprechen kommt, ist der Vortrag »Medizin und Überkultur«, den Wilhelm His im März 1908 vor der Berliner Medizinischen Gesellschaft hielt. 1863 geboren, hatte er an die Bismarck-Kriege allenfalls kindliche Erinnerungen; dennoch glaubte er aus den Erfahrungen früherer Feldzüge die naßforsche Quintessenz ziehen zu können: »Wenn es an den Kragen geht, hört die Nervosität auf.« Die »Notwendigkeit des Kampfes«, behauptete er, werde »allseitig empfunden«; dieser Kampf brauche jedoch kein kriegerischer zu sein. Man könne die »erschlaffenden Wirkungen allzugesicherter Existenz« wohl auch durch einen »Krieg im Frieden« ausgleichen. »Vor allem ist der Heeresdienst eine wahre Gesundschule.« Obwohl eine Sehnsucht nach Krieg in der Logik seiner Ausführungen liegt, scheut er bezeichnenderweise vor dieser Konsequenz zurück: »es sei ferne von uns, Krieg und Elend als Heilmittel herbeizuwünschen; abgesehen davon, daß der moderne Krieg offenbar auf die Nerven anders wirkt als der altmodische, hieße das den Teufel mit Beelzebub austreiben«.[84]

Außerhalb der Medizin, vor allem bei den Alldeutschen und ihren Gesinnungsgenossen, begann die »Stahlbad«-Hoffnung schon in den letzten Vorkriegsjahren zu grassieren. Albrecht Wirth, Privatdozent für Orientalische Geschichte und im Alldeutschen Verband einer der schlimmsten Kriegstreiber, versicherte 1910, daß ein »stärkendes Stahlbad« in Gestalt des Krieges das deutsche Volkstum »verjüngen« und den »Bestand deutschen Wesens« auf »Jahrtausende hinaus« sichern werde.[85] Aber solche Töne waren in der professionellen Nervenliteratur damals noch undenkbar; es handelte sich um eine außermedizinische Eigendynamik des vom Strudel der Politik gepackten Nervendiskurses. Auch die Wende zum Willen trug in der Nerventherapie vor 1914 so gut wie nie einen offen kriegslüsternen Zug; es war nur so, daß die Schwierigkeiten der individuellen Willensschulung auf die Dauer eine Begeisterung für die kollektive Willensstärkung auslösen konnten. Der Krieg war keine Fortsetzung der Nerventherapie mit anderen Mitteln; aber die Kriegsbegeisterung bekam doch manche Impulse aus den Enttäuschungen, die man mit der individuellen Nerventherapie der Mediziner gemacht hatte.

Friedensjahre als gewonnene und als verlorene Zeit: Die Verwirrung der Tempora durch den Gedanken an Krieg

EINE BESONDERS GROTESKE PASSAGE der Bülow-Memoiren handelt von dem Brief, den Wilhelm II. am Silvesterabend 1905, in der Zeit der ersten Marokkokrise, an seinen Kanzler schrieb. Damals stand der Kaiser unter dem frischen Eindruck einer vertraulichen Warnung aus London, daß England im Kriegsfall an Frankreichs Seite kämpfen werde. Den Westmächten war gegenüber Wilhelm II. gelungen, was diesem nicht geglückt war: den Eindruck der Kriegsentschlossenheit zu erwecken. In dieser Situation und »unter dem wiederangezündeten Tannenbaum« erläuterte der Kaiser dem Kanzler, warum Deutschland zum gegenwärtigen Zeitpunkt auf gar keinen Fall einen Krieg riskieren dürfe. Zum einen wolle er keinen Krieg, bevor er nicht ein »festes Bündnis mit der Türkei«, ja mehr noch, mit allen islamischen Herrschern geschlossen habe. »Die Hauptsache aber wäre, daß wir wegen unserer Sozialisten keinen Mann aus dem Lande nehmen könnten ohne äußerste Gefahr für Leben und Besitz der Bürger.« Und dann wörtlich: »Erst die Sozialisten abschießen, köpfen und unschädlich machen, wenn nötig per Blutbad, und dann Krieg nach außen. Aber nicht vorher und nicht a tempo.«

Bülow präsentiert den Brief als schlagenden Beweis für die Friedensliebe des Kaisers: Wilhelm sei »beinahe zu friedfertig« gewesen! »Aus jeder Zeile dieses Briefes sprach die Angst des Kaisers vor Krieg.«[86] Ist das die pure Scheinheiligkeit, und will Bülow seinen Kaiser in Wirklichkeit bloßstellen? Denn in die Augen sticht ja in dem Silvesterbrief vor allem die blutrünstige Drohung gegenüber den Sozialisten. Auch sonst zeigt der Wortlaut nicht gerade Friedensliebe, sondern Kriegsbereitschaft – nur eben nicht »a tempo«, nicht in überstürzter Eile. Aber vermutlich hatte Bülow seinen Kaiser, für dessen Schwächen er ein feines Gespür besaß, ganz richtig verstanden, und Wilhelm wollte mit seiner verbalen Mordlust nur verschleiern, daß er nach Gründen suchte, um einen Kriegsentschluß auf unabsehbare Zeit zu verschieben. Schon das Dauerbündnis mit der gesamten islamischen Welt war eine fast unerfüllbare Bedingung. Und erst recht das Abschlachten der Sozialdemokraten! Daß

Wilhelm II. im Ernst an eine Bartholomäusnacht dachte, ist ganz unwahrscheinlich. Allenfalls in der Kriegssituation wäre ein blutiger Schlag gegen die Sozialdemokratie denkbar gewesen, aber nicht zur Vorbereitung eines Krieges.

Das »nicht a tempo« ist um so bemerkenswerter, als Wilhelm II. in seinem Verhalten sonst das moderne Erfolgsrezept »Gesteigerter Effekt durch Schnelligkeit« verkörperte. Besaß dieses von Beschleunigung besessene Machtbewußtsein nicht eine innere Affinität zum Krieg? Der dänische Schriftsteller Johannes V. Jensen, der den August 1914 in Berlin erlebte, faßte seine Deutschland-Eindrücke dahin zusammen, daß sich »das Tempo des Kaisers« »jetzt über das ganze Reich ausgebreitet« habe. Früher habe es »mit zu Berlins Physiognomie« gehört, daß das kaiserliche Automobil sich »unter hohen feurigen Trompetensignalen« »wie ein Blitzstrahl die ›Linden‹ hinunter bewegte«; dieses Tempo und dieser Ton beherrsche jetzt ganz Deutschland.[87] Das kaiserliche Tatütata fiel dabei allerdings nicht mehr auf. Die Faszination, die von dem Tempo des Kaisers ausging, war an den Frieden gebunden. Mit dem Kriegsentschluß hatte Wilhelm II. seit langem Tempoprobleme; das zeigte sich nicht nur Silvester 1905. Und mit diesen Problemen stand er nicht allein. Noch nie in der deutschen Geschichte waren bis dahin Fragen des Tempos so zentral gewesen und hatten sich mit so tiefgehenden Emotionen verbunden wie in der wilhelminischen Ära; und der Grund dafür war letztlich der Gedanke an den Krieg.

Das Denken Wilhelms II. kreiste von Anfang an um den Krieg und damit zugleich um die Frage, ob dieser »je eher, desto besser« zu führen sei. In der letzten Zeit vor seinem Regierungsantritt, als er unter dem Einfluß Waldersees stand, gewann er den Eindruck, daß es, rein militärisch gesehen, am besten wäre, den Krieg schon in Bälde zu wagen, und daß Bismarck sich nur aus Altersgründen nicht mehr dazu bequemen wolle. Als Wilhelm gekrönt und Bismarck abgetreten war, wäre demnach eigentlich die Zeit zum Losschlagen gekommen – aber der neue Kaiser wartete damit noch ein ganzes Vierteljahrhundert. Oder bedeutete diese Friedenszeit kaiserlicherseits kein Warten auf den Krieg, sondern einen Genuß gewonnener Jahre? Bülow schrieb später in seinen Memoiren, jedes Friedensjahr sei damals »ein Gewinn für uns« gewesen. »Unsere Volkszahl und unsere wirtschaftliche Kraft nahmen mit jedem Jahr zu. Die Zeit ging für uns, namentlich im Vergleich mit unserem gefährlichsten Nachbar, dem Franzosen.« Diese Sichtweise habe ihn während seiner »ganzen Amtszeit geleitet«. Tatsächlich hat er schon als Reichskanzler in dieser Art geredet; es war ein Standardargument. Auf Zeit spielte er freilich nicht nur in Sachen Krieg, sondern auch in der

Frage deutscher Bündnisse. Das Verhältnis zu Frankreich zu behandeln »wie gewisse Weine und Zigarren, die durch ruhiges Liegenlassen nur besser werden«: das war typisch Bülow. Besonders gegenüber britischen Bündnissondierungen gab er die Weisung, Deutschland dürfte »keine Unruhe, noch Ungeduld, noch Eile merken lassen«.[88]

Selbst während der ersten Marokkokrise verfolgte Bülow eine »Politik des Zeitgewinns«, obwohl in der Marokkofrage die Zeit keineswegs für Deutschland arbeitete. Als Wilhelm II. in seiner Döberitzer Rede vom Juni 1908 Deutschlands Bereitschaft zu einem Mehrfrontenkrieg erklärte, beschwor ihn sein Kanzler: »Je weiter wir den Zeitpunkt eines bewaffneten Konflikts mit unserem westlichen Nachbar hinausschieben, um so weniger wird dieser imstande sein, den ... Kampf mit uns ... aufzunehmen.« Und dazu noch der Nervositätsvorwurf: Es liege im Interesse Englands und Frankreichs, »uns als nervös und unruhig erscheinen zu lassen«. Die Grundhaltung Holsteins war lange ähnlich; in den Worten Hardens: »Je länger wir kühl bleiben, desto größer wird in Ost und West die Gier nach Geschäftsabschlüssen mit dem Deutschen Reich.« Deutschland brauche, um politische Erfolge zu erzielen, keine Genialität, sondern »nur Mut und Nervenruhe«, »Großmachtruhe«. So glaubte Harden die Holsteinsche Weisheit auf den Punkt zu bringen.[89] In der ersten Marokkokrise allerdings ergriff Holstein die Partei der Militanten, sah sich zum Rücktritt veranlaßt und verband sich mit Harden. Von jener Zeit an griff in Deutschland die »Je-eher-desto-besser«-Stimmung um sich.

Es war der Flottenbau, der die erste große Tempoverwirrung in die wilhelminische Politik brachte und dazu führte, daß sich immerzu ein Zwang zum Abwarten mit einem Gefühl der drängenden Zeit mischte. Tirpitz ging davon aus, daß es selbst bei forciertem Rüstungstempo 20 Jahre dauern werde, bis Deutschland der britischen Seemacht gewachsen sei: also mindestens bis 1918 oder noch länger. Diese ganze Zeit hätte Deutschland also, wäre alles nach Plan gelaufen, keinen Krieg mit England riskieren dürfen. »Zeitgewinn« war daher für Tirpitz die »wichtigste politische Aufgabe«. Noch 1911 warnte er intern, für einen Seekrieg sei »der Zeitpunkt so ungünstig wie möglich«. »Jedes spätere Jahr bringt uns in eine viel günstigere Lage«.[90] Bülow wußte, daß der Kaiser ihn vor allem zur politischen Absicherung des Flottenbaus an die Regierung berufen hatte. Auch aus dem damit verbundenen Ziel des Zeitgewinns erklärt sich der gesamte Stil seiner Politik. Aber man kann die Kausalität auch umgekehrt sehen: Die Flotte war ein ideales Projekt, wenn man zwar nationale Kraft demonstrieren, aber einen Kriegsentscheid so lange wie möglich vertagen wollte.

Bis 1918 oder später: das war eine lange Zeit; und selbst auf dieses Timing war kein Verlaß. Denn es wäre naiv gewesen, davon auszugehen, daß England in dieser Zeit tatenlos bleiben und sich auch der Stand der Schlachtschiffstechnik nicht verändern würde. In Wirklichkeit begann bald ein deutsch-englischer Rüstungswettlauf, der infolge des technischen Wandels immer wieder von vorne anfing. Die Flotte bot insofern auf unabsehbare Zeit einen anständigen Grund, um die Frage, ob man einen großen Krieg wollte oder nicht, nie konkret werden zu lassen. 1908 machte Bülow dem Kaiser unumwunden klar, daß Deutschland in dem Flottenwettlauf mit England niemals siegen werde; und zugleich unterstrich er die Ansicht Ballins, es sei vor allem das »Tempo« der deutschen Flottenrüstung, das eine deutsch-englische »Kriegsgefahr« heraufbeschwöre.[91]

Wenn man aber dennoch den Flottenbau und die Flottenbegeisterung wollte, sah man sich in einer Zwickmühle: Je mehr Aufsehen die Flotte erregte, desto mehr stand sie unter dem »Kopenhagen-Trauma«: der Angst vor einem englischen Präventivschlag, der sie im Zustand der Schwäche treffen und überwältigen würde, so wie England 1801 vor Kopenhagen in einem Überraschungscoup die gesamte dänische Flotte gekapert hatte. Aus der Distanz wirkt diese Angst nicht sehr begründet; aber seit 1904 sah man sich in Berlin durch Berichte über eine entsprechende Kriegshetze in England alarmiert. Während der ersten Marokkokrise glaubten Bülow und Wilhelm II., daß Admiral Fisher, der starke Mann der britischen Flottenpolitik, »Edward VII. beständig in den Ohren« läge, »er möge ihm erlauben, bevor es zu spät würde, die deutsche Flotte zu ›kopenhagenen‹«. Zugleich setzten die mit der Flottenrüstung verbundenen großen Ausgaben und überspannten Erwartungen die deutsche »Weltpolitik« unter Erfolgsdruck. Aber beide Marokkokrisen offenbarten, daß die Flotte der deutschen Politik nichts nützte, sondern dem Reich nur die Gegnerschaft Englands aufgehalst hatte. Dennoch wiederholte noch Kiderlen mehrmals das Bülowsche Lob der Langsamkeit bei deutsch-englischen Verhandlungen.[92] Zeitweise ertönte der Ruf, der Flottenbau müsse nun eben noch schneller vorangehen; aber Tirpitz war mit seinem Tempo längst an die Grenze des Möglichen gelangt. Da kippte die Stimmung um, und das Interesse der tonangebenden Kreise konzentrierte sich auf die Landrüstung.

Die Mentalität des Präventivkrieges und des »Je eher, desto besser« kam lange Zeit am meisten von der Heeresleitung. Das hing damit zusammen, daß diese im Gegensatz zu Tirpitz beim Ausbau ihrer Kapazität nicht das Prinzip des maximalen Tempos, sondern das der Bedächtigkeit praktizierte. Bis in die letzten Vorkriegsjahre widersetzte sich das Kriegsministerium aus Gründen des gesellschaftlichen Konservatismus drastischen Heeresvergrößerungen; denn diese hätten die Dominanz des Adels im Offizierskorps und der Bauernsöhne bei den Rekruten erschüttert. Aber dadurch drohte das deutsche Heer auf die Länge der Zeit von Frankreich und Rußland überflügelt zu werden; Friedensjahre wurden verlorene Jahre.

Dieses Zeitgefühl wurde durch andere Faktoren bestärkt. Die allgemeine Entwicklung der Waffentechnik erzeugte international eine Fixierung aufs Tempo. Solange Eisen und Blei teuer waren – also bis weit in das 19. Jahrhundert hinein –, überwog im preußischen Offizierskorps die Sorge, daß die Soldaten im Kriegsfall mit den Kugeln nicht sparsam genug umgingen. Aber seit der zweiten Jahrhunderthälfte galt das »Schnellfeuer« zunehmend als ein Weg zum Sieg. Auch bei militärischen Operationen wurde Schnelligkeit Trumpf, in einem Maße wie nie zuvor.[93] Wenn so viel am Tempo hing, dann war derjenige im Vorteil, der dem Angriff des Gegners zuvorkam. Der Schlieffenplan mit seiner gewaltigen Umfassungsbewegung, bei der die Geschwindigkeit alles war, begünstigte den Präventivkrieg, ja, erforderte ihn geradezu. Schlieffen ließ 1909 öffentlich erkennen, daß aus seiner Sicht die Zeit für Deutschlands Gegner arbeite: Schon durch ihre bloße Existenz zermürbe die Entente »das durch den Wirtschaftskampf und die Geschäftskrisen erschütterte deutsche Nervensystem«. Über die »Nerven« verwandelte sich die stürmische Entwicklung der deutschen Wirtschaft in eine Schwäche.

Zusammen mit dem Schlieffenplan verbreitete sich im deutschen Generalstab eine stark von der Eisenbahntechnik bestimmte Denkweise: Sehr viel Aufmerksamkeit konzentrierte sich darauf, wie man durch eine Verbesserung des technischen Systems der Offensive weitere Beschleunigungen erzielen konnte, und seien diese noch so gering; denn sie summierten sich – vorausgesetzt, alles ging ungestört – zu einem erheblichen Zeit- und Geländegewinn. Diese Tempomanie begünstigte bei der Heeresleitung eine zwanghafte Mentalität; denn man erzielte das vorgesehene Tempo nur dann, wenn alles genau so ablief wie geplant. Der jüngere Moltke drehte durch, wenn bei den Kaisermanövern unversehens Programmwidriges geschah. Er sagte von sich selber, er sei keine Spielernatur und habe »keine Neigung, auch nicht das Temperament zum Hasardieren« – er hielt Krieg nur aus, wenn dieser nach Plan verlief![94]

Es wirkt zunächst paradox, daß ausgerechnet dieser dünnhäutige Generalstabschef, der nach Kriegsbeginn als erster psychosomatisch zusammenbrach, in den Jahren davor mit besonderer Ungeduld auf Krieg drängte. Aber wenn man überzeugt war, daß der Krieg so oder so irgendwann kommen werde, dann wurde das ewige Warten besonders für labile Charaktere zur Qual und der Kriegsausbruch zur Erlösung von einer quälenden Spannung. Während der zweiten Marokkokrise klagte Moltke seiner Frau, er habe das Gefühl, »unentwegt auf Kohlen zu sitzen«. Die Kriegslust ähnelte ja darin der sexuellen Lust, daß sie nicht ständig in gleichmäßiger Stärke existierte, sondern an bestimmte Situationen und vergängliche Stimmungen gebunden war.[95] Besonders bei sensiblen Menschen mündete sie über kurz oder lang in einen nervösen Zustand, wenn man sie zum geeigneten Zeitpunkt nicht auslebte! Wenn sich ein zur Nervosität neigender Militärangehöriger zu lange des Krieges enthielt, mußte er Angst bekommen, im Ernstfall zu versagen.

Über viele Jahre hinweg standen die konträren Zeitperspektiven von Heer und Marine zusammenhanglos nebeneinander; Schlieffen und Tirpitz machten ihre Pläne, ohne sich miteinander zu koordinieren. Auf die Politik dagegen wirkten beide Tempora ein: zunächst vorwiegend latent, dann jedoch desto offener, je konkreter sich die Kriegsfrage stellte. Schon aus dieser Tempodiskrepanz erklärte sich ein nervöser Zug der wilhelminischen Politik. Auf dem sogenannten Kriegsrat des Kaisers am 8. Dezember 1912, bei dem Moltke und Tirpitz beide zugegen waren, kam es zur offenen Kollision zwischen den unterschiedlichen Tempoanforderungen an die Politik. Moltke erklärte unverblümt: »Ich halte einen Krieg für unvermeidbar und je eher desto besser.« »Tirpitz macht darauf aufmerksam, daß die Marine gern das Hinausschieben des großen Kampfes um 1½ Jahre sehen würde. Moltke sagt, die Marine würde auch dann nicht fertig sein ...«[96] Natürlich hatte er recht; und er hätte hinzufügen können, daß der Stand der deutschen Flottenrüstung gegenüber England stets Grund geben würde, den Krieg zu verschieben. Denn der Zeitpunkt, wo Deutschland dem britischen Empire zur See überlegen wäre, würde niemals kommen.

Damals meinten auch viele Alldeutsche, jedes weitere Jahr des friedlichen Status quo sei für Deutschland eine Schande. Ein exemplarischer Zusammenprall entgegengesetzter Einstellungen zur Zeit geschah im September 1911 in einem internen Streitgespräch zwischen Claß und Stinnes. Der Mülheimer Konzernherr lebte ganz in dem Bewußtsein, daß die Zeit für ihn und damit auch für Deutschland arbeite. Er war »vollkommen ruhig«, als er dem Führer der Alldeutschen auseinandersetzte, daß es nicht auf die »äußerlich sichtbaren Machtmittel«, sondern auf die wirtschaftliche Macht ankomme. »Und sehen Sie, was das heißt, wenn ich langsam aber sicher mir die Aktienmehrheit von dem oder jenem Unternehmen erwerbe, wenn ich nach und nach die Kohlenversorgung Italiens immer mehr an mich bringe, wenn ich in Schweden und Spanien wegen der notwendigen Erze unauffällig Fuß fasse, ja mich in der Normandie festsetze – lassen Sie noch 3–4 Jahre ruhiger Entwicklung, und Deutschland ist der unbestrittene wirtschaftliche Herr in Europa. ... Also 3 oder 4 Jahre Frieden, und ich, ich sichere die deutsche Vorherrschaft in Europa im Stillen.« Die Überzeugung, daß Deutschlands wirtschaftlicher Aufstieg unaufhaltsam sei, wenn man ihn nur ruhig gewähren lasse, war auch aus heutiger Sicht wohlbegründet, sogar noch mehr, als man damals ahnte. Claß jedoch referiert Stinnes ausführlich, ohne auch nur auf die Idee zu kommen, daß er recht haben könne. »Es war mir wahrhaft fürchterlich, einen solchen Mann in derartigen Wahnvorstellungen befangen zu sehen.« Für den Alldeutschen besaß die bloße Wirtschaftsmacht bei nationalen Konflikten keine Kraft, solange hinter ihr keine politische und militärische Macht stand. Mehr noch: Er war wie viele andere Deutsche nur sehr eingeschränkt in der Lage, den wirtschaftlichen Aufstieg Deutschlands als Kraftzuwachs zu erleben; denn mit der wirtschaftlichen Dynamik wuchsen der »Kampf ums Dasein«, der »nackte Materialismus« und die egoistische Genußsucht. Für »grundfalsch« erklärte Claß im »Kaiserbuch« »die Ansicht mancher sog. Staatsmänner, daß jeder gewonnene Tag unser Freund sei, weil wir von selbst stärker würden«. Grundfalsch warum? Claß liefert kein schlagendes Gegenargument. Er verwirft die zeitfreundliche Ansicht vor allem als demoralisierend, weil sie »das lebende Geschlecht zur Untätigkeit« verurteile und in unbefriedigter Unruhe lasse, »bis die berühmte ›Arbeit der Zeit‹ für uns entschieden hat«. Noch Hitler geriet über das Stinnes-Konzept der »›wirtschaftsfriedlichen‹ Eroberung der Welt« in Zorn: So verwandt der Ehrgeiz eines Stinnes den NS-Ambitionen war, so wirkte er doch in manchen Situationen wie ihr gefährlichster Konkurrent.[97]

Ähnlich wie Stinnes dachte der Bankier Warburg. Am 21. Juni 1914 – eine Woche vor dem Attentat von Sarajewo – hatte er ein langes Gespräch unter vier Augen mit Wilhelm II., der ihm »nervöser als sonst« vorkam. Bestürzt erkannte der Bankier, daß der Kaiser im Gedanken an russische Kriegsrüstung erwog, »ob es nicht besser wäre, loszuschlagen, anstatt zu warten«. »Ich erwiderte, daß ich die Dinge doch anders sähe. Deutschland werde mit jedem Jahr des Friedens stärker. Abwarten könne uns nur Gewinn bringen.« Dagegen entwarf ausgerechnet Walther Rathenau, nach 1918 als »Erfüllungspolitiker« der liberale Gegenspieler von Hugo Stinnes, 1913 ein alarmierendes Bild von der drängenden Zeit. »Die letzten hundert Jahre bedeuteten die Aufteilung der Welt. Wehe uns, daß wir so gut wie nichts genommen und bekommen haben!« Anders als Stinnes setzte er voraus, daß Deutschland sich Rohstoffe in der Welt nur durch politische Kontrolle, nicht durch bloßen Aktienerwerb sichern könne. Es ist bezeichnend, daß ihm – sehr im Unterschied zu Stinnes – seine wirtschaftliche Macht kein befriedigendes Selbstgefühl verschaffte. 1912 schrieb er, »moderne Kriege« seien »im Völkerleben das gleiche, was Examina im bürgerlichen Leben sind, Befähigungsnachweise«. So gesehen, besaß der Aufschub des Krieges etwas von Drückebergerei, und die Nervosität im Gedanken an den Krieg war nur durch den Krieg selbst zu überwinden![98]

Der Julikrise 1914 ging ein direkter Temporalkonflikt zwischen Regierung und nationalistischer Opposition voraus. Im März 1914 verteidigte Bethmann seine in Sachen Krieg immer noch abwartende Politik gegenüber der Kriegstreiberei eines Bernhardi mit einem anonymen Artikel: »Ist die Zeit für uns oder gegen uns?« Riezler rechtfertigte damals – ebenfalls anonym – diese auf Zeit spielende Strategie als einen dem derzeitigen Gang der Welt angepaßten Stil: »Wir leben in einer Zeit der Geduld und des Aufschubs. ... An den Bewegungen, die ausgeführt werden, haftet eine gewisse Langsamkeit und Weichheit. ... Alle Staaten haben sich mit größerem oder geringerem Geschick dieser Methode langsamer und leiser Bewegungen bemächtigt.« Der Nationalismus allerdings sei »seiner Natur nach nicht nur unersättlich, sondern auch ungeduldig«. Bethmann argumentierte noch im April 1914, Friedenszeit sei für Deutschland gewonnene Zeit; denn die deutsche Wirtschaftskraft sei so groß, daß das Reich in zehn bis fünfzehn Friedensjahren alle anderen Nationen überholen werde. Dennoch schwenkte er in seinem Verhältnis zur Zeit während der Julikrise 1914 auf die Linie seiner bisherigen Kritiker ein. Maßgebend bei dieser Kehrtwende war vor allem seine wachsende Furcht vor dem Zarenreich: »Die Zukunft gehört Rußland, das wächst und wächst und sich als immer schwererer Alb auf uns legt.« Später bekannte er unter vier Augen über seinen Kriegsentschluß: »Ja, Gott, in gewissem Sinne war es ein Präventivkrieg. Aber wenn der Krieg doch über uns hing, wenn er in zwei Jahren noch viel gefährlicher und unentrinnbarer gekommen wäre und wenn die Militärs sagen, jetzt ist es noch möglich, ohne zu unterliegen, in zwei Jahren nicht mehr! Ja, die Militärs!«[99]

»Jetzt oder nie!« schrieb damals auch Wilhelm II., allerdings lediglich im Blick auf die »Abrechnung« mit Serbien; und er desavouierte seinen Wiener Botschafter Tschirschky, der »vor übereilten Schritten« gewarnt hatte. Über das »Jetzt oder nie« und »Je früher, desto besser« entstand damals sofort ein Konsens in der politischen und militärischen Leitung des Reiches; die Atmosphäre war reif für ein allgemeines Einschwenken auf die Kurzzeitperspektive. Nun allerdings stieß Berlin auf das langsamere Tempo der Österreicher, die bis zu dem Ultimatum an Serbien über drei Wochen brauchten, obwohl Tschirschky drängte und drängte. Die deutsche Ungeduld ist nicht unverständlich: Der österreichische Angriff auf Serbien hätte, wäre er schneller erfolgt, als Spontanreaktion auf das Attentat glaubwürdiger gewirkt und wäre möglicherweise nicht gleich auf eine geschlossene Front der Alliierten gestoßen. In dieser heiklen Situation verlegte sich die deutsche Regierung darauf, gegenüber dem Ausland gleichsam ein Antinervositätstheater zu inszenieren, so als ob sich ein politischer Konflikt im Stil der Nerventherapie bereinigen ließe: Der Kaiser, Moltke, Tirpitz, der Kriegsminister Falkenhayn – alle fuhren sie in den Urlaub oder blieben dort, wenn sie schon gefahren waren. Mit Hinweis darauf betonte das Auswärtige Amt gegenüber den Vertretern der anderen Mächte, daß es die Lage »ohne jede Nervosität ansehe«.[100] Diese Demonstration der Gelassenheit zielte darauf, das Ausland von Kriegsvorbereitungen abzuhalten und dem Reich bei der Offensive einen zeitlichen Vorsprung zu wahren; um so mehr allerdings wirkte hernach der deutsche Angriff als kalkulierte Aktion und nicht mehr als bloße Bestrafung Serbiens.

Der unheimlichen Ruhe bis zum österreichischen Ultimatum am 23. Juli folgte ein rasendes Tempo der Ereignisse. Wie sich zeigte, hatte die Zeit der Ruhe vor allem den Kaiser beeindruckt, der auf seiner Nordlandreise aus seiner »Jetzt-oder-nie«-Stimmung herausgekommen war und sich über die serbische Antwort auf das Ultimatum zufrieden zeigte. Aber über Jahrzehnte hinweg hatte sich ein allgemeiner Horror vor der nervös-schwankenden Zickzackpolitik angesammelt; jetzt war der Punkt erreicht, wo selbst der Kaiser das Steuer nicht mehr herumwerfen konnte. Als sich dann definitiv herausstellte, was man längst wußte und doch nicht hatte ernst nehmen wollen: daß man auch gegen England würde kämpfen müssen, fand man in Berlin keine Zeit mehr, diese Situation im Hinblick auf eine etwaige Veränderung der Politik zu durchdenken. Das Tempo war zu einem politischen Faktor eigener Art geworden.[101] Wie beim Autofahren durch hohes Tempo eine Art Rausch entsteht, der das Gefühl für die Gefahr vermindert, so entstand auch in der Berliner Hektik Ende 1914 eine Stimmung, in der man fast gleichmütig eine Kriegserklärung nach der anderen hinnahm, um nun in *einem* großen Kraftakt alle Weltmachtträume auf einmal zu verwirklichen.

Nervosität entsteht nicht unbedingt durch ein rasches Tempo, sondern oft auch durch Verlangsamung; besonders unangenehm wird sie dann, wenn ein gewohntes Tempo verändert wird oder mehrere Geschwindigkeiten einander überlagern. Die wilhelminische Nervosität erklärt sich daher teilweise daraus, daß die Außen- und Rüstungspolitik konträren Tempoimpulsen ausgesetzt wurde; es war eine Diskrepanz und eine Problematisierung des Tempos, wie sie bis dahin in der deutschen Geschichte ohne Beispiel war – noch dazu in einer Zeit, als das Tempo für viele zugleich ein persönliches Problem war. In dieser Hinsicht entstand durch den Kriegsentschluß zunächst eine trügerische Ruhe. Jetzt hatten die Deutschen wieder ein gemeinsames Verhältnis zur Zeit. »Je eher, desto besser« und »Die Zeit arbeitet für uns«: beides lief jetzt auf das gleiche hinaus. Wie der Pazifist Hellmuth von Gerlach nach dem Krieg in Erinnerung rief, klammerte man sich »mit fast abergläubischer Zähigkeit« »an zwei von den militärischen Autoritäten gesprochene Worte: ›Die Zeit arbeitet für uns‹ und ›Wer die Nerven am längsten behält, wird siegen!‹«[102] Vertrauen auf die Zeit und Vertrauen auf die Nerven: Nun schien man auf einmal beides zu haben! Wenn sich diese Wende ausgerechnet im Krieg vollzog, so erklärt sich das als nachträglicher Reflex des »nervösen Zeitalters«.

Neugier und Scheu vor dem Medusenhaupt: Die Nervosität im Verhältnis zum Krieg

EINES DER SPANNENDSTEN Probleme zum Kriegsausbruch 1914 geriet in den Kontroversen der Historiker meist zwischen die Fronten: Wie war es möglich, daß über eine scheinbar so präzise Frage wie die nach dem deutschen Kriegswillen so gewaltige und nicht endende Zitatenschlachten geführt werden konnten? Wie erklärt es sich, daß beide Seiten so viele Belege ins Feld führen konnten: sowohl die, die bei der Reichsregierung eine offensive, als auch die anderen, die bei ihr eine defensive Grundhaltung behaupteten?

Der Grundfehler bestand offenbar in der Prämisse, es habe an der Spitze des Reiches zu einer derart schicksalsschweren Frage eine klare Linie geben müssen. Der große Krieg war jedoch ein Thema, bei dem es sensiblen Naturen schwerfiel, klipp und klar Stellung zu beziehen und diese Position über die Länge der Zeit konsequent durchzuhalten. Bülow verglich den Krieg ganz treffend mit dem »Haupt der Medusa«, dem »schrecklich blickenden Gorgonenhaupt«, vor dem der Mensch, um nicht zu erstarren, sein Antlitz verhüllt: Selbst der Kaiser und sein Generalstabschef seien 1914 bei dessen Anblick erschauert. In der Tat, sogar Moltke, der den Krieg lieber früher als später wollte, trug in seinem Innern nicht nur ein lustbetontes, sondern auch ein furchteinflößendes Kriegsbild; 1905 sprach er von der »drohenden Brandfackel eines allgemeinen europäischen Mordkrieges«, »an dessen Greuel man nur mit Schauder denken kann«.[103] Charakteristisch für die deutschen Führungskreise sind nicht so sehr feste Positionen in Sachen Krieg, sondern eher ein wechselndes Rollenspiel: Zeigte sich der eine besorgt, ergriff der andere die Gelegenheit, um den Mutigen zu spielen. Da die meisten *beide* Einstellungen in sich trugen, fiel dieses Rollenspiel nicht schwer. Daran lag es auch, daß viele deutsche Vorkriegspolitiker nach 1918 aus halbwegs ehrlicher Überzeugung behaupten konnten, sie hätten diesen Krieg nicht gewollt: Zwischendurch hatten sie vor 1914 tatsächlich besorgte Stimmungen gehabt und manchmal sogar aktenkundig gemacht.

Oder handelt es sich bei jenen Bekenntnissen zum Frieden, die auch vor 1914 nicht fehlten, mehr um bloße Anstandsgesten, die man nicht überbewerten darf? Damals blickte man auf die kurzen und siegreichen Bismarck-Kriege, die in den Gemälden eines Anton von Werner weit erhebender aussahen, als sie in Wirklichkeit waren. Michael Salewski hält die »mentale Struktur« der Kriegsbilder in den Jahrzehnten vor 1914 für »ziemlich einsichtig«: Zuerst überwogen die abschreckenden Erinnerungen; »die Realität des Krieges war noch lebendig«. Ungefähr ab 1890 machten diese jedoch den »verklärten kriegerischen Illusionen« Platz. Aber so glatt war die zeitliche Aufeinanderfolge oft nicht; in der Psyche vieler Menschen bestanden mehrere Kriegsbilder nebeneinander. Außerdem wurde das Bild vom Krieg nach 1900 nicht nur von Erinnerungen, sondern auch von Zukunftsvisionen bestimmt, und die waren häufig furchteinflößend. Dem Weltkrieg ging eine »wahre Flut von Kriegsliteratur« voraus, die teilweise schon den Anfängen der Science-fiction zuzurechnen ist und Schlachtenbilder der Zukunft malte, die – so ein Rückblick von 1914 – »tausendmal gräßlicher sind als die, die frühere Kriege uns zeigten«. Daß die technische Revolution das Grauen des Krieges erhöhen würde, sahen viele klar voraus.[104]

Die Verwirrung von vergoldeter Kriegserinnerung und grausiger Vision brachte in das Verhältnis zum Krieg ein Element von permanenter Vibration. Auch in dieser Hinsicht war Wilhelm II. die Verkörperung seiner Zeit. Während der Bismarck-Kriege war er noch ein Kind gewesen, und eine kindliche Bilderbuch- und Bleisoldaten-Vorstellung vom Krieg drang bei ihm, der sich im Lauf des Lebens so wenig entwickelte, immer wieder durch. Selbst ein Kriegstreiber wie Waldersee reagierte 1887 auf den martialischen Eifer Wilhelms mit leichter Ironie: »Prinz Wilhelm ist natürlich sehr kriegslustig und bedauert, daß es jetzt etwas friedlicher auszusehen scheint.«

Als Kaiser machte er sich berüchtigt durch sein verbales Säbelrasseln: von der »schimmernden Wehr« und dem »Pulver trocken halten« bis zur »gepanzerten Faust« und dem »Pardon wird nicht gegeben«. Nie ließ er einen Zweifel daran, daß der Waffengang für ihn ein ehrenwerter und ruhmreicher Akt war. In seiner Phantasie neigte er zu Grausamkeiten. Dennoch waren sehr viele Zeitgenossen davon überzeugt, daß der Kaiser im Grunde seines Herzens ein friedlicher Mensch sei; diese Überzeugung reichte von den Alldeutschen, die sich darüber ärgerten, bis zu den Pazifisten und vielen ausländischen Beobachtern.[105]

Hält man sich nur an die Worte des Kaisers und insbesondere an die öffentlichen Reden, bleibt der verbreitete Glaube an seine Friedensliebe ein Rätsel. Aber von seinem ganzen Verhalten her fiel Wilhelm II. damals in die Kategorie der Nervösen; und daher traute man ihm einen Kriegswillen nicht zu.

Aber nicht alles an diesem Bild des Kaisers ist Projektion; noch aus heutiger Sicht bleibt bestehen, daß sich Wilhelm II. gegenüber dem Krieg in seinen Taten weit zögernder verhielt als in seinen martialischen Reden und Marginalien. Selbst Fritz Fischer meint entgegen der Gesamttendenz seiner eigenen Darstellung, daß Wilhelm »vor den Konsequenzen eines deutschen Angriffskrieges« zurückschreckte. Die bestens informierte Baronin Spitzemberg traute dem Kaiser 1910 »nicht für einen Groschen Mut zu, wenn es ans Schießen geht«; während der zweiten Marokkokrise notierte sie, »alle« hielten Wilhelm II. für im Grunde »feige«.[106]

Aber Nervosität im Sinne von ängstlicher Unentschlossenheit ist nicht unbedingt, wie im »nervösen Zeitalter« viele glaubten, ein Dauerzustand und eine durch das Nervensystem bedingte Konstitution. Wilhelm II. war in Wirklichkeit wohl nicht so friedensfreundlich, wie Freunde und Kritiker meinten, und er war durchaus in der Lage, auf den Verdacht der Feigheit heftig zu reagieren. Man muß aus dem Rückblick fragen, ob nicht der Glaube, daß er im Ernstfall stets zurückstecken werde, ein verhängnisvolles Mißverständnis seiner »Nervosität« war, und ob sich nicht manche Politiker der Entente, hätten sie dies erkannt, in den Marokkokrisen anders verhalten und der deutschen Regierung begrenzte Erfolge gegönnt hätten, mit denen diese besser ihr Gesicht hätte wahren können.

Von einem Erfolg in Marokko soviel zu erwarten: hieße das, die im Militarismus der wilhelminischen Gesellschaft strukturell verankerte Kriegsgefahr zu verkennen? Aber es ist zweifelhaft, ob dieser Militarismus in sich bereits eine Tendenz zum großen Krieg enthielt. Das nachfriderizianische Preußen war mehrere Generationen lang keineswegs kriegslustig. Wenn das Heer seinen Sinn schon als Stabilisator im Innern fand, brauchte es nicht unbedingt eine Sinngebung durch äußere Kriege. Die immer haßerfülltere Opposition alldeutscher Kreise gegen die aus ihrer Sicht zu »schlappe« Politik der Regierung hatte durchaus ihren Grund: Ein konkreter Kriegswille – nämlich eine Bereitschaft zum Angriff bei der nächstgünstigen Gelegenheit – war bei der kaiserlichen Regierung, soweit sich heute erkennen läßt, die längste Zeit tatsächlich nicht vorhanden; erst die allgemeine Unzufriedenheit mit dem Ausgang der zweiten Marokkokrise brachte die Wende. Selbst in der Darstellung Fritz Fischers entsteht ein kriegerischer Konsens erst in den allerletzten Jahren vor 1914; Bethmann Hollweg hielt den Krieg frühestens ab 1913 für unvermeidlich.[107] Daraus geht hervor, daß die Entfesselung des Weltkriegs ein stark situatives Element enthielt und nicht unbedingt in der Tiefe der Strukturen des wilhelminischen Deutschland verankert war. Auch in der Wehlerschen Darstellung geben die kaiserlich-deutschen Gesellschaftsstrukturen als solche nur den Stoff für eine in der Grundhaltung defensive, nicht wirklich angriffslustige Kriegsmentalität.

Oder reicht die deutsche Kriegsentschlossenheit doch schon in die Blütezeit des Wilhelminismus zurück: in die Ära der Bülowschen »Weltpolitik«? Enthielt die Bülowsche Heiterkeit ein Element von Kriegslust? Im Krieg von 1870 war er ein einziges Mal in einen Nahkampf geraten und hatte einen Franzosen erschlagen. In seinen Memoiren beschreibt er genüßlich, wie er den Morgen vor dem Kampf mit einer schönen Französin im Heu verbrachte. »Unsere Nerven waren aufgepeitscht« – die Nerven als Entschuldigung! Für einen kaiserlich-deutschen Reichskanzler ist die Offenherzigkeit erstaunlich; Bülows Mitteilungsbedürfnis war bei dieser Erinnerungsklimax einfach zu groß. Das war eben der Traum des Kriegers: die bruchlose Einheit von Liebe und Kampf, von Triumph im Bett und auf dem Schlachtfeld. Er schildert, wie vorher seine Regimentskameraden, die in der Zeit von Sedan noch nicht zum Kämpfen gekommen waren, nach dem »frischen und fröhlichen Schädelspalten« verlangten und gibt diese Stilblüte als Zitat aus Goethes »Faust« aus, während es sich in Wirklichkeit um ein Bülowsches Zitatenkonglomerat handelt![108]

Aber transformierte sich die Bülowsche Art der Kriegslust jemals in einen aktuellen Kriegswillen? Der bayerische General Graf Montgelas, der in der Gegenattacke auf die Bülow-Memoiren nachweisen will, daß Bülow sich im Juli 1914 nicht vorsichtiger verhalten hätte als Bethmann, zitiert einen Bülow-Brief von 1913, in dem dieser eine »männliche und mutige Politik« fordert. Aber im gleichen Satz behauptete Bülow, daß die »Chancen gegen einen großen Krieg«, die gegenwärtig »wie 9:1« (sic!) stünden, dann »wie 99:1 stehen« würden! Das heißt im Klartext: Deutschland muß nur überzeugender mit Kriegsbereitschaft bluffen, damit es seine Ziele auf friedlichem Wege erreicht. Wie Holstein 1906 an Bülow schrieb: »Wir stehen mehr als je im Zeitalter des Bluffs, aber zum äußersten wird keiner schreiten.« Ein Herausgeber von Bülow-Briefen glaubt, »mit allem Nachdruck« behaupten zu können, daß Bülow »mit absoluter Sicherheit den Weltkrieg verhindert« hätte; und dennoch: Das »Gespenst des Krieges« stehe hinter sehr vielen Bülow-Schriftstücken, und stets erkenne man »ein prickelndes Spiel mit dem Kriege, wie man etwa mit einer ungeheuren Gefahr spielt, obwohl oder gerade weil man diese scheut und vor ihr zurückschreckt«. Gerade wenn Bülow von den Nerven und der Nervosität spricht, steht am Horizont oft der Krieg.[109]

Während der Marokkokrise von 1905 meinten weite Kreise, »Bülow wolle den Krieg«. Die Baronin Spitzemberg allerdings war überzeugt, das könne nicht stimmen; »denn Bülow will sicher den Krieg nicht, kann ihn nicht wollen, seiner ganzen Persönlichkeit nach«. 1910, nach seinem Rücktritt, versicherte er intern, daß er es bei der Bosnienkrise im Winter 1908/09 »auf Krieg (habe) ankommen lassen«. Aber es ist unwahrscheinlich, daß er damals ernsthaft mit der Möglichkeit eines Krieges rechnete. Wenn er 1916 bekannte, er habe sogar noch vor zwei Jahren nicht geglaubt, daß er selbst noch einmal »das deutsche Volk in allem dem Glanze seiner alten Krieger- und Siegerherrlichkeit« sehen werde, so gibt es keinen Grund, an diesem Eingeständnis mangelnder Voraussicht zu zweifeln. Karl von Einem, unter Bülow preußischer Kriegsminister, gab es 1929 dem Reichsarchiv schriftlich, daß Bülow als Kanzler vor dem Reichstag »niemals« eine »Bedrohung Deutschlands anerkannt« habe. Mochte seine heitere Ruhe manchmal gespielt sein, so besaß sie doch einen echten Kern; und es hatte seinen Grund, wenn er die von Phobien besessenen Alldeutschen zur Weißglut brachte. Winzen behauptet bei Bülow einen »Primat der Rüstungspolitik«; im Widerspruch dazu steht jedoch die Tatsache, daß dieser Kanzler sich die längste Zeit um Belange der Armee nur wenig kümmerte.[110]

Wieweit glaubten die politischen Meinungsführer vor 1914 ernsthaft, daß ein künftiger Krieg so rasch zu einem deutschen Sieg führen werde wie der Krieg von 1870? Bethmann Hollweg und Riezler teilten solche Illusionen gewiß nicht. Aber selbst ein Kriegsfanatiker wie Heinrich Claß machte sich in diesem Punkt nicht viel vor: »Was uns bevorsteht, ist ja kein kurzer Kampf mit leichtem Niederwerfen des Gegners, sondern ein schwerer Schlag gegen eine wahrscheinlich bedeutende Übermacht der Feinde, der die ganze Kraft des deutschen Volkes in Anspruch nehmen wird.« Und es sei durchaus möglich, daß Deutschland in den ersten Waffengängen besiegt werde. Das alldeutsche Kriegsbild war eine Mischung aus hartem Realismus und euphorischer Erwartung; der Krieg war Apokalypse sowohl im Sinne von Katastrophe als auch von endlicher Erlösung. Der moderne Krieg sei so »mörderisch« und die »Zerstörungsmittel«so»furchtbar«, daß eine Hoffnung auf Sieg nur dann bestehe, wenn das ganze Heer bis zum letzten Soldaten entschlossen sei, »unter allen Umständen zu siegen oder zu sterben«, verkündete General Keim als Vorsitzender des Wehrvereins. Auch Bernhardi, der sich nicht darauf verließ, daß der Schlieffenplan funktionierte, schildert den künftigen Krieg manchmal wie einen Verzweiflungskampf, den nur ein Feldherr mit »eisernen Nerven« durchstehen könne.[111] Im »Zeitalter der Nervosität« enthielt der Ruf nach »Nerven« einen Unterton von Angst!

Daher findet man bei vielen Politikern und Publizisten jener Zeit die Manier, das Thema »Krieg« möglichst nicht im Klartext, sondern nur verhüllt anzusprechen, und auch dann, wenn man doch darauf kam, vom Krieg als von einer nationalen Notwendigkeit zu reden und nicht als von einem willkürlichen Akt, für den man sich aus freien Stücken entschied. Fühlten sogar jene Kriegstreiber, die aus dem Krieg einen völkischen Jungbrunnen machten, die Blicke der Krüppel und Kriegerwitwen auf sich gerichtet, wenn sie selbst die Verantwortung für den Kriegsentschluß übernahmen? Das Verhältnis der Gesellschaft zum Krieg besaß damals ähnlich wie das zur Sexualität ein Element struktureller Nervosität. Wie Salewski an der Literatur beobachtet, durchzieht die Jahrzehnte vor 1914 »eine ungeheure, monströse Neugier auf den Krieg«; aber diese Neugier zuckt immer wieder zurück, sobald sie sich zur Tat anschickt: So ging es jedenfalls lange Zeit. »Wir rüsten, als wollten wir nächsten Donnerstag die Welt erobern, und sagen morgens, mittags, abends, daß wir des Friedens friedlichste Wächter sind«, höhnte Harden 1908. Wohlgemerkt: Er war damals ein entschiedener Verfechter der Aufrüstung. Meinte er, die Deutschen sollten sich ruhig eingestehen, daß sie die Welt erobern wollten, und zwar bald? Aber Harden dachte nicht daran, Derartiges offen auszusprechen; erst nach Kriegsausbruch 1914 tobte er in wilder Kampfeswut. An der Spitze derer, die sich schon vor 1914 in brutaler Offenheit zu ihrem Kriegswillen bekannten, stand Friedrich von Bernhardi. Aber selbst er versichert, »wir« wünschten »alle, unsere heutige Stellung in der Welt ohne Kampf behaupten zu können«.[112]

Noch stärker findet man in der regierungsnahen Publizistik eine tiefe Hemmung, zu der eigenen Kriegsbereitschaft offen zu stehen, auch wenn diese sich fast zwangsläufig aus den gesetzten Zielen ergab. 1912 verkündete Hans Delbrück in einer Polemik gegen »deutsche Ängstlichkeit«, man möge sich doch nunmehr klar darüber werden, daß die deutsche Flotte nicht nur zum Schutz des Handels da sei, sondern »uns auch den gebührenden Anteil an jener Weltherrschaft verschaffen« solle, »die das Wesen der Menschheit und ihre höhere Bestimmung den Kulturvölkern zuweist«. Aber dann konnte er wieder so friedlich reden, daß

Bülow ihn als »ausgesprochenen Pazifisten« charakterisierte! Bülow, für den Delbrück ohnehin ein Träumer und »Hans Taps« war, nahm seine martialischen Töne nicht ernst. Riezler bezeichnete den Krieg noch eine Woche vor dessen Ausbruch als das »Unaussprechliche«, so als sei es obszön, von Krieg im Klartext zu reden. Der alldeutsche Publizist Liebig, der Enkel des Chemikers, karikierte den Aktionsstil des von ihm so genannten »B-Systems« (Bethmann-Systems) in folgender Weise: »Mit erhobener Faust geht der B-Systemmann auf den Gegner los (Agadir). Dann stößt er auf Widerstand und nun läuft er was er kann davon, bis seine Gegner die Verfolgung aufgeben. Dann dreht er sich wieder um und schüttelt mutig die erhobene Faust.«[113]

Besonders krampfhaft war der verbale Eiertanz um das kriegerische Ziel bei der Flottenpolitik. Sie hatte nur dann einen Sinn, wenn man Krieg wollte; denn mit England im Frieden leben hätte man am besten ohne Kriegsflotte gekonnt. Aber selbst intern hatte man Hemmungen dagegen, einem Seekrieg mit dem Empire ins Auge zu sehen. Sogar Bernhardi bekannte unverblümt, das könne der »Selbstmord« der deutschen Flotte sein. Die Seeschlacht war überhaupt die »gewaltigste Nervenprobe«: Nirgends war die Aussicht auf den eigenen Tod so konkret wie da, wo es auf beiden Seiten nicht um Geländegewinn, sondern nur um Vernichtung ging. Der Ex-Pfarrer Naumann, ein hemmungsloser Flottenschwärmer, orakelte, ihm wäre, als höre er »Jesus sprechen«: »geht hin, baut die Schiffe und bittet Gott, daß Ihr sie nicht braucht«.[114]

Die Unklarheit darüber, wieweit der Friedens- oder der Kriegswille ernst gemeint war, erhöhte sich dadurch, daß nicht nur Bekenntnisse zum Frieden zum guten Ton gehörten, sondern auch der Bluff mit der Kriegsentschlossenheit in Mode kam. In einer internen Aufzeichnung entrüstete Eulenburg sich im April 1912 darüber, daß Deutschland zwar auf den Krieg zusteuere, diesen Weg aber nicht offen und ehrlich beschreite.[115] Dieses Versteckspiel machte einen klaren politischen Entscheidungsprozeß in Sachen Krieg unmöglich und bietet auch die Lösung des Rätsels, wieso Deutschland einen Weltkrieg entfesselte, ohne ihn wirtschaftlich vorbereitet zu haben.

Fritz Fischer vertritt die Auffassung, der Weltkrieg sei ganz einfach deshalb ausgebrochen, weil Deutschland ihn gewollt habe. Nun verbinden sich jedoch – wie wir gesehen haben – mit dem »Willen« keineswegs eindeutige Vorstellungen. Um was für eine Art von Willen handelte es sich 1914? Von damals bis heute stößt man immer wieder auf das Argument, die deutschen Entscheidungsträger jener Zeit könnten den Krieg schon deshalb nicht gewollt haben, weil sie zu nervös gewesen seien: selbst bei solchen Autoren, die keine apologetische Absicht hegten, für die sie die »Nervosität« als Hilfskonstruktion gebraucht hätten. Arthur Rosenberg schreibt ganz in der Art von Bülow, Wilhelm II. sei »viel zu nervös« gewesen, um sich die »grauenhafte Last« eines Weltkrieges zu wünschen; etwas Ähnliches gelte für den Generalstabschef Moltke. Sogar der streitbare Pazifist Hellmut von Gerlach war sicher, daß die deutsche Regierung »nicht kriegslustig« gewesen sei: Bethmann, so Gerlach, »war keine Energie«.[116] Hatte man nach 1918 vergessen, daß zur Nervosität auch die Reizbarkeit gehört und die Sehnsucht, sich der eigenen Energie zu vergewissern? Aber nach der Niederlage konnte man offenbar nur noch die sorgenvolle, nicht mehr die begehrliche Seite der politischen Vorkriegsnervosität nachempfinden. Die Welt vor 1914 erschien nun als verlorenes Paradies; fast vergaß man, wie unzufrieden sich viele in dieser Welt gefühlt hatten!

Nicht die Angst allein, sondern die Mischung von Angst und Begierde verursacht die heftigste Nervosität, nämlich ein Hin und Her zwischen widersprüchlichen Impulsen. Das ist der Grund, weshalb der Sexus damals von so viel Nervosität umgeben war; und aus dem gleichen Grund war der Gedanke an den künftigen Krieg eine Quelle von nervöser Spannung. Der Zustand der Angstlust – innen- wie außenpolitisch – war bei manchen Alldeutschen besonders extrem. »Überall Unsicherheit, überall Schwäche, überall Angst, Angst, Angst!« heißt es in einer alldeutschen Broschüre von 1913. Angst wovor? »Unser Volk geht mit Riesenschritten zurück, die geistige Leistung wird nicht mehr gewertet, wie sie es verdient, das Männliche findet keine Schätzung mehr, das Weib reißt uns die Herrschaft aus den Händen, die Kinder verlieren die Achtung vor uns, unreife Sozialdemokraten triumphieren in unseren Parlamenten.« Den Autor treibt jedoch nicht nur die Angst, sondern auch die Begierde: »Wir verlangen Ellbogenfreiheit für die teutonische Rasse..., Raum zum Herrschen, uns gelüstet nach fröhlichem Waffenspiel. ... Den Engländern die Weltherrschaft zu entreißen, dünkt uns ein Ziel, des Schweißes der Edlen wert.«[117] »Fröhliches Waffenspiel«: Auch eine derart groteske Verniedlichung des kommenden Krieges gab es in alldeutschen Kreisen; vielleicht am meisten dort, wo die Phobie sich auf ganz andere Schreckbilder fixierte.

Es gab einen Ausweg aus der Neurasthenie, der in den Therapielehren nicht vorkam: die Flucht in die Paranoia, in den Verfolgungs- und Größenwahn, in die manische Selbstüberschätzung. Alfred Grotjahn bringt diese Einsicht offenherzig als eigene Kindheitserfahrung: »Was mich, das nervöse Kind in einer nervösen häuslichen Umwelt, erhielt und rettete, war der unzweifelhafte paranoide Einschlag, der sich in der Kindheit als ... nicht auszuprügelnder Eigensinn, später als hartnäckiges

Festhalten an einem einmal ins Auge gefaßten Ziele offenbarte.«[118] Auf analoge Weise retteten sich die Alldeutschen aus der politischen Neurasthenie. Die Vorfreude auf das »fröhliche Waffenspiel« eines kommenden Weltkrieges war im Jahr 1913 paranoid; denn auch ein Alldeutscher konnte damals wissen, daß ein künftiger Krieg der Großmächte eine tiefernste Angelegenheit sein würde.

Das nervöse Schwanken gegenüber dem Krieg steigerte sich nur ganz selten zu einer therapiebedürftigen Neurasthenie: Dazu war die Flucht in die politische Paranoia der Kriegslust vor 1914 zu leicht. Wenn man erwartet, in den Akten der ängstlichen Neurastheniker häufig auf Kriegssorgen zu stoßen, wird man enttäuscht: Diese begegnen auffallend selten. Bei den Vorkriegsneurasthenikern war die Angst vor den Folgen der Onanie unendlich viel größer als die Angst vor Krieg; das zeigen die Akten ganz klar. Ähnlich wie in der Politik verdrängte das Phantom die reale Gefahr.

Es gibt einige wenige Gegenbeispiele: so einen Rittmeister, Jahrgang 1879, der aus einer »nervösen« Adelsfamilie stammte und seit 1910 selbst zunehmend an »nervösen Störungen« litt. »Kurz vor Kriegsausbruch wurde Pat. zum Ordonnanzoffizier bei einer neu zu bildenden Kavallerie-Division ernannt. Von dem Augenblicke an ... sei er ... in eine sich schnell steigernde Erregung geraten. Er habe sich seiner Stellung nicht gewachsen gefühlt, sei völlig unsicher geworden.« Als die Regimenter zu seiner Division am 3. August 1914 zusammentreten sollten, habe er »den Kopf verloren« und sich mit dem Revolver in den linken großen Zeh geschossen. »Wegen Deutschlands Zukunft machte er sich die größten Sorgen. Wahnvorstellungen und Sinnestäuschungen bestanden nicht.« Seine Frau, die fest an den deutschen Sieg glaubte, konnte diese Schwarzseherei nur auf seine »Nerven« und sein »sehr sensitives Wesen und Gemüt« zurückführen. Vermutlich hatte sie sogar recht: Es sieht tatsächlich so aus, als sei der politische Pessimismus des Rittmeisters dem persönlichen Versagen entsprungen.[119]

Viele andere gerieten in den Tagen des Kriegsbeginns in Hochstimmung. Diese Euphorie erklärt sich ganz und gar nicht durch die objektive Situation des Mehrfrontenkrieges, sondern durch einen voraufgegangenen Zustand psychischer Spannung. Diese muß eine Besonderheit der Zeit vor 1914 gewesen sein, denn 1939 wiederholte sich die Euphorie nicht, trotz einer viel massiveren und raffinierteren Kriegspropaganda. Man kann sagen, daß die Stimmung der Augusttage 1914, die zum nationalen Mythos wurde, nachträglich die Stärke der vorangegangenen »politischen Neurasthenie« bezeugt. Bezeichnenderweise kulminierte die Kriegspsychose keineswegs auf dem platten Land, in den Kernregionen des altkonservativen Monarchismus, sondern vor allem in den Großstädten, am meisten in Berlin: in den Hochburgen der Neurasthenie. Wie Michael Jeismann nachwies, war »von einer eigentlichen Begeisterung für den Krieg« kaum die Rede: Es handelte sich eher um eine Begeisterung der Nation an sich selbst, an dem wiedergewonnenen Gefühl von Einheit und Kraft, von Ziel und Lebenssinn.[120] Als Produkt der Propaganda läßt sich diese Stimmung nur sehr begrenzt deuten; sie zeigt vielmehr, wie verbreitet und quälend das Gefühl der Ziellosigkeit und Kräftezersplitterung gewesen sein muß und wie sehr es sich auch mit persönlichen und alltäglichen Erfahrungen verband: Denn ohne einen solchen Unterbau reichte die Wirkung nationaler Impulse nicht tief.

Und zunächst schufen die Kriegserklärungen ja eine Art von Ruhe. Die Politiker überließen das Handeln nunmehr den Militärs, und diese hatten jetzt ihre konkreten Feindobjekte und klaren Zeitpläne. Und viele Rekruten erlebten den Kriegsausbruch erst einmal als Ferien, als Abbruch des Alltags und Reise in eine unbekannte Ferne. Viele Kriegsfotos haben eine merkwürdige Ähnlichkeit mit Fotos von Ferienreisen. »Die ganzen ersten Kriegsmonate erfuhren viele, ungezählt viele an sich wie eine Ausspannung allergrößten Stils«, erinnerte sich Hellpach 1918, »wie eine Kur, in der sie sich verjüngten und kräftigten.« Schon im September 1914 habe allerdings bei vielen »schleichend« ein Prozeß der »Neurasthenisierung« begonnen.[121] Die Euphorie der Augusttage besaß noch die Arglosigkeit der Zeit, als noch kaum Blut geflossen war; mit dem Verlust des Gefühls körperlicher Unversehrtheit dagegen kehrten neurasthenische Anwandlungen bei vielen zurück.

Reinhard Rürup bemerkte, der »Geist von 1914« lasse in mancher Hinsicht erkennen, »in welchem Maße die Gesellschaft in der Schlußphase des Kaiserreiches bereits für faschistische Krisenlösungen vorbereitet war«. In der Tat, die zum Mythos erhobene Kriegsstimmung der Augusttage wurde später zur konkreten Utopie der NS-Bewegung: Es war diese nationale Einheitseuphorie, die man wiederhaben wollte. Die Nationalsozialisten suchten diese Einheit jedoch auf gewaltsamerem und ausgrenzenderem Wege als Wilhelm II. mit jenem Wort, das die Einbeziehung auch der Sozialdemokraten signalisierte: »Ich kenne keine Parteien mehr, ich kenne nur noch Deutsche.« Für Hitler war das der Sündenfall des Kaisers, daß er »den Führern des Marxismus die Hand zur Versöhnung« reichte.[122] In diesen Zusammenhang stellte Hitler seinen fatalen Entschluß, »Politiker zu werden«: Zuallererst das wollte er radikal anders machen. Mochte der Mythos von 1914 ein Kernstück der NS-Ideologie werden, so sollte man die reale Kontinuität nicht überbetonen.

Aus der Retrospektive könnte man eine Kausalitätenfolge aufbauen:

Die NS-Mentalität entsprang dem Augusterlebnis und dieses dem vorausgegangenen »nervösen Zeitalter«. Auf diese Weise würde der Nervendiskurs zu einem Ursprung der deutschen Katastrophe. Aber handelt es sich bei dieser Sequenz um Kausalität? Gewiß ginge es zu weit, die Flut der Nervositätsklagen nur als Beweis für die humane Empfindsamkeit jener Zeit zu nehmen. Aus historischer Sicht ist das Nervenlamento längst nicht immer harmlos. Die Alarmrufe über die »Nervenschwäche« erzeugten fast automatisch eine Sehnsucht nach »starken Nerven«, die zu einem Freibrief für Brutalität werden konnte. Wenn man in der Nervosität die größte Gefahr der Zeit erblickte und diese von Selbstsucht und Energiezersplitterung herleitete, konnte man einen Krieg bejahen, der zur Selbstvergessenheit und zur Sammlung aller Energien führte. Anders als viele glauben möchten, ist Sensibilität keineswegs eine Garantie für Humanität: Das lernt man aus der neueren deutschen Geschichte in der Tat. Selbst der oft so sanfte und sensible Möbius brachte es fertig, mit brutaler und provokativer Direktheit die Tötung aller unheilbar Geisteskranken – ebenso wie der unverbesserlichen Verbrecher – zu befürworten.[123] Das übertriebene Mitleid mit den Neurasthenikern vertrug sich manchmal mit großer Härte gegenüber anderen Menschengruppen!

Dennoch: Der Grundtenor der Nervositätslehre war ganz eindeutig der der verstehenden und heilenden Fürsorge, nicht der der Ausmerzung. Dieser Grundtenor wurde durch das deutsche System der staatlichen Krankenversicherung unterstützt, das einen breiten Spielraum der Medikalisierung öffnete. In wilhelminischer Zeit wurde diese soziale Seite der deutschen Staatstätigkeit zu einem Bestandteil der deutschen Selbstdarstellung, den man noch heute an der repräsentativen Architektur vieler Heilstätten aus jener Zeit erkennt. Typisch dafür war, wie Gerhard A. Ritter bemerkt, der Bericht des Reichskommissars für die Weltausstellung 1904, der die damals besonders in den USA vertretene Ausmerzungsideologie – Stärkung der Nation durch »Ausscheidung alles Minderwertigen« – mit Nachdruck zurückwies.[124] Wenn man auch bereits vor 1914 viele Zitate findet, die aus späterer Sicht in die »negative Eugenik« des Nationalsozialismus vorausweisen, so wäre es doch verfehlt, darin den herrschenden Trend der Psychiatrie und Neurologie jener Zeit zu sehen. Der Umgang mit psychisch Kranken, so wie er sich im Kaiserreich entwickelte, war ganz und gar nicht eine Einbahnstraße zur nationalsozialistischen »Endlösung«; eher kann man staunen, wie stark damals noch diametrale Gegentendenzen waren.

Wehler glaubt, der Sozialdarwinismus habe seit dem späten 19. Jahrhundert, durch das »Tempo des Modernisierungsprozesses« begünstigt, allenthalten triumphiert und sei mit einer »quasi-religiösen Inbrunst« »als das Nonplusultra wissenschaftlich gesicherter Weltdeutung rezipiert« worden. Aber die Nervenliteratur vermittelt ein völlig anderes Bild: Da erscheint der »Kampf ums Dasein«, nach darwinistischer Auffassung der Faktor der Höherentwicklung der Arten, als die schlimmste Krankheitsursache, und zwar wie selbstverständlich! Determann übte in seinem Plädoyer für Volksheilstätten an den Sozialdarwinisten offene Kritik: Für diese Leute gehörten die »Kranken und Schwachen«, die nicht »zum Vollkampf im Leben geeignet« seien, zum menschlichen »Abfall«, dessen künstliche Erhaltung sie als »Humanitätsdusel« und als Verhinderung der »natürlichen Zuchtwahl« verachteten. Jene »Übermenschen« spotteten dem »menschlichen und familiären Gefühl«; sie übersähen, daß es nicht nur Degeneration, sondern auch Regeneration gebe, und außerdem vergäßen sie, daß die Nervenkranken auch außerhalb der Heilstätten ja nicht stürben, sondern »noch kränkere Nachkommen« zeugten. Der Gynäkologe Wilhelm Alexander Freund dagegen – ein Pionier der Uterusoperationen, der die »Nervosität unseres Zeitalters« nicht sehr ernst nahm – bekannte sich zur darwinistischen Auslese auch bei den Menschen und schätzte diejenigen als »gute Aussaat künftiger Geschlechter«, »die die Kraft ihrer Nerven aus dem Ansturm der Zeit nicht nur heil gerettet, sondern im Kampf der Welt sogar gekräftigt haben«.[125]

Bei der Durchsicht der Literaturflut zur »Nervosität« ist man versucht, ein Kontrastmodell zur Kontinuitätsthese aufzustellen und die NS-Politik der »Ausmerzung der Minderwertigen« als Gegenschlag gegen den enormen Medikalisierungsschub der Kaiserzeit und der Weimarer Republik zu interpretieren. Oder sollte man die Beziehung eher dialektisch deuten? Die um die Jahrhundertwende grassierende Hypochondrie forderte auf die Dauer zu Gegenreaktionen geradezu heraus. Bei linearer Extrapolation damaliger Trends war die Zeit nicht mehr fern, wo alle Deutschen nur noch in Kuranstalten der Wehleidigkeit frönten. Selbst ein Fritz von Bodelschwingh wurde im Gedanken daran zum Eugeniker. Der Bauboom bei den Seelen- und Nervenheilanstalten belastete den Medizinalbetrieb der Folgezeit mit erdrückenden Fixkosten und gab dazu dem – wirklichen oder vermeintlichen – Anstieg der Zahl der Geisteskranken eine Anschaulichkeit, die beängstigend und provozierend wirkte, so sehr, daß sich nach 1918 in der Zeit öffentlicher Verarmung fast zwangsläufig – längst nicht nur auf der Rechten – die Überzeugung verbreitete, eine energische Kurswende sei unvermeidlich.[126]

Wenn man in der Geschichte nicht nur systemfunktionale, sondern auch »chaotische« Dynamiken erkennt, die einer Verknüpfung von bis dahin getrennten Entwicklungen – wie hier der Weltpolitik und der

Nerventherapie – entspringen, dann wird die überraschende Plötzlich-
keit mancher Vorgänge erklärlich, und dann versteht man auch, daß
kleine Ursachen manchmal große Wirkungen haben. Vermutlich besitzen alle großen Umwälzungen der Geschichte in ihrer Entstehungsweise
ein Element der Kontingenz, der zufälligen Verknüpfung verschiedener
Entwicklungslinien; denn ohne einen gewissen Überrumpelungseffekt
wären sie nicht möglich. Die seit langem erwarteten Katastrophen treten
oft nicht ein; denn ihnen gegenüber bleibt Zeit genug, um Vorkehrungen
zu treffen. So ganz gilt das nicht für den Ersten Weltkrieg; denn erwartet
wurde ein großer Krieg schon lange vor 1914. Aber charakteristisch für
jene Zeit war doch, daß man es am liebsten vermied, sich mit dieser Aussicht klar und konkret zu konfrontieren und die möglichen Folgen eines
solchen Krieges durchzuspielen. Und das Kraft- und Ruhegefühl nach
dem Kriegsentschluß kam unerwartet und trug dazu bei, daß man sich in
einer irrwitzigen und historisch beispiellosen Weise auf immer neue
Fronten einließ.

Der Kriegsausbruch von 1914 bedeutete keine Zäsur in der herrschenden Ideologie, wohl aber in der Mentalität: Das empfanden die Zeitgenossen ganz richtig. Zwischen dem bierseligen »Hurrapatriotismus« der
Vorkriegszeit und der soldatischen Bereitschaft zur Selbstopferung bestand eine tiefe existentielle Kluft, mochte auch die Begleitmusik, die nationale Phraseologie die gleiche sein. Die Beschimpfungen, mit denen
Hitler den nicht durch das Fegefeuer der Front gegangenen Typ des Vor-
kriegsnationalisten überschüttet[127], klingen um so echter, als sie taktisch
unklug waren und potentielle Anhänger beleidigten. Mentalitätsge-
schichtlich betrachtet beginnt mit dem Kriegsausbruch eine neue Welt.
Die Einheitseuphorie der Augusttage war allerdings nur das Vorspiel zu
einer mentalen Spaltung der Deutschen, deren tödlicher Haß die Gegensätze der Vorkriegszeit weit übertraf.

Die Spaltung der Deutschen durch die Kriegserfahrung und der Niedergang der Neurasthenielehre; von der Neurasthenie zum Streß

»Schwer wie ein Bleigewicht legte es sich an jenem Augusttage auf unsere Nerven, als der Krieg Tatsache geworden war«, bekannte der Neurologe Alzheimer – sehr im Kontrast zu dem gängigen Bild von der
Kriegsanfangseuphorie – 1915 auf einem »Kriegsvortrag Breslauer

Hochschullehrer«. »Wie mit einem Schlage« sei damals »alles unsicher geworden«. Manche Menschen seien durchgedreht: Er erinnert an die blindwütige »Spionenjagd« jener Zeit. Aber solche Erscheinungen seien bald vorübergegangen. »Unsere Nerven haben sich als anpassungsfähig erwiesen. Wir stehen den Ereignissen auch heute bereits viel ruhiger gegenüber.« Er zieht daraus die allgemeine Lehre: Wenn erhöhte Ansprüche an die Nerven zunächst »Nervosität« hervorriefen, so habe das nicht notwendig etwas mit Degeneration zu tun, sondern sei ein Gewöhnungsphänomen, das vorübergehe. Und diese Gewöhnung bedeute für den Menschen einen Zuwachs. »Ja, wir dürfen uns sogar der zuversichtlichen Erwartung hingeben, daß der Krieg, welcher den Nerven manche Wunden schlägt, auch für die Nerven Nutzen stiftet« – so glaubte selbst dieser bedächtige Neurologe, den die erste Kriegsbegeisterung wenig berührt hatte.[128]

Die Statistik der ersten Kriegsmonate schien ihm recht zu geben. Noch bis zum August 1914 registrierte das Reichsversicherungsamt einen kontinuierlichen Anstieg der Nervenerkrankungen; gerade die Zahl der aktenkundig gewordenen Neurastheniker, die 1913 leicht zurückgegangen war, nahm deutlich zu. Die ersten Kriegsmonate dagegen zeigten »eine auffallend niedrige Erkrankungsziffer«.[129] Das RVA hatte allerdings bei den Kriegsteilnehmern nur die während der ersten drei Wochen nach der Einberufung auftretenden Krankheitsfälle erfaßt; daher muß man eine hohe Dunkelziffer annehmen. Dennoch rief der Krieg in der allerersten Zeit nicht das Ausmaß von Neurasthenie hervor, das man von jenen Nervenlehren her hätte befürchten müssen, die das Nervensystem wie eine durch jeden Hauch zu erschütternde Zitterpappel geschildert hatten. Unter den Bedingungen des Krieges entfielen wesentliche Elemente der zivilen Neurasthenie: an erster Stelle der Druck der Berufs- und Eheprobleme. Im Anblick des Todes lernte man das nackte Leben zu schätzen und vergaß die ängstliche Beobachtung der vielen kleinen Molesten. Wo Granaten flogen, ärgerte man sich nicht mehr über die »Fliege an der Wand«. Im Kanonendonner verschwanden die Onaniesorgen. Das »Hetzen und Jagen« war im Stellungskrieg nicht das Problem. Wo man einfach nur gehorchen mußte, gab es keine Gelegenheit mehr, sich wegen Entscheidungsschwäche zu schämen; wo man auf die elementaren Lebensbedürfnisse zurückgeworfen war, wurde man nicht mehr zwischen diffusen Wünschen hin- und hergerissen. Die organisierte Aggressivität des Krieges beseitigte bei den Kämpfenden einen Großteil jener Reizbarkeit, die der unterdrückten Aggressivität entsprang.

Aus all diesen Gründen kann es nicht verwundern, wenn das gewohnte Spektrum der Neurasthenie stark zurückging. Sofern man in dieser Art der »reizbaren Schwäche« das größte Übel der Zeit sah, konnte man sich einbilden, der Krieg sei gesund. Aber das Schützengrabendasein und die furchtbaren Materialschlachten an den erstarrten Fronten des Westens brachten eine Art der psychischen Belastung, die bis dahin unbekannt war und in den medizinischen Lehrbüchern nicht vorkam. Wie es ein Beobachter 1915 formulierte: Der »passive Mut der Nerven« löste den »aktiven Mut der Muskeln« ab. Anders als bei dem Streß des Zivillebens handelte es sich hier um einen seelisch-körperlichen Druck, den die allermeisten Mediziner aus eigener Erfahrung nicht kannten: Das darf man bei den Medizinerdiskussionen über die Frage der »Kriegsneurosen« nicht vergessen.

Das meiste Aufsehen erregten die »Kriegszitterer«: Soldaten mit heftigen motorischen Störungen. Es handelte sich um eine regelrechte psychische Epidemie, die schon im Dezember 1914 ausbrach und im Laufe des Krieges schätzungsweise 200 000 deutsche Soldaten befiel. Die Ärzte wiesen darauf hin, daß es sich dabei längst nicht immer um solche Kriegsteilnehmer handelte, die selber im Granatenregen gestanden hatten. Bei den englischen Truppen bürgerte sich rasch der Begriff »shell shock« – »Granatenschock« – ein; auch dort bemühten sich die Mediziner darum, den Begriff mit seiner Granatenätiologie in Frage zu stellen. Aber aus der Sicht der Front wurde das Gerede vom Krieg als Nervenkur sehr schnell zur Phrase. Die ständige Manier, auf der kriegsentscheidenden Bedeutung der »starken Nerven« herumzureiten, verriet die Schwierigkeit, im Krieg die Nerven zu bewahren. Franz Kafka, der 1916 zur Errichtung einer »Krieger- und Volksnervenheilanstalt« aufrief, begründete sein Plädoyer damit, daß der Krieg ein »Krieg der Nerven« geworden sei, mehr »als je ein früherer Krieg«. So wie die Mechanisierung im Frieden die Nerven »mehr als jemals früher« gefährdet habe, so verursache die Mechanisierung des Krieges schwerste Schäden für die Nerven der Kämpfenden.[130] Nichts logischer als das, sofern man den ganzen Nervendiskurs überhaupt ernst nahm!

Wie ernsthaft glaubten die Mediziner an das heilende »Stahlbad« des Krieges? Albert Eulenburg versicherte zur Jahreswende 1914/15, daß der Krieg auf gesunde und widerstandsfähige Naturen »als ein mit fast allmächtiger Heilkraft ausgerüstetes Stahlbad« wirke. Aber der Neurologe plädierte nicht im Ernst dafür, die Ärzte künftig durch Kanonen zu ersetzen. Wenn man den gesamten Artikel liest, sieht man, daß das Bekenntnis zum »Stahlbad« nur als rhetorischer Flankenschutz für ein ganz anderes Anliegen dient:

Es geht dem Autor nämlich darum, die Nervensanatorien davor zu bewahren, allesamt in Lazarette für verwundete Soldaten umgewandelt zu werden. Denn viele Menschen hätten eben nicht jenes unverwüstliche Naturell, das man für das »Stahlbad« brauche; der Krieg sei vielmehr von »mannigfaltigen nervös-seelischen Störungen« begleitet; »Angstneurotiker« dürfe man auf keinen Fall zurück an die Front schicken. Auch auf viele der »Daheimgebliebenen, zu geduldigem Ausharren Verurteilten« übe der Krieg einen »feindselig nervenzerstörenden« Einfluß aus. Also am Ende fast das Gegenteil der martialischen Ouvertüre!

Der deutsche Einheitsrausch der Augusttage von 1914 wurde schon bald zu einer fernen Erinnerung; und im zweiten Kriegsjahr zeichnete sich in der deutschen Bevölkerung eine Spaltung ab, wie es sie in dieser Schärfe bis 1914 nicht gegeben hatte. Es war ein Stimmungsumschlag von einzigartiger Radikalität. Zwischen denen, die eine fanatische Durchhalte- und »Nun-erst-recht«-Mentalität ausbildeten, und den anderen, die sich immer offener zu ihrer Friedenssehnsucht bekannten, entwickelte sich ein tödlicher Haß. Dieser Haß übertrug sich auch auf andere Konflikte. Stefan Zweig spricht von der »grauenhaften Gehässigkeit«, die seit dem Ersten Weltkrieg »in den Blutkreislauf der Zeit eingedrungen« sei; auch Thomas Mann erkennt eine »vollständige Veränderung der moralischen Atmosphäre durch die vier Blutjahre des Ersten Weltkrieges«. Der Antisemitismus, der vor 1914 in seinen praktischen Zielen meist undeutlich geblieben und in dem »Burgfrieden« der ersten Kriegszeit aus der Öffentlichkeit fast verschwunden war, wurde im weiteren Verlauf des Krieges rabiat wie noch nie und bekam jene Bereitschaft zum Töten, die die NS-Verbrechen vorbereitete. Die einzelnen Bestandteile der NS-Ideologie sind älteren Ursprungs; aber jene Gewalttätigkeit, die zum hervorstechenden Zug des faschistischen Aktionsstils wurde, entstand durch den Krieg. Ideen von der »Ausmerzung« der »Minderwertigen«, die vor 1914 nur marginal gewesen waren, drangen nun bis in geistige Hauptströme der Zeit. Die Spaltung der Deutschen vollzog sich teilweise entlang der alten Klassengrenzen; aber in ihrer mentalen Substanz war sie kein Klassenkonflikt, sondern entsprang der gegensätzlichen Verarbeitung der Kriegserfahrung. Die positive Verarbeitung erwies sich auf die Dauer als die stärkere Strategie, die mehr Energien freisetzte: In dieser fatalen Psychodynamik liegt ein Grund der deutschen Katastrophe.[131]

Ob der Krieg von den Angehörigen beider Lager wirklich ganz verschieden erlebt wurde, kann man bezweifeln. Auch die, die sich zur radikalen Rechten hin bewegten, wurden durch das Grauen der Materialschlachten bis ins Mark erschüttert; aber auch viele von denen, die in die andere Richtung gingen, waren von der Faszination der Kameradschaft und des Heldentums gepackt.

Die Kriegserfahrung war in sich zwiespältig, und vieles ließ sich gar nicht in Worte fassen. Selbst Adolf Hitler bekennt in »Mein Kampf« – gewiß auch deshalb, um auf Frontkämpfer glaubwürdig zu wirken –, daß er im Krieg über ein Jahr von widersprechenden Gefühlen hin- und hergerissen worden sei. Der »überschwengliche Jubel« der Augusttage, so Hitler, »wurde erstickt von der Todesangst«. Auch Mussolini sprach von dem »enormen moralischen und nervlichen Schock des Krieges«, der, wenn man nicht Gegenvorkehrungen treffe, »Generationen von Neurasthenikern« hervorbringen werde: Selbst aus faschistischer Sicht gab es nicht nur das »Stahlbad« des Krieges, sondern auch ein ganz anderes Kriegsbild![132] Das erkennt man an den Degenerationsängsten, die durch den Krieg einen gewaltigen Auftrieb bekamen. Der Haß auf die, die ihrer Friedenssehnsucht freien Lauf ließen, erklärt sich nicht zuletzt aus der Anstrengung, diese Sehnsucht im eigenen Innern zu unterdrücken. Eine besonders tödliche Form bekam der Haß oft bei denen, die spürten, daß sie durch das Soldatenleben unfähig wurden, die Freuden des Friedens und des Familienlebens zu genießen.

Die Situation der Psychiater und Neurologen im Weltkrieg hatte etwas Prekäres; der Widerspruch zwischen den Erfordernissen der deutschen Kriegsführung und dem ärztlichen Auftrag, das Beste des Patienten zu wollen, war in vielen Fällen unlösbar, mochte man sich um diesen Zwiespalt auch verbal herummogeln wie mit der Phrase vom »Stahlbad«. Hätte man die ärztlichen Maßstäbe der Friedenszeit beibehalten, dann hätte man einen Großteil des deutschen Heeres schon nach wenigen Kriegsmonaten zur Kur schicken müssen, und die auf traumatische Neurose gegründeten Rentenansprüche wären ins Uferlose gewachsen. Die Nervenärzte hätten sich als Saboteure der deutschen Kriegsanstrengungen in Verruf gebracht. In Wirklichkeit lag den meisten von ihnen nichts ferner als das; viele entwickelten im Krieg den Ehrgeiz, den nationalen Nutzen ihrer Disziplin zu demonstrieren. Sie verschärften den Kampf gegen die traumatische Neurose; Alfred Hoche behauptet, nach dem Krieg hätten »manche Nervenärzte, denen gegenüber abgewiesene und verhetzte Kriegsrentenbewerber schwer bedrohlich wurden, ihre Sprechstunde mit einem Revolver auf dem Schreibtische« abgehalten. Es wurde üblich, die »Kriegszitterer« als Hysteriker einzustufen: Da die Hysterie der Möbius-Definition gemäß nur auf Vorstellungen und nicht auf externen Einwirkungen beruhte, begründete sie keinen Rentenanspruch. Noch 1915 galt es als ungehörig, diese Diagnose auf Soldaten anzuwenden; aber 1916 schwanden bei den Ärzten solche Hemmungen.[133]

Die Hysteriediagnose war allerdings keine bloße Taktik: In der Tat ähnelten die »Kriegszitterer« am meisten den Hysterikerinnen Charcots mit ihren Krämpfen und motorischen Störungen. Bei vielen anderen Soldaten äußerte sich die psychosomatische Krise auf weniger auffällige Weise; da war die Diagnose »Neurasthenie« immer noch verbreitet. Sie ließ die Frage nach den externen Ursachen offen. Innerhalb der Neurasthenielehre bekam die psychische Interpretation, die die Leidensursache ganz in die Seele der Patienten verlegte, einen starken Auftrieb.

Daher verstärkte sich in der Therapie der Trend zur Suggestion: Max Nonne, ein aufsteigender Stern der Neurologie, profilierte sich als Vorkämpfer der Hypnose, die in der letzten Vorkriegszeit an Ansehen verloren hatte. Die Nervenanstalten der 7. Armee, die an der südlichen Westfront lag, führten 1917 in der Zeit der furchtbarsten Materialschlachten die Suggestionsmethode ein, weil diese sich als »milder und mindestens ebenso zuverlässig wie andere Verfahren« erwiesen habe. Angeblich betrug die Heilungsquote nahezu 100 Prozent – man kann es nicht glauben! Wie Sanitätsrat Öhmen berichtete, habe man mit Suggestion nicht nur bei Hysterie, sondern gerade auch bei Neurasthenie entgegen der vorherigen Lehrmeinung »vielfach eine außerordentliche, oft ganz unerwartete Wirkung« erzielt. »Bei der Neurasthenie leistet sie sehr oft erheblich mehr, als alle die großen Anlagen der Nervenheilstätten.« Man erkennt, wie die Kriegserfahrung auf die gesamte Therapielehre ausstrahlte. Die Erfolge mit Hypnose waren allerdings nach wie vor stark personen- und situationsgebunden; und unter dem Druck des Krieges scherte man sich wenig darum, ob das Verschwinden der auffälligen Symptome eine wirkliche Heilung anzeigte. Berüchtigt wurde eine bis zu Foltermethoden gesteigerte Elektrotherapie, die darauf spekulierte, daß sich der Patient aus Angst wieder gesund meldete; diese Praktiken waren allerdings auch im Krieg heftig umstritten. Ausgerechnet Otto Binswanger, der vor dem Krieg zahlende Neurastheniker zu überaus großzügigen Ruhekuren ermuntert hatte, zeigte gegenüber den Kriegsneurotikern eine erschreckende Härte; seine »psychische Abstinenzkur«, die im Klartext die Einsperrung in ein Dunkelzimmer mit Nahrungsentzug bedeutete, wurde sogar von dem sonst nicht gerade zimperlichen Max Nonne als »wirklich grausam« getadelt.[134]

Jenes Katz-und-Maus-Spiel zwischen Arzt und Patient, das sich bei der traumatischen Neurose entwickelt hatte, setzte sich bei dem Umgang mit vielen Kriegsneurotikern fort. Das bedeutete jedoch nicht, daß die Maus am Ende stets gefressen worden wäre. So rüde viele Militärärzte auch mit »nervösen« Soldaten umsprangen, so scheinen Nervenleiden dennoch im großen und ganzen ein gutes Mittel gewesen zu sein, um von der Front wegzukommen und die eigene Haut zu retten. Die martialischen Töne der Mediziner hatten vermutlich nicht zuletzt den Zweck zu verhindern, daß diese Tatsache in der Öffentlichkeit bekannt wurde. Hochnervöse Militärangehörige zurück an die Front zu schicken fand man schon deshalb riskant, weil Nervosität als ansteckend galt. Selbst im Krieg behielt die deutsche Nervositätslehre einen Rest von jener sanften und humanen Tendenz, die ihr von ihrem Ursprung her innewohnte. Aus englischer Seite überwog die moralisierende Sichtweise, und der Frontsoldat, der dort die Flucht ergriff, riskierte weit eher als bei den Deutschen, als Deserteur erschossen zu werden, statt wegen nervöser Erschöpfung in die Therapie zu kommen.[135]

Hellpach erwähnte 1918 als bekannte Tatsache, daß »Kriegshysteriker« »für die Kriegsverwendungsfähigkeit verloren« seien. Gegen Kriegsende hatte sich – kein Wunder! – das Gesamtbild der psychischen Auswirkungen des Soldatendaseins rapide verschlechtert. Hellpach unterschied hinsichtlich der Kriegstauglichkeit jedoch scharf zwischen Hysterikern und Neurasthenikern: Bei der«Kriegsneurasthenie« sei die Prognose »überraschend günstig«. Die gute Hälfte der Fälle habe man wieder »k.v.« (kriegsverwendungsfähig) schreiben können. Und er macht den Neurasthenikern ein Kompliment: »Die innere Geradlinigkeit der Neurasthenie bewährt sich auch da; der Neurastheniker leidet in der Hauptsache doch so ehrlich und bewußt unter seiner Erkrankung, daß er glücklich ist, sie so bald wie möglich wieder loszuwerden.« Aber er empfiehlt nicht, einen Nervösen gegen sein heftiges Sträuben zurück an die Front zu schicken. Ernst Beyer, der Chef von Roderbirken, der sich im Krieg darauf spezialisierte, »Kriegszitterer« durch ein suggestives Ruckzuckverfahren zu kurieren, kam dabei zu der Überzeugung, es sei für den Heilerfolg »sehr wesentlich«, daß die Patienten »geradewegs vom Lazarett in die Heimat zurückkehren«.[136]

Max Nonne bemerkte nach dem Krieg, zwar sei immer gerne über solche Kriegsneurotiker berichtet worden, die sich nach erfolgreicher Therapie wieder wacker im Krieg geschlagen hätten; aber dabei habe es sich doch um »Ausnahmen« gehandelt. »Die meisten Fälle wurden, wenn unliebsame militärische Ereignisse drohten oder eintraten, wieder rückfällig, und daraus resultierten die auf Grund sachverständlicher ärztlicher Darlegungen begründeten Verordnungen des Kriegsministeriums: Im allgemeinen wären solche Fälle nicht als k.v. zu schreiben, sondern sie wären anderweitig im Interesse des Heeres zu verwenden.« Letzten Endes behandelte man also die Kriegsneurotiker zumindest nach Kriegsmaßstäben human, aber während des Krieges sprach man davon lieber nicht zu laut. Später erregte sich ein Anhänger der härteren Linie darüber, »wie schnell wir aus unseren vortrefflichen Soldaten durch den viele Monate dauernden Krankenhausaufenthalt ein unbrauchbares Gesindel« gemacht hätten. Im Zweiten Weltkrieg hatten die Psychiater diese Erfahrung als warnendes Beispiel vor Augen und schickten die Neurotiker ins Feld. Seit 1916, seit der »Kriegstagung« der Neurologen – so Bumke –, wurde »eine ganze Generation von Ärzten in diesem Sinne erzogen«. Schon während des Krieges entwickelte die Militärführung eine Vorliebe für die jüngeren Ärzte, die im Umgang mit den Neurotikern mehr »Schneid« und »Draufgängertum« zeigten als die »durch Wissenschaften und Erfahrungen bedächtig gewordenen älteren«.[137] Unter den Nervenärzten wirkte der Weltkrieg generationsbildend, und nicht nur unter ihnen!

Die beste Chance, durch »Nervosität« von der Front weg oder gar nicht erst hinzukommen, hatten Mitglieder der »besseren Stände«: Für sie gab es noch die friedensmäßige Therapiewelt, bei der sich alles um das Wohlergehen des Patienten drehte. Eine Woche nach Kriegsbeginn kam ein 31jähriger Kaufmann nach Ahrweiler, der als Unteroffizier hatte aktiviert werden sollen, aber sich – wie er selber zugab – durch Simulation einer schweren Depression der Mobilmachung entzogen hatte. »Ich sagte mir, je weiter vom Feinde, desto besser für dich.« Als er dem Hauptmann seine Dienstunfähigkeit beteuerte, schnauzte der ihn an: »Sie Schlappier (sic!), dann versuchen Sie es wenigstens.« Auch das ließ er lieber bleiben, und die Ehrenwallsche Anstalt spielte mit und behielt ihn über ein Jahr – wegen »reichlich neurasthenischer Symptome«! Glaubte der Arzt, auch die vom Patienten behauptete Simulation sei simuliert und der Kaufmann sei in Wahrheit ein nervliches Wrack? Er selbst hielt sich für einen »Dégénéré, der keinen Schuß Pulver wert sei«. Er sei von Kind auf verkorkst, »danebengefickt« (sic!): Sein Vater habe ihn im Rausch gezeugt; seine Mutter sei sowieso hysterisch. Und »immer wieder: Er sei aus einer degenerierten Familie so weit von der Norm, daß er nicht auf die Welt gehöre«; »Defektmenschen« wie er »müßten von der Erde verschwinden«. Diese permanente und ganz ungewöhnliche Selbstbeschimpfung verfehlte auf den behandelnden Arzt offenbar nicht ihre Wirkung.

In den oberen Schichten konnte man sich mitten in Kriegs- und Nachkriegszeiten noch eine Neurasthenie im Stil der Belle Époque leisten. Ein rheinischer Fabrikant kam 1916 wegen »schwerer Neurasthenie« nach Ahrweiler, um dem Militärdienst zu entgehen. In den Akten entpuppte er sich als schwerer Alkoholiker; aber das wird in dem Militärattest verschwiegen. Als er allerdings zum wiederholten Mal betrunken und lärmend in die Anstalt kam, platzte dem Arzt der Kragen: Bisher habe er ihm immer geholfen, nun aber »lasse er ihn fallen und zöge seine schützende Hand von ihm zurück«. »Es wäre geradezu eine Schande, daß, während seine Altersgenossen im Schützengraben ständen etc. etc., er nicht einen Funken Ehrgefühl besäße.«[138] Aber ein solches Donnerwetter steht in den Akten vereinzelt da, obwohl die Ärzte – hätten sie mit ihrem Kriegseifer Ernst gemacht – gerade bei ihren zahlenden Patienten dazu nicht selten Grund gehabt hätten!

Nach 1918 zogen führende Mediziner aus der Weltkriegserfahrung ausführlich und selbstbewußt Bilanz. War der Krieg auch für Deutschland verloren, so wollte man für die Medizin daraus einen Sieg machen: einen Sieg über die »Ärztefeinde und Naturheilschwärmer« (His). Auch im wissenschaftlichen Sinne präsentierte sich die Medizin nach 1918 deutlich »härter« als vor 1914: spezialisierter und dem Laien unzugänglicher. Im übrigen wurde immer behauptet, daß der Weltkrieg endlich den klaren Beweis für den psychischen Ursprung nervöser Störungen geliefert habe. Liest man allerdings die Texte genauer, sieht man immer wieder, wie schwer es war, den Krieg als pathogenen Faktor wegzudiskutieren.[139]

Das Gerede von der modernen Nervosität sei im Krieg verstummt: So sah es Karl Bonhoeffer, seit 1912 Direktor der Nervenklinik an der Charité, und so sahen es viele andere. Gaupp, der zu dem Weltkriegs-Handbuch der Mediziner den Beitrag über »Schreckneurosen und Neurasthenie« verfaßte, hob als »eine der wichtigsten und lehrreichsten Erfahrungen des Weltkrieges« die Einsicht hervor, »daß wir die Bedeutung der körperlichen und geistigen Ermüdung als krankmachenden Faktor in der Zeit vor dem Kriege sehr überschätzt hatten«. Hunderttausende von Frontsoldaten hätten über Jahre hinweg »Strapazen ausgehalten und Leistungen vollbracht«, »wie sie noch kein Heer jemals vollbracht hat und wie man sie dem modernen nervösen Menschen nicht mehr zugetraut hätte«. Aber dann erfährt diese rühmliche Bilanz doch einige Abstriche. Eine zuverlässige Statistik über die »Kriegsneurasthenie« gebe es nicht; in den Lazaretten hätten die Hysteriker bei weitem überwogen, in Wirklichkeit aber seien »zweifellos viel mehr Kriegsteilnehmer neurasthenisch als hysterisch gewesen«. Nur hätten die meisten im Felde brav ausgeharrt, ohne sich krank zu melden. Aber der Krieg habe ein »ungeheures Übermaß von schädlichen Anstürmen auf die Nervenkraft der kämpfenden Männerwelt« mit sich gebracht.[140]

»Der Weltkrieg hat uns gelehrt«, versicherte Bumke wie so viele Nachkriegsautoritäten, »daß die meisten Gesunden sehr starke körperliche und seelische Anstrengungen ertragen, ohne neurasthenisch zu werden.« Aber damit war das Thema »Kriegsneurasthenie« nicht erledigt. »Viele Leute«, fuhr er fort, seien im Krieg »unter neurasthenischen Symptomen erkrankt, die die Front überhaupt nicht zu Gesicht bekommen hätten«. Der Krieg habe ein »lawinenartige(s) Anschwellen der

Neurosen« mit sich gebracht. Immer will er auf den psychogenen Ursprung der Neurosen hinaus; aber er bekommt den Krieg als Ursache
nicht weg. Mitunter zweifelt man an der wissenschaftlichen Redlichkeit
der Auswertung, wenn Bumke mit Verweis auf die Kriegserfahrung
»geistige Überarbeitung« als Neurasthenieursache absolut nicht gelten
lassen will, aber ein paar Sätze darauf die Verbreitung der Neurasthenie
bei Offizieren auf »die dauernde Willensanspannung, das gestraffte Ver-
antwortlichkeitsgefühl (im Verein mit den körperlichen Schädlichkei-
ten)« zurückführt, während er die rein psychogene Hysterie als typisch
für die unteren Ränge hinstellt. Mit dieser Hierarchisierung der psycho-
nervösen Störungen, bei der er an Hellpachs frühere Psychohierarchie
»nervöse Bürger – hysterische Arbeiter« anknüpfen konnte, stand er nicht
allein. Nach dem Krieg wurde zur Lehrbuchweisheit, daß das »große
Experiment« des Weltkrieges bei Mannschaften ein Verhältnis von 2:1,
bei Offizieren von 8:1 zwischen Neurasthenikern und Hysterikern er-
bracht habe. So oder so: Auch im Krieg blieben die Neurastheniker weit
in der Mehrheit![141]

Gerade Hellpach lieferte in seiner im September 1918 abgeschlossenen
Untersuchung über die »Kriegsneurasthenie«, die die Anerkennung
führender Psychiater und Neurologen fand, die besten Belege, daß
Formen der Neurasthenie im Laufe des Krieges eine weite und Klassengrenzen überschreitende Verbreitung gewannen. Im ersten aufregenden
Kriegserleben sei »Hysterie geboren, die Königin der Neurosen und zugleich ihre Sphinx; mit der Gewöhnung trottet die Neurasthenie, die un-
scheinbare Spießbürgerin, die kein Rätsel aufgibt und dem Fragenden
rechtschaffen Rede und Antwort steht«.[142] Eine neue und originelle Charakteristik der Neurasthenie, bei der man merkt, daß dieses Leiden nach
wie vor verbreitet, aber für die Mediziner langweilig geworden war!
Aufschlußreich ist Hellpachs Beobachtung, daß – während die leichteren Fälle der »Friedensneurasthenie« häufig eine »zornmütige Form«
annähmen – die »Feldneurasthenie« in typischen Fällen eine »depressive
Färbung mit der Tendenz zu weichmütigen Entladungen« besitze. Die
aggressive Form konnte im Krieg ja auf eine sozial anerkannte Art aus-
gelebt werden. Die verbliebene depressive Neurasthenie fiel in den
Schützengräben wenig auf; denn Schicksalsergebenheit war im Stellungskrieg ja gefordert. Auch Hellpach anerkannte zwar, »im ganzen«
habe »unser Neurasthenie-Zeitalter die ungeheure Nervenprobe über alles
Erwarten bestanden«; aber mit Recht wandte er sich gegen die Auffassung, die die Kriegserfahrung als Gegenbeweis gegen die gesamte Neurasthenielehre nahm. Am Ende spricht er von der Neurasthenie im Plu-
ral: Zwar sei die Vorkriegsneurasthenie an die kulturellen Bedingungen

jener Zeit gebunden; aber mit dem Wandel der Zeitumstände stürben die neurasthenischen Erscheinungen nicht aus, sondern entstünden neue Neurasthenien. Auch andere Neurologen bemerkten unter den Soldaten eine Verbreitung neurasthenischer Symptome; nur ergaben diese weniger als in der Friedenszeit ein markantes Gesamtbild.[143] Ein Handlungsbedarf entstand im Militär vor allem durch die »Kriegszitterer«, die unter die Rubrik »Hysterie« fielen; nicht so sehr durch die unauffälligen Neurastheniker.

Der Krieg stärkte den Glauben an die Macht des Willens, weil viele schon vor 1914 daran glauben wollten. In Wirklichkeit war die Kriegserfahrung mehrdeutig; sie hätte auch als Lehrstück dafür gelten können, in welchem Maße Menschen fähig sind, ihren Lebenswillen zu unterdrücken. Gewiß, stabile Naturen, die Glück hatten und keine schweren Verletzungen erlitten, konnten aus dem Weltkrieg ein Gefühl der psychischen Unverwüstlichkeit mitnehmen und sich insofern trotz der deutschen Niederlage als Sieger vorkommen. Aber was war mit der Riesenzahl der anderen? Von einem Rückgang der Neurasthenie konnte man nur dann reden, wenn man sich ganz an das Vorkriegsbild dieses Leidens klammerte.

Bumke wies darauf hin, daß nach dem 9. November 1918 »viele psychogene Reaktionen spontan heilten«. Gaupp erblickte in den revolutionären Geschehnissen einen Ausdruck von kriegsbedingter Nervosität: Leid und Verzweiflung, aber auch »der Ingrimm über die jahrelange Täuschung nahmen der nervös zitternden Psyche eines halbverhungernden Volkes jedes innere Hemmnis gegen die hereinbrechende rote Flut«. Also ein Konglomerat von Nervositätslehre und Dolchstoßlegende! Der »politische Radikalismus« jener Zeit, schrieb er hernach, sei teilweise »nichts anderes als ein neurasthenisches Symptom«, wobei diese Neurasthenie ihren besonderen Charakterzug durch wahllose Reizsuche bekommt: »Entweder ganz nach rechts oder ganz nach links, alles andere ist langweilig«, habe ihm ein Neurotiker gesagt, berichtet Gaupp.[144]

Kritische Geister bemerkten gegen Ende des Krieges einen Schwund der Nervenkraft zuoberst bei der Reichs- und Heeresleitung. Max Weber gewann im Oktober 1918 den »Eindruck einer hemmungslosen Nervenlosigkeit ... aus allem, was wir von Berlin hören«. »Das könnte der Nation furchtbar teuer zu stehen kommen.« Anlaß war die Forderung der Obersten Heeresleitung nach einem unverzüglichen Waffenstillstandsangebot an Wilson. Philipp Scheidemann hielt es später für erwiesen, daß »die verzweifelten Forderungen der Obersten Heeresleitung ein Ausfluß schlimmster Nervosität gewesen« seien. Das war die Rache für die Dolchstoßlegende: Ludendorff als der Schuldige an Deutschlands quasi-bedingungsloser Kapitulation! Tatsächlich zeigte der Generalquartiermeister im Herbst 1918 alle Symptome schwerer Nervosität und war vorübergehend in nervenärztlicher Behandlung.[145] Immerhin befähigte ihn die nervöse Seite seines Wesens dazu, Deutschlands militärische Situation als so aussichtslos zu begreifen, wie sie war, und zwar zu einem Zeitpunkt, als die deutschen Armeen noch tief in Frankreich standen und den Krieg noch einige Zeit hätten weiterführen können. Insofern kann man sagen, daß Ludendorffs Nervosität nicht die deutsche Niederlage verursacht, aber den Deutschen vermutlich Hunderttausende an Toten erspart hat. Aber auch dieser Neurastheniker vermochte in seiner Schwäche keine Begabung zu erkennen, ja nicht einmal zu ihr zu stehen: Ausgerechnet er, der am besten wußte, daß das deutsche Heer im Herbst 1918 am Ende war, gehört zu den Urhebern der Dolchstoßlüge: jener Mär, die deutsche Wehrmacht sei nicht im Felde besiegt, sondern durch die »Roten« von hinten erdolcht worden.

Die Kriegserfahrung hätte an und für sich – das erkennt man bei Hellpach – durchaus zur Weiterentwicklung der Neurasthenielehre führen können. Tatsächlich beschleunigte sie jedoch den Niedergang dieses Krankheitskonzepts. Dieser Prozeß begann schon während der letzten Vorkriegsjahre; auch hier bestärkte der Krieg mehr eine bereits bestehende Tendenz, als daß er neue Denkanstöße gebracht hätte. Zwar lebte die Diagnose »Neurasthenie« in der ärztlichen Praxis noch über Jahrzehnte fort; aber das Thema verlor seine wissenschaftliche Attraktivität. Die Lehre von der Nervenschwäche galt nun als die Ausgeburt einer weit- und weichherzigen Zeit, die es in der Psychiatrie und Neurologie ebensowenig wie in der Politik zu harten und scharfen Positionen gebracht hatte; und diese Sichtweise war nicht einmal so falsch. Aber nach Niederlage und Verarmung glaubte man sie sich nicht mehr leisten zu können. »Niederbruch und Umsturz«, meinte Hellpach später, hätten die »eigentliche Auswertung« der Erfahrungen mit der »Kriegsneurasthenie« »verschüttet«; im Ausland sei seine Monographie mehr beachtet worden als im Reich.[146]

Otto Dornblüth, der 1911 das letzte große Handbuch über Neurasthenie und Hysterie herausbrachte, begann es noch mit der Feststellung, diese beiden Krankheiten würden »an Bedeutung weder in wissenschaftlicher noch in praktischer Beziehung durch irgendein anderes Krankheitsbild übertroffen«. Als Begründer des »Klinischen Wörterbuches« besaß er den besten Überblick. Max Laehr jedoch bemerkte schon 1909, daß die Hysterie und Neurasthenie »neuerdings an Wertschätzung außerordentlich eingebüßt« hätten. Karl Bonhoeffer erkannte 1911 sogar einen »Prozeß des Verschwindens der Neurastheniediagnose«, zumindest innerhalb der von Wissenschaftlern geleiteten Nervenkliniken. In den USA sprach der Neurologe Charles Dana, einst eine Neurasthenie-Autorität, schon 1904 vor der Boston Society of Psychiatry and Neurology über »The Partial Passing of Neurasthenia«. Ein Kollege nahm 1905 den Ball auf mit dem Referat »The Coming of Psychasthenia«: Das war die begriffliche Konsequenz aus der Psychisierung der Nerven, die in Frankreich schon Janet vollzogen hatte.[147]

Der Niedergang des Neurastheniekonzepts war vor und nach dem Ersten Weltkrieg ein internationaler Prozeß. Zum Teil hatte er Ursachen innerwissenschaftlicher Art: Die Zeit der noch tastenden Offenheit war in der Psychiatrie und Neurologie mehr und mehr vorbei; Begriffe wie »Nervosität« und »Neurasthenie« paßten in den sich ausdifferenzierenden Fachjargon immer schlechter hinein. Insofern erklärt sich das Absinken dieser Begriffe als ein Phänomen wissenschaftlicher »Modernisierung« und Professionalisierung. Damit ist nicht gesagt, daß es sich dabei auch um einen Fortschritt in der Erkenntnis der Wirklichkeit handelte: Bis heute haben die alten weiten Begriffe wie »Nervosität«, »Melancholie« und »Irresein« ihre praktische Brauchbarkeit nicht verloren. Wenn Andrew Scull einen Nutzen des Geschichtsbewußtseins in der Psychiatrie darin erblickt, daß es uns skeptischer mache gegenüber vermeintlichen »intellektuellen Durchbrüchen« der neueren Zeit[148], so bieten die angeblichen Erkenntnisdurchbrüche des Ersten Weltkrieges in der Nervenlehre dafür ein gutes Beispiel. Die spätere Art, die Neurasthenie lächerlich zu machen, beruhte nicht selten auf mangelnder Kenntnis der älteren Literatur.

Die aufsteigende Psychoanalyse nahm aus dem Spektrum der neurasthenischen Erscheinungen die sexuell motivierten und durch Verdrängen dramatisierten Neurosen für sich in Beschlag; auch darunter litt die Attraktivität der Neurasthenie. Der schon unter dem Eindruck Freuds stehende Ludwig Binswanger, ab 1910 der Leiter von »Bellevue«, bemühte sich nicht mehr um das Neurastheniekonzept, sondern führte statt dessen den »ideenflüchtigen Menschen« ein. Immer mehr zogen die psychogenen Neurosen das Interesse von den durch äußere Einwirkungen hervorgerufenen nervösen Störungen ab. In der inneren Medizin vegetierte ein Teil von dem, was man früher »Neurasthenie« genannt hatte, als »vegetative Dystonie« fort: Noch um 1960 galt diese als das »spezifische und verbreitetste Übel unserer Zeit«, aber auch als die deutsche Verlegenheitsdiagnose schlechthin.[149]

Seit den 1930er Jahren erlebte der Neurastheniebegriff vor allem in Frankreich und Osteuropa eine Renaissance. In Jugoslawien war die Neurasthenie noch 1990 vor Ausbruch des Bürgerkrieges eine sehr häufige Diagnose, und ein Psychiater der Universität Belgrad führt ihre Verbreitung auf »akkumulierte soziale Frustration« zurück. Auch in Mexiko und in anderen lateinamerikanischen Ländern wurden die »Nerven« als Ursachen psychosomatischer Beschwerden, die mit dem sozialen Umfeld zu tun haben, in der Alltagssprache populär, wenn auch mit unterschiedlichen Bedeutungsnuancen: Selbst in Costa Rica bedeuten die »Nerven« nicht ganz das gleiche wie in Guatemala. Aber immer noch erweisen sich Wortbildungen mit den »Nerven« als besonders geeignet, um moderne Leidenserfahrungen auf den Begriff zu bringen, und zwar auch in einer gewissen Unabhängigkeit von den jeweils herrschenden medizinischen Lehren.

Besonders auffällig ist die neuerliche Ausbreitung des Neurasthenie-konzepts in Ostasien, die in Japan schon in den 30er Jahren begann. Allein als Nachahmung des Westens erklärt sie sich nicht; denn zu jener Zeit war die Neurasthenielehre in Europa und den USA längst im Niedergang. Um die Jahrhundertwende hatte man in Deutschland geglaubt, der ferne Osten sei gegen die Nervenschwäche gefeit. Heute dagegen genießt der Neurastheniebegriff in Ostasien ein wissenschaftliches Ansehen wie sonst nirgends auf der Welt; ein Psychiater aus Shanghai vertrat 1989 auf internationalem Parkett die »Notwendigkeit, das diagnostische Konzept der Neurasthenie beizubehalten«. Ein anderer Psychiater chinesischer Herkunft hält es für eine »Tatsache«, daß »für die chinesische Bevölkerung Neurasthenie das Vehikel wurde, um extreme politische, soziale und physische Belastungen während der späten 50er Jahre auszudrücken«, also während der Zeit des »Großen Sprunges« und der dadurch verursachten wirtschaftlichen Katastrophe.[150]

In Westdeutschland und in den USA galt der Neurastheniebegriff nach 1945 endgültig als überholt. Die Frage, ob man den Begriff beibehalten oder aus dem medizinischen Vokabular verbannen sollte, kam 1963 auf einer Genfer Konferenz über die Klassifizierung der Geisteskrankheiten zur Sprache; der bundesdeutsche Begriffskatalog kannte die Neurasthenie nicht mehr, während die Sowjetunion, Frankreich, die Tschechoslowakei und Polen für deren Beibehaltung plädierten. Die American Psychiatric Association strich den Begriff 1979 offiziell aus ihrem Vokabular. Seit den 1980er Jahren wird im anglo-amerikanischen Raum das »Chronic-fatigue«-Syndrom als Wiederauferstehung der alten Neurasthenie gedeutet; aber es handelt sich dabei doch nur um eine armselige Schwundstufe jenes alten Leidens, das zugleich eine Angstlust und ein Kulturzustand gewesen war![151] Der wirkliche Nachfolger der Neurasthenie wurde der Streß.

In Deutschland sah sich die Neurasthenielehre nach 1918 nicht nur der

Konkurrenz der Psychoanalyse mit ihren aufregenden Traumdeutungen, sondern auch der der stocknüchternen »Psychotechnik« gegenüber, die auf Hugo Münsterberg zurückging: den deutschamerikanischen Industriepsychologen, der von sich zu behaupten pflegte, er habe nie einen Traum gehabt. Die Psychotechnik definierte das ganze Problem im industriellen Interesse um: Die Hauptfrage war nicht mehr die, welche nervösen Störungen von bestimmten Arbeitsbelastungen hervorgerufen werden, sondern auf welche Weise man unter den Bewerbern diejenigen auswählt, die mit den Arbeitsbelastungen zurechtkommen. Der Taylorismus baute auf den Auslesetests der experimentellen Psychologie auf. Dieser hemdsärmelige Umgang mit den Problemen brachte jedoch einen Rückschritt hinter bereits gewonnene Erkenntnisse der Arbeitspsychologie. Die chronische Auswirkung der Arbeit auf die Beschäftigten, die stark von deren Identifikation mit der Arbeit abhing, wurde von der »Psychotechnik« nicht erfaßt, ja sie war als Problem gar nicht existent. Der sächsische Arbeitsminister Held machte die Neurasthenielehre nach 1918 zu einem Argument gegen den Taylorismus.[152] Taylor ging davon aus, daß es in den Arbeitsprozessen noch viel zuviel leere Zeit und versteckte Bummelei gebe: In diesem Punkt vertrat er die Gegenposition zu der These vom »nervösen Zeitalter«!

Im Vergleich zur Vorkriegszeit war die Nervositätsliteratur der 20er Jahre alles in allem nur ein Nachklang, obwohl die Veränderung der Arbeitswelt sehr viel neues Material geboten hätte. Etwas stärkere Beachtung fanden die von der Rationalisierung drohenden psychischen Schäden in Kreisen der radikalen Linken. Die kommunistische Zeitschrift »Die Linkskurve« veranstaltete 1930 ein Preisausschreiben proletarisch-revolutionärer Nachwuchsautoren; den ersten Preis bekam ein 21jähriger Schaufensterdekorateur für ein Gedicht »Das Fließband«, dessen Leitmotiv in der nervenzerstörenden Wirkung der Fließarbeit bestand. »Das Fließband rollt und zieht vorbei / und frißt und zehrt die Nerven.«[153] Das automatisch laufende Fließband war jedoch damals in Deutschland noch recht selten, und das Gedicht, das den nervenzerreißenden Streß des Fließbandes in der Revolution kulminieren läßt – die Nervosität wird zur kollektiven Aggressivität! –, schildert mehr eine Vision als eine empirische Wirklichkeit.

Der Niedergang des Neurasthteniekonzepts in der Wissenschaft hieß allerdings nicht, daß das Phänomen selbst verschwunden wäre. Der Bedeutungsverlust resultierte jedoch wohl auch daraus, daß das »klassische« Erscheinungsbild der Neurasthenie, so wie man es aus der Zeit vor 1914 kannte, in der Kriegs- und Nachkriegszeit nicht mehr so häufig war. Schon in der letzten Vorkriegszeit hatte sich der Eindruck verbreitet, daß es sich bei der »Nervosität« vielfach um eine Übergangserscheinung handele, die nach gelungener Anpassung an eine gewandelte Umwelt wieder rückläufig werde. An das Großstadtleben gewöhnte man sich mehr und mehr; außerdem folgten auf das stürmische Wachstum vieler Städte Jahrzehnte der Stagnation: »Großstadt und Nervosität« war nicht mehr so wie zuvor ein aufregendes Thema. Auch das Bild der sexuellen Neurasthenie war nach 1918 nicht mehr ganz das gleiche: Wenn man auch die Breitenwirkung der sexuellen Liberalisierung in den 20er Jahren nicht überschätzen darf, so scheinen doch die mit der Sexualität verbundenen Ängste und nervösen Spannungen an Heftigkeit nachgelassen zu haben. Das Verhältnis zum Körper wurde weniger verkrampft; die Angst vor Syphilis ging zurück; die Kondome wurden billiger und besser und beseitigten den Zwang zum Coitus interruptus.

Aber längst nicht in jeder Hinsicht war der Wandel im Gesamtbild der nervösen Leiden nach 1918 erfreulich. War das »Hetzen und Jagen« vor 1914 vielfach nur eine Metapher gewesen, so wurde der Tempodruck in der Arbeitswelt der 20er Jahre schärfer; 1924 begannen die REFA-Zeitstudien. Seit dem Krieg waren die nervösen Herzleiden in starker Zunahme begriffen: In dieser härteren Zeit, als »Neurasthenie« für viele kein Ruhesignal mehr bedeutete, schlug die Nervosität mehr als zuvor aufs Herz. Die Fähigkeit zur Ruhe ließ nach; ein Verleger bemerkte nach 1918: »Der Weltkrieg hat uns allen so an den Nerven gezerrt..., daß uns ›ruhige Romane‹ der hergebrachten Art nicht mehr genügen.« Der gesamte Sprachstil wurde durch den Krieg härter, lakonischer und unsentimentaler. In sehr vielen Zeitzeugnissen spürt man den verdüsterten Horizont. Während die wilhelminische Neurasthenie ein ausgeprägtes Element manischer Hochstimmung enthielt, überwog in der Kriegs- und Nachkriegszeit das depressive Gesamtbild.[154]

Praktisch brauchbar war der Neurastheniebegriff in den 20er Jahren nach wie vor, und sein sinkendes wissenschaftliches Prestige tat seiner Verbreitung in den Kliniken und Heilstätten noch lange Zeit keinen Abbruch. In Roderbirken, wo man sich anfangs meist mit der Diagnose »Nervosität« begnügt hatte, begegnet der Begriff »Neurasthenie« nach 1918 sogar öfter als früher. Hatte die Dresdner Hygieneausstellung von 1911 im Prospekt die »Modekrankheit« Nervosität nur ironisch erwähnt, so widmete diejenige von 1930 dem »Problem der Nervosität« eine ganze Wand im Eingangsbereich der »seelischen Hygiene«. Dem Katalogtext zufolge lebte man nach wie vor im »Zeitalter der Nervosität«. Ein Arbeitsmediziner hielt es 1930 für Tatsache, daß die »echte«, nämlich exogene, Neurasthenie als Folge erhöhter Arbeitsbelastung »viel häufiger« sei »als vor dem Kriege«. Eine medizinische Dissertation von 1927 vertritt die Auffassung, die Inflation habe »zur Verbreitung der Neurasthenie gewaltig« beigetragen. Dieser Hinweis ist glaubwürdig; die Inflation bedeutete in der Tat eine tiefe und nachhaltige Erschütterung für jene breiten Schichten, deren Sicherheitsgefühl sich zu einem gut Teil auf Ersparnisse gründete. Wie sich ein englischer Beobachter später erinnerte: »Jeder konnte damals in Deutschland sehen, daß ein Zustand nervöser Erregung alle Klassen der Gesellschaft ergriff.«

Auch in der Zeit der Weltwirtschaftskrise wimmelte es von nervösen Störungen, die vor allem ganz triviale wirtschaftliche Ursachen hatten. Mörchen seufzte 1933, dem Nervenarzt komme »in der Sprechstunde von heute nur zu oft der Gedanke«, daß ein Scheck von mehreren tausend Mark den Patienten wirksamer kurieren würde als die beste »Medizin«.[155] Aber natürlich konnten die Ärzte mit solchen Gedanken nichts anfangen; exogene Nervositäten dieser Art waren für die Wissenschaft uninteressant.

Die psychische Interpretation der Neurasthenie, die schon lange vor 1914 begonnen, aber durch den Krieg einen gewaltigen Auftrieb erhalten hatte, lenkte von einer Untersuchung der psychischen Folgen des technischen Wandels in den 20er Jahren ab. In der bahnbrechenden Berufskrankheitenverordnung von 1925 kamen Nervenkrankheiten nicht vor. Nur in einem Extremfall wie den nervösen Störungen der Preßluftarbeiter wurde das RVA konzilianter und öffnete eine Möglichkeit, die Nerven den Muskeln zuzuschlagen, deren Schädigung einklagbar war. Grundsätzlich galt jedoch das im Kampf gegen die traumatische Neurose aufgebaute Standardargument, funktionelle Nervenkrankheiten seien »von der Entschädigung ausgeschlossen«, da sie »psychogen bedingt« seien.[156] Der ungarische Psychiater Szondi versuchte, auf Endokrinologie und Konstitutionslehre gestützt, die Neurastheniforschung durch Wiederaufnahme des somatischen Denkansatzes neu zu beleben, blieb dabei jedoch isoliert, während ein anderer ungarischer Mediziner, Hans Selye, in der Folge als Emigrant mit seinem strikt somatisch begründeten »Streß«-Begriff eine Weltwirkung erzielte.

Das Streßkonzept unterschied sich ursprünglich, so wie es ab 1936 von Selye in Kanada eingeführt wurde, in mehrfacher Hinsicht radikal von der alten Neurasthenielehre; und diese Unterschiede betrafen genau das, was Selye als seine genialen Ideen empfand. Die Neurasthenie äußerte sich – für den modernen Mediziner sehr unbefriedigend – im Körper in diffusen und unspezifischen Symptomen; einen körperlichen Ursprung fand man nie. Selye dagegen vermochte seinen Streß im Organismus exakt zu lokalisieren; in den »Streß-Hormonen«, die vor allem von der Nebenniere gebildet werden. Zugleich wischte er das ewige Rätselraten über das Vorwiegen dieser oder jener Ursache vom Tisch und erklärte die Unspezifik der Ursache zum Wesen des Streßvorgangs. »Ein Schlag mit der Peitsche und ein leidenschaftlicher Kuß können den gleichen Streß erzeugen!« Damit erledigte sich zugleich die Frage nach der Modernität: Streß gab es nach Selye zu allen Zeiten, und nicht nur bei Menschen, sondern auch bei Ratten. Streßreaktionen sind für ihn im Prinzip nichts Krankhaftes, sondern ein integraler Bestandteil des Lebens; in diesem Punkt ähnelt Selyes Streßtheorie der Reizlehre der romantischen Medizin.[157] Es gibt allerdings einen Unterschied von gesundem und schädlichem Streß (»eustress« und »distress«), und bei diesem Unterschied spielt die eigene Einstellung zu den »Stressoren« – also etwa zur Berufsarbeit – eine entscheidende Rolle. Zumindest für den, der Küsse lieber mag als Peitschenhiebe, wäre das eine also doch nicht wie das andere.

Während der Erste Weltkrieg den Niedergang der Neurasthenielehre beschleunigte, gab der Zweite Weltkrieg dem Streßkonzept den entscheidenden Schub. Damals wurde der Bomberpilot zum Prototyp des Gestreßten und zum Lieblingskind der Streßforschung, obwohl der Streß auf seiten seiner Opfer vermutlich viel schlimmer war. Militärische Interessen, die in der Neurastheniegeschichte fast völlig fehlen, spielen bei dem steilen Aufstieg des Streßkonzepts eine Schlüsselrolle. Dementsprechend war das Ziel zunächst eng gesteckt: Es bestand nicht in der Glücks-, sondern in der Funktionsfähigkeit. Reaktionsschnelle war kein bedenkliches Zeichen, sondern eine Tugend.[158]

Zwischen einem typischen wilhelminischen Neurastheniker und einem modernen »Streß-Typen« besteht zunächst ein eklatanter Unterschied: Der erste litt unter Willensschwäche und mangelnder Arbeitsenergie; in den Heilstätten ging er mit seiner Zeit in einer heute kaum mehr vorstellbaren Großzügigkeit um – dafür blieben ihm schwere Herzleiden im allgemeinen erspart. Auf das typische Streßopfer trifft in jeder Hinsicht das Gegenteil zu. Allerdings hatten auch die Neurastheniker der Jahrhundertwende häufig lange Streßphasen hinter sich, und den durch dauernde Anspannung gezeichneten Streßtyp gab es schon damals nicht selten. Auf der anderen Seite sind auch heute die, die am lautesten über Streß klagen, nicht immer diejenigen, die sich tatsächlich überarbeiten. Die Hektik ist längst zum wichtigtuerischen Habitus geworden. Wie schon Selye mißbilligend bemerkte, näherte sich der Streßbegriff in seiner alltagssprachlichen Bedeutung der alten »Nervosität«; damit bestätigte er erneut den Bedarf nach einem solchen Begriff.[159]

Ähnlich wie einst die Neurasthenie, so erfuhr auch der Streß im Laufe der Zeit eine Psycho- und Soziologisierung. Damit teilte er das Schicksal aller früheren psychosomatischen Krankheitsbegriffe: ob der Melancholie, der Hypochondrie, der Hysterie oder der Spinalirritation. Man nahm bestimmte gesellschaftliche Stressoren genauer ins Visier; auch beim Streß setzte sich die Meinung durch, daß er als Massenphänomen typisch modern sei.[160] Wie einst bei den Neurasthenikern, so entdeckte man auch bei den Gestreßten, daß Krankheit und Heilung wesentlich an der inneren Einstellung hingen. Im übrigen wurde die Atmosphäre der Streßforschung im Lauf der Nachkriegszeit humaner und am Ende ähnlich sensibel wie einst die Beschäftigung mit den Klagen der Nervösen. Auch erfuhr der Streß eine ähnliche »Demokratisierung« wie früher die Neurasthenie. In den 50er Jahren wurde er in der Bundesrepublik als »Managerkrankheit« rezipiert; in den 70er Jahren dagegen rückte die Streßbelastung auch der Arbeiter und sogar der Schulkinder ins deutsche Blickfeld.

Merkwürdig: Während die deutsche Rezeption der amerikanischen Neurasthenie um 1880 blitzschnell erfolgte, brauchte der amerikanische Streßbegriff mehrere Jahrzehnte, bis er im deutschen Alltag heimisch wurde. Ein erster Schub begann um 1957, als mit Kohlekrise, Sputnikschock, Inkrafttreten der EWG und dem Ende der Wiederaufbauära eine allgemeine Verschärfung der Konkurrenz wahrgenommen wurde. Damals wirkten die nervösen Leiden wieder wie ein neues Thema ohne lange literarische Tradition. Zur gängigen Münze wurde der »Streß« jedoch erst in den 70er Jahren: nun aber so gründlich, daß Außenbeobachter anfingen, sich über den deutschen »Schtreß« lustig zu machen.[161] Inzwischen war die Seelenlage der Bundesdeutschen der ihrer wilhelminischen Vorfahren ähnlicher geworden, ja in mehrfacher Hinsicht wurde die bundesdeutsche Kultur überwilhelminisch: durch das historisch nie dagewesene Wachstum der Konsum- und Reisemöglichkeiten und die Ablösung der großen und handfesten Gefahren durch diffuse und unübersichtliche Risiken. Heutige Streßerfahrungen sind ein nachträglicher Hinweis darauf, daß die Neurasthenie vor 1914 kein bloßes Phantom gewesen sein kann. War auch das Gesamtbild der alten Neurasthenie zeitgebunden, so enthält es doch Züge, die über die besondere historische Situation hinausreichen und auf eine anthropologische Tiefendimension dieses Phänomens hinweisen. Da die Entwicklung der industriellen Zivilisation nicht stillsteht, ist auch das Anpassungsproblem nie ein für allemal erledigt; und auch eine endgültige Lösung aller mit der Sexualität verbundenen Spannungen ist nicht in Sicht.

Kämpfen und Lachen: Das Trugbild
vom Endsieg über die Nervosität

DIE NERVOSITÄTSLITERATUR VOR 1914 kannte im allgemeinen keine »starken« und schon gar keine »stählernen« Nerven; für den Neurologen gab es ohnehin keine Nerven aus Metall. Das Vorkriegsschrifttum ging in der Regel davon aus, daß eine Radikalkur gegen die Nervosität nicht existierte und man mit durchschlagenden Erfolgen nicht rechnen durfte. Wenn man es für gegeben hielt, daß die Nervosität ein Produkt ererbter Anlagen und der gesamten modernen Zivilisation sei, dann bestand wenig Aussicht auf einen totalen Sieg über diese Schwäche. Die meisten Autoren vermieden es, dem Neurastheniker als leuchtendes Vorbild den nervenstarken Menschen vor Augen zu halten; denn in der Logik der damaligen Nervenlehre wäre dieses Vorbild für den Nervenschwächling unerreichbar gewesen und hätte seine Minderwertigkeitsgefühle nur verstärkt. Otto Binswanger bekundete 1896 seinen Widerwillen gegen »jene gewalttätigen, brutalen Kraftmenschen von Nietzsche«; er hatte den wahnsinnigen Philosophen selbst behandelt und durchschaute den pathologischen Hintergrund der Lehre vom »Übermenschen«.[162]

In der Nervenheilstätte »Bellevue« war es der zum Größenwahnsinn neigende Ingenieur, der von sich sagte, er »biege Stahl wie Nichts« und sei »in der Hüftgegend zum Goliath geworden«. Manische Phasen, in denen die Neurastheniker sich überforderten, zeugten von keiner Überwindung des Leidens, sondern bereiteten eher den nächsten Schub vor. Das Ideal der »stählernen Nerven« kam von außerhalb der Medizin: von dem heroischen Leitbild, dem sportlichen Rekordehrgeiz und auch von dem Reklamebedürfnis mancher Heilstätten und Heilpräparatehersteller. Wer der Meinung war, daß Suggestion und Willen bei der Nervosität alles vermochten, der konnte an die Wirksamkeit eines möglichst suggestiven Ideals glauben. Ernst Neumann versprach am Ende seines aus lauter numerierten Geboten und Kernsprüchen zusammengesetzten Nervenevangeliums: »Und eines schönen Morgens wirst Du Dich ... in Deiner Vollkraft recken und strecken, ... und jubelnd wirst Du's ausrufen: Ich habe das Glück gefunden!«[163]

Marcinowski, ärztlicher Leiter und dann auch Besitzer des Sanatoriums Schloß Tegel bei Berlin, brachte in mehreren Auflagen eine Broschüre »Im Kampf um gesunde Nerven« heraus, die nicht zuletzt der Werbung für seine Heilstätte diente und als Lohn des Kampfes den Sieg verhieß. Führe auch der Weg der Heilung – so der Autor – wie eine Bergtour an schwindelnden Abgründen vorbei: »am Ziel wohnt Gesundheit und Glück«. Der kämpferische Ton steigert sich in den Vorworten von

Auflage zu Auflage. »In hundert Schlachten hat sich mir dies Rüstzeug im Kampf um gesunde Nerven bewährt.« Man solle zu der »Überzeugung« kommen, »daß zur Vernichtung der Nervosität unserer Zeit nur das Eine taugt: Ein starkes Geschlecht«. Die konkreten Ratschläge des Buches können schon durch ihre Widersprüchlichkeit nervös machen: Das eine Mal predigt der Autor das Nichtwollen und Sichentspannen, das andere Mal die »eiserne Selbstzucht« und das »Vorwärts und durch!«.[164] Zum »Kampf« – »um bessere Nerven und größere Leistungsfähigkeit« – rief 1913 auch der Zürcher Autor Otto Schär auf; die Titel seiner späteren Nervenbroschüren zeigen eine weitere Steigerung im therapeutischen Optimismus: »Los von der Nervosität« (1914); »Warum noch nervös?« (1916) und schließlich »Die Stählung der Nerven im Kurzverfahren« (1932). »Heraus mit den Schmarotzern unserer Lebensenergie!« forderte er schon 1913. Seine Methoden waren jedoch weder militant noch schmerzhaft: So empfahl er das Tanzen als »ideales Verjüngungsmittel« und die Freude als eine »Waffe im Lebenskampfe«. Und er schwärmte besonders für die Heilkraft des Lachens.[165] Vor 1914 konnte man mit »Kampf« und »Waffen« noch so heitere Assoziationen verbinden!

Der Glaube an einen endgültigen Triumph über die Nervosität kursierte nicht nur im Umkreis völkischer Regenerationsideen; auch die Lebensreformbewegungen und der Sozialismus hegten diese Zuversicht. Der Amerikaner Edward Bellamy versetzte in seinem Zukunftsroman »Looking Backward« (1888), der vielen Sozialisten ihre konkrete Utopie gab, einen hochnervösen Menschen der 1880er Jahre in eine staatssozialistische Welt des Jahres 2000, die ihm einen seligen Schlummer beschert, wie er ihn nie gekannt hatte. Auch Bebel erwartete vom Sozialismus die Überwindung der Nervosität. Bert Brecht begeisterte sich 1927 für ein Gedicht aus einem Radsportblatt, das einen amerikanischen Radrennfahrer als stählernen Übermenschen glorifizierte: »Dicke Kabelstränge seine Nerven wären/Hochgespannt mit Volt-Kraft und Ampèren.« Und er erklärte bei dieser Gelegenheit den »feinen, verträumten Menschen« des Bildungsbürgertums seinen Abscheu.[166] Für viele Sozialisten waren die typischen Neurastheniker ein Auswurf bürgerlicher Dekadenz.

Die Zuversicht, alle Nervenschwäche durch Aktivität und Willenskraft überwinden zu können, besaß im übrigen etwas Generationstypisches: Sie charakterisierte besonders die, die ihre entscheidende Prägung kurz vor 1914 und danach bekamen. Die Ärztin Käte Frankenthal, 1889 geboren und als Jüdin und Sozialistin zur Emigration gezwungen, schreibt in ihren Erinnerungen, als Kind habe sie »als nervös und ruhebedürftig« gegolten. »Ich mißbrauchte das oft, um meine Umgebung zu tyrannisieren und mich Pflichten zu entziehen, die mich langweilten.«

Sobald sie in Berlin ein Leben nach eigenem Geschmack führen konnte, verlachte sie die Ratschläge, daß sie mehr schlafen und gesünder leben müßte. Statt dessen lernte sie »boxen, fechten und Jiu-Jitsu«. »Ich prahlte mit meiner unverwüstlichen Gesundheit und Frische. ... Seit jener Zeit habe ich nie mehr einen Arzt gebraucht und nie mehr einen Gedanken an meine Gesundheit verschwendet. Die Pose unverwüstlicher Kraft hat dauernd die Pose überreizter Nerven ersetzt und hat mir viel im Leben geholfen.« Ein übermütiges Kraftgefühl, wie man es sich bei einer Frau der damaligen älteren Generation kaum vorstellen könnte! Ironisch berichtet sie von einem Jugendfreund, der »sich in hundert Theorien verlor« und sich darüber »zum vollkommenen Neurastheniker« entwickelt habe. Für eine deutsche Krankenschwester in der Ex-Kolonie Kiautschou war es 1933 klar, daß sie ihre quälende Nervosität auf aktivistische Art abreagieren müsse: »Ich kann einfach diese innere Nervosität im Hause nicht los werden.« Sie wollte in eigener Regie eine Poliklinik aufbauen; man ließ sie nicht; da ging sie zu den Nationalsozialisten.[167]

Der Glaube an den kommenden Endsieg über die Nervosität wurde selbst von deutschjüdischen Nervenärzten noch zu einer Zeit verkündet, als die deutschen Juden Grund zu größter Unruhe hatten. Besonders extrem und geradezu manisch findet er sich in dem von einem Dr. Paul Cohn verfaßten und einem Dr. Joseph Löwenstein gewidmeten Ratgeber für die »nervöse Seele«, der 1931 im Verlag des Dresdner Hygiene-Museums erschien. Maßstab und Ziel ist der »kraftgeladene« Mensch: »Sein Gang ist leicht und sicher; froh gelaunt, wie er ist, trällert er sein Liedchen. Mit sich ist er zufrieden; er hat das gesunde frische Selbstbewußtsein seines gesunden frischen Körpers. ... Er nimmt alles leicht; für ihn gibt es keine Schwierigkeiten, keine Reibungen.« »Der gesunde, seelisch starke Mensch ist seelisch auch immer jung. Seiner stets jungen Kraft erscheint das Leben unendlich, unübersehbar, wie die weite Fläche des Meeres, und jedes ›Morgen‹ erscheint ihm wie eine neue Verheißung.« Ein Jung-Siegfried-Ideal, wie man es in der wilhelminischen Nervenliteratur kaum irgendwo findet, als Traum eines jüdischen Nervenarztes im Deutschland von 1931! »Den ihm selbst unbekannten Helden im Nervösen zu erwecken«, erklärt er zur »Hauptaufgabe« der Behandlung. Es gebe »Nervenkönige und Nervenbettler«; die »Nervenherren« verstünden sich »ebenso auf den ersten Blick wie die Nervensklaven«. »Der Nervenstarke braucht nur zur Welt zu kommen und ist fertig; dem nervenschwachen Geborenen hilft die ganze mühselige Arbeit eines ganzen Lebens oft so gut wie nicht.« Therapeutischer Überoptimismus und Verachtung der Nervösen liegen nahe beieinander![168]

Der Nationalsozialismus trieb eine bizarre Angst-Lust-Mischung bis

zum Extrem. Auf der einen Seite ein Abgrund von Angst – vor Rassen-
fäulnis und dem Sieg des Untermenschen –, auf der anderen Seite eine
Begeisterung und brutale Begehrlichkeit, getragen von dem Gefühl, daß
das Glück zum Greifen nah ist. Bei alledem enthielt die NS-Bewegung in
Ideologie und Aktionsstil in einem Maße wie keine große politische Bewegung vor ihr ein ausgeprägtes psychologisches Kalkül; tatsächlich war
sie in wesentlichen Punkten auf dem neuesten Stand der Psychologie
ihrer Zeit. Zentral für die NS-Mentalität war die Überzeugung von der
Allmacht des Willens. Man kann den Eindruck gewinnen, daß dieser
Glaube gerade für viele junge und aktive NS-Gefolgsleute noch fundamentaler war als ideologische Dogmen. Das Grundaxiom war: Da die
meisten Menschen für sich allein zu schwach seien, brauchten sie zur
vollen Kraftentfaltung den kollektiven Willen ihres Volkes, und der
werde durch die suggestive Kraft willensstarker Führernaturen mobilisiert. Uneinigkeit, Kräftezersplitterung, Zieldiffusion und das Hin und
Her der Diskussionen sind die schlimmsten aller Übel; Kraft entsteht aus
der »Gleichschaltung« und die fanatische Fixierung auf das gemeinsame
Ziel. »Bewegung« wird zum Zauberwort; in der Politik kommt es darauf an, durch die eigene Dynamik das Tempo selber zu bestimmen und
nicht zum passiven Objekt eines fremden Tempos zu werden. Dies kann
unter modernen Bedingungen nicht durch Ruhe, sondern nur durch eigene Motorik geschehen, ob im Frieden oder im Krieg. Der Nationalsozialismus war keineswegs generell ein Evangelium für Neurastheniker;
im Gegenteil: Die Neurasthenie konnte in nationalsozialistischer Sicht
ein Zeichen von Minderwertigkeit und hoffnungsloser Degeneration
sein. Aber er war eine Heilsbotschaft an solche Nervöse, die ihre »Nervosität« in bestimmter Weise empfanden und unter ihr litten. Wer sich
durch seine individuelle Freiheit mit ihrer Verantwortung und ihren
Entscheidungszwängen gequält fand, dem konnte in einem totalitären
Staat geholfen werden. Wer aus unterdrückter Aggressivität reizbar war,
der konnte unter dem NS-Regime manchen Aggressionen freien Lauf
lassen. Wer in der Angst lebte, seine Nerven durch Onanie, Coitus interruptus oder Syphilis zu ruinieren, der konnte Erlösung erhoffen von
einem Staat, der auf unbegrenztes Bevölkerungswachstum setzte und
zugleich behauptete, mit den Juden auch die Wurzel der Syphilis auszurotten. Die Vorkriegsliteratur hatte zwischen der erblich bedingten und
der durch die Lebensumstände hervorgerufenen Neurasthenie nur selten
eine scharfe Trennlinie gezogen; in vielen konkreten Fällen war das auch
gar nicht möglich. Die NS-Politik dagegen postulierte eine solche imaginäre Grenze. Dadurch stieß sie einen Teil der Nervenschwachen in die
Hoffnungslosigkeit; den anderen versprach sie Erlösung.

Bezeichnenderweise enthielt die Bibel des Nationalsozialismus – Hitlers »Mein Kampf« – kein Theoriegebäude, sondern vor allem eine Lebensgeschichte. So wie Hitler sich selbst darstellte, hatte er exemplarisch vorgelebt, wie er durch Großstadtdschungel und Krieg vom Kosmopoliten zum fanatischen Nationalisten und vom Muttersöhnchen zum stählernen Willensmenschen wurde. Manches war Selbststilisierung; aber den Kraftzuwachs durch den Krieg hat er gewiß empfunden. Noch im Februar 1914 war er wegen Schwäche für »waffenunfähig« und selbst für den Hilfsdienst untauglich erklärt worden! Bis zum Krieg war er ein Außenseiter und Sonderling; an der Front wurde er zum ersten Mal Mitglied einer Kameraderie; danach hatte er das Zeug zum Volksredner. Hitlers Bewunderer rühmten die magnetische »Willenskraft«, die der »Führer« ausstrahlte. In Kreisen seiner Gegner gab es schon früh Interpretationen, die ihn zum Psychopathen stempelten: zum Hysteriker, zum Megalomanen oder zum großmäuligen, aber handlungsschwachen Neurastheniker vom Schlage Wilhelms II. In jungen Jahren, als – wie Hitler schrieb – nach dem Tod seiner Mutter ihm »Frau Sorge zur neuen Mutter« wurde, mag er sich zeitweise als Neurastheniker empfunden haben: voll diffuser Ideen, aber ohne die Kraft zur Tat und auch ohne Erfolg im Beruf und bei Frauen. Aber als »Führer« konnte er im Bewußtsein leben, diese Neurasthenie ganz und gar überwunden zu haben. Als Max Planck sich im Frühjahr 1933 bei Hitler für jüdische Wissenschaftler einsetzte, schloß Hitler – so jedenfalls berichtet Planck – eine ablehnende Tirade mit den Worten: »Man sagt, ich leide gelegentlich an Nervenschwäche. Das ist eine Verleumdung. Ich habe Nerven wie Stahl.« Die Exaktheit des Berichtes, den Planck 1947 als 89jähriger verfaßte, wird heute in manchen Punkten bezweifelt; aber diese Hitlerschen Schlußsätze, die in dem Planck-Bericht unmotiviert dastehen, sind schwerlich erfunden. Sie zeigen, wie sehr es Hitler darauf ankam, jeden Neurasthenieverdacht von sich zu weisen, und wie gerade die antijüdischen Maßnahmen, durch die er sich zum Angriffsziel der liberalen Weltöffentlichkeit machte, für ihn ein Mittel waren, Nervenstärke zu demonstrieren – ähnlich wie früher selbst für Harden der Antisemitismus ein Zeichen von Mut gewesen war! Wenn Göring im Frühjahr 1933 verkündete, »wir« würden »die Nerven behalten«, so hieß das, daß das NS-Regime den Terror gegen Juden und Sozialisten fortsetzte. Das Hauptproblem beim Holocaust war für Himmler das Nervenproblem: In seiner berüchtigten Posener Rede vom 4. Oktober 1943 gab er zu verstehen, daß die »Nerven« in seinen Augen selbst für einen SS-Mann ein akzeptabler Grund waren, bei den Judenmorden nicht mitzumachen.[169]
Die »Nerven« waren kein typischer Bestandteil des NS-Jargons, der

den Menschen vor allem vom Blut her interpretierte. In diesem Menschenbild war die Nervosität nicht mehr essentiell. Aber auch der NS-
Deutsche war in Nervengefahr. Ähnlich gern zitiert wie der kaiserliche
»Nerven«-Aufruf von 1910 wurden die Worte, mit denen Hitler Robert
Ley, den Führer der »Deutschen Arbeits-Front«, mit der Gründung der
Freizeitorganisation »Kraft durch Freude« betraute: »Sorgen Sie mir
dafür, daß das deutsche Volk gesunde Nerven hat. Ich wünsche das, weil
ich ein gesundes und nervenstarkes deutsches Volk will – denn nur allein
mit einem Volk, das seine Nerven behält, kann man wahrhaft große Politik machen!« Das war die alte populäre Lehre, die die Nervenstärkung
mit Urlaubsreisen verknüpfte. Die politische Pointe war kein leeres
Wort: Hitlers außenpolitisches Kalkül ging nur dann auf, wenn
Deutschland kriegsentschlossen wirkte und das Ausland dadurch ein-
schüchterte. Goebbels feierte das Münchner Abkommen vom September
1938 in seinem Tagebuch als »Sieg der Nerven«, wobei er zugleich erkennen ließ, daß auch die NS-Führung mit ihren Nerven am Ende war.
Ley bekannte sich 1936 in einer Ansprache im Erholungshaus von Bayer-
Leverkusen als ein durch den Kampf geheilter Nervöser: »12 Jahre
Kampf, dann dürften wir gar keine Nerven mehr haben, und unsere
Nerven sind von Tag zu Tag besser geworden. Früher war ich so nervös.
Mein Gott..., was war ich ein nervöser Hampelmann, das war schrecklich, und heute bin ich so ruhig geworden, es regt mich rein gar nichts
mehr auf. Wenn mir einer sagt, da stürzt der Himmel ein, ja, nun laß ihn
stürzen, dahinter soll es ja noch viele viele Himmel geben, die genauso
schön sind.« Er beruft sich auf die Lehre, daß der Glaube Energie aus
dem Nichts entstehen läßt. Die nationalsozialistische Idee »füllt immer
neue Energien auf, je mehr Energie wir verbrauchen, um so mehr Energie gibt uns diese Idee«.[170]

Viele andere jedoch, die keine Führerprivilegien genossen, machten
nicht die Erfahrung, durch Willensanspannung ihre Leistungsfähigkeit
beliebig steigern zu können. Karl Fahrenkamp, ein Kardiologe mit bis in
die Vorkriegszeit zurückreichender Berufserfahrung, führte nach sieben
NS-Jahren ungeachtet seiner Bekenntnisse zum Nationalsozialismus bewegte Klage darüber, daß es ab 1933 kaum jemand mehr wage, sich wegen
einer »Herzneurose« krank zu melden. So rasch hatte es sich herumge-
sprochen, daß es nicht mehr ratsam war, mit einem Leiden in die Akten
zu kommen, das als Zeichen von Minderwertigkeit und »Drückebergerei« gelten konnte! Fahrenkamp kritisierte, der »junge forsche Arzt«
schüchtere schon durch seine ganze Art den Patienten ein. Nachdrücklich
hob er hervor, die Herzneurosen – funktionelle Störungen der Herztätig-
keit ohne erkennbaren organischen Herzfehler – beruhten in vielen Fäl-

len nicht auf Einbildung, sondern seien oft das erste Anzeichen eines ernsten Herzleidens. Leider müßten solche Menschen, denen eine Herzkrankheit drohe, »von Arzt zu Arzt erfahren«, »daß sie wertlose Volksgenossen sind, wenn sie nicht durch eine Willensanstrengung ihre neurotischen Beschwerden aufgeben«. Man merkt die Auswirkungen der Willenslehre auf die vom Ersten Weltkrieg geprägte Ärztegeneration! Fahrenkamp empört sich darüber, wie »nur nervös« in »unzähligen Fällen« zu einer leichtsinnigen Bagatellisierungsformel verkommen sei. In Wirklichkeit seien es oft gerade die leistungsorientierten Menschen, die unter neurotischen Beschwerden litten: Der moderne Streßtyp kündigt sich an. Das Ergebnis sei ein dramatischer Anstieg schwerer Herzerkrankungen seit 1933 als Folge der abrupt gewachsenen Tendenz zur Selbstüberforderung.[171]

Während sich der Erste Weltkrieg ohne Absicht zum Krieg der Nerven entwickelte, wurde der Zweite Weltkrieg von Hitler als »Nervenkrieg« entfesselt. Der französische Historiker Marc Bloch glaubte aus eigenem Erleben, die deutschen Luftangriffe hätten »eine profunde Kenntnis der Empfindlichkeit des Nervensystems und der Mittel, es zu erschüttern«, verraten. Er schildert die Deutschen von 1940 als ein Volk, das sich das moderne Tempo virtuos zu eigen gemacht hat, im Gegensatz zu den in der alten Langsamkeit verharrenden Franzosen. Herrschaft durch Geschwindigkeit und durch Nerventechnik: Eine Zeitlang erfüllte Hitler diesen wilhelminischen Traum. Als »Nervenkrieg« fungierte für Hitler am meisten der Luftkrieg. Es dauerte nicht lange, da galt das gleiche für die deutschen Gegner: »Bomber-Harris«, der Chef der britischen Luftwaffe, rechtfertigte das Flächenbombardement deutscher Wohnviertel mit dem Ziel, Deutschland »physisch zu schwächen und nervlich zu erschöpfen«.[172]

Die Idee, daß die Deutschen – ausgerechnet sie! – zum Endsieg über die Nervosität prädestiniert seien, lag nach 1945 so fern wie nur möglich. Kein Geringerer als Adenauer hielt die Deutschen, wie ein Biograph schreibt, für ein »krankes Volk« mit einer beunruhigenden »Neigung zum Wunschdenken, zum Rauschhaften«. Der greise Kanzler selbst wirkte nach außen »scheinbar nervenlos«; aber er schrieb 1951 seinem Internisten: »Sie wissen, daß hauptsächlich meine Nerven derjenige Teil meines Körpers ist, der mir Schwierigkeiten macht.« Rudolf Augstein nimmt diese Äußerung als Adenauersche »Selbsterkenntnis« ernst. Ganz auf wilhelminische Art sah Adenauer die moderne Zeit durch zunehmenden »Nervenverschleiß« gekennzeichnet und glaubte, jeder zwölfte Amerikaner sei infolge des hohen Arbeitstempos geisteskrank.[173] Adenauer war für seine Person gewiß kein Neurastheniker; aber seine gesamte Außenpolitik verkörperte den Horror vor der »politischen Neurasthenie« der wilhelminischen Ära: der unsteten und unzuverlässigen Zickzack- und Schaukelpolitik. Aber es gab bei ihm wohl noch eine andere Art der Vergangenheitsbewältigung: daß er sich nämlich zu seiner Angst bekannte. Heute wissen wir, daß Adenauers Furcht vor einem Atomkrieg nicht geringer war als die der Anti-Atomtod-Bewegung, und daß der Kanzler die atomare Strategie der USA nur widerstrebend mitmachte. Es ist nicht auszuschließen, daß seine Nervenprobleme, deren er sich nicht schämte, ein Element der Friedenssicherung waren.

Nicht umsonst wurde »Angst« im Anglo-Amerikanischen zu einem Germanizismus; die diffuse, nicht auf eine bestimmte Bedrohung bezogene Furcht gilt in neuerer Zeit als Charakterzug der Deutschen. Er wurde gewiß durch die Weltkriege bestärkt, knüpfte aber an die ältere mentale Tradition des »nervösen Zeitalters« an. Zwar hatte der Zweite Weltkrieg anders als der Erste keine große Zahl von »Kriegszitterern« hervorgebracht; aber er hatte auch keine Willenseuphorie hinterlassen: Dazu war die Macht des Willens vom NS-Regime allzusehr strapaziert worden und der nachfolgende Absturz zu tief gewesen.[174] Aber wenn sich die Deutschen nach 1945 über eigene Schwächen nicht mehr viel vormachten, so hinderte sie das nicht daran, nunmehr eine weit größere ökonomische Energie zu entfalten als nach 1918.

Mit dem Verschwinden der Kriegs- und Nachkriegsmentalität gewann der Seelenzustand der Westdeutschen wieder mehr Ähnlichkeit mit dem der Zeit vor 1914, nur daß eine Wende zur nationalen Militanz beim Umgang mit psychischen Spannungen jetzt nur noch sporadisch vorkam. Eine ganze Reihe von Entwicklungen, die sich erstmals – mit beeinflußt vom Nervendiskurs – um die Jahrhundertwende abgezeichnet hatten, wurden im Lauf der Nachkriegsjahrzehnte zu einem Dauerbestand der deutschen Kultur. Der Urlaub als Gegengewicht gegen eine relativ hohe Arbeitsdisziplin wurde ausgedehnter als in den meisten anderen Industrieländern. Die Versicherungen kamen für Kuren auf, mit dem Effekt, daß das Kurbadewesen im deutschsprachigen Raum mit weitem Abstand üppiger floriert als irgendwo anders auf der Welt. Obwohl die Nationalsozialisten die Freudsche Psychoanalyse vertrieben, gibt es ein halbes Jahrhundert nach Kriegsende in der Bundesrepublik mehr Plätze für stationäre Psychotherapie als in der gesamten restlichen Welt zusammen.[175] Die Umweltbewegung gewann in der Bundesrepublik eine ungewöhnliche Stärke; sie ist von einem Boom der Naturheilverfahren begleitet und erscheint in mehrfacher Hinsicht – auch mit ihrem Hang zur Hypochondrie – als Erbin der Hygienebewegung des »nervösen Zeitalters«, wenn sie in mancher Hinsicht auch eine Reaktion auf

Fehler und Gefahren herkömmlicher Hygiene darstellt. »Umweltbewußtsein« ist in seinem vitalen Kern vielfach Gesundheitsbewußtsein; die Natur wird am meisten wegen ihrer Heilkraft geschätzt.

Und weiter: Die schon in wilhelminischer Zeit ausschweifende Reiselust hat im heutigen Deutschland historisch einzigartige Ausmaße angenommen. Viele Deutsche scheinen ihren Lebenssinn vorwiegend im Reisen zu sehen. Die Beliebtheit östlicher Meditationslehren, überhaupt die Sehnsucht nach exotischer Ruhe, ist seit den 70er Jahren ständig gewachsen. Der Kult der Ruhe, durch den sich deutsche Seebäder von denen vieler anderer Länder unterscheiden, wird mittlerweile auch von vielen Urlaubsorten im Gebirge betrieben. Das Wohnen im Grünen wurde zu einem – mit wachsender Motorisierung erkauften – Massentrend; der Widerwille gegen eine Citybildung im Ausmaß amerikanischer Metropolen hat sich gehalten. Das deutsche Schulsystem der Nachkriegsjahrzehnte war in zunehmendem Maße und mehr als das vieler anderer Länder von der Sorge bewegt, die Schüler nicht zu überfordern. Und, last not least: Die Bundesrepublik, immer noch mit dem Inflationstrauma im Nacken, profilierte sich weltweit durch ihre ausgeprägte Präferenz für Währungsstabilität, womit sie einen Hauptstreßfaktor des 20. Jahrhunderts eliminierte.

Kein Zweifel: Auf den Spuren des »nervösen Zeitalters« gelangt man mitten hinein in die deutsche Identität von heute, auch wenn sich nicht jeder Deutsche mit dieser identifizieren mag und am liebsten solche Autoren über die deutschen Ängste schreiben, die sich darüber lustig machen. In jüngster Zeit ist es unter dem Eindruck der Berliner Rede von Bundespräsident Herzog wieder einmal Mode geworden, die deutsche »Angst« zur politischen Krankheit zu machen. Aber hat nicht der Althistoriker Christian Meier recht, wenn er daran erinnert, daß eine gewisse Besorgtheit von der deutschen Geschichte her »gute Gründe« hat?[176] Nicht die »Nervosität« selbst, sondern ihre Pathologisierung und gewaltsame Überwindung führten in der Vergangenheit zu den deutschen Katastrophen.

Sinn und Unsinn der Nervosität, und:
Vom therapeutischen Nutzen der Geschichte

SPÄTESTENS SEIT FRITZ FISCHERS »Griff nach der Weltmacht« besitzt die
Ära des Kaiserreichs etwas von der Spannung einer Kriminalgeschichte:
Irgendwie kreisen alle großen Geschichtsdarstellungen um die Schuld an
dem Urverbrechen des 20. Jahrhunderts, der Entfesselung des Ersten
Weltkriegs, und die Geschichtsforschung bekommt auf diese Weise etwas Detektivisches. Welche Rolle spielt in dieser katastrophalen Kriminalgeschichte die deutsche Nervosität: sie selbst und der Diskurs über
sie? Handelt es sich bei dem Bewußtwerden nervöser Leiden um eine
gute oder um eine böse Geschichte? Oder hat diese Fragestellung keinen
Sinn und zeugt nur von einem naiven Hang zu pauschalen Werturteilen?

Wie die Darstellung immer wieder zeigte, sprechen viele Argumente
dafür, daß der Nervendiskurs trotz mancher Tücken und Absonderlich-
keiten im großen und ganzen eine humane und aufklärerische Tendenz
besaß und noch bis in den Krieg hinein behielt. Die Nervositätsliteratur
ist voller Hinweise auf neuartige Streßbelastungen in der damaligen Arbeitswelt, und zwar auf jene chronischen Schädigungen, die die Arbeitsmedizin bis heute vernachlässigt. Vielen Autoren ging es nicht nur um
den funktionsfähigen, sondern darüber hinaus um den glücklichen Menschen. Willy Hellpach gehörte zu denen, die die »Arbeitsfreude« zum
wissenschaftlichen Problem erhoben. Die Neurasthenielehre spielte eine
Pionierrolle bei der Aufdeckung der Sexualängste und ihrer eminenten
Bedeutung für das seelisch-körperliche Befinden. Dem Trend der spezia-
lisierten Wissenschaft zur Lokalisierung der Krankheitsursachen wirkte
sie kräftig entgegen: ein besonderes Verdienst zu einer Zeit, als die Operationswut der Chirurgen ihren ersten Gipfel erreichte. Indem das Nervositätskonzept die Aufmerksamkeit auf unspezifische psychosomatische
Reaktionen auf Außenreize lenkte, öffnete es den Blick für ein zukunfts-
trächtiges Gebiet.

Gewiß, die »Nerven« waren längst nicht immer der korrekte Begriff,
da viele dort untergebrachte Störungen nach heutiger Kenntnis eher in

der Psyche wurzelten. Die Neurasthenielehre verhinderte jedoch keineswegs die Wahrnehmung psychischer Faktoren; im Gegenteil: Mit ihr begann die Geschichte der modernen Psychotherapie. Die Therapielehren waren durchaus nicht auf ein einseitig anatomisches Verständnis der »Nerven« festgelegt; das Neurastheniekonzept bewahrte eine Offenheit für psychosomatisches Denken. Wenn man dennoch weiterhin von den »Nerven« redete, war das auch aus heutiger Sicht nicht falsch, sondern besaß seinen heuristischen Wert: Der Aufstieg der Neurologie im 20. Jahrhundert zeigt, daß das Thema »Nerven« noch eine Unendlichkeit an Entdeckungen enthielt. Die »nervösen« Störungen kamen, soweit sich das aus der Rückschau beurteilen läßt, zum Teil tatsächlich von den Nerven. Es war nicht falsch, wenn man vor hundert Jahren einen engen Zusammenhang zwischen Sexualität und Nerven herstellte. Und auch Magen-Darm-Beschwerden wurzeln aus heutiger Sicht tatsächlich teilweise nicht im Gehirn, sondern im Nervensystem der Magen-Darm-Region, dessen Eigensteuerung erst in den letzten Jahrzehnten genauer erforscht wurde. Auch gibt es nach neuesten Erkenntnissen über das neuronale »Zellgedächtnis« tatsächlich Arten von dauerhafter nervlicher Überreizung, die nicht bloß als Reflex von Vorstellungen zu verstehen sind. Ein Haupttrend der modernen Neurologie geht dahin, den »autopoietischen« – den selbsttätigen und sich selbst regelnden – Charakter des Nervensystems zu entdecken. Jene alltägliche Redeweise, die »die Nerven« zum Subjekt erhebt, enthält mehr Wahrheit, als man lange glaubte.[1] Eine pauschale Psychisierung sämtlicher »nervösen« Zustände führt in die Irre.

Die Nervositätslehre transportierte manche Vorurteile, aber sie besaß doch eine nur aus lebendiger Erfahrung zu erklärende Eigendynamik, die sie immer wieder über anfängliche Vorurteile hinausführte: So entdeckte man auch die Frauen und die Arbeiter als Opfer der modernen Nervosität. Daher kann man bei dem vielen Reden über die Nerven von einem echten »Diskurs« im ursprünglichen Sinne Foucaults sprechen: einer sich durch kommunikative Wechselwirkungen entwickelnden Herausbildung neuer Sichtweisen und Erfahrungsmuster, die sich nicht auf bestimmte historische Subjekte und ihre Herrschaftsinteressen zurückführen läßt.[2] Der Nervendiskurs hat jedoch nicht die beklemmende Grundstimmung der Foucaultschen Diskurse. Der Begriff »Nervosität« wirkte im allgemeinen weder stigmatisierend noch ausgrenzend, sondern erinnerte im Gegenteil an die Unsicherheit der Grenze zwischen »krank« und »gesund«. Die Konstruktion einer direkten Kontinuität von der Nervenkonjunktur zur NS-Eugenik stellt die Dinge daher auf den Kopf.

Und die »Nervosität« in der wilhelminischen Politik? Der Begriff bezeichnete ganz offensichtlich ein hochbedeutsames Phänomen im politischen Getriebe jener Zeit, und zwar ein solches, das die Geschichtsforschung, die über das Nervenlamento hinweglas, bislang noch nie als Ganzes analysierte. Die Atmosphäre wachsender Reizbarkeit und Ungeduld, die häufige Überreaktion auf geringfügige Herausforderungen und das zunehmende Gefühl des Verlierens der Zeit: all das ist ein auffälliger und verhängnisvoller Zug in der politischen Mentalität vor 1914, und der Begriff »Nervosität« war dafür ganz treffend. Zwischen der politischen und der persönlichen Nervosität gab es tatsächlich Analogien: Beide entstanden aus einer Mischung diffuser Begehrlichkeiten, Ängste und Frustrationen. In der zunehmenden »Nervosität« reflektierte sich das wachsende Risiko der deutschen Politik; und der Begriff enthielt zugleich die Erkenntnis, daß die deutsche Reizbarkeit mit einem Gefühl der Schwäche zusammenhing.

So weit, so gut – aber leider ist das nicht die ganze Geschichte. Das historische Phänomen »Nervosität« geht in keiner einzelnen Story auf; es bietet löbliche, aber auch unersprießliche Geschichten, und man muß auch diese durchspielen, um zu prüfen, ob die Negativbilanz nicht besser ein überzeugendes Ganzes ergibt. Zuerst einmal die Problematik der Diagnose: Die einzelnen Symptome der Neurasthenie waren allesamt unspezifisch, und entsprechend groß war der potentielle Spielraum für einen willkürlichen Gebrauch dieses Begriffes. Mehr noch: Unter den Neurasthenikern gab es geradezu gegensätzliche Typen: sowohl zaghafte als auch aggressive Menschen. War ich zunächst geneigt, mich mit den Nervösen mitleidig zu identifizieren, so stellte ich doch bei näherer Bekanntschaft fest, daß es sich in vielen Fällen nicht gerade um angenehme Leute handelte. Neurasthenie war nicht nur ein Reflex von Leiden, sondern auch von Begehrlichkeit und Gereiztheit. Die zur Schau gestellte und nach außen ausgelebte Nervosität konnte ein Mittel sein, um Vorteile zu erlangen und andere zur Rücksichtnahme zu zwingen. Bei den einen hatte das Leiden damit zu tun, daß sie zuviel, bei den anderen damit, daß sie zuwenig arbeiteten. Die Neurasthenie war nicht nur eine Folge berufsbedingter Streßbelastungen, sondern mindestens ebensosehr eine Ausgeburt von Sexualängsten: an der Spitze die Phantomangst vor den Folgen der Onanie. Ein Großteil der einschlägigen Literatur schwankte zwischen der Stimulierung und Beschwichtigung solcher Ängste hin und her: Auch die Nerventherapien und Nervenheillehren gehören zum kulturellen System »Neurasthenie« dazu. Alles in allem ist ein Element der Konstruktion gar nicht zu übersehen: Nervosität und Neurasthenie waren nicht in dem Sinne objektiv wie Husten und Schnupfen. Die besonders bedeutsame Leistung dieser Begriffe bestand darin, daß sie vielerlei Beschwerden und Spannungszustände gleichnamig machten, diese in ein großes psychosomatisches Krisenbewußtsein leiteten und dadurch Gegenreaktionen großen Stils ermöglichten. Diese Gegenreaktionen waren nicht immer erfreulich.

Und der heuristische Wert des Neurastheniekonzepts – so könnte man weiterfragen –: War er wirklich so groß? »Es sind die Nerven« , »nur nervös«: Das waren damals wie heute Bagatellisierungsfloskeln, die weiteres Nachforschen erübrigten. Der Stempel »Nervosität« konnte eine Art sein, um psychische Phänomene, die man nicht durchschaute, scheinbar zu erledigen. Besonders fällt auf, wie wenig sich die Neurasthenielehre in experimentelle Forschungen umsetzen ließ; die vereinzelten Fälle, wo dies geschah, blieben ziemlich bedeutungslos.[3] Das einzige Großexperiment, das in der Neurastheniegeschichte Epoche machte, geschah außerhalb der Medizin: Es war der Erste Weltkrieg. Trotz all der Klagen über Lärm brachte das »nervöse Zeitalter« nicht einmal bei der Erforschung der Lärmschäden markante Fortschritte. Vollends die Psychisierung der Nervositätslehre lenkte davon ab, die Schädigungen des Nervensystems durch Schadstoffe am Arbeitsplatz zu erforschen. Studien solcher Art fehlten nicht ganz: So gab es Arbeiten über die Neurasthenie der Bleikranken im Druckereigewerbe oder der Feuerwehrleute als Folge der Rauchvergiftung; aber sie blieben doch abseits des Hauptstroms. Otto Dornblüth kanzelte die »alte Auffassung«, daß die Neurasthenie etwas mit chemischen Vorgängen im menschlichen Stoffwechsel zu tun habe, 1912 in schroffer Weise ab und rühmte den »gewaltigen Aufschwung der psychologischen Theorien der Nervosität«. Zuweilen hinderte die Neurastheniediagnose geradezu daran, bestimmte arbeitsbedingte Belastungen schärfer in den Blick zu nehmen. Wie Szondi später bedauerte, »verwelkten« alle Theorien, die sich auf lokalisierbare körperliche Ursachen der Neurasthenie bezogen, »in Ermangelung an Mitteln der objekten Forschungsmethoden als Papierlehren«; dadurch blieb manche neurologische Erkenntnismöglichkeit versperrt.[4]

Und dann schließlich die Rolle der »Nerven«-Schlagworte in der Politik: Da gerät die Nervositätsgeschichte erst recht ins Zwielicht! Weit mehr als in den Heilstätten bekommt die Nervosität etwas Aggressives und das Reden über sie etwas Aufreizendes. Wenn die »Nerven« im Privatleben oft ein unruhiges Kreisen der Gedanken um die Sexualität signalisierten, so in der Politik ein unruhiges Kreisen um den Krieg – und zugleich die magische Anziehungskraft des Krieges. War »Nervosität« auch ein treffendes Wort für die wachsende politische Gereiztheit, so brachte diese Diagnose doch am Ende keinen therapeutischen Nutzen.

Eher machte sie die Atmosphäre noch gespannter. Das viele Gerede über Nervosität verstärkte die Sehnsucht nach einer politischen Demonstration von Nervenstärke. Der in der Öffentlichkeit kursierende Verdacht, der Kaiser habe schlechte Nerven, konnte diesen nur zur Militanz anstacheln. Max Weber klagte nach dem »Daily-Telegraph«-Interview, es werde »vielzu viel von der ›Impulsivität‹ und sonst von der Person des Kaisers geredet«: statt dessen müsse man über die »politische Struktur« reden. Damals wie heute war das Psychologisieren in der Politik nicht selten eine Unsitte, die von der Sache ablenkte und eine Atmosphäre individueller und kollektiver Egozentrik förderte. Der allgemeine Wunsch, die deutsche Politik möge mehr kraftvolle Ruhe zeigen, trug, so begründet er war, dazu bei, daß die Deutschen den Blick auf sich selbst fixierten, statt die außenpolitischen Realitäten nüchtern wahrzunehmen. Lamprechts Versuch, die Nervosität als »Reizsamkeit« zur epochemachenden kulturellen Errungenschaft zu erheben, führte zu keiner kritischen Analyse seiner Zeit, sondern letztlich zu einer Anbiederung an den Wilhelminismus; Franz Mehring stichelte über jene Ergänzungsbände zu Lamprechts »Deutscher Geschichte«, die vom »Zeitalter der Reizsamkeit« handeln, man beende ihre Lektüre aus Mangel an kräftiger Substanz »mit dem Gefühl, wie es etwa ein Mann haben mag, der sich einige Wochen lang mit Makronen und Schlagsahne hat nähren müssen«. Mehring empfand Lamprechts Epochenkonstrukt als Projektion persönlicher Nervosität. In der Tat war die Nervosität zu damaliger Zeit ein begriffliches Scharnier zwischen persönlicher Erfahrung und Wahrnehmung der gesamten Zeitsituation. Aber dieser Transfer von der Selbsterfahrung zur Politik war gefährlich. Das Bild von Deutschlands außenpolitischer Situation wurde unter dieser Bedingung leicht zu einem Spiegel persönlicher Frustrationen. Auf diese Weise entstand jene Spannung, aus der es sich erklärt, daß viele den Kriegsausbruch 1914 als Erlösung empfanden. Die Phantomangst vor deutscher Zersplitterung und Dekadenz lenkte davon ab, daß in Wirklichkeit der Krieg die allergrößte Gefahr war. Die »Heuristik der Furcht« funktionierte nicht im Sinne der Vernunft.

So sieht die andere Geschichte aus, in der das Nervengerede ein übles Element ist. Und kein Zweifel: Die epidemieartige Ausbreitung der Nervosität – egal, ob in der Wirklichkeit oder in der Einbildung – war keine harmlose Geschichte; das gilt für ihre Fernwirkungen in der Politik, aber auch für das, was sie für viele individuelle Lebensgeschichten bedeutete. Es gilt wohl selbst für meinen Großvater, den ich am Anfang als meinen persönlichen Zugang zum Thema einführte. Zwar spricht er in seinen Tagebüchern über seine Nerven mit einem gewissen Humor; aber seine »Nervosität« muß doch viel an gequälter und halb unterdrückter, dabei immer wieder hervorbrechender Sinnlichkeit enthalten haben. Sein ältester Sohn, von dem ich die Tagebücher erbte, hegte noch auf seinem Sterbebett – 60 Jahre nach dem Tod seines Vaters! – gegen ihn einen bebenden Haß. Weinend vor Wut klagte er ihn an, ihm selbst, dem Sohn, die Liebesfähigkeit verdorben zu haben. »Alles unterhalb des Bauchnabels war sündig.« Als Pfarrer hatte der Vater verfügt, »deflorierte Bräute« würden ohne Glockengeläut und Orgelspiel getraut; da das Dorf nicht sehr sittenstreng war, läuteten die Hochzeitsglocken nicht allzuoft. Immer öfter mußte der Vater vor fast leeren Bänken predigen. Wie so viele »nervöse« Väter vermittelte er dem Sohn jedoch keine überzeugende Moral, sondern widersprüchliche Signale. Kurz vor seinem Ende mußte er eine letzte peinliche Kirchenvisitation über sich ergehen lassen. Da predigte er von dem »schwächlichen Auf und Nieder dieser Zeitläufte und auch meines eigenen Lebens« und erinnerte sich, »wie ich selber in dieses jammervolle Wanken und Rutschen doch recht tief verflochten bin«. Aber: »Wenn der Herr dich soweit hat, daß du beginnst, dich selbst zu erkennen und dein fortgesetztes Wanken und Schwanken dir auf die Nerven zu fallen droht, dann kann er dich auch weiter führen, ja drängen, daß du dem Ziel näher kommst.« Nervosität als das Fegefeuer vor der Erlösung![5]

Margaret A. Cleaves, die Verfasserin der »Autobiographie einer Neurasthenikerin«, legt großen Wert auf die Unterscheidung zwischen den echten Neurasthenikern, die tatsächlich Perioden von großer Schwäche und Ruhebedürftigkeit durchmachen, und den »symptomatischen Neurasthenikern«, die – wohl unter dem Antrieb von Wünschen – nur neurasthenische Symptome zur Schau stellen, ohne ernsthaft zu leiden. Eine gewisse Ähnlichkeit damit hat Otto Binswangers gelegentliche Unterscheidung zwischen den ehrlich überarbeiteten Neurasthenikern und den »neurasthenischen Lumpen«, die sich – bewußt oder unbewußt – neurasthenischer Symptome zur Arbeitsvermeidung bedienen.[6] Läßt sich diese Unterscheidung weiter ausbauen, und liegt in dieser Richtung des Rätsels Lösung? Dann hätte man, wenn man bei der Kriminalgeschichte bleibt, eine Doppelgängerstory: bevölkert einerseits von den echten Neurasthenikern, die – wie auch immer – wirklich erschöpft sind und darunter leiden, und andererseits von Pseudoneurasthenikern, die – wenn auch mehr instinktiv als bewußt – das Neurastheniespiel als Mittel der Macht und der Wunscherfüllung betreiben.

Besser noch als mit dem Doppelgängermodell trifft man die widersprüchliche Wirklichkeit inner- und vor allem außerhalb der Heilstätten mit einem Dreieinigkeitsbild, nämlich einer Unterscheidung von drei Gesichtern der Nervosität: einer aktiven Nervosität – nennen wir sie N 1 –,

die sich in hektischer Betriebsamkeit und manchmal aggressiver Reizbarkeit äußert; einer passiven Nervosität (N 2), bei der die zaghafte
Schwäche und das Leiden – nicht zuletzt das Leiden unter den aktiv
Nervösen – vorherrschen; und einer Nachahmungsnervosität (N 3), die
in einem »nervösen Zeitalter« auch ohne ernsthaftes Leiden durch Autosuggestion entsteht: nicht zuletzt deshalb, weil sie manche Vorteile
bringt. Kurz gesagt also, die Nervosität der Täter, der Opfer und der
Nachahmer. N 1 steigert sich durch Langeweile, N 2 durch Reizfülle; damit löst sich die Paradoxie, daß die Nährböden der Nervosität so ge-
gensätzlich sein können und daß die »reizbare Schwäche« durch ein Zuviel *und* ein Zuwenig an Arbeit gefördert werden kann.

Der springende Punkt ist nun allerdings der, daß es sich bei all diesen
Nervositäten um Idealtypen handelt, die in der Wirklichkeit längst nicht
immer scharf voneinander zu scheiden sind. Denn ein bestimmter Ner-
vositätstyp ist nicht unbedingt ein lebenslanger Dauerzustand, sondern
oft nur eine vorübergehende Erscheinung. N 1 kann bei permanenter
Überarbeitung in N 2 übergehen, N 2 auch in N 3, wenn man sich an die
Annehmlichkeiten der Kurbäder gewöhnt hat. Und am Ende kann wieder N 1 herauskommen, wenn sich als Folge der wiedergewonnenen
Kraft und der Langeweile die passive Unruhe in aktive verwandelt. Oder
N 1 erzeugt bei anderen Menschen N 2: so eine aktive Nervosität der Eltern eine passive bei den Kindern oder eine aktive der Vorgesetzten eine
passive bei den Untergebenen. Und N 2 kann als Massenerscheinung
wiederum N 3 bei Dritten hervorrufen: Wenn es die Nervosität nicht als
sehr verbreitete Leidenserfahrung gegeben hätte, wäre es nicht möglich
gewesen, Nervosität so erfolgreich zur Erlangung gewisser Vorteile auszuspielen. Aber auch N 1 und N 2 können nicht ohne N 3 existieren: Nur
deshalb, weil der Begriff in der Luft liegt und sich mit einem bestimmten
Habitus verbindet, werden diverse psychosomatische Störungen als
»Nervosität« wahrgenommen. Die drei Nervositäten bilden zusammen
ein dynamisches System, das imstande ist, sich selbst zu reaktivieren. Zur
Nervosität gehört ja das Ansteckende, sich epidemisch Fortpflanzende:
Dadurch macht sie Geschichte.

Je mehr die Nervosität zur festen Vorstellung wird, desto mehr läßt sie
sich habitualisieren; je mehr sie als Leiden der Zeit allgemein akzeptiert
ist, desto mehr läßt sich mit ihr anstellen und erreichen. Ein Schüler Alfred Adlers sprach 1927 von dem »dämonischen Gottähnlichkeitsziel des
Nervösen«[7]: Das war von der ursprünglichen Neurasthenie der Schwäche
weit entfernt!

Ein überraschendes Moment der Nervositätsgeschichte ist die prä-
gende Rolle der auf ihre Eigenerfahrung pochenden medizinischen

Laien; die Mediziner vermochten den Nervendiskurs nur begrenzt zu beherrschen, auch wenn sie sich als Quell der Nervenweisheit aufspielten. Es wäre nicht richtig, den Medizinern die ganze Schuld an dem politischen Hantieren mit Nervenschlagwörtern vor 1914 aufzubürden. Dennoch bleibt die Rolle der Medizin in dieser Geschichte zwielichtig. Die Nervosität war keine Krankheit im üblichen Sinne, sondern reichte als Gesamtphänomen über den Medizinalbereich weit hinaus; es enthielt eine irreführende Suggestion, wenn man sie zu einer regulären Krankheit machte, die der Heilung unter ärztlicher Führung bedurfte. Der Drang, die Nervosität zu kurieren, wirkte in der Politik fataler als die Nervosität selbst.

Nun war es vielen Ärzten durchaus bewußt, daß es sich bei der Nervosität und Neurasthenie um Erscheinungen handelte, die die ärztliche Kompetenz überschritten: Auch in vielen medizinischen Schriften kann man lesen, daß die Nervosität nicht nur eine Krankheit, sondern auch ein Kulturphänomen sei und daß es auf die Frage nach den Ursachen und der Therapie keine allgemeingültige Antwort gebe. Für die kritischen Köpfe unter den Medizinern enthielt das Neurasthieniekonzept ein Stück Umgang mit dem Unbekannten. Aber dann siegte doch immer wieder die ärztliche Manier, im Brustton der Überzeugung zu sprechen und autoritatives Wissen vorzuspiegeln, und zwar desto mehr, je höher man die therapeutische Rolle der Suggestion eintaxierte. Dadurch wurde der Blick auf die offenen Seiten des Neurasthieniekonzepts verstellt. Da das Phänomen der »reizbaren Schwäche« widersprüchlich war, waren auch die Heilsbotschaften voller Widersprüche und schon für sich geeignet, Neurasthenie im Sinne von N 3 zu verbreiten. Der Therapiebetrieb bestärkte viele Patienten darin, ganz um sich selbst und ihre Leidenssymptome zu kreisen. In den populären Schriften erfuhr die Nervenschwäche häufig eine Art Ontologisierung, so als ob es sich dabei um ein Wesen, um einen zu bekämpfenden Feind handele. Auf diese Weise bekamen neurasthenische Symptome, die an und für sich mehr oder weniger harmlos waren, eine tiefe und beunruhigende Bedeutung. Störungen der sexuellen Potenz, die vielleicht in Wirklichkeit mit Spannungen in der Partnerbeziehung oder mit Lebensrhythmen zu tun hatten, schienen einen bedenklichen Energiemangel zu verraten. Die oft sinnlose Medikalisierung der Nervosität begünstigte auf die Dauer das Aufkommen heftiger Gegenreaktionen, so das Verlangen nach einer energischen politischen Überwindung der Nervenschwäche.

Vielleicht hätten die Deutschen vor 1914 ihr »nervöses Zeitalter« – das, aus der Distanz betrachtet, doch eine Zeit voller Chancen war – besser zu schätzen gewußt, wenn sie bedacht hätten, daß Nervosität und Freiheit,

Nervosität und Chancenvielfalt eng zusammenhängen. Die Spannung, das Sich-Übernehmen und die Enttäuschung sind der Preis dafür, daß man viele Freiheiten genießt, und zur höchsten Lust gehört eine vorausgehende Spannung. Sehr vieles weist darauf hin, daß es sich bei der Nervosität im Kern nicht um einen pathogenen Fremdkörper im Menschen, sondern um eine Lebensäußerung, ein Signal des Lebens handelt. So gesehen, hätte die Nervosität in der Tat etwas zu bedeuten; aber was? Der Sinn und die Signalfunktion der Nervosität: Das bleibt am Schluß als die große offene Frage!

Im »Zauberberg« Thomas Manns erläutert der philosophierende Assistenzarzt Dr. Krokowski einem atemlos lauschenden Patientenpublikum, »alle Krankheit« sei »verwandelte Liebe«. Ist der letzte Grund so einfach, zumindest bei all den Nervositäten? Wenn man Massen von Neurasthenikerakten durchsieht, merkt man in der Tat, daß Freud auf der Suche nach einem Hauptschlüssel der Neurasthenie fast zwangsläufig an die Libido geriet; zumindest bei vielen männlichen Patienten mußte er das sexuelle Moment nicht einmal aus der Tiefe des Unbewußten hervorholen. Kein Zweifel: Wenn man an einen einzigen mächtigen Ursprung der Neurasthenie glaubt, dann findet man ihn am ehesten bei den verschiedenen Arten jener heftigen Angstlust, die damals das Reich des Eros umgaben. Es sind die Quellen selbst – die Patientenakten noch weit mehr als die medizinische Literatur –, die diese Deutung aufdrängen. Ich selbst hätte den Schlüssel zur Neurasthenie lieber in der Technikgeschichte gefunden, mußte aber vor der Fülle erotischer Evidenz kapitulieren. Dennoch war die technisch-industrielle Welt jener Zeit für das damalige Phänomen »Nervosität« von großer Bedeutung, und zwar – wie dargestellt – auf mehrfache Art. Aber die Technik wirkt auf die Psyche nur in Kontexten – sie ist kein autonomer Faktor in der Geschichte psychischer Leiden. Oft hat man bei der Lektüre der Anamnesen den Eindruck, daß sich beruflicher Streß erst über sexuelle Probleme in Neurasthenie transformiert. Diese Probleme waren allerdings ihrerseits Reflexe eines auf »Energie« fixierten technischen Zeitalters.

Man muß annehmen, daß selbst die ungeheure Onanieangst keine pure Idiotie, sondern ein Signal war; denn die hemmungslose Selbstbezogenheit und das Kreisen um die eigene Phantasie bedeutete für viele Neurastheniker tatsächlich eine Gefahr und eine Beeinträchtigung der Erfolgs- und Glückschancen. Aber die Liebe war der Punkt, wo die meisten Nervenärzte nicht weiterkamen; hier hatten sie therapeutisch nichts zu bieten. Besonders da war es von Übel, daß der Nervendiskurs so stark von Therapieinteressen beherrscht wurde. Die Heilstätten, die die Geschlechter häufig voneinander trennten, brachten den Patienten keine

bessere Partnerbeziehung bei, sondern bestärkten sie eher in der wortreichen Egozentrik und Selbstbeobachtung. Die Einsicht in die Nervosität
half als solche nicht viel weiter; sie konnte sogar manches verderben. Am
schlimmsten war es, wenn der Begriff zu polemischen Zwecken miß-
braucht wurde und Ehepartner oder politische Kontrahenten sich den
Nervositätsvorwurf gegenseitig an den Kopf warfen. Dann kam der oben
beschriebene Transformationsprozeß der Nervosität erst so richtig in
Gang. Auch heute hat man Gelegenheit genug, zu beobachten, wie der
therapeutische Sinn von Psychiatrie und Psychoanalyse sich in sein Gegenteil verkehrt, wenn ihre Begriffe als Wurfgeschosse in Wortgefechten
dienen.

Auch die »politische Neurasthenie« des wilhelminischen Deutschland
hatte viel mit der Frustration des »Keiner liebt mich« zu tun. Die Deutschen, die die Welt stürmisch umarmen wollten, reagierten gereizt und
gekränkt, als sie spürten, daß sie sich immer unbeliebter machten. Die
politische Nervositätsdiagnose war nicht falsch; aber das Hin- und Her-
fliegen des Nervositätsvorwurfes erhöhte nur die Gereiztheit. Auch in
der Politik zeigte sich, daß die als Waffe benutzte Psychologie die Situation eher verschlimmert als entspannt. Dort kann man ebenfalls mehrere
Nervositätstypen unterscheiden: So findet man bei den Alldeutschen N 1,
bei Philipp Eulenburg ein Pendeln zwischen N 2 und N 3 und bei dem
Kaiser eines zwischen N 3 und N 1. Auch dort bildeten die verschiedenen
Nervositäten ein Kommunikations- und Transformationssystem; zwischen Regierung und nationalistischer Opposition bestand – von den Per-
sonengruppen her gesehen – bei aller Schärfe des Kampfes keine tiefe
Kluft, sondern je nach Situation war ein Rollenwechsel möglich. Bei alledem betrieb Bülow, der ewig den Ruhigen spielte, ähnlich wie viele Heilstätten eine Art von Ruhekur, die die Unruhigen erst recht nervös
machte. Ein nüchternes Zerpflücken der alldeutschen Argumentation
hätte weitergeführt als die Unterstellung von Nervosität, die wie ein Bumerang zurückkehrte. Psychologische Sensibilität hat nicht notwendig
etwas mit Humanisierung zu tun: Das zeigt die Vorgeschichte von 1914
so klar wie nur möglich. Es wirkte fatal, von der politischen Nervosität in
der Art zu reden, als ob es dafür hic et nunc eine gezielt zu bewerkstelli-
gende Therapie gegeben hätte. Die Erlösung aus der »Zickzackpolitik«
der ergebnislosen Zieldiffusion wäre eine Frage der günstigen Gelegenheit, des Schwimmens im Strom der Geschichte gewesen. Über kurz
oder lang hätte sich gezeigt, daß die englischen und französischen Kolo-
nialreiche, die von vielen Deutschen so glühend beneidet wurden, bloße
Kartenhäuser waren und Deutschland durch seinen Mangel an Kolonien
viele Sympathien gewinnen konnte. Das war vor 1914 nicht ganz leicht

vorherzusehen; aber auch unter damaligen Prämissen bestand kein Zwang, jedes Jahr des friedlichen Status quo als verlorene Zeit zu empfinden. Das negative Verhältnis zur Zeit deutet auf einen im damaligen Deutschland verbreiteten Mangel an Lebenskunst. Oder fühlten sich viele Neurastheniker im Grunde ganz wohl? Vielleicht ja; aber oft brachten sie es nicht fertig, sich zu ihrem nervösen Wohlsein zu bekennen.

Was hat man heute von einer Geschichte der Nervosität? Es ist eine Art von Geschichte, die immer wieder den Betrachter mit einbezieht. Macht sie nervös? Nicht unbedingt. Oft war ich überrascht, wie entspannend die Arbeit an diesem Buch auf mich wirkte. Im ganzen verstärkte sich bei mir das Gefühl, daß nervöse Molesten ein Vorspiel zu neuer Lebensfreude sind: Man muß nur gelassen die Zeit abwarten. Auch wurde mir klarer als zuvor, daß Phasen ängstlicher Unruhe zum menschlichen Dasein gehören: weder darf man aus ihnen eine Krankheit machen noch darauf hereinfallen, wenn sich diese Ängstlichkeit sinnlose Objekte sucht. Viktor von Weizsäcker, den der Erste Weltkrieg in der Hochschätzung des Willens bestärkte, lernte durch den Zweiten Weltkrieg die Abgründigkeit des Willenskultes und gelangte zu der Überzeugung, »daß mehr Stärke im abwartenden Aushalten, in der labilen Gleichgewichtslage der Unentschiedenheit enthalten war«.[8] In diesem Sinn kann es ein vernünftiges Selbstbewußtsein der Nervosität geben. Aber es wäre falsch, sie zu sehr zu kultivieren: Etwas Unangenehmes bleibt sie eben doch!

Als Student beeindruckte mich das ungeheure und gleichsam erotische Vergnügen, das einst Leopold von Ranke an der Geschichte hatte. Ähnlich wie die Liebe war ihm die Beschäftigung mit der Geschichte ein Genuß seliger Selbstvergessenheit. Die entspannende Wirkung seiner Art von historischer Objektivität beruhte wesentlich darauf, daß er sich virtuos darauf verstand, mit den großen Spannungen seiner Zeit – Katholizismus und Protestantismus, romanische und germanische Welt – in souverän-verstehender Distanz umzugehen.[9] Diese Spannungsfelder sind heute nicht mehr das Problem. In der heutigen, psychologisch hochsensibilisierten und bis zur Hypochondrie gesundheitsbewußten Zeit kann es dagegen ein neues Gefühl der Autonomie und Leichtigkeit verleihen, wenn man – durch die Historie angeleitet – mit Psychotherapien und Gesundheitslehren ebenso verständnisvoll wie respektlos umgeht. Die Beschäftigung mit der Geschichte wird dabei zu einem unendlichen Prozeß der wechselseitigen Bespiegelung eigener und historischer Erfahrungen: Das ist der Grund, warum einen dieses Thema festhält. Aus der Geschichte lernt man, ein Leiden wie die Nervosität ernst zu nehmen, es aber doch als zeitgebundene Lebensäußerung zu begreifen und auf psychosomatische Störungen nicht automatisch mit dem Ruf nach einer von der Gesellschaft zu veranstaltenden Therapie zu reagieren. Auch wird einem durch die Geschichte bewußt, daß psychische Spannungen einem historischen Wandel unterliegen und gängige Krankheitsbilder und Therapierezepte daher vielleicht schon gar nicht mehr auf das passen, was man selber gerade empfindet.

Auf politischer Ebene könnte man dahin gelangen, eine Offenhaltung verschiedener Optionen nicht pauschal als Entscheidungsschwäche zu diskreditieren, aber die Kompliziertheit der Politik auch nicht unnötig zu vergrößern, und vor allem: die Interessenlage des eigenen Staates nicht zu vieldeutig zu bestimmen. Heute gilt es vielfach als fortschrittlich, unter den Schlagworten der »Globalisierung« und der »einen Welt« potentielle deutsche Verpflichtungen auf der ganzen Welt zu behaupten; aber es ist fraglich, ob diese Entgrenzung der Ziele die politische Vernunft voranbringt. Die gegenwärtige Konjunktur des »globalen« Denkens erinnert an die »Welt«-Komposita, die den politischen Jargon der wilhelminischen Ära charakterisierten. Und ähnlich wie damals diejenigen, die die Entschlußlosigkeit der wilhelminischen »Zickzackpolitik« attackierten, oft ihrerseits kräftig zur Zieldiffusion beitrugen, neigen heute gerade die, die die Entscheidungsunfähigkeit der Politik ins Visier nehmen, nicht selten dazu, die Politik durch Entgrenzung ihrer Entscheidungsfelder noch zerfranster und handlungsgehemmter zu machen. Das ist nicht unbedingt von Übel, solange es nämlich am besten ist, wenn die Politik gar nichts tut und die Dinge laufen läßt. Brenzlig wird es erst, wenn sich die Überzeugung durchsetzt, daß unbedingt etwas geschehen muß.

Als »Zeitalter der Nervosität« rückt uns die wilhelminische Ära sehr nahe, wenn man auch nicht vergessen darf, daß sich mit »Nervosität« damals zum Teil andere Assoziationen verbanden als heute. Die Nähe jener Zeit enthält Warnsignale. Übersensibilität kann abrupt in Härte umschlagen. Hypochondrie und Niedergangsängste erzeugen nicht von selbst eine produktive Wachsamkeit: Auch dies ein Memento für die heutige Umweltbewegung. Die historische Erfahrung hindert daran, aus der puren Angst eine Autorität zu machen; vielmehr zeigt sie, daß die ängstliche Unruhe, so lebenswichtig sie ist, vernünftiger Lernprozesse bedarf. Wie auch immer: Die meditative Selbstvergessenheit, die das Eintauchen in die Seelengeschichte beschert, führt unversehens in die Gegenwart zurück.

Nachwort

»Das ist *dein* Thema!« lachte die Hamburger Historikerin Ursula Schneider, als ich ihr gestand, mich in die Archäologie der modernen Nervosität begeben zu haben. Wirklich wäre es wohl zwecklos zu leugnen, daß am Anfang dieser Arbeit eine gewisse Neugier auf historische Selbstbespiegelung mitspielte. Allerdings wurde die Begegnung mit den Neurasthenikern der Jahrhundertwende für mich zum Teil auch zu einer Erfahrung der *Nicht*-Identität: Was man damals unter »nervös« verstand, war nicht überall das gleiche wie heute. Was mich selbst betrifft, so bin ich nicht immer zum nervösen Hektiker, sondern manchmal auch zum gemütlichen Phlegmatiker gestempelt worden. Aber offenbar waren auch die nervösen Leute früherer Zeiten nicht stets und hauptberuflich Neurastheniker; manchmal ist es wichtig, sich daran zu erinnern.

Den ersten Anstoß zu diesem Thema bekam ich im Sommer 1987, als ich nach einer durch die Tschernobylkatastrophe ausgelösten Phase der Überaktivität in ein Tief stürzte. War das nur eine banale Folge von Überarbeitung, oder hatte es eine tiefere Bedeutung? Merkwürdigerweise wurde mir in den darauffolgenden Jahren das Stöbern im älteren Nervositätsschrifttum immer wieder zu einer Oase der Ruhe. Kein Zweifel: Die Nervosität früherer Zeiten kann kein bloßes Produkt des Nervendiskurses gewesen sein! Es muß eine Erfahrung *hinter* dem Diskurs geben: Diese Überzeugung ließ mich nicht los. So verführerisch es wäre, die Geschichte der Nervosität zur großen Komödie einer eingebildeten Krankheit zu stilisieren – denn ein Element der Komik ist gewiß dabei –, so wäre es doch ein fundamentaler Fehler, auf der Suche nach dem witzigen Effekt die Selbstzeugnisse des »nervösen Zeitalters« nicht ernst zu nehmen.

Noch nie habe ich mich bei einem Forschungsprojekt so sehr von Zufallsfunden treiben lassen wie bei der »Nervosität«. Ich lernte den Zufall schätzen; zwischendurch hatte ich das Gefühl, in meine Recherchen einen Zufallsgenerator einbauen zu müssen, um meine eigenen Voreingenommenheiten zu überlisten. Anscheinend ist diese Art des Vorgehens nicht ganz ohne Gefahr. An einem früheren Manuskriptentwurf bemängelte Hans-Ulrich Wehler, die Lektüre mache »nervös«. »Nervös deshalb, weil davon eine Fülle von Reizen ausgeht, deren Aufnahme das Nervensystem heillos überfordert.« Mittlerweile kann ich diese Gereiztheit nachempfinden: mit der Zeit entwickelte ich selber eine zunehmende Allergie gegen jene modische Art von Kultur- und Körper-, Mentalitäts- und Modernitäts-, Zeitbewußtsein- und Jahrhundertwende-Geschichte, die sich auf steter Gedankenflucht befindet und sich an Wortspielen und Assoziationen entlanghangelt. Dieses Literaturgenre weckt eine Sehnsucht nach klaren und trennscharfen Deutungsmustern und nach einer präzisen Unterscheidung dessen, was sich beweisen läßt und was nicht. Vielleicht war ich jedoch eine Zeitlang zu sehr auf der Suche nach der *einen* Wahrheit und nach harten, einander ausschließenden Alternativen. Die schweizerische Medizinhistorikerin Esther Fischer-Homberger, die mir wichtige Anregungen gab, warnte mich vor einem allzu teutonisch-maskulinen Denkstil. In der Tat gibt es wohl nicht *eine*, sondern mehrere Geschichten der Nervosität.

Ich kann unmöglich alle diejenigen aufführen, denen ich nervenhistorische Impulse und Ideen verdanke, zumal ich nicht bei allen sicher bin, ob sie sich dessen bewußt sind und ihnen ein Dank dafür genehm wäre. Wenn ich mich auf ein paar Namen beschränke, so ist gewiß an erster Stelle mein langjähriger Freund und Mitarbeiter Thomas Gorsboth zu nennen, dessen medizinhistorische Kompetenz und phänomenaler Spürsinn mich auf immer neue Fährten setzten: Ohne ihn wäre dieses Buch sehr viel dünner – aber auch magerer – geworden. Meine Frau, Orlinde Radkau, hat meine Nerven-Monomanie zehn Jahre lang geduldig ertragen und sich in dieser Zeit dem Buddhismus zugewandt: Da bin ich ihr nicht gefolgt; aber ich habe die meditative Ruhe sehr genossen, die sich in unserem Haus ausbreitete. Die ZDF-Redakteurin Sabine Lehmann, die mich in dem Nach-Wende-Chaos in Leipzig über dem Nachlaß des Frauenfeindes Möbius fand, suchte mir, dem eingefleischten Computermuffel, einen Zugang zu den Netzwerken der modernen Medien zu vermitteln; zumindest bestärkte sie mich dabei in der Aktualität meines Themas.

Ich hatte das große Glück, beim Hanser Verlag mit Eginhard Hora als Lektor zusammenzuarbeiten. Die Aufgabe, das im Original auf fast tausend Seiten angeschwollene Manuskript auf gut die Hälfte »einzudampfen«, brachte mich zeitweise an den Rand der Verzweiflung. Hora hat mir auf energisch-einfühlsame Weise dabei geholfen und mich dazu gebracht, den im Historiker wohnenden Hamsterinstinkt vorübergehend zu unterdrücken. Ganz viel verdanke ich meiner Sekretärin, Anita Tuschick, die mir immer wieder versicherte, die Nervositätshistorie sei spannender als all mein bisheriges Geschreibsel und sie freue sich schon auf den nächsten Manuskriptschub. Wie konnte ich da anders, als die Story fortzusetzen?

Mein besonderer Dank gilt jedoch meinem akademischen Lehrer Fritz Fischer, der meine Arbeit mit freundlichen Ratschlägen begleitete, obwohl ihm der psychologische Zugang zur Vorgeschichte des Ersten Weltkrieges ursprünglich eher etwas suspekt gewesen war. Er erinnerte sich an seine Kindheit im Kaiserreich: Wie er da zur Erheiterung seiner Familie aus der Religionsstunde vom Jüngsten Gericht erzählt hatte: »... und Jesus sprach zu den Bösen: Ihr kommt in die Hölle, ihr macht mich nervös!« Die Nervosität als die säkularisierte Sünde: Das von dem Kind aufgeschnappte Stück Zeitgeist war bedeutsamer, als ich zuerst dachte. Die Arbeit an diesem Buch bedeutete für mich eine Rückkehr in jene Geschichtslandschaft, in der ich mich als Student vor dreißig Jahren in der Zeit der Fischer-Kontroverse getummelt hatte; ist es ein Zufall, daß dieses Buch nach vielen Verzögerungen genau zu Fischers 90. Geburtstag erscheint? Und wenn schon: Ich freue mich, einen Grund mehr zu haben, das Buch ihm widmen zu können.

Bielefeld, im November 1997   Joachim Radkau

Anhang

Anmerkungen

Abkürzungen

AfS	Archiv für Sozialgeschichte
AW	Ahrweiler, Archiv der Dr. v. Ehrenwallschen Klinik
BA	Bundesarchiv Koblenz
Charité	Psychiatrisch-Neurologische Klinik der Charité (Berlin)
CMP	Culture, Medicine and Psychiatry
DVÖG	Deutsche Vierteljahrsschrift für öffentliche Gesundheitspflege
GG	Geschichte und Gesellschaft
GLA	Badisches Generallandesarchiv Karlsruhe
GWU	Geschichte in Wissenschaft und Unterricht
HStAD	Hauptstaatsarchiv Düsseldorf
HStAM	Hauptstaatsarchiv München
HStAW	Hauptstaatsarchiv Wiesbaden
JCH	Journal of Contemporary History
KBoN	Archiv der Karl-Bonhoeffer-Nervenklinik (Berlin)
LHK	Landeshauptarchiv Koblenz
MedGG	Medizin, Gesellschaft und Geschichte
MPN	Monatsschrift für Psychiatrie und Neurologie
PJ	Preußische Jahrbücher
PNW	Psychiatrisch-Neurologische Wochenschrift
StAFfm	Stadtarchiv Frankfurt/Main, Nervenklinik
TG	Technikgeschichte
VSWG	Vierteljahrsschrift für Sozial- und Wirtschaftsgeschichte
ZKD	Universitätsarchiv Tübingen, Zentrales Krankenblatt-Depot
ZNP	Zeitschrift für die gesamte Neurologie und Psychiatrie
ZU	Die Zukunft

Einleitung
Eine Geschichte von Leidensdruck, Sinnsuche und Krieg

1 Friedrich Nietzsche, Fröhliche Wissenschaft, 1. Buch Stück 7 (»Etwas für Arbeitsame«); M. Horkheimer / Th. W. Adorno, Dialektik der Aufklärung, Exkurs II »Aufzeichnungen und Entwürfe«: »Interesse am Körper«.

2 Manfred Dierks, Heinrich Mann und die Psychologie, in: Heinrich Mann Jb. 12/1994, S. 151 und 142. Otto Basil, Georg Trakl, Reinbek 1965, S. 104, 128.

3 Universitätsarchiv Leipzig, Nachlaß Möbius, Ms. 713 I. Showalter, Hystorien, S. 99: »Nicht weniger als zehn Prozent von George Beards Neurastheniepatienten waren Ärzte.«

4 Hellpach, Wirken I, S. 291 f., 295, 297 f., 413, 426; Hellpach-Beiträge S. 4; GLA, 69 N, 281 (Freud, 20.11.1904).

1
Langzeittrends und Knotenpunkte in der Nervengeschichte

1 Lao Tse, Tao Te King, hrsg. von Jan Ulenbrook, Frankfurt/M. 1980, S. 67; Arthur E. Imhof, Die verlorenen Welten, München 1984, S. 96; Hilty, Neurasthenie, S. 86 Fn.

2 Cesare Lombroso, Verbrechen und Wahnsinn im XXI. Jahrhundert, in: Arthur Bremer (Hrsg.), Die Welt in 100 Jahren, Berlin 1910, ND Hildesheim 1988, S. 53.

3 Keller S. 30.

4 Windscheid (1909) S. 458; Bürger-Prinz S. 190; Hellpach-Aufsätze S. 348.

5 Fernand Braudel, Sozialgeschichte des 15.–18. Jh.s: Der Handel, München 1986, S. 649.

6 LHK 441/13357. M. Weber: Verein für Sozialpolitik S. 191 f.

7 Joseph Berliner 1966, zit. n. Eric L. Jones, Das Wunder Europa, Tübingen 1991, S. XIX.

8 Simmel S. 215 ff.

9 Heinrich Rüthing, Mittelalterliches Klosterleben im Paderborner und Corveyer Land, Paderborn 1988, S. 19.

10 ZKD 441/1775; Möbius, Neurolog. Beiträge V (1898) S. 97.

11 His, Medizin, S. 628; ZKD 441/2394.

12 Landes S. 287 ff.; Merle S. 171; Musil I S. 39.

13 Hellpach-Aufsätze S. 347; Richard Blunck, Justus v. Liebig, Berlin 1938, S. 68.

14 Christa Habrich, in: Deutsches Medizinhistor. Museum Ingolstadt, München 1986, S. 36; AW, H. Oe. (1911); Ziehen, Neurasthenie S. 557; Bing S. 530 ff.; Binswanger, Pathologie S. 236; H. Oppenheim, Lehrbuch II S. 1787; Esther Fischer-Homberger, Zur Geschichte des Zusammenhangs zwischen Seele und Verdauung, in: Schweizer. med. Wschr. 103/1973, S. 1433–1441; Ziegelroth S. 24 ff.; Krafft-Ebing, Nervosität S. 109. Bei der Verdauung scheint es, wie bei der Sexualität, einen psychosomatischen Circulus vitiosus zu geben, der bei nicht wenigen »nervösen« Krisen mitspielt: Blähungen und Verstopfung erzeugen eine bestimmte Art von gereizter Verkrampftheit, und diese blockiert ihrerseits die Verdauung!

15 Mosse/Tugendreich S. 403; WHO S. 368 ff.; Roth/Kroll S. 43.

16 Jaspers, Psychopathologie S. 613.

17 Göckenjan S. 72; Gravenkamp S. 70; Dougherty S. 75; Skultans S. 34; Romberg S. 12.

18 Murauer S. 55 ff.; Rothschuh, Spiritus S. 2969 ff.; Fritz Fraunberger, Illustr. Gesch. der Elektrizität, Köln 1985, S. 260 ff.; Rousseau S. 221; Dessoir S. 517; Porter, History S. 71; Alltag im Kreis Solingen 1823: Dr. J. W. Spiritus und seine medizin. Topographie, Solingen 1991, S. 228.

19 Moll, Weib S. 59 f.; Fontane-Briefe III S. 556; Ladendorf S. 123 f.

20 Marianne Weber S. 246 f., 249.

21 Börne S. 13; Clarke/Jacyna S. 315; Schleich, Schaltwerk, S. 33.

22 Tissot S. 17 f., 20 f., 22; Carus S. 40, 51, 47; Verity S. 27; Honegger S. 126; D. A. F. Marquis de Sade, Justine (1797), Frankfurt/M. 1990, S. 385.

23 Gutenberg S. 4.

24 C. Kabisch, Hysterische Frauen und Mädchen, in: Der Naturarzt 33/1905, S. 35; Zappert, S. 51; Marianne Weber S. 489.

25 Wilhelm Busch, Sämtl. Werke I, hrsg. von Rolf Hochhuth, Gütersloh o. J., S. 1012; Bucher, S. 21; Nietzsche, Der Wille zur Macht, 229. Stück; Haeckel S. 234.

26 Berend, Spreemann S. 270; Freud, Vorlesungen S. 375.

27 Fontane-Briefe III S. 59; Marianne Weber S. 252.

28 Porter, Manacles, S. 13; Hesse, Kindheit I S. 264, 262, 313; AW, M. T. (24. 3. 1903); Dubois S. 20; Beyer S. 232.

29 Marianne Weber S. 418; Weber-Briefe S. 397; Kraus S. 70.

30 Shorter, Paralysis S. 213, 382; über Campes Warnungen vor der »Lesesucht«: Schön S. 49; Campe führte eine reizbare Schwäche der Nerven auf die Verbindung von »anhaltendem Stillsitzen«, »einseitiger Beschäftigung der Seelenkräfte« und Verdickung der Säfte zurück (ebd. S. 90f.)

31 Bernd S. 177, 17, 161 ff.; Martina Wagner-Egelhaaf, Melanchol. Diskurs und literaler Selbstmord. Der Fall Adam Bernd, in: Gabriela Signori (Hrsg.), Trauer, Verzweiflung und Anfechtung, Tübingen 1994, S. 295.

32 Gnothi sauton V S. 81, 87; Foucault S. 288; Friedrich Schiller, Sämtl. Werke, hrsg. von G. Fricke/H. G. Göpfert, V S. 268f.

33 Gnothi sauton I S. 115f.; Wolfgang Dreßen, Die pädagog. Maschine, Frankfurt/M. 1982, S. 154f. »Gemächlichkeit« als große Gefahr: Immanuel Kant, Der Streit der Facultäten (= Werke 6), Köln 1995, S. 122: »Das Bett ist das Nest einer Menge von Krankheiten.«

34 Brunschwig S. 9f.

35 J.-J. Rousseau, Diskurs über die Ungleichheit, hrsg. von Heinrich Meier, Paderborn 4. Aufl. 1997, S. 266f.

36 Hufeland S. 142f., 130f.; Brunschwig S. 103; Franz Ambros Reuß, Versuch einer Einleitung in die allg. Pathologie der Nerven, Prag 1788, S. 17; Hufeland, Nöthige Erinnerung an die Bäder und ihre Wiedereinführung in Teutschland, in: Journal des Luxus und der Moden (Weimar), Jg. 1790, S. 378. Zu Franklin: Dennoch empfahl er nur sechs Stunden Arbeit am Tag! (Engelsing S. 49)

37 Matthias Bitz, Badewesen in Südwestdeutschland 1550 bis 1840, Idstein 1989, S. 386; Martius, Entartung S. 47; Karl Pisa, Schopenhauer, München 1978, S. 340.

38 Hufeland S. 399, 378; Brauchle S. 38; Gravenkamp S. 127.

39 Zuckert S. 241 f.; zum damaligen Pyrmonter Badebetrieb: Reinhold P. Kuhnert, Urbanität auf dem Lande. Badereisen nach Pyrmont im 18. Jh., Göttingen 1984.

40 Michler S. 203, 208; Alfred Martin, Deutsches Badewesen in vergangenen Tagen, Jena 1906, ND München 1989, S. 279; Marcard II S. 154, 165, 23, 144, 125f., 20, 15f., 19, 24, 124, 109f., 115: Sturz S. 7ff., 195.

41 Rolf Bothe (Hg.), Kurstädte in Deutschland, Berlin 1984, S. 302ff.; Fred Kaspar, Brunnenkur und Sommerlust, Gesundbrunnen und Kleinbäder in Westfalen, Bielefeld 1993, S. 42; J. D. Brandis, Anleitung zum Gebrauche des Driburger Bades und Brunnens, Münster 1792, S. 85; Martin S. 378ff.; Michler S. 200, 194. Noch Richard Wagner schildert in seiner Lebensgeschichte, wie er um 1850 die durch die Aufregungen der Flucht entstandene »Nervenüberreizung« zunächst mit eisenhaltigem Wasser zu bekämpfen versuchte, bis er erkannte, daß in seinem Fall nicht die »Abspannung« der Nerven die große Gefahr war (Wagner, Leben, S. 430, 486, 510f.); Rausse: Brauchle S. 121.

42 Gnothi sauton V. S. 114f. Fn.

43 Tsouyopoulos, Krankheitsbegriff S. 268; dies., Röschlaub S. 106f.; Schwanitz S. 66 u. a.; Brunschwig S. 305; Dessoir S. 510ff.; Leibbrand, Romant. Medizin S. 50ff., 58ff.; Dessoir S. 122; Leibbrand, Spekul. Medizin S. 81; Max Neuburger, Die Wiener Schule im

Vormärz, Wien 1921, S. 21; Allbutt S. 222. Novalis: »Brown ist der Arzt unserer Zeit. Die herrschende Konstitution ist die zärtliche, die asthenische.« Richard M. Meyer, Das Alter einiger Schlagworte (darunter »nervös«), in: Neue Jahrbücher f. d. klass. Altertum, Gesch. und dt. Litteratur 3/1900, S. 559.

44 Heinrich Ritter v. Srbik, Metternich, I, München 1957, S. 302 f., 337.

45 Leo Balet/E. Gerhard, Die Verbürgerlichung der deutschen Kunst, Literatur und Musik im 18. Jh., Frankfurt/M. 1973, S. 307 f.; für England ähnlich J. Oppenheim S. 145; Ladendorf S. 121; Stilling S. 554.

46 Honegger S. 149, 32; Karl Barth, Die protestant. Theologie im 19. Jh., Berlin ³1961, S. 464.

47 Balet/Gerhard (Anm. 45) S. 352; Curt Sachs, Handbuch der Musikinstrumentenkunde, Wiesbaden 1976, S. 76 f.; Eckart Kleßmann, E. T. A. Hoffmann, Stuttgart 1988, S. 546: Rüdiger Safranski, E. T. A. Hoffmann, Reinbek 1992, S. 173, 176.

48 Eissler II S. 1185 ff., 1146 ff.; I S. 636.

49 Treitschke, Geschichte V S. 209, 7, 14, 17; Martin Gerhardt, Friedr. V. Bodelschwingh, I, Bethel 1950, S. 450; Blasius, Friedrich Wilhelm IV., S. 91, 128, 14; Veit Valentin, Geschichte der deutschen Revolution von 1848–1849, I, Köln 1977, S. 34 f.

50 Ladendorf S. 120; Hufeland S. 110 f.; Rohlje S. 118 F.; Honegger S. 32; Hans Heinrich Muchow, Jugend und Zeitgeist, Reinbek 1962, S. 58; L. Börne, Ges. Schriften, VI, Hamburg 1862, S. 254.

51 Germaine de Staël, Über Deutschland, 1. Teil, 2. Kapitel. Viele der »klassischen« Klagen über die Langeweile stammen aus der Biedermeierzeit; vgl. Doehlemann, bes. S. 99. Hermann Glaser/Thomas Werner, Die Post in ihrer Zeit. Eine Kulturgeschichte menschlicher Kommunikation, Heidelberg 1990, S. 97; Hufeland S. 143 f.

52 Schmoller, Einfluß S. 415; Glaser/Werner S. 199; Das neue Buch der Erfindungen, Gewerbe und Industrien, II, Leipzig ⁶1872, S. 352; Börne S. 101; Walter Steitz, Die Entstehung der Köln-Mindener Eisenbahn, Köln 1974, S. 59; Treitschke, Geschichte IV S. 379.

53 Ramazzini, Kapitel »Von den Krankheiten der Strumpfwirker«; Karl-Heinz Karbe, J. Chr. G. Ackermann – ein Wegbereiter der Arbeitsmedizin in Deutschland, in: Wiss. Zs. der Humboldt-Univ. Berlin, Math.-Naturwiss. Reihe, 17 (1968), Nr. 5, S. 761 ff.; Radkau, Technik in Deutschland S. 85. Der Solinger Kreisarzt Spiritus, der über die zur Mode gewordene »Nervenschwäche« spottete, registrierte als Folge der Notjahre 1816/17 in seinem Kreis eine »krankhafte Erhöhung der Irritabilität«. Er bemerkte dazu, daß man in dieser Region mehr »reizentziehende als reizende Verfahren« benötige und »ein strenger Anhänger Browns in unserem Kreise schwerlich sein Glück machen« werde. Die Solinger Messerschleifer, die »in einer steten Stahlatmosphäre« lebten und »den ganzen Tag hindurch feinen Eisenstaub« schluckten, brauchten in der Tat keine stimulierenden und »roburierenden« Stahlbäder! Alltag im Kreis Solingen (Anm. 18) S. 207.

54 Adam Smith, Der Wohlstand der Nationen, München 1978, S. 71 (1. Buch, 8. Kap.); Franz Schnabel, Dt. Gesch. im 19. Jh., VI, Freiburg 1965, S. 84 ff.; Radkau, Technik in Deutschland, S. 74 ff.

55 Berend, Zeit S. 17.

56 Treitschke, Geschichte V S. 356, 508; Briefe II S. 84.

57 Ostwald, Geschichte S. 182; Blunck, Liebig (Anm. 13) S. 74, 122, 221, 306; Liebig, Chem. Briefe, Leipzig 1865, S. 57; Wolfgang Kloppe, Medizinhistor. Miniaturen, Mannheim 1966, S. 27 ff.; Wilhelm Roser/C. A. Wunderlich, Über die Mängel der heutigen deutschen Medizin ... (1842), in: Rothschuh, Krankheit, S. 54, 64.

58 Fischer-Homberger, Hypochondrie S. 81 ff.; Dornblüth, Psychoneurosen S. 382; Martius, Entartung S. 26 ff.; Stilling; Romberg S. 559; Langstein S. 4 ff.; Mayer S. 135, 144 f.; Reinbold S. 417, 423.

59 Cramer, Nervosität S. 148; die neuere Beschäftigung mit Beard beginnt mit Ch. E. Rosenberg 1962; s. im Lit.verz. außerdem die Arbeiten von Sicherman, Drinka, Gosling, Gay (Leidenschaft), Wessely, Wilson, Stea, Macmillan, Fullinwider, DeJong, Davis, Chastel, Haller, Carlson, Bunker.»Barnum«: Rosenberg, Place S. 258.»Industriezeitalter«: J.S. Haller S. 2489, 2496. Mumford: S. E. Morison/H. St. Commager: Das Werden der amerikanischen Republik, Bd. 2, Stuttgart 1950, S. 138.

60 Gay, Leidenschaft S. 343; Beard, Neurasthenia S. 64.

61 Sicherman, Paradox S. 902 f.; dies., Uses S. 53 f.; Andrew Abbott, The System of Professions, Chicago 1988, S. 286; Beard, Stimulants S. 40 f.

62 Drinka S. 186, 191; DeJong S. 49 f.; Matthew Josephson, Thomas Alva Edison, München 1969, S. 143, 147; Beard, American Nervousness S. 98 f.

63 DeJong S. 50; Gay, Leidenschaft S. 342 f., 350, 336.

64 Beard, Sexuelle Neurasthenie, S. 29 ff.; ders., Amer. Nervousness. S. 100 f. Fn.

65 Beard, Neurasthenie S. 98; Shorter, Paralysis, S. 221.

66 Ebd., S. XVIII; Rosenberg, Place S. 251; Beard, Amer. Nervousness S. 342, 120 ff., 125 f.; ders., Neurasthenia S. 6.

67 Ders., Amer. Nervousness S. 57.

68 Rosenberg, Place S. 252; Davis S. 106; Löwenfeld, Sexualleben S. 353; Beard, Neurasthenie S. 7 f.

69 Möbius, Neurolog. Beiträge II S. 62, 64; Martius, Entartung S. 32 f.; Playfair S. 58; Krafft-Ebing, Nervosität S. 34; Kraepelin, Diagnose S. 1641; Dornblüth, Psychoneurosen S. 10; Arndt, Neurasthenie S. 1; Szondi S. 1. Hartleben: Büchmann, Geflügelte Worte, München 1959, S. 209. In späteren Büchmann-Ausgaben kommt dieses »geflügelte Wort« nicht mehr vor. Die Neurastheniker reimten darauf Varianten wie diese: »Der Alten Wort war: Freund, haste nie / Neu ist ein Wort: Nie raste, nie. / Glaub altem Wort, sonst hast du früh / den bösen Gast Neurasthenie!« (ZKD 441/1743). Freud: Rez. von Averbeck, Die akute Neurasthenie, in: Wiener Medizin. Wochenschrift 37/1887, Nr. 5, Sp. 138.

70 Chatel/Peele, Concept S. 38; Heinz-Peter Schmiedebach, Emanzipation und Wiss., Leben und Werk des ersten jüd. Dozenten an der Berliner medizin. Fak. Robert Remak (1815–1865), med. Habil.schrift, Berlin 1990, S. 90; Krafft-Ebing, Nervosität S. 146 f.; S. Th. Stein.

71 Rosenberg, Place S. 246; Beard, Study S. 5 f.: Lob für Möbius; Leibbrand, Spekul. Medizin S. 297.

72 Binswanger, Pathologie S. 4 f., 47; Krafft-Ebing, Nervosität S. 34; Arndt, Neurasthenie II S. 285 f. (vorher: »Was man nicht definieren kann / das sieht man als Neurose an«); ders., Neurasthenie S. 15 ff.; Bouchut S. 324, 336; F. C. Müller, Handbuch S. 31.

73 Arndt, Neurasthenie S. 5 f.; Edwin Redslob, Die Welt vor hundert Jahren, Leipzig ³1940, S. 33; Levillain S. 332; Gustave Flaubert, Briefe, hrsg. von Helmut Scheffel, Zürich 1977, S. 94, 105 f., 114 u.a. Charcot: Vorwort zu Levillain. Beard hatte Charcot 1881 öffentlich verteidigt: Beard, Study S. 36 ff.

74 K. E. Hasse S. 2, 11 f., 14 f.

75 S. Th. Stein S. 46 f.

76 Gustav Schmoller, Zur Geschichte der deutschen Kleingewerbe im 19. Jh. (1870), ND Hildesheim 1975, S. 692; Franz Boese, Gesch. des Vereins f. Sozialpol. 1872–1932, Berlin 1939, S. 9; Schmoller, Einfluß S. 424.

77 S. B. Saul, The Myth of the Great Depression, 1873–1896, London 1969; H. Rosenberg S. 56, 218; A. Hirschfeld S. 7; Hellpach, Nervenleben S. 45; ders., Nervosität und Kultur S. 133 f.; Bismarck-Gespräche II S. 314.

78 Bismarck, Gedanken und Erinnerungen, II, Kap. 15 und 16; Fritz Stern, Gold und

Eisen: Bismarck und sein Bankier Bleichröder, Frankfurt/M. 1978, S. 240ff., 613ff.; Holstein-Papiere II S. 21; Holstein-Briefe S. 136. Pflanze S. 570 im Zusammenhang mit Bismarcks »Nerven«-Krisen: »Was ihn am meisten verletzte, war die wachsende Opposition in den Reihen seines eigenen Standes.« Bismarcks »große Wende« zurück zu den Konservativen hatte also auch ihre »Nerven«-Seite! Aus der Rückschau scheint er manchmal der Anspannung durch den Krieg die Schuld an der Zerrüttung seiner »Nerven« gegeben zu haben; so sagte er 1872 über seine ständige Schlaflosigkeit (ebd. S. 565): »Ich weiß, meine Nerven sind daran schuld, die habe ich in Versailles gelassen.«

79 Bamberger S. 142; Heinrich Friedjung, Der Kampf um die Vorherrschaft in Deutschland 1859 bis 1866, II, Stuttgart 1917, S. 347, 527; Orloff S. 33; Harden, Köpfe II S. 34, 72; A. Müller S. 3; Bismarck-Gespräche II S. 324f.; Erich Ebstein (Hg.), Ärzte-Memoiren aus 4 Jhh., Berlin 1923, S. 377ff.; Espach, Albert, Beiträge zur Biographie Ernst Schweningers, München 1979, S. 24; zu Schweninger: Martynkewicz S. 85–104, 117ff. Otto Pflanze, Bismarck and the Development of Germany, III, Princeton 1990, S. 186f.

80 Wilhelm Lange-Eichbaum/Wolfram Kurth, Genie, Irrsinn und Ruhm, München 1967, S. 332ff.; A. Müller S. 9, V, 101; Emil Ludwig, Genie und Charakter, Berlin 1926, S. 49; A. Fick, Haben Tiere eine Seele?, in: Ethik Jg. 8/1931–32, S. 84; Friedell S. 77; Kretschmer S. 150, 153.

81 Oczeret S. 30f.; Friedjung, Kampf I S. 7; Whitman, Erinnerungen S. 149; Liman S. 26.

82 Dubois S. 155, 157; Binswanger, Pathologie S. 19, 232; Freud, Kokain S. 34 (A. Hirschmüller).

83 Dornblüth, Psychoneurosen S. 449ff., 453; ders., Nervosität S. 227f.; H. Oppenheim, Lehrbuch II S. 1765f.

84 ZKD 441/2170; Beradt; Wollenberg, in: Hoche, Handbuch S. 695ff.; Cramer, Nervosität S. 404ff.; Krafft-Ebing (Lehrbuch S. 262, 266f.) zeigt Mitgefühl mit einem neurasthenischen Arzt, der 1883 seine Gemahlin und deren Freundin erschossen hatte, da diese ihn zu Unrecht bezichtigt hätten, eine Patientin verführt zu haben. A. Eulenburg (Berlinerin S. 272) kennt 1910 als »neuesten Untertyp« der nervösen Frau das »nervöse Kindermädchen«, das die ihm anvertrauten Kinder und ihre Herrschaft zu vergiften sucht.

85 Adler S. 230f.; Loewenstein S. 10; R. Steiner S. 10, 17, 20; Szondi S. 14. Baudis S. 5, 7.

86 W. Bergmann S. 15f.; Hellpach, Neurasthenie S. 569. Auch Kollarits (S. 13) begnügt sich mit dem volkstümlichen Nervositätsbegriff und findet die Unterscheidung zwischen Nervosität und Neurasthenie spitzfindig.

87 Möbius, Behandlung S. 16; Binswanger, Pathologie S. 91; Baumgarten S. 8.

88 Heilig S. 371; Strümpell, Lehrbuch S. 666; Gaupp, Nervosität S. 634; Bumke, Lehrbuch S. 399; Cramer, Nervosität S. 59, 148, IV.

89 Möbius, Nervosität S. 96; Binswanger, Pathologie S. 314, 371; Krafft-Ebing, Lehrbuch S. 263; Grotjahn, Forderung S. 92.

90 Schwarz S. 84; Steding S. 4.

91 Fr.-Wilh. Foerster, Sexualethik und Sexualpädagogik (urspr. 1907), Kempten 1920, S. 61f.; AW, L. Mü. (1915/16).

92 Möbius, Nervosität S. 5, 8; Krafft-Ebing, Nervosität S. 4f., 37; Binswanger S. 94; Hirschkron S. 22; Bresler, Geisteskrankheiten S. 53; Dubois S. 154f.

93 Baumgarten S. 32f., VIf.; Martius, Entartung S. 22.

94 H. Oppenheim, Lehrbuch (1902) S. 968; F.C. Müller, Handbuch S. 24; Charité 1554 (26. 3. 1902).

95 Rheinstaedter S. 1; Charcot: Levillain S. 11; Löwenfeld, Pathologie S. 94; auch ders., Zeichen; Rolf Winau, Der verbesserte Mensch, in: August Nitschke u.a. (Hg.), Jahrhun-

dertwende, I, Reinbek 1990, S. 287f.; Naunyn, Anschauungen S. 1253, 1255; Adolf Strümpell, Über die traumatischen Neurosen, Berlin 1888, S. 14; ders., Nervosität S. 11.
96 Ziegelroth S. 27. Bouchut lehrte, der Urin von Neurasthenikern sei geruchlos, Beard dagegen, er habe einen besonders widerlichen, bocksartigen Gestank (Arndt, Neurasthenie II S. 295); Kothe S. 6.
97 ZKD 441/1909 (1902).
98 AW, A.N. (1899/1901).
99 Rosenbach S.V. Eine besonders originelle Theorie über den Sinn der Nervosität legte sich der Leiter einer »Kuranstalt für Nervöse« im thüringischen Friedrichroda zurecht: In der modernen Zeit leide das periphere Nervensystem unter Reizmangel. »Die Nervosität eröffnet dem Nervensystem in der vermehrten Arbeitsleistung der Hautnerven eine Einnahmequelle an nervöser Kraft, die in den meisten Fällen wenigstens ausreicht, das Nervensystem ... vor völliger Zerstörung zu bewahren.« Die Nervosität sei in Wahrheit »unser Freund«. Lots S. 40, 42.
100 Beard, Neurasthenia S. 61; dagegen Löwenfeld, Pathologie S. 269; Baumgarten S. 33; F.C. Müller, Handbuch S. 35f.; Drinka S. 221; Fontane klagt 1880 (Briefe III S. 113), seine Frau sei als Folge von »Nervenerschöpfung« mit einemmal um zehn Jahre gealtert.
101 Ziehen, Neurasthenie, S. 576f.; Musil I S. 227.

2
Ärztlicher Blick und Patientenerfahrung

1 Risse/Warner S. 196, 204; allg.: Radkau, Zum historischen Quellenwert von Patientenakten.
2 Bellevue: Die Statistik verdanke ich Gerhard Fichtner (Tübingen). Ahrweiler: Heilanstalten S. 520.
3 LHK 441/13355 und 25566; Wieczorek/Braunsdorf S. 146, 154.
4 Forel, Stellung S. 284; Binswanger, Pathologie S. 369; H. Oppenheim, Lehrbuch I S. 3; auch Cramer, Nervosität S. 397.
5 Löwenfeld, Pathologie S. 99; Bing S. 516; Breuer/Freud S. 155.
6 AW, St. Sz. (1907).
7 Binswanger, Pathologie S. 266; Charité 1407 (14. 6. 1902).
8 Rudolf Virchow, Morgagni und der anatom. Gedanke, in: Berliner Klin. Wochenschrift 31/1894, S. 349f.; Möbius, Neurolog. Beiträge V; Wolfgang Hocquel, Leipzig – Baumeister und Bauten, Leipzig 1989, S. 31; Löwenfeld, Pathologie S. 94ff.; auch Chatel/Peele, Review S. 1404 (Forel: Neurasthenie als »Abfalleimer«).
9 Hermann Harry Schmitz, Reisen und andere Katastrophen, hrsg. von Bruno Kehrein u.a., Zürich 1988, S. 188–198 (»Im Sanatorium«); Veraguth, Neurasthenie S. 10.
10 Krabbe S. 83; Lots S. 50; Binswanger, Pathologie S. 415; His, Medizin S. 627; Baumgarten S. 183f.
11 Reinhard Spree, Kurpfuscherei-Bekämpfung und ihre sozialen Funktionen, in: Labisch/Spree S. 116; P. Vogler, Zur Geschichte der Universitätsklinik für natürliche Heilweisen Charité Berlin, in: Charité-Jubiläumsheft S. 476; J. Müller S. 25; Stulz S. 59f.; H. Oppenheim, Lehrbuch (1902) S. 931; Ausgabe von 1923 II S. 1814.
12 Wilhelm Jensen, Zum Antritt des neuen Jahrhunderts, in: Die Gegenwart 1/1900, S. 10; Hellpach, Grundlinien S. 71, spricht 1904 schon rückblickend von dem kurzlebigen »physikalisch-diätetischen Zeitalter«. Stollberg S. 289, 295; Huerkamp, Lebensreform S. 160, 165; dies., Aufstieg S. 273, 277, 253; Regin, Selbsthilfe S. 270ff., 474; dies., Naturheilkundige S. 188.

13 Thomas Gorsboth/Bernd Wagner, Die Unmöglichkeit der Therapie. Am Beispiel der Tuberkulose, in: Kursbuch 94/1988, S. 123–146; Labisch, Homo S. 132ff.; Moll, Elektrotherapie S. 21; der »wilde Sturm und Drang der ersten Tuberkulinwochen in Berlin« war später als eine Art geistiger Fieberrausch fataler Art in Erinnerung (Martius, Kurz-Autobiographie S. 19); Rothschuh, Naturheilbewegung S. 101; Hellpach, Heilkraft S. 85.

14 Warnung in: Der Naturarzt 35/1907, S. 264; Korb-Döbeln S. 176, auch 135 f.; Medizinerkampagne gegen »Geheimmittel«: Wolfgang Wimmer, Die pharmazeut. Industrie als »ernsthafte« Industrie: Die Auseinandersetzung um die Laienwerbung im Kaiserreich, in: MedGG 11/1992 S. 77ff.; Ziegelroth S. 22.

15 Binswanger, Pathologie S. 69; Hermann Klencke, Der Nervenarzt und die Elektrizität im Dienste der Heilkunde, Dresden 1888, S. 19; Gaupp, Nervosität (1907) S. 638.

16 Forel, Stellung S. 281. Veraguth, Über Neurasthenie S. 375: Frontalangriffe gegen das gesamte Neurastheniekonzept kamen »besonders von psychiatrischer Seite, und dann meist mit viel Temperament«.

17 Beard, Study S. 11f.; Brumberg S. 87; Gosling S. 17ff.; Blustein; Bynum S. 115; Geller/Harris S. 155f.

18 Dörner S. 290; K. Leonhard, Über die Geschichte der Nervenklinik der Charité, in: Charité-Jubiläumsheft S. 493f.; Kraepelin, Lebenserinnerungen S. 32, 49, 132f.; Pantel S. 78ff.

19 Verhandl. der Gesellschaft Deutscher Neurologen und Psychiater, Berlin 1936, S. 12; Hellpach, Wirken I S. 363f.; ders., Heilkraft S. 24; McKeown S. 17; Erb: Dt. Zs. f. Nervenheilk. 1/1891, S. 1.

20 Blasius, Wahnsinn S. 129, 148; Leibbrand, Spekul. Medizin S. 275, 286; Porter, Manacles S. 187; Ackerknecht S. 81; Kraepelin, Aufgaben S. 47; Pantel S. 81; Fischer-Homberger, Hypochondrie S. 106.

21 Shorter, Paralysis S. 201ff. Im Gegensatz dazu will Fullinwider (S. 2) auf dem Grunde der Neurasthenielehre das angebliche neurologische Dogma erkennen, »daß es im Nervensystem höhere und niedere Zentren oder Funktionen gebe und die Neurasthenie eine Erschöpfung der höheren Zentren sei«. So unterschiedlich kann man die neurologischen Paradigmen jener Zeit bestimmen!

22 Ulrike Hoffmann-Richter, Freuds Seelenapparat, Bonn 1994, S. 90; Hearnshaw S. 117; Goldscheider S. 4, 21; Breidbach S. 217.

23 Binswanger, Pathologie S. 23, 6; auch Hilty, Neurasthenie S. 155; Veraguth, Kultur S. 5; Cramer, Nervosität, Vorwort; Cleaves S. 98; Beard, Neurasthenia S. 84 Fn.

24 Raimund Pitzing, Das Leben und Werk von P. J. Möbius. Diplomarbeit Leipzig 1986. Hellpach, Grundlinien S. 84; Möbius, Schwachsinn S. 138; Freud im Gespräch S. 142; Freud selbst jedoch (ebd. S. 146): »Stekels schroffe Stellungnahme gegen Möbius sei ihm antipathisch.«

25 Gegenschriften sind in dem Neudruck der 8. Auflage von 1905 (München 1977) enthalten. Daß ein Antifeminismus à la Möbius auch im deutschen Kaiserreich nicht ohne Risiko war und sogleich ein Licht auf die privaten Schwächen des Schreibers warf, zeigen die verächtlichen Seitenhiebe Hirths: Ders., Wege zur Liebe S. 194, 201, 221. Für ihn offenbart sich in Schriften dieser Art der »physiologische Schwachsinn des Mannes« und das »jammervolle Gesäure einiger Impotenten«!

26 Rieger S. XV; Elektrotherapeut. Streitfragen; Nachwirkung: K. E. Smith in: Wohlmuth A.-G. (Hg.), Elektrogalvan. Heilkunde, Furtwangen 1930, S. 420; Möbius, Schwachsinn S. 17; ders., Neurolog. Beiträge V S. 130ff., 127ff.; Kraepelin in: Irrenärzte S. 279, 276; Strümpell, Leben S. 141; Hellpach, Neurasthenie S. 569.

27 Erbs Gutachten: Universitätsarchiv Leipzig, Akte Möbius; Kraepelin in: Irrenärzte S. 274–279; ähnlich anerkennend Cramer, Nervenheilstätten S. 470; Strümpell, Leben

S. 139; Freud, Selbstdarstellung S. 48; Fischer-Homberger, Neurose S. 115. Kraepelins zwiespältiges Verhältnis zu Möbius kommt in einem Briefwechsel mit Hellpach heraus (GLA, 69 N, 285). Hellpach hatte Kraepelin seine »Hysterie« widmen wollen; der aber wehrte energisch ab und empfahl ihm, er möge das Buch Möbius widmen: »ihm gehört auch im Grunde Ihre Seele; ich habe leider keinen Teil daran«. Auch Möbius wollte die Widmung nicht haben!

28 Möbius, Behandlung S. 8, 25, 15.

29 Erb, Nervosität; Strümpell, Leben S. 124; Erb, 40 Jahre S. 327, 331.

30 Drobner S. 80; A. Thom S. 342f., 345, Strümpell, Nervosität S. 7; ders., Lehrbuch S. 660ff.; ders., Entstehung S. 5.

31 Deutsch S. 6f.; Dubois S. 96, 98.

32 Gide/Valéry S. 469, 455; His, Medizin S. 626, 630.

33 Bergmann S. 16; Baumgarten S. VIIIf.; His S. 628; Dubois S. 96; Lachmund/Stollberg: Auf der Grundlage von Autobiographien viele Anzeichen für die »Laisierung« der Patienten, aber (S. 224) mit Einschränkung, besonders im Bereich der »Nerven«.

34 Hirschkorn S. 135; Vomáčka S. 1f.

35 M. Pautner, Neurasthenie, in: Reformbll. 10/1907, S. 226; Baumgarten S. 63ff.; ZKD 441/1774; P. Cohn S. 103.

36 AW, Ch. T. (1910).

37 ZKD 441/1775.

38 Binswanger, Pathologie S. 150ff.

39 Rigler S. 18; Charité 404 (26. 4. 1909); StAFfm, NK, Büschel 385, J. A. St.

40 Ewald, Unnütze Geräusche, in: Antirüpel 2/1910, Nr. 1, S. 1.

41 Cleaves S. 95, 208; HStaW 430/1, 4762.

42 StAFfm, NK Büschel 5, M. A. (1905/06).

43 Ebd., Büschel 137, W. H.; Büschel 3, A. A.; Schreber.

44 Beim Baden: Klencke S. 123. ZKD 441/721; Baumgarten S. 226f.

45 Kraepelin, Lebenserinnerungen S. 46, 48; M. Gerhardt/A. Adam, Friedrich v. Bodelschwingh, II, Bielefeld 1958, S. 318; Freud, Selbstdarstellung S. 48, 156.

46 Möbius, Neurolog. Beitr. V S. 94; Bing S. 509ff.; Munthe S. 297; Binswanger, Pathologie S. 92.

47 Stulz S. 5, 7; ZKD 441/1717.

48 Polykarpus Gastfenger (= H. Hoffmann), Der Badeort Salzloch, Frankfurt/M. 1860, S. 105; Binswanger, Pathologie S. 373, 371; A. Eulenburg, Nervosität und Reisen, S. 406, 426.

49 Pelman, Errichtung S. 442ff. Pelman war 1893/94 in der Öffentlichkeit unter schweren Beschuß gekommen, als er den Deutschamerikaner Hermann Feldmann, nach der Auffassung anderer lediglich ein nervlich überanstrengter »overworked man«, zum gemeingefährlichen Geisteskranken erklärt hatte. Pelman hatte der Gattin Feldmanns geglaubt, die ihrem Liebhaber zu Gefallen an das Vermögen ihres Mannes heranwollte (Archivberatungsstelle Rheinland, Brauweiler, Psychiatrie, 7935). Dieses Fiasko mag Pelmans Engagement für die Nervösen mitbestimmt haben.

50 Götze S. 47; in Bethel machte man frühzeitig die Erfahrung, daß es selbst bei leichten Fällen von Epilepsie nicht gut war, alle Patienten in einem Haus zu konzentrieren, als der Hausvater schon nach wenigen Jahren nervlich zusammenbrach (M. Siebold, Kurze Geschichte und Beschreibung der Anstalten Bethel..., Bielefeld 1889, S. 8). Hilty, Neurasthenie S. 93; AW, L. K. (1904).

51 Hoche, Jahresringe S. 120; einen Generalangriff auf die Lehre von der Anstaltsisolation führt Lévy S. 240ff.

52 Grotjahn, Krankenhauswesen S. 2; Peretti S. 277; er bemerkte dazu, die Aussicht, in aufgelassene Lungenheilstätten einzuziehen, könne die Nervenärzte nicht begeistern.

53 Bebel S. 424 f.; Stenograph. Verh. des Reichstages, 12. 12. 1899 = 120. Sitzung, S. 3325.

54 Bülow I S. 459; Schär, Kampf S. 27; Illustr. Führer S. 288; Moll, Weib S. 213 ff.

55 Lehr S. 1; F. C. Müller, Hydrotherapie S. 351 f.

56 Shorter, Clinics S. 159; Just S. 37; Langstein S. 41; Jütte, Geschichte S. 30 ff., 126 f.

57 HStaW 405, 505.

58 Krafft-Ebing, Nervosität S. 141, 68; ähnlich Schacht, Randbem. S. 93 und Marcinowski, Kampf S. 21; Cramer, Nervosität S. 165 f.; Joseph Wechsberg, Eine fast vergessene Welt, München 1980, S. 117 ff.; Holstein-Briefe S. 83; B. M. Lersch, Geschichte der Balneologie (1863), Leipzig 1987, S. 206 ff.

59 Schwarz S. 2 f.; Benda, Nervenheilanstalten S. 7 f., 10 f., 12 f., 20; Determann, Volksheilstätten S. 41; Schwarz S. 3 f., Möbius, Behandlung S. 16, 25, 30, 4; ders., Neurolog. Beiträge V S. 93 f., 70 f.; ders. in: ZU 39/1902, S. 448; Universitätsarchiv Leipzig, Ms. 713 II; Kraepelin in: Irrenärzte S. 274; Schwarz S. 93 (Grohmann); Steding (Titel!)

60 Möbius, Neurolog. Beitr. V S. 96; ders., Behandlung S. 15 ff.; F. C. Müller, Hydrotherapie S. 358; AW, F. Sch. (1908/09).

61 BA R 89/6904; LHK 403, 7439; Bresler, Volksnervenheilst. S. 4; Schwarz S. 7; Langer S. 43 f.

62 Huerkamp, Aufstieg S. 275; Eulenburg, Nervenheilst. S. 27 ff.; ders., Nervosität und Reisen S. 427.

63 Bresler, Volksnervenheilst. S. 4; Determann, Volksheilst. S. 20; Laehr, Nervosität; LHK 403, 7439.

64 Bresler S. 10 f.; Pelman, Errichtung S. 440; Cramer, Nervenheilst. S. 471 f.; ders., Nervosität S. IV; ders., Prophylaxe S. 39; Mönkemöller in: Irrenärzte S. 297.

65 Gülick S. 294 f.; Labisch/Tennstedt I S. 28 ff.; LHK 403, 7439 und 7440; HStAD, Reg. Düss. 54106; Bresler S. 11 f.; Peretti S. 279; Hallervorden S. 237; M. Neumann S. 513; Götze S. 28 f.; Rumpe S. 23. Aufnahmebücher in der heutigen Nachfolgeanstalt (Reha-Klinik für Herzkranke); HStAD, Reg. Düss. 54106; Determann S. 34; M. Neumann S. 516; LHK 403, 7440.

66 Ernst Beyer, Zum allg. Bauprogramm der Nervenheilstätten, in: PNW Jg. 1904, S. 236 f.; ders., Roderbirken bei Leichlingen, die erste rhein. Volksheilstätte für Nervenkranke, in: Centralblatt f. allg. Gesundheitspflege 26/1907, S. 19; LHK 403, 8438; Cramer, Ursachen S. 82; Archiv des Landschaftsverbandes Westfalen-Lippe (Münster), D 7, Nr. 136; Götze, Vorwort; Beelitz S. 3; Vorstandsbericht der LVA Rheinprovinz 1913, S. 24, und 1914, S. 72 (Archivberatungsstelle Rheinland, Brauweiler).

67 BA R 89/13524; Ehrenwall S. 25, 20; Volksmund Jg. 7 Nr. 89, 6. 11. 1912 (LHK 441/25568); LHK 441/13355. Entmündigung: vgl. Heimpel.

68 Hubenstorf, Krebsgang S. 170 f.; Hasebroek S. 10 f.; Huret S. 217; P. Vogler in: Charité-Jubiläumsheft S. 475 ff.; Alfred Fröhlich (Hg.), Die Therapie an den Wiener Kliniken, Leipzig 1930, S. 181; Löwenfeld, Sexualleben S. 350 f.

69 Brause- oder Schwimmbad?, in: Veröff. der Dt. Gesellschaft f. Volksbäder 2/1904, S. 592.

70 LHK 441/13357 (Bericht vom 25. 10. 1898) und 25566. Die Evangelische Heilanstalt Tannenhof berichtete 1902, ein »junges Mädchen mit schwerer Neurasthenie« habe Aufnahme begehrt, sei »aber am folgenden Tag gegen ihren Willen von ihrer Mutter wieder abgeholt« worden »mit der Motivierung: lieber wolle man sie auf dem Kirchhofe wissen als in einer Anstalt« (Archivberatungsstelle Rheinland, Brauweiler, Psychiatrie, 4110).

71 Auerbach S. 553; IV. Internat. Kongreß zur Fürsorge für Geisteskranke, Halle 1911, S. 162; Hallervorden S. 238; Heilanstalten S. 522; die Fußnote dazu läßt jedoch erkennen, daß der Autor die Nervenheilanstalt in sehr enger Verbindung zur Irrenanstalt sah: Er

empfahl sie besonders als Übergangs- und Beobachtungsstätte für entlassene Irrenhausinsassen, die möglicherweise gefährlich werden konnten! – Die Nervenheilanstalt »Konstanzer Hof« zu Konstanz renommierte damit, daß sie die Grenze zwischen Nerven- und Geisteskranken »schroff und fest«, »streng und ohne Konzessionen« zog: Georg Fischer, Heilanstalt für Nervenkranke im Konstanzer Hof, Konstanz ³1896, S. 8f. Beyer S. 231f.; Grotjahn, Krankenhauswesen S. 204.

72 Blasius, Wahnsinn S. 95, 143, 81; ders., Seelenstörung S. 40; Bennholdt-Thomsen/Guzzoni S. 165ff.; Möbius, Nervenheilstätten, in: ZU 24/1898, S. 171. Der Vater Hermann Hesses nahm seine eigene Nervosität als Grund, um seinen nervösen Sohn nicht bei sich zu behalten, sondern seine Einweisung in eine Anstalt zu veranlassen; vgl. Hesse, Kindheit I S. 13, 90, 256, 395. Hilty, Neurasthenie S. 7: »Nicht bloß das, was wir jetzt Neurasthenie, auch sogar, was wir Paranoia, Wahnsinn, Irrsinn nennen, liegt jedem Menschen näher, als es allgemein geglaubt wird und muß von ihm beständig ferngehalten werden.«

73 Mantegazza S. 14–27, 13, 104f. (Namen aus dem italien. Original übernommen); ders., Physiologie S.V.

74 Beard, Nervousness S. 185; Moll, Weib S. 13, 31, 108.

75 Mantegazza, Jahrhundert S. 89; Horch S. 31; Löwenfeld, Pathologie S. 49. Bilz, der eine Broschüre über »Die Nervosität unserer Frauen und Jungfrauen« verfaßte, sah einen Urgrund weiblicher Nervosität darin, daß man es den Mädchen verwehre, »sich lustig austoben zu lassen« (Bilz III S. 600).

76 A. Eulenburg, Nervosität unserer Zeit S. 317; ders., Berlinerin S. 272ff.; Moll, Weib S. 193; ähnlich Hirschkron S. 21.

77 Micale, Hysteria (1989), S. 223f.; dabei ist allerdings, ihm zufolge, die bisherige Hysteriegeschichte vorwiegend eine Geschichte der Ideen über Hysterie, nicht des Leidens selbst.

78 Romberg S. 551; Fischer-Homberger, Hypochondrie S. 97–101.

79 Nordau I S. 59; Shorter, Rise, bes. S. 575; Israel; Roy Porter, The Body and the Mind, the Doctor and the Patient, in: Sander L. Gilman u.a., Hysteria Beyond Freud, Berkeley 1993, S. 286ff.

80 Beard, Neurasthenia S. 59; ders., Nervousness S. 73.

81 Durkheim S. 59; Munthe S. 202; Möbius, Nervosität S. 76; Binswanger, Pathologie S. 45.

82 Dornblüth, Psychoneurosen S. 452; auch Mosse/Tugendreich S. 161. H.O. Tröscher, Die Begutachtung der Arbeitsfähigkeit in der Krankenversicherung, München 1930, S. 28, meint sogar: »Das Hauptkontingent der Neurastheniker stellen die Frauen, wenigstens in den Großstädten.« Eugen Bleuler, Lehrbuch der Psychiatrie, Berlin ⁴1923, S. 436; Renatus, Zur Physiologie der Moral, in: ZU 44/1903, S. 390.

83 Leubuscher S. 63; Rheinstaedter S. 2; Baumgarten S. 17; Berend, Zeit S. 187. Fontane schreibt 1892, die »guten Frauen« fühlten »normaler, will sagen gesünder« als die Männer. »Darauf beruht auch der große Einfluß der Frauen, die Männer, im Gefühl ihrer Mängel, ordnen sich freiwillig unter« (Briefe IV S. 231). May S. 4f.; Birkefeld/Jung S. 56; Bamberger S. 390, Bismarck über seine fortwährende Beunruhigung durch die Kaiserin Friedrich: »Dieser Zustand der ewigen Bedrohung mache ihn uneasy, mache ihn nervös, das könne seine Gesundheit nicht aushalten, und das zwinge ihn, seinen Abschied zu nehmen.« Liek, Arzt S. 53; Möbius, Weib S. 77; Wolfhard Weber, Arbeitssicherheit, Reinbek 1988, S. 129f.

84 Binswanger, Pathologie S. 346; F.C. Müller, Handbuch S. 66; Schär, Kampf S. 20; C. Kabisch, Hyster. Frauen und Mädchen, in: Naturarzt 33/1905, S. 35f.; Shorter, Änderungen S. 9f.; Krafft-Ebing, Nervosität S. 55; vgl. Löwenfeld, Pathologie S. 68.

85 Lutz S. 31f.; ähnlich Showalter S. 100f.; Kollarits S. 133; Cramer, Nervosität S. 157f.

86 Baumgarten S. 129f., 36f.; Bülow I S. 459.

87 Cleaves S. 5; Porter, Social History S. 118f., 213f.; Morris S. 157ff., 425.

88 AW, L. v. R. (1907/08); zur Thure-Brandt-Massage: Brauchle S. 200.

89 Ackerknecht S. 82; Löwenfeld, Pathologie S. 344f.;Rieger S. 63f.; Rheinstädter S. 3 (»furor uterinus«).

90 Binswanger, Pathologie S. 69, 71, 73; ähnlich Löwenfeld, Pathologie S. 602f. und Ziegelroth S. 3f.; Moll, Weib S. 225; Dubois S. 97; Schacht, Randbem. S. 93; Gebhardt S. 218f.; Gustav Aschaffenburg, Die psychasthenischen Zustände, in: Curschmann S. 792f.

91 Beard, Neurasthenia S. 88f.; Ellenberger S. 154–160; Möbius, Neurolog. Beiträge II S. 70. Freud (Hysterie S. 48f.) forderte eine Unterscheidung zwischen Neurasthenie und Hysterie, aber mehr aus theoretischen Gründen: Bei der Neurasthenie sei die Erregungsquelle somatisch, bei der Hysterie psychisch.

92 Pelman, Nervosität S. 132; Möbius, Neurolog. Beiträge I, S. 2, 4f.; II, S. 70; Hellpach, Hysterie S. 15; Löwenfeld, Pathologie S. V.

93 Binswanger, Pathologie S. 45, 346, 96f.

94 Ziegelroth S. 1f.; J. Oppenheim S. 144; Binswanger S. 169; Bumke, Lehrbuch S. 141; tatsächlich hatte Theodor Frerichs, Klinikchef an der Charité, bei Bismarck ein männliches Pendant zur Hysterie diagnostiziert! (Holstein-Papiere II S. 24, 23. 12. 1882).

95 Link-Heer S. 377, 385f., 388f.; Micale, Hysteria (1991), S. 204, 226; Löwenfeld S. 34f.

96 ZKD 441/904 und 768; AW, J.Me. (1901).

97 Beard, Neurasthenia S. 71; Dubois S. 440; Möbius, Weib S. 77; Bumke, Lehrbuch S. 260; Schleich, Schaltwerk S. 255.

98 Hanna Schissler, Männerstudien in den USA, in: GG 18/1992, S. 210f.; zum traditionellen Zeithaushalt der Frauen: Honegger S. 29 (Bildungsbürgertum); Helmut Miller, Die kleinbürgerliche Familie im 18. Jh., Berlin 1969, S. 15 (»Aber Mädchen, Du thust ja nichts!«); David W. Sabean, Property, Production and Family in Neckarshausen, 1700–1870, Cambridge 1990, S. 148ff., bes. S. 155 und 178.

99 Allbutt S. 217; zu Allbutt: J. Oppenheim S. 40f., 106, 109 u.a.

100 Marianne Weber S. 249, 246f., 624f.; Eduard Baumgarten, Max Weber – Werk und Person, Tübingen 1964, S. 636f.

101 Nike Wagner, Typologie S. 104; Binswanger, Pathologie S. 92.

102 AW, C. Ni. (1902).

103 StAFfm, NK Büschel 4, F.A. (1911–12).

104 ZKD 441/1466

105 Masson S. 51ff., 64f.; über den »gewaltigen Streit« um die »moral insanity«: Karl Birnbaum, Die psychopath. Verbrecher, Berlin 1914, S. 42.

106 AW, Ph. K. (1921/22).

107 Brumberg S. 147; Schär, Kampf S. 11; Aschaffenburg: Curschmann S. 793; ZKD 441/2078.

108 Châtelain, Vorwort und S. 79f.

109 ZKD 441/2394.

110 Grotjahn, Erlebtes S. 13; ZKD 441/728.

111 ZKD 441/1569; Glaser S. 147; Hirth, Wege S. 439, 460, 566, 569, 574, 424f.; Bloch S. 93 Fn.; Ostwald, Lebenslinien III S. 209f.

112 Beard, Sexuelle Neurasthenie S. 25; Ziehen, Psychiatrie 1. Aufl. 1894 S. 324; 4. Aufl. 1911 S. 585; ZKD 441/872; Elektrotherapeut. Streitfragen S. 63; zu Benedikt: Erich Ebstein, Ärzte-Memoiren aus 4 Jhh., Berlin 1923, S. 357.

113 Binswanger S. 58; Oppenheim, Lehrbuch (1902) S. 962ff.; Ausg. von 1923 II S. 1782ff.

114 AW, E. He. (1896/98).

115 Freud–Fliess S. 27; F.C. Müller, Handbuch S. 180; auch Schär, Kampf S. 18f.

116 Cramer, Nervosität, S. 385; Oppenheim, Lehrbuch II S. 1784.

117 AW, B. Kr. (1915); Freud–Fliess S. 28f.; Lütkehaus S. 245.

118 Bölsche II S. 181.

119 AW, Fr. J. (1902), K.J. (1896), W.M.M. (1903); ZKD 441/733; Cramer, Nervosität S. 385; Charité 1853 (19. 7. 1907), 4802 (13. 1. 1909).

120 Lütkehaus S. 242; Schur S. 81.

121 Binswanger S. 58f.; Fürbringer, Onanie, in: A. Eulenburg (Hg.), Real-Encycl. der ges. Heilkunde Bd. 14, Wien ²1888, S. 594, 597; Oppenheim, Lehrbuch II S. 1801f.

122 Krafft-Ebing, Psychopathia S. 227f. Gerade auch ein Erotomane wie Mantegazza (Hygiene der Liebe. S. 50f.) zeigt gegenüber der Onanie, diesem »häßlichen, ekelhaften Scheusal«, einen grenzenlosen Horror, besonders gegenüber der kindlichen: »der Satyr-kampf der Wollust hat die erste Furche in das Angesicht eines Engels eingegraben«.

123 Bloch S. 465; A. Scholta, Die Herznervenschwäche, in: Naturarzt 33/1905, S. 93; M. Pautner, Pollutionen, in: Reformblätter 10/1907, Nr. 10, S. 255, 254; Bilz IV S. 264: »In Schulen, Pensionaten, Konvikten, öffentlichen Anstalten werden durch einen einzigen Übeltäter oft sämtliche Zöglinge verführt. ... Ohne Zweifel trägt diese allgemeine Ver-breitung viel zur Entwicklung der Krankheit unserer Zeit, der Onanie bei.« Verwirrende Signale: Jarausch, Students S. 286, 294. Stengers/Van Neck S. 135ff.: Seit dem letzten Vier-tel des 19. Jahrhunderts meldeten sich »Häretiker« zu Wort, die die Schädlichkeit der Onanie anzweifelten, darunter kein Geringerer als der Leibarzt der Königin Victoria, Sir James Paget. Nach Hare S. 5ff. scheint die Angstmache vor den Folgen der Onanie in Deutschland weniger unisono als in England und Frankreich gewesen zu sein.

124 Zweig S. 110; Bloch S. 431ff.; anders Bäumler S. 100 (»Götze Merkur«).

125 Charité 4103 (6. 11. 1911).

126 Bäumler S. 229; Kraepelin, Hundert Jahre S. 250; Elfriede Walther u. a., Moula-gen, Dresden (Hygiene-Museum) 1993, S. 14f.; Herzlich/Pierret S. 191.

127 Binswanger S. 65, 353; Heilanstalten S. 563; Fleck S. 95, XXVII; Bäumler S. 195–205; ders., Paul Ehrlich, Frankfurt/M. 1979, S. 221–253; Hitler, Mein Kampf S. 61ff.; Geuter S. 66f.

128 Binswanger S. 67; Oppenheim, Lehrbuch (1902) S. 968; über den gewissen Charme der »Schwindsucht« und darüber, daß die Tbc nicht den Schrecken verbreitete, der ihrer Relevanz für die Sterbestatistik entsprochen hätte: Herzlich/Pierret S. 43, 47, 50f. Huebschmann S. 84; andererseits Gide/Rist S. 669 über die panische Wirkung der Ent-deckung des Tuberkelbazillus: »Man hörte mit Entsetzen, daß der Schwindsüchtige, früher der sympathische Held vieler sentimentaler Romane, jeden Tag Milliarden von töd-lichen Keimen aushustet, deren Menge genügen würde, eine Stadt zu entvölkern ...« Cha-rité 561 (5. 5. 1909). Die Angst vor Tbc galt damals jedoch in vielen Fällen als Zeichen von Realismus und nicht von Neurasthenie. »Gewiß ist Derjenige noch kein Feigling, wer, einer zur Phthisis neigenden Familie entstammend, in der Furcht vor Tuberkelbazillen dahinlebt« (Hanns Kaan, Der neurasthen. Angstaffekt der Zwangsvorstellungen, Wien 1892, S. 69).

129 Paneth, Seelen S. 37.

130 ZKD 441/870, 2121 und 1717. Proust/Ballet S. 32. Zum Fall des Gymnasiasten: Cramer erwähnte als warnendes Beispiel einen 22jährigen Mann, der, als er dem Vater seine Onanie gestand, von diesem die Adresse einer Prostituierten bekam »mit der Wei-sung, sofort mit der Dirne in Verkehr zu treten«. Dadurch sei er vollends in Verzweiflung geraten und statt dessen zu ihm, Cramer, gekommen (Nervosität S. 32).

131 Macmillan S. 381; Peyer S. 59; Krafft-Ebing, Nervosität S. 56, 191; F.C. Müller,

Handbuch S. 85; auch Marcinowski, Kampf S. 44; Freud–Fliess S. 29; Freud, Abhandlungen S. 131; ders., Abriß S. 84 f.; Roazen S. 97; Gay, Freud S. 73.

132 Rieger S. 105; Musil I S. 426; Heuss S. 316; Spree, Bourgeoisie S. 20; Ritter/Tenfelde S. 634 f., 641; Theilhaber S. 86, 158. Theilhaber hatte kurz vorher mit einem Buch über den Geburtenrückgang bei den Juden Aufsehen erregt (»Der Untergang der deutschen Juden«, 1912).

133 Gay, Leidenschaft S. 400; A. Bergmann S. 184; Radkau, Technik in Deutschland S. 236; McLaren S. 184 f.; Hirth, Wege S. 573; Fernand Braudel, Frankreich, II, Stuttgart 1990, S. 179 ff. (S. 183: Um 1789 habe sich der Coitus interruptus »wie eine ansteckende Krankheit« verbreitet!); Levillain S. 45; Gide/Rist S. 149; Gilbert Ziebura (Hg.), Wirtschaft und Gesellschaft in Frankreich seit 1789, Köln 1975, S. 309. Kautsky stellte schon um 1880 beifällig fest, erfahrene Pariser Ärzte hätten sich einstimmig dahin ausgesprochen, daß es unschädliche Mittel des »Präventivverkehrs« gebe (in: Jb. f. Sozialwiss. 2/1881, S. 117). Victor Klemperer dagegen hörte 1913 in Paris von einer Frauenrechtlerin, viele Männer sträubten sich gegen Verhütungsmethoden: »Mais ça me tracasse les nerfs!« (Klemperer, Curriculum vitae, I, Berlin 1989, S. 68).

134 ZKD 441/1763. Magnus Hirschfeld meinte, bei der großen Mehrheit der Homosexuellen, ob männlich oder weiblich (der »Uranier« und »Urninden« in seiner Terminologie), handele es sich um hochgradige Neurastheniker, und zwar vermutlich nicht nur infolge des sozialen Drucks, sondern auch der endogenen Anlage. Hirschfeld, Die Homosexualität des Mannes und des Weibes, 1913, 2. Aufl. Berlin 1920, S. 177, 383 ff.

135 Bloch S. 764 f.; ähnlich Löwenfeld, Pathologie S. 69 und ders., Sexualleben S. 347; Kollarits S. 188; Peyer S. 14; McLaren S. 189.

136 Antike: einerseits Kurt Pollak, Die Heilkunde der Antike, Wiesbaden 1978, S. 209; andererseits Peter Brown, Die Keuschheit der Engel, München 1991, S. 32 f. Alfred Hegar, Der Geschlechtstrieb. Eine social-medicin. Studie, Stuttgart 1894. Marianne Weber wandte sich im Einklang mit Max Weber gegen »die in gewissen medizinischen Kreisen Mode gewordene Ansicht, daß die eigene Gesundheit darunter leide, wenn der Geschlechtstrieb nicht befriedigt wird«; diese Auseinandersetzung war ihr offenbar sehr wichtig (Green S. 190). Immer wieder wird die Auffassung, sexuelle Enthaltsamkeit sei gesundheitsschädlich, als eine Irrlehre der älteren Zeit bekämpft: Rheinstaedter S. 18; Eulenburg, Geschlechtsleben S. 108 f.; Ulrich Linse, »Geschlechtsnot der Jugend«. Über Jugendbewegung und Sexualität, in: Thomas Koebner u. a. (Hg.), »Mit uns zieht die neue Zeit«. Der Mythos Jugend, Frankfurt/M. (1989), S. 245 ff. Freud, Selbstdarstellung S. 150 f.; Dornblüth, Psychoneurosen S. 402; Oppenheim, Nervenleiden und Erziehung S. 51 f.; W. Bergmann S. 257; Löwenfeld, Sexualleben, Vorwort zur 3. Auflage; Bloch S. 736, 740 f.; auch Bilz III S. 255 f. über die Medizinerkontroverse.

137 Bloch S. 315; GLA, 69 N, Vortrag von 1926: »Die Tugendkrise der bürgerlichen Frau«; Fout S. 389 f., 393; F. M. L. Thompson, Social Control in Victorian Britain, in: EHR 24/1981, S. 196; Green S. 171; Ingrid Gilcher-Holtey, Max Weber und die Frauen, in: Christian Gneuss/Jürgen Kocka (Hg.), Max Weber: Ein Symposion, München 1988, S. 150; Dornblüth, Psychoneurosen S. 397; G. Aschaffenburg in Curschmann S. 781: »Ich bin der Ansicht, daß in den letzten Jahren unserem Sexualleben mehr Beachtung geschenkt worden ist, als im Interesse der Volksgesundheit wünschenswert ist. Und bei der Überempfindlichkeit der Nervösen müssen alle schreckhaften Darstellungen bei ihm leicht Wurzeln schlagen ...« Gebärstreik: A. Bergmann S. 286 ff.

138 Radkau, Männer S. 249 ff.

139 Korb-Döbeln S. 124; unter den Akademikern in Trinkerheilanstalten standen damals die Juristen an der Spitze, aber gleich danach folgten die Mediziner (L. Wagner in: Manacéine S. 195). Heinrich Schipperges, Rudolf Virchow, Reinbek 1994, S. 71 f.; ZKD

441/904; Cramer, Nervosität S. 164; Binswanger S. 431, 73 f. Bouveret (S. 270) glaubt, die meisten Neurastheniker seien Alkoholiker; Schweninger dagegen fragte (Aus ärztlicher Praxis, ZU 46/1904, S. 445): »Und die aller Sünden angeklagte Dreieinigkeit: Lues, Alkohol, Trauma? Wann wird man sich endlich allgemein entschließen, auf diese bequemen Sündenböcke zu verzichten?« Roberts S. 51; Spode S. 133; Beard, Neurasthenia S. 40 f.; Steding S. 22, 4, 60; E. Neumann, Teil VI, 119. Maxime.

140 K. Leonhard, Über die Geschichte der Nervenklinik der Charité, in: Charité-Jubiläumsheft S. 494.

141 Rosenberg, Epidemics S. 134 f.; Konrich, Volksgesundheit, in: Deutschland als Weltmacht, hrsg. vom Kaiser-Wilhelm-Dank, Berlin 1911, S. 638.

142 Ludwig Thoma, Erinnerungen, München 1931, S. 56; Spode S. 101.

3
Die Modernität der Neurasthenie

1 Bucher S. 16 f.; Fischer-Homberger, Büchse der Pandora.

2 Robert Castel, Die psychiatrische Ordnung, Frankfurt/M. 1983, S. 172 f.; Hoffmann, Anstalt S. 338 f.

3 Friedrich Engels, Die Lage der arbeitenden Klasse in England (1845), München 1973, S. 173 ff.; Marx, Kapital, I, 13. Kap. IV (Die Fabrik).

4 Beard, Nervousness S. 101 ff., 122 ff.

5 Wehler, Gesellschaftsgeschichte III S. 1232 ff., 429 ff.; Nordau I S. 61–64.

6 Wilhelm Erb, Über die nächsten Aufgaben der Nervenpathologie, in: Dt. Zs. f. Nervenheilkunde 1/1891, S. 3 ff.; Wilhelm-Erb-Gymnasium Winnweiler (Hg.), Festschrift zum 150. Geburtstag von W. Erb (1990), S. 16; Erb, Nervosität; Miethe IV S. 360.

7 Kornig, S. 5, 12, 21 f.; Korb-Döbeln S. 661.

8 Eulenburg, Nervosität unserer Zeit, S. 302 ff.

9 Artikel »Neurasthenie«, in: A. Villaret (Hg.): Handwörterbuch der gesamten Medizin, 2. Bd., Stuttgart 1900, S. 422–426.

10 Rogge S. 335.

11 Arndt, Neurasthenie S. 7–27, 109, 118; ähnlich Naunyn, Anschauungen, und Bing S. 512 f., 536 f.

12 Laquer, Nervosität und moderne Kultur; Martius, Entartung; über ihn: Fischer-Homberger, Neurose S. 96 ff.; ähnlich Moll, Weib S. 59 f., 195 und ders., Einfluß S. 122.

13 Bumke, Entartung S. 316; ders., Revision S. 1816.

14 IV. Internat. Kongreß zur Fürsorge für Geisteskranke, Halle 1911, S. 113, 118 f., 123 ff. Daraus ist jedoch nicht etwa auf eine generelle Front jüdische kontra nichtjüdische Medizin zu schließen. Aschaffenburg und Friedländer traten zur gleichen Zeit gemeinsam als Kritiker Freuds in Erscheinung: Ellenberger S. 1074 ff.

15 Bumke, Entartung S. 308.

16 Ackerknecht S. 54 ff.; Nye S. 28; Ilse Jahn u. a., Geschichte der Biologie, Jena 1985, S. 292 ff.

17 Jahn S. 410; Peter Weingart u. a., Rasse, Blut und Gene, Frankfurt/M. 1988, S. 84.

18 Binswanger, Pathologie S. 30, 33, 38, 313; Martius, Entartung S. 22; Bumke, Entartung S. 307 f., 313; Schleich, Neurasthenie S. 35.

19 Schacht, Randbem. S. 90 f.; ähnlich Hirschlaff S. 3, Veraguth, Neurasthenie (1910) S. 64, W. Bergmann S. 35; Engelhardt S. 87, 11.

20 Ackerknecht S. 57 f.; Eulenburg, Nervosität unserer Zeit S. 313; ähnlich Oppen-

heim, Nervenleiden S. 3; »Syphilisation«: Internat. Kongreß (Anm. 14) S. 126, Kollarits
S. 182; Krafft-Ebing, Nervosität S. 62, 13; ähnlich Nervenkrank S. 11. Hellpach, Ursachen
S. 128; Leubuscher/Bibrowicz S. 824; ebenso Ensler, Nervosität und moderne Kultur, in:
Monatsschrift f. christl. Sozialreform (Basel), Jg. 1908, S. 654.

    21 Hermann S. 4, 11; Weingart (Anm. 17) S. 84 ff.

    22 Bromkalium: Manacéine S. 15. Von der Quantität der französ. Literatur vermittelt
der Anhang von Savill einen Eindruck. Rabinbach, Motor S. 155 ff.; Nye; Bumke, Revision
S. 1816; Dubois S. 191 ff.; Pichot S. 546; Bouchut S. 335 f.; Levillain S. 1 f. und Literaturan-
hang; Bouveret S. 2 f., 8; »blockierte Gesellschaft«: Heinz-Gerhard Haupt, Sozialgesch.
Frankreichs seit 1789, Frankfurt/M. 1989, S. 8, mit Einschränkungen (S. 11 u.a.). Ebd.
S. 287: Auch die französische Belle Époque ist eine Ära der Hygiene und der Hypochondrie. Rabinbach, Motor S. 156 f.; Proust/Ballet S. VI f., 7, 30 ff.; Deschamps/Vinchon S. 6, 43
(zu D.: Rabinbach S. 163 ff.); Lévy S. 171 f., 156.

    23 Belbèze S. 24 ff., 14, 33, 42, 52 ff., 90 f.

    24 J. Oppenheim S. 109, 84 f.; M. J. Clark.

    25 Max Eyth, Hinter Pflug und Schraubstock, Stuttgart o. J., S. 28 f.; Bloch S. 321; Nolda
S. 5 f.; T. L. Nichols in: Holbrook S. 166: »The English are not so rapid and helter-skelter as
the Americans …« Noch 1945 waren sich die in Farm Hall internierten deutschen Atom-
physiker darin einig, daß die Engländer sich beneidenswert viel Zeit ließen: Dieter Hoffmann, Operation Epsilon, Berlin 1993, S. 104.

    26 A. Clark; Allbutt S. 210, 215, 220 ff.; über ihn: Kugelmann S. 86 f.

    27 Savill S. VIII, 66, 83.

    28 AW, Werbebroschüre von 1907, S. 77; Heilanstalten S. 510; Hellpach, Wirken I
S. 418; Schacht, Neurasthenie S. 267.

    29 Gaupp, Wachsende Nervosität S. 28.

    30 Gorsboth: Mündl. Mitt. aus einer Untersuchung zur Geschichte der Silikose. Verein
für Sozialpolitik S. 190.

    31 Hirschkron S. 69, 80; Völgyesi S. 144; Heilig S. 369; Ritter/Tenfelde S. 379.

    32 ZKD 441/1775.

    33 ZKD 441/811.

    34 A. Steiner S. 115; Gay, Leidenschaft S. 350; Wendorff S. 422; Ritter/Tenfelde S. 371;
Kern S. 109 ff.; Radkau, Technik in Deutschland S. 112, 138, 87; ders., Technik im Temporausch S. 63 ff.; Adams S. 414 f.; Huret S. 225 f.

    35 Hans-Liudger Dienel, Herrschaft über die Natur? Naturvorstellungen deutscher
Ingenieure 1871–1914, Stuttgart 1992, S. 117; Riedler, Rathenau S. 34, 99; ders., Schnellbetrieb S. X; Schmoller, Einfluß S. 423; ders., Maschinenzeitalter S. 18 f., 23.

    36 Shadwell S. 12 f.; Wolfgang König/Wolfhard Weber, Netzwerke, Stahl und Strom,
Berlin 1990 (= Propyläen Technikgeschichte IV), S. 288, 98; Hugh G. J. Aitken, Scientific
Management in Action, Taylorism at Watertown Arsenal 1908–1915, Princeton 1985,
S. 30 f.; Miethe IV S. 397 ff., 400 f.; Dominik S. 79.

    37 Berdrow 8 ff.

    38 Miethe IV S. 442; Sigrun Brunsiek, in: Lipp. Möbelindustrie 1900–1960, Detmold
1993, S. 7; Franz-Josef Brüggemeier, Leben vor Ort, Ruhrbergleute und Ruhrbergbau
1889–1919, München 1983, S. 91 ff.; Helmuth Trischler, Steiger im dt. Bergbau, München
1988, S. 120 ff.

    39 Clairemont S. 46; Miethe IV S. 343; Herbert Reinke, Die Einführung und Nutzung
des Telefons in der Industrie des Dt. Reiches 1880–1939, Köln (MPIFG) 1988, S. 31 f.; Ostwald, Forderung S. 62; Harm G. Schröter, Innovationsverhalten, Mentalität und techno-
log. Entwicklung (Reichspost und Fernmeldetechnik), in: TG 61/1994, S. 12 f.; Diesel,
Jahrhundertwende S. 127.

40 Prometheus 14/1903, S. 10, 7; Zeitersparnis: Niedersächs. Staatsarchiv Oldenburg, Best. 136, Nr. 12334 (Mitt. von Heide Gerstenberger); Robert Wall. Die goldene Zeit der Ozeanriesen, Gütersloh o. J., S. 190 f.; Miethe IV S. 166.

41 Deutschmann S. 175 ff.; Stearns, Arbeiterleben S. 181 ff.; Theodor Heuss, Robert Bosch, Stuttgart 1946, S. 228 f.; Radkau, Technik in Deutschland S. 280. Auch Wehler, Gesellschaftsgeschichte III S. 781 nimmt an, daß die Steigerung des Tempos in der Industrie Realität gewesen sei. Selbst Dorothea Schmidt, die ihre Habilitationsschrift über die Arbeitswelt bei Siemens vor 1914 ganz auf die Demontage gängiger Klischees abstellte, läßt erkennen, daß das »Hetzen und Jagen« um die Jahrhundertwende nicht bloß ein moderner Mythos war: ebd. S. 32, 54, 122.

42 L. Bernhard, Akkordarbeit S. 122 f., 115, 112.

43 Bernhard, Akkordarbeit; Herkner: Verein für Sozialpolitik S. 133; D. Schmidt S. 270 ff.

44 Leubuscher/Bibrowicz S. 820 ff., fast wörtlich in Koelsch, Gewerbepathologie S. 255; Schönhals S. 14 f.; D. Schmidt S. 123 f.

45 Heilig S. 384 f.; Verein für Sozialpolitik S. 128.

46 Bücher S. 438 f.; Koelsch, Gewerbepathologie S. 251; Durig S. 96; Bericht über den XIV. Internat. Kongreß für Hygiene und Demographie, II, Berlin 1908, S. 606 f.

47 Siemens I S. 76 ff.; Radkau, Technik in Deutschland S. 179; Jürgen Kocka, Technik und Arbeitsplatz im 19. Jh., in: Buddensieg/Rogge (s. unter Rabinbach, Motor Mensch) S. 120; Dohrn-van Rossum S. 320. Dohrn hält Moltkes Bild der Dinge für »nicht mehr realistisch«. Aber warum hätte Moltke dann solche Bemerkungen machen sollen, die seinem Plädoyer für die Nationalzeit zuwiderliefen?

48 Dubois S. 373; früher galt Erziehung und Pünktlichkeit als Behandlungsmethode für Nervenkranke: A. Hirschfeld S. 29. AW, H. Th. (1908).

49 Bethel-Archiv, Bethesda 68.

50 Matschoß in: Miethe I S. 19; Sigfrid v. Weiher, Die engl. Siemens-Werke und das Siemens-Überseegeschäft, Berlin 1990, S. 127; Radkau, Wachstum S. 86; ders., Technik in Deutschland S. 197 f.; Adolf Wagner, Agrar- und Industriestaat, Jena 1901, S. 63 f.

51 J. Radkau, Angst und Angstabwehr als Regulative der Technikgeschichte: Gedanken zu einer Heuristik der Furcht, in: Max Kerner (Hg.), Technik und Angst, Aachen 1994, S. 65; Cleaves S. 209 f.

52 Helmut Böhme, Vom »Geist der Unruhe« – »Elektrizität« und »Neuer Kurs«, in: Volker Benad-Wagenhoff (Hg.), Industrialisierung – Begriffe und Prozesse, Stuttgart 1994, S. 143; Erb, Nervosität S. 5 f.; Bebel S. 431; Ostwald, Forderung S. 414. Schon 1890 verstieg sich der Artikel »Reisen« in Meyers Konversationslexikon zu der kühnen Behauptung, eine »Reise um den ganzen Erdball« gehöre »zu den alltäglichen Vorkommnissen«! Hermann Bausinger, in: ders. u. a. (Hg.), Reisekultur, München 1991, S. 343.

53 Das »Jagen, Hasten und atemlose Arbeiten unserer Zeit« nehme, ohne von irgendwem gewollt oder verschuldet zu sein, aus innerer Notwendigkeit des raschen Bevölkerungswachstums zu, betonte der Gasmotorenbauer und Junkers-Mitarbeiter Wilhelm v. Oechelhäuser in seinem Festvortrag zum 50jährigen VDI-Jubiläum (ders., Techn. Arbeit einst und jetzt, Berlin 1906, S. 19). Riedler, Rathenau S. 150; ähnlich, aber pessimistischer der Riedler-Gegner Georg Siemens, Erziehendes Leben, Freiburg 1957, S. 65 ff.

54 Spitzemberg 270 (19. 12. 1913). Die verbreitete Meinung, das deutsche Bildungsbürgertum des 19. Jahrhunderts sei technikfeindlich gewesen, trägt Züge einer Legende: Gerhard Plumpe, Technik als Problem des literarischen Realismus, in: M. Salewski/I. Stölken-Fitschen (Hg.), Moderne Zeiten, Stuttgart 1994, S. 44 ff.

55 Henning Eichberg, »Schneller, höher, stärker«, in: Mann/Winau S. 263 ff., 279 ff.; Frölich, Der elektr. Betrieb auf Vollbahnen, in: Prometheus 9/1898, S. 725; J. Kollmann,

Der Triumphzug der techn. Wissenschaften, in: Deutschland als Weltmacht (s. 2. Kap. Anm. 141), S. 470.

56 Miethe IV S. 404; Kollmann (Anm. 55); Otto N. Witt in: Prometheus 23/1912, S. 495.

57 Radkau, Technik in Deutschland S. 144; Dieter Ziegler, Eisenbahnen und Staat im Zeitalter der Industrialisierung, Habil.schrift Bielefeld 1994; Teil II über die deutschen Neben- und Kleinbahnprojekte des späten 19. Jh.s; Sombart, Volkswirtschaft S. 262.

58 Allgemein zum Folgenden: Radkau, Fahrrad. Holstein-Briefe S. 178; Bertz S. 238; Cantlie S. 54 ff. Fälschungen: Mitt. von Hans-Erhard Lessing an Verf.

59 His, Front S. 47; M. Mendelsohn, Ist das Radfahren als eine gesundheitsgemäße Übung anzusehen und aus ärztlichen Gesichtspunkten zu empfehlen?, Berlin 1896, S. 30 f. »Voici des ailes«: Kern S. 111.

60 Moll, Weib S. 193; Oppenheim, Briefe S. 43; Albert Albu, Sozial-hygienische Betrachtungen über den modernen Sport mit bes. Berücksicht. des Radfahrens, Berlin 1896, S. 25; ähnlich Carl Fressel, Der Radfahr-Sport vom techn.-prakt. und ärztl.-gesundheitl. Standpunkte, Neuwied ⁴1898, S. 108 (Fahrrad als Kräftigung »in unserem entnervten und entnervenden Zeitalter«. Paul v. Salvisberg (Hg.), Der Radfahrsport in Wort und Bild (1897), ND Hildesheim 1980, S. 163.

61 Kann S. 20 f., 36 f., 26.

62 Bertz S. 180 f.

63 Radkau, Fahrrad S. 23; Charité 3628 (1909); AW, H. S. (1903); ZKD 441/1851.

64 Schumacher, Das Recht des Radfahrers, in: Hans-Erhard Lessing (Hg.), Fahrradkultur: Der Höhepunkt um 1900, Reinbek 1982, S. 511 f., 508 über das breite Sortiment von Schimpfworten, dem der Radfahrer ausgesetzt sei. Jung S. 26 f., 22; Holstein-Briefe S. 172 f.; verbreitete Aggressionen gegen Radler auch in Wien: Roman Sandgruber, Cyclisation und Zivilisation, in: H.Ch. Ehalt u.a. (Hg.), Glücklich ist, wer vergißt...?, Wien 1986 S. 294 f.; Elefanten Press (Hg.), FahrradLiebe, Berlin 1987, S. 100; Liman S. 192 f.; Bertz S. 18 f.; Ostwald, Forderung S. 413 f.

65 Radkau, »Ausschreitungen gegen Automobilisten haben überhand genommen.« Aus der Zeit des wilden Automobilismus in Ostwestfalen-Lippe, in: Lipp. Mitt. 56/1987, S. 9–26; ders., Auto-Lust; Scharfe S. 223 Fn., 229 Fn., 238 f.; Autler S. 13 f. Wenn Scharfe, Nervosität des Automobilisten S. 202 f. meint, daß »Nervenschäden« »im Zusammenhang mit dem Automobil praktisch gar nicht erörtert« worden seien, so überschätzt er die Naivität der Autobegeisterung jener Zeit.

66 Hyde S. 324.

67 Peter Voswinckel, Arzt und Auto, Münster 1981; Hellpach, Techn. Fortschritt S. 30; Artelt 16; Scharfe S. 221; 1930: Kommunalarchiv Herford, Kreis Herford, Bestand C, Nr. 974. Max Oechelhäuser, Staatl. Chauffeurschulen, in: Sozial-Technik 7/1907–08, H. 2, S. 29: Das Fahren im Großstadtverkehr erfordere »eine buchstäblich unausgesetzte Nervenanspannung«. Daher sei nur ein Mensch mit »gesunden Nerven« ein »tüchtiger Fahrer«. Für den Auto-Enthusiasten Baudry de Saunier dagegen wirkt das Auto als »eines der besten und wirksamsten Beruhigungsmittel des Nervensystems« und verleiht obendrein »Willenskraft«. Ein Lob des Autos nach dem Muster des Fahrradlobs! Jürgen Link/Siegfried Reinecke, »Autofahren ist wie das Leben«. Metamorphosen des Autosymbols in der dt. Literatur, in: Harro Segeberg (Hg.), Technik in der Literatur, Frankfurt/M. 1987, S. 452 f., 459.

68 O.J. Bierbaum, Eine empfindsame Reise im Autbmobil (1903), ND 1992, S. 10 ff. In höchsten Tönen preist er die »Steigerung des Gesundheitsgefühls« durch das Autofahren (S. 18); sieben Jahre darauf starb er allerdings, nur 45 Jahre alt. A. Riedler, Abseits vom Gänsemarsch!, Berlin 1914, S. 24 ff., 378 ff. Baudry: Kuhm S. 41. Bülow II S. 19.

69 Stephanie Geissler (Bielefeld), Umweltwahrnehmung im 19. Jh. – zwischen Wirtschaftsliberalismus und Gesundheitsschutz (Ms.); Saul S. 32 f.

70 Hermann Hasse, Die internationale Lärmschutzbewegung, Gautzsch bei Leipzig 1914, S. 5; LHK 403/6948; weitere Fälle ebd. 6945.

71 Saul S. 168 ff.; Lessing, Lärm S. 77 ff.; Krömer S. 63; Reclam S. 67.

72 Birkefeld/Jung S. 56; Klavierpest: Gutenberg S. 34, Baumgarten S. 7, Whitman, Deutschland S. 33; Lessing, Lärm S. 45, 54 ff., 69.

73 Matthias Lentz, »Ruhe ist die erste Bürgerpflicht«. Lärm, Großstadt und Nervosität im Spiegel von Theodor Lessings »Antilärmverein«, in: MedGG 13/1994, S. 81–105; Marwedel S. 104 ff.; Lessing, Einmal S. 405; Baron; Raymond W. Smilor, Toward an Environmental Perspective: The Anti-Noise Campaign, 1893–1932, in: Martin V. Melosi (Hg.), Pollution and Reform in American Cities, 1870–1930, Austin 1980, S. 135–151. Der größere organisatorische Erfolg der amerikanischen Antilärmbewegung erklärt sich vermutlich daraus, daß in den USA ein polizeilicher Lärmschutz noch weniger funktionierte als in Deutschland und man dort gewohnt war, Aufgaben der öffentlichen Ordnung durch private Initiativen anzugehen.

74 Lessing, Lärm S. 24; Anti-Rüpel Jg. 1909 S. 3, Jg. 1910 S. 53 f.; Smilor (Anm. 73) S. 136 ff.

75 Schönhals S. 16; Heilig S. 369 ff.

76 Lentz (Anm. 73) S. 96; Charité 3124 (1911), 3381 (1905).

77 HStAW 430/1; 4762; Cramer, Nervosität S. 51; Anti-Rüpel Jg. 1909 H. 1, S. 57; Krömer S. 19, 66.

78 Hellpach, Nervosität und Kultur S. 31 f.; andererseits Schleich, Neurasthenie S. 33: »Ja, es ist nicht so unsinnig, daß man die Einführung der Elektrizität als Licht- und Kraftquelle direkt als Ursache für die Nervosität unseres Geschlechtes verantwortlich gemacht hat.«

79 W. Bergmann S. 257 f.; HStAW 403/1, 4567 und 10562.

80 ZKD 441/1317.

81 Nietzsche, Unzeitgemäße Betrachtungen, Stuttgart 1964, S. 50; Diesel, Jahrhundertwende S. 266, 286.

82 Messerli S. 221; Müller, Handbuch S. 67; Binswanger, Pathologie S. 55 f.; Kann S. 13; Löwenfeld, Pathologie S. 41 f.

83 Roller S. 1; Ziehen, Neurasthenie S. 524; Kollarits S. 176 ff.; Röper S. 137; Pelman, Nervosität S. 211; Brauns S. 17; Wernicke S. 9; Beelitz S. 8; Schacht, Neurasthenie S. 269; ähnlich Bouveret S. 24; Wichmann, Leistungsfähigkeit; Erb, Nervosität S. 16; Kraepelin, Geistige Arbeit S. 23.

84 Dornblüth, Psychoneurosen S. 386.

85 HStAM, MInn 65349; B. Laquer S. 26 f.; Hellpach, Ursachen S. 51; Dubois S. 149. Ziemssen meinte schon 1887, daß viele Bürobeamte die »goldene Regel« »acht Stunden Arbeit, acht Stunden Erholung, acht Stunden Schlaf« für ihre Person mit gutem Erfolg praktizierten (Ziemssen S. 5 f.).

86 Möbius, Nervosität. 1. Aufl. S. 91 ff.; I. N. Love, Neurasthenia, in: Journal of the Amer. Medical Assoc. (JAMA) 22/1894, S. 539 ff., nachgedruckt in JAMA 271/1994, S. 1242 (JAMA 100 Years Ago); Gosling, Before Freud S. X f., XIV, 83; Petrén S. 399 f., 411; J. Oppenheim S. 104 ff.; Leubuscher/Bibrowicz S. 821; Köln. Zeitung 23. 3. 1903; Determann, Volksheilstätten S. 4;

87 Hoche, Werkstatt S. 22; ähnlich Simmel S. 429.

88 Hellpach-Beiträge S. 11; Hellpach, Ursachen S. 53, 130 f. ; ders., Grundlinien S. 471; ders., Nervenleben S. 15, 18, 49; ders., Kriegsneurasthenie S. 180.

89 Laehr, Nervosität der Arbeiterschaft S. 5 ff., 16 f.; Hirschlaff S. 6; Brauns S. 10 f. Wie es scheint, entfiel bei der Arbeiterschaft noch ein anderer Hauptstressor der Moderne: das Streben nach oben. Wie Wehler (Gesellschaftsgeschichte III S. 150) bemerkt, hieß Lohnar-

beit damals, »auch mental gar nicht mehr auf den Kampf um Aufstieg eingestellt zu sein«. Wehler sieht in dieser Mentalität nur das Element der Resignation, nicht das einer gewissen Seelenruhe, die den Arbeiter in typischen Fällen von vielen Mittelstandsangehörigen unterschied.

90 Die »goldene Regel« stammt offenbar aus Hufelands Anmerkung zu dem langen Brief Kants an ihn, der gerne im Anhang zu Hufelands »Makrobiotik« abgedruckt wird (Hufeland S. 241 Fn.). Zitate der »goldenen Regel«: Ziemssen S. 5f.; Bouveret S. 11; Kraepelin, Hygiene S. 20; Schwarz S. 23; Kroner S. 354; Windscheid, Berufsnervosität S. 457; Quensel S. 131.

91 M. Schneider S. 66; Scharf S. 324f.; Otto/Gorsboth S. 133ff.; Ritter/Tenfelde S. 419; Rabinbach, Körperliche Grenzen S. 48; Verein für Sozialpolitik S. 127, 149; Richard Woldt, Die Arbeitswelt der Technik, Berlin 1926, S. 187; Schwartz, Berufstätigkeit S. 236.

92 Bebel S. 425; in der Aufl. von 1891 S. 275, von 1892 S. 277. Mehring S. 513; Stenograph. Berichte über die Verhandl. des Dt. Reichstages. 12. 12. 1899 (120. Sitzung, S. 3325). Karl Kautsky, Vermehrung und Entwicklung in Natur und Gesellschaft (1910), in: Günter Altner (Hg.) Der Darwinismus, Darmstadt 1981, S. 245.

93 AW, Fr. Sp. (1890), C. Ph. (1901).

94 Leubuscher/Bibrowicz S. 821; StAFfm, V 55, Bericht der Fürsorgestelle für Gemüts- und Nervenkranke; Schönhals S. 26; »Arbeitsfreude« als deutsche Tradition: Campbell.

95 Rolf Peter Sieferle, Fortschrittsfeinde?, München 1984, S. 87ff.; Beard, Neurasthenia S. 30; Bouveret S. 56; Fischer-Homberger, Neurose S. 42f.; Rigler S. 28, 43, 6f.; Hellpach, Ursachen S. 50.

96 Placzek, Gefahren; Köttgen S. 883ff.; Hans Joachim Ritzau, Schatten der Eisenbahngeschichte, Pürgen 1987, S. 208ff.; »Über Neurasthenie im allgemeinen und insbesondere bei den Eisenbahnbediensteten«, Allg. Zeitung (München), 13. 9. 1905.

97 Zimmermann S. 14f.

98 HStAM, MInn 65 349; Zimmermann S. 237; Amedick S. 203ff. Den Hinweis auf die Archivalien verdanke ich Sigrid Amedick.

99 HStAW, 430/1, 4764; Charité 2217 (1910); Bode S. 33; Geuter S. 148f.; Weyl S. 608; Th. Mann, Polit. Schriften und Reden, I, Frankfurt/M. 1968, S. 83.

100 Schmitt S. 47ff.; de Mendelssohn. 200ff.; Stearns, Arbeiterleben S. 217; Leubuscher/Bibrowicz S. 821; Hahn S. 24; Weyl S. 268f.; Krause S. 122ff.

101 Matthias Otto, Die Setzmaschine in Deutschland, Beispiel für eine verzögerte und konfliktarme Technikeinführung, in: TG 60/1993, S. 347, 355, 361; Das neue Buch der Erfindungen, I, Leipzig ⁶1872, S. 442; Geitel III S. 591ff., 600; Stearns S. 192f., 122; Wolfgang König in: Propyläen Technikgeschichte 1840 bis 1914, S. 526f.; M. Schneider S. 81f., 84; Wolf S. 325ff.

102 Joseph Hoppe, Das Ohr als Tür zur Seele. Einiges zur Telephonie-Kultur, in: Absolut modern S. 149; AW, C.N. (1899); Ursula D. Nienhaus, Das ›Fräulein vom Amt‹ im internationalen Vergleich, in: Gold/Koch S. 48f.

103 Wernicke S. 9; über ihn: Mario Lanczik, Der Breslauer Psychiater Carl Wernicke, Sigmaringen 1988. Münsterberg S. 64; Weyl S. 290; O. Wagner S. 83, 24, 81; Clairemont S. 93; Dietrich Milles, Nervenbelastung oder nervöse Veranlagung – das medizin. Urteil über Telefonunfälle und Telefonistinnenkrankheiten, in: Gold/Koch S. 104; Durig S. 111; Gerhard Zerbe, Über Berufserkrankungen und Berufsunfälle der Telefonistinnen, in: Zentralblatt f. Gewerbehygiene Jg. 1925, S. 18.

104 Siemens-Archiv München, Erinnerungen Georg Grabe, II, S. 24f. (für eine Kopie danke ich Dorothea Schmidt); Siemens I S. 194f.

105 Ebd. S. 166f., 194.

106 Durig S. 111; Miethe IV S. 354f.; D. Schmidt S. 67.

107 Nienhaus (Anm. 102) 45, 54ff.; Durig S. 111; Clairemont S. 93; O. Wagner S. 58ff.; Verein für Sozialpolitik S. 131.

108 Miethe II S. 222; Weber, Aufsätze S. 208; Ellerkamp S. 98f.; Brentano S. 238f.; Erich Schaarschmidt, Geschichte der Crimmitschauer Arbeiterbewegung, Leipzig 1934; über den Crimmitschauer Arbeitskampf auch Hans-Peter Ullmann in: Klaus Tenfelde/Heinrich Volkmann (Hg.), Streik, München 1981, S. 194ff. Koelsch, Beurteilung S. 185f. Zur Bedeutung von Koelsch: Klaus-Dieter Szczesny in Müller/Milles S. 438ff. Pauschalurteile über den Streß in der Textilindustrie sind offenbar nicht möglich. Eine Frau, die jahrzehntelang in einer Spinnerei gearbeitet hatte und jetzt in einem Museum Spinnmaschinen vorführt, erzählte mir, sie habe den Fabrikalltag als sehr gemächlich empfunden: Oft habe sie den ganzen Tag nichts zu tun gehabt. Heutige Vorführungen von Spinnmaschinen erweckten ihr zufolge einen falschen Eindruck, weil da ständig die Fäden rissen, während sie früher in der feuchten Atmosphäre fast nie gerissen seien.

109 Brauns S. 10f.

110 Diesel, Jahrhundertwende S. 65; Schär, Kampf S. 33; Gebhardt.

111 Zum Thema »Energie« verdanke ich Maria Osietzki viele Anregungen. Manches in diesen Ausführungen stützt sich auf ihr Manuskript »Die Weltherrin und ihr Schatten. Energie und Entropie im Lebenswerk von Clausius«. Göckenjan S. 259; Di Mascio S. 628; Asendorf, Gespenst S. 623 (Hawthorne). Schon Wilhelm Wundt wollte das Gesetz von der Erhaltung der Energie auf die Psyche ausdehnen: W. Meischner/E. Eschler, Wilhelm Wundt, Jena 1979, S. 45f.

112 Rabinbach, Motor Mensch S. 129ff., 133f.; Cleaves S. 9; S. 20: Ihre Lebenserfahrung habe sie eines gelehrt, »and that lesson is one of the most beautiful in nature, the conservation of energy«. Dennoch scheint sie häufig unter dem Gefühl des Energieverlustes gelitten zu haben.

113 Wolfgang Kemp, John Ruskin, München 1983, S. 381f.; J. Oppenheim S. 82f., 276.

114 Gosling, Before Freud S. 84, 94; Hirth, Entropie S. 94. Der vielgelesene Haeckel allerdings (Welträtsel S. 312) wollte als unverbesserlicher Fortschrittsoptimist von dem Entropiesatz nichts wissen.

115 Alois Brandstetter, Die Mühle, München 1984, S. 168f.

116 Ostwald, Forderung S. 30; Sullivan S. 1, 18, 25; Dominik S. 104f., 107.

117 Toellner II S. 1135; Hubenstorf, Elektrizität S. 247; Elektrotherapeut. Streitfragen S. 6ff., 12ff., 17, 59.

118 Bilz I S. 249; Korb-Döbeln S. 93; Oppenheim, Briefe S. 15; T. Cohn, Leitfaden S. 131. A. v. Schrenck-Notzing (Ein Beitrag zur psych. und suggestiven Behandlung der Neurasthenie, Berlin 1894, S. 5) bezeichnete die Elektrotherapie als »larvierte Psychotherapie«; darin bestehe das »Geheimnis der Kurpfuscher«.

119 Hellpach, Ursachen S. 50; Simmel S. 130ff.; Lears S. 53; Lutz S. 74f.; James S. 414; Wilson S. 32ff.

120 Rosenbach S. 4; Schultz S. 45ff. Zu Rosenbach: G.M.Ph. Steinacher, Das Leben und Wirken O. Rosenbachs unter bes. Berücksicht. der Energetik, Diss. Stuttgart 1959, bes. S. 55f.

121 Clairemont S. 2; H.-L. Dienel, Herrschaft über die Natur?, Stuttgart 1992, S. 96. Vor allem Nicola Tesla, ein Pionier der Wechselstromtechnik, machte damals als Prophet der atmosphärischen Energie von sich reden; und er, der hochnervöse Ingenieur, wollte damit auch die menschlichen Energieprobleme lösen, so im Jahr 1900 mit seinem sensationellen Artikel »The Problem of Increasing Human Energy«. Franz Ferzak, N. Tesla, München 1989, S. 79ff.

122 Kern S. 126; Auerbach: Osietzki (Anm. 111); über seine Wirkung: Schär, Energielehre S. 30ff.

123 Cleaves S. 208; Hirth S. 222 f.

124 Schleich, Schaltwerk S. 129, 254; Kornig S. 14 ff., 21; der Vergleich des Nervensystems mit einem Telegraphen- oder Telefonnetz war damals beliebt. Fontane: Horch S. 33 (Mantegazza, Jahrhundert S. 117).

125 Kraepelin, Hundert Jahre S. 189 (Reil); Gosling, Before Freud S. 98.

126 Bloch S. 76 = Hirth, Entropie S. 89 f.

127 AW, A. R. (1889).

128 HStAW 430/1, 4264; Charité 404 (1909), 4856 und 4874 (1910); AW, L. I. (1908); ZKD 441/1717.

129 Diesel, Diesel S. 141 ff., 150, 257, 362 f.; ders., Jahrhundertwende, S. 60 f., 76, 90, 94, 111, 137, 162 f. Die Hochdrucktechnik besaß zu jener Zeit etwas Suggestives; man findet die Hochdruckmetaphorik wiederholt auf Menschen angewandt, auch im anglo-amerikanischen Raum: J. Oppenheim S. 101; Cleaves S. 17. Holstein schreibt 1880 über Bismarck: »Nur ist er wie alle Hochdruckmaschinen: die Gefahr ist, daß er plötzlich mal in die Luft fliegt« (Holstein-Briefe S. 127). Wenn er jedoch 1906 über Tschirschky bemerkt, der sei »keine Hochdruckmaschine, die platzen kann« (Rogge S. 94), steht das im Kontext abfälliger Äußerungen. – Es wäre reizvoll, parallel zu Diesel an einem vergleichbaren Wissenschaftler-Techniker seiner Zeit wie Fritz Haber zu untersuchen, wie das technische Denken – das um »Zeitraumausbeute« und »Reaktionsgeschwindigkeit« kreist – auch die Selbsterfahrung durchdringt und einen Dauerzustand nervöser Hochspannung bewirkt; viele Hinweise darauf bei Paul Günther, Fritz Haber – ein Mann der Jahrhundertwende, München (Dt. Museum) 1969, und in der Biographie von Habers unglücklicher erster Frau: Gerit v. Leitner, Der Fall Clara Immerwahr, München 1993. Die von der Verfasserin suggerierte These, Clara Haber habe sich aus Protest gegen das Engagement ihres Mannes im Gaskrieg das Leben genommen, ist allerdings unbewiesen und wenig wahrscheinlich. Ihr Schicksal ist eher ein Extremfall für das Leiden einer Passiv-Nervösen unter einem Aktiv-Nervösen!

130 Hakfoort, S. 525 ff., 528 f.; Ostwald, Forderung S. 342, 212, 433, 249, 437 ff.; L. Stein S. 326 f.; Ostwald, Lebenslinien I S. 211; II S. 215, 441 ff., 104, 177, 185 f., 152 ff.; III S. 98 ff., 103, 344; ders., Geschichte S. 55, 60; Uwe Niedersen, Zur philosoph.-naturwiss. Wertung der Energetik-Auffassung W. Ostwalds, Diss. Berlin (Ost) 1983, S. 166 ff.; Daser S. 17, 28 f.; Schär, Kampf S. 119; ders., Energielehre S. 11 f. Von seiner – natürlich energetischen – »Theorie des Glücks« behauptete Ostwald, sie erkläre, »warum z. B. der Paralytiker sich glücklich, der Neurastheniker sich unglücklich fühlt« (in: Die Umschau Jg. 9/1905, Nr. 3). Der eine konzentriert alle Energie auf eine fixe Idee, der andere zersplittert seine Energie!

131 Hilty, Fin S. 3 f.; Salewski, Neujahr S. 353; W. J. Mommsen, Imperialismustheorien, Göttingen 1977, S. 114; Rathenau, Kritik S. 88; Renatus, Zur Physiologie der Moral, in: ZU 44/1903, S. 394 ff.

132 Haller, Eulenburg S. 316 f., 23, 21, 252, 255. Eine politische Energie-Reflexion anderer Art findet sich bei Bamberger mit Bezug auf Bismarck (Bamberger S. 302, 8. 5. 1873): Der »Grundzug seines Wesens« sei »konzentrierte Energie«; »aber es entwickelt sich daraus eine gefährliche Abschließung in sich selbst und Entwicklungsverhärtung«.

133 Ostwald, Forderung S. 233; Oppenheim, Lehrbuch II S. 1796; auch Ziehen, Neurasthenie S. 529; Strümpell, Nervosität S. 14; auch Traugott S. 61; Springer I S. 191.

134 Jackson S. 270 ff.; Schmidt-Degenhard S. 90 ff.; Edward Shorter, Mania, Hysteria and Gender in Lower Austria, 1891–1905, Ms., Toronto 1989, S. 14 ff.; Oppenheim, Lehrbuch II S. 1798; Binswanger, Pathologie S. 187; H. Tellenbach, Transkulturelle Aspekte der Melancholie, in: W. Schulte/W. Mende (Hg.), Melancholie, Stuttgart 1969, S. 101. Binswanger S. 114; A. Hoffmann S. 8; Kollarits S. 101, 104; ähnlich A. Eulenburg, Nervosität und Reisen S. 406.

135 J. Müller S. 23; E. Neumann Vorwort; Baumgarten S. 55, 217, 27, 142f.

136 AW, H. v. R. (1911).

137 ZKD 441/536.

138 Jean Chalon, Alexandria David-Néel, Frankfurt/M. 1991, S. 172, 514; Goldstein, Wandering Jew S. 539.

139 Holstein-Briefe S. 308; Ziemssen S. 17.

140 Bethel-Archiv 1/E−2A.

141 ZKD 441/895.

142 AW, C. Kl. (1891).

143 Cleaves S. 95, 98, 107f., 122f.

144 Müller, Hydrotherapie S. 360; Hirschkron S. 136f.; Eulenburg, Nervosität und Reisen S. 403: ZKD 441/901.

145 Fontane, Modernes Reisen, in: Ulf Diederichs (Hg.), Vom Glück des Reisens, München 1994, S. 335; ders., Cécile, Frankfurt/M. 1983, S. 66f.; ZKD 441/847.

146 ZKD 441/601.

147 Determann, Nervosität S. 12f.

148 Deutschmann S. 296; Paul Göhre, Drei Monate Fabrikarbeiter und Handwerksbursche (1891), ND Gütersloh 1978, S. 32; Otto/Gorsboth S. 159f.; Keßler S. 100.

149 Gerald R. Blomeyer/Barbara Tietze, Reiseersatz, in: Thiekötter/Siepmann S. 142f.; Stephan Oettermann, Alles-Schau: Wachsfigurenkabinette und Panoptikum, in: Lisa Kosok/Mathilde Jamin (Hg.), Viel Vergnügen. Öffentliche Lustbarkeiten im Ruhrgebiet der Jahrhundertwende, Essen 1992, S. 39; Wirth S. 539; Gaupp: Jörg Schweinitz (Hg.), Prolog vor dem Film, Leipzig 1992, S. 66; Gaupp, Schreckneurosen S. 82.

150 Simmel S. 190f.; Hirschkron S. 80f.; ZKD 441/2392 und 794; Adler S. 106.

151 Lassalle, Arbeiterlesebuch u.a. Studientexte, hg. W. Schäfer, Reinbek 1972, S. 84; Whitman, Erinnerungen, S. 31ff.

152 Huret S. 62; W. Sombart, Wirtschaft und Mode; J. Radkau, »Die Nervosität des Zeitalters«. Die Erfindung von Technikbedürfnissen um die Jahrhundertwende, in: Kultur & Technik 3/1994, S. 51−57.

153 Joh. Baptist Müller, Artikel »Bedürfnis« in den Geschichtl. Grundbegriffen I S. 442ff.

154 Sombart, Der moderne Kapitalismus III/2 S. 611.

155 Gide/Rist S. 599.

156 H. Kraemer, Die Ingenieurkunst auf der Pariser Weltausstellung 1900, Düsseldorf 1984, S. 91; Clairemont S. 377.

157 Schranz S. 2f.; Kann S. 7f.; Wimmer (2. Kap. Anm. 14); Ursula Lill, Die pharmazeut.-industrielle Werbung in der 1. Hälfte des 20. Jhs., Stuttgart 1990, S. 353ff.; C.C. Hopkins, Propaganda, meine Lebensarbeit, Stuttgart ³1929, S. 111f.; Kraemer (Anm. 156) S. 138; Reformblätter 10/1907 S. 53. Gegen den Heilmittelschwindel: Amtl. Sammlung der Bekanntmachungen des Ortsgesundheitsrats Karlsruhe über Geheimmittel, Karlsruhe 1891, S. 42f.; Wimmer S. 77; Diesel, Jahrhundertwende S. 109ff. (Antipyrin-Mode!).

158 AW, C.J.L. (1903).

159 Binswanger: A. Gütt (Hg.), Hb. der Erbkrankheiten IV: Zirkuläres Irresein, Leipzig 1942, S. 11; Zedlitz-Trützschler S. 9; Whitman, Erinnerungen S. 143; selbst der im Alter oft von Trübsal übermannte Fontane fühlt sich 1890 beschwingt in der Empfindung, »daß das Leben unter unsrem jungen Kaiser doch viel bunter, inhaltsreicher, interessanter geworden ist« (Briefe IV S. 79). Marianne Weber S. 231; Hellpach, Mensch S. 146. Glaser (Freud S. 90) kennzeichnet die »Verewigung der Vorlust« als Grundzug der Nervosität in der damaligen Kunst. Diese Vorlust hat im deutschen Nationalismus Tradition; man denke an Fichtes Appell: »Es hängt von euch ab, ... ob ihr der Anfang sein wollt und der

Entwicklungspunkt einer neuen, über alle eure Vorstellungen herrlichen Zeit« (Jeismann S. 49).

160 Waldersee II S. 365; Haller, Eulenburg S. 252; Eulenburg-Korr. III S. 2090.

161 Claß, Kaiser S. 137.

4
Der Fortschritt der Nervosität
von der Krankheit zum Kulturzustand

1 Erb, Nervosität S. 4 ff.; Ziemssen S. 3; Pelman, Nervösität S. 130; Hellpach, Ursachen S. 47; Cramer, Ursachen S. 85; His, Medizin S. 625; Grotjahn, Forderung S. 91 f.

2 Kornig, S. 5; Baudis; Steding S. 19; Zimmerli S. 223; Bertha Mutschlechner, Fröhliche Frauen, in: Naturarzt 23/1895, S. 372 (»furchtbare Ausbreitung jener chronischen Epidemie …, welche unter dem Namen ›Nervosität‹ sich über das weibliche Geschlecht verbreitet hat«); Pautner, Neurasthenie, in: Reformbll. 10/1907, S. 225.

3 P. Cohn S. 75; Laehr, Nervosität der Arbeiterschaft S. 16; Wichmann, Neurasthenie S. 36; Cramer, Ursachen S. 73; Nordau I S. 319.

4 Monakow S. 237; Beard, Amer. Nervousness S. 138; Manacéine S. 34; Cleaves S. 17; Löwenfeld, Pathologie S. 13; W. Lange-Eichbaum/W. Kurth, Genie, Irrsinn und Ruhm, München ⁶1967, S. 222 ff.; Kornig S. 30 ff.; Gaupp, Wachsende Nervosität S. 28; Aschaffenburg: Curschmann S. 781 f. Mitunter führte die zu banale Gesundheitsnorm zur Sympathie für das Ungesunde; so mokierte sich Gaupp 1907 (Nervosität S. 634): »Als nun gar Lombroso seine berühmte Definition des Normalen gab (– der Normale ist ein Mensch, der über einen gesegneten Appetit verfügt, ein tüchtiger Arbeiter, egoistisch, geschäftsgewandt, geduldig, jede Machtsphäre achtend, ein Haustier –), und als Nordau in Paris mit scharfen, ja bissigen Worten fast alles in den Staub zog, was sich der Bewunderung unserer Zeit erfreute, da schien es als ausgemacht zu gelten, daß ›Neurasthenischsein‹ wenigstens für die Menschen unserer Tage ein notwendiger Bestandteil höherer Kulturentwicklung sei.«

5 Sogar Max Weber pflichtete Hellpach bei, auch er sei »der ganz entschiedenen Meinung«, »daß die Eingliederung dieser Dinge, die Sie ›Nervenleben‹ nennen, in die kulturgeschichtliche Causalbetrachtung durchaus notwendig ist« (Weber-Briefe S. 26). Hellpach später dazu: Kriegsneurasthenie S. 204; Wirken I S. 339. Kollarits S. 174 f.; Eulenburg, Berlinerin S. 274 f.; Schleich, Schaltwerk S. 254 f.; ähnlich ders., Asklepios S. 35 f.; Oppenheim, Nervenleiden S. 45: »nervöse Kinder sind meistens begabt«.

6 Wittermann S. 25, 45; Engelhardt S. 9; Völgyesi S. 16, 29 f., 17 f., 420; Paneth, Nervöse S. 172: Neurotiker seien »Experimente der schaffenden und ruhelos neu versuchenden Natur«, ja »Pfeile der Sehnsucht nach dem Übermenschen«! Wilken (S. 47) betont mit Berufung auf Adler 1927 »das dämonische Gottähnlichkeitsziel des Nervösen«: Nervosität als Phänomen eines unendlichen Ehrgeizes!

7 Simmel, Die Großstädte und das Geistesleben, in: ders., Brücke und Tür, Stuttgart 1957, S. 227 f.

8 Lamprecht, Vergangenheit II S. 250 ff., 262; ders., Kaiser S. 15 f. Ganz ähnlich schildert Friedell (S. 66) die Nervosität als Element der menschlichen Höherentwicklung und kulturellen Verfeinerung, überhaupt als einen schöpferischen Zustand: »Im Frühling hat die ganze Natur etwas Neurasthenisches.«

9 Chickering, Lamprecht S. 108 ff.; Hellpach, Grundlinien S. 80 ff.; ders., Wirken I 495 f.; Hellpach-Aufsätze S. 71 ff.; Laehr, Nervosität der Arbeiterschaft S. 1 ff., 17 f.

10 Durkheim S. 65f.; Paul Bourget, Essais de psychologie contemporaine II, 1885, S. 161f.; Dehmel S. 169, 179; Hesse, Kindheit II S. 428; Musil I S. 409.

11 LeRider S. 51f.; Bahr S. 28; ders., Die neue literar. Psychologie (1890), in: ders., Zur Überwindung des Naturalismus, hrsg. von G. Wunberg, Stuttgart 1968, S. 60, 63; Nike Wagner, Geist S. 35ff.; Worbs S. 80ff.; Glaser S. 93; Hofmannsthal-Schnitzler S. 219; March S. 241ff.; Hellpach, Nervosität und Kunstgenuß S. 102ff.; Hesse, Kindheit II S. 43; Nissen: Rathenau–Harden S. 425; Fontane-Briefe I S. 589f., IV S. 369. Flaubert schrieb 1847, die »Nerven« seien in ihm »ein Element, mit dem man rechnen muß; sie sind klingend und vibrierend. Vielleicht bin ich nur eine Geige!« (Flaubert, Briefe, Zürich 1977, S. 94). Wie man zur selben Zeit auch bei Richard Wagner sieht, waren die noch nicht elektrifizierten Nerven in mancher Hinsicht besser zum poetischen Organ geschaffen. 1853 schrieb der gleiche Flaubert jedoch (ebd. S. 234): »Mißtrauen wir der Erhitzung, die man Inspiration nennt und die oft mehr nervöse Erregung als Muskelkraft enthält.« Nerven gegen Muskeln! Über das ambivalente und wechselhafte Verhältnis Thomas Manns zu seinem »nervösen Zeitalter«: Radkau, Neugier.

12 R. Wagner an August Röckel, 25./26. 1. 1854; R. Wagner, Die Kunst und die Revolution, hrsg. von T. Kneif, München 1975, S. 68; Wilhelm Tappert (Hg.), Wörterbuch der Unhöflichkeit: R. Wagner im Spiegel der Kritik, München 1967, S. 63ff., 79f.; Nietzsche, Der Fall Wagner, hrsg. von D. Borchmeyer, Frankfurt/M. 1983, S. 104; ebd. S. 124: »immer mehr Nerven an Stelle des Fleisches«. Richard Oehler, Nietzsche-Register, Stuttgart 1943, S. 338. Haller, Eulenburg S. 21; Cleaves S. 199f. Nordau I S. 267; Albert Eulenburg, Über Neurasthenie der Tonkünstler, in: Nord und Süd 33/1909, S. 131–139; Jentsch; Binswanger, Pathologie S. 56; Brauns S. 73; Gerhardt/Adam, F. v. Bodelschwingh II S. 72, 105f.

13 Nervenkrank!, S. 9; »Spiegel« Jg. 1995, Nr. 25, S. 180.

14 Isaacs I S. 46f., 54, 195ff.; Amor vacui: Friedell S. 1465f.; B. Laquer S. 19; Mommsen S. 282; Harden, Prozeß Eulenburg, in: ZU 64/1908, S. 128.

15 Lepenies S. 200ff.

16 AW, Max T. (1903).

17 Krafft-Ebing, Nerven S. 3f.; ders., Nervosität S. 50.

18 Wagner an Liszt, 30. 1. 1852; Th. Mann, Tagebücher, 17. 11. 1919.

19 Bethmann Hollweg S. 95; Wehler, Gesellschaftsgesch. III S. 902, 952, 960; Fontane-Briefe IV S. 795, ähnlich 371; Eley S. 47, Röhl/Sombart S. 7; Kehr S. 153; H. Rosenberg, Große Depression S. 56, 218; Hallgarten: J. Radkau, Der Historiker, die Erinnerung und das Exil, in: Exilforschung. Ein internationales Jahrbuch 2/1984, S. 90ff.

20 Claß, Strom S. 93.

21 Mit gewissem Recht spottet Lloyd deMause (Grundlagen der Psychohistorie, Frankfurt/M. 1989, S. 31) über jene Historiker, die sich auf »ökonomische Erklärungen« der Kriege fixieren: Diese schienen »nicht zu bemerken, daß ein Krieg niemals ökonomisch sinnvoll war«. Das gilt nicht für den britischen Opiumkrieg, aber ganz gewiß für den Ersten Weltkrieg.

22 Kantorowicz S. 389ff.; Bülow I S. 42, 44; Whitman, Erinnerungen S. 144; Quidde S. 31, 19, 66, 51.

23 Gutsche S. 136; Hellpach, Wirken I S. 399; Bülow II S. 422, III S. 46, IV S. 676f., 648; laut Hiller v. Gärtringen S. 329 stand im Original-Ms. statt »nervösen Naturen«: »Neurasthenikern«. Bethmann Hollweg 1913: »Der Kaiser ist wieder hochgradig nervös« (Mommsen S. 343 Fn.). Haller, Eulenburg S. 50, 258, 288f., 303f.; Eulenburg-Korr. III S. 2098, 2221.

24 Bülow I S. 456, 503f.; Lessing, Lärm S. 31.

25 Hull S. 15f.; 301; Bülow I S. 456ff.; Eulenburg-Korr. III S. 2097.

26 Hohenlohe S. 338, 359; Zedlitz-Trützschler S. 195, 197, 206f., 226.

27 Eulenburg-Korr. II S. 1206f.; Haller, Eulenburg S. 125; Bülow I S. 430; Reventlow S. 34.

28 Holstein-Papiere II S. 50; Holstein-Briefe S. 152; Eulenburg-Korr. II S. 1848f.; Haller, Eulenburg S. 281; Röhl, Wilhelm II. S. 684; Hull S. 15ff.; Röhl, Kaiser S. 112f.; ähnlich Wehler III S. 1001.

29 Röhl, Wilhelm II. S. 190, 199; Bülow II S. 305, 146, III S. 146, I S. 504; Zedlitz-Trützschler S. 9; Haller, Eulenburg S. 253f.; Eulenburg-Korr. III S. 1858. Als Eulenburg 1896 den Kaiser vor einem Konflikt mit dem Reichstag warnte, wies er ihn auf die immer »nervösere« Lage hin und darauf, daß die Gegner Wilhelms darauf bauten, er würde bei einem großen »Krach« die »Nerven« verlieren (Haller S. 204).

30 Hallgarten, Imperialismus I S. 448f.; Zedlitz-Trützschler S. 10; Waldersee II S. 76.

31 Hohenlohe S. 346; Rathenau, Schriften S. 247, 259; Naumann, Demokratie S. 172.

32 Lamprecht, Kaiser S. 27; Röhl, Kaiser Wilhelm II., in: Th. Kornbichler (Hg.), Klio und Psyche, Pfaffenweiler 1990, S. 1; Martin Loiperdinger, Kino der Kaiserzeit, in: Kosok/Jamin (3. Kap. Anm. 149) S. 116; Zedlitz-Trützschler S. 8.

33 Lee I S. 440; Balfour S. 245; Illich: »Die Zeit« 28. 12. 1973 S. 5; Marianne Weber S. 130; Röhl/Sombart S. 13; Lamprecht, Kaiser S. 82, 33f.

34 Waldersee II S. 449; Röhl, Wilhelm II. S. 599ff.; A. Thimme S. 102f.; Winzen S. 70f., 80; Jarausch, Chancellor S. 143; Bülow II S. 111; F. Thimme S. 16 Fn.; Heinrich Claß, West-Marokko deutsch!, München 1911, S. 23; Bourdon S. 97, 152; Riezler S. 178; Fischer S. 137. Harden, Fantasia, in: ZU 51/1905, S. 52: »Im vorigen Jahr war Marokko uns Hekuba, jetzt muß Michel es wie ein vom wilden Hans Lüderlich geängstigtes Bräutchen betreuen.«

35 Spitzemberg S. 252; Dix S. 5, 25; dazu Fischer S. 331f.; Bernhardi, Deutschland S. 5: »Es fehlt uns ein klar bestimmtes politisches und nationales Ziel, das die Phantasie gefangen nimmt, das Herz der Nation bewegt und zu einheitlichem Handeln zwingt ...« Der Passus wirkt glaubwürdig; denn er läuft Bernhardis eigener Intention zuwider. Röhl, Schwelle S. 120.

36 Claß, Kaiser S. 18, 137; Weller, Harden S. 118, 122, 140, 206, 216; Rogge S. 334f.; Eckardstein I S. 10, 213, 218; Zedlitz-Trützschler S. 7; Kiderlen-Wächter II S. 18f. (Monts); Playne S. 70 (H. v. Gerlach); Hammann S. 166; Monts S. 441 (Tschirschky); Röhl, Kaiser S. 76 (Waldersee).

37 Ebd. S. 14; Eckardstein II S. 161; Harden, Dies irae, ZU 57/1906, S. 293f.

38 Worbs S. 61; Loqui S. 3ff.

39 Eyck, Wilhelm II. S. 111; Winzen S. 130.

40 Lars U. Scholl in: Tjard Schwarz/Ernst v. Halle, Die Schiffbauindustrie, I (1902), ND Düsseldorf 1987, S. Vff.; Tirpitz, Erinnerungen S. 98; Naumann, Demokratie S. 218; Bülow I S. 688; Monts S. 195; Haller, Eulenburg S. 192; Fischer S. 656; Holstein-Papiere III S. 528.

41 Vagts II S. 2017f.; Hallgarten I S. 463, 595ff.; Imanuel Geiss, Studien über Geschichte und Geschichtswiss., Frankfurt/M. 1972, S. 134f.

42 Winzen S. 61ff. u.a.; Fesser S. 59.

43 Allg.: Jeismann; Hitler S. 138; Claß, Strom S. 163, 161; Monts S. 407.

44 Bismarck, Ged. und Erinn. III 10. Kap.

45 Winzen S. 302, 313ff., 337; Gerlach S. 15; Treitschke, Briefe III S. 616; Fritz Fischer, Das Bild Frankreichs in Deutschland in den Jahren vor dem Ersten Weltkrieg, in: Ders., Der Erste Weltkrieg und das deutsche Geschichtsbild, Düsseldorf 1977, S. 335f. Holstein-Papiere II S. XV, 11. 1. 1887; Nipperdey II S. 461ff., 621f.

46 J. Annegarn's Handbuch der Geographie f. d. Jugend, Münster ⁵1851, S. 450f.; Kantorowicz S. 399, 404ff.; Röhl, Wilhelm II. S. 269, 282, 385, 408; Eulenburg-Korr. III S. 2094; Röhl, Schwelle S. 85, 102ff.; Geiss, Juli 1914 S. 296f.

47 Kehr S. 152 f., 162, 170; auch Pauline Anderson, die sich im Gefolge Kehrs besonders bei den sozioökonomischen Motiven aufhält, spricht am Ende davon, daß der »psychologische Hintergrund« »nicht genug betont« werden könne: »The high nervous tension at the turn of the century accounted for much of the pro-Boer, anti-English sentiment« (Anderson S. 351).

48 Bülow IV S. 289, 292; Nervosität und Neurasthenie, in: Wie sollen wir leben? 3/1902, S. 91; GLA, 69 N, 229.

49 Facsimile-Querschnitt durch den Simplicissimus, hrsg. von Christian Schütze, Bern 1963, S. 219; Balfour S. 101 f.

50 Zedlitz-Trützschler S. 6 f., 140 f.; Röhl, Wilhelm II. S. 461–516; Harden, Köpfe II S. 158; Eyck, Wilhelm II. S. 434; Geiss, Juli 1914, S. 297. Auch in seinem besonderen Haß auf Edward VII. repräsentierte Wilhelm II. eine in Deutschland verbreitete Stimmung: Lee II S. 702.

51 Röhl, Wilhelm II. S. 407 f., 812; Fischer S. 77 ff., 542 ff.

52 H. St. Chamberlain, Die Grundlagen des 19. Jahrhunderts, Volksausgabe I S. 48; Bülow I S. 251, 242, 257 f.; Spitzemberg S. 263; Eyck S. 631; Fischer, Griff S. 41 f.; Lee II S. 623.

53 Bülow II S. 64, 131; Holstein-Papiere I S. 177; Gollwitzer S. 32 ff.; Mehnert S. 110 ff.; Peter Paret, Die Berliner Secession, Frankfurt/M. 1983, S. 134 f.; Hesse, Karamasow S. 326; Bahr S. 33; Determann, Nervosität S. 22; Ostasien als Nerven-Vorbild: Ottomar Hohmann, Verschwendung und Haushalt im erkrankten Nervensystem. Eine naturärztl. Studie über die Nervenpflege der Chinesen und Japaner, in: ZU 64/1908, S. 301–304; Kraus S. 287: »(Der Chinese) hat keine Nerven«; daher habe er eine ungeheure sexuelle Genußfähigkeit ohne Angst und Spannung.

54 Zedlitz-Trützschler S. 193; Chickering, We Men S. 122 ff.; Harden, Köpfe II S. 454, 456; Röhl, Wilhelm II.: »Das Beste wäre Gas!«, in: »Die Zeit« 25. 11. 1994, S. 13–15.

55 Schon Friedell (S. 96) vermutet, »daß jedes Zeitalter sich seine Krankheiten macht, die ebenso zu seiner Physiognomie gehören wie alles andere, was es hervorbringt«. Shorter, Paralysis S. IX; Baur S. 181; Blasius, Seelenstörung S. 117. Ullrich, Nervöse Großmacht S. 577, zitiert zustimmend Norbert Elias über die deutsche Kollektivmentalität im Kaiserreich: »Wer sich schwach zeigte, galt nichts.«

56 Schmitz S. 46; Heuss S. 125.

57 Maison de Santé S. 47; Gertrud Hirschberg, 17 Tage Irrenhaus, in: ZU 57/1906, S. 280 ff.; Grotjahn, Krankenhauswesen S. 397; ders., Forderung S. 98.

58 Anti-Rüpel Jg. 1910, Nr. 2, S. 13.

59 Doerry I S. 155 ff.; Reinhard Alter, Heinrich Manns ›Untertan‹ – Prüfstein für die Kaiserreich-Debatte?, in: GG 17/1991, S. 375 f.

60 Frevert, Ehrenmänner; Elias S. 61 ff., 67 (»Die satisfaktionsfähige Gesellschaft«); Bernhard, Folgen S. 59; Laquer, Nervosität S. 122; Kommerell S. 293; Haller, Eulenburg S. 307; Treitschke, Briefe I S. 171; Fesser S. 13. Eine psychisch entspannende Wirkung des Duells erkennt man in der Erinnerung Max Webers an seine Burschenschaftzeit: »Probleme gab es nicht für uns – wir waren überzeugt, alles, was vorkam, irgendwie mit einer Mensur lösen zu können« (Frevert S. 221).

61 Graf Armin-Schlagenthin. Der Kampf ums Dasein und züchterische Erfahrung, Berlin 1909.

62 Auch H.-U. Wehler (Gespräch am 30. 5. 1997) wußte keinen der Affäre Dreyfus vergleichbaren Justizskandal im deutschen Kaiserreich zu nennen und glaubte nicht, daß es einen solchen habe geben können. Nipperday (Dt. Geschichte I S. 414 f.) hat den Eindruck, bis etwa 1890 habe die soziale Ungleichheit im Kaiserreich zugenommen, danach jedoch sei sie rückläufig geworden.

63 Röhl, Wilhelm II. S. 616; Bülow I S. 39, IV S. 681; Mommsen S. 299; Röhl, Kaiser S. 44 ff.; Harden: ZU 63/1908 S. 434; Haller S. 285.

64 Röhl, Wilhelm II. S. 712; Hanns-Erich Kaminski, Bülows Erinnerungen, in: Weltbühne 1930/II, S. 540; Haller, Eulenburg S. 3, 16, 107 f., 129, 162, 218; Jacob v. Uexküll, Niegeschaute Welten. Die Umwelten meiner Freunde, Berlin 1936, S. 165; Bülow I S. 372.

65 Röhl, Kaiser S. 39 ff., 53 ff., 77, 123; Uexküll S. 163; Harden: Präludium, in: ZU 57/1906, S. 265 f.; Rogge in: Holstein-Briefe S. XVIII.

66 Bülow I S. 139, 573 f.

67 Fesser S. 76 f.; Winzen S. 52 f., 58; Tirpitz, Erinnerungen S. 50; Harden, Dies irae, in: ZU 57/1906, S. 294.

68 Wehler, Bismarck S. 210 ff., 216, 398 ff.; Vagts I S. 694 ff., 659, 665, 688 f.; Eyck, Wilhelm II. S. 232 ff.; Bülow I S. 283; Kiautschou: Winzen S. 133. Holstein will 1889 zu Herbert v. Bismarck gesagt haben, besser hätte sein Vater Schweninger nie gekannt und wäre vor der »Karolinenblamage« von 1885 und dem Samoakonflikt von 1889 gestorben (Holstein-Briefe S. 223, 22. 5. 1903).

69 Eyck S. 233; Fesser S. 57; Winzen S. 198; Vagts I S. 641 f., 923.

70 Rogge S. 121; Harden, Moritz und Rina, in: ZU 51/1905, S. 460.

71 Haller, Eulenburg S. 166 f., 170, 156; Eulenburg-Korr. II S. 1258, III S. 1947; Kiderlen I S. 88; Langbehn S. 238, 144.

72 Rogge S. 9; Weller S. 164, 124, 156; Harden, Prozeß Eulenburg, in: ZU 64/1908, S. 125 f.; Lessing, Selbsthaß S. 176.

73 Weller S. 154; Harden, »1888«, in: ZU 63/1908, S. 435; Uexküll (Anm. 64) S. 161; Kraus S. 54, 83.

74 Massie S. 550 f.; Eyck S. 466 f.: Zedlitz-Trützschler S. 170 f.; Spitzemberg S. 229; Holstein-Briefe S. 293.

75 N. Sombart, Männer S. 41; Baumont S. 178; Wirkung der Prozesse: Bumke, Lehrbuch S. 303; M. Hirschfeld S. 6, 26, 29 Fn.; Herzer S. 19 ff., 58, 71 ff.; Schmitz S. 32; Delbrück: Preuß. Jbb. 132/1908, S. 551; Walter Z. Laqueur, Die dt. Jugendbewegung, Köln 1962, S. 65; Harden, Prozeß (Anm. 72) S. 174; Mosse, Nationalismus S. 109; J. Oppenheim S. 175, 276; Eyck S. 499; Balfour S. 311; Bülow II S. 441; Holstein-Papiere S. 451 f. (26. 10. 1907).

76 Gerhard Brunn/Jürgen Reulecke, Metropolis Berlin, Bonn 1992, S. 34 (G. Brunn), 145 (Katrin Dördelmann); Eulenburg, Nervenhygiene; Dornblüth, ebenso; Moll, Einfluß.

77 Nervenkrank!, S. 11; Bleker, Stadt S. 130 f.; Miethe V S. 78, 50; Redlich S. 204.

78 A. Bergmann S. 243 ff.; Theilhaber; Hellpach, Mensch S. 66; ders., Ursachen S. 127; ders., Wirken I S. 361, 367; Binswanger, Pathologie S. 285; Krafft-Ebing, Nervosität S. 11 ff.

79 Bloch S. 316.

80 Marianne Weber S. 294 f., 214, 185.

81 Kollarits S. 175; ähnlich Wichmann, Neurasthenie S. 11; Miethe V S. 45; Chicago-Assoziationen in Berlin: Huret S. 33; Hannes Schwenger: Ernst Reuters Berlin, in: Mythos Berlin, Berlin 1987, S. 197.

82 Juan Rodriguez-Lores/Gerhard Fehl (Hg.), Städtebaureform 1865–1900, II, Hamburg 1985, S. 315 f., 354, 382 (W. Schulz-Kleeßen, A. Weiland); Fernwirkungen auf die Raumplanung in den 20er Jahren: Hoffacker S. 5 ff.; Niethammer S. 53 (Borbeck); Franziska Bollerey u.a. (Hg.), Im Grünen wohnen – im Blauen planen. Ein Lesebuch zur Gartenstadt, Hamburg 1990, S. 106 f., 128 f. (Th. Hafner); Bebel S. 478; Dornblüth, Nervenhygiene S. 354. Noch der Stadtplaner Hans Bernhard Reichow, der Schöpfer der »autogerechten Stadt«, der einiges zu dem Reizmangel nachkriegsdeutscher Vorstädte beitrug,

geht von dem Problem der »Überreizung« des Großstädters aus: Ders., Organische Stadt-baukunst, Braunschweig 1948, S. 6.
  83 Albisetti S. 120; F.C. Müller, Handbuch S. 71 f. (v. Hößlin); J. Oppenheim S. 54 ff., 239 ff.; Proust/Ballet S. 24 f.; Mantegazza, Jahrhundert S. 84 f.; Benda, Nervenhygiene S. 13 Fn.; Fontane-Briefe IV S. 97; einen »Zustand tiefer Zerrissenheit« erkennt Wehler (Ge-sellschaftsgesch. III S. 1271) im deutschen Bildungsbürgertum vor 1914: Die »Bildungsre-ligion« habe auf mächtige ideologische Konkurrenten getroffen, die zu einer »Auflösung der ideellen Integration des Bildungsbürgertums« beigetragen hätten.
  84 Albisetti S. 122 f.; Schiller S. 3 f.; Fr. P. Hasse S. 8; ders. in Zs. f. Psychiatrie 37/1881, S. 532 ff.; Schipperges, Virchow S. 28 f.; Pelman, Nervösität S. 147 f.; Hypermotorik: Zap-pert, Überbürdungsklagen in der Schweiz: Messerli S. 222 ff.; in Österreich: Wiener Medi-zin. Bll. 10/1887, Nr. 31, S. 989 f; Nr. 32, S. 1007 ff. (Theodor Meynert), 1021 ff. (»So sehen wir allmälig eine anämische und neurasthenische Generation heranwachsen ...«); Nr. 34, S. 1085 ff.
  85 Möbius, Nervosität S. 58 ff.; Univ.-Archiv Leipzig, Ms. 713 VI; Pelman S. 150; Hell-pach, Ursachen S. 50; Dornblüth, Psychoneurosen S. 391; Am Webstuhl der Zeit 1/1907, S. 195; Lahmann, Schule und Neurasthenie, in: Reformbll. 10/1907, S. 235 f.
  86 F.C. Müller, Handbuch S. 74; Krafft-Ebing, Nervosität S. 62; auch Hoche, Werk-statt S. 22 f.; Gelpke S. 25; Moll, Einfluß S. 18; der Direktor eines Wiesbadener Gymnasi-ums berichtete 1891, bei seinen Abiturienten sei in den letzten Jahren die Parole »Es lebe die Überbürdung!« üblich geworden. In: Zs. f. Schulgesundheitspflege 4/1891, S. 768.
  87 A. Müller, Bismarck S. 100 f. ZKD 441/559 (1882); AW, O.V. (1914), P. Re. (1911).
  88 Überbürdungs-Denkschrift: Centralblatt f. d. ges. Unterrichts-Verwaltung in Preußen, Jg. 1884, S. 205 f., 215 f.; Margret Kraul, Das dt. Gynasium 1780–1980, Frank-furt/M. 1984, S. 89, 91 ff., 102, 117; Rohrbach S. 24; L. Wagner in: Manacéine S. 169 ff.; Kraepelin, Geistige Arbeit S. 14 ff.
  89 Ostwald, Lebenslinien III S. 135; ders., Forderung S. 531 f.; Bülow II S. 347, Benda, Nervenhygiene S. 14; Whitman, Erinnerungen S. 143; Kraul (Anm. 88) S. 100 ff.; Am Webstuhl der Zeit 1/1907, S. 190.
  90 F.C. Müller, Handbuch S. 47; Hesse, Kindheit I S. 80 ff.
  91 Treitschke, Geschichte V S. 536 f.; ders., Briefe II S. 192, III S. 597; ders., Kämpfe S. 223, 226, 232, 243 ff., 262 f., 387; Holstein-Briefe S. 311; Gurlitt, Der Retter, in: ZU 66/1909, S. 116 ff.; auch ZU 64/1908, S. 1–5, 65/1908, S. 216–223; über Gurlitts Einfluß auf die Naturheilbewegung: Regin, Selbsthilfe S. 173, 234. Marcinowski S. 61.
  92 Krafft-Ebing, Nervosität S. 131 f., 138 ff.; Nervenkrank!, S. 3.
  93 Alfred Runte, National Parks, Lincoln ³1997, S. 82; Thomas Dupke, Hermann Löns, Mythos und Wirklichkeit, Hildesheim 1994, S. 13, 93. Ein Musterbeispiel für die Verbindung von Naturkult und Nervenkur bietet um 1900 der Naturheiler Adolf Just mit seiner immer neu aufgelegten Schrift »Kehrt zur Natur zurück!«. Dazu Radkau, Natur als Fata Morgana S. 288 f.
  94 Mit Recht weist Mathieu (S. 137) darauf hin, daß die bürgerlichen Eliten die Hygie-nebewegung, so bürgerlich diese auch war, nicht wirklich zu steuern vermochten.
  95 Neudruck: H. Paasche, Die Forschungsreise des Afrikaners Lukanga Mukara ins innerste Deutschland, hrsg. von F. Hähnel, Bremen 1993; Paasche, der 1913 auf dem Ho-hen Meißner sprach, wurde in Kreisen der Jugendbewegung gern gelesen.
  96 Gurlitt, Erziehungslehre S. 100, 219; Habermas S. 78: »Um 1900 herum begann die Pathologisierung auch geringen Übergewichts.« Stulz S. 63 f.; A. Döring/H. Gansohr-Meinel, Wäschewaschen im Rheinland, in: Rheinisches Museumsamt (Hg.), Die große Wäsche, Köln 1988, S. 26; Bernhard Verbeek, Die Anthropologie der Umweltzerstörung, Darmstadt 1990, S. 114 ff. (»Hygiene und Krankheit«).

97 G. Keller, Martin Salander, Kap. 13; Nordau I S. 325.

98 A. Steiner S. 116; Mosse, Nationalismus S. 173.

99 Kraepelin in: Irrenärzte S. 279; Kraepelin selbst betrachtete »die Lehre Buddhas als die größte religionsphilosophische Leistung des menschlichen Geistes«: Lebenserinnerungen S. 156. Der Bayer Ludwig Thoma (Erinnerungen, München 1931, S. 205) schreibt von den »fixen« Berlinern, daß sie sich »in der Pose der unter fürchterlicher Arbeitslast Zusammenbrechenden wohl fühlten«. Jung S. 46.

100 F. Irsigler/A. Lassotta, Bettler und Gaukler, Dirnen und Henker, München 1989, S. 102f.; Montaigne, Essais, Bd. 2, Kap. XI (Über die Grausamkeit); Heine, Reisebilder, zit. n. N. Kohl (Hg.), London, Frankfurt/M. 1979, S. 151; J. Rabbel, Rostocker Windjammer, Rostock 1988, S. 20f.; Shadwell S. 11f.; Manacéine S. 89; Zweig S. 41; Gurlitt: Am Webstuhl der Zeit 1/1907, S. 189.

101 H. Hoffmann, Lebenserinnerungen S. 212; N. Elias, Über den Prozeß der Zivilisation, I, Frankfurt/M. 1977, S. 42; Beard, Nervousness S. 339.

102 E. Diesel, Autoreise 1905, Stuttgart 1949, S. 96f.; Wirth S. 542; Nietzsche, Fröhliche Wissenschaft, 329. Aphorismus.

103 F. Reuleaux und die deutsche Industrie auf der Weltausstellung in Philadelphia, Leipzig 1876, S. 8; Hirschkron S. 21; Veit Valentin, Geschichte der dt. Revolution von 1848–1849, I, Frankfurt/M. 1977, S. 266; L. A. v. Rochau, Grundsätze der Realpolitik, hrsg. von H.-U. Wehler, Frankfurt/M. 1972, S. 253; Treitschke (Briefe II S. 208) spricht 1862 von dem »dickhäutigen Philistertum«; Elias S. 121; Whitman, Deutschland S. 196ff. (»Der Philister«); Keim S. 271; Claß, Kaiser S. 187; Tirpitz, Erinnerungen S. 53.

104 Bülow I S. 406; Chickering, We Men S. 166; Bülow I S. 476; Spitzemberg S. 249; Claß, Strom S. 60f.

105 Playne S. 450f.; Naumann, Demokratie S. 26, 37; ders., Mitteleuropa, Berlin 1915, S. 109 (»Das altdeutsche [Wesen] war viel naturhafter, langsamer, toller und weicher, je wie es kam«); Dehmel: Kellermann S. 455; Sängerbünde: Klenke, Gemeinschaftsideal S. 215.

106 Playne S. 69; H.-V. Krumrey, Entwicklungsstrukturen von Verhaltensstandarden, Frankfurt/M. 1984, S. 38; W.H. Riehl, Naturgeschichte des dt. Volkes (Kurzausgabe), Stuttgart 1935, S. 80; Schmitz S. 215ff.; Krumrey S. 123, 262; M. Weber Gesamtausgabe II/5 S. 33; vermutlich galt Webers Haß ganz besonders der hedonistischen Lebenseinstellung seines Vaters. A. Harnack, Das Wesen des Christentums, Leipzig ²1900, S. 177; J. Oppenheim S. 147.

107 Schnitzler S. 92; Erb, Nervosität S. 15; Pelman, Nervösität S. 132; Weber, Aufsätze S. 247 Fn.; Hilty, Neurasthenie S. 21, 111f.; ähnlich Binswanger – ebenfalls gebürtiger Schweizer –, Pathologie S. 357.

108 Marie S. 440ff.; Arndt, Neurasthenie S. 116ff.; Löwenfeld, Pathologie S. 45, 303f.; ders., National-Charakter S. 2, 8; Eulenburg, Nervosität unserer Zeit S. 318, 307, 303 Fn.; Dornblüth, Psychoneurosen S. 381f.

109 Bismarck, Ged. u. Erinn. II, 11. Kap.; Moltke S. 201; Winzen S. 47; gerade in seiner Rede vom 14. 11. 1906, in der Bülow davon sprach, »wir« seien »in Deutschland allzu nervös geworden«, rühmte er die »Lebhaftigkeit des französischen Patriotismus«, in den Augen anderer eine »übertriebene Eigenliebe«, als »nachahmungswerten Nationalstolz«. Stenograph. Ber. über die Verhandl. des Reichstags XI/5, S. 3623. Zedlitz-Trützschler (S. 146) war sich 1906 mit Tschirschky darüber einig, daß Frankreichs innere Kämpfe kein Ausdruck von Schwäche, sondern von Stärke seien: also das Gegenteil von Hiltys Frankreich-Interpretation! Nouvel esprit: Nippold; Bernhardi, Weltreise S. 64.

110 Treitschke: W. Boehlich (Hg.), Der Berliner Antisemitismusstreit, Frankfurt/M. 1965, S. 11; Claß, Kaiser S. 32; Müller-Freienfels S. 231f.

111 Goldstein, Wandering Jew S. 536; Mosso S. 325; Erb, Nervosität S. 19; Krafft-Ebing, Nervosität S. 54; Engländer S. 23f.; F.C. Müller, Handbuch S. 65; Binswanger, Pathologie S. 46; Mosse/Tugendreich S. 404f.; Tschoetschel S. 300; Frigyes S. 9f.

112 Shorter, Mind S. 100.

113 Shorter, Women S. 179ff.; Myerson; T. Cohn, Nervenkrankheiten; Frigyes; Löwenfeld, Pathologie S. 45; Oppenheim, Nervenleiden S. 43; Cramer, Nervosität S. 35f.; ähnlich Stulz S. 22f. Auch der an der New York University lehrende Arzt und Anthropologe Morris Fishberg, der aus Rußland stammte, schrieb 1911, jedem Arzt sei wohlbekannt, daß »die Juden berühmt für ihr Leiden an Funktionsstörungen des Nervensystems« seien. »Ihre Nervenkonstitution steht unter ständiger Belastung, und die kleinste Verletzung wird seine reibungslose Konstitution stören.« In der Jewish Encyclopedia behauptete er sogar, »manche Ärzte von großer Erfahrung mit Juden« gingen »so weit, festzustellen, daß die meisten von ihnen neurasthenisch oder hysterisch seien«. Gilman, Rasse S. 196; Lewis S. 16; Tschoetschel S. 307f. Häufig wird angenommen, daß die Ostjuden mehr der Hysterie zuneigten, während die deutschen Juden noch im heutigen Israel als besonders lärmempfindlich gelten.

114 ZKD 441/1775; AW, L.S. (1911), E. Sch. (1909), G.M.-B. (1903/04).

115 Mosse, Nordau S. 567, 574; Lessing, Einmal S. 397; Marwedel S. 141; Becker, Jüd. Nervosität S. 16f., 27; ders., Nervosität bei den Juden. Am Anfang des Zionismus stand der russisch-jüdische Arzt Leo Pinsker, der davon ausging, die Juden seien ein krankes Volk. In den Augen des Oberrabbiners von Wien, Adolf Jellinek, waren Pinskers Ideen ihrerseits Ausdruck nervlicher Zerrüttung. Walter Laqueur, Der Weg zum Staat Israel, Wien 1972, S. 90f.

116 Fontane-Briefe IV S. 49; Hamann, Hitlers Wien S. 331f.

117 Nipperdey, Nachdenken S. 262; G. Schmoller, Zwanzig Jahre dt. Politik, München 1920, S. 34.

118 Gnothi sauton I S. 252; Salzmann: Lütkehaus S. 26f., 117ff.; Shorter, History S. 57, Rochau (Anm. 103) S. 250. Manche hatten vor 1870 zeitweise schon einen Mehrfrontenkrieg mit ungeheuren Blutopfern auf dem Weg zur deutschen Einheit erwartet: Treitschke, Briefe II S. 40 (1859).

119 Eines der wenigen Gegenbeispiele bietet Theodor Lessing: Einmal und nie wieder S. 392ff. Aber gerade in seinem Fall bot der Nationalismus nur sehr vorübergehend eine seelische Zuflucht!

120 Boehlich (Anm. 110) S. 13; Treitschke, Briefe II 227, 287; ders., Ausgewählte Schriften, II, Leipzig 1907, S. 329f. (Essay über Hebbel, 1860). Den »deutschen Nationalstolz« in seiner »unfertigen« Form schildert er als »bald überreizbar, bald stumpf« (Geschichte V S. 381). K. Kupisch, Die Hieroglyphe Gottes, München 1967, S. 98.

121 Benedict Anderson, Die Erfindung der Nation, Frankfurt/M. 1993, S. 142; Observator S. 36, 13; Wilken S. 90.

122 R. Wagner an Ludwig II., 31. 3. 1880; Bahr S. 33f.; Harden, Köpfe I S. 67; ähnlich der von Harden geschätzte Gurlitt (Erziehungslehre S. 321): »Die deutsche Bildung wird all ihren Verirrungen wird verständlich, wenn man sie als Produkt eines körperlich vernachlässigten Volkes ansieht. ... Es fehlt uns an Muskel- und Nervenkraft.« Er entwirft ein Bild von »Stammtischphilistern« mit »Kartoffel- und Bierbäuchen« und von Oberlehrern mit einem »Gesicht voller Pickel und Mitesser«! Eulenburg-Korr. III S. 2090f.; Bülow II S. 324; Moltke S. 288f., 247; Dietmar Klenke, Bürgerlicher Männergesang und Politik in Deutschland, in: GWU 40/1989, S. 473; Gaupp, Wachsende Nervosität S. 28.

123 Moses Hess, Rom und Jerusalem (1862), ND Wien 1935, S. 204f.; »Freßvereine«, in: Naturarzt 33/1905, S. 252.

124 Harden, Apostata S. 62 (»Weniger als zuvor liebt man uns heute ...«); Schmitz
S. 35: »in allen Ländern sind die Deutschen so unbeliebt wie kein anderes Volk«.
    125 Volker Hentschel, Geschichte der dt. Sozialpolitik 1880–1980, Frankfurt/M. 1983,
S. 28; Friedrich Kleeis, Die Geschichte der sozialen Versicherung in Deutschland (1928),
Berlin 1981, S. 137 f.
    126 Oppenheim, Lehrbuch II S. 1855 f.; Greg Eghigian, Die Bürokratie und das Ent-
stehen von Krankheit: Die Politik und die »Rentenneurosen« 1890–1926, in: Reulecke/
Castell Rüdenhausen S. 208.
    127 Fischer-Homberger, Neurose S. 10, 130; englische Wurzeln: Harrington S. 18; Sa-
vill S. 61; Riese S. 26. Der Begriff erscheint in Deutschland zuerst bei Strümpell: Ders.,
Über die traumat. Neurosen, Berlin 1888. E. M. Caplan (Trains, Brains, and Sprains: Rail-
way Spine and the Origins of Psychoneuroses, in: Bull. of the History of Medicine 69/1995,
S. 387–419) schildert, wie sich in den USA die Eisenbahnärzte für eine psychische Ätiolo-
gie des Railway-Spine-Konzeptes einsetzten, um anschwellende Entschädigungsforderungen gegen die Bahngesellschaften abzuwehren.
    128 Zu Oppenheims Laufbahn: Pantel S. 80, 86; Hellpach, Wirken I S. 355 f., 368 f.
Oppenheim, Wie sind diejenigen Fälle von Neurasthenie aufzufassen, welche sich nach
Erschütterungen des Rückenmarks insbes. nach Eisenbahnunfällen entwickeln? In: Dt.
Medizin. Wochenschrift 16/1888, S. 195 f.: Auch bei ihm entsteht die Unfallneurose im Gehirn, nicht in dem direkt betroffenen Organ; insofern steht auch er von Anfang an einer
psychischen Deutung nicht ganz fern. Fischer-Homberger S. 89. Dagegen Hellpach,
Grundlinien S. 400 (schon 1904): Die traumatische Neurose liege »brach«. »Selbst Oppen-
heimer kümmert sich nicht mehr um sie.« Aus der Autorität der Wissenschaft ist das Fort-
leben der traumatischen Neurose also nicht zu erklären!
    129 Wolfhard Weber, Technik und Sicherheit in der dt. Industriegesellschaft
1850–1930, Wuppertal 1986; BA R 39/342.
    130 Westphal, Einige Fälle von Erkrankung des Nervensystems nach Verletzung auf
Eisenbahnen, in: Charité-Annalen 5/1880, S. 379, 394; Horn, Erkrankungen S. 12, 32 ff.,
165 f.; Tschoetschel S. 297: Eine Statistik der Dorpater psychiatr. Universitätsklinik für die
Jahre 1896 bis 1913 ergab, daß 73 Prozent der Patienten mit traumat. Neurose Eisenbahn-
bedienstete waren.
    131 Eulenburg, Nerven- und Geisteskrankheiten S. 31; Kurella S. 44: ungewöhnliche
Register zieht Kurella, der sich auch als Kriminalpsychologe betätigte, bei der Auseinandersetzung mit einem anderen Kontrahenten (Braunstein): Auf diesem laste der »wohlbe-
gründete Verdacht, seine Frau auf der Hochzeitsreise vergiftet ... zu haben, um ihr Vermögen an sich zu bringen«. Solche Menschentypen pflegten sich durch »wahrhaft dämonische Verlogenheit« auszuzeichnen (ebd. S. 38 f.).
    132 Fischer-Homberger, Begriff »Krankheit« S. 231; dies., Neurose S. 124; Riese S. 28;
Möbius, Neurolog. Beiträge I S. 54, V S. 94; ders., Bemerkungen über Simulation.
    133 Hoche, Werkstatt S. 16. Mit Recht wies Hellpach darauf hin, daß es niemand
anders als Bismarck gewesen sei, der auf die »Rentensucht« des Arbeiters spekuliert
habe (Unfallneurosen S. 607). Die Gewerkschaften, die sich zu jener Zeit um Fragen
der Sozialversicherung noch wenig kümmerten, verhielten sich in Sachen Berufskrankheiten »staunenswert neutral«: Joachim S. Hohmann, Berufskrankheiten in der Unfallversicherung, Köln 1984, S. 61, 65. Rudolf Wissell zerpflückte im »Correspondenzblatt
der Generalkommission der Gewerkschaften Deutschlands« (21/1911, Nr. 43, S. 133 f.)
einen naßforschen Pauschalangriff auf die traumat. Neurose, begnügte sich jedoch im
übrigen mit einem zutreffenden Hinweis auf den breiten Bereich ärztlichen Nichtwissens.
    134 Bernhard, Folgen S. 48, 73; Brentano S. 299 ff.; Nipperdey II S. 574.

135 Placzek, Unfälle; Stursberg; Weber, Müssen Unfälle nervöse Folgen haben?, in: Ärztl. Sachverständ.-Zeitung 20/1914, S. 81 ff.

136 Bumke, Lehrbuch S. 240; Horstmann, Zur traumat. Neurose, in: Ärztl. Sachverständ.-Zeitung 20/1914, S. 417 ff.; Forster S. 76; über die Art, wie Forster Psychoterror mit Elektrobehandlung trieb, Fischer-Homberger, Neurose S. 150 f.; ebd. S. 89 ff.; Komo S. 76 ff.; Oppenheim, Krieg; ders., Lehrbuch II S. 1850 (Nonne); Schultz S. 173.

137 Hildebrandt S. 720; später war für H. ein sehr kritischer Umgang mit Rentenansprüchen aus tramat. Neurose der Prüfstein für »männliche, kräftigende Gesinnung«! Sabine Damm/Norbert Emmerich in: Totgeschwiegen 1933–1945, Zur Gesch. der Wittenauer Heilstätten, Berlin ²1989, S. 43 f. Bumke, Lehrbuch S. 318; Levy-Suhl, Ausrottungskampf; Fischer-Homberger, Neurose S. 199 f.

138 Billström S. 18; ähnlich Stursberg S. 8, 12; Eghigian (Anm. 126) S. 208

139 Horn, Erkrankungen S. 15; L. Laquer S. 68; Bresler, Rentenkampfneurose S. 12 f.; BA, R. 89/15112 (2. 9. 1912).

140 Scheunert S. 270; Hoche, Werkstatt S. 16; Fischer-Homberger, Neurose S. 187, 192; Oppenheim, Krieg S. 258; Aschaffenburg: Curschmann S. 802, 806; Weizsäcker, Begegnungen S. 82 f.

141 Gaupp, Einfluß S. 2235; Kommerell S. 313.

142 Huerkamp, Aufstieg S. 286 ff., 298 ff.; BA, R 89/342 (Wilmann, Traumat. Neurose und gesunder Menschenverstand, in: Ärztl. Vereinsblatt, Dez. 1896); Hintertür: vgl. Horn, Nutzbarmachung; L. Laquer S. 4, 13.

143 BA, R 89/21400 (Fall A.Lindemann); Eghigian (Anm. 126) S. 206, 212.

144 Fischer-Homberger, Begriff »Krankheit« S. 233; ähnlich Stursberg S. 30.

145 KBoN, B 488.

146 BA, R 89/15112 (Fall B. Müller); Siegfried; »neurasthenische Hast« als Zeichen der Heilung von einer Unfallneurose: L. Laquer S. 77; »Neurasthenie« und »Hysterie« als Argumente gegen Anerkennung von Berufskrankheiten in der chemischen Industrie um 1930: Arne Andersen, Histor. Technikfolgenabschätzung am Beispiel des Metallhüttenwesens und der Chemieind. 1850–1933, Stuttgart 1996, S. 415 f., 417 ff.

147 Seelert S. 335; Liek, Arzt und seine Sendung, S. 61; zu L.: Michael H. Kater, Die Medizin im nationalsoz. Deutschland und Erwin Liek, in: GG 16/1990, bes. S. 443; Binswanger, Pathologie S. 54; Meltzer; L. Laquer S. 25; Huret S. 242 f.; Hübschmann S. 83. Beamten-Badekuren: Ludwig Mann, Über das »Beamtenfürsorgegesetz« …, in: Ärztl. Sachverständ.-Zeitung 1907, Nr. 2–4. Es gibt allerdings Indizien dafür, daß die Belastung der Kassen durch Neurastheniker in den 20er Jahren – als die Zeit der Neurasthenie innerhalb der Wissenschaft schon vorbei war – erheblich zunahm: Stier, Soziologie der Nervosität S. 630; Felix Boenheim, Über Neurasthenie, in: Soziale Medizin Nr. 9, 1929, S. 434 f. Das würde den Ärger Lieks erklären.

148 M. Neumann S. 514; LHK 403, 8438, Vorstandsbericht der LVA 1908.

149 BA, R 89/13524; Karl Ernst Laubenberg, Frauenkrankheiten als Erwerbskrankheiten, in: Archiv f. Frauenkunde u. Eugenetik 3/1817, S. 62 f.

Die Wende zum Willen
und die Entfesselung des Weltkriegs

1 Mehrdeutigkeit der Ruhetherapie auch in der Lungenheilkunde: René und Jean Dubos, The White Plague, New Brunswick 1992, S. 149, 152, 176, 181; Châtelain S. 81.
2 Emil Marx, 50 Jahre v. Ehrenwall'sche Kuranstalt 1877–1927, Ahrweiler 1927; AW, H. Schl. (1887).
3 P.J. Möbius, Über den Kopfschmerz, Halle 1902, S. 39f.; Binswanger, Pathologie S. 377ff.
4 Pelman, Errichtung S. 443f.; HStAD, Reg. Düss. 54106; Kraepelin, Hygiene S. 26.
5 Gilberto Freyre, Das Land in der Stadt, München 1990, S. 305.
6 Paul Göhre, Drei Monate Fabrikarbeiter…, Gütersloh 1978, S. 7.
7 Möbius, Behandlung S. 26; Cramer (Nervosität S. 165f.) sah diese Langeweile positiv: Sie sei »für den Neurastheniker eins der Hauptmittel zur Wiederherstellung«.
8 Röper S. 148; Binswanger, Pathologie S. 293.
9 AW, H.R. (1901); ZKD 441/1725 und 1775.
10 Morris S. 224; Bernd S. 154, 158; Hufeland S. 230, 239f.; Karl Pisa, Schopenhauer, München 1978, S. 281; Schopenhauer, Sämtl. Werke II, Wiesbaden 1965, S. 390.
11 Lévy, S. 155; Gide–Valéry S. 442; Morris S. 157ff.; Lutz S. 224ff.; Porter, History of Madness S. 119, 213f.; Wessely S. 45f.; Hippokrates, Ausgewählte Schriften, Stuttgart 1994, S. 111 (= IX 204).
12 Ellenberger S. 140ff., 165, 241f.; Gauld S. 421ff.; Hirschmüller S. 214; Schrenck-Notzing; Jürgen Thorwald, Report der Toten, München 1964, S. 36; Strümpell, Entstehung S. 14ff.; Schultz S. 59: Dubois S. 148, 404; ähnliche Bedenken: Cramer, Nervosität S. 351; Elektrotherapeut. Streitfragen S. 62f.
13 Moll, Leben S. 30f.; K. Wachtelborn, Der hypnotisierte deutsche Naturheilbund, in: Reformbll. 2/1899, S. 89ff.; ders., Keine Hypnose, in: ebd. S. 191ff.; Kreiselmayer, Einige Gedanken über Hypnose, in: Reformbll. 3/1900, S. 94ff.; zu Gerling: Hypnose, Suggestion und Willensgymnastik, in: Naturarzt 33/1905, S. 11. AW, E.P. (1910).
14 Moll, Leben S. 42; Forel, Rückblick S. 247; Gauld S. 351; A. Steiner S. 69; Möbius, Neurolog. Beiträge II S. 82; auch Lots (1908) S. 15: Bei der Nervosität habe die Hypnose versagt.
15 Strümpell, Entstehung S. 17; Forel S. 139; dazu Schultz S. 42; Binswanger, Pathologie S. 389; ähnlich skeptisch: Robert Binswanger, Über die Erfolge der Suggestivtherapie, Wiesbaden 1892. Krafft-Ebing S. 130; Bilz I S. 565; Löwenfeld, Pathologie S. 692; Gauld S. 422, 474ff.; Schrenck-Notzing S. 7, 46; ders., in: F.C. Müller, Handbuch S. 573ff.
16 Ellenberger S. 251ff.; Hypnose, Suggestion (Anm. 13); Regin, Selbsthilfe S. 72; dies., Naturheilkundige S. 190f.; Schrenck-Notzing S. 22; Dubois S. 400; Moll, Leben S. 43; Komo S. 77.
17 Bertz S. 180; Vera Bachmann, Der Traum vom Schwimmpalast, Bielefeld 1993, S. 34f.; Simmel S. 93.
18 Keller S. 3ff.; ZKD 441/1968; Deutsch S. 207ff.; Pelman, Errichtung S. 446; Steding S. 37 in ähnlichem Sinne; Heinroth: Univ.-Archiv Leipzig, Ms. 713 I; Geissler S. 995; ähnlich Ehrenwall schon 1898; skeptisch über die Arbeitstherapie: Grotjahn, Krankenhauswesen S. 197ff. Udo Sierck, Arbeit ist die beste Medizin, Hamburg 1992, erweckt den irrigen Eindruck, als sei die Arbeitstherapie erst ein Konzept der 1920er Jahre, als sie in ihrem Inhalt stark durch ökonomischen Druck bestimmt wurde. Schönow: BA, R 89/6904 (15. Bericht).

19 Steven Lukes, Émile Durkheim, London 1992, S. 551; E. Durkheim, ÜberDeutschland, Konstanz 1995, S. 287ff.; Gebhardt S. 4; Ellenberger S. 137ff.; Lévy S. 8, 10, 151ff.; Nye S. 35, 39, 41.

20 Röhl, Wilhelm II. S. 79; J. Oppenheim S. 296, 387, 317f.; dazu McCandless in: Journal of the History of Behavioral Sciences 28/1992, S. 236; OscarWilde, Dorian Gray, 19. Kap.

21 Ludwig Marcuse, Amerikan. Philosophieren, Hamburg 1959, S. 58ff., 68; H.M. Feinstein, The Use and Abuse of Illness in the James Family Circle, in: R.J. Brugger (Hg.), Our Selves – Our Past, Baltimore 1981, S. 230ff.; Lutz S. 75f., 66f., 32, 12; Kugelman S. 80ff.; Hearnshaw S. 143ff.; Lears S. 53.

22 Eugen Bleuler, Lehrbuch der Psychiatrie, Berlin ⁴1923, S. 435f. (Kraepelin); Schultz S. 47 (Rosenbach); Christina Schröder, Der Streit der Ärzte um das Seelenheil (Ms., Universität Leipzig), S. 14 (Lévy); Birnbaum, Willensschwäche S. 3; AW, S. Sz. (1907). Über den Fall Erbach–Erbach existiert in AW eine sehr umfangreiche Akte mit zahlreichen Zeitungsartikeln aus den Jahren 1907 bis 1909. Einige Kostproben aus dem Gedicht: »Von wegen Wegsichwerfen / An einer Wäschrin Tochter / Ward dann in einer Nerven- / Heilanstalt eingelocht er. / Entfliehen aber tat er. / Zu Würzburg dann, in Bayern, / Dort ließen die Psychiater / Sich nicht so leicht bemeiern. / Sie sagten klar und ehrlich: / ›Trotz jenem Waschermadel / Ist gänzlich ungefährlich / Der Herr aus altem Adel.‹ / ... Ich fürcht, es könnte künftig / Im Bayernlande heißen: / Wer hier noch ganz vernünftig / Ist, – wird verrückt in Preußen!«

23 Marcinowski, Nervosität S. 117f.; das war geradezu sein Lieblingsgedanke: vgl. ders., Kampf S. 43, 93, 103, 114.

24 Ostwald, Lebenslinien III S. 47f.; Gerhardt/Adam, Bodelschwingh, II S. 72; Hesse, Kindheit I S. 254; R. Steiner S. 26.

25 Hoche, Handbuch S. 477; Forel, Wie Ansichten entstehen, in: ZU 41/1902, S. 17; Dubois S. 49; Wentscher S. 3.

26 Hirschkron S. 26, 75, 133, 136.

27 Vomáčka S. 132ff.; Scharrelmann, Schule und Haus im Kampfe gegen den Alkoholismus, in: Reformbll. 10/1907, S. 237; »Zukunft auf dem Wasser«: Chr. Diehl in: Naturarzt 34/1906, S. 26; »Gynmastik des Willens«: ebd. S. 122ff.; Traub: 35/1907, S. 299f.

28 IV. Internat. Kongreß zur Fürsorge für Geisteskranke, Halle 1911, S. 126, 113; V. v. Weizsäcker, Soziolog. Bed. der nervösen Krankheiten, in: Zentralblatt f. Psychotherapie 8/1935, S. 301; ders., Natur S. 179.

29 Schröder (Anm. 22) S. 37; Gebhardt S. 28, 66f., 184.

30 Dubois S. 68f.; zur Frühgeschichte des Konflikts: Kaufmann S. 305ff. Besonders ein erklärter Somatiker wie Naunyn geriet mit seiner Nervositätslehre in Kollision mit Juristen und Theologen: ders., Anschauungen S. 1243f., 1252. Eric J. Engström, Emil Kraepelin, Magisterarbeit München 1990, S. 124ff.

31 Cleaves S. 108, 65; Forel, Rückblick S. 131; Anti-Rüpel Jg. 1910, S. 4; AW, P.M. (1918); Johannes Müller, Vom Geheimnis des Lebens, Stuttgart 1937, S. 55f.; HStAW 430/1, 10562, Bl. 15, 18, 20; AW, S. Sz. (1907); E. Loewenstein S. 9.

32 Schleich, Schaltwerk S. 133, 135; ebd. S. 163f.: Im August 1914 triumphierte er darüber, daß nun alles »nivelliert und seelisch uniformiert zugunsten des Gesamtwillens der Nation« sei, und äußerte die Zuversicht, es werde der Seele gut bekommen, »wenn diese Elementarspannungen sich über das gesamte System unserer nervösen Reizbarkeit in unbehemmbaren Strömen entladen«. Musiker: StAFfm, NK, Büschel 148 (O.H.).

33 Hellpach, Grundlinien S. 483, 494; Rogge S. 259; Kurt Zentner, Kaiserliche Zeiten, München 1964, S. 137: Liman S. 91; Mogge/Reulecke S. 284; Paul Lerner, »Ein Sieg deutschen Willens«: Wille und Gemeinschaft in der deutschen Kriegspsychiatrie, in: Eckart/Gradmann S. 85ff.

34 Exotische Welten –Europäische Phantasien, Stuttgart 1987, S. 355 (Théophile Gautier); Dubos, White Plague S. 26; : L.T.C. Rolt, Isambard K. Brunel, Harmondsworth 1970, S. 372f.; J. Oppenheim S. 90, 129f.; Eyth I S. 67; ders., Hinter Pflug und Schraubstock S. 497; Kraepelin, Lebenserinnerungen S. 106; Bülow II S. 106.

35 Adrian Balbis Allg. Erdbeschreibung, I, Wien [8]1893, S. 957f.; Ludwig Finckh, Biskra, Stuttgart 1906, S. 64f., 67; J. Köhler, Zarathustras Geheimnis, Nördlingen 1989, S. 311, 365, 586f.; Marianne Weber S. 275; Forel, Rückblick S. 235; Bülow IV S. 543f.

36 Hans Wollschläger, Karl May, Dresden 1989, S. 229f.; Heuss S. 66, 107, 126f., 136f., 160, 256, 513; Naumann, Asia S. 64ff., 70f., 143ff.; Brentano S. 276.

37 Irrationale Züge im Orientinteresse Wilhelms II.: Lindow S. 44ff.; Rohrbach S. 162f.; Babylon-Reminiszenen: ebd. S. 87, 91, 158; Fischer S. 436ff.; ZU 64/1908, S. 81f.; Peters S. 184, 403; Westphal S. 76; Wehler, Bismarck S. 337f.

38 ZKD 441/969; Wehler S. 150f., 166; über die damalige medizin. Bedeutung von »Vollblütigkeit«: E. Fischer-Homberger, Krankheit Frau S. 47; Treitschke glaubte 1851, er sei »sehr vollblütig«, und »böse Säfte« verminderten seine Hörkraft (Briefe I S. 80). Geffkens Frau behauptete von G., »er sei seiner Sinne nicht mächtig« (Bamberger S. 427).

39 Winzen S. 31f., 34, 26; Langbehn, Rembrandt als Erzieher S. 267; Bülow, Deutsche Politik S. 297; Gradmann, Bazillen.

40 Claß, Kaiser S. 22, 38f., 53, 104f., 182, 233f.; N. Sombart, Männer, S. 40; Weller S. 47, 21, 230, 187; Holstein-Papiere IV S. 443.

41 Hilty, Neurasthenie S. 108f.

42 Fesser S. 42; Bülow I S. 193; Winzen in: ders. (Hg.), Bülow, Deutsche Politik, Bonn 1992, S. 35f.; Fesser S. 47. Zum therapeutischen Sonnenkult: Damals gab es das Sprichwort, das namentlich in der Tbc-Literatur viel zitiert wurde: »Wo die Sonne nicht hinkommt, kommt der Arzt hin.« »Der Mensch ist von Natur aus für wärmere Gegenden bestimmt«, lehrte Bilz, der für sein Naturheilsanatorium in Radebeul mit dem Bild einer nackten Sonnenanbeterin zwischen ägyptischen Säulen warb (Bilz IV S. 709). Eine ganz andere therapeutische Philosophie lag dem damals aufkommenden Kult des Nordischen zugrunde: Heilung durch Kälte, durch Abhärtung. Ein Zukunftsroman von 1913 (Hans Ludwig Rosegger, Der Golfstrom) schildert, wie die Amerikaner arglistig den Golfstrom umlenken und Europa in eine neue Eiszeit stürzen, aber gerade dadurch ungewollt die germanische Rasse »vor dem Verfaulen« retten (Manfred Nagl, Science Fiction in Deutschland, Tübingen 1972, S. 90f.).

43 »Zukunft auf dem Wasser«: Anm. 27; Gurlitt, Erziehung S. 2; Bilz IV S. 571; Monts S. 72; Holstein dagegen (Briefe S. 242f.) schätzte weder Tirpitz noch Norderney und das Meer.

44 Winzen S. 423; Delbrück S. 364.

45 Harden, Köpfe I S. 119; Holstein-Papiere IV S. 441, 371; Holstein-Briefe S. 245, 255; Rogge S. 103f.; Monts S. 430; Hull S. 129; Bülow II S. 301, 215; Monts S. 438f., 442.

46 Bülow-Schriften I S. LXVI; Whitman, Erinnerungen S. 274; Bülow IV S. 557; Massie S. 177. Ohnmacht: Stenograph. Berichte über die Verhandl. des Reichstags, XI. Leg.periode, Bd. 216, S. 2633; Monts S. 442ff.; Isabel V. Hull, B. v. Bülow, in: W. v. Sternburg (Hg.), Die deutschen Kanzler, Königstein/Ts. 1985, S. 78ff.; Bülow II S. 229f., 234.

47 Stenograph. Ber., XI. Leg.periode, Bd. 218, S. 3620, 3622–3634; Monts S. 446; Italien: ebd. S. 413, 330, 342; Muschler in F. Thimme S. 376f.; Naumann, Demokratie S. 144; H.-E. Kaminski in: Weltbühne 1930/II S. 541. Bülow II S. 263ff. Bassermann: Förster S. 151f., 177f.; Claß, Kaiser S. 204ff. Naturarzt 34/1906, S. 36 (J. Müller); Klenke, Gesangsveredelung S. 133.

48 Röhl, Schwelle S. 125; Bethmann Hollweg S. 49, 105.

49 Mogge/Reulecke S. 299; M. Peters S. 179; Liebig I S. 150; Bülow III S. 159; Wolff S. 39.

50 Ossietzky (Pseud. Celsus): Weltbühne 1931/I, S. 328; zum Quellenwert der »Denkwürdigkeiten«: F. Thimme (Hg.), Front wider Bülow; positiver: Kehr S. 282 (»glänzendes Lehrbuch der hohen Politik«); Hiller v. Gärtringen S. 6f. Fn.; Röhl, Kaiser S. 19f. Bülow II S. 295, 69.

51 Weller S. 143; Claß, Kaiser S. 187; ders., Strom S. 21, 233, 281; Bernhardi, Weltreise S. 7; Fritz Fischer, Juli 1914: Wir sind nicht hineingeschliddert, Reinbek 1983, S. 101; ähnlich Spitzemberg S. 258. Auch Ludwig Gurlitt bekennt sich in seiner schneidenden Kritik am deutschen Bildungswesen zu der ihm vorgeworfenen nervösen Überreiztheit: ders., Erziehung zur Mannhaftigkeit S. 156f.

52 Bamberger S. 153, 241; Wilhelm Alff, Materialien zum Kontinuitätsproblem der dt. Geschichte, Frankfurt/M. 1976, S. 63f.; Friedjung, Der Kampf um die Vorherrschaft in Deutschland, II, S. 69. Daß der Krieg von 1870/71 in den Anamnesen kaum vorkommt, ist um so erstaunlicher, als es in den USA noch Jahrzehnte nach 1945 Massen von Therapie-Patienten gab, die seit Kriegsende von einem Gefühl der Leere und der Sinnlosigkeit des Daseins verfolgt wurden (Oliver Sacks, Der Mann, der seine Frau mit einem Hut verwechselte, Reinbek 1987, S. 53 Fn.).

53 Frevert, Ehrenmänner S. 141, 151, 195; Kevin McAleer (What Price Glory?, in: Werkstatt Geschichte Nr. 11, Juli 1995, S. 57) kritisiert, Ute Frevert habe mit ihrer Motivation durch »Ehre« die Duellmotive noch zu sehr idealisiert und rational gefaßt. »Ihre vielgerühmte ›Ehre‹ war in Wirklichkeit ein chronisch nervöses Gebrechen einer Klasse von Müßiggängern ...« Krafft-Ebing, Lehrbuch S. 263; ders., Nervosität S. 85; Elias S. 146 (Walter Bloem, Der krasse Fuchs).

54 Stearns, Be A Man S. 51ff., 57; Sombart, Wirtschaft und Mode, S. 9f.; zu Kellermann; Quiguer S. 295ff. und D. Wuckel, Science Fiction, Leipzig 1986, S. 88ff. Lutz S. 81.

55 Bertz S. 104; J. Oppenheim S. 150f.; Nye S. 52ff.; Christiane Eisenberg, Fußball in Deutschland 1890–1914, in: GG 20/1994, S. 181, 183 187; 189; Klenke, Gemeinschaftsideal S. 221; C. Götte, »Frisch, fromm, fröhlich, frei«, in: Dt. Schützen- und Wehrzeitung 1863, S. 57f. (Mitt. von Svenja Goltermann); Treitschke, Geschichte I S. 307, II S. 383ff.

56 Nervenkrank! S. 5; Zweig S. 226f., 17; Holstein-Briefe S. 182 (1897): »Wenn ich Kinder zu erziehen hätte, würde ich das Körperliche sehr entwickeln, außerdem sie von früh auf zum Umgang mit Menschen anlernen – kurz, das Gegenteil von mir.«

57 Zedlitz-Trützschler S. 124; Richard Blunck, Hugo Junkers, Düsseldorf 1951, S. 12f.

58 Zedlitz-Trützschler S. 228f.; Massie S. 176; Claß, Kaiser S. 226; Bülow II S. 411, 413.

59 Görlitz S. 178; Spitzemberg S. 254; Liman S. 155; Große Politik Bd. 33, S. 164f.; Eulenburg-Korr. II S. 2203.

60 N. Sombart S. 40f.; Wolff S. 229; Claß, Strom S. 158f., 219, 228f.

61 Rogge in: Holstein-Briefe S. XXXVIII; Kiderlen II S. 22; Lindow S. 60; ähnlich S. 67f., 70f.; Bülow III S. 122.

62 Spitzemberg S. 254f., 259, 264; Kiderlen I S. 34; Valentin: Weltbühne 1924/II S. 250, 252, 255; auch Hans Fürstenberg, Carl Fürstenberg – Die Lebensgeschichte eines deutschen Bankiers, Wiesbaden 1961, S. 551 über Kiderlen: »endlich einmal wieder ein ganzer Kerl auf dem Sessel Bismarcks«. Formulierungen dieser Art waren offenbar stehende Redewendungen, die man mit Kiderlen verband, selbst wenn man seinen außenpolitischen Risikokurs nicht billigte.

63 Kiderlen II S. 92 Fn.; Haller, Eulenburg S. 232ff.; Claß, Kaiser S. 11; ders., Strom S. 223ff.

64 Bülow III S. 87; Bernhardi, Denkwürdigkeiten S. 352; auch aus innenpolitischen Gründen galt Bethmann als »weich« (Nipperdey II S. 748f.). Kiderlen II S. 32, 129; E. Jäckh in: Thimme S. 61; Bethmann Hollweg S. 101; Riezler S. 185.

65 »... geändert«: Bülow III S. 20f.; Arnold Wahnschaffe, unter Bethmann Unter-

staatssekretär der Reichskanzlei, bezweifelt die Glaubwürdigkeit dieser Stelle (F. Thimme S. 299). Hammann, Bilder aus der letzten Kaiserzeit, Berlin 1922, S. 73; ähnlich Spitzemberg S. 249f.

66 Heuss S. 219; Keßler S. 59ff.; E. Schulin, W. Rathenau, Göttingen 1979, S. 43; Rathenau-Harden S. 174; vgl. ebd. S. 634f.: Auch für Rathenau ist »schlapp« *die* Negativ-Eigenschaft, und er zeigt Sympathie für Hardens militante Position in Sachen Marokko. »Furchtmensch«: Rathenau (Pseud. Ernst Reinhart), Von Schwachheit, Furcht und Zweck, in : ZU 49/1904, S. 223–239. Der Furcht- und Zweckmensch ist wie ein Nervöser: »Seufzend beginnt er sein Tagewerk, denn die neue Sonne leuchtet Gefahren und Sorgen.« Obwohl beruflich erfolgreich, beneidet er »den Starken um seine Gewalt«. Die bezeichnende Pointe (S. 239): Der »Wille« könne den Furchtmenschen erlösen! Rathenaus Pseudonym »Hartenau« scheint hintersinnig zu sein; denn »Hartenau« ist eine alte Bezeichnung für das Johanniskraut, das klassische Volksmittel zur Beruhigung der Nerven!

67 Hellpach, Wirken I S. 334; Wehler, Gesellschaftsgeschichte III S. 610; Weller S. 123; Fischer S. 64.

68 Moltke S. 362; Bernhardi, Denkwürdigkeiten S. 350; ähnlich schon ders., Deutschland und der nächste Krieg S. 1; der alldeutsche Publizist Reismann-Grone notierte in seinem Tagebuch: »unseren völkischen Gedanken verstand man nicht, die Reichen kannten nur Geld und Genuß...« (Förster S. 127 Fn.).

69 Rainer Zitelmann, Demokraten für Deutschland, Frankfurt/M. 1993, S. 121.

70 Nippold S. 3; der patriotische Dramatiker Ernst v. Wildenbruch, selber nicht gerade schlank, schrieb 1905, es sei »die Tragik der deutschen Natur«, »daß der Deutsche sich nie ganz satt essen darf, wenn er im Vollbesitz seiner selbst bleiben will« (Whitman, Erinnerungen S. 161).

71 Fischer, Juli 1914 (Anm. 51) S. 35; Bülow II S. 63; Gutsche, Wilhelm II S. 120.

72 Lessing, Lärm S. 2.

73 E. Hasse S. 585. Unter den damals heranwachsenden Historikern bot Karl Alexander von Müller den Prototyp für diese Psychomotorik und ihre fatale politische Tragweite. Sein dreibändiges Memoirenwerk – die wohl umfangreichsten aller deutschen Historikermemoiren – ist eine Fundgrube für die hier geschilderten Zusammenhänge. 1882 geboren, machte er um 1905 eine schwere psychosomatische Lebenskrise durch, die er später als typische Durchgangskrise seiner Akademikergeneration begriff. Damals litt er unter seiner »Weichheit« und Willensschwäche. Er rettete sich dadurch, daß er das Weiche seines Wesens durch Demonstrationen von Härte verbarg. Den Weltkrieg verbrachte er in der Sanitätsverwaltung, wobei er selbst den bloßen Anblick von Verwundeten mied; zugleich stellte er jedoch seine Feder in den Dienst der Kriegshetzer von den »Süddeutschen Monatsheften«. Nach 1918 wurde er ein Entdecker und früher Verehrer Hitlers. Wir »schreien wie der Hirsch nach Wasser nach einem, der uns führen soll«, schrieb er 1924. K. A. v. Müller S. 386–420; ders., Mars und Venus, Stuttgart 1954, S. 43ff.; Hans Schleier, Die bürgerl. Geschichtsschreibung der Weimarer Republik, Berlin 1975, S. 63; aus persönlicher Kenntnis: Heinz Gollwitzer, Nachruf auf K. A. v. Müller, HZ 205/1967, bes. S. 298.

74 Militär-Medizinalabt. S. 412ff.; Nordau I S. 323; Mosse, Nordau S. 569ff.; Mosse/Tugendreich S. 409f.

75 Charité 620 (29. 4. 1912), 4909 (28. 12. 1910).

76 AW, H. Ru. (1904); Pozsár/Farin S. 78; ZKD 441/1717 (1899); Erb, Nervosität S. 31.

77 Binswanger, Pathologie S. 316, 278; Cramer, Nervosität S. 179; ders., Ursachen der Nervosität S. 77; Averbeck; Freud: Carlson S. 51.

78 M. Meyer; Krafft-Ebing, Nervosität S. 57; ähnlich Freund S. 17; anders Zoehen, Neurasthenie S. 524. ZKD 441/1864; Ziegelroth S. 39; W. Schmidt S. 25.

79 Salewski, Tirpitz S. 33, 67; Bülow II S. 319ff.; Rogge S. 338; Tirpitz, Erinnerungen

S. 121; Am Webstuhl der Zeit 1/1907, S. 215; Geitel III S. 404; Winzen S. 424f.; Tirpitz, Aufbau S. 25, 11, 15 (immer neue Begründungen dafür, daß er das Flottenbautempo nicht noch mehr steigerte!).

80 Podestà S. 651, 658, 677–687; Koelsch, Gewerbepathologie S. 384.

81 Burckhardt, Weltgeschichtl. Betrachtungen, Berlin 1965, S. 129f.; Ulrich, Nerven S. 164f.

82 Löwenfeld, Pathologie S. 654; Kollarits S. 166; Binswanger, Wirkungen S. 21f.; Marianne Weber S. 533, 535. Noch 1949, als sie wütend darüber war, daß Hellpach bei Weber einen sich verstärkenden pathologischen Grundzug erkennen wollte, beharrte Marianne Weber darauf, ihr Mann sei »während und durch den Krieg gesund« geworden (GLA, 69 N, 284). Vielleicht betonte sie so sehr die Heilwirkung des Krieges, weil sie das Erlösende der Weberschen Liebesbeziehung zu Else Jaffé nicht wahrhaben wollte!

83 Bülow II S. 98; Spode S. 206; Ulrich S. 164; Görlitz S. 153; »Neue Westfälische« 1. 8. 1989; Fischer-Homberger, Begriff »Krankheit« S. 236; Hesse, Brüder Karamasow S. 236.

84 His, Medizin S. 628f.; zu His ausführlich Wolfgang U. Eckart, »Die wachsende Nervosität unserer Zeit« – Medizin und Kultur um 1900 am Beispiel einer Modekrankheit, in: R. v. Bruch/G. Hübinger, Kultur und Kulturwissenschaften um 1900, Stuttgart 1995. Hoche, Werkstatt S. 10.

85 M. Peters S. 112; Mommsen S. 310, 383f.

86 Bülow II S. 197f.; Stig Förster deutet dieses Kaiserzitat im Rahmen seiner Theorie vom »doppelten Militarismus« (S. 147): »Was Wilhelm II. hier ausdrückte, war nichts anderes als die Grundposition des konservativen Militarismus, die der Systemerhaltung absolute Priorität einräumte.«

87 Kellermann S. 184.

88 Röhl, Wilhelm II. 746, 749, 752; Bülow I S. 26 III S. 157; Rogge in: Holstein-Briefe S. XXXIV; A. Thimme S. 103, 105, 109; Isabel V. Hull, Bülow, in: Sternburg, Deutsche Kanzler S. 75; Bülow-Schriften II S. 194, 196; I S. LXXXVIII: Dem anonymen Herausgeber (Harry Schumann) fällt aus der Sicht der 20er Jahre auf, in welchem Maße Bülow noch in einer weniger schnellebigen Zeit dachte, so daß für ihn zurückliegende Jahrhunderte noch gegenwärtig waren: »ein Jahrzehnt ist uns heute fast so viel, wie für Bülow ein Jahrhundert war«.

89 Winzen in: ders. (Hg.), Bülow, Deutsche Politik S. 43; ders., Weltmachtkonzept S. 163; Gutsche, Wilhelm II. S. 126; Bülow-Schriften II S. 190; Harden, Köpfe I S. 92, 119, 136.

90 Tirpitz, Erinnerungen S. 145; Salewski, Tirpitz S. 88; Fritz Fischer, Bündnis der Eliten, Düsseldorf 1979, S. 17.

91 Bülow-Schriften II S. 206; Bülow an Holstein, 3. 9. 1907 (Holstein-Briefe S. 292): »Der Gedanke, als ob wir jemals der englischen Flotte … auch nur annähernd gewachsen sein könnten, ist natürlich heller Wahnsinn. Das wird nie der Fall sein.«

92 Peter Winzen, Der Krieg in Bülows Kalkül, in: Dülffer/Holl S. 175; Bülow II S. 83f., 194; Kiderlen S. 43, 56.

93 Treitschke, Geschichte V S. 592; F. Reuleaux (Hg.), Das Buch der Erfindungen, VIII, Leipzig ⁸1887, S. 124; S. 225ff.; Deutsche Militärgeschichte IX S. 138.

94 Ebd. VI S. 449; Buchholz S. 158ff., 167ff., 171ff., 243; Bülow II S. 183; Correlli Barnett (Anatomie eines Krieges, München 1963, S. 49) kontrastiert Moltkes Sensibilität »zu der groben bäuerlichen Erdhaftigkeit seines Gegners Joffre, in dessen Hirn oft kein anderer Gedanke zu existieren schien als der an seine nächste Mahlzeit«.

95 Moltke S. 362; Bernhardi (Weltreise S. 8) über die Situationsgebundenheit der Kriegsstimmung: »Es ist ein gefährliches Spiel, die Psyche eines großen Volkes zu enttäuschen (wie nach Agadir; J. R.) … Die Kraft eines Volkes ist kein unveränderliches Kapital, über das man willkürlich verfügen kann.«

96 Röhl, Schwelle S. 100.

97 Claß, Strom S. 217; ders., Kaiser S. 137; Hitler, Mein Kampf S. 257f.; dazu George W.F. Hallgarten/J. Radkau, Deutsche Industrie und Politik von Bismarck bis heute, Frankfurt/M. 1974, S. 227f.

98 Warburg S. 29; R. Opitz (Hg.), Europastrategien des dt. Kapitals 1900–1945, Köln 1977, S. 205; Rathenau, Kritik S. 115.

99 Bernhardi, Denkwürdigkeiten S. 287; dazu Mommsen S. 401. J.J. Ruedorffer, Grundzüge der Weltpolitik in der Gegenwart, Stuttgart 1914, S. 226, 229; dazu Jarausch, Chancellor S. 143f. Fischer S. 671; ders., Bethmann Hollweg, in: Sternberg, Deutsche Kanzler S. 94ff.; Riezler S. 183.

100 Geiss, Juli 1914, S. 39f.; Gutsche, Wilhelm II. S. 158f.; Massie S. 738.

101 Kern S. 259ff.

102 Gerlach S. 13.

103 Bülow II S. 147; Moltke S. 329, 331.

104 Salewski, Zeitgeist S. 171f.; Vondung S. 158; Ulrich/Ziemann S. 48f. Selbst Treitschke schrieb 1887, als er »den Krieg mit Frankreich für vollkommen sicher« hielt: »Also müssen wir schlagen, wenn es in Ehren nicht anders geht; aber ein furchtbares Unglück ist und bleibt dieser Krieg ...« (Briefe III S. 587).

105 Waldersee I S. 316; Röhl, Wilhelm II. S. 752; ders., Kaiser S. 22; Reventlow S. 60f.; ähnlich Zedlitz-Trützschler S. 146f. und Bernhardi, Denkwürd. S. 353; Quidde S. 70, 56f.; Hallgarten, Schatten S. 51. Selbst Heinrich Mann (Ein Zeitalter wird besichtigt, Reinbek 1976, S. 11) glaubte, daß Wilhelm II. Kriege »durchaus nicht zu wagen« gedachte und nur aus einem publizitätssüchtigen »Vorneanagieren um jeden Preis« die Kriegsgefahr heraufbeschwor.

106 Fischer S. 100; ähnlich Hull S. 304 und Winzen in Dülffer/Holl S. 180. Schon 1904, als die Gefahr eines Krieges mit England erst am Horizont auftauchte, sagte Wilhelm II. nach der Verteidigung von Marinerekruten zu Bülow: »Ist es nicht entsetzlich, zu denken, daß diese guten blauen Jungen, denen ich soeben den Eid abgenommen habe, vielleicht in wenigen Wochen tot auf dem Grund der Nordsee liegen sollen?« (Bülow II S. 83). Kantorowicz S. 395; Bülow I S. 66; Spitzemberg S. 249, 254.

107 Fischer in: Sternburg (Hg.), Die deutschen Kanzler S. 96.

108 Bülow IV S. 199f.

109 Hull in: Sternburg, Kanzler S. 84. Montgelas: F. Thimme S. 342. Bülow-Schriften I S. XXIV, LXXIII, 36, 313); Holstein-Papiere IV S. 400 (25. 10. 1906).

110 Spitzemberg S. 221; Winzen, Der Krieg in Bülows Kalkül, in: Dülffer/Holl S. 185, 162; v. Einem: F. Thimme S. 170; Förster S. 141, 169, 298.

111 Fischer S. 372; Claß, Kaiser S. 54; Roger Chickering, Die Alldeutschen erwarten den Krieg, in: Dülffer/Holl S. 24, 26; Keim S. 274; Bernhardi S. 39ff., 114f.

112 Salewski, Zeitgeist S. 167; Weller S. 157; Rathenau-Harden S. 697; Bernhardi, Deutschland und der nächste Krieg S. 5. Im November 1914 glaubte Houston Steward Chamberlain sagen zu können, daß Bernhardi »nicht mit einem Wort zum Krieg« angetrieben habe (Kellermann S. 50): So sehr war selbst Bernhardi darauf bedacht gewesen, sich rein verbal sein Alibi zu bewahren!

113 A. Thimme S. 113; Bülow I S. 413, 112; Kern S. 276; Liebig I S. 31f.

114 Bernhardi, Weltreise S. 12; Weygandt S. 282; Wehler, Gesellschaftsgeschichte III S. 1134.

115 Röhl, Schwelle S. 100; Geiss, Juli 1914, S. 48; Eulenburg-Korr. III S. 2207.

116 A. Rosenberg, Entstehung der Weimarer Republik, Frankfurt/M. 1961, S. 64; Gerlach S. 9.

117 Edmund Weber, Krieg oder Frieden mit England, Stuttgart 1913, S. 8, 37, 50f.

118 Grotjahn, Erlebtes S. 15.

119 AW, J. v. M. (1914).

120 Benjamin Ziemann, Zum ländlichen Augusterlebnis (1914), in: Loewenstein (s. Ulrich, Nerven) S. 194, 199; Ulrich/Ziemann S. 32f.; Jeismann S. 299, 301, 316, 318.

121 Hellpach, Kriegsneurasthenie S. 194.

122 Reinhard Rürup, Der »Geist von 1914« in Deutschland, in: Bernd Hüppauf (Hg.), Ansichten vom Krieg, Königstein/Ts. 1984, S. 55–91; Hitler, Mein Kampf S. 225.

123 Möbius, Vermischte Aufsätze S. 139f.

124 Gerhard A. Ritter, Sozialversicherung in England und Deutschland, München 1983, S. 13.

125 Wehler, Gesellschaftsgeschichte III S. 1081, 1084; Determann, Volksheilstätten S. 10f.; selbst der nationalsozialistische Arzt Erwin Liek (Gedanken eines Arztes, Dresden 1937, S. 15ff.) distanziert sich 1927 von einem Sozialdarwinismus, der einseitig den »Kampf ums Dasein« in der Natur betont. Freund S. 139 (Vortrag von 1894).

126 Ernst Klee, »Euthanasie« im NS-Staat, Frankfurt/M. 1983, S. 201. Fixkosten: Sabine Hanrath, Von der Reformpsychiatrie zur Psychiatrie unterm Hakenkreuz (Anstalt Lindenhaus bei Lemgo 1923–1939), Mag.arbeit, Bielefeld 1995, S. 79.

127 Hitler, Mein Kampf S. 395ff., 735.

128 Alzheimer S. 3–6, 11, 21.

129 BA, R 89/6904. In der ersten Kriegszeit mußten auch viele Lungenheilstätten schließen: nicht nur, weil die Ärzte und Krankenschwestern in den Lazaretten gebraucht wurden, sondern auch, »weil, was das Interessanteste ist, die meisten Kranken nicht mehr krank sein wollten, sondern gleichfalls zu den Waffen griffen, um das Vaterland zu verteidigen« (Martin Kirchner, in: Zur Tuberkulosebekämpfung 1916, Verhandlungen des Dt. Zentral-Komitees zur Bekämpfung der Tb., Berlin 1916, S. 23). Das ist der reale Hintergrund des »Zauberberg«-Schlusses, nachdem Thomas Mann bis zum Kriegsausbruch ratlos gewesen war, wie er dieses endlos anschwellende Opus abschließen sollte.

130 Lerner (Anm. 33) S. 92f.; Bernd Ulrich, Kampfmotivationen und Mobilisierungsstrategien, in: H. v. Stietencron/J. Ruepke, Geschichtlichkeit des Krieges und der tötende Mensch (im Druck), S. 299; Kugelmann S. 92f.; Friedrich Kittler, Grammophon, Film, Typewriter, Berlin 1986, S. 326.

131 Eulenburg, »Kriegsnervosität«; Zweig S. 40; Thomas Mann, Meine Zeit (1950), in: ders., Über mich selbst, Frankfurt/M. 1994, S. 7. Schwäche der »linken« gegenüber der »rechten« Kriegsverarbeitung: Dietmar Klenke u.a., Arbeitersänger und Volksbühnen in der Weimarer Republik, Bonn 1992, S. 245.

132 Hitler, Mein Kampf S. 181; ebd. S. 269 spricht er von der nervenstärkenden Wirkung des Krieges mit merklicher Zurückhaltung: Diese Erlebnisse hätten »die Nerven bei dem, der sie nicht überhaupt verlor, etwas zu stärken« vermocht. Jürgen Charnitzky, Die Schulpolitik des faschist. Regimes in Italien, Tübingen 1994, S. 181.

133 Hoche, Jahresringe S. 216f.; Fischer-Homberger, Neurose S. 143; Komo S. 68, 72; Bumke, Lehrbuch S. 241.

134 BA, R 89/6904; Komo S. 76f., 79ff., 92; E. Fischer-Homberger, Der Erste Weltkrieg und die Krise der ärztl. Ethik, in: Bleker/Schmiedebach S. 122ff.

135 Ulrich, Nerven S. 183; His, Front S. 118: »Fahnenflüchtige« bei den furchtbaren Kämpfen um Verdun seien vom Kriegsgericht unter ärztlicher Mitwirkung »durchaus wohlwollend« behandelt worden. H.-U. Wehler zum Verf. (30. 5. 1997): Auf deutscher Seite seien während des gesamten Ersten Weltkrieges nur vier Deserteure hingerichtet worden, auf westlicher Seite sehr viel mehr. In dem Roman von Pat Barker »Niemandsland« (dt. München 1997), der auf tatsächlichen Geschehnissen beruht, erblickt selbst der

sonst sehr human geschilderte Psychiater W. H. R. Rivers – eine historische Gestalt – sein Ziel darin, geheilte Kriegsneurotiker wieder zurück an die Front zu schicken!

136 Hellpach, Kriegsneurasthenie S. 210; BA, R 89/6904.

137 Nonne S. 115; Liek, Schäden S. 47; ähnlich Bumke, Erinnerungen S. 182; GLA, 69 N, Generalarzt Stalz an Hellpach (5. 8. 1817).

138 AW, W. Li. (1914), E. Lö. (1921), W. La. (1916).

139 His, Front S. 245; Nonne S. 102, 105.

140 Bonhoeffer, Inwieweit S. 598; Gaupp, Schreckneurosen S. 87f., 90; Weizsäcker, Natur S. 53f. Später schrieb er, »seit 1918« habe er »kein Versuchstier mehr getötet«: Die Wandlung zum Psychiker unter dem Eindruck des Krieges hatte dazu geführt, daß er nicht mehr an die Übertragbarkeit der Ergebnisse von Tierversuchen auf den Menschen glaubte (Begegnungen S. 50).

141 Bumke, Lehrbuch S. 399, 241, 400; Hellpach, Kriegsneurasthenie S. 180. His, Front S. 45; G. Stertz in: O. Bumke (Hg.), Hb. der Geisteskrankheiten V/1, Berlin 1928.

142 Hellpach S. 177ff.; zu Hellpachs Untersuchung: Bumke S. 400 und Gaupp, Schreckneurosen S. 90; auch Strümpell (Schädigungen, bes. S. 25f.) glaubte, daß die allgemeine Nervosität zugenommen habe, je mehr sich der Krieg in die Länge zog und die nervliche Beanspruchung nicht mehr durch die anfängliche Begeisterung überspielt wurde. Auch den zunehmenden »Völkerhaß« hielt er für den »Ausfluß einer krankhaft überreizten Seelenstimmung« (S. 27).

143 Hellpach S. 186, 204, 226; auch Oppenheim, Krieg S. 259, und Strümpell, Schädigungen S. 18.

144 Bumke, Lehrbuch S. 242; Gaupp, Zusammenbruch S. 45; ders., Schreckneurosen S. 100; Liek, Arzt S. 87f., 173; ders., Schäden S. 55.

145 Marianne Weber S. 635; Philipp Scheidemann, Memoiren eines Sozialdemokraten, II, Dresden 1930, S. 216; Peter Graf Kielmannsegg, Deutschland und der Erste Weltkrieg, Frankfurt/M. 1968, S. 657.

146 Fischer-Homberger, Begriff »Krankheit« S. 233, 238, Bresler, Rentenkampfneurosen S. 3; Hellpach: GLA, 69 N, 289, 20. 11. 1936.

147 Dornblüth, Psychoneurosen S. 1; Laehr, Nervosität der Arbeiterschaft S. 3; Veraguth, Über Neurasthenie S. 373; Bonhoeffer, Differentialdiagnose S. 1; Lutz; Blumer S. 356ff.; Gosling, Before Freud S. 165f.; G. Lanteri-Laura, La psychasthénie: histoire et évolution d'un concept de P. Janet in: L'Encéphale 20/1994, S. 551–557; der Begriff verbreitete sich erstaunlich schnell: Hatte Hofmannsthal zu Schnitzler 1904 gerade noch von der »Nervenschwäche« seiner Mutter gesprochen, so eine Woche darauf von ihrem »psychasthenischen« Leiden (H.–Schnitzler S. 183, 184).

148 Scull S. 28f.

149 L. Binswanger, Werke S. 1–231. In einem Sketch, wohl zum 100jährigen Jubiläum von »Bellevue«, lobt Plato Ludwig Binswanger: »Der Doktor weiß darum, wie schlecht es steht, / Wenn leitende Idee verloren geht, / Ideenflucht treibt sich in wildem Kreise, / Bild jagt das Bild, du schriebst's auf gute Weise.« (ZKD) Trend zu psychogenen Neurosen: Birnbaum, Soziologie S. 356f. Vegetative Dystonie: Payer S. 91f.; Thomas Regau (Pseud.), Medizin auf Abwegen, München ²1961, S. 90f.; auch in der DDR: Müller-Hegemann S. 16.

150 Derson Young, Neurasthenia and Related Problems, in: CMP 13/1989, S. 136f. (Sowjetunion); Starčevič S. 545ff. (Jugoslawien); Müller-Hegemann S. 19 (DDR): Neurasthenie noch ein »wohlbegründeter Begriff«. Finkler S. 181ff. (Lateinamerika). Ostasien: Suzuki, Shixie; Lin: Kleinman S. 103ff.; Pichot S. 547.

151 Chatel/Peele, Review S. 405; K. Schneider S. 130f.

152 Alfred Vagts, Deutsch-Amerikan. Rückwanderung, Heidelberg 1960, S. 147; Rabinbach, Science S. 510f.; ähnlich schon Oppenheim, Lehrbuch II S. 1800; Winter S. 28;

ebd. S. 26: Dem sozialistischen Schriftsteller Arthur Holitscher zufolge müsse man »in die amerikanischen Irrenhäuser gehen«, »um die wahren Wirkungen des Taylorsystems kennenzulernen«: Dort gingen die Opfer an »Verblödung« und »zerrütteten Nerven« zugrunde.

153 Arbeitsfreude: Campbell. Radkau, Technik in Deutschland S. 269 ff. Henry Ford, Mein Leben, Leipzig 1924, S. 133; Hermann; Bernhard Greiner, Die Literatur der Arbeitswelt in der DDR, Heidelberg 1974, S. 30 f.

154 Zweig S. 86 ff.; Stölken; Wittermann S. 33 ff.; His, Front S. 101; Dominik S. 221; Bumke, Lehrbuch S. 401 f. Bienert S. 70 f. zufolge wurde das Berliner »Tempo«, einst um die Jahrhundertwende eine aufregende Erfahrung, während der 20er Jahre zur nichtssagenden »Worthülse«.

155 Jürgen Freiherr v. Kruedener, Die Entstehung des Inflationstraumas, in: Gerald D. Feldman u. a. (Hg.), Konsequenzen der Inflation, Berlin 1989, S. 278 f., 245, 254. Roderbirken: Aufnahmebücher ebd.; H. O. Tröscher, Die Begutachtung der Arbeitsfähigkeit in der Krankenversicherung, München 1930, S. 26 f.; Wrede S. 5; Mörchen S. 19, Katalog der Internat. Hygiene-Ausstellung Dresden 1911, S. 373 f.; Amtlicher Führer durch die Internat. Hygiene-Ausstellung Dresden 1930, S. 271 f.; Wittermann S. 31.

156 Klaus-Dieter Thomann, »Ich habe mir die Gesundheit ruiniert ...« Preßlufterkrankungen der Gelenke und die Anfänge der Berufskrankheitenverordnung 1929 bis 1936, in: Milles (unter: Rabinbach, Körperl. Grenzen) S. 336.

157 Selye, Stress – mein Leben S. 126; Tsouyopulos, Röschlaub S. 124.

158 Kugelmann S. 52 ff., 60 ff.; Hearnshaw S. 206 ff.; Peter Watson, Psycho-Krieg: Möglichkeiten, Macht und Mißbrauch der Militärpsychologie, Frankfurt/M. 1985, S. 166 ff. Badura (Freud versus Selye) bewertet das Streßkonzept als einen Rückfall hinter den älteren verstehend-analytischen Umgang mit den Neurosen. Kriegsneurosen waren während des Zweiten Weltkrieges auf amerikanischer Seite sehr verbreitet. Die Heeresleitung reagierte darauf unterschiedlich. Als General Patton in einem Lazarett von einem Soldaten auf seine Frage, warum er dort liege, zu hören bekam, es seien wohl »die Nerven«, geriet er in Wut und schlug auf den Soldaten ein. Der Vorfall erregte in den USA einen Sturm der Entrüstung. Eisenhower dagegen erwiderte auf die Klage eines Soldaten, er sei »furchtbar nervös«: »Na, dann passen wir ja beide gut zusammen, denn ich bin auch nervös.« Darauf habe sich der Soldat nicht mehr nervös gefühlt. Dwight D. Eisenhower, Kreuzzug in Europa, Amsterdam 1948, S. 220 f.; Showalter, Hystorien S. 113 f.

159 Schott, Neurasthenie und Herzkrankheiten: Auch in dieser Abhandlung eines Arztes aus dem »Herzbad« Nauheim wirken Herzleiden nicht als tödliche Gefahr für den Neuasthheniker. Ebensowenig bei Lehr (1891). Marcinowski dagegen (Kampf S. 37 ff.) schildert den zu Herzkrämpfen neigenden Typ des angespannten Neurasthenikers: »Diese Kranken sind sämtlich Kraftvergeuder. Ihr Leiden ist niemals Schlappheit, wie man ihnen so oft beleidigend vorwirft, sondern sie gehen an übermäßiger Energieanspannung zu Grunde.« – Selye, Stress, München 1988, S. 61.

160 Kugelmann S. 54, 143; Antonowsky.

161 Heft 7/1976 des »Spiegel« machte den Streß erstmals zur Titelgeschichte (S. 46 ff.: »Krankheit des Jahrhunderts: Streß«). Es begann mit einer Schüler-Selbstmord-Geschichte und schloß mit der Aussicht, daß die Menschheit am Streß untergeht. Auch die »Spiegel«-Serie 1982 »Die Angst der Deutschen« handelte vom Streß, erwähnte aber auch, daß Dahrendorf sich aus seiner neuen englischen Perspektive über die deutsche Inflation des Streßbegriffs lustig mache (Spiegel 3/1982, S. 67).

162 Binswanger, Pathologie S. 49; ähnlich Else Hasse. Eulenburg, Nervosität unserer Zeit S. 318. Auch der Wiener Nervenarzt Hirschkron schließt sein Neurastheniebuch

(1893, S. 138) mit der Parole »Vorwärts und aufwärts!« und fordert eine nervliche Höherentwicklung des Menschen, die dem technischen Fortschritt entspricht.

163 ZKD 441/1317; E. Neumann (unpag.), vor dem Schlußwort.

164 Marcinowski, Kampf, Vorwort, S. 1, 8, 57, 130, 132.

165 Schär, Kampf S. 42f., 51f., 105, 127, 131.

166 B. Brecht, Über Lyrik, Frankfurt/M. 1964, S. 9f.

167 Frankenthal S. 14f.; Ev. Landeskirchenarchiv Speyer, Ab. 180, DOAM 172a.

168 P. Cohn S. 10ff., 60, 69, 98f., 72f.

169 Werner Maser, Die Frühgeschichte der NSDAP, Frankfurt/M. 1965, S. 122f.; Philipp W. Fabry, Mutmaßungen über Hitler, Düsseldorf 1969, S. 21ff.; Günter Scholdt, Autoren über Hitler S. 220ff.; Gibbels; Albrecht; Hitler, Mein Kampf S. 20; Harden, Köpfe I S. 180f.; Göring: Dokumente der Dt. Politik u. Geschichte von 1848 bis zur Ggw. IV S. 25; Himmler: Prozeß gegen die Hauptkriegsverbrecher vor dem Internationalen Militärgerichtshof Bd. 29, S. 151.

170 Domarus, Hitler-Reden I S. 334f.; H.-W. Prahl/A. Steinecke, Der Millionen-Urlaub, Bielefeld 1989 S. 160; Jürgen Reulecke, Die Fahne mit dem goldenen Zahnrad: der »Leistungskampf der deutschen Betriebe« 1937–1939, in: ders./Detlev Peukert (Hg.), Die Reihen fast geschlossen, Wuppertal 1981, S. 248; Wolfhard Buchholz, Die Nationalsozialist. Gemeinschaft »Kraft durch Freude«, Diss. München 1976; S. 8f.; Goebbels-Tagebücher 20. 9. 1938; Hilla Peetz (Hg.) »Nicht ohne uns!«, Frankfurt/M. 1981, S. 248f.

171 Fahrenkamp S. 98, 103f., 73, 113, 14, 56, 120, 133, 155, 171f.

172 Marc Bloch, Die seltsame Niederlage: Frankeich 1940, Frankfurt/M. 1995, S. 82, 90–100; »Nervenkrieg«: Georg Stötzel/Martin Wengeler, Kontroverse Begriffe, Berlin 1994, S. 357; Werner Jochmann (Hg.), Hitler-Monologe im Führerhauptquartier, München 1982, S. 210: David Irving, Die Tragödie der dt. Luftwaffe, Frankfurt/M. 1990, S. 167; »Spiegel« 6. 2. 1995, S. 44f.

173 Arnulf Baring in »Zeit« 15. 3. 1974, S. 10; Augstein: »Spiegel« 7. 10. 1991, S. 95; Hans-Peter Schwarz, Adenauer: Der Staatsmann, Stuttgart 1991, S. 964; Peter Koch, Die Erfindungen des K. Adenauer, Reinbek 1986, S. 50. H.-P. Schwarz an Verf., 17. 10. 1997: Die »Nerven« seien für Adenauer ein »wichtiges Thema« gewesen. Carl Hilty gehörte zu seinen Lieblingsautoren, bei denen er Lebenshilfe suchte. Selbst als Adenauer Oberbürgermeister von Köln war, schrieb er für das Staatslexikon der Görres-Gesellschaft einen Artikel zum Thema »Großstadt«, der ganz im Geist der psycho-neurologischen Großstadtkritik der Jahrhundertwende gehalten war.

174 Margarete Mitscherlich-Nielsen, Müssen wir hassen?, München 1972, S. 239: Aus den Kriegszitterern des Ersten seien die Magenkranken des Zweiten Weltkrieges geworden. Weizsäcker, Begegnungen S. 47, 109.

175 Kirsten Brodde, »Eher Mythos als Medizin, doch die Deutschen kuren wie die Weltmeister – Morgens Fango, abends Tango« in: »Zeit« 31. 3. 1992, S. 78. Der Reim »Fango–Tango« war in Kurbädern nicht neu!

176 Christian Meier in: Manfred Bissinger (Hg.), Stimmen gegen den Stillstand, Hamburg 1997, S. 168.

Sinn und Unsinn der Nervosität, und:
Vom therapeutischen Nutzen der Geschichte

1 Robert S. 294; Breidbach S. 399.

2 Martin Dinges, Michel Foucault – Justizphantasien und die Macht, in: Andreas Blauert/Gerd Schwerhoff (Hg.), Mit den Waffen der Justiz, Frankfurt/M. 1993, S. 192.

3 Vgl. Levillain S. 59f.; E. Bleuler, Lehrbuch der Psychiatrie, Berlin 1923, S. 63 berichtet über Assoziationsexperimente mit Neurasthenikern.

4 Samson Hirsch, Über die Neurasthenie der Bleikranken, in: Dt. Medizin. Wochenschrift 40/1914, S. 382–385; Feuerwehrleute: Snoy; Otto Dornblüth, Die Nervosität eine Säurevergiftung?, in: Frankfurter Zeitung 20. 11. 1912; Emanuel Roth, Kompendium der Gewerbekrankheiten, Berlin ²1909, S. 15f.

5 Marianne Weber S. 409; Mehring S. 514; Landeskirchl. Archiv Braunschweig, S 2557.

6 Cleaves S. 122f.; Binswanger, Pathologie S. 314; auch bei Freud (Hysterie S. 27) findet sich gelegentlich die Unterscheidung zwischen einer echten Neurasthenie und Pseudoneurasthenien.

7 J. Oppenheim S. VII.

8 Weizsäcker, Begegnungen S. 47.

9 J. und Orlinde Radkau, Praxis der Geschichtswissenschaft – Die Desorientiertheit des historischen Interesses, Düsseldorf 1972, S. 116, 109ff., 172ff.

Literaturverzeichnis

Abbey, Susan E., Garfinkel, Paul E.: Neurasthenia and Chronic Fatigue Syndrome: The Role of Culture in the Making of a Diagnosis. AmJPsychiatry 148:12, 1638–1646.

Absolut modern sein. Culture technique in Frankreich 1889–1937, Hg. Staatliche Kunsthalle Berlin 1986.

Ackerknecht, Erwin H.: Kurze Geschichte der Psychiatrie. Stuttgart ³1985.

Adams, Henry: The Education of Henry Adams. An Autobiography. Boston 1918.

Adler, Alfred: Über den nervösen Charakter. Frankfurt/M. 1972 (urspr. 1912).

Albisetti, James C.: Secondary School Reform in Imperial Germany. Princeton 1983.

Albrecht, Helmuth: »Max Planck: Mein Besuch bei Adolf Hitler« – Anmerkungen zum Wert einer historischen Quelle. In: Ders. (Hg.): Naturwissenschaft und Technik in der Geschichte. Stuttgart 1993, 41–63.

Alexander, Franz G., Selesnick, Sheldon T.: Geschichte der Psychiatrie. Konstanz 1969.

Allbutt, Thomas C.: Nervous Diseases and Modern Life. In: Contemporary Review 67/1895, 210–231.

Alzheimer, Alois: Der Krieg und die Nerven. Breslau 1915.

Amedick, Sigrid: Sozialgeschichte der unteren bayerischen Eisenbahnbeamten von 1844 bis 1914. Diss. (Ms.) Bielefeld 1994.

Anderson, Pauline R.: The Background of Anti-English Feeling in Germany. Washington 1939, ND 1969.

Antonovsky, Aaron: Meine Odyssee als Streßforscher. In: Jahrbuch für Kritische Medizin Bd. 17, Hamburg 1991 (= Argument-Sonderband 193), 112–130.

Armstrong, David: Political Anatomy of the Body. Medical knowledge in Britain in the 20th century. Cambridge 1993.

Arndt, Rudolf: Die Neurasthenie (Nervenschwäche). Ihr Wesen, ihre Bedeutung und Behandlung vom anatomisch-physiologischen Standpunkte. Wien 1885.

–: (zit.: Neurasthenie II) Neurasthenie. In: Real-Encyclopädie der gesammelten Heilkunde, Hg. Albert Eulenburg, 14. Bd., Berlin ²1888, 285–299.

Aronowitz, Robert A.: From Myalgic Encephalitis to Yuppie Flu: A History of Chronic Fatigue Syndromes. In: Charles E. Rosenberg u. a. (Hg.): Framing Disease. Studies in Cultural History. New Brunswick, N. J., 1992, 155–181.

Artelt, Walter: Cito – tuto – iucunde? Arzt, Fahrrad und Automobil um 1900. In: CIBA-Symposium 5/1957, 6–17.

Asendorf, Christoph: Das Gespenst der Energie. Wahrnehmung um 1900. In: Jean Clair u. a. (Hg.): Wunderblock. Eine Geschichte der modernen Seele. Wien 1989, 623–628.

–: Ströme und Strahlen. Das langsame Verschwinden der Materie um 1900. Gießen 1989.

Autler Zucht- und Ruchlosigkeiten. Ein Protest gegen die Schreckensherrschaft der Straße (anon.). Berlin 1909.

Averbeck, Heinrich: Die akute Neurasthenie, die plötzliche Erschöpfung der nervösen Energie. Ein ärztliches Kulturbild. In: Deutsche Medizinal-Zeitung 7/1886, 293–296.

Badura, Bernhard: Freud versus Selye. Zur Bedeutung der Gefühlsregulierung für die Streßbewältigung. In: Zs. f. Gesundheitswiss. 1/1993, 47–60.

Bäumler, Ernst: Amors vergifteter Pfeil. Kulturgeschichte einer verschwiegenen Krankheit (Syphilis). München 1989.

Bahr, Hermann: Prophet der Moderne. Tagebücher 1888 – 1904, Hg. Reinhold Farkas. Wien 1987.

Balfour, Michael: Kaiser Wilhelm II. und seine Zeit. Frankfurt/M. 1979 (urspr. 1964).

(Bamberger) Fedor, Ernst (Hg.): Bismarcks großes Spiel. Die geheimen Tagebücher Ludwig Bambergers. Frankfurt/M. 1932.

Bargholz, Christina (Hg.): Arbeit, Mensch, Gesundheit. Hamburg 1990.

Barker-Benfield, Ben: The Culture of Sensibility. Sex and Society in 18th-Century Britain. Chicago 1992.

–: The Spermatic Economy: A 19th Century View of Sexuality. In: Feminist Studies 1/1972, 45–74.

Baron, Lawrence: Noise and Degeneration: Theodor Lessing's Crusade for Quiet. JCH 17/1982, 165–178.

Baudis, Georg F.: Nicht mehr nervös. Ein neues Mittel zur Heilung der Nervosität. Leipzig 1911 (= Osiris-Bücher Bd. 1).

Bauer, Julius: Medizinische Kulturgeschichte des 20. Jh.s im Rahmen einer Autobiographie. Wien 1966.

Baumgarten, Alfred: Neurasthenie. Wesen, Heilung, Vorbeugung. Wörishofen [4]1905.

Baumont, Maurice: L'Affaire Eulenburg et les origines de la guerre mondiale. Paris 1933.

Baur, Susan: Die Welt der Hypochonder. Über die älteste Krankheit der Menschen. München 1994.

Beard, George M.: American Nervousness. Its Causes and Consequences. New York 1881, ND 1972.

–: Die Nervenschwäche (Neurasthenia), ihre Symptome, Natur, Folgezustände und Behandlung. Leipzig [2]1883 (urspr. 1880).

–: Die sexuelle Neurasthenie, ihre Hygiene, Ätiologie, Symptome und Behandlung. Wien 1885.

–: Stimulants and Narcotics. New York 1871, ND 1981.

–: The Study of Trance, Muscle-Reading and Allied Nervous Phenomena in Europe and America. New York 1882.

Bebel, August: Die Frau und der Sozialismus. Berlin 1974 (nach der 50. Aufl.1909).

Beck, K.: Die traumatische Neurose – ein schwarzes Blatt in der Geschichte der Sozialreform. In: Monatsschrift f. christl. Sozialreform (Basel) 36/1914, 294–301.

Becker, Rafael: Die jüdische Nervosität, ihre Art, Entstehung und Bekämpfung. Zürich 1918.

–: Die Nervosität bei den Juden. Ein Beitrag zur Rassenpsychiatrie. Zürich 1919.

Beelitz: Notstände in der Versorgung der Nervenkranken. Hamburg 1908.

Belbèze, Raymond: La Neurasthénie Rurale. Paris 1911.

Benda, Theodor: Nervenhygiene und Schule. Berlin 1900.

–: Öffentliche Nervenheilanstalten? Berlin 1891.

Bennholdt-Thomsen, Anke u. Guzzoni, Alfredo: Der »Asoziale« in der Literatur um 1800. Königstein/Ts. 1979.

Beradt, Martin: Der Neurastheniker (Novelle, 1913, später unter dem Titel »Zuflucht«). In: Ders.: Die Verfolgten. Novellen. Königstein/Ts. 1979 (urspr. 1919), 97–116.

Berdrow, Wilhelm: Die Technik an der Jahrhundertwende. In: Die Gegenwart 1/1900, 8–10.

Berend, Alice: Die gute alte Zeit. Bürger und Spießbürger im 19. Jh. Hamburg 1962 (postum, nach Ms. aus den 1930er Jahren).

–: Spreemann & Co. Roman. Frankfurt/M. 1976 (urspr. 1916).

Bergmann, Anna: Die verhütete Sexualität. Die Anfänge der modernen Geburtenkontrolle. Hamburg 1992.

Bergmann, Wilhelm: Selbstbefreiung aus nervösen Leiden. Freiburg 1911.

Bernd, Adam: Eigene Lebens-Beschreibung samt einer Aufrichtigen Entdeckung, und deutlichen Beschreibung einer der grösten, obwol großen Theils noch unbekannten Leibes- und Gemüths-Plage … Leipzig 1738, ND München 1973.

Bernhard, Ernst: Höhere Arbeitsintensität bei kürzerer Arbeitszeit, ihre personalen und technisch-sachlichen Voraussetzungen. Leipzig 1909.

Bernhard, Ludwig: Die Akkordarbeit in Deutschland. Leipzig 1903.

–: Unerwünschte Folgen der deutschen Sozialpolitik. Berlin ³1913.

Bernhardi, Friedrich v.: Denkwürdigkeiten aus meinem Leben nach gleichzeitigen Aufzeichnungen und im Lichte der Erinnerung, Berlin 1927.

–: Deutschland und der nächste Krieg. Stuttgart ⁶1913.

–: Eine Weltreise 1911/12 und der Zusammenbruch Deutschlands. Leipzig 1920.

Bernhardt, M.: Die Betriebsunfälle der Telefonistinnen. Berlin 1906.

Berrios, G. E.: Feelings of Fatigue and Psychopathology: A Conceptual History. In: Comprehensive Psychiatry 31/1990, 140–151.

Bertz, Eduard: Philosophie des Fahrrads. Dresden 1900.

Bethmann Hollweg, Theobald v.: Betrachtungen zum Weltkriege, 1. Teil. Berlin 1919.

Beyer, Ernst: Nervenheilstätte, Sanatorium und Irrenanstalt. PNW 1909/10, No. 26, 229–232.

Bibó, István: Die deutsche Hysterie. Ursachen und Geschichte. Frankfurt/M. 1991.

Bienert, Michael: Die eingebildete Metropole. Berlin im Feuilleton der Weimarer Republik. Stuttgart 1992.

Billström, Jakob: Die Prognose der traumatischen Neurosen. In: Berliner Klinik, H. 313 (Juli 1914), 1–22.

Bilz, Friedrich Eduard: Das neue Naturheilverfahren. 4 Bde. Leipzig o. J. (1. Aufl. unter dem Titel »Das neue Heilverfahren« 1888; die hier benutzte Ausgabe ca. 1900–1910).

Bing, Robert: Lehrbuch der Nervenkrankheiten für Studierende und praktische Ärzte. Berlin 1913.

Binswanger, Ludwig: Ausgewählte Werke, Bd. 1: Formen mißglückten Daseins. Hg. Max Herzog. Heidelberg 1992.

–: Bellevue. Kreuzlingen 1957.

Binswanger, Otto: Die Pathologie und Therapie der Neurasthenie. Jena 1896.

–: Die seelischen Wirkungen des Krieges. Stuttgart 1914.

Birkenfeld, Richard u. Jung, Martina: Die Stadt, der Lärm und das Licht. Die Veränderung des öffentlichen Raumes durch Motorisierung und Elektrifizierung. Seelze 1994.

Birnbaum, Karl: Die krankhafte Willensschwäche und ihre Erscheinungsformen. Wiesbaden 1911.

–: Soziologie der Neurosen. APN 99/1933, 339–425.

(Bismarck-Gespräche) Andreas, Willy (Hg.): Bismarck-Gespräche. 3 Bde. Bremen 1963–65.

Blasius, Dirk: Friedrich Wilhelm IV. Göttingen 1992.

–: »Einfache Seelenstörung«. Geschichte der deutschen Psychiatrie 1800–1945. Frankfurt/M. 1994.

–: Der verwaltete Wahnsinn. Eine Sozialgeschichte des Irrenhauses. Frankfurt/M. 1980.

Bleker, Johanna: Hysterie – Dysmenorrhoe – Chlorose. Diagnosen bei Frauen der Unterschicht im frühen 19. Jh. In: Medizinhistorisches Journal 28/1993, 345–374.

–: Die Stadt als Krankheitsfaktor. Eine Analyse ärztlicher Auffassungen im 19. Jh. In: Ebd., 18/1983, 118–136.

– u. Schmiedebach, Heinz-Peter (Hg.): Medizin und Krieg. Vom Dilemma der Heilberufe 1865–1985. Frankfurt/M. 1987.

Bloch, Iwan: Das Sexualleben unserer Zeit in seinen Beziehungen zur modernen Kultur. Berlin [7]1909.

Blumer, G. Alder: The Coming of Psychasthenia. In: Journal of Nervous and Mental Disorder 33/1906, 336–353.

Blustein, Bonnie E.: »A Hollow Square of Psychological Science«: American Neurologists and Psychiatrists in Conflict. In: Andrew Scull (Hg.): Madhouses, Mad-Doctors, and Madmen. Social History of Psychiatry in the Victorian Era, Philadelphia 1981, 241–270.

Bode, L.: Die Neurasthenie der Weichensteller. In: Zs f. Bahn- u. Bahnkassenärzte (Melsungen) 1 (2) 1906, 31–34.

Bölsche, Wilhelm: Das Liebesleben in der Natur. Eine Entwicklungsgeschichte der Liebe. 3 Bde. (urspr. 1898). Jena 1907.

Börne, Ludwig: Menzel, der Franzosenfresser, Hg. Rudolf Wolff. Berlin 1987.

Bonhoeffer, Karl: Inwieweit sind politische, soziale und kulturelle Zustände einer psychopathologischen Betrachtung zugänglich? In: Klin. Wochenschrift (Berlin) 2/1923, Nr. 13, 598–601.

–: Differentialdiagnose der Neurasthenie und der endogenen Depressionen. In: Berliner Klinische Wochenschrift 49/1912, 1–4.

Bouchut, Eugène: Du nervosisme aigu et chronique et des maladies nerveuses, Paris [2]1877 (urspr. 1860).

Bourdon, Georges: L'Enigme allemande. Une enquête chez les Allemandes. Paris [2]1913.

Bouveret, L.: Neurasthenie (Nervenschwäche), deutsch bearbeitet von Otto Dornblüth. Leipzig 1893.

Brauchle, Alfred: Die Geschichte der Naturheilkunde in Lebensbildern. Stuttgart 1951 (zuerst 1937 unter dem Titel »Große Naturärzte«).

Braun, Christina v.: Die schamlose Schönheit des Vergangenen. Zum Verhältnis von Geschlecht und Geschichte. Frankfurt/M. 1989.

Brauns, Paul: Die Neurasthenie. Wiesbaden 1891.

Breidbach, Olaf: Die Materialisierung des Ichs. Zur Geschichte der Hirnforschung im 19. und 20. Jahrhundert. Frankfurt/M. 1997.

Brentano, Lujo: Mein Leben im Kampf um die soziale Entwicklung Deutschlands. Jena 1931.

Bresler, Johannes: Wie beginnen Geisteskrankheiten? Halle 1905.

–: Religionshygiene. Halle 1907.

–: Rentenkampfneurose (»Unfallgesetzneurose«). Halle 1918.

–: Die deutschen Volksnervenheilstätten. Halle 1913.

Breuer, Josef u. Freud, Sigmund: Studien über Hysterie. Frankfurt/M. 1991 (urspr. 1895).

Brumberg, Joan Jacobs: Todeshunger. Die Geschichte der Anorexia nervosa vom Mittelalter bis heute. Frankfurt/M. 1994.

Brunschwig, Henri: Gesellschaft und Romantik in Preußen im 18. Jh. Frankfurt/M. 1975 (urspr. 1947).

Bucher, Richard: Depression und Melancholie. Eine historische und triebpsychologische Untersuchung zur Struktur und Klassifizierung der Depressionsformen. Bern 1977.

Bucholz, Arden: Moltke, Schlieffen, and Prussian War Planning. New York 1991.

Bücher, Karl: Arbeit und Rhythmus. Leipzig ⁴1909.

Bülow, Bernhard Fürst v.: Denkwürdigkeiten. 4 Bde. Berlin 1930/31.

–: Deutsche Politik. Berlin 1916.

(Bülow-Schriften) (anon. = Harry Schumann) Deutschland und die Mächte vor dem Krieg in amtlichen Schriften des Fürsten B. v. Bülow. 2 Bde. Dresden 1929.

Bürger-Prinz, Hans: Ein Psychiater berichtet. Hamburg 1970.

Bumke, Oswald: Lehrbuch der Geisteskrankheiten. München ³1929.

–: Erinnerungen und Betrachtungen. München 1952.

–: Über nervöse Entartung. In: Vierteljahrsschrift f. gerichtl. Medizin u. öffentl. Sanitätswesen 43/1912, 303–341.

–: Die Revision der Neurosenfrage. In: Münchener Medizin. Wochenschrift 72/1925, Nr. 43, 1815–1819.

Bunker, Henry A.: From Beard to Freud. A Brief History of the Concept of Neurasthenia. In: Medical Review of Reviews 36/1930, 108–114.

Bynum, William F.: The nervous patient in 18th- and 19th-century Britain: the psychiatric origins of British neurology. In: R. M. Murray, T. H. Turner (Hg.), Lecture on the History of Psychiatry, London 1990, 115–127.

Campell, Joan: Joy in work, German work: The national debate, 1800–1945. Princeton 1989.

Cantlie, James: Degeneration Amongst Londoners. London 1885.

Carlson, Eric T.: The Nerve Weakness of the 19th Century. In: Internat. Journal of Psychiatry 9/1970, 50–54.

Carus, Carl Gustav: Psyche (urspr. 1846). Darmstadt 1975.

Cayleff, Susan E.: Prisoners of their own feebleness: Women, nerves and Western medicine – a historical overview. In: Social Science & Medicine 26/1988, 1199–1208.

(Charité-Jubiläumsheft) 250 Jahre Charité Berlin. Jena 1960.

Chatel, John C., Peele, Roger: A Centennial Review of Neurasthenia. In: AmJPsychiatry 126/1970, 1404–1413.

–: The Concept of Neurasthenia. In: Internat. Journal of Psychiatry 9/1970, 36–49.

Châtelain, Auguste: Hygiene des Nervensystems. Leipzig 1912.

Chickering, Roger: Karl Lamprecht. A German Academic Life (1856–1915). Atlantic Highlands 1983.

–: We Men Who Feel Most German. A Cultural Study of the Pan-German League, 1886–1914. Boston 1984.

Clairemont, Jean (Hg.): Das Buch der neuesten Erfindungen. Berlin 1906.

Clark, Andrew: Some Observations Concerning What is Called Neurasthenia. In: Lancet, 2. Jan. 1886, 1–2.

Clark, Michael J.: The Rejection of Psychological Approaches to Mental Disorder in Late 19th-Century British Psychiatry. In: Scull (s. unter Blustein), 271–312.

Clarke, Edwin u. Jacyna, L. S.: 19th-Century Origins of Neuroscientific Concepts. Berkeley 1987.

Claß, Heinrich (Pseud. Daniel Frymann): Wenn ich der Kaiser wär' – Politische Wahrheiten und Notwendigkeiten. Leipzig ²1912.

–: Wider den Strom. Vom Werden und Wachsen der nationalen Opposition im alten Reich. Leipzig 1932.

Cleaves, Margaret A.: The Autobiography of a Neurasthene, as told by one of them. Boston 1910.

Cohn, Paul: Die nervöse Seele. Eine Einführung in ihr Verständnis. Dresden 1931 (= Leben und Gesundheit Bd. 25).

Cohn, Toby: Leitfaden der Elektrodiagnostik und Elektrotherapie für Praktiker und Studierende. Berlin ⁴1912.

−: Nervenkrankheiten bei Juden. In: Zs. f. Demographie und Statistik der Juden N. F. 3/1926/II, 71−86.

Cramer, August: Nervenheilstätten. In: Real-Encyclopädie (s. unter Arndt, Neurasth. II), 10. Bd. Berlin ⁴1911, 469−490.

−: Die Nervosität, ihre Ursachen, Erscheinung und Behandlung. Jena 1906.

−: Die Prophylaxe in der Psychiatrie. In: PNW 1903, Nr. 3, 37−41.

−: Die Ursachen der Nervosität und ihre Bekämpfung. DVÖG 41/1909, 66−88.

Curschmann, Hans (Hg.): Lehrbuch der Nervenkrankheiten. Berlin 1909.

Daser, Eduard: Ostwalds energetischer Monismus. Phil. Diss. Konstanz 1980.

Davis, Dona L.: George Beard and Lydia Pinkham: Gender, Class, and Nerves in late 19th Century America. In: dies., Low, Setha M. (Hg.): Gender, Health, and Illness. The Case of Nerves. New York 1989, 93−114.

Dehmel, Richard: Ausgewählte Briefe aus den Jahren 1883−1902, Hg. Isi Dehmel. Berlin 1922.

DeJong, Russel N.: A History of American Neurology. New York 1982.

Delbrück, Hans: Deutsche Ängstlichkeit. PJ 149/1912, 362−370.

DeMause, Lloyd: Grundlagen der Psychohistorie. Frankfurt/M. 1989.

Deppe, Hans-Ulrich u. Regus, Michael (Hg.): Seminar: Medizin, Gesellschaft, Geschichte. Frankfurt/M. 1975.

Deschamps, Albert u. Vinchon, Jean: Les maladies de l'énergie. Les asthénies et la neurasthénie. Paris ³1927 (urspr. 1908).

Dessoir, Max: Geschichte der neueren deutschen Psychologie. Berlin 1902, ND Amsterdam 1964.

Deswarte, Alberic: Nervosisme moderne.Bruxelles 1902.

Determann, Hermann: Über die Nervosität der Jetztzeit und ihre Bekämpfung. Freiburg 1906.

−: Volksheilstätten für Nervenkranke. Wiesbaden 1903.

Deutsch, M.: Die Neurasthenie beim Manne. Berlin 1907.

Deutsche Militärgeschichte 1648−1939, Hg. Militärgeschichtl. Forschungsamt. 6 (9) Bde. München 1983.

Deutschmann, Christoph: Der Weg zum Normalarbeitstag. Frankfurt/M. 1985.

Dienemann: Die Wirkung der modernen Arbeitsmethoden auf die Gesundheit der Arbeiter. In: Soziale Praxis und Archiv für Volkswohlfahrt 30/1921, Nr. 46, 1186−1190, u. Nr. 48, 1238−1242.

Dierks, Manfred: Krankheit und Tod im frühen Werk Thomas Manns. In: Thomas Sprecher (Hg.): Auf dem Weg zum »Zauberberg«. Frankfurt/M. 1997, 11−32.

Diesel, Eugen: Diesel. Der Mensch, das Schicksal, das Werk. München 1983 (urspr. 1937).

−: Jahrhundertwende. Gesehen im Schicksal meines Vaters. Stuttgart 1949.

−: Philosophie am Steuer. Stuttgart 1952.

Digeon, Claude: La crise allemande de la pensée française (1870 à 1914). Paris 1959.

Di Mascio, Patrick: Comment naissent les théories? Le cas de la neurasthénie. In: L'Evolution Psychiatrique 51, 3/1986, 625−638.

Dix, Arthur: Deutscher Imperialismus. Leipzig 1912.

Doehlemann, Martin: Langeweile? Deutung eines verbreiteten Phänomens. Frankfurt/M. 1991.

Dörner, Klaus: Bürger und Irre. Frankfurt/M. ²1984.

Doerry, Martin: Übergangsmenschen. Die Mentalität der Wilhelminer und die Krise des Kaiserreichs. 2 Bde. Weinheim 1986.

Dohrn-van Rossum, Gerhard: Die Geschichte der Stunde. Uhren und moderne Zeitordnungen. München 1992.

Dominik, Hans: Vom Schraubstock zum Schreibtisch. Lebenserinnerungen. Berlin 1942.

Dornblüth, Otto: Nervenhygiene in der Großstadt. In: Bll. f. Volksgesundheitspflege 3/1903, Nr. 23, 353–356.

–: Die Nervosität und ihre Verhütung: In: Westermanns Monatshefte, Okt. 1912, 226–230.

–: Die Psychoneurosen. Neurasthenie, Hysterie und Psychasthenie. Leipzig 1911.

Dougherty, Frank W. P.: Nervenmorphologie und -physiologie in den 80er Jahren des 18. Jh.s In: Gunter Mann u. a. (Hg.): Sömmering-Forschungen, Bd. 3. Stuttgart 1988, 55–91.

Drinka, George F.: The Birth of Neurosis. Myth, Malady, and the Victorians. New York 1984.

Drobner, Jutta: Aspekte der Entwicklungsgeschichte der Neurologie – der Beitrag Wilhelm Erbs. Diss. (Ms.) Leipzig 1990.

Dubois, Paul: Die Psychoneurosen und ihre psychische Behandlung. Bern 1905.

Dubos, René und Jean: The White Plague. Tuberculosis, Man and Society, Boston ²1992.

Dülffer, Jost u. Holl, Karl (Hg.): Bereit zum Krieg. Kriegsmentalität im wilhelminischen Deutschland 1890–1914. Göttingen 1986.

Durig, Arnold: Die Ermüdung. Wien 1916 (= Schriften des III. Internat. Kongresses für Gewerbekrankheiten, H. 1).

Durkheim, Emile: Der Selbstmord. Frankfurt/M. 1987 (urspr. 1897).

Eckardstein, Hermann Freiherr v.: Lebenserinnerungen und politische Denkwürdigkeiten. 2 Bde. Leipzig 1920.

Eckart, Wolfgang U. u. Gradmann, Christoph (Hg.): Die Medizin und der Erste Weltkrieg. Pfaffenweiler 1996.

Ehalt, Hubert Ch.: Über den Wandel des Termins der Geschlechtsreife in Europa und dessen Ursachen. In: Saeculum 36/1985, 201–235.

(Ehrenwall, Carl v.:) Dr. v. Ehrenwallsche Kuranstalt für Gemüts- und Nervenkranke zu Ahrweiler. Bericht über Entwicklung und Leistung der Anstalt. Köln 1898.

Eissler, K. R.: Goethe. Eine psychoanalytische Studie 1775–1786. 2 Bde. München 1987 (urspr. 1963).

Elektrotherapeutische Streitfragen. Verhandlungen der Elektrotherapeuten-Versammlung zu Frankfurt/M. am 27. 9. 1891, Hg. L. Edinger u. a. Wiesbaden 1892.

Eley, Geoff: Wilhelminismus, Nationalismus, Faschismus. Münster 1991.

Elias, Norbert: Studien über die Deutschen. Machtkämpfe und Habitusentwicklung im 19. und 20. Jh. Frankfurt/M. 1992.

Eliasberg, Wladimir: Grundriß einer allgemeinen Arbeitspathologie. Leipzig 1924.

Ellenberger, Henry F.: Die Entdeckung des Unbewußten. Geschichte und Entwicklung der dynamischen Psychiatrie. Zürich 1985.

Ellerkamp, Marlene: Industriearbeit, Krankheit und Geschlecht: Bremer Textilarbeiterinnen 1870–1914. Göttingen 1991.

Engelhardt, G.: Das Geheimnis der Nervosität. Dresden 1925.

Engelsing, Rolf: Arbeit, Zeit und Werk im literarischen Beruf. Göttingen 1976.

Engländer, Martin: Die auffallend häufigen Krankheitserscheinungen der jüdischen Rasse. Wien 1902.

Erb, Wilhelm: Aus den letzten 40 Jahren. Klinische Plauderei. In: Dt. Archiv f. Klin. Medizin 73/1903, 324–334.

–: Über die wachsende Nervosität unserer Zeit. Heidelberg 1893.

Eulenburg, Albert: Geschlechtsleben und Nervensystem. In: Mitt. der dt. Gesellsch. z. Bekämpfung der Geschlechtskrankheiten 5/1907, 35–43, 105–110.

–: »Kriegsnervosität«. In: Die Umschau 19/1915, Nr. 1, 1–3.

–: Nervenheilstätten. ZU 24/1898, 27–31.

–: Nervenhygiene in der Großstadt. In: Die Woche (Berlin) 1902, 371–374, 441–444.

–: Die nervöse Berlinerin. In: Nord und Süd 34/1910, 265–275.

–: Über Nerven- und Geisteskrankheiten nach elektrischen Unfällen. In: Berliner Klin. Wochenschrift 42/1905, 30–33, 68–70.

–: Nervosität und Reisen. In: Die Gartenlaube 1905, Nr. 23, 403–406; Nr. 24, 426–427.

–: Die Nervosität unserer Zeit. ZU 16/1896, 302–318.

–: Sexuale Neurasthenie. In: Deutsche Klinik (Berlin) 6/1902, 163–206.

(Eulenburg-Korr.) Röhl, John C. G. (Hg.): Philipp Eulenburgs Politische Korrespondenz. 3 Bde. Boppard 1976–83.

Evans, Richard J. (Hg.): Kneipengespräche im Kaiserreich. Stimmungsberichte der Hamburger Politischen Polizei 1892–1914. Reinbek 1989.

–: Tod in Hamburg. Stadt, Gesellschaft und Politik in den Cholera-Jahren 1830–1910. Reinbek 1990.

Eyck, Erich: Bismarck. 3 Bde. Zürich 1941–44.

–: Das persönliche Regiment Wilhelms II. Zürich 1948.

Eyth, Max: Im Strom unserer Zeit. 2 Bde. Stuttgart o. J.

Fahrenkamp, Karl: Der Herzkranke. Stuttgart 1941.

Fesser, Gerd: Reichskanzler Bernhard Fürst v. Bülow. Berlin 1991.

–: Der Traum vom Platz an der Sonne. Deutsche »Weltpolitik« 1897–1914. Bremen 1996.

Feudtner, Chris: »Minds the Dead Have Ravished«: Shell Shock, History, and the Ecology of Disease-Systems. In: History of Science 31/1993, 377–420.

Finkler, Kaja: The Universality of Nerves. In: Davis (s. ebd.); 171–179.

Fischer, Fritz: Krieg der Illusionen. Die deutsche Politik von 1911–1914. Düsseldorf 1969.

Fischer-Homberger, Esther: Der Begriff »Krankheit« als Funktion außermedizinischer Gegebenheiten. In: Sudhoffs Archiv 54/1970, 225–241.

–: Die Büchse der Pandora: Der mythische Hintergrund der Eisenbahnkrankheiten des 19. Jh.s In: Ebd. 56/1972, 297–317.

–: Hypochondrie. Melancholie bis Neurose: Krankheiten und Zustandsbilder. Bern 1970.

–: Die traumatische Neurose. Vom somatischen zum sozialen Leiden. Bern 1975.

Fleck, Ludwik: Entstehung und Entwicklung einer wissenschaftlichen Tatsache (= des Syphilis-Konzepts; J. R.). Frankfurt/M. 1980 (urspr. 1935).

Förster, Stig: Der doppelte Militarismus. Die deutsche Heeresrüstungspolitik zwischen Status-quo-Sicherung und Aggression 1890–1913. Stuttgart 1985.

Fontane, Theodor: Briefe. 4 Bde. München 1976.

Forel, August: Hygiene der Nerven und des Geistes. Stuttgart [4]1914.

–: Rückblick auf mein Leben. Zürich 1935.

–: Die Stellung der Neurologie, der Psychiatrie und der Psychotherapie an der Hochschule. In: Journal f. Psychol. u. Neurol. 1910, 280–287.

Forster, E.: Der Krieg und die traumatischen Neurosen. In: Monatsschrift f. Psychiatrie und Neurol. (Basel) 38/1915, 72–76.

Foucault, Michel: Wahnsinn und Gesellschaft. Frankfurt/M. 1989 (urspr. 1961).

Fout, John C.: Sexual Politics in Wilhelmine Germany: The Male Gender Crisis, Moral Purity and Homophobia. In: Journal of the History of Sexuality 2/1992, 388–421.

Frankenthal, Käte: Jüdin, Intellektuelle, Sozialistin. Lebenserinnerungen einer Ärztin in Deutschland und im Exil. Frankfurt/M. 1985.

Freud, Sigmund: Drei Abhandlungen zur Sexualtheorie. Frankfurt/M. 1961 (darin u.a.: Die ›kulturelle‹ Sexualmoral und die moderne Nervosität, 1908).

–: Abriß der Psychoanalyse/Das Unbehagen in der Kultur. Frankfurt/M. 1953.

–: Hysterie und Angst. Frankfurt/M. 1971 (= Studienausgabe Bd. 6).

–: Das Nervensystem. In: Eduard Buchheim (Hg.): Ärztliche Versicherungs-Diagnostik. Wien 1887, 188–207.

–: Schriften über Kokain, hrsg. von Albrecht Hirschmüller. Frankfurt/M. 1996.

–: »Selbstdarstellung«. Schriften zur Geschichte der Psychoanalyse. Frankfurt/M. 1971.

–: Vorlesungen zur Einführung in die Psychoanalyse. Frankfurt/M. 1991.

Freud im Gespräch mit seinen Mitarbeitern. Aus den Protokollen der Wiener Psychoanalytischen Vereinigung, Hg. Ernst Federn. Frankfurt/M. 1984.

(Freud – Fliess) Masson, Jeffrey M. (Hg.): Sigmund Freud, Briefe an Wilhelm Fliess 1887–1904. Frankfurt/M. 1986.

Freund, Wilhelm Alexander: Wie steht es mit der Nervosität unseres Zeitalters? Leipzig 1894.

–: Leben und Arbeit. Berlin 1913.

Frevert, Ute: Ehrenmänner. Das Duell in der bürgerlichen Gesellschaft. München 1991.

–: Krankheit als politisches Problem 1770–1880. Göttingen 1984.

–: »Mann und Weib, und Weib und Mann«. Geschlechter-Differenzen in der Moderne. München 1995.

Friedell, Egon: Kulturgeschichte der Neuzeit. München o. J. (urspr. 1927–31).

Friedjung, Heinrich: Das Zeitalter des Imperialismus. 3 Bde. Leipzig 1919–22.

Frigyes, Ludwig: Über Geistes- und Nervenkrankheiten und Gebrechlichkeiten unter den Juden. Diss. Frankfurt/M. 1927.

Fuchs, Walther: Staatliche Prophylaxe in der Psychiatrie: Die Nervenheilstättenbewegung. München 1902.

Fullinwider, S. P.: Neurasthenia: The Genteel Cast's Journey Inward. In: Rocky Mountain Social Science Journal 11/1974, 1–9.

Gauld, Alan: A History of Hypnotism. Cambridge 1992.

Gaupp, Robert: Der Einfluß der deutschen Unfallgesetzgebung auf den Verlauf der Nerven- und Geisteskrankheiten. In: Münchener Medizin. Wochenschrift 53/1906, Nr. 46, 2233–2237.

–: Die Nervosität unserer Zeit im Lichte der Wissenschaft. In: Medicin. Corresondenzblatt (Württ.) 77/1907, Nr. 31, 633–639.

–: Über die wachsende Nervosität unserer Zeit. In: Ebd., 79/1909, 27–28.

–: Der nervöse Zusammenbruch und die Revolution. In: Bll. f. Volksgesundheitspflege 19/1919, Nr. 5/6, 43–46.

–: Schreckneurosen und Neurasthenie. In: Otto v. Schjerning (Hg.), Handbuch der ärztl. Erfahrungen im Weltkriege 1914/18, Bd. 4. Leipzig 1922/34, 68–101.

Gay, Peter: Erziehung der Sinne. Sexualität im bürgerlichen Zeitalter. München 1986.

–: Freud. Frankfurt/M. 1989.

–: Die zarte Leidenschaft. Liebe im bürgerlichen Zeitalter. München 1987.

Gebhardt, Wilhelm Walter: Wie werde ich energisch? Leipzig [7]1904.

Geiss, Imanuel (Hg.): Juli 1914. München 1965 (dtv dokumente).

–: Der lange Weg in die Katastrophe. Die Vorgeschichte des Ersten Weltkriegs 1815–1914. München 1990.

Geissler, G.: Über die Bedeutung und den Wert der Arbeitsbehandlung Nervenkranker. In: Münchener Medizin. Wochenschrift 52/1905, Nr. 21, 994–998.

Geitel, Max (Hg.): Der Siegeslauf der Technik. 3 Bde. Stuttgart ²o. J. (ca. 1913).

Geller, Jeffrey L. u. Harris, Maxine: Women of the Asylum. Voices from behind the Walls, 1840– 1945. New York 1994.

Gelpke, L.: Culturschäden oder die Zunahme der Nerven- und Geisteskrankheiten. Basel 1905.

Gerhardt, Martin u. Adam, Alfred: Friedrich v. Bodelschwingh. 2 Bde. Bielefeld-Bethel 1950.

Gerlach, Hellmut v.: Die deutsche Mentalität (1871–1921). Wiesbaden ²1922.

Gerling, Reinhold: Gymnastik des Willens. Oranienburg ⁵1920 (urspr. 1905).

Geuter, Ulfried: Homosexualität in der deutschen Jugendbewegung. Frankfurt/M. 1994.

–: Die Professionalisierung der deutschen Psychologie im Nationalsozialismus. Frankfurt/M. 1988.

Gibbels, Ellen: Hitlers Nervenkrankheit. Eine neurologisch-psychiatrische Studie. VfZ 42/1994, 155–220.

Gide, André u. Valéry, Paul: Briefwechsel 1890–1942, Frankfurt/M. 1987.

Gide, Charles u. Rist, Charles: Geschichte der volkswirtschaftlichen Lehrmeinungen. Jena 1913.

Gilman, Sander L.: The Jewish Body: A »Footnote«. In: Bull. of the History of Medicine (Baltimore), 64/1990, 588–602.

–: Rasse, Sexualität und Seuche. Stereotype aus der Innenwelt der westlichen Kultur. Reinbek 1992.

Glaser, Hermann: Sigmund Freuds 20. Jahrhundert. Seelenbilder einer Epoche. München 1976.

Göckenjan, Gerd: Kurieren und Staat machen. Gesundheit und Medizin in der bürgerlichen Welt. Frankfurt/M. 1985.

Görlitz, Walter (Hg.): Der Kaiser. Aufzeichnungen des Chefs des Marinekabinetts Admiral G. A. v. Müller über die Ära Wilhelms II. Göttingen 1965.

Götze, Rudolf: Über Nervenkranke und Nervenheilstätten. Halle 1907.

Gold, Helmut u. Koch, Annette (Hg.): Fräulein vom Amt. München 1993.

Goldscheider, Alfred: Die Bedeutung der Reize für die Pathologie und Therapie im Licht der Neuronenlehre. Leipzig 1898.

Goldstein, Jan: Console and Classify. The French Psychiatric Profession in the 19th Century. Cambridge 1987.

–: The Hysteria Diagnosis and the Politics of Anticlericalism in Late 19th-Century France. JMH 54/1982, 209–239.

–: The Uses of Male Hysteria. Medical and Literary Discoourse in 19th-Century France. In: Clio medica 25/1994, 210–247.

–: The Wandering Jew and the Problem of Psychiatric Anti-semitism in Fin-de-siècle France. JCH 20/1985, 521–552.

Goliner, Josef: Der Nervenarzt. Ein gemeinverständlicher Ratgeber für alle Nervenkranken. Zittau 1891.

Gollwitzer, Heinz: Die Gelbe Gefahr. Geschichte eines Schlagworts. Göttingen 1962.

Gosling, Francis G.: Before Freud. Neurasthenia and the American Medical Community 1870–1910. Urbana, Ill. 1988.

–: Neurasthenia in Pennsylvania: A Perspective on the Origins of American Psychotherapy, 1870–1910. In: Journal of the History of Medicine and Allied Sciences 40/1985, 188–206.

– u. Ray, Joyce M.: The Right to Be Sick: American Physicians and Nervous Patients. In: Journal of Social History 20/1986–87, 251–267.

Gradmann, Christoph: Bazillen, Krankheit und Krieg. Bakteriologie und politische Sprache im deutschen Kaiserreich. In: Berichte zur Wissenschaftsgeschichte 19/1996, 81–94.

Gravenkamp, Horst: Geschichte eines elenden Körpers. Lichtenberg als Patient. Göttingen 1989.

Green, Martin: Else und Frieda, die Richthofen-Schwestern. Kempten 1976.

Greenberg, Donna B.: Neurasthenia in the 1980s. In: Psychosomatics 31/1990, 129–137.

Groh, Dieter: »Je eher, desto besser«. Innenpolitische Faktoren für die Präventivkriegsbereitschaft des Deutschen Reiches 1913/14. PVS 13/1972, 501–521.

Grotjahn, Alfred: Erlebtes und Erstrebtes. Erinnerungen eines sozialistischen Arztes. Berlin 1932.

–: Die hygienische Forderung. Königstein/Ts. 1917.

–: Krankenhauswesen und Heilstättenbewegung im Lichte der sozialen Hygiene. Leipzig 1908.

–: Die Krisis in der Lungenheilstättenbewegung. In: Medizin. Reform 15/1907, 219–223, Diskussion 281–286.

–: Soziale Pathologie. Berlin ³1923.

Gründer, Horst: Christliche Mission und deutscher Imperialismus 1884–1914. Paderborn 1982.

Gülick, Bernhard v.: Die Geschichte des »Psychiatrischen Vereins der Rheinprovinz« 1867–1930. Diss. Berlin 1983.

Gurlitt, Ludwig: Erziehung zur Mannhaftigkeit. Berlin ⁴1906.

–: Erziehungslehre. Berlin 1909.

Gutenberg, Berthold: Nervosität und Ehe. Darmstadt ²1892.

Gutsche, Willibald: Aufstieg und Fall eines kaiserlichen Reichskanzlers. Th. v. Bethmann Hollweg 1856–1921. Berlin 1973.

–: Wilhelm II. Berlin 1991.

Habermas, Tilmann: Heißhunger. Historische Bedingungen der Bulimia nervosa. Frankfurt/M. 1990.

Haeckel, Ernst: Die Welträtsel (urspr. 1899). Stuttgart 1984.

Hahn, Martin: Die Gesundheitsverhältnisse im polygraphischen Gewerbe Deutschlands. Berlin 1908.

Hakfoort, C.: Science Deified: W. Ostwald's Energeticist World-View and the History of Scientism. In: Annals of Science 49/1992, 525–544.

Hall, Lesley A.: Forbidden by God, Despised by Men: Masturbation, Medical Warnings, Moral Panic, and Manhood in Great Britain,1850–1950. In: Journal of the History of Sexuality 2/1992, 365–387.

Haller, Johannes: Aus dem Leben des Fürsten Philipp zu Eulenburg-Hertefeld. Berlin 1924.

Haller, John S.: Neurasthenia. In: New York State Journal of Medicine 71/1970, 2489–2497 und 72/1971, 473–482.

Hallgarten,George W. F.: Imperialismus vor 1914. 2 Bde. München 1963.

–: Als die Schatten fielen. Memoiren 1900–1968. Frankfurt/M. 1969.

Hallervorden, Julius: Über Heilerfolge bei nervösen Invalidenversicherten. In: Ärztl. Sachverst.- Zeitung 15/1909, Nr. 12, 237–242.

Hamann, Brigitte: Hitlers Wien. Lehrjahre eines Diktators. München 1996.

Hamann, Otto: Der neue Kurs. Berlin 1918.

Harden, Maximilian: Apostata. Berlin 1892.

–: Köpfe. 2 Bde. Berlin 1910/11.

–: Wilhelm der Friedliche. ZU 59/1907, 1–12.

Hare, E. H.: Masturbatory Insanity. The History of an Idea. In: Journal of Mental Science 108/1962, 1–25.

Harrington, Ralph: The Neuroses of the Railway. In: History Today 44/1994 (7), 15–21.

Hasebroek, Karl: Über die Nervosität und den Mangel an körperlicher Bewegung in der Großstadt. Ein Beitrag zur hygienischen Bedeutung der Medico-mechanischen Institute. Hamburg 1891.

Hasse, Else: Nervosität und Geistesleben. In: Der Türmer 13/1911, 577–587.

Hasse, Fr. Paul: Schule und Nervosität. Zur Beleuchtung der Überbürdungsfrage vom irrenärztlichen Standpunkte. In: Gartenlaube 1881, Nr. 1, 7–9.

Hasse, K. E.: Krankheiten des Nervensystems. Erlangen 1869 (= Handbuch der speciellen Pathologie und Therapie, Bd. 4/I).

Hearnshaw, L. S.: The Shaping of Modern Psychology. London 1987.

Hegar, Alfred: Der Geschlechtstrieb. Stuttgart 1894.

(Heilanstalten) Deutsche Heil- und Pflegeanstalten für psychisch Kranke in Wort und Bild. Halle 1910.

Heilig, Gerhard: Fabrikarbeit und Nervenleiden. In: Medizinische Reform 16/1908, Nr. 31, 369–397.

Heimpel, August: Was ich erlebte! (Erfahrungsbericht eines Anstaltspatienten; J. R.) Frankfurt/M. 1918.

Hellpach, Willy: Grundlinien einer Psychologie der Hysterie. Leipzig 1904.

–: Heilkraft und Schöpfung. Dresden 1934.

–: Hysterie und Nervosität. In: Psychische Studien 30/1903, 14–21, 89–95 und 152–159.

–: Die Kriegsneurasthenie. In: Zs. f. d. ges. Neurol. und Psychiatrie 45/1919, 177–229.

–: Mensch und Volk der Großstadt. Stuttgart 1952.

–: Nervenleben und Weltanschauung. Wiesbaden 1906.

–: Nervosität und Kultur. Berlin 1902.

–: Nervosität und Kunstgenuß. ZU 39/1902, 102–112 und 144–153.

–: Nervosität und Mode. In: Neue Freie Presse (Wien), 6. 4. 1905.

–: Neurasthenie. In: Allg. Dt. Lehrerzeitung 64/1912, Nr. 48, 569–572.

–: Soziale Ursachen und Wirkungen der Nervosität. In: Politisch-anthropolog. Revue 1902, 43–53 und 126–134.

–: Technischer Fortschritt und seelische Gesundheit. Halle 1907.

–: Unfallneurosen und Arbeitsfreude. In: Neurolog. Zentralblatt 25/1906, 605–609.

–: Wirken in Wirren. Lebenserinnerungen. 2 Bde. Hamburg 1948/49.

(Hellpach-Aufsätze) Hellpach, Willy: Universitas Litterarum. Gesammelte Aufsätze. Stuttgart 1948.

(Hellpach-Beiträge) Stallmeister, Walter u. Lück, Helmut E. (Hg.): Willy Hellpach. Beiträge zu Werk und Biographie. Frankfurt/M. 1991.

He-Qin, Yan: The Necessity of Retaining the Diagnostic Concept of Neurasthenia. CMP 13/1989, 139–145.

Hermann, Karl: Nervenschwäche (Neurasthenie, Nervosität), die Krankheit unserer Zeit. Dresden 1928 (= Schriften f. Volksgesundheit 12).

Herzer, Manfred: Magnus Hirschfeld. Frankfurt/M. 1992.

Herzlich, Claudine u. Pierret, Janine: Kranke gestern – Kranke heute. Die Gesellschaft und das Leiden. München 1991.

Hesse, Hermann: Die Brüder Karamasow oder Der Untergang Europas (1919). In: Ders.: Schriften zur Literatur, 2. Bd., Frankfurt/M. 1972, 320–337.

–: Kindheit und Jugend vor 1900, Hg. Ninon Hesse. 2 Bde. Frankfurt/M. 1966/1984.

Heuss, Theodor: Friedrich Naumann. Stuttgart ²1949.

Hildebrand, Klaus: Das vergangene Reich. Deutsche Außenpolitik von Bismarck bis Hitler, 1871–1945. Stuttgart 1995.

Hildebrandt, Kurt: Zum Streit über die traumatische Neurose. In: Neurolog. Zentralblatt 34/1914, 715–720.

Hiller v. Gaetringen, Friedrich Freiherr: Fürst Bülows Denkwürdigkeiten. Tübingen 1956.

Hilty, Carl: Fin de Siècle. In: Polit. Jb. der Schweizer Eidgenoss. 13/1899, 3–10.

–: Über Neurasthenie. Bern 1897.

Hirschfeld, Alexander: Diätetik für Nervenkranke. Wien ²1880.

Hirschfeld, Magnus: Sexualpsychologie und Volkspsychologie. Eine epikritische Studie zum Harden-Prozeß. Leipzig 1908.

Hirschkron, Hanns: Die Nervenschwäche (Neurasthenie). Ihre Behandlung durch Willenseinfluß, angemessene Erziehung und anderweitige moderne Curbehelfe. Wien 1893.

Hirschlaff, Leo: Zur Gesundheitspflege des Nervensystems. Berlin ²1906.

Hirschmüller, Albrecht: Freuds Begegnung mit der Psychiatrie. Von der Hirnmythologie zur Neurosenlehre. Tübingen 1991.

Hirth, Georg: Entropie der Keimsysteme und erbliche Entlastung. München 1900.

–: Wege zur Liebe. München 1906.

His, Wilhelm: Die Front der Ärzte. Bielefeld 1931.

–: Medizin und Überkultur. In: Dt. medizin. Wochenschrift 34/1908, 625–630.

Hoche, Alfred E.: Aus der Werkstatt. München ⁷1950 (urspr. 1935).

–: Jahresringe. München 1934.

– (Hg.): Handbuch der gerichtlichen Psychiatrie. Berlin 1901.

Hoffmann, August: Berufswahl und Nervenleben. Wiesbaden 1904.

Hoffmann, Heinrich: Anstalt für Irre und Epileptische. In: Frankfurt am Main in seinen hygien. Verhältnissen und Einrichtungen. Frankfurt/M. 1881, 333–340.

–: Lebenserinnerungen. Frankfurt/M. 1985.

Hohenlohe, Alexander v.: Aus meinem Leben. Frankfurt/M. 1925.

Holbrook, Martin L.: Hygiene of the Brain. London 1878.

(Holstein-Briefe) Rogge, Helmuth (Hg.): Friedrich v. Holstein. Lebensbekenntnis in Briefen an eine Frau. Berlin 1932.

(Holstein-Papiere) Rich, Norman u. Fisher, M. H. (Hg.): Die geheimen Papiere Friedrich v. Holsteins. 4 Bde. Göttingen 1956–63.

Holtgrewe, Ursula: Die Arbeit der Vermittlung – Frauen am Klappenschrank. In: Hess. Bll. f. Volks- u. Kulturforschung N. F. 24/1989, 113–124.

Honegger, Claudia: Die Ordnung der Geschlechter. Die Wissenschaften vom Menschen und das Weib. Frankfurt/M. 1991.

Honigmann, Franz: Unfallneurose und Unfallversicherungsgesetz. In: Ärztl. Sachverständ.-Zeitung 20/1914, 159–164.

Horch, Hans Otto: Fontane und das kranke Jahrhundert. In: Hans-Peter Bayerdörfer u.a. (Hg.): Literatur und Theater im Wilhelminischen Zeitalter. Tübingen 1978, 1–34.

Horn, Paul: Über nervöse Erkrankungen nach Eisenbahnunfällen. Bonn ²1918.

–: Zur Nutzbarmachung erhaltener und wiedergewonnener Arbeitskraft bei Unfallneurosen. In: Ärztl. Sachverständ.-Zeitung 21/1915, 253–257 und 266–272.

Hubenstorf, Michael: Elektrizität und Medizin. In: Winau, Rolf (Hg.): Technik und Medizin. Düsseldorf 1993 (= Technik und Kultur Bd. 4), 241–256.

–: Vom Krebsgang des Fortschritts. In: Lichtjahre, 100 Jahre Strom in Österreich, Hg.Künstlerhaus Wien. Wien 1986, 149–175.

Huebschmann, Heinrich: Psyche und Tuberkulose. Stuttgart 1952.

Huerkamp, Claudia: Der Aufstieg der Ärzte im 19. Jh. Göttingen 1985.

–: Medizinische Lebensreform im späten 19. Jh. VSWG 73/1986, 158–182.

Hufeland, Christoph Wilhelm: Makrobiotik oder Die Kunst, das menschliche Leben zu verlängern (urspr. 1796). Frankfurt/M. 1984.

Hull, Isabel V.: The Entourage of Kaiser Wilhelm II 1888–1918, Cambridge 1982.

Huret, Jules: Berlin um 1900. Berlin 1979 (urspr. 1909).

(Hygiene-Kongreß 1907) Bericht über den XIV. Internationalen Kongreß für Hygiene und Demographie, Berlin, 23.-29. 9. 1907. Berlin 1908.

Hyde, Montgomery: Oscar Wilde. München 1982.

Illustrierter Führer durch Bäder, Heilanstalten und Sommerfrischen, Hg. Med.-Rat Hennig. Leipzig o. J. (ca. 1903).

(Irrenärzte) Kirchhoff, Theodor (Hg.): Deutsche Irrenärzte. 2. Bd. Berlin 1924.

Isaacs, Reginald R.: Walter Gropius. 2 Bde. Berlin 1983/84.

Israel, Lucien: Die unerhörte Botschaft der Hysterie. München 1987.

Jackson, Stanley W.: Melancholia and Depression. From Hippocratic Times to Modern Times. New Haven 1986.

James, William: The Varieties of Religious Experience. New York 1902.

Jarausch, Konrad: The Enigmatic Chancellor. Bethmann Hollweg and the Hybris of Imperial Germany. New Haven 1983.

–: Students, Sex and Politics in Imperial Germany. JCH 17/1982, 285–303.

Jaspers, Karl: Allgemeine Psychopathologie. Berlin [8]1965.

Jeismann, Michael: Das Vaterland der Feinde. Studien zum nationalen Feindbegriff und Selbstverständnis in Deutschland und Frankreich 1792–1918. Stuttgart 1992.

Jellinek, Samuel: Elektropathologie. Stuttgart 1903.

Jentsch, Ernst: Musik und Nerven. Wiesbaden 1911.

Jütte, Robert: Ärzte, Heiler und Patienten. Medizinischer Alltag in der frühen Neuzeit. München 1991.

–: Geschichte der alternativen Medizin. München 1996.

Jung, Emil: Radfahrseuche und Automobilunfug. Ein Beitrag zum Recht auf Ruhe. München 1902.

Just, Adolf: Kehrt zur Natur zurück! Stapelburg [5]1903.

Kann, Arthur: Nervosität und Radfahren. Berlin 1898.

Kantorowicz, Hermann: Gutachten zur Kriegsschuldfrage 1914, Hg. Imanuel Geiss. Frankfurt/M. 1967.

Kapp, Wilhelm: Das innerpolitische Deutschland und der Krieg. Zur Psychologie der gegenwärtigen innerpolitischen Stimmungen und Bewegungen. Stuttgart 1917 (= Der Deutsche Krieg, H. 90).

Kaufmann, Doris: Aufklärung, bürgerliche Selbsterfahrung und die »Erfindung« der Psychiatrie in Deutschland, 1770–1850. Göttingen 1995.

Kehr, Eckart: Der Primat der Innenpolitik, Hg. Hans-Ulrich Wehler. Berlin 1965.

Keim, August: Erlebtes und Erstrebtes. Hannover 1925.

Keller, Friedrich: Beurlaubung von Industriearbeitern zur Beschäftigung in landwirtschaftlichen Betrieben (…). Leipzig 1905.

Kellermann, Heinrich: Der Krieg der Geister 1914. Dresden 1915.

Kern, Stephen: The Culture of Time and Space 1880–1918. Cambridge, Mass. 1983.

Keßler, Harry Graf: Walther Rathenau. Frankfurt/M. 1988 (urspr. 1928).

(Kiderlen-Wächter) Jäckh, Ernst (Hg.): Kiderlen-Wächter, der Staatsmann und Mensch. Briefwechsel und Nachlaß. 2 Bde. Stuttgart 1924.

Kleinman, Arthur: The Illness Narratives. Suffering, Healing, and the Human Condition. New York 1988.

Klencke, Hermann: Hauslexikon der Gesundheitslehre für Leib und Seele. Ein Familienbuch. 2 Bde. Leipzig [8]1893.

Klenke, Dietmar: Gesangsveredelung und Schlägermensur im Zeichen der Nation. In: Neues Musikwiss. Jb. 3/1994, 133–162.

–: Zwischen nationalkriegerischem Gemeinschaftsideal und bürgerlich-ziviler Modernität. Zum Vereinsnationalismus der Sänger, Schützen und Turner im Deutschen Kaiserreich. GWU 45/1994, 207–223.

Klose, Bernhard: Starke Nerven – Frischer Geist – Überströmende Lebensfreude durch Willensübungen. Magdeburg 1905.

Koch, Richard: Schweninger's Seminar. JCH 20/1985, 757–779.

Koelbing, Huldrych M.: Das Nervensystem und die »sogenannte Seelentätigkeit« in der Lehre Pawlows. In: Gesnerus 33/1976, 21–29.

Koelsch, Franz Xaver: Allgemeine Gewerbepathologie und Gewerbehygiene. Leipzig 1914 (= Weyl's Handbuch der Hygiene, 7. Bd.).

–: Die gewerbeärztliche Beurteilung der Arbeit an automatischen Webstühlen. In: Archiv für Hygiene 93/1923, 177–186.

Köttgen (Kreisarzt): Nervenhygiene und Betriebssicherheit im Automobil- und Eisenbahnverkehr. In: Zs. f. Medizinalbeamte 25/1912, 875–888.

Kollarits, Jenö: Charakter und Nervosität. Berlin 1912.

Kommerell, Ernst: Über die Begutachtung von traumatischen Neurosen. In: Klin. Vorträge N. F. Nr. 703 (Juni 1914), 289–313.

Komo, Günter: »Für Volk und Vaterland«. Die Militärpsychiatrie in den Weltkriegen. Münster 1992.

Korb-Döbeln: Liederbuch für deutsche Ärzte und Naturforscher. Hamburg 1890.

Kornig: Umgangs-Handbuch für den Verkehr mit Nervösen. Berlin 1893.

Koßmann: Die angebliche Zunahme der Nervosität. In: Frankfurter Zeitung, 13. 1. 1903.

Kothe, G.: Das Wesen und die Behandlung der Neurasthenie. Weimar 1894.

Krabbe, Wolfgang: Gesellschaftsveränderung durch Lebensreform. Göttingen 1974.

Kraepelin, Emil: Die Diagnose der Neurasthenie. In: Münchener Medizin.Wochenschrift 49/1902, Nr. 40, 1641–1644.

–: Über geistige Arbeit. Jena 1894.

–: Hundert Jahre Psychiatrie. In: Zs. f. d. ges. Neurologie und Psychiatrie 38/1918, 161–275.

–: Zur Hygiene der Arbeit. Jena 1896.

–: Lebenserinnerungen (postum). Berlin 1983.

–: Die psychiatrischen Aufgaben des Staates. Jena 1900.

Krafft-Ebing, Richard v.: Über gesunde und kranke Nerven. Tübingen (1885).

–: Lehrbuch der gerichtlichen Psychopathologie. Stuttgart 1892.

–: Nervosität und neurasthenische Zustände. Wien [2]1900.

–: Psychopathia sexualis. [14]1912, ND München 1984.

Kraus, Karl: Die chinesische Mauer. Frankfurt/M. 1987 (urspr. 1930).

Krause, Kersten: Arbeitsbedingte Erkrankungen im polygraphischen Gewerbe. Eine arbeitsmedizin. Studie in histor. Sicht. Frankfurt/M. 1988.

Kretschmer, Ernst: Geniale Menschen. Berlin 1929.

Krömer, Siegfried: Lärm als medizin. Problem im 19. Jh. Diss. Mainz 1981.

Kroner, E.: Die Ursachen und die Verhütung der Nervosität. In: Aus Höhen und Tiefen (Berlin) 11/1908, 325–359.

Kugelmann, Robert: Stress. The Nature and History of Engineered Grief. London 1992.

Kuhm, Klaus: Das eilige Jahrhundert. Einblicke in die automobile Gesellschaft. Hamburg 1995.

Kurella, Hans: Elektrische Gesundheits-Schädigungen am Telefon. Leipzig 1905.

Labisch, Alfons: Homo Hygienicus. Gesundheit und Medizin in der Neuzeit. Frankfurt/M. 1992.

– u. Spree, Reinhard (Hg.): Medizin. Deutungsmacht im sozialen Wandel. Bonn 1989.

– u. Tennstedt, Florian: Der Weg zum »Gesetz über die Vereinheitlichung des Gesundheitswesens«. 2 Teile. Düsseldorf 1985 (= Schriftenreihe der Akademie f. öffentl. Gesundheitswesen, Bd. 13/1–2).

Lachmund, Jens u. Stollberg, Gunnar: Patientenwelten. Krankheit und Medizin vom späten 18. bis zum frühen 20. Jh. im Spiegel von Autobiographien. Opladen 1995.

Ladendorf, Otto: Nervös. Ein wortgeschichtl. Versuch. In: Zs. f. dt. Wortforschung 6/1904–5, 119–128.

Laehr, Max: Alkoholismus und Nervosität. In: Der Alkoholismus, N. F. 2/1905, Nr. 4, 233–249.

–: Beschäftigungstherapie für Nervenkranke. In: Wiener klin. Wochenschrift 19/1906, Nr. 52, 1575–1581.

–: Die Nervosität der heutigen Arbeiterschaft. In: Zs. f. Psychiatrie 66/1909, 1–18.

Lahmann, Heinrich: Die Zeitkrankheit »Neurasthenie«. In: Ders.: Die wichtigsten Kapitel der natürlichen (physikalisch-diätetischen) Heilweise. Stuttgart 1901, 236–252.

Lamprecht, Karl: Zur jüngsten deutschen Vergangenheit. 2 Bde. Freiburg 1902/03.

–: Der Kaiser. Versuch einer Charakteristik. Berlin 1913.

Landau, Richard: Nervöse Schulkinder. Hamburg 1902.

Landes, David S.: Revolution in Time. Clocks and the Making of the Modern World. Cambridge, Mass. 1983.

Landsteiner, Günther u. Neurath, Wolfgang: Krankheit als Auszeichnung eines geheimen Lebens. Krankheitskonstruktion und Sexualität anhand der Lungentuberkulose um 1900. In: Österreich. Zs. f. Geschichtswiss. 5/1994, H. 3, 358–387.

Langbehn, Julius: Rembrandt als Erzieher (1890). Weimar 1922.

Langen, Gustav: Stadtplan und Anlage von Ortschaften in ihrer hygien. Bedeutung. In: Rubner, Max u. a (Hg.): Handbuch der Hygiene Bd. II/1, Leipzig 1927, 153–204.

Langer, Karin: Heinrich Laehr und das Asyl Schweizerhof in Zehlendorf bei Berlin. Diss. Berlin 1966.

Langstein, Hugo: Die Neurasthenie (Nervenschwäche) und ihre Behandlung in Teplitz-Schönau. Wien 1886.

Laquer, B.: Die Großstadt-Arbeit und ihre Hygiene. Halle 1912.

Laquer, Leopold: Die Heilbarkeit nervöser Unfallfolgen. Halle 1912.

–: Nervosität und moderne Kultur. In: Umschau 12/1908, Nr. 7, 121–123.

Lears, T. Jackson: No Place of Grace. Antimodernism and the Transformation of American Culture 1880–1920. New York 1981.

Lehr, G.: Die nervöse Herzschwäche. Wiesbaden 1891.

Lee, Sidney: Edward VII. 2 Bde. Dresden 1928.

Leibbrand, Werner: Romantische Medizin. Hamburg 1937.

–: Die spekulative Medizin der Romantik. Hamburg 1956.

Leitner, Gerit v.: Der Fall Clara Immerwahr. München 1993.

Lenz, Hermann: Vergleichende Psychiatrie. Eine Studie über die Beziehung von Kultur, Soziologie und Psychopathologie. Wien 1964.

Lepenies, Wolf: Melancholie und Gesellschaft. Frankfurt/M. 1969.

LeRider, Jacques: Das Ende der Illusion. Die Weimarer Moderne und die Krisen der Identität. Wien 1990.

Lessing, Theodor: Einmal und nie wieder. Gütersloh 1969 (urspr. 1925).

–: Der Lärm. Eine Kampfschrift gegen die Geräusche unseres Lebens. Wiesbaden 1908.

–: Der jüdische Selbsthaß. München 1984 (urspr. 1930).

Leubuscher, Rudolf: Die Krankheiten des Nervensystems. Leipzig 1860.

Leubuscher, P. und Bibrowicz, W.: Die Neurasthenie in Arbeiterkreisen. In: Dt. medizin. Wochenschrift 31/1905, 820–824.

Levillain, Fernand: La Neurasthénie, maladie de Beard (mit Vorwort von Charcot). Paris 1891.

Lévy, Paul-Emile: Neurasthénie et Névroses. Leur guérison définitive en cure libre. Paris 1909.

Levy-Suhl, Max: Der Ausrottungskampf gegen die Rentenneurosen und seine Konsequenzen. In: Dt. medizin. Wochenschrift 52/1926, 1727–1729.

Lewis, Aubrey: Psychiatry and the Jewish Tradition. In: Psychological Medicine 1978/8, 9–19.

Liebig, Hans Freiherr v.: Die Politik Bethmann Hollwegs. 2 Bde. München 1919.

Liek, Erwin: Der Arzt und seine Sendung. Gedanken eines Ketzers. München [5]1927.

–: Gedanken eines Arztes. Dresden 1937.

–: Die Schäden der sozialen Versicherungen und Wege zur Besserung. München [2]1928.

Liman, Paul: Der Kronprinz. Gedanken über Deutschlands Zukunft. Minden 1914.

Lin, Tsung-Yi: Neurasthenia Revisited: Its Place in Modern Psychiatry. CMP 13/1989, 105–129.

van der Linden, Marcel u. Mergner, Gottfried (Hg.): Kriegsbegeisterung und mentale Kriegsvorbereitung. Interdisziplinäre Studien. Berlin 1991.

Lindow, Erich: Freiherr Marschall v. Bieberstein als Botschafter in Konstantinopel 1897–1912. Danzig 1934.

Link-Heer, Ursula: »Männliche Hysterie«. Eine Diskursanalyse. In: Ursula A. J. Becher und Jörn Rüsen (Hg.): Weiblichkeit in geschichtl. Perspektive. Frankfurt/M. 1988, 364–396.

Lock, Margaret: Words of Fear, Words of Power: Nerves and the Awakening of Political Consciousness. In: Medical Anthropology 11/1989, 79–90.

Löwenfeld, Leopold: Über den National-Charakter der Franzosen und dessen krankhafte Auswüchse (Die Psychopathia gallica) in ihren Beziehungen zum Weltkrieg. Wiesbaden 1914.

–: Die objectiven Zeichen der Neurasthenie. In: Münchener medicin.Wochenschrift 38/1891, 856–859.

–: Pathologie und Therapie der Neurasthenie und Hysterie. Wiesbaden 1894.

–: Sexualleben und Nervenleiden. Wiesbaden [4]1906.

Loewenstein, Eugen: Nervöse Leute. Gedanken eines Laien. Leipzig 1914.

Loh, Alexander: Die Neurasthenie und ihre Behandlung. Wiesbaden 1890.

Loquai, Franz: Hamlet und Deutschland. Stuttgart 1993.

Lots, Fr.: Nervöse Zustände. Neue Wege zu ihrer Erkenntnis und Behandlung. Berlin 1908.

Low, Setha M.: Culturally Interpreted Symptoms or Culture-Bound Syndromes: A Cross-Cultural Review of Nerves. In: Social Science and Medicine 21/1985, 187–196.

–: Health, Culture and the Nature of Nerves: A Critique. In: Medical Anthropology 11/1989, 91–95.

Ludwig, Emil: Genie und Charakter. 20 männliche Bildnisse. Berlin 1924.

Lüdtke, Alf: Eigen-Sinn. Fabrikalltag, Arbeitserfahrung und Politik vom Kaiserreich bis in den Faschismus. Hamburg 1993.

Lütkehaus, Ludger: »O Wollust, o Hölle«. Die Onanie – Stationen einer Inquisition. Frankfurt/M. 1992.

Lutz, Tom: American Nervousness, 1903. An Anecdotal History. Ithaca 1991.

Machule, Dittmar u. a. (Hg.). Macht Stadt krank? Vom Umgang mit Gesundheit und Krankheit. Hamburg 1996.

Macmillan, M. B.: Beard's Concept of Neurasthenia and Freud's Concept of the Actual Neuroses. In: Journal of the History of the Behavioral Sciences 12/1976, 376–390.

–: Freud Evaluated. Amsterdam/New York 1991.

Maison de Santé. Ehemalige Kur- und Irrenanstalt. Hg. Bezirksamt Schöneberg, Berlin 1989.

Manacéine, Maria v.: Die geistige Überbürdung in der modernen Kultur. Leipzig 1905.

Mann, Gunter u. Winau, Rolf (Hg.): Medizin, Naturwissenschaft, Technik und das Zweite Kaiserreich. Göttingen 1977.

Mantegazza, Paul: Hygiene der Liebe. Berlin o. J. (zuerst 1877).

–: Das nervöse Jahrhundert. Leipzig o. J. (zuerst Florenz 1887).

–: Physiologie der Liebe. Berlin o. J. (zuerst 1877).

Marcard, Heinrich Matthias: Beschreibung von Pyrmont. 2 Bde. Leipzig 1784/85.

March, Ottokar Stauf von der: Die Neurotischen (1894). In: Wunberg, Gotthart (Hg.): Die Wiener Moderne. Stuttgart 1984, 239–248.

Marcinowski, J.: Im Kampf um gesunde Nerven. Berlin ³1907.

–: Nervosität und Weltanschauung. Berlin 1905.

Marie, Pierre: L'hystérie en Allemagne. In: Le Progrès Mécical 15/1887, Nr. 47, 440–442.

Martius, Friedrich: Neurasthenische Entartung einst und jetzt. Tröstliche Betrachtungen eines Kulturoptimisten. Leipzig 1909.

–: Kurz-Autobiographie, in: Grote, L. R. (Hg.): Die Medizin der Gegenwart in Selbstdarstellungen. Leipzig 1923, 105–140.

Martynkewicz, Wolfgang: Georg Groddeck. Frankfurt/M. 1997.

Marwedel, Rainer: Theodor Lessing, 1872–1933. Darmstadt 1987.

Massie, Robert K.: Die Schalen des Zorns. Großbritannien, Deutschland und das Heraufziehen des Ersten Weltkrieges. Frankfurt/M. 1993.

Masson, Jeffrey M.: Die Abschaffung der Psychotherapie. München 1991.

Mathieu, Jon: Sanierung der Volkskultur. Massenmedien, Medizin und Hygiene 1850–1900. MedGG 12/1993, 101–146.

Mayer, A.: Die Lehre der sog. Spinal-Irritation in den letzten 10 Jahren. In: Archiv der Heilkunde 1860, 121–156.

McKeown, Thomas: Die Bedeutung der Medizin. Traum, Trugbild und Nemesis? Frankfurt/M. 1982.

McLaren, Angus: A History of Contraception. Oxford 1990.

Mehnert, Ute: Deutschland, Amerika und die »Gelbe Gefahr«. Stuttgart 1995.

Mehring, Franz: Zur deutschen Geschichte von der Revolution 1848/49 bis zum Ende des 19. Jhs. Berlin 1972.

Meltzer, Otto: Die Schätzung der Erwerbsunfähigkeit bei der Neurasthenie. In: Ärztl. Sachverständ.-Zeitung 20/1914, 225–227.

de Mendelssohn, Peter: Zeitungsstadt Berlin. Frankfurt/M. 1982.

Merle, Ulla: Tempo! Tempo! – Die Industrialisierung der Zeit im 19. Jh. In: Jenzen, Igor A. (Hg.): Uhrzeiten. Frankfurt 1989, 161–217.

Messerli, Jakob: Gleichmäßig, pünktlich, schnell. Zeiteinteilung und Zeitgebrauch in der Schweiz im 19. Jh. Zürich 1995.

Meyer, M.: Die Nervosität in der Armee. In: Der Militärarzt 40/1906, H. 3/4, 19–22.

Micale, Mark S.: Hysteria and its Historiography: A Review of Past and Present Writings. In: History of Science 27/1989, 223–261 und 319–351.

–: Hysteria Male/Hysteria Female: Reflections on Comparative Gender Construction in 19th-Century France and Britain. In: Benjamin, M. (Hg.): Science and Sensibility. Gender and Scientific Enquiry, 1780–1945. Oxford 1991, 200–239.

Michler, Markwart: Hufelands Beitrag zur Bäderheilkunde. In: Gesnerus 27/1970, 191–217.

Miethe, A. (Hg.): Die Technik im 20. Jh. 6 Bde. Braunschweig 1911–21.

Militär-Medizinalabteilung des Kgl. Preuß. Kriegsministeriums (Hg.): Erkrankungen des Nervensystems bei den Deutschen Heeren im Kriege gegen Frankreich 1870/71. Berlin 1886.

Mitchell, Silas Weir: Fat and Blood. An essay on the treatment of certain forms of neurasthenia and hysteria. Philadelphia [4]1885.

Möbius, Paul Julius: Das Nervensystem des Menschen und seine Erkrankungen. Leipzig 1880.

–: Die Nervosität. Leipzig [1]1882, [2]1885.

–: Über die Behandlung von Nervenkrankheiten und die Errichtung von Nervenheilstätten. Berlin [2]1896.

–: Zur Lehre von der Neurasthenie. In: Centralblatt für Nervenheilkunde, Psychiatrie 6/1883, Nr. 5, 97–99.

–: Neurologische Beiträge. 1. Heft: Leipzig 1894. 2. Heft: Ebenso. 5. Heft: 1898.

–: Über das Pathologische bei Nietzsche. Wiesbaden 1902.

–: Die Hoffnungslosigkeit aller Psychologie. Halle 1907.

–: Bemerkungen über Simulation bei Unfall-Nervenkranken. In: Münchener Medicin. Wochenschrift 50/1890, 887–888.

–: Über die Veredelung des menschlichen Geschlechts. In: Neurologische Beiträge H. 5, Leipzig 1898, 130–152.

–: Vermischte Aufsätze. Leipzig 1898.

–: Über den physiologischen Schwachsinn des Weibes. Halle [8]1905 (zuerst 1900), ND München 1977.

–: Über die Wirkungen der Castration. Halle 1906.

Möller, Hans-Jürgen: Die Begriffe »Reizbarkeit« und »Reiz«. Konstanz und Wandel ihres Bedeutungsinhaltes sowie die Problematik ihrer exakten Definition. Stuttgart 1975 (= Medizin in Geschichte u. Kultur Bd. 11).

Mörchen, Friedrich: Der nervöse Mensch unserer Zeit. Wie hilft man ihm, und wie hilft er sich? München 1933.

Mogge, Winfried u. Reulecke, Jürgen: Hoher Meißner 1913. Köln 1988.

Moll, Albert: Der Einfluß des großstädtischen Lebens und des Verkehrs auf das Nervensystem. Berlin 1902.

–: Ist die Elektrotherapie eine wissenschaftl. Heilmethode? In: Berliner Klinik 41/1891, 1–30.

–: Das nervöse Weib. Berlin [2]1898.

–: Ein Leben als Arzt der Seele. Erinnerungen. Dresden 1936.

Moltke, Helmuth v.: Erinnerungen, Briefe, Dokumente 1877–1916, Hg. Eliza v. Moltke. Stuttgart 1922.

Mommsen, Wolfgang J.: Der autoritäre Nationalstaat. Verfassung, Gesellschaft und Kultur im dt. Kaiserreich. Frankfurt/M. 1990.

Monakow, Constantin v.: Vita mea – Mein Leben. Bern 1970.

(Monts) Nowak, Karl Friedrich u. Thimme, Friedrich (Hg.): Erinnerungen und Gedanken des Botschafters Anton Graf Monts. Berlin 1932.

Morris, David B.: Geschichte des Schmerzes. Frankfurt/M. 1994.

Moser, Gabriele: Der Arzt im Kampf gegen »Begehrlichkeit und Rentensucht« im dt. Kaiserreich und in der Weimarer Republik. In: Jb. f. Krit. Medizin 16, Hamburg 1991, 161–183.

Mosse, George L.: Nationalismus und Sexualität. München 1985.

–: Max Nordau, Liberalism and the New Jew. JCH 27/1992, 565–581.

Mosse, Max und Tugendreich, Gustav (Hg.): Krankheit und soziale Lage. München 1913, ND Göttingen 1977.

Mosso, Angelo: Die Ermüdung. Leipzig 1892 (zuerst 1884).

Müller, August: Bismarck, Nietzsche, Scheffel, Mörike. Der Einfluß nervöser Zustände auf ihr Leben und Schaffen. Bonn 1921.

Müller, Franz C.: Hydrotherapie. Leipzig 1890.

–: Handbuch der Neurasthenie. Leipzig 1893.

Müller, Julius: Die Neurasthenie oder Nervenschwäche. In: Reformbll. 3/1900, 22–25.

Müller, Karl Alexander v.: Aus Gärten der Vergangenheit. Erinnerungen 1882–1914. Stuttgart 1951.

Müller, Lothar: Modernität, Nervosität und Sachlichkeit. In: Mythos Berlin (Ausstellungskatalog). Berlin 1987, 79–92.

Müller, Rainer u. a. (Hg.): Industrielle Pathologie in historischer Sicht. Bremen 1985.

–: und Milles, Dietrich (Hg.): Beiträge zur Geschichte der Arbeiterkrankheiten und der Arbeitsmedizin in Deutschland. Dortmund 1984.

Müller-Freienfels, Richard: Psychologie des deutschen Menschen und seiner Kultur. München 1930.

Müller-Hegemann, Dietfried: Moderne Nervosität. Berlin [2]1961.

Münsterberg, Hugo: Psychologie und Wirtschaftsleben. Leipzig 1912.

Munthe, Axel: Das Buch von San Michele. München 1978 (urspr. 1929).

Murauer, Lydia: Das elektrisierte Universum. In: Lichtjahre (s. unter Hubenstorf, Krebsgang), 55–70.

Musil, Robert: Der Mann ohne Eigenschaften. 2 Bde. Reinbek 1978 (urspr. 1930–32).

Myerson, Abraham: The »Nervousness« of the Jew. In: Mental Hygiene (Albany, N.Y.) 1920 (Jan.). 65–72.

Naumann, Friedrich: »Asia«. Berlin [6]1907.

–: Demokratie und Kaisertum. Berlin [4]1905.

Naunyn, Bernhard: Anschauungen der modernen Wissenschaft über die sogenannte Nervosität. In: Ders.: Gesammelte Abhandlungen, Bd. 2, Würzburg 1909, 1243–1258.

–: Erinnerungen, Gedanken und Meinungen. München 1925.

Nervenkrank! Eine Schrift für Jedermann. (ohne Verf.) München 1901.

Neumann, Ernst: Die Heilung der Nervosität durch intelligente Leibeszucht und rationelle Lebenshaltung. Leipzig 1901.

Niethammer, Lutz: Umständliche Erläuterung der seelischen Störung eines Communalbaumeisters in Preußens größtem Industriedorf oder: Die Unfähigkeit zur Stadtentwicklung. Frankfurt/M. 1979.

Nipperdey, Thomas: Deutsche Geschichte 1866–1918. 2 Bde. München 1990/92.

–: Nachdenken über die deutsche Geschichte. Essays. München 1986.

Nippold, Otfried: Der deutsche Chauvinismus. Stuttgart 1913.

Nitzschke, August: Körper in Bewegung. Stuttgart 1989.

Nolda, A.: Über die Indikationen der Hochgebirgskuren für Nervenkranke. Halle 1906.

Nonne, Max: Therapeutische Erfahrungen an den Kriegsneurosen in den Jahren 1914–1918. In: Schjerning (s. Gaupp, Schrecknerosen), 102–121.

Nordau, Max: Entartung. 2 Bde. Berlin 1892/93.

Nye, Robert A.: Degeneration, Neurasthenia and the Culture of Sport in Belle Epoque France. JCH 17/1982, 51–68.

Observator (Pseud.): Über die Nervosität im deutschen Charakter. Entwurf zu einer Analyse der deutschen Volksseele von der Reichsgründung bis zum Zusammenbruch. Leipzig 1922 (= Der Neue Geist, H. 35).

Oczeret, Herbert: Die Nervosität als Problem des modernen Menschen. Zürich 1918.

Oechelhäuser, Max: Staatliche Chauffeurschulen. In: Sozial-Technik 7/1907–8, H. 2, 29–31.

Oechelhäuser, Wilhelm v.: Technische Arbeit einst und jetzt. Berlin 1906.

Oordt, Marinus van: Die Freiluft-Liegebehandlung bei Nervösen. Leipzig 1903 (= Sammlung Klin. Vorträge N. F. Nr. 364).

Oppenheim, Hermann: Der Krieg und die traumatischen Neurosen. In: Berliner Klin. Wochenschrift 52/1915, Nr. 11, 257–261.

–: Lehrbuch der Nervenkrankheiten. 2 Bde. Berlin [3]1902, [5]1908, [7]1923 (ohne Vermerk: 1923).

–: Nervenleiden und Erziehung. Berlin 1899.

–: Psychotherapeutische Briefe. Berlin [2]1906.

Oppenheim, Janet: »Shattered Nerves«. Doctors, Patients, and Depression in Victorian England. Oxford 1991.

Orloff, Fürst Nikolai: Bismarck und Katharina Orloff. München 1936.

Ostwald, Wilhelm: Die Forderung des Tages. Leipzig 1911.

–: Zur Geschichte der Wissenschaft, Hg. Regine Zott. Leipzig 1985 (= Ostwalds Klassiker Bd. 267).

–: Lebenslinien. Eine Selbstbiographie. 3 Bde. Berlin 1933.

Otto, Karl A. u. Gorsboth, Thomas: Die Arbeitszeit! Von der vorindustriellen Gesellschaft bis zur ›Krise der Arbeitsgesellschaft‹. Pfaffenweiler 1988.

Paneth, Ludwig: Seelen ohne Kompaß. Nervenkrankheiten und psychische Störungen als Lebensprobleme des modernen Menschen. Berlin 1935.

–: Der Nervöse und seine Welt. Zürich 1944.

Pantel, Johannes: Neurologie, Psychiatrie und Innere Medizin. Verlauf und Dynamik eines historischen Streites. In: Würzburger medizinhistor. Mitt. 11/1993, 77–99.

Pauchard, D.: Neurasthénie, psychasthénie. Evolution des concepts. In: Revue Médicale de la Suisse Romande 102/1982, 621–627.

Payer, Lynn: Medicine & Culture. Varieties of Treatment in the U.S., England, W. Germany, and France. New York 1988.

Pelman, Carl: Erinnerungen eines alten Irrenarztes. Bonn 1912.

–: Über die Errichtung von Sanatorien für Nervenkranke. In: Centralblatt f. allg. Gesundheitspflege 19/1900, 441–448.

–: Psychische Grenzzustände. Bonn 1920.

–: Nervösität (sic!) und Erziehung. In: Centralblatt f. allg. Gesundheitspflege 7/1888, 129–152, 207–223.

Peretti (Sanitätsrat): Über den jetzigen Stand der Nervenheilstätten-Bestrebungen. In: Psychiatr.-Neurolog. Wochenschrift 1903, Nr. 27, 277–283.

Peters, Carl: Die deutsche Emin Pascha-Expedition. Hamburg 1907.

Peters, Michael: Der Alldeutsche Verband am Vorabend des Ersten Weltkrieges. Frankfurt/M. 1992.

Petrat, Gerhardt: Curriculum und Gesundheitsgefährdung. Zur »Schulstreß«-Diskussion im 18. und 19. Jh. In: Zs. f. Pädagogik 27/1981, 575–594.

Petrén, Karl: Über die Verbreitung der Neurasthenie unter verschiedenen Bevölkerungsclassen. In: Dt. Zs. f. Nervenheilkunde 17/1900, 397–412.

Peyer, Alexander: Der unvollständige Beischlaf und seine Folgen beim männlichen Geschlechte. Eine Studie aus der Praxis. Stuttgart 1890.

Pflanze, Otto: Bismarck. Der Reichsgründer. München 1997.

Pichot, P: La neurasthénie, hier et aujourd'hui. In: L'Encéphale 20/1994, 545–549.

Pikulik, Lothar: Langeweile oder die Krankheit zum Kriege. In: Zs. f. Dt. Philologie 105/1986, 593–618.

Placzek, Siegfried: Über die Gefahren nervenkranker Eisenbahnbediensteter für den Eisenbahnbetrieb. In: Bericht über den XIV. Internat. Kongreß für Hygiene und Demographie (1907), Bd. 3. Berlin 1908, 430–453.

–: Müssen Unfälle nervöse Folgen haben? Auch ein Beitrag. Berlin 1913.

Playfair, William S.: Die systematische Behandlung der Nervosität und Hysterie. Berlin 1883.

Playne, Caroline E.: The Neuroses of the Nations. London 1925.

Podestâ (Marine-Stabsarzt): Häufigkeit und Ursachen seelischer Erkrankungen in der deutschen Marine unter Vergleich mit der Statistik der Armee. In: Archiv f. Psychiatrie u. Nervenkrankheiten 40/1905, 561–703.

Popitz, Heinrich u. a.: Technik und Industriearbeit. Tübingen 1957.

Porter, Roy: History of the Body. In: Burke, Peter (Hg.): New Perspectives on Historical Writing. Oxford 1991, 206–232.

–: Mind-Forg'd Manacles. A History of Madness in England from the Restoration to the Regency. London 1987.

–: A Social History of Madness, Stories of the Insane. London 1987.

–: und Porter, Dorothy: In Sickness and in Health. The British Experience 1650–1850. London 1988.

Pozsár, Christine/Farin, Michael (Hg.): Die Haarmann-Protokolle. Reinbek 1995.

Proust, Adrien u. Ballet, Gilbert: L'hygiène du neurasthénique. Paris 1897.

Quensel: Die Verhütung von Nervenleiden als Gewerbekrankheiten. In: Zs. f. Gewerbehygiene, Unfallverhütung und Arbeiterwohlfahrts-Einrichtungen (Wien) 17/1910, 130–132.

Quidde, Ludwig: Caligula, Hg. Hans-Ulrich Wehler. Frankfurt/M. 1977 (urspr. 1894).

Quiguer, Claude: Femmes et machines de 1900. Paris 1979.

Rabenstein, Rüdiger: Radsport und Gesellschaft. Hildesheim 1991.

Rabinbach, Anson: The European Science of Work: The Economy of the Body an the End of the 19th Century. In: Kaplan, Steven Lawrence u. a. (Hg.): Work in France. Ithaca 1986, 475–513.

–: Körperliche Grenzen der Leistungsanforderung und der Leistungsansprüche: Die Rolle der Ermüdungsforschung in der Sozialpolitik um die Jahrhundertwende. In: Dietrich Milles (Hg.): Gesundheitsrisiken, Industriegesellschaft und soziale Sicherungen in der Geschichte, Bremerhaven 1993, 37–52.

–: The Human Motor. Energy, Fatigue, and the Origins of Modernity. Berkeley 1990.

–: Der Motor Mensch. Ermüdung, Energie und Technologie des menschlichen Körpers im ausgehenden 19. Jh. In: Tilmann Buddensieg, Henning Rogge (Hg.): Die Nützlichen Künste. Berlin 1981, 129–135.

Radkau, Joachim: Amerikanisierung als deutsches Nervenproblem. Von der nervösen zur coolen Modernität. In: Stiftung Bauhaus Dessau (Hg.): Zukunft aus Amerika. Dessau 1995, 106–123.

–: Angst und Angstabwehr als Regulative der Technikgeschichte: Gedanken zu einer Heuristik der Furcht. In: Max Kerner (Hg.): Technik und Angst. Aachen 1994, 53–72.

–: Auto-Lust: Zur Geschichte der Geschwindigkeit. In: Tom Koenigs u. Roland Schaeffer (Hg.): Fortschritt vom Auto? München 1991, 113–130.

–: Das Fahrrad in den Technikvisionen der Jahrhundertwende oder: Das Erlebnis in der Technikgeschichte. In: Volker Briese u. a. (Hg.): Wege zur Fahrradgeschichte. Bielefeld 1995, 9–32.

–: Industrialisierung des Bewußtseins und moderne Nervosität: Zur Mythologie und Wirklichkeit der Neurasthenie im Deutschen Kaiserreich. In: Milles (s. unter Rabinbach, Körperliche Grenzen), 363–385.

–: Die Männer als schwaches Geschlecht. Die wilhelminische Nervosität, die Politisierung der Therapie und der mißglückte Geschlechterrollentausch. In: Thomas Kornbichler u. Wolfgang Maaz (Hg.): Variationen der Liebe. Historische Psychologie der Geschlechterbeziehung. Tübingen 1995, 249–293.

–: Nationalismus und Nervosität. In: Wolfgang Hardtwig und Hans-Ulrich Wehler (Hg.): Kulturgeschichte heute. Göttingen 1996, 284–315.

–: Natur als Fata Morgana? Naturideale in der Technikgeschichte. In: Kulturamt Stuttgart (Hg.): Zum Naturbegriff der Gegenwart. Stuttgart 1994, Bd. 2, 281–310.

–: Die wilhelminische Ära als nervöses Zeitalter, oder: Die Nerven als Netz zwischen Tempo- und Körpergeschichte. GG 20/1994, 211–241.

–: »Die Nervosität des Zeitalters«: Die Erfindung von Technikbedürfnissen um die Jahrhundertwende. In: Kultur und Technik 3/1994, 51–57.

–: Neugier der Nerven. Thomas Mann als Interpret des »nervösen Zeitalters«. In: Thomas Mann Jahrbuch 9/1996, 29–53.

–: Technik im Temporausch der Jahrhundertwende. In: Michael Salewski u. Ilona Stölken-Fitschen (Hg.): Moderne Zeiten. Technik und Zeitgeist im 19. und 20. Jh. Stuttgart 1994, 61–76.

–: Technik in Deutschland. Vom 18. Jh. bis zur Gegenwart. Frankfurt/M. 1989.

–: Technik, Tempo und nationale Nervosität. Die Jahrhundertwende als Zäsur im Zeiterleben. In: Martin Held u. Karlheinz Geißler (Hg.): Ökologie der Zeit. Stuttgart 1993, 152–168.

–: Zum ewigen Wachstum verdammt? Jugend und Alter großer technischer Systeme. In: Ingo Braun u. Bernward Joerges (Hg.): Technik ohne Grenzen, Frankfurt/M. 1994, 50–106.

–: Zum historischen Quellenwert von Patientenakten. Erfahrungen aus Recherchen zur Geschichte der Nervosität. In: Bernd Hey/Dietrich Meyer (Hg.): Akten betreuter Personen als archivische Aufgabe. Beratungs- und Patientenakten im Spannungsfeld von Persönlichkeitsschutz und historischer Forschung. Neustadt an der Aisch 1997, 1–30.

–/Schumacher, Günter/Wollschläger, Rüdiger: Von der Neurasthenie in der wilhelminischen Ära bis zum Streß der Informationsgesellschaft. In: Niedersächs. Kultusministerium (Hg.): Neue Technologien und Allgemeinbildung. Hannover 1993 (= Gemeinschaftskunde 21), 144–214.

Ramazzini, Bernhard: Abhandlung von den Krankheiten der Künstler und Handwerker, neu bearbeitet und vermehret von Johann Christian Gottlieb Ackermann. Stendal 1780.

Rathenau, Walther: Zur Kritik der Zeit. Mahnung und Warnung. Berlin 1925 (zuerst 1912).

–: Zur Mechanik des Geistes oder Vom Reich der Seele. Berlin 1929 (zuerst 1913).

–: Schriften und Reden, Hg. H. W. Richter. Frankfurt/M. 1964.

–: (Pseud. Ernst Reinhart): Von Schwachheit, Furcht und Zweck. ZU 49/1904,223–239.

(Rathenau – Harden) Hellige, Hans-Dieter (Hg.): Walther Rathenau und Maximilian Harden, Briefwechsel 1897–1920. München 1983.

Reclam, Carl: Der Einfluß eines »Dampf-Hammers« auf die Nachbarschaft. In: Gesundheit 5/1880, Nr. 5, 65–68.

Redlich (Kgl. Bauinspektor): Die Hygiene und den Bauordnungen und Bebauungsplänen. In: Centralblatt f. allg. Gesundheitspflege 28/1909, 195ff.

Regin, Cornelia: Naturheilkundige und Naturheilbewegung im Deutschen Kaiserreich. In: MedGG 11/1992, 177–202.

–: Selbsthilfe und Gesundheitspolitik: die Naturheilbewegung im Kaiserreich (1889 bis 1914). Stuttgart 1995.

Reichardt, Martin: Der jetzige Stand der Lehre von der Neurasthenie. In: Dt. Medizin. Wochenschrift 47/1921, 19–21.

Reinbold, Th.: Über die sogenannte Nervenschwäche. In: Hannoversche Annalen f. d. ges. Heilkunde 5/1845, 416–429.

(Reuleaux-Streitschriften) F. Reuleaux und die deutsche Industrie auf der Weltausstellung in Philadelphia. Leipzig 1876.

Reulecke, Jürgen u. Castell Rüdenhausen, Adelheid Gräfin zu (Hg.): Stadt und Gesundheit. Zum Wandel von »Volksgesundheit« und kommunaler Gesundheitspolitik im 19. und frühen 20. Jh. Stuttgart 1991.

Reuß, Franz Ambros: Versuch einer Einleitung in die allgemeine Pathologie der Nerven. Prag 1788.

Reventlow, Ernst Graf zu: Kaiser Wilhelm II. und die Byzantiner. München 1906.

Rheins (Bahnarzt): Über die Nervosität unserer Zeit. In: Medizin. Klinik 8/1912, 1255–56.

Rheinstaedter, August: Über weibliche Nervosität. In: Sammlung Klin. Vorträge Nr. 188 (1880), 1493–1510.

Ridder, Paul: Die Patientenkarriere: Von der Krankheitsgeschichte zur Krankengeschichte. Stuttgart 1974.

Riedler, Alois: Emil Rathenau und das Werden der Großwirtschaft. Berlin 1916.

–: Schnellbetrieb. Erhöhung der Geschwindigkeit und Wirtschaftlichkeit der Maschinenbetriebe. Berlin 1899.

–: Abseits vom Gänsemarsch! Berlin 1914.

Rieger, Conrad: Die Castration in rechtlicher, socialer und vitaler Hinsicht. Jena 1900.

Riese, Walther (Hg.): Die Unfallneurose als Problem der Gegenwartsmedizin. Stuttgart 1929.

Ritter, Gerhard A. u. Tenfelde, Klaus: Arbeiter im Deutschen Kaiserreich. Bonn 1992.

Riezler, Kurt: Tagebücher, Aufsätze, Dokumente, Hg. Karl Dietrich Erdmann, Göttingen 1972.

Rigler, Johannes: Die im Eisenbahndienst vorkommende Berufskrankheit und Mittel zu ihrer Abhilfe. Berlin 1880.

Risse, Guenter B. und Warner, John H.: Reconstructing Clinical Activities Patient Records in Medical History. In: Social History of Medicine 5/1992, 183–205.

Roazen, Paul: Sigmund Freud und sein Kreis. Bergisch Gladbach 1976.

Robert, Jacques-Michel: Nervenkitzel. Den grauen Zellen auf der Spur (frz.: L'Aventure des Neurones). Heidelberg 1995.

Roberts, James S.: Drink, Temperance and the Working Class in 19 th-Century Germany. Boston 1984.

Röhl, John C. G.: Kaiser, Hof und Staat. Wilhelm II. und die deutsche Politik. München 1987.

–: An der Schwelle zum Weltkrieg: Eine Dokumentation über den »Kriegsrat« vom 8. 12. 1912. In: Militärgeschichtl. Mitt. 1/1977, 77–134.

–: Wilhelm II. Die Jugend des Kaisers, 1859–1888. München 1993.

– u. Sombart, Nicolaus (Hg.): Kaiser Wilhelm II. New Interpretations. Cambridge 1982.

Roelcke, Volker: »Wir rücken Schritt vor Schritt dem Tollhause näher…«. Das moderne Leben und die Nervenkrankheiten bei Johann Christian Reil (1759–1813). In: Sudhoffs Archiv 80/1996, 56–67.

Röper, Erich: Heilerfolge bei Neurasthenie. Diss. Jena 1911. In: Monatsschrift f. Psychiatrie u. Neurologie 30, 134–149.

Rogge, Helmuth: Holstein und Harden. München 1959.

Rohlje, Uwe: Autoerotik und Gesundheit. Untersuchung zur gesellschaftl. Entstehung und Funktion der Masturbationsbekämpfung im 18. Jh. Münster 1991.

Rohrbach, Paul: Weltpolitisches Wanderbuch 1897–1915. Leipzig 1916.

Roller, Karl: Die Überbürdung der Oberlehrer. In: Gesunde Jugend (Leipzig) 5/1905, 1–48.

Romberg, Moritz Heinrich: Lehrbuch der Nerven-Krankheiten des Menschen. 1. Bd. Berlin ³1853.

Roosevelt, Theodore: Aus meinem Leben. Leipzig 1914.

Rosen, George: Social Stress and Mental Disease from the 18th Century to the Present: Some Origins of Social Psychiatry. In: The Milbank Memorial Fund Quarterly 37/1959, 5–32.

Rosenbach, Ottomar: Nervöse Zustände und ihre psychische Behandlung. Berlin 1897.

Rosenberg, Charles, E.: The Place of George M. Beard in 19th-Century Psychiatry. In: Bull. of the History of Medicine 36/1962, 245–259.

–: Explaining Epidemics and Other Studies in the History of Medicine. Cambridge 1992.

–: Sexuality, Class and Role in 19th-Century America. In: American Quarterly 25/1973, 131–153.

Rosenberg, Hans: Große Depression und Bismarckzeit. Berlin 1967.

Rosin, Heinrich: Die Juden in der Medizin. Berlin 1926.

Roth, Martin und Kroll, Jerome: The Reality of Mental Illness. New York 1986.

Rothschuh, Karl E.: Naturheilbewegung, Reformbewegung, Alternativbewegung. Darmstadt 1983.

–: Vom Spiritus animalis zum Nervenaktionsstrom. In: CIBA-Zs. Nr. 89/1958 (Bd. 8), 2950–2980.

– (Hg.): Was ist Krankheit? Darmstadt 1975.

Rousseau, G. S.: Towards a Semiotics of the Nerve. In: Peter Burke u. Roy Porter (Hg.): Language, Self, and Society. A Social History of Language. Oxford 1991, 215–275.

Rüdin, Ernst: Über den Zusammenhang zwischen Geisteskrankheiten und Kultur (Vortrag mit Diskussion). In: IV. Internat. Kongreß zur Fürsorge für Geisteskranke (1910). Halle 1911, 79–130.

Rumpe, Robert: Die Gesundheitspflege in der Rheinprovinz. Eine medizin-geschichtl. Studie. Jena 1931.

Salewski, Michael: ›Neujahr 1900‹. Die Säkularwende in zeitgenöss. Sicht. In: Archiv f. Kulturgesch. 53/1971, 335–381.

–: Zeitgeist und Zeitmaschine. Science Fiction und Geschichte. München 1986.

Saul, Klaus: Wider die »Lärmpest«. Lärmkritik und Lärmbekämpfung im Deutschen Kaiserreich. In: Machule u. a. (Hg.), 151–192.

Savill, Thomas D.: Clinical Lectures on Neurasthenia. London ⁴1908 (zuerst 1899).

Schacht, Eddy: Neurasthenie und Heredität. In: Reisebericht des Komitees zur Veranstaltung ärztl. Studienreisen 6/1906, 267–274.

–: Statist. und soziale Randbemerkungen zur Neurasthenie. In: Verhandl. der XI. Jahres-Vers. des Allg. Dt. Bäderverbandes (1902). Berlin 1903, 90–94.

Schär, Otto: Im Kampfe um bessere Nerven und größere Leistungsfähigkeit. Dresden 1913.

–: Menschliche Energielehre gegen Nerven- und Leistungsschwäche. Dresden 1922.

Scharf, Günter: Geschichte der Arbeitszeitverkürzung. Köln 1987.

Scharfe, Martin: »Ungebundene Circulation der Individuen«. Aspekte des Automobilfahrens in der Frühzeit. In: Zs. f. Volkskunde 86/1990, 216–243.

–: Die Nervosität des Automobilisten. In: Dülmen, Richard van (Hg.): Körper-Geschichten. Frankfurt/M. 1996, 200–222.

Scheunert, Gerhart: Kultur und Neurose am Ausgang des 19. Jh.s. In: Kyklos (Leipzig) 1930, 258–272.

Schiller, Joachim: Schülerselbstmorde in Preußen. Spiegelungen des Schulsystems? Frankfurt/M. 1992.

Schilling, Karl: Die nervösen Störungen nach Telefonunfällen. ZNP 29/1915, 216–251.

Schivelbusch, Wolfgang: Geschichte der Eisenbahnreise. Frankfurt/M. 1979.

Schleich, Carl Ludwig: Was ist Neurasthenie? In: Ders.: Aus Asklepios' Werkstatt. Plaudereien über Gesundheit und Krankheit. Stuttgart 1916.

–: Vom Schaltwerk der Gedanken. Berlin 1916.

–: Besonnte Vergangenheit. Lebenserinnerungen 1859–1919. Berlin 1930.

Schlieffen, Alfred Graf v.: Der Krieg in der Gegenwart (1909). In: Ders.: Gesammelte Schriften, 1. Bd., Berlin 1913, 11–22.

Schmidt, Dorothea: Massenhafte Produktion? Produkte, Produktion und Beschäftigte im Stammwerk von Siemens vor 1914. Münster 1993.

Schmidt, Walther: Ätiolog. Betrachtungen bei nervösen Erkrankungen von Militäranwärtern im späteren Zivilberuf. Diss. Berlin 1908.

Schmidt-Degenhard, Michael: Melancholie und Depression. Zur Problemgeschichte der depressiven Erkrankungen seit Beginn des 19. Jh.s. Stuttgart 1983.

Schmitt, Günter: Schriftsetzer – Typograph. Ein Beruf im Wandel der Zeit. Aarau 1990.

Schmiedebach, Heinz-Peter: Die »traumatische Neurose« – Soziale Versicherung und der Griff der Psychiatrie nach dem Unfallpatienten. In: Susanne Hahn u. Achim Thom (Hg.): Koll. zum 100. Geburtstag von H. E. Sigerist. Leipzig 1991, 151–163.

Schmitz, Oskar A. H.: Was uns Frankreich war. München ⁶1914 (zuerst 1907 unter dem Titel: Französische Gesellschaftsprobleme – Das Land der Wirklichkeit).

Schmoller, Gustav: Über den Einfluß der heutigen Verkehrsmittel. PJ 31/1873, 413–430.

Schneider, Kurt: Die Neurasthenie- und Hysteriefrage. In: Dt. Medizin. Wochenschrift 59/1933, 1275–1278.

–: Die psychopathischen Persönlichkeiten. Wien ⁹1950.

Schneider, Michael: Streit um Arbeitszeit. Geschichte des Kampfes um Arbeitszeitverkürzung in Deutschland, Köln 1984.

Schnitzler, Arthur: Medizinische Schriften, Hg. Horst Thomé. Frankfurt/M. 1991.

Schön, Erich: Der Verlust der Sinnlichkeit oder Die Verwandlungen des Lesers. Mentalitätswandel um 1800. Stuttgart 1987.

Schönhals, Paul: Über die Ursachen der Neurasthenie und Hysterie bei Arbeitern. Diss. Berlin 1906.

Schott, Theodor: Neurasthenie und Herzkrankheiten. In: Dt. Medizinal-Zeitung 28. 4. 1890, 385–389.

Schranz, Julius: Unsere Zeit und unsere Nerven. Ein Beitrag zur Pathologie der Menschheit. Innsbruck 1884.

(Schreber) Heiligenthal, Peter u. Volk, Reinhard (Hg.): Bürgerliche Wahnwelt um 1900. Denkwürdigkeiten eines Nervenkranken von Daniel Paul Schreber. Wiesbaden 1973.

Schrenck-Notzing, Albert Freiherr v.: Ein Beitrag zur psychischen und suggestiven Behandlung der Neurasthenie. Berlin 1894.

Schröder, Christina: Das Phänomen Nervosität im ausgehenden 19. Jh. – Rationale Psychotherapie als medizin. Gesamtstrategie. In: Hahn/Thom (s. unter Schmiedebach), 142–150.

Schultz, Johannes H.: Psychotherapie. Leben und Werk großer Ärzte. Stuttgart 1952.

Schur, Max: Sigmund Freud. Leben und Sterben. Frankfurt/M. 1973.

Schuschny, Heinrich: Über die Nervosität der Schuljugend. Jena 1895.

Schwanitz, Hans Joachim: Homöopathie und Brownianismus 1795–1844. Stuttgart 1983.

Schwartz, Leonhard: Berufstätigkeit und Nervosität. In: Schweizer. Zs. f. Hygiene 9/1929, 223–240.

–: Neurasthenie. Entstehung, Erklärung und Behandlung der nervösen Zustände. Mit e. Einl. von Pierre Janet. Basel 1939.

Schwarz, Georg Christian: Über Nervenheilstätten und die Gestaltung der Arbeit als Haupttheilmittel. Leipzig 1903.

Scull, Andrew: Social Order/Mental Disorder. Anglo-American Psychiatry in Historical Perspective. London 1989.

Seelert, Hans: Über Neurosen nach Unfällen mit bes. Berücksicht. von Erfahrungen im Kriege. MPN 38/1915, 328–340.

Seidel, Michael: Theodor Ziehen (1862–1950). Leben und Werk. In: Psychiat. Neurol. med. Psychol. (Leipzig) 39/1987, 693–699.

Selye, Hans: Stress beherrscht unser Leben. Düsseldorf 1957.

–: Stress – mein Leben. Erinnerungen eines Forschers. München 1981.

Shadwell, Arthur: England, Deutschland und Amerika. Eine vergleichende Studie ihrer industriellen Leistungsfähigkeit (engl.: Industrial Efficiency). Berlin 1908.

Shixie, Lin: Neurasthenia in China: Modern and Traditional Criteria for its Diagnosis. CMP 13/1989, 163–186.

Shorter, Edward: Änderungen medizin. Auffassungen von Frauen, ihren Körpern und Nervenkrankheiten seit Ausgang des 18. Jh.s. Vortrag an der Universität Bielefeld (Ms.), 1985.

–: From the Mind into the Body. The Cultural Origins of Psychosomatic Symptoms. New York 1994.

–: A History of Psychiatry. New York 1997.

–: Paralysis: The Rise and Fall of a »Hysterical« Symptom. In: Journal of Social History 19/1985–86, 549–582.

–: From Paralysis to Fatigue. A History of Psychosomatic Illness in the Modern Era. New York 1992.

–: Private Clinics in Central Europe 1850–1933, In: Social History of Medicine 3/1990, 159–195.

–: Women and Jews in a Private Nervous Clinic in Late 19th-Century Vienna. In: Medical History 33/1989, 149–183.

Showalter, Elaine: Hystorien. Hysterische Epidemien im Zeitalter der Medien. Berlin 1997.

Shryock, Richard H.: Die Entwicklung der modernen Medizin. Stuttgart ²1947.

Sicherman, Barbara: The Uses of a Diagnosis: Doctors, Patients, and Neurasthenia. In: Journal of the History of Medicine and Allied Sciences 32/1977, 33–54.

–: The Paradox of Prudence: Mental Health in the Gilded Age. In: Journal of American History 62/1976, 890–912.

Siegfried, Karl: Neurasthenie, Neurose, Hysterie in ihrer Bedeutung für den prakt. Arzt. In: Die medizin. Welt 1929, Nr. 28, 999–1002.

Siemens, Georg: Der Weg der Elektrotechnik. Geschichte des Hauses Siemens. 2 Bde. Freiburg ²1961.

Simmel, Georg: Aufsätze und Abhandlungen 1894–1900. Frankfurt/M. 1992.

Skultans, Vieda: English Madness: Ideas on Insanity, 1580–1890. London 1978.

Smith-Rosenberg, Carroll: Disorderly Conduct. Visions of Gender in Victorian America. New York 1985.

–: Weibliche Hysterie. Geschlechtsrollen und Rollenkonflikt in der amerikan. Familie des 19. Jh.s. In: Claudia Honegger u. Bettina Heintz (Hg.): Listen der Ohnmacht. Frankfurt/M. 1981, 276–300.

Snoy, Friedrich: Die Nervenschwäche der Feuerwehrleute nach Rauchvergiftung. Diss. Berlin 1907.

Sombart, Nicolaus: Die deutschen Männer und ihre Feinde. Carl Schmitt – ein deutsches Schicksal zwischen Männerbund und Matriarchatsmythos. München 1991.

–: Wilhelm II. Sündenbock und Herr der Mitte. Berlin 1996.

Sombart, Werner: Die deutsche Volkswirtschaft im 19. Jh. und im Anfang des 20. Jh.s. Darmstadt 1954 (= ⁷1927; zuerst 1903).

–: Wirtschaft und Mode. Ein Beitrag zur Theorie der modernen Bedarfsgestaltung. Wiesbaden 1902.

Spillane, John D.: The Doctrine of the Nerves. Chapters in the History of Neurology. Oxford 1981.

(Spitzemberg) Vierhaus, Rudolf (Hg.): Am Hof der Hohenzollern. Aus dem Tagebuch der Baronin Spitzemberg, München 1965.

Spode, Hasso: Die Macht der Trunkenheit. Kultur- und Sozialgeschichte des Alkohols in Deutschland. Opladen 1993.

Spree, Reinhard: The German Petite Bourgeoisie and the Decline of Fertility: Some Statistical Evidence from the Late 19th and Early 20th Centuries. In: Historical Social Research 22/1982, 15–49.

–: Soziale Ungleichheit vor Krankheit und Tod. Göttingen 1981.

Springer, Jenny: Die Ärztin im Hause. 2 Bde. Dresden 1910.

Starčevič, Vladan: Neurasthenia: A Paradigm of Social Psychopathology in a Transitional Society. In: American Journal of Psychotherapy 45/1991, 544–553.

Starobinski, Jean: Kleine Geschichte des Körpergefühls. Frankfurt/M. 1991.

Stea, John und Fried, William: Remedies for a society's debilities. Medicines for neurasthenia in Victorian America. In: New York State Journal of Medicine 93/1993, 120–127.

Stearns, Peter N.: Arbeiterleben. Industriearbeit und Alltag in Europa 1890–1914. Frankfurt/M. 1980.

–: Be A Man! Males in Modern Society. New York 1979.

Steding, Friedrich: Nervosität – Arbeit – und Religion. Hannover 1903.

Stein, Ludwig: Die Weltanschauung der Energetiker. ZU 64/1908, 322–329.

Stein, Sigmund Theodor: Die allg. Elektrisation des menschl. Körpers. Elektrotechn. Beiträge zur ärztl. Behandlung der Nervenschwäche (Nervosität und Neurasthenie) sowie verwandter allg. Neurosen. Halle ²1883.

Steiner, Andreas: »Das nervöse Zeitalter«. Der Begriff der Nervosität bei Laien und Ärzten in Deutschland und Österreich um 1900. Zürich 1964.

Steiner, Rudolf: Nervosität und Ichheit. Dornach 1987 (urspr. 1912).

Stengers, Jean u. Van Neck, Anne: Histoire d'une grande peur: La masturbation. Brüssel 1984.

Stier, Ewald: Soziologie der Nervosität. In: Gottstein, A. u. a. (Hg.): Handbuch der sozialen Hygiene, 5. Bd.: Soziale Physiologie und Pathologie. Berlin 1927, 615–633.

Stilling, Benedict: Über Spinal-Irritation. Leipzig 1840.

Stölken, Ilona: »Komm, laß uns den Geburtenrückgang pflegen!« Die neue Sexualmoral der Weimarer Republik. In: Anja Bagel-Bohlau u. Michael Salewski (Hg.): Sexualmoral und Zeitgeist im 19. und 20. Jh. Opladen 1990, 83–105.

Störring, G. E.: Der nervöse Mensch von heute. In: Psychotherapie 1958, 112–122.

Stollberg, Gunnar: Die Naturheilvereine im Dt. Kaiserreich. AfS 28/1988, 287–305.

Strümpell, Adolf: Aus dem Leben eines deutschen Klinikers. Erinnerungen und Beobachtungen. Leipzig 1925.

–: Über die Entstehung und die Heilung von Krankheiten durch Vorstellungen. Erlangen 1892.

–: Lehrbuch der Speciellen Pathologie und Therapie der inneren Krankheiten, Bd. 3. Leipzig [15]1904.

–: Nervosität und Erziehung. Leipzig 1908.

–: Die Schädigungen der Nerven und des geistigen Lebens durch den Krieg. Leipzig 1917.

Stulz, Otto: »Nervös«. Moderne Gesichtspunkte für die Behandlung der sogenannten Nervosität. Berlin 1909.

Stursberg, Hugo: Unerwünschte Folgen deutscher Sozialpolitik? Eine Entgegnung an Prof. Ludwig Bernhard. Bonn 1913.

Sturz, Peter Helfrich: Fragment aus den Papieren eines verstorbenen Hypochondristen. In: Ders.: Schriften. ND der Ausgabe Leipzig 1779/82. München 1971, 190–198.

Sullivan, Joseph P.: Electrical Nervousness. The Electric Wire Panic in New York City. Ms., SHOT-Konferenz, Washington 1993.

Suzuki, Tomonori: The Concept of Neurasthenia and its Treatment in Japan. CMP 13/1989, 187–202.

Szondi, Leopold: Die Revision der Neurastheniefrage. Budapest 1930.

Tesdorpf, Paul: Die Krankheit Wilhelms II. München 1919.

Theilhaber, Felix A.: Das sterile Berlin. Berlin 1913.

Thiekötter, Angelika und Siepmann, Eckhard (Hg.): Packeis und Preglas. Von der Kunstgewerbebewegung zum Deutschen Werkbund. Gießen 1987.

Thiemme, Anneliese: Hans Delbrück als Kritiker der wilhelmin. Epoche. Düsseldorf 1955.

Thimme, Friedrich (Hg.): Front wider Bülow. Staatsmänner, Diplomaten und Forscher zu seinen Denkwürdigkeiten. München 1931.

Thom, Achim: Zur disziplinären Genese der Neurologie im ausgehenden 19. Jh. – aus den Briefen Wilhelm Erbs an Adolf Strümpell. In: Zs. f. d. ges. Inn. Medizin (DDR) 37/1982, 339–346.

Thom, Wolfgang: Carl Flügge (1847–1923). Leben und Werk eines großen Hygienikers. Diss. Erfurt 1983.

Thornton, E. M.: Hypnotism, Hysteria and Epilepsy, an historical synthesis. London 1976.

Tirpitz, Alfred v.: Der Aufbau der dt. Weltmacht. Stuttgart 1924.

–: Erinnerungen. Leipzig 1919.

Tissot, Simon-André-David: Von der Gesundheit der Gelehrten. Zürich 1768.

Toellner, Richard (Hg.): Illustrierte Geschichte der Medizin. 6 Bde. Salzburg 1986 (zuerst Paris 1978).

Traugott, Richard: Nervosität – früher und jetzt. In: Die Gesundheit in Wort und Bild 1908, 60–62, 89–120.

Treitschke, Heinrich v.: Briefe. 3 Bde. Hg. Max Cornicelius. Leipzig 1912–19.
–: Deutsche Geschichte im 19. Jh. 5 Bde. Leipzig ⁵1894–³1895.
–: Deutsche Kämpfe. Schriften zur Tagespolitik. N. F. Leipzig 1896.
Treue, Wilhelm: Mit den Augen ihrer Leibärzte. Düsseldorf ²1955.
Tschoetschel, Michael: Die Diskussion über die Häufigkeit von Krankheiten bei den Juden bis 1920. Diss. Mainz 1990.
Tsouyopoulos, Nelly: Andreas Röschlaub und die Romantische Medizin. Stuttgart 1982.
–: Schellings Krankheitsbegriff und die Begriffsbildung der Modernen Medizin. In: Hedemann, Reinhard u. a. (Hg.): Natur und Subjektivität. Stuttgart 1985, 265–290.
Ulrich, Bernd: Nerven und Krieg – Skizzierung einer Beziehung. In: Löwenstein, Bedrich (Hg.): Geschichte und Psychologie – Annäherungsversuche. Pfaffenweiler 1992, 163–192.
– und Ziemann, Benjamin (Hg.): Frontalltag im Ersten Weltkrieg. Wahn und Wirklichkeit. Frankfurt/M. 1994.
Ullrich, Volker: Die nervöse Großmacht, 1871–1918. Aufstieg und Untergang des deutschen Kaiserreichs. Frankfurt/M. 1997.
Vagts, Alfred: Deutschland und die Verein. St. in der Weltpolitik. 2 Bde. New York 1935.
Veraguth, Otto: Kultur und Nervensystem. Zürich 1904.
–: Neurasthenie. Berlin 1910.
–: Über Neurasthenie. In: Ergebnisse der Inneren Medizin und Kinderheilkunde, Hg. F. Kraus u. a., Bd. 3, Berlin 1909, 370–428.
(Verein für Sozialpolitik) Verhandlungen des Vereins für Sozialpolitik in Nürnberg 1911. Berlin 1912 (= Schriften des Vereins f. Sozialpol. 138. Bd.).
Verity, Robert: Changes Produced in the Nervous System by Civilization. Considered according to the evidence of physiology and the philosophy of history. London 1837.
Virilio, Paul: Geschwindigkeit und Politik. Berlin 1980.
–: Die Eroberung des Körpers. Vom Übermenschen zum überreizten Menschen. München 1994 (frz.: L'art du moteur, 1993).
Völgyesi, Franz: Botschaft an die nervöse Welt! Nervosität, Hypnose, Selbstbeherrschung. Zürich 1936.
Vomáčka, Adolf: Was der Nervöse, der Neurastheniker von seiner Krankheit wissen und wie er leben muß, um gesund zu werden. Leipzig 1907.
Vondung, Klaus: Träume von Tod und Untergang. Präludien zur Apokalypse in der dt. Literatur und Kunst vor dem 1. Weltkrieg. In: Joachim H. Knoll, Julius H. Schoeps (Hg.): Von kommenden Zeiten. Stuttgart 1984, 143–168.
Wagner, Nike: Geist und Geschlecht. Karl Kraus und die Erotik der Wiener Moderne. Frankfurt/M. ²1982.
–: Zur Typologie des »neurasthenischen« Mannes. In: Maxie Freimann (Hg.): Über den physiologischen Stumpfsinn des Mannes. München 1978, 99l-180.
Wagner, Oskar: Die Frau im Dienste der Reichs-Post- und Telegraphenverwaltung. Halle 1913.
Wagner, Richard: Mein Leben. München 1963 (urspr. 1911).
Waldersee, Alfred Graf v.: Denkwürdigkeiten. 2 Bde. 1922, ND Osnabrück 1967.
Walker, David: Modern Nerves, Nervous Moderns: Notes on Male Neurasthenia. In: Australian Cultural History (Canberra) 6/1987, 49–63.
Warburg, Max M.: Aus meinen Aufzeichnungen. Glückstadt 1952.
Weber, Marianne: Max Weber. Ein Lebensbild. München 1989 (urspr. 1926).
(Weber-Dokumente) Max Weber, Werk und Person. Dokumente, Hg. Eduard Baumgarten, Tübingen 1964.

(Weber-Briefe) Max Weber: Briefe 1906–1908. Tübingen 1990 (= Max Weber Gesamtausgabe Bd. II/5).

Weber, Max: Gesammelte Aufsätze zur Soziologie und Sozialpolitik, Hg. Marianne Weber. Tübingen 1988 (zuerst 1924).

Wehler, Hans-Ulrich: Bismarck und der Imperialismus. Köln 1969.

–: Deutsche Gesellschaftsgeschichte. 3. Bd.: 1849–1914. München 1995.

Wehmeyer, Grete: prestißißimo. Die Wiederentdeckung der Langsamkeit in der Musik. Hamburg 1989.

Weindling, Paul: Health, Race and German Politics between National Unification and Nazism, 1870–1845, Cambridge 1989.

–: Hygienepolitik als sozialintegrative Strategie im späten Deutschen Kaiserreich. In: Labisch/Spree, 37–55.

Weizsäcker, Viktor v.: Begegnungen und Entscheidungen. Stuttgart 1949.

–: Natur und Geist. Erinnerungen eines Arztes. Göttingen 1954.

Weller, B. Uwe: Maximilian Harden und die »Zukunft«. Bremen 1970.

Wendorff, Rudolf: Zeit und Kultur. Geschichte des Zeitbewußtseins in Europa. Opladen 1980.

Wentscher, Elise: Der Wille. Versuch einer psycholog. Analyse. Leipzig 1910.

Wernicke, Carl: Obergutachten über die Verletzung einer Telephonistin durch Starkstrom. MPN 17/1905, Erg.heft, 1–16.

Wernz, Corinna: Sexualität als Krankheit. Der medizin. Diskurs zur Sexualität um 1800. Stuttgart 1993.

Wessely, Simon: Old wine in new bottles: neurasthenia and ›ME‹. In: Psychological Medicine 20/1990, 35–53.

Westpal, Wilfried: Geschichte der dt. Kolonien. München 1984.

Weygandt, Wilhelm: Der Krieg und die Nerven. In: Die Umschau 19/1915 (10. 4. 1915), 281–284.

Weyl, Theodor (Hg.): Handbuch der Arbeiterkrankheiten. Jena 1908.

Whitman, Sidney: Deutsche Erinnerungen. Stuttgart 1912.

–: Das kaiserliche Deutschland. Hamburg [4]1898 (zuerst 1888).

Wieczorek, Valentin u. Braunsdorf, Annette: Leben und Werk des Psychiaters Otto Binswanger. In: Günther Wagner u. Gerhard Wessel (Hg.): Medizinprofessoren und ärztliche Ausbildung. Frankfurt/M. 1992, 146–169.

WHO (World Health Organization) (Hg.): Schizophrenia. An International Follow-up Study. Cambridge 1979.

Wichmann, Ralf: Geistige Leistungsfähigkeit und Nervosität bei Lehrern und Lehrerinnen. Eine statist. Untersuchung. Halle 1905.

Wilken, Folkert: Die nervöse Erkrankung als sinnvolle Erscheinung unseres gegenwärtigen Kulturzeitraums. München 1927.

Williams, Ernest E.: »Made in Germany«. Der Konkurrenzkampf der deutschen Industrie gegen die englische. Dresden 1896.

Wilson, Daniel J.: Neurasthenia and Vocational Crisis in Post-Civil War America. In: Psychohistory Review 12/1984, Nr. 4, 31–38.

Windscheid, Franz: Aufgaben und Grundsätze des Arztes bei der Begutachtung von Unfallnervenkranken. Leipzig 1903.

–: Über Berufsnervosität, ihre Entstehung und Verhütung. In: Soziale Medizin und Hygiene 4/1909, 451–461.

Winter, Gustav: Der Taylorismus. Leipzig 1920.

Winzen, Peter: Bülows Weltmachtkonzept. Untersuchungen zur Frühphase seiner Außenpolitik 1897–1901. Boppard 1977.

Wirth, Albrecht: Weltgeschichte der Gegenwart. Hamburg ³1913.

Wittermann, Ernst: Der nervöse Mensch in den geistigen Nöten der Gegenwart. Stuttgart 1922.

Wolf, Hans-Jürgen: Geschichte der graph. Verfahren. Dornstadt 1990.

Wolff, Theodor: Die Wilhelmin. Epoche. Fürst Bülow am Fenster und andere Begegnungen, Hg. Bernd Sösemann. Frankfurt/M. 1989.

Wollenberg, R.: Über das psychische Moment bei der Neurasthenie. In: Deutsche Medizin. Wochenschrift 32/1906, 659–663.

Worbs, Michael: Nervenkunst. Literatur und Psychoanalyse im Wien der Jahrhundertwende. Frankfurt/M. 1988.

Wrede, Conrad: Zur Ätiologie und Symptomatologie der Neurasthenie. Diss. Kiel 1927.

Wurm, Emanuel (Hg.): Gesundheitsschutz in Staat, Gemeinde und Familie. Stuttgart 1901.

Zappert, Julius: Nervöse Alltagserscheinungen bei Schulkindern. In: Das österr. Sanitätswesen 16/1914, Nr. 7, 51–64.

Zedlitz-Trützschler, Robert Graf: Zwölf Jahre am deutschen Kaiserhof. Stuttgart 1924.

Ziegelroth, Peter Simon: Die Nervosität unserer Zeit, ihre Ursachen und Abhilfe. Stuttgart 1895.

Ziehen, Theodor: Psychiatrie für Ärzte und Studierende bearbeitet. Berlin 1894; 4. Aufl. Leipzig 1911.

–: Neurasthenie. In: Real-Encyclopädie (s. Arndt, Neurasthenie II), 10. Bd. Berlin ⁴1911, 521, 598.

Ziemann, Benjamin: Zum ländlichen Augusterlebnis 1914 in Deutschland. In: Löwenstein (s. Ulrich), 193–203.

Ziemssen, H. v.: Die Neurasthenie und ihre Behandlung. In: Ders.: Klin. Vorträge IV/2. Leipzig 1887.

Zimmermann, Waldemar: Zur sozialen Lage der Eisenbahner in Preußen. In: Verein f. Sozialpol. (Hg.): Untersuchungen über die Lage der Angestellten und Arbeiter in den Verkehrsgewerben. Leipzig 1902, 1–278.

Zuckert, Johann Friedrich: Systemat. Beschreibung aller Gesundbrunnen und Bäder Deutschlands. Berlin 1768.

Zweig, Stefan: Die Welt von gestern. Erinnerungen eines Europäers. Frankfurt/M. 1970 (urspr. 1944).